我愈思想，我的思索进度没有向前，反而愈益退后，最后退到最基础的问题上。

——帕斯卡

当你了解问题的全貌时，你就会发现答案竟是那么单纯；当你把答案弄得很复杂，证明你看到的只是问题的一小部分。

——约西亚·威拉德·吉布斯

国家社科基金后期资助项目“行为概念对犯罪论体系的基底性诠释”
（项目号：17FFX015）的最终成果

行为概念对犯罪论体系的基底性诠释

The Fundamental Interpretation of Crime Constitution System Based on the Concept of Behavior

陈荣飞 著

南開大學出版社
天 津

图书在版编目(CIP)数据

行为概念对犯罪论体系的基底性诠释 / 陈荣飞著
. —天津：南开大学出版社，2023.5
ISBN 978-7-310-06438-0

Ⅰ. ①行… Ⅱ. ①陈… Ⅲ. ①犯罪学－研究 Ⅳ.
①D917

中国国家版本馆 CIP 数据核字(2023)第 063573 号

行为概念对犯罪论体系的基底性诠释
XINGWEI GAINIAN DUI FANZUILUN TIXI DE JIDIXING QUANSHI

南开大学出版社出版发行
出版人：刘文华
地址：天津市南开区卫津路 94 号　　邮政编码：300071
营销部电话：(022)23508339　营销部传真：(022)23508542
https://nkup.nankai.edu.cn

天津创先河普业印刷有限公司印刷　全国各地新华书店经销
2023 年 5 月第 1 版　　2023 年 5 月第 1 次印刷
238×165 毫米　16 开本　36.25 印张　2 插页　625 千字
定价：168.00 元

如遇图书印装质量问题，请与本社营销部联系调换，电话：(022)23508339

国家社科基金后期资助项目出版说明

后期资助项目是国家社科基金设立的一类重要项目，旨在鼓励广大社科研究者潜心治学，支持基础研究多出优秀成果。它是经过严格评审，从接近完成的科研成果中遴选立项的。为扩大后期资助项目的影响，更好地推动学术发展，促进成果转化，全国哲学社会科学工作办公室按照“统一设计、统一标识、统一版式、形成系列”的总体要求，组织出版国家社科基金后期资助项目成果。

全国哲学社会科学工作办公室

目　录

引　言

犯罪是行为，无行为则无犯罪。刑法作为规定犯罪成立条件与适用刑罚标准的部门法，其整个体系都是围绕着“犯罪是行为”这一根本性的刑法学命题而建构。“行为，系一切犯罪的共通基础”①，是“犯罪特征的所有其他问题讨论的出发点”②，它“储存了刑法全部程序”③，行为概念因之俨如刑法学科体系中的“上帝粒子”④，是构筑整个刑法学理论大厦之基石，寻获科学的行为概念，可谓是解开刑法学科体系内几乎所有问题的前提和基础。令人遗憾的是，在中外传统刑法学理论中，行为概念迄今远未能承受起整个刑法学理论大厦之重荷，中外刑法学研究者们始终未能基于行为概念一以贯之地破解刑法学理论中的系列基本问题。可以看

---

① 陈朴生：《刑法专题研究》，三民书局1988年版，第94页。

② [德]汉斯·海因里希·耶赛克、托马斯·魏根特：《德国刑法教科书》，徐久生译，中国法制出版社2001年版，第267页。

③ [德]克劳斯·罗克辛：《德国刑法学总论》（第1卷），王世洲译，法律出版社2005年版，第148页。

④ “上帝粒子”（God Particle）又被称为“希格斯玻色子”（Higgs boson），是粒子物理学标准模型中一种极为重要的基本粒子，它的存在可以解释为何某些基本粒子带有质量而某些基本粒子的质量为零。按照规范场论，作为媒介相互作用的基本粒子不能带有质量，只有依靠希格斯机制，基本粒子与遍布于宇宙的希格斯场耦合，才能获得质量。希格斯玻色子是希格斯场的振动，是希格斯场存在的明确证据，犹如从观察海面的波浪可以推论出海洋的存在。假若希格斯玻色子被证实存在，则希格斯场也应该存在，连带地确认希格斯机制与标准模型基本无误。希格斯场决定了原子的存在，也因此决定了物质甚至人类的存在。因此，希格斯玻色子是否存在是一个极为重要的基础物理问题，物理学家们用了四十余年的时间寻找它。2013年3月14日，欧洲核子研究组织发布新闻稿表示，先前探测到的新粒子是希格斯玻色子，2013年10月8日，诺贝尔物理学奖在瑞典揭晓，英国理论物理学家彼得·希格斯（Peter Higgs）和比利时理论物理学家弗朗索瓦·恩格勒（François Englert）因希格斯玻色子的理论预言而获奖。将希格斯玻色子称为“上帝粒子”，源自美国物理学家、1988年诺贝尔物理学奖获得者利昂·马克斯·莱德曼（Leon Max Lederman）所著的关于粒子物理方面的科普书籍《上帝粒子：如果宇宙是答案，那么问题是什么？》（*The God Particle: If the Universe Is the Answer, What Is the Question?*），后来媒体也沿用了这一称呼，莱德曼称他以“上帝粒子”命名是因为该粒子“在当今物理学中处于极为中心的位置，对我们理解物质的结构极为关键、也极为难以捉摸。”上帝粒子的发现也使得当代物理学近乎完美。参见维基百科“Higgs boson”词条，https://en.wikipedia.org/wiki/Higgs_boson。

到，传统刑法行为概念基本都毕力于解释过失行为尤其是不作为行为的行为性问题（即诠释行为概念的分类机能），但仅此便使得近乎所有的行为学说都捉襟见肘，更遑论借行为概念一以贯之地破解诸如犯罪论体系之构建、犯罪的终止形态、共同犯罪、罪数论以及刑罚论等方面的基本问题了。

由于行为符合犯罪构成乃犯罪成立之必要条件，也是使行为人承担刑事责任之根据，故无论是在犯罪论还是在整个刑法学科体系中，犯罪构成都居于核心地位，犯罪构成体系的合理与否也因此攸关整个刑法学科体系的合理与否。遗憾的是，自费尔巴哈以迄于今的无论何种犯罪论体系（即犯罪构成体系）[①]，内部都充斥着难以化解的矛盾，前赴后继的研究者们试图克服其内在矛盾的努力，形成了纷繁复杂而又晦涩不畅的各类理论与学说。面对如此理论状况，日本刑法学大家平野龙一不禁感喟：在法学领域，“某某学说”对“某某学说”到处充斥的场景，除了刑法学以外，可能再也找不出第二个来了。[②]何至于此？究其根本，笔者认为，概因现有的犯罪构成理论都存在根基性的缺陷，以致犯罪构成根本无力胜任本该由其担负的使命，而其根基性缺陷之一[③]就在于，理论始终未能很好地解决“何谓行为”的问题，而不知何谓行为就不可能正确把握行为之构成要素及其相互关系，在此前提下，又如何可能正确把握作为行为特殊类型的犯罪行为之构成要件及其相互关系呢？整个学科体系因此而歧见纷呈、异论迭现当然也就在所难免了。

在德、日等国家或地区的刑法学界，有关行为概念与犯罪论体系之关系的探讨，主要集中在如下两个方面：

其一，行为应否作为犯罪论体系中的一个独立阶层（第一阶层）？自新古典暨目的论综合阶层体系形成之后，行为成为第一个阶层逐渐为多数学者所认同。[④]不难发现，行为概念在犯罪论体系中的此等定位，其功

---

① 本书对“犯罪论体系”和“犯罪构成体系”不作区分，犯罪论体系也即犯罪构成体系。

② 转引自黎宏：“我国犯罪构成体系不必重构”，《法学研究》2006年第1期，第42页。

③ 另一根基性缺陷则在于，未能准确把握“犯罪是行为”这一刑法学最根本命题中的另一基本范畴——犯罪的概念（犯罪本质），因而未能正确地揭示犯罪概念与犯罪构成之间到底应该是一种怎样的关系。笔者将于本书的第四章中对此展开详细论述。

④ 参见许玉秀：《当代刑法思潮》，中国民主法制出版社2005年版，第82-83页。当然，也有观点认为，行为不应该成为先于构成要件该当性的独立阶层，而应该只作为构成要件该当性中的一个要素，参见[日]井田良：《刑法总论的理论构造》，秦一禾译，中国政法大学出版社 2021 年版，第 17-18页。或是认为，行为概念应该分别属于构成要件该当性、违法性和有责性之内容，参见[日]松原芳博：《刑法总论重要问题》，王昭武译，中国政法大学出版社 2014 年版，第 33-34 页。

能不过是为下一阶层的判断（即“对客体的评价”）筛检确定“评价客体”而已。[①]此外，在阶层体系中，若将行为作为一个独立的阶层，就逻辑及效率而言，体系中的每一阶层以及每一阶层中的每一要素都应当具有截然不同的判断内容，但如此又势必使得行为概念终将难逃因内容被抽空而沦为“无血的幽灵”[②]之命运，那么此等意义的行为概念对于犯罪论体系的构建可谓已无丝毫的指导价值了。

其二，德日传统刑法行为理论也在某种程度上肯定行为概念对犯罪论体系的指导作用，理论称之为“行为概念的连接要素机能”。如在学说史上首度将行为概念明确地在刑法上予以定位的德国刑法学者贝尔纳（Berner）指出，“犯罪是行为。人们通常用犯罪这个词所说的一切，仅仅是人们作为主语加在行为上的称谓。行为的概念因此必须成为坚实的骨架，并且正是这个骨架确定了犯罪理论的划分”[③]，“行为概念乃决定犯罪论结构体之坚固磐石”[④]。其后的行为理论在探讨行为概念的基本机能时，也都普遍肯定行为概念应当具备该项基本机能。依据德国刑法学大家罗克辛（Claus Roxin）之见解，行为概念的所谓连接要素机能，是指“行为应该与具体的犯罪范畴相互联系，从而使行为在犯罪构造的每个阶段重新出现，并且通过附加的属性成为一个更加准确的标志。然后，行为就作为这种标志被确定，并且作为具有行为构成符合性、违法性、有罪责性和应受刑事惩罚的行为，被更加丰富的价值称谓所修饰。行为的概念应当就这样贯穿于整个刑法体系之中，并且在一定程度上成为这个体系的支柱。”[⑤]不难发现，理论所肯定的行为概念的连接要素机能或者说行为概念对犯罪论体系的所谓支柱性地位，时至今日仍然仅仅停留在为他们既有的犯罪论体系提供某种程度的合理性解释，甚或可言，现有刑法学理论所认为的行为概念的连接要素机能或者说对犯罪论体系的所谓支柱性地位，

① 参见柯耀程：“刑法行为评价架构的演变及省思”，《中正大学法律集刊》1998 年第 1 期，第 164-198 页。

② 此乃德国刑法学家、构成要件理论的创立者贝林（Beling）语，参见[德]克劳斯·罗克辛：《德国刑法学 总论》（第 1 卷），王世洲译，法律出版社 2005 年版，第 151 页。

③ 转引自[德]克劳斯·罗克辛：《德国刑法学 总论》（第 1 卷），王世洲译，法律出版社 2005 年版，第 149 页。

④ 转引自陈友锋：《刑法上行为概念与行为之探索》，台湾辅仁大学法律系博士论文（2002 年），第 18 页。

⑤ [德]克劳斯·罗克辛：《德国刑法学 总论》（第 1 卷），王世洲译，法律出版社 2005 年版，第 147 页。

不过是把行为概念当作既有犯罪论体系的“点缀品”罢了。[①]

在我国传统刑法学理论中，行为概念也广为研究者们所关注，只是在其与犯罪构成体系之关系的认识上相对简单，即近乎一致地肯定“(危害）行为”只是犯罪客观要件中的一个要素。此等认识的逻辑错误可谓显而易见，即出现了部分大于整体的逻辑悖谬，且将行为概念仅仅作为犯罪客观要件中的一个要素，并试图基此把握作为整个刑法学理论大厦基石的行为概念，这无异于管中窥豹、坐井观天，基于如此逼仄的视域来探讨行为概念，势必难以虑及行为概念对整个犯罪构成体系之建构功能。

犯罪系行为之特殊类型，行为与犯罪乃一般与特殊、共性与个性的关系，逻辑学的基本常识告知我们，“特殊的东西包含普遍性，普遍性构成特殊的东西的实体；类在其属中是不变的；各属并不与普遍的东西相差异，而只是彼此互相差异。”[②]职此之故，把握犯罪构成的前提是把握行为之构成，换言之，行为的构成要素及其关系如何，那么犯罪构成的要件及其关系也必当如何，要不然，犯罪的行为性就将遭到否定。因此，行为概念对犯罪论体系而言有着极为重要的价值，对其正确把握是构建科学合理的犯罪论体系之逻辑前提，诚如我国台湾地区学者韩忠谟所指出的，“确立一涵盖各种犯罪行为之‘类’的概念或上位概念，以充作犯罪构成理论之出发点，在逻辑推理上有其重要价值。”[③]但已如上述，传统刑法行为概念在犯罪论中的定位不过是作为犯罪论体系的一个阶层或者客观要件（或构成要件）中的一个要素，如此势必难以把握行为概念之完整面相，行为之构成要素及其关系如何就更无从谈起了，行为作为犯罪行为的上位概念所应当具备的指导犯罪论体系之建构功能也必然因此而荡然无存。

缺乏行为概念的指导所导致的直接后果是犯罪论体系的极大不确定性，表现为：犯罪构成到底应该包含几个要件或阶层？每一要件或阶层又到底应该包含哪些内容或要素？对此，德、日等国家或地区的刑法学界可谓众口纷纭、莫衷一是，有“二阶层说”“三阶层说”“四阶层说”和“五阶层说”等，且在任一阶层学说体系的内部，要素在阶层中的定位又往往

---

① 如德国刑法学家雅科布斯就将行为概念的连接要素机能表述为“它（即行为概念——笔者注）能够接受‘构成要件的’、‘违法的’和‘有责的’的修饰”，因而在他看来，行为概念只具有整理已存素材之价值，参见[德]格吕恩特·雅科布斯：《行为 责任 刑法》，冯军译，中国政法大学出版社 1997 年版，第 68 页。

② [德]黑格尔：《逻辑学》（下卷），杨一之译，商务印书馆 1982 年版，第 273 页。

③ 韩忠谟：《刑法原理》，中国政法大学出版社 2002 年版，第 68 页。

存在着较大的差异，倘若以此等差异作为体系之区分标准，那么在德日刑法学界竟有数十种犯罪论体系之多。[①]罗克辛曾就此等理论状况指出，“准确说来，我们今天所看到的、总体上在实践和学说中起着指导模型作用的犯罪论，是由不同个体的作者对其不断进行各式各样的种种修改而形成的，于是，犯罪论的大厦迴然成了不同风格、不同阶段思想的古怪混杂体”，“人们把大量的注意力集中在这个问题上，即：犯罪论体系的哪个位置应当配置这个要素特征或者那个要素特征；人们可以将过去几十年里的犯罪论发展史描绘成：犯罪要素在体系的不同阶层里旅行。”[②]面对如此理论境况，德国刑法学界出现了犯罪阶层无用论之异见，如德国刑法学家雅科布斯（Jakobs）和普珀（Puppe）都认为，随便使用哪一种阶层构造都一样，雅科布斯还认为，区分构成要件符合性、违法性和有责性，或者区分不法和罪责，都是没有意义的。[③]在我国传统刑法学理论中，有关犯罪构成到底应该包含哪几个要件的问题，虽然“四要件说”是理论通说，但同样也存在“二要件说”“三要件说”和“五要件说”之论争。[④]此外，无论是我国传统要件体系的坚守者还是反对者都基本认同，在该体系中，每一要件均居于同一层面，要件与要件之间因而是一种“平面耦合”或者“齐合填充”的关系，[⑤]而由此所导致的则是各要件之间逻辑排序上的歧见纷呈。

虽然中外传统刑法学理论之主流向来都肯定行为概念应当作为刑法学理论大厦之基石，或者作为犯罪论体系之坚实骨架或支柱性地位[⑥]，但对其论说迄今仍然止步于口号式的宣扬，而从未真正确立或者实现过行为概念的此等应有机能。我们所见到的是，过往形形色色的行为学说均未能

---

① 参见许玉秀：《当代刑法思潮》，中国民主法制出版社2005年版，第53-165页；叶建勋：《新康德主义价值哲学对犯罪论的影响》，人民日报出版社2013年版，第59页。

② [德]克劳斯·罗克辛：《刑事政策与刑法体系》（第二版），蔡桂生译，中国人民大学出版社2011年版，第16、51页。

③ 参见许玉秀：《当代刑法思潮》，中国民主法制出版社2005年版，第53页。

④ 参见宣炳昭、黄志正编著：《犯罪构成与刑事责任——刑法学研究综述》，中国政法大学出版社1993年版，第47-52页；赵秉志主编：《刑法争议问题研究》（上卷），河南人民出版社1996年版，第173-194页。

⑤ 参见肖中华：《犯罪构成及其关系论》，中国人民大学出版社2000年版，第44页；陈兴良：“刑法知识的去苏俄化”，《政法论坛》2006年第5期，第20-23页；刘艳红：“犯罪构成体系平面化之批判”，《法学研究》2011年第5期，第110-126页。

⑥ 我国刑法学家陈兴良教授也明确指出，“行为在犯罪论乃至于在整个刑法学中都具有基础的作用。因此，行为论就不能不成刑法学的关键之章”，参见陈兴良：“行为论的正本清源——一个学术史的考察”，《中国法学》2009年第5期，第190页。

在根基上撼动既有的犯罪论体系，相反，所有的行为学说均无不自我贬抑、矮化，乃至于本末倒置、削足适履，让其适应研究者们各自主张的并非以行为概念作为坚实骨架的犯罪论体系，犯罪论体系也因之始终呈现出变动不居、漂浮无根的状态。

为厘清犯罪论体系因长期处于变动不居、漂浮无根状态而导致的理论混乱，真正确立行为概念作为犯罪论体系的坚实骨架以及作为整个刑法学理论大厦坚固磐石之地位，本书试图以一种超越的理论姿态，即跳出既有的形形色色的犯罪论体系所形成的理论圈圚，将行为概念之地位提升至作为衡量一切犯罪论体系合理与否之标尺的理论高度，确证一种真正具备连接要素机能的行为概念，并且希冀通过对行为概念这一基本机能的推演，产生“一波激荡，万波随起”的理论效应，进而从基底上一以贯之地破解刑法学理论中的系列难题，使长期以来乱象丛生的刑法学理论拨乱归正、革故鼎新。[①]

① 需要说明的是，本书的书名是《行为概念对犯罪论体系的基底性诠释》，笔者所欲表达的意思是“立足于行为概念对犯罪论体系所作的基底性诠释”。

第一章　中外刑法学中的行为概念与犯罪论体系之关系述评

在刑法学说史上，早在费尔巴哈时代[①]就已经认识到“只有外在的行为才可能违反法律”[②]，但在那个时代，行为概念还不是一个独立的探讨对象，对行为概念在理论上展开专门研究肇基于黑格尔，自后刑法学界围绕着行为概念进行了历时近两个世纪的大讨论，此番大讨论时至今日仍余波荡漾、未见终了。犯罪乃行为之特殊类型，二者间的此等关系使得行为的结构与犯罪论体系之间势必有着内在的联系，只是这种内在联系的具体表现到底为何，在中外刑法学界至今仍存在较大的争议。本章拟就中外刑法学理论中的主要行为学说及其与犯罪论体系之关系加以介绍和评析。

第一节　德日刑法学中的行为概念及其与犯罪论体系之关系述评

刑法中的行为概念源起于德国法学理论，迄今已形成诸多行为学说，其中较具影响力的主要有因果行为论、目的行为论、社会行为论和人格行为论，这些行为学说均与犯罪论体系或多或少地发生着联系，接下来拟对德日刑法学理论中的这些行为学说及其与犯罪论体系的关系予以介绍

---

① 就思想史而言，则可追溯至更早的年代，如在启蒙时代，英国启蒙思想家霍布斯（Thomas Hobles）就指出，“罪行是一种罪恶，在于以言行犯法律之所禁，或不为法律之所令。所以每一种罪行都是一种罪恶，但却不能说每一种罪恶都是一种罪行。有偷盗或杀人的意图，虽然从来没有见之于言行，也是一种罪恶，因为洞察人类思想的上帝可以让他对这事负责。但这意图在没有见之于言行、从而可以让人间的法官用作其意图之论据以前，就不能称为罪行”，参见[英]霍布斯：《利维坦》，黎思复等译，商务印书馆1985年版，第226页。法国启蒙思想家孟德斯鸠也明确指出，“法律的责任只是惩罚外部的行为”，参见[法]孟德斯鸠：《论法的精神》（上册），张雁深译，商务印书馆1995年版，第197页。

② [德]安塞尔姆·里特尔·冯·费尔巴哈：《德国刑法教科书》（第十四版），徐久生译，中国方正出版社2010年版，第39页。

和评析。

一、滥觞中的行为概念及其与犯罪论体系之关系

法律以社会关系作为自己的调整对象，而社会关系的主体是人，那么法律是如何与作为社会关系主体的人建立联系的呢？17 世纪德国法学家普芬道夫（Pufendorf）首创“归属（Imputatio）”的概念，该用语其时有“商人间用以作‘算入某人账上’”之含义，而其一般含义则为“某结果的源头系某人”或者“某人乃造成某结果的原因”，这也是后来“归责（Zurechnung）”一词之由来。“归属”所要解决的是将发生于外界的某事实与主体进行归属联结，进而能够将该事实视为是该人之作品，借此区别与其全然无关的事故事实。及至 18 世纪，刑法学家费尔巴哈（Feuerbach）及格鲁曼（Grolman）在建构自己的犯罪论体系时，“归属”概念并未引起他们的重视，不过，费尔巴哈和格鲁曼所构建的主客观二分的犯罪论体系①对刑法行为概念的诞生有着特别的意义，其特别意义在于，后继研究者们在接受普芬道夫所创设的归属性概念的基础上，结合二分法犯罪论体系，将“归属”区分为了“客观上的归属”（也称为“事实归属”或者“行动归属”）与“主观上的归属”（也称为“法律归属”或者“责任归属”）。归属概念因此被推升至犯罪的上位概念便成为可能，只是当时在理论上仍未出现径直以“行为”作为统合所有犯罪行为之概念，但已然为行为概念进入刑法学科体系预铺了可行性路径。②

归属性概念最终被推升至犯罪的上位概念肇端于黑格尔，他指出，“任何行为如果要算作道德的行为，必须首先跟我的故意相一致，因为道

① 虽然费尔巴哈在探讨犯罪的必要条件时论及排除犯罪的诸情形，但对于犯罪成立的本体条件，费尔巴哈也有明确的论述，他指出，“可以用不同的方式违反刑法规定。这种不同取决于：I. 违法后果与违法行为之间的关系；II. 违法后果与违法行为之间的因果关系；III. 行为本身的内在的（心理的）原因”，参见[德]安塞尔姆·里特尔·冯·费尔巴哈：《德国刑法教科书》（第十四版），徐久生译，中国方正出版社 2010 年版，第 45 页。显而易见，前面两个条件是针对行为的客观面，后一条件则是针对行为的主观面。因此，费尔巴哈的犯罪论体系整体而言是主客观二分的体系。对于主客观二分的体系，于此还特别值得一提的是，在意大利刑法学界也存在“二分的犯罪概念”，即认为犯罪构成只应该包括主观和客观两个要件。“二分的犯罪概念”在意大利源远流长，为意大利古典学派的主要代表人物卡尔拉拉（Carrara）所创，早于贝林的犯罪构成理论半个世纪，在现代意大利刑法学界仍然得到极权威人士的修正和发展，是一种完全可以和“三分的犯罪概念”（即三元说）分庭抗礼的学说，参见[意]杜里奥·帕多瓦尼：《意大利刑法学原理》（注评版），陈忠林译评，中国人民大学出版社 2004 年版，译者序第 10 页、正文第 105-109 页。

② 参见陈友锋：《刑法上行为概念与行为之探索》，台湾辅仁大学法律系博士论文（2002 年），第 15-16 页。

德意志的法，只对于在意志定在内部作为故意而存在的东西，才予以承认。故意仅仅涉及外在的意志应在我的内部也作为内在的东西而存在这一形式的原则。”“凡是出于我的故意的事情，都可归责于我，这一点对犯罪说来是特别重要的。不过责任的问题还只是我曾否做过某事这种完全外部的评价问题；我对某事负责，尚不等于说这件事可归罪于我。”①故在黑格尔看来，就法而言，只有主体意志外化之客观事实或者体现主体故意的外部事实才能够让主体负责乃至对主体归罪，而主体意志外化之客观事实或者体现主体故意的外部事实便一体成为了（道德的）行为。不过，在黑格尔的认识中，行为似乎只限于故意行为一种，尚未认识到过失行为。②但无论如何，是黑格尔开启了刑法学研究者们对行为概念的专门探究，黑格尔也因之被誉为“刑法的行为概念之父”③。

此后，黑格尔学派的刑法学者们（如阿贝格、克斯特林和贝尔纳等）突破了黑格尔对行为概念的认识藩篱，均毫无例外地将过失行为纳入行为概念之中，由此也十分缓慢地开始了将行为与应受刑事惩罚的行为分离开来。立足于“把犯罪分离为行为与刑事可罚性”，如贝尔纳提出，“犯罪是行为。人们通常用犯罪这个词所说的一切，仅仅是人们作为主语加在行为上的称谓。行为的概念因此必须成为坚实的骨架，并且正是这个骨架确定了犯罪理论的划分。”正因这种现代表述之缘故，贝尔纳通常被视为新的行为理论的创立者④，或被认为是首度明确地将行为概念在刑法上予以定位之人⑤。

虽然黑格尔学派的刑法学者们均毫无例外地将过失行为纳入行为概念之范畴，但却未能很好地释明过失行为何以是行为的问题，因为在黑格

---

① [德]黑格尔：《法哲学原理》，范扬、张企泰译，商务印书馆1979年版，第117、118页。

② 对于黑格尔是否已认识到过失行为，在理论上存在争议，争议源于他的此番发论，“我的所有物，作为外在物，处于各色各样的联系中，而且发生着作用（这种情形同样可以对我本身——作为机体或生物——发生）。如果它们对他人造成损害，这诚然不是我自己的作为，但其损害应多少由我负责，因为那些物根本是我的，而且按其独特的性质多少受到我的支配和注意的”，参见[德]黑格尔：《法哲学原理》，范扬、张企泰译，商务印书馆1979年版，第118页，注：着重号为笔者所加。因而他似乎也意识到了过失行为的存在。

③ 参见[德]克劳斯·罗克辛：《德国刑法学 总论》（第1卷），王世洲译，法律出版社2005年版，第148页；[德]冈特·施特拉腾韦特、洛塔尔·库伦：《刑法总论Ⅰ——犯罪论》，杨萌译，法律出版社2006年版，第68页。

④ 参见[德]克劳斯·罗克辛：《德国刑法学 总论》（第1卷），王世洲译，法律出版社2005年版，第148-149页。

⑤ 参见陈友锋：《刑法上行为概念与行为之探索》，台湾辅仁大学法律系博士论文（2002年），第3页。

尔的论说中，始终强调行为的内在意志与外化事实相一致，但过失行为却是主观与客观不相一致（即客观非主体所愿）之情形，如何克服这种矛盾从而使故意行为与过失行为取得统一性进而共存于行为概念之中，便一直困扰着黑格尔之后的刑法学研究者。面对此等困境，研究者们除了继续坚持行为概念应该作为统括故意行为与过失行为的上位概念外，在思考方向上不得不作出妥协，表现为，一方面淡化行为的主观面，另一方面致力于行为客观之事实因果层面以求理论突破，如此便为日后“因果行为论”的提出创造了条件。①

综上可知，行为概念源于归属概念，由于费尔巴哈与格鲁曼在构建自己的犯罪论体系时，归属概念并未引起他们的重视，归属概念也因之没有与初创期的犯罪论体系产生联系，当然，由于行为概念尚未诞生，故其与那时的犯罪论体系之关系也就无从谈起了。行为概念是在普芬道夫所创设的归属概念结合主客观二分的犯罪论体系之基础上诞生的，其时的研究者将“归属”区分为了“客观上的归属”与“主观上的归属”，此时的归属概念实际已具备行为之实（即已具备构成行为之基本要素）却无行为之名而已。并且不难发现，归属概念之“客观归属”与“主观归属”分类在很大程度上奠定了此后犯罪论体系之基调，尽管发展迄今的德日刑法学理论早已抛弃以要素的主客观分类作为犯罪论体系之阶层划分依据，但对于定罪之逻辑顺序，坚持客观优先于主观判断却基本可谓是坚定不移、不可更易的金规铁律，这不能不说是归属概念给德日阶层体系打上的不可磨灭的烙印。

二、德日刑法学中的行为学说述评

在德日刑法学理论中，对于行为概念的认识，因果行为论、目的行为论、社会行为论以及人格行为论是最具代表性的行为学说，接下来将对它们逐予述评。

（一）因果行为论述评

因果行为论又称为自然行为论，其内部包含两种学说：有意行为说和身体动静说。作为自然行为论的创立者，李斯特（Franz v. Liszt）所倡导的是有意行为说，他将行为定义为，“行为是相对于外部世界的任意举止。具体地讲：这一任意行为能够改变外部世界，不论是造成某种改变的

① 参见陈友锋：《刑法上行为概念与行为之探索》，台湾辅仁大学法律系博士论文（2002 年），第18-19页。

作为，还是造成某种改变的不作为。”[①]他甚至把侮辱行为理解成引起空气流动，并使神经受到刺激的过程。[②]其行为学说包含两部分内容：一是“以意思活动为先决条件（行为是具体化了的意思）”；二是“要求在社会外界产生某种改变（即使是暂时的），这种改变可以是针对人（即使是内心活动），对物或对事态。”[③]因果行为论的另一奠基者贝林也指出，“行为”不同于“事件”，是有意的身体举止（有意行为）。行为的表现形式要么表现为身体的运动（作为），要么表现为无运动（不作为）。行为的主观方面是对活动身体或不活动的意志，意志是人们对其身体的支配，是一种自我决定，这种意志引起了肌肉的紧张，或者使肌肉无所作为。[④]之后的因果行为论者，如德国刑法学者拉德布鲁赫（Radbruch）、迈兹格（Mezger）、Baumann/Weber、Heimann-Trosien 等[⑤]，日本刑法学者山口厚[⑥]以及我国台湾地区刑法学者黄荣坚[⑦]等也都基本因袭首倡者之持论，强调行为的两个必备要素，即“有意性”（又称为“心素”）和“有体性”（又称为“体素”），将行为人的内在意思视为原因，而导致外界发生的变动则视为结果，故行为就是该原因导致该结果的整个因果过程。有意行为说是19 世纪以降迄今德、日刑法学界的多数说。[⑧]在因果行为论中，还有一种基于纯自然主义立场的身体动静说，该学说主张，凡是人的身体动静都是行为，而不论其是否具备有意性、目的性或社会性，如德国刑法学者诺瓦科夫斯基（Nowakowski）认为，“行为应纯粹在物理上理解为系身体的举动之样态”[⑨]，此外，日本刑法学者平野龙一、前田雅英等也持此见

---

① [德]弗兰茨·冯·李斯特：《德国刑法教科书》，徐久生译，法律出版社 2006 年版，第 176-177 页。

② 参见[德]汉斯·韦尔策尔：《目的行为论导论》，陈璇译，中国人民大学出版社 2015 年版，第 9 页。

③ [德]弗兰茨·冯·李斯特：《德国刑法教科书》，徐久生译，法律出版社 2006 年版，第 176-179 页。

④ 参见[德]恩施特·贝林：《构成要件理论》，王安异译，中国人民公安大学出版社 2006 年版，第 65 页。

⑤ 参见[德]克劳斯·罗克辛：《德国刑法学 总论》（第 1 卷），王世洲译，法律出版社 2005 年版，第 150 页。

⑥ 参见[日]山口厚：《刑法总论》（第 2 版），付立庆译，中国人民大学出版社 2011 年版，第 41 页。

⑦ 参见黄荣坚：《基础刑法学》（上），中国人民大学出版社 2009 年版，第 104-107 页。

⑧ 参见马克昌：《比较刑法原理》，武汉大学出版社 2003 年版，第 165 页；张明楷：《外国刑法纲要》，清华大学出版社 1999 年版，第 63 页。

⑨ 转引自洪福增：《刑法理论之基础》，刑事法杂志社 1977 年版，第 41 页。

解。[①]据此，单纯的反射运动、睡眠中的举动、心神丧失者的活动以及受物理绝对强制下的动作都不失为行为，均可被纳入行为概念中来。

由上可知，无论是有意行为说还是身体动静说，都强调行为的有体性，即行为的客观表征，这是因果行为论的合理性所在，因为，人的行为作为客观存在之事物，必须借助物质载体来表现自己，否则我们也将无从对其加以把握。不过，因果行为论的缺陷也非常明显，主要表现为：

其一，身体动静说因完全忽略行为的内在要素，将人的一切存在状态均认定为行为，如此虽然能够囊括刑法中的所有行为类型，但其缺陷在于：一是无助于人们区辨人的行为与动物的行为、人的此行为与彼行为以及一行为与数行为，进而丧失行为概念所应该具有的相关基本机能；二是无视特定学科之研究任务及研究视角，将行为概念的外延扩张至某些毫无刑法意义的人的存在状态。

其二，有意行为说的缺陷则在于，该学说虽然主张行为的有意性，但却认为，行为人只要以其外在之举止引起外界变动并表现其内在意思就是行为，至于意思的具体内容（如故意、过失等）如何，则并非为行为概念所应该揭示，而属于责任之范畴，如拉德布鲁赫指出，"我们应当采用这样一种行为的概念，它只要求意志必须对行为具有因果性，而将关于意图内容的问题全部分配给责任，故这种行为概念所指的行为，并非以某种方式特定下来的身体运动，而只是以某种方式（即通过一个有意识的意志举动）被引起的身体运动。"[②]意思因而与意思的内容相分离，意思在行为概念中也就成了空洞的抽象概念，如此把握行为的有意性，有意性此时与其说是行为的要素，毋宁说是可有可无的点缀品罢了。职此之由，作为因果行为论的重要奠基者，贝林将自己的上述行为定义描绘为"无血的幽灵"[③]。在解释论上，该学说也势必因此而陷入与身体动静说同样的困境。

其三，身体动静说和有意行为说虽然都强调行为的"有体性"，但将"有体性"仅仅界定为身体的动或静，实际并未揭示各种行为的外在共通要素，拉德布鲁赫甚至认为，作为与不作为在于"动"与"静"之关系，恰如立于 A 与非 A 之关系，或肯定与否定之关系，不能具有共通之上位

① 参见甘添贵、谢庭晃：《捷径刑法总论》，瑞兴图书股份有限公司 2006 年版，第 56 页。

② 转引自[德]汉斯·韦尔策尔：《目的行为论导论》，陈璇译，中国人民大学出版社 2015 年版，第 8 页。

③ 参见[德]克劳斯·罗克辛：《德国刑法学 总论》（第 1 卷），王世洲译，法律出版社 2005 年版，第 151 页。

概念。[①]由于未能提供一种共同的基础性因素，此等行为概念只能当作作为和不作为的综合名称来使用。[②]

不过，在笔者看来，因果行为论尽管存在如上缺陷，但其中的主流学说（有意行为说）与其他学科中居主流地位的认识一样，肯定人的行为乃主客观的统一体，即便如今德日刑法学之主流理论已放弃主客观二分的犯罪论体系，但还是无人否定行为在构成要素事实上的主客观属性区分。还有，该行为学说之名称以及不同研究者的阐释还透露出一个显白的事实，即行为的外在举止系行为人内在心理活动的结果，因而在行为的构成要素中，主观是因，客观是果，依据逻辑学的基本常识以及行为的主观对其客观在事实上的支配制约关系（也即俗谓的“行由心控”）可知，行为的整体性质应该由其主观内容所决定。这是刑法学中极其重要的一个命题，具有重大的理论与实践价值，本书将对此详加论述。

（二）目的行为论述评

一战后由于受到心理学研究成果的影响以及对因果行为论的批判，德国刑法学大家韦尔策尔（Welzel）于20世纪30年代力倡目的行为论。[③]韦尔策尔在其《目的行为论导论》一书的开篇即指出，“人的行为是对目的活动的执行。因此，行为是‘目的性的’，而不是纯粹‘因果性的’事件。……目的性的活动是被人有意识地引向目标的一种作用，而纯粹的因果事件则不受目标的操控，它是由各种现存之原因要素偶然引起的结果。因此，目的性——形象地说——是‘注视着的’，而因果性则是‘盲目的’。”[④]并认为，行为的目的性操控是通过两个阶段来得以贯彻的，第一个阶段完全是在思维领域展开的，它开始于：预先提出（在前设定）行为人希望实现的目标，接着从目标出发挑选为达到目标所必要的行为手段，同时对那些在目标实现以外，与预计需要的因果要素相联系的附随结果也加以考虑。第二个阶段是根据他在思维上对目标的设定、对行为手段的选

① 参见洪福增：《刑法理论之基础》，刑事法杂志社1977年版，第61页。

② 参见[德]克劳斯·罗克辛：《德国刑法学 总论》（第1卷），王世洲译，法律出版社2005年版，第150页。

③ 目的行为论并非韦尔策尔首倡，在其之前已有学者如 Weber、Wolf、Dohna 等提出了类似的观点，故一般认为韦尔策尔是目的行为论的主倡者，参见陈友锋：《刑法上行为概念与行为之探索》，台湾辅仁大学法律系博士论文（2002年），第27页。此外，正如德国有学者所指出的，从哲学上来看，目的行为论在一定程度上与黑格尔相联系，承袭了黑格尔理论的重要思路，参见[德]京特·雅科布斯：“韦尔策尔对于当今刑法学的意义”，[德]汉斯·韦尔策尔：《目的行为论导论》，陈璇译，中国人民大学出版社2015年版，第9页。

④ [德]汉斯·韦尔策尔：《目的行为论导论》，陈璇译，中国人民大学出版社2015年版，第1页。

择以及对附随结果的考虑，行为人将其行为在现实的世界中付诸实现。[①]这样，行为概念的核心就由意思形成的客观因果过程转向了行为人的主观目的性活动，以目的性取代了因果行为论中的有意性，进而充实了行为的主观内容。目的行为论在德国受到毛拉赫（Maurach）、阿明·考夫曼（Armin Kaufmann）、布赫（Busch）、尼泽（Niese）、斯特拉腾韦特（Stratenwerth）等学者的支持和发展，而在日本则得到了木村龟二、平场安治、福田平等学者的赞同。

在解释不同类型的行为时，目的行为论对故意行为的解释大体不存在问题[②]，但过失行为的目的性问题却对目的行为论提出了巨大的挑战，也历来因此而为其他的行为学说所诟病。在韦尔策尔的早期观念中，并不承认刑法中有过失行为的存在，特别是对于无认识的过失，即便是有认识的过失，在他那时的观念中，仍视之为“未必的故意”。[③]后来在他描述过失行为时，虽然强调“法规范，即法的禁止或要求，不可能指向盲目的因果进程，而只能指向那些能够以目的为导向塑造未来的行为”，但他同时还依据规范禁止或要求的行为为准，将规范区分为了故意作为犯、过失作为犯以及不作为犯三类规范，其中第二类规范涉及的是“对行为手段的选择和运用，而不论行为人通过该手段意图实现的目标是什么。当行为人选择和运用行为手段时，这种规范要求他的目的性操控必须符合某种最低限度的要求，以及必须给予‘在交往中必要的注意’，从而避免行为引起违反其意愿的、在社会中不受欢迎的附随结果。”[④]可见，以其目的行为学说解释过失行为时，他不得不承认应忽视“意图实现的目标”（也即目的），而应根据操控的过程（即选择和运用行为手段）以及附随的结果来理解。但无论如何，过失行为中操控的过程与附随结果之间绝非手段与目的的关系，真实的目的性或操控手段指向目标之情形只存在于故意行为中，故任何试图探寻过失行为的目的性之努力都注定是徒劳的。在德国学者施特林泽（Struensee）最后一次试图解释过失行为的目的性之后，迄今

① 参见[德]汉斯·韦尔策尔：《目的行为论导论》，陈璇译，中国人民大学出版社 2015 年版，第 2–3 页。

② 严格说来，目的行为论仅仅对直接故意行为具备充分的解释力，对于间接故意行为还是存在解释上的困难，这是因为，与犯罪过失一样，间接故意实际也不存在指向犯罪结果的犯罪目的。

③ 参见柯耀程：《变动中的刑法思想》，中国政法大学出版社 2003 年版，第 8 页。英国法学家奥斯汀也认为，所有的行为都是故意的，参见[美]道格拉斯·N·胡萨克：《刑法哲学》，谢望原等译，中国人民公安大学出版社 2004 年版，第 119 页。

④ 参见[德]汉斯·韦尔策尔：《目的行为论导论》，陈璇译，中国人民大学出版社 2015 年版，第 6–7 页。

再也没有哪位学者继续执着地纠缠于该问题了。①

在解释不作为的行为性问题上，目的行为论也出现了两种截然相反的观点。第一种观点认为不作为不是行为，如韦尔策尔认为，因为不作为在存在论上是某种行为的不作为，故它本身不是行为，既缺乏因果性和（现实）目的性，也缺乏作为犯中的事实性故意，但是，它受目的性行动力即能够根据行为人的目的统治其意思的能力所支配，在这一点上，可以纳入包括它和行为的上位概念即人的形态（或人的态度）观念之中。②并明确指称，“若将原本即热情多样之人类行为的本质构造，仅仅借由单一之简单命题加以审视，实未免过于简化且荒诞。”③阿明·考夫曼也认为，“不作为并非目的行为论意义上之活动”，“在本质上，既不能作为有效的目的操纵，且亦不可能作有效的目的操纵”，但一如韦尔策尔所认为的，作为与不作为虽不能在行为论上予以统一，唯可在支配目的活动意思之“人的态度”的概念中予以统一。④第二种观点则肯定不作为的行为性。持此种观点的论者有毛拉赫、木村龟二等，如毛拉赫认为，“行为乃受意思所操纵、支配，并使之向一定结果进行之‘人的态度’；故不特积极活动以变更环境之作为，系此意义之行为，则向着不实行某种行为之态度（即不为一定的作为），在其价值上亦应谓为系此种意义的作为。行为乃包含作为与不作为。不作为并非所谓‘行为’之否定，而系‘作为’之否定。”⑤木村龟二也指出，像没有杀人这种不作为是没有杀人而在散步一样，以相对于不作为的作为为标准，可以理解为包含了否定它的要素的作为，可以说是行为。⑥肯定说虽然得出不作为也是行为之结论，但该结论是与其立场存在冲突的，因为，在目的行为论之存在论前提立场上，其

---

① 参见[德]克劳斯·罗克辛：《德国刑法学 总论》（第1卷），王世洲译，法律出版社2005年版，第153页。

② 参见[日]大塚仁：《刑法概说（总论）》，冯军译，中国人民大学出版社2003年版，第99页。以“人的态度”取代行为概念并将其作为一切犯罪现象之最高统一概念，受到了日本刑法学家西原春夫的批判和讥讽，他指出，其一开始，刻意高举目的行为概念大旗并以之为立论的出发点，却于最后自行加以推翻并另代以人类态度之概念，果尔，倒不如将目的行为论自始即明确称为“目的态度论”反而较坦白，参见陈友锋：《刑法上行为概念与行为之探索》，台湾辅仁大学法律系博士论文（2002年），第68页。韦尔策尔在其《目的行为论导论》一书中只是简略提及：第三类规范要求行为人必须实施阻止发生社会上不受欢迎之结果的行为。若行为人实施了被要求的行为，则他符合该规范；若行为人没有去做被要求的行为，那他就违反了该规范，而并未专就不作为的行为性详加阐释，参见[德]汉斯·韦尔策尔：《目的行为论导论》，陈璇译，中国人民大学出版社2015年版，第7页。

③ 转引自苏俊雄：《刑法总论Ⅱ》，元照出版公司1998年版，第33页。

④ 参见洪福增：《刑法理论之基础》，刑事法杂志社1977年版，第63页。

⑤ 转引自洪福增：《刑法理论之基础》，刑事法杂志社1977年版，第64页。

⑥ 参见[日]大塚仁：《刑法概说（总论）》，冯军译，中国人民大学出版社2003年版，第99页。

强调唯有依目的意识作用所操纵支配因果历程之目的追求活动始为刑法上有意义之行为，但就外部因果性之现实形成力来看，不作为于客观上欠缺积极地操纵支配之能量，[①]故肯定论的理由还是难以令人信服。

（三）社会行为论述评

虽然社会行为论先于目的行为论出现，但因该行为学说是在目的行为论盛极而式微之后才受到学界的重视，故如今的社会行为论可谓是在因果行为论和目的行为论的存在论基础上，同时结合社会规范来阐释行为概念的一种行为学说。[②]社会行为论滥觞于德国刑法学家施密特（Eb. Schmidt）于 1932 年在修订李斯特所著《刑法教科书》时对行为概念所作的重新定义，他将李斯特的因果行为概念修改为“对外界社会之有意态度，亦即，本于人类有意之态度而发生一定社会的外界变动者”，而后他又撰文进一步指出，“对于法律生活与法律价值之世界而言，唯一可视为法评价对象之人类行为，应系统一于具有机能性之社会意义上者。人类乃借其行为而营其于社会共同生活中之机能，并于此生活中产生该机能性作用，是欲决定何者系行为而足供作法律评价之对象，自应决之于社会生活观。因之，决定具社会意义机能之统一体，基准必系由社会生活观与社会经验中萃取而来。目的行为论与社会行为论之争议所在，亦无非在于应取何要素以构组行为一点上。社会行为论于寻求机能的、社会的统一实体之际，固然仍有必要借助行为人之意思，完全漠视意思实无法想象将如何于社会生活经验中进行其内容之考察。但社会行为论之出发点并不在于该目的性本身及其内容如何，乃着重于社会生活领域中具机能性之事实，社会的考察方法正系以此为起点而与内含人类意识之举动相连接。”[③]施密特之见解得到了恩吉施（Engisch）、迈霍弗（Maihofer）、耶赛克（Jescheck）、韦塞尔斯（Wessels）、齐夫（Zipf）和日本的佐伯千仞、大谷实等学者的支持和发展。如恩吉施认为，行为是“可以预计的社会意义重大的结果的任意性原因”。迈霍弗也将行为定义为，“行为是以损害社会利益为对象的举止行为”，或是“各种在客观上可以控制的以客观上可以预

---

① 转引自陈友锋：《刑法上行为概念与行为之探索》，台湾辅仁大学法律系博士论文（2002 年），第 66-67 页。

② 由于不同学者的具体主张不同，社会行为论很难用统一的行为论来概括其基本含义，但他们在强调行为的社会性或社会重要性这一点上是一致的。

③ 转引自陈友锋：《刑法上行为概念与行为之探索》，台湾辅仁大学法律系博士论文（2002 年），第 76、82-83 页。

见的社会后果为对象的举止行为”。[①]耶赛克则对行为概念下了社会行为论中最为简括的定义，“行为是对社会有意义的人的态度”。这里的“态度”意味着人通过他所拥有的反应可能性的实现，对其认识到的或至少可以认识到的情境要求的每一种回答。[②]

在社会行为论之首倡者施密特看来，行为是包含“有意性”要素的，但另有社会行为论者却认为，若保留行为构造中的有意性要素将导致行为概念之基本界限机能上的争议，如此将难以把忘却犯、原因自由行为等纳入行为概念之范畴，于是，在社会行为论内部出现了否弃有意性要素之见解，如佐伯千仞提出，“须具备有意的或有（行为）能力等等之复杂性质，实无必要加以要求，只要系完全无内容要求之人类态度即为已足，纵使为无意识下之态度，亦仍属刑法上之行为；至于是否成立犯罪，则交由责任或其他要件予以判定即可。”恩吉施也提出“应将故意、过失乃至于行为人人格上主观之限制予以充分解除之行为概念”。迈霍弗也修正了自己早先的认识，指出，“即使欠缺有意性之无知觉、无意识事实，对刑法而言仍具有其重要性。”[③]

不过，否弃行为的有意性要素之论者也并非完全无视行为的有意性，他们往往以“意志（或意思）支配（或控制）可能性”的概念替代有意性，如韦塞尔斯指出，行为是“由人的意志所控制或者可以控制的社会影响上重大的举止”[④]。齐夫也将行为定义为“意思所支配或可得支配，而其结果具社会重要性之人类态度”。迈霍弗则进一步提出，行为概念之观察应按下列四个基准展开：（1）行为结果之预见可能性；（2）行为事实之支配可能性；（3）客观上，对人类而言具有可能性；（4）对他人而言，乃一社会结果。简言之，即仅以客观之预见可能性及客观之支配可能性作为行为概念之内涵要素。[⑤]此外，日本刑法学者大谷实、西原春夫、米田泰邦等也持类似的见解。在笔者看来，行为的“意志支配或可支配性”的确在一定程度上从特定的视角窥测到了人的行为之本质特征，在这一点

---

① 参见[德]克劳斯·罗克辛：《德国刑法学 总论》（第1卷），王世洲译，法律出版社2005年版，第154-155页。

② 参见[德]汉斯·海因里希·耶赛克、托马斯·魏根特：《德国刑法教科书》，徐久生译，中国法制出版社2001年版，第275页。

③ 转引自陈友锋：《刑法上行为概念与行为之探索》，台湾辅仁大学法律系博士论文（2002年），第84-86页。

④ [德]约翰内斯·韦塞尔斯：《德国刑法总论》，李昌珂译，法律出版社2008年版，第48页。

⑤ 转引自陈友锋：《刑法上行为概念与行为之探索》，台湾辅仁大学法律系博士论文（2002年），第84、85页。

上，较之于目的行为论和因果行为论，社会行为论堪称别具一格。[①]基此能够在一定程度上发挥行为概念的界限机能和论理机能，也即能够将无意志支配可能性之人的举止，如反射动作、绝对强制下的行止、睡眠中的动作等均排除出行为概念之范畴，也能够在某种意义上解释作为与不作为、故意与过失行为（含忘却犯）之行为性。但整体而言，此等洞见尚存在一个根本性的缺憾，根据笔者手头所掌握的资料来看，社会行为论之持论者中，还从未见有哪位研究者穷究出行为之“意志支配或可支配性”产生的深层理据，尤其是它无法从根本上解释行为何以能够表现为“可支配性”之形式，或言之，“可支配性”明显包含了价值或规范之因素，据此确实能够将过失行为和不作为行为都纳入行为概念中，但这种价值或规范因素背后的存在论根据是什么？未见有持论者对此加以深究。

此外，对于社会行为论，笔者还认同学界的如下批评意见：首先，社会行为论之“社会性”或“社会重要性”被指失之宽泛，是一个极不确定的概念，如有学者指出，凡是人的身体运动皆具有社会意义。[②]其次，社会行为论所强调的社会意义或社会重要性仅仅系针对行为所引起的外部效果所作的描述与评价，而对行为本身的实体内容却未见有定义或说明，正如日本刑法学者平场安治所指出的，仅仅着重于外界影响上之评估却反遗忘行为自身究系何物之论述，充其量亦不过是进行边幅修饰之点缀工作罢了。最后，社会行为论有漠视行为乃客观存在事实之嫌疑，譬如，对于不作为之行为性的解说，社会行为论除了以具有社会意义或社会重要性进行解释外，未作任何其他特征上的说明。[③]

（四）人格行为论述评

人格行为论最先由日本刑法学家团藤重光提出，得到了大塚仁、日冲宪郎等弟子的支持。在德国，阿图尔 • 考夫曼（Arthur Kaufmann）于1966 年也提出了类似的观点，在德国刑法学界，持人格行为论的学者还有罗克辛、鲁道菲（SK-Rudolphi）、金贝尔纳特（Gimbernat）等。团藤重光在其 1957 年出版的《刑法纲要（总论）》中提出，“人的身体的动作与其背后的其人的主体的人格态度相结合，被认为其人的主体的现实化的

① 虽然，目的行为论力倡者韦尔策尔也曾试图以“目的行动力”（即依其目的而支配意思之能力）统合作为与不作为，指出行为系“于意思支配能力范围内，依其目的之人类身体积极态度或消极态度”，参见陈友锋：《刑法上行为概念与行为之探索》，台湾辅仁大学法律系博士论文（2002 年），第 68 页。但他却否定了作为一切犯罪现象基础之行为概念，在这一点上，显然与社会行为论迥然有别。

② 参见陈子平：《刑法总论》，中国人民大学出版社 2009 年版，第 88 页。

③ 参见陈友锋：《刑法上行为概念与行为之探索》，台湾辅仁大学法律系博士论文（2002 年），第 89-91 页。

场合——只有这样的场合——才被认为是行为。”1979 年在该书的修订版中，他又继续强调，“刑法中所认为的行为，必须被看作是行为人人格的主体的现实化。仅仅反射运动或基于绝对强制的动作，作为刑法上的行为是成问题的。然而，主体的人格态度，不一定表现为作为的形式，也可能表现为不作为的形式。再者，它不一定出于故意，作为轻视规范的人格态度，出于过失的，也能认为是行为……行为是作为行为人人格的主体的现实化的生动的活动，具有生物学的基础和社会学的基础。”①大塚仁也提出，“作为犯罪概念的基底的行为是作为行为人人格的主体性表现的基于有意性的身体动静，是由一般人的认识性判断能够肯定其社会意义的东西”，“行为是行为人人格的现实化”。②阿图尔·考夫曼也认为，人类是以物质、生命、心理和精神而构成的综合性存在，所以人类的行为也应从人类的综合要素考虑和认识出发。区别人类与动物的决定性因素在于人格，人格意味着精神上自我意识和自我处理能力。这种人类存在论的自由成为对人类的伦理性责任的基础。③罗克辛也明确指出，“如果人们把行为理解为‘人格表现’，就能得出一种具有恰当功能的行为概念。这是指，行为首先是能够归于作为心理和精神的动作中心的自然人的一切”，“人格的表现不是单独由身体和心灵的因素，而是要通过多种多样的评价范畴，个人的，社会的，道德的，还有法律的，在它们的情况下共同确定的，并且，有时只有这样才能组成，这是符合自然人存在的现实的”。④

人格行为论将人的行为理解为行为人人格的发现或者现实化，由于犯罪是人的行为，是行为人的行为，故这种从作为行为之根源的行为人视角来探查行为本质的做法，无疑是对人的行为之本质认识的深化，这是其他行为学说从未触及的问题，也是其深刻性所在。该行为学说也能够将不作为行为和过失行为轻易地纳入行为概念之中。除此之外，人格行为论的优势还在于，对于刑罚论中的相关基本问题，也能够提供合理的诠释，例如，由于行为人实施的犯罪行为是使其承担刑事责任的唯一根据，但是，作为量刑要素的量刑情节却包含了大量的罪前及罪后情节，如累犯、自首、坦白、立功和退赃等，都能够影响刑事责任的轻重，问题是，这些情节如何能够被犯罪行为囊括于内进而成为“犯罪的”情节呢？这是其他行

① 转引自马克昌：《比较刑法原理》，武汉大学出版社 2002 年版，第 170 页。

② [日]大塚仁：《刑法概说（总论）》，冯军译，中国人民大学出版社 2003 年版，第 102 页。

③ 参见[韩]李在祥：《韩国刑法总论》，韩相敦译，中国人民大学出版社 2005 年版，第 76 页。

④ [德]克劳斯·罗克辛：《德国刑法学 总论》（第 1 卷），王世洲译，法律出版社 2005 年版，第 160、164 页。

为学说力所不逮的基本问题，但人格行为论却能够轻而易举地破解该理论难题，因为，这些因素都反映了罪犯的人格，而行为又是人格的现实化，故均能够为犯罪行为所包容。人格行为论因之表现出了其他行为学说所难以企及的理论张力和超强解释力。

不过，在笔者看来，人格行为论的缺陷也较为明显，主要在于，它虽然主张行为是行为人人格的现实化，但对于人格现实化后的具体表现是什么的问题却未投入应有的理论关注，只是一味地强调行为人的人格，如此难免不给人以定罪的重心不是现实化的行为，而是行为人的人格形成过程之强烈印象，故有学者指出，该行为学说若在理论与实践中贯彻“最终有将行为人的生活方式作为定罪依据的危险”①，应当说，此等指责并非无根之论。还有，人格行为论应该是受到心理学的相关研究成果之启发而提出，但在笔者看来，该学说在吸收与借鉴心理学的相关研究成果时存在重大遗漏，其忽视了连接人格与行为客观方面的中间环节——心理过程，以致跨越心理过程将人格直接与行为的客观方面联结，而忽视行为的心理过程无疑会使行为概念之刑法意义大打折扣，其中最为突出的表现是，行为概念将因此而失去两项重要基本机能：一是丧失理论和实践机能，因为我们无法依据此等人格行为论区分此行为与彼行为以及一行为与数行为；二是使行为概念丧失其核心机能，也即连接要素机能，对此，笔者将在接下来的内容中论及。

三、德日刑法学中的行为学说与犯罪论体系之关系述评

如上所述，刑法中的行为概念是后继研究者们在接受普芬道夫所创设的归属性概念结合费尔巴哈和格鲁曼所构建的主客观二分犯罪论体系的基础上产生的，换言之，是初创期的犯罪论体系促成了刑法行为概念的诞生，这也是行为概念与犯罪论体系之始初关系。

刑法学说史上最早出现的行为学说是因果行为论，在因果行为论提出之时，德日阶层犯罪论体系尚未成形，阶层体系的形成过程是：德国法学家耶林（R. v. Jhering）在其《罗马私法中的过错要素》一文中首先提出不法的两种类型，即“客观不法”与“主观不法”，并明确指出，过错要素在民事不法判断中可以不予考虑，此即其著名的“违法客观论”。②耶林的客观违法性概念随后被德国刑法学家也是因果行为论的创立者李斯特

---

① 陈忠林：《意大利刑法纲要》，中国人民大学出版社1999年版，第90-91页。

② 参见[德]鲁道夫·冯·耶林：《罗马私法中的过错要素》，柯伟才译，中国法制出版社2009年版，第1页以下。

导入刑法的范畴中，并将其作为犯罪结构的一般客观犯罪要件。[①]默克尔（Adolf Merkel）则在批判耶林的违法客观论的基础上提出了“特别的罪责概念”，又进一步助推阶层体系的形成。直到1906年贝林提出构成要件理论，并认为对犯罪行为的判定应当具备“构成要件该当性、违法性和有责性”三个评价过程，阶层犯罪论体系才终告成形，这一体系也被称为“贝林-李斯特体系”或“古典三阶层体系”。[②]

古典三阶层体系在20世纪初居统治地位，而此一时期的行为学说是因果行为论。由于因果行为论忽视行为的具体心理内容，行为因而成为盲目的因果变动过程以及完全价值中立的客观现实存在，如此使得作为古典三阶层体系首要阶层中的“构成要件”也成为一个纯客观、非评价的范畴，而对客体的价值判断则留待接下来的违法性阶层，当然，违法性也同样因之与主观全然无涉，所有的主观心理要素均被置于最后的有责性阶层中。这一体系因而鲜明地体现出主客观二分之特点，与李斯特、贝林所主张的强调行为的“有意性”与“有体性”（即行为的主观和客观）的因果行为论相呼应，故因果行为论也可谓古典三阶层体系之基础。不过，在笔者看来，因果行为论对古典三阶层体系形成过程的影响还是极其有限的，这是因为，在刑法行为概念诞生之前的费尔巴哈、格鲁曼时代，主客观二分体系即已存在，较之于单纯的主客观二分体系，古典三阶层体系最根本性的变化是在客观层面添加了一个违法性阶层，但是很显然，这一阶层与作为事实的、价值中立的行为概念毫无瓜葛，正如德国刑法学家许内曼（Bernd Schünemann）所指出的，“‘违法性’在自然主义的体系里所呈现的还是一个规范的异形”[③]，我国台湾地区刑法学者许玉秀也指出，“在一个反映自然科学实证主义的犯罪阶层体系中，竟然出现一个具有评价色彩的违法性阶层，这的确是实证主义的一项破绽。”[④]并且从阶层体系的后续发展来看，虽然贝尔纳很早就提出行为概念应当成为犯罪论结构体之坚实骨架或坚固磐石之论见，但事实却是，正是与行为概念毫无瓜葛的违

---

① 参见[德]弗兰茨·冯·李斯特：《德国刑法教科书》，徐久生译，法律出版社2006年版，第199页以下。

② 参见[德]克劳斯·罗克辛：《德国刑法学 总论》（第1卷），王世洲译，法律出版社2005年版，第120-121页；[德]鲁道夫·冯·耶林：《罗马私法中的过错要素》，柯伟才译，中国法制出版社2009年版，第7-8页；林山田：《刑法通论》（上册），北京大学出版社2012年版，第112页；柯耀程：“刑法行为评价架构的演变及省思”，《中正大学法律集刊》1998年第1期，第172页。

③ 许玉秀、陈志辉合编：《不移不惑献身法与正义——许茜曼教授刑事法论文选辑》，新学林出版股份有限公司2006年版，第265页。

④ 许玉秀：《当代刑法思潮》，中国民主法制出版社2005年版，第123页。

法性阶层的存在，奠定了不法与责任截然分立这一作为支撑整个阶层体系的所谓坚不可摧的核心支柱之地位。

笔者认为，肯定与行为概念毫无瓜葛的违法性阶层在体系中的地位，并基此确立所谓的坚不可摧的体系核心支柱，实际上也宣告了行为概念对犯罪论体系的实质批判机能[①]的丧失，就中根本缘由在于，此等做法是对行为主义的公然违反！因为，行为人系因自己实施的犯罪行为而承担刑事责任，因而行为人实施的犯罪行为乃使其承担刑事责任的唯一根据，故在刑法的基本立场上，应当坚守行为主义。而如本书所析，坚持行为主义的核心要义在于：影响行为社会危害性有无及其程度的每一因素均应属于犯罪行为之内容，具言之，构成犯罪的每一要件及其要素，影响定罪、量刑乃至行刑的每一情节，均能够被犯罪行为囊括于内。[②]违法性由于反映的是犯罪行为的（消极）价值，而价值乃价值主体与价值客体之间的一种特定关系，故其并不存在于价值主体与价值客体本身的内部结构中，犯罪行为的价值因而也不存在于作为价值客体的犯罪行为的内部结构中，或者说，犯罪行为的价值并不属于犯罪行为之内容。由此可见，将不属于犯罪行为内容的违法性作为犯罪行为实体之内容，并基此确立所谓的坚不可摧的体系核心支柱，这无疑违背了行为主义，行为概念对犯罪论体系的实质批判机能自此将再也无从谈起了。而行为概念此项机能的丧失也是阶层体系始终面临着难以化解的重重危机之根由，在笔者看来，行为概念之所以始终未能实现其此项重要基本机能，主要原因在于：首先，或因行为概念系依附于早期的犯罪论体系而诞生，如此使得行为概念在其诞生之初即沦为了既有犯罪论体系之附庸，并且此等关系在往后的体系演进中始终未有根本性的改观；其次，虽然理论强调行为概念应该作为犯罪论体系之坚实骨架或坚固磐石，但行为概念自因果行为论开始，其在刑法学中的实际地位基本都只是为刑法规范对行为评价筛检确定评价客体而已[③]，将行为概念做如此定位，其对犯罪论体系的实质批判机能当然也就无从谈起了；最后，由于因果行为论虽然强调行为的有意性，但其有意性仅指意思活动系行为发动之原因，至于其具体内容如何则非此所问，如此孱弱单薄的行

① 所谓行为概念对犯罪论体系的实质批判机能，系指行为概念应该作为审视检验犯罪论体系合理与否之标尺机能，与理论所强调的行为概念应当成为犯罪论结构体之坚实骨架或坚固磐石具有同等意义。笔者将于本章的第二节中论及行为概念的该项基本机能。

② 至于如何能够做到这一点，详见本书第六章第二节之内容。

③ 参见柯耀程："刑法行为评价架构的演变及省思"，《中正大学法律集刊》1998 年第 1 期，第 164-197 页。

为概念怎能担负起审视检验既有犯罪论体系之重荷呢？因果行为论与古典三阶层体系的此等关系也奠定了往后行为学说与犯罪论体系关系之基调。

古典三阶层体系之后是新古典三阶层体系，新古典体系深受新康德主义价值哲学的影响，较之古典三阶层体系，其主要变化是阶层的实质化（价值化）与客观阶层的主观化，主要表现为：黑格勒（Hegler）和迈兹格（Mezger）等提出主观构成要件要素以及麦耶（M. E. Mayer）发现规范性构成要件要素，从而打破了古典三阶层体系阶层之间原有的主客观分际以及事实判断与评价判断的截然分立；在违法性阶层，受实质违法性论的影响，违法性判断除了检验有无法定的违法阻却事由外，还承认超法规的违法阻却事由的存在；在有责性阶层，规范责任论取代了心理责任论。在新古典时期，行为概念仍然是因果行为论①，行为概念未有变化，犯罪论体系阶层之间原有的主客观分际却被打破，且整体呈现出价值化的趋势，此等变化已再清楚不过地表明，其犯罪论体系正大跨步地与行为概念疏远，行为概念对犯罪论体系的实质批判机能也就更无从谈起了。

在迄今为止的所有行为学说中，对阶层体系演进影响最大的莫过于目的行为论了，正是在目的行为论的直接推动下，阶层体系完成了由新古典三阶层体系向“新古典暨目的论综合阶层体系”的转变。如前所述，因果行为论由于忽略了行为的具体主观内容，行为由是成为了盲目的因果过程，但目的行为论的倡导者韦尔策尔对此深不为然，在他看来，人的行为是意志对因果流程的目的操控，而非盲目的因果性事件。既然先于构成要件的行为概念是意志对因果流程的目的操控，表明行为就不唯是纯粹客观的事实过程，而是借着与行为主体意志的关系形成其结构。行为主观内容的充实也使得构成要件理论与不法理论越来越多地吸纳主观心理要素，主要表现为：首先，故意被前挪至构成要件符合性阶层，成为主观的构成要件。在构成要件符合性阶层，新古典三阶层体系虽然添加了少许主观要素，但仍然认为，构成要件要素原则上是客观的，违法判断也原则上是针对行为的外部。但在韦尔策尔看来，对于众多的构成要件，如果不考虑决定外部事件的主观意图倾向，那么我们就根本无从把握构成要件的行为，尤其是在未遂犯中，如果完全不考虑行为人的主观决意而单纯从客观方面出发，我们就无法认定行为符合的是何种构成要件。基此，原本作为罪责要素的故意便被前挪至构成要件符合性阶层，故意因之成为了主观的构成要件。他还指出，主观的构成要件就是行为人意志的类型化，其与客观的

① 参见许玉秀：《当代刑法思潮》，中国民主法制出版社2005年版，第66、82页。

构成要件是不可能完全拆开的，因为客观构成要件受制于主观的运作定律或者至少与主观的运作定律相关。其次，在违法性阶层，既然主观的构成要件和客观的构成要件不能拆开，表明不法就不全然是客观的，行为的内在面也具有不法之特质，换言之，不法的评价对象也包括行为的内在（主观）面。韦尔策尔据此还提出了“人的不法概念”，他指出，违法性始终都是对某个与特定行为人相关联的行为之禁止，不法是与行为人相关联的“人的”行为不法。最后，随着其他主观心理要素的前移，罪责要素就只剩下责任能力、违法性认识（可能）以及期待可能性，其中，责任能力属于积极的责任要素，违法性认识（可能）及期待可能性则属于消极的责任要素，对于期待可能性要素，多不认同其适用于故意犯罪。[①]

目的行为论通过充实行为概念的主观内容，进而使得主观心理要素在阶层体系中的定位有了显著的变化，但这一变化仍以坚持三阶层体系为前提。对此，韦尔策尔的态度可谓旗帜鲜明，他曾指出，将犯罪行为划分为构成要件符合性、违法性和有责性这三个要素的做法，是“最近两到三代人所取得的最为重要的教义学进步”[②]，故整体而言，这种变化还是在既有体系逻辑架构下的局部调整，而非实质性的革新。就此而言，目的行为论与因果行为论一样，都存在对既有犯罪论体系批判力不足的问题，目的论体系甚至更为明显地表现出了对既有体系的迁就，主要表现为：首先，韦尔策尔在其行为论中还特别强调了“目的性的基础是意志能力”[③]，但在将故意（其中包含“意志因素”）前挪至构成要件符合性阶层后，作为故意前提与基础的责任能力（其中包含“意志能力”之内容）却仍然被禁锢在有责性阶层，如此明显的逻辑矛盾且有违心理学常识的处理，无疑是为了维护有责性阶层不至崩溃使然。其次，原本作为故意内容有机联系的两个组成部分——“对行为自然属性的认识”和“对行为社会属性的评价”（也即“对客观构成要件的认识”和“违法性认识”），却被切割分置于不同的阶层，如此有违事实且将产生严重不良后果的做法，则显然是为了维护违法性阶层不至崩溃使然。[④]最后，韦尔策尔在很大程度上把握住了构成行为的核心要素——意志因素，如他指出，“（意志能力）

---

① 参见[德]汉斯·韦尔策尔：《目的行为论导论》，陈璇译，中国人民大学出版社 2015 年版，第 20 页以下；许玉秀：《当代刑法思潮》，中国民主法制出版社 2005 年版，第 72-83、136-140 页。

② 转引自[德]米夏埃尔·帕夫利克：“最近几代人所取得的最为重要的教义学进步？——评刑法中不法与责任的区分”，陈璇译，陈兴良主编：《刑事法评论》（第 35 卷），北京大学出版社 2015 年版，第 302 页。

③ [德]汉斯·韦尔策尔：《目的行为论导论》，陈璇译，中国人民大学出版社 2015 年版，第 2 页。

④ 笔者将于本书的第七章第二节中就此详加揭批。

即在一定范围内对因果介入事实产生的后果加以预见，进而有计划地操控该因果介入事实朝实现目标的方向发展的能力，故具有目标意识的、引导因果事件发展的意志就构成了目的行为的支柱。正是操控性的因素对外在的因果事件进行了塑造，并由此使它成了受目标引导的行为；如果没有这种操控性的因素，那么行为的事实结构就会归于毁灭，行为也会沦为盲目的因果进程。”[①]应当说，这一认识其实是非常深刻和发人深省的，但遗憾的是，受既有体系之羁绊，他并未能以意志因素作为核心或者支柱来重构整个犯罪论体系。

在韦尔策尔倡导目的行为论及完成对犯罪论体系的改造后，此后学界的态度是，多数学者虽然不认同甚至明确反对目的行为论[②]，但却依然接受以目的行为论改造的犯罪论体系，行为概念与犯罪论体系间的鸿沟因此始终未现弥合之迹象。自目的行为论后，行为概念也逐渐引起学界的重视，只是此后的行为学说，包括社会行为论和人格行为论，有关行为概念与犯罪论体系之关系的研究，都主要集中在了行为应否作为犯罪论体系的独立阶层问题上，在新古典暨目的论综合阶层体系成形后，行为作为犯罪论体系的第一阶层已为多数学者所赞同，犯罪论体系于是由三阶层变为四阶层。[③]将行为概念只是作为犯罪论体系的第一阶层，此时其功能不过是为接下来的判断筛检所谓的评价客体而已，行为概念根本不可能借此发挥其作为犯罪论结构体的坚实骨架或坚固磐石之功能。

于此还值得一提的是人格行为论，如上所析，这一行为学说对于“罪犯的某些罪前罪后表现何以能够对刑事责任产生影响”的理论难题有着其他行为学说所难以企及的理论解释力。不过，人格行为概念此项功能的发挥并非无条件的，笔者认为，在德日阶层体系的框架下，人格行为概念并不具备其原本应该具有的理论解释力，就中缘由在于，人格行为概念之功能的充分发挥要求犯罪论体系的构建必须以行为的结构作为骨架或蓝图，唯其如此，罪犯的某些罪前与罪后情节才能够在这一架构体系内获得合理而精确的定位，进而清晰呈现出它们作为犯罪行为内容之根据[④]，否则，以这些情节反映了所谓的“法益侵害程度”“违法程度”或是“责任

---

① [德]汉斯·韦尔策尔：《目的行为论导论》，陈璇译，中国人民大学出版社2015年版，第2页。

② 如许茜曼指出，“依据理想类型而架构的目的主义行为概念，无论如何不能采为刑法体系的基本概念”，参见许玉秀、陈志辉合编：《不移不惑献身法与正义——许茜曼教授刑事法论文选辑》，新学林出版股份有限公司2006年版，第281页。

③ 参见许玉秀：《当代刑法思潮》，中国民主法制出版社2005年版，第82-83页。

④ 详见本书“第六章第二节 二、”之内容以及书末的“附录：犯罪行为结构之意象图”。

程度”，均非令人信服的理据。

总而言之，在德日刑法学理论中，虽然理论不断宣扬行为概念应该作为犯罪论体系的坚固磐石或坚实骨架，但实际却是，行为概念自其诞生时起便依附于既有的犯罪论体系而存在，所发挥的作用也不过是为接下来的判断筛检所谓的评价客体而已，即便是对阶层体系演进影响最大的目的行为论，也未能从根本上改变行为概念对既有体系的依附性，因此，行为概念实际从未发挥过理论所一再宣扬的应该作为犯罪论体系的坚固磐石或坚实骨架之功能。而正如笔者已于引言中所指出的，将行为概念作如此贬抑、矮化，正是德日阶层体系之所以始终呈现出变动不居、漂浮无根状态之根由。

第二节　英美刑法学中的行为概念及其与犯罪论体系之关系述评

英美刑法学理论也对行为概念进行了研究，对“犯罪是行为”这一刑法学命题加以肯定与否定者皆有之。在犯罪论体系方面，较之于德日阶层体系以及我国传统要件体系，英美刑法学理论中的犯罪构成有其自身的特色，接下来拟对英美刑法学理论中的行为概念及其与犯罪论体系的关系予以介绍评析。

一、英美刑法学中的行为学说述评

英美法系虽然有重实践之传统，但学界对于刑法中的行为概念在理论上同样进行了较为广泛地探讨，学者们多数也都坚守“无行为则无犯罪”这一重要刑法学命题[①]，并且基本都持因果行为论，其中也包含身体动静说和有意行为说。身体动静说是少数说，如有学者认为，“行为是一种自愿或者不自愿的身体运动”[②]。有意行为说是多数说，如美国联邦最高法院前大法官霍姆斯（Holmes）认为，“行为总是一种自愿的肌肉收

---

① 至于坚守的理由则在于，刑法的适用要受到“没有人该为其思想而受到惩罚”原则的制约，参见[美]约书亚·德雷斯勒：《美国刑法精解》，王秀梅译，北京大学出版社 2009 年版，第 76 页。也常引用大法官 Brain 之言论：“人的思想是不应该被审问的，因为魔鬼都不知道人的思想”，See Don Stuart: *Canadian Criminal Law (7th Edition)*, Carswell, 2014, p.81。

② Phillip E. Johnson: *Criminal Law*, Westpublishing Co., 1985, p.63.

缩，仅此而已”，“痉挛不是一种行为，肌肉的收缩必须基于意志”，[①]学者摩尔（Moore）也认为，“行为是某种特定的事件细节，即基于意志的身体运动”[②]。有关行为的构成要素，学者们除了对行为是否应该包含有意性要素存在争议外，主要的争议点还有应否包含“伴随的状况”（the concomitant circumstances）以及“结果”（the consequences）。学者萨尔蒙德（Salmond）对此持肯定态度，他指出，“言下之意，虽然行为必须包括某些结果，但并不包括所有的结果，而只包括直接或最接近的结果。然而，直接和间接、近因和远因之间的任何这种区别，只不过是程度上的不确定差异，不能作为任何逻辑定义的基础。一个行为和它的结果之间的区别，做一件事和引起一件事之间的区别，仅仅是语词上的区别；这是一个言语之便的问题，而不是对所涉及的概念进行任何科学分析的结果。杀害一个人的行为与导致他死亡（无论多么遥远）的行为之间没有逻辑上的区别。”[③]学者斯图亚特（Stuart）也指出，“一个行为除了必须符合确切的犯罪定义外，还必须是一个人基于自愿的作为行为，或仅在某些情况下的不作为行为，如若后果是定义的组成部分，则已造成那些后果。”[④]而霍姆斯大法官则持否定态度，他指出，“行为发动或指向原告伤害的物理序列链条不是它的组成部分，通常还会有一长串这样的序列介入”[⑤]，另有学者也认同该见解，指出，“行为乃基于意志的肌肉运动，它与造成的外在结果之间的区分并非仅仅是‘语词上的’，而实际上这是一个非常重要的问题。”[⑥]此外，在行为方式上，多数学者都肯定不作为的行为性，如功利主义哲学家边沁认为，“行为可以分为积极的行为和消极的行为。积极的行为是指运动或发力，消极的行为是指保持静止，也即在这样或那样的状况中克制自己的运动或发力。”[⑦]也有少量学者否定不作为的行为性，如摩尔认为，“不作为就是缺乏行为。一个挽救生命的不作为不是某种幽

---

① Oliver W. Holmes: *The Common Law*, University of Toronto Law School Typographical Society, 2011, p.83, 50.

② Michael S. Moore: *Act and Crime*，Oxford University Press, 1993, p.28.

③ Salmond: *Jurisprudence（4th Edition）*, The Ballantyne Press, 1913, p.326-327.

④ Don Stuart: *Canadian Criminal Law (7th Edition)*, Carswell, 2014, p.84.

⑤ Oliver W. Holmes: *The Common Law*, University of Toronto Law School Typographical Society, 2011, p.83.

⑥ Walter Wheeler Cook: *Act, Intention, and Motive in the Criminal Law*，The Yale Law Journal, Vol. 26, No. 8 (Jun. 1917), p.650.

⑦ Jeremy Bentham: *An Introduction to the Principles of Morals and Legislation*, The Clarendon Press, 1823, p.72.

灵般的挽救生命的行为，当然也非某种幽灵般的杀人行为。”[①]麦克比（Markby）法官也指出，“行为是紧随意志的身体运动。……没有身体的运动，就不能实施行为，一个静默的人无法做任何事情。”[②]

由于英美学者基本都持因果行为论，该学说笔者已于前文评析，于此也就无需再费笔墨对其道长论短了。有关行为的构成要素到底应否包含“伴随的状况”（主要是指行为的手段或方法）以及“结果”的问题，在大陆法系的刑法学理论中也存在这样的争议，多数学者持否定态度，也即，将人的行为仅仅视为人的身体现象，从而把人的身体和身外之事物加以切割，其主要理由在于，客观世界本身是没有间隙的存在，人与身外之物结合的结局将是，在这个世界上看不出有人体的存在，也没有所谓行为的存在。[③]在笔者看来，该问题的确是刑法行为概念中极其重要的一个问题，因为这直接关系到如何确定行为在客观世界中的存在范围，进而牵系刑法学中的罪数论以及刑事责任范围的问题，因而是研究行为概念必须予以认真对待的重要问题。至于行为概念能否统合不作为的问题，若肯定“犯罪是行为”，则涉及如何统合的问题，而若认为行为概念无法统合不作为，则势必否定“犯罪是行为”这一根本性的刑法学命题，如上所述，前一问题也是大陆法系刑法学者力图解决的难题。与大陆法系刑法学界极少有学者否定“犯罪是行为”不同的是，在英美法系刑法学界有不少学者否定该根本性的命题，接下来拟就此一立场加以评析。

在英美刑法学理论中，有不少学者否定“犯罪是行为”这一根本性的刑法学命题，其中最具代表性的当属美国刑法学者胡萨克。胡萨克对近代以来作为整个刑法学理论大厦根基的命题——“犯罪是行为，无犯罪行为则无刑事责任”——进行了无情的批判，他质疑道，“如果对犯罪行为没有起码过得去的清晰理解，我们对犯罪行为要件的信赖如何能得到保障呢？”“正统刑法学家们有一种近乎普遍的倾向，即为了保证犯罪行为要件的正确性，他们把不管是多么特殊的任何意义都归附于犯罪行为这个倾向所导致的结果是该原则套上了同义反复或概念真理的伪装”，“如果正统刑法理论的基本原则作同义反复的解释，那么，它们能有多大价值是值得怀疑的”，“假设在整个刑法学的漫长历史中，一项没有受到实质性异议的原则并没有表达实质意义与重要见解，这是不可信的。”于是他主张，“在

---

① Michael S. Moore: *Act and Crime*, Oxford University Press, 1993, p.28.

② William Markby: *Elements of Law(3rd Edition)*, Clarendon Press,1885, sec.215, p.116.

③ 参见黄荣坚：《基础刑法学》（上），中国人民大学出版社 2009 年版，第 182-183 页。

修正刑法理论的核心中，用我所提出的这个原则（即控制原则——笔者注）去取代犯罪行为要件，这比原先的理论会更有说服力。正是在这个限度内，我要批判犯罪行为要件。我的结论是：正统刑法学家们过高地估价了行为和所有非行为之间区别的重要性。”[①]而之所以要以控制原则取代犯罪行为要件，其重要依据是他认为存在“无行为的刑事责任”，这些情形包含：不作为、身份犯、无意识行为、思想等。[②]他的控制原则的基本内容是：把刑事责任施加于人们无法控制的事态即为不公正。我们有不对违反这一要求（条件）的情况不负刑事责任的基本的道德权利。“事态”一词对理解和适用本原则不会带来困难。责任总是针对一些事情的，这些难以确定的“一些事情”就可以称作事态（事情的状态）。其中控制的核心内容是：一个人，如果他不能防止事情的发生，就是对事态的不能控制。如果事态是行为，他应当能不为该行为；如果是后果，他应该能防止其发生；如果是意图，他应该能不具有这个意图，等等。[③]即以“事态”取代“行为”。英国学者 J.C. 史密斯、B・霍根也持类似的主张，他们认为，犯罪包括除被告人主观因素以外的一切犯罪要件，它不仅仅指行为，也可能由“事实状态”组成，而根本不包含行为。[④]

胡萨克的控制原则的确具有很强的理论解释力，它能够轻易地将不作为、过失行为、持有等解释为“事态”。以事态作为刑事责任之根据，这样便看似可以从近代以来刑法学理论基于“犯罪是行为”这一基本逻辑前提所引发的长期困扰着刑法学界的系列难题中脱身，而不再纠缠于某些特殊类型的犯罪是否为行为的问题。应该说，敢于质疑、以批判的目光审视一切（哪怕在多数人看来是显而易见的事实或道理）是理论研究者应当具备的基本素养，因为现实中有太多习非成是的东西和习而不察的问题。因此，胡氏之质疑精神无可非议，而敢于对作为一个学科基础的根基性命题提出挑战则更显现理论气魄，就笔者之目力所及，胡氏是对“犯罪是行为”这一刑法基本命题进行系统批判的第一人。当然，敢于质疑之精神并

① 参见[美]道格拉斯・N・胡萨克：《刑法哲学》，谢望原等译，中国人民公安大学出版社 2004 年版，第 121-124 页。

② 参见[美]道格拉斯・N・胡萨克：《刑法哲学》，谢望原等译，中国人民公安大学出版社 2004 年版，第 126-158 页。

③ 参见[美]道格拉斯・N・胡萨克：《刑法哲学》，谢望原等译，中国人民公安大学出版社 2004 年版，第 159 页。

④ 参见[英]J・C・史密斯、B・霍根：《英国刑法》，马清升等译，法律出版社 2000 年版，第 37 页。

不能替代质疑本身合理与否的问题。从胡氏的论证来看，他之所以提出应该以“事态”取代“行为”，由来于传统刑法行为理论解释力上的局限性，如前所析，在既有的行为学说中，没有哪种学说除了能够解释某些特殊类型犯罪的行为性外，还能满足行为概念的其他诸项基本机能，在传统刑法行为理论陷入困境而又似乎找不到出路时，转换思路未尝不是解决问题的一种方式。不过，笔者还是认为，胡氏之异见深值商榷，虽然解释一些特殊类型犯罪的行为性是刑法行为概念的基本机能之一，但绝非行为概念的唯一机能，刑法行为概念还有着更为根本和重要的价值，它是近代以来整个刑事学科体系赖以奠立之根基，否弃“犯罪是行为”这一根基性的命题，意味着整个刑事学科体系（这是一个以行为概念作为基石而构筑的人权保障体系）将被彻底推倒重构，试问：有谁能够胜任如此浩繁的工作？谁又能保证重构后的体系还能胜任人权保障之机能？[①]对此，胡萨克自己也不得不承认，“犯罪行为要件在正统理论中是如此牢固的确立，以至于要取消它完全办不到”，并由衷感喟，“系统阐释一项目的在于取代处于刑法理论中心位置的犯罪行为要件的原则，这是一项万分艰难的工作。”[②]由此可见，作为刑法学理论前提与基础的“犯罪是行为”或者“犯罪应该不限于行为”，与结论“犯罪应当负刑事责任”之间，并不是一个“奥卡姆剃刀”问题，基于“犯罪是行为”所引发的系列难题不是通过对该命题作简单否定，进而暂时解开其中的个别难题便可顺利抵达理想的彼岸的。

二、英美刑法学中的行为学说与犯罪论体系之关系简评

在英美刑法学理论中，有关犯罪构成到底应该包含哪些要件存在“三要件说”与“两要件说”之论争。三要件说认为，犯罪的成立只有在行为人具备构成“犯罪的客观行为”（actus reus）和“犯罪意图”（mens rea）[③]，同时缺乏辩护事由的情况下才构成犯罪。两要件说则认为，应当

① 有关行为概念的重要价值，我国刑法学家陈兴良教授曾指出，“行为在刑法理论中的地位的确定，是近代刑法的最大成就。在此之前，犯罪不是一个实体概念，而是一个虚无缥缈的概念，正是行为使犯罪获得了实体性的存在”，“人们之所以坚守行为这个概念，因为行为概念具有某种过滤机能，成为人权保障的一道防线”，参见陈兴良：“无行为则无犯罪——为一条刑法格言辩护”，《中外法学》1999年第5期，第51页。

② [美]道格拉斯·N·胡萨克：《刑法哲学》，谢望原等译，中国人民公安大学出版社2004年版，第119、158页。

③ 拉丁语词“actus reus”和“mens rea”的含义，参见[美]拉扎尔·伊曼纽尔：《拉丁法律词典》，魏玉娃译，商务印书馆2012年版，第4、141页。

从本体意义上理解犯罪构成要件，即只包括“犯罪的客观要件或外部要件”和“犯罪的主观要件或内部要件”。[①]也有学者分两层次理解英美刑法中的犯罪构成要件，即认为，犯罪客观要件和犯罪主观要件（犯罪意图）为第一层次，这是从实体意义上来理解的，缺乏辩护事由为第二层次，这是从程序意义上来理解的。[②]

据上可知，在英美刑法学理论中，不存在争议的是犯罪构成的本体要件，即都认为包含犯罪的客观要件和犯罪的主观要件，分歧只在于犯罪的成立条件中应否包含缺乏辩护事由之条件，即所谓的犯罪排除要件。显而易见，其犯罪的本体要件是以行为之主客观二分作为依据的，只是在笔者看来，倍感遗憾的是，如所周知，美国乃当今世界心理学最为发达的国度，但即便在如此文化氛围中，其刑法学理论对于行为内在心理结构的把握似乎并未明显表现出深刻、独到之处，而对行为内在心理结构的准确把握对于犯罪论体系的构建具有极为重要的理论价值，基此诸多刑法学理论难题都将迎刃而解。此外，有关缺乏辩护事由应否作为犯罪论体系内容之论争，实际也是对构成犯罪的心理事实未予深究使然，一旦彻底究明构成犯罪的心理事实，那么犯罪行为与辩护事由之间是否在构成事实上毫无分别，或者说，辩护事由与犯罪行为是否共享主观要件及客观要件，将变得非常清晰明了。因此，英美刑法学理论中的犯罪论体系虽以行为之结构作为依据，但由于并未深刻地揭示出行为的内在结构，故这一体系仍显得过于粗线条。

第三节　我国传统刑法学中的行为概念与犯罪论体系之关系简评

我国传统刑法学理论对于行为概念的研究起步相对较晚，行为概念在称谓上也较为混乱，有的称之为“刑法中的行为”，有的称之为“危害行为”，还有的甚至称之为“犯罪行为”，不过，对于行为概念在犯罪构成体系中的定位还是表现出了高度的一致性，几乎毫无例外地将其置于犯罪

① 参见[美]约书亚·德雷斯勒：《美国刑法精解》，王秀梅译，北京大学出版社 2009 年版，第75页。

② 储槐植：《美国刑法》（第三版），北京大学出版社 2005 年版，第 33-101 页；赵秉志主编：《英美刑法学》（第二版），科学出版社 2010 年版，第 36 页；刘士心：《美国刑法中的犯罪论原理》，人民出版社 2010 年版，第 1 页以下。

客观要件中加以探讨。在我国传统刑法学理论中，有关行为概念的代表性见解大体有：一是认为，“危害行为，或称为犯罪行为，即指行为人故意或过失实施的，为刑法所禁止的，具有一定社会危害性的行为”①，或认为，“犯罪是人的一种危害社会的行为，简称危害行为”②；二是认为，“危害行为是指行为人心理活动所支配的危害社会的身体动静”③，或认为，“我国刑法中的危害行为，是指在人的意志或者意识支配下实施的危害社会的身体动静”④；三是认为，“刑法上的危害行为，是指由行为人的意思决定所支配的违反刑法的命令或禁止规范的身体动静”⑤，或认为，“危害行为是指由行为人意志自由所支配的，客观上违反刑法禁止规范或命令规范的身体动静”⑥；四是认为，“应从行为概念中抛弃意思要素，而直接用具有社会意义的身体动静来概括行为概念”⑦；五是认为，“行为是一种单纯的身体举动，即从物理的角度去理解”⑧；六是认为，作为刑法中的行为，首先应当具有社会意义，能够引起对他人的影响，不具有社会意义的纯个人化身体动静不属于刑法意义的行为；其次，行为的事实内容是行为人基于意思支配而引起的一种社会意义的因果变动。所谓社会意义的因果变动，是指社会规范意义的因果变动，而非单纯自然意义的因果变动。持论者将其行为学说命名为“社会的因果行为论”。⑨

从上述行为学说可以看出，多数都采取折中的观点，都试图调和德日刑法学理论中现有的诸行为学说以期解决它们各自所面临的难题，其用意和出发点不容置疑，但这种看似较为全面的结论背后依然难以掩饰各行为学说本身固有的缺陷，故对其优劣短长也就无需再作评析了。

有关行为概念与犯罪构成体系的关系问题，研究者们的观点基本一致，也即，将危害行为作为犯罪客观要件中的一个必备要素，而行为概念

---

① 高铭暄主编：《中国刑法词典》，学林出版社 1988 年版，第 143 页。

② 高铭暄主编：《中国刑法学》，中国人民大学出版社 1989 年版，第 96 页。

③ 马克昌主编：《犯罪通论》，武汉大学出版社 2005 年版，第 156 页。

④ 高铭暄主编：《新编中国刑法学》（上册），中国人民大学出版社 1998 年版，第 110 页。

⑤ 熊选国：《刑法中的行为论》，人民法院出版社 1992 年版，第 31 页。

⑥ 肖中华：“论刑法中危害行为的概念”，《法律科学（西北政法大学学报）》1996 年第 5 期，第 46 页。

⑦ 黎宏：《不作为犯研究》，武汉大学出版社 1999 年版，第 65 页。

⑧ 欧锦雄：“不作为犯罪的行为性”，《法学研究》2003 年第 3 期，第 95 页。

⑨ 参见刘士心：《刑法中的行为理论研究》，人民出版社 2012 年版，第 30-35 页。

也在危害行为概念中加以探讨。[①]有别于德日阶层体系阶层间的逐层递进、渐次紧缩的关系，我国传统要件体系是直接以犯罪行为作为原型而构建的，每一要件及其要素都被认为是犯罪行为的组成部分，故在此一框架之下，任何要件及其要素都不应该超出犯罪行为之界域，但显而易见的事实是，无论是将“危害行为”或是“行为”作为犯罪客观要件之要素，均已完全溢出犯罪行为之界域，从而出现事物的某一组成部分远远大于其整体之逻辑悖谬。再者，仅仅驻足于犯罪客观要件来探讨作为整个刑法学理论大厦基石的行为概念无异于管中窥豹、坐井观天，如此势必难以详观行为之完整面相进而把握其本质，更遑论以其作为坚实骨架或坚固磐石来构建犯罪构成体系了。此外，犯罪客体由于反映的是犯罪的消极价值，故其并不存在于犯罪行为的内部结构中，也即不属于犯罪行为之内容，因此，与德日阶层体系中的违法性一样，确立其为构成犯罪的要件同样有违行为主义。

由于我国传统刑法学理论在行为概念研究上所存在的如上严重缺陷，以致根本不可能发挥行为概念作为犯罪构成体系之坚实骨架或坚固磐石之功能。随着德日阶层体系的全面引入，阶层体系已越来越为我国的刑法学研究者所青睐，他们在接受该体系的同时，转而对我国传统要件体系展开了猛烈地抨击。发展迄今的德日阶层体系由于早已抛却以行为的主客观要素区分作为体系阶层划分之依据，如此便使得阶层体系中的任一阶层与我国传统要件体系中的任一要件之间均已无完全的对应关系了，故在德日阶层体系奉持者们的眼中，我国传统要件体系中的几乎任一要件都不具有存在合理性，哪怕它们的确是作为内在心理事实及外在客观事实而存在，其中尤为突出的当属犯罪主体要件，我国力推德日阶层体系的两大权威刑法学者都对这一要件进行了尖锐地挞伐。[②]实际上，德日阶层体系在对属于我们主体要件核心要素的责任能力处理上的错谬是明眼人一眼就能够看到的，但即便是面对基于有着如此明显缺陷体系的批判者之抨击，我国传统刑法学界竟然鲜见有人作出回应。在笔者看来，这与我国传统要件体系缺乏架构依据，从而在面对抨击时缺乏反击的立论基点直接相关，而一旦深入把握行为的内在结构，明确行为

① 参见高铭暄主编：《刑法学原理》（第一卷），中国人民大学出版社 1993 年版，第 506 页以下；马克昌主编：《犯罪通论》，武汉大学出版社 2005 年版，第 135 页以下。

② 参见陈兴良：“犯罪主体的消解——一个学术史的考察”，《环球法律评论》2011 年第 1 期，第 5-22 页；张明楷：“构建犯罪论体系的方法论”，《中外法学》2010 年第 1 期，第 45-48 页。

的结构与犯罪构成之间的关系后，那么对于德日阶层体系奉持者们发难的反击就将具有坚实的立论基础及强大的反批判力量，这不仅仅是对犯罪主体要件的反批判而言，而且对其整个犯罪论体系的反批判皆然，因为德日阶层体系实际是一个缺乏理论根基的体系，正是理论根基的缺乏使得该体系始终呈现出变动不居、漂浮无根的状态，甚至明显表现出反事实、反逻辑及反常识的一面。[①]唯有真正发挥行为概念作为犯罪构成体系的坚固磐石或坚实骨架之功能，犯罪构成体系方才稳固牢靠，从而能够屹立不摇地经受住来自各方的批判。

① 详见本书“第五章第二节 二、”之内容。

第二章　刑法中的行为概念探究

通过对中外传统刑法学理论中的诸行为学说及其与犯罪论体系的关系介绍评析后可知，这些行为学说总是存在着这样或那样的不尽如人意之处乃至致命的缺陷，此般行为概念是无法为犯罪论体系的构建提供根本性的指导的，并且可以看到事实也的确如此。在笔者看来，传统刑法行为理论之所以如此地不尽如人意，主要缘由在于，研究者们在界定刑法中的行为概念时，忽视了概念的任务在于揭示事物的本质，而欲正确地揭示事物的本质，以把握本质概念作为前提。接下来拟在界定本质概念的基础上对刑法中的行为概念加以界说。

第一节　本质概念界定

概念是思维的基本单位和命题的基本元素，也是判断和推理的前提和基础，换言之，人们必须先有关于某事物的概念，方能做出关于该事物的判断、推理和论证。“由于人类的知识是以概念的形式获得和保存的，故人类知识的有效性就依赖于概念的有效性”[①]，概念界定合理与否因而直接决定着人们基于概念的判断、推理和论证的有效性。概念是“反映事物的本质属性的思维形式”，内涵和外延是概念的两个基本的逻辑特征，内涵是指“对象的特有属性、特别是本质属性在概念中的反映”，外延是指“具有概念所反映的本质属性的那些对象”。[②]定义则是明确概念的逻辑方法，在传统逻辑学中，定义通常是指“使用精炼简明的语言揭示出概念内涵的一种方法”[③]，或者是“揭示概念所反映的事物的本质属性或特

① Ayn Rand: *Introduction to Objectivist Epistemology (Expanded Second Edition)*, Penguin Books USA Inc., 1990, p.1.

② 参见冯契主编：《哲学大辞典》，上海辞书出版社 2001 年版，第 406、1048、1481 页。

③ 李小克编著：《普通逻辑学教程》，首都经济贸易大学出版社 2002 年版，第 26 页。

有属性的逻辑方法”[①]。据此可知，给某一概念下定义就是要揭示概念所反映对象之本质或本质属性。因此，“何谓本质”便成为概念研究的逻辑始点。

本质是哲学的基本范畴之一，自从古希腊哲人苏格拉底完成哲学的形而上学转变以来，人们就一直试图通过知道事物“是什么”而探知事物“怎么样”。对于事物“是什么”的问题，柏拉图的回答是“理念”，而亚里士多德的回答则是“本质”。关于“理念”，柏拉图在其不朽名著《理想国》中指出，“在凡是我们能用同一名称称呼多数事物的场合，我认为我们总是假定它们只有一个形式或理念的”[②]，在本体论上，柏拉图的“理念”代表着真正的存在，即自在之物。每一个事物之所以成为该事物，只有通过理念存在于其中，或者通过它对理念分有。此外，其理念还具有一种目的论或范型的意义。一切生成，包括人的行为，都有其处于某一存在的始初和终点的范型的东西。确切而言，理念就像是艺术家头脑中的理想形象，他努力要赋予这个理想形象以物质的形式。概言之，在柏拉图看来，理念令世间之事物成其所是，也使我们能够给万物的混沌以秩序，去辨认类似者，区别不同者，在多中领悟一。[③]而在亚里士多德看来，事物的本质就是指“它的那样一些性质，这些性质一经变化就不能不丧失事物自身的统一性”[④]，但他同时又认为，“有些东西由于它们是别的东西‘的’，或者以任何方式与别的东西有关，因此不能离开这别的东西而加以说明。”[⑤]据此，我们不难发现亚里士多德本质观之悖论：一方面，其“本质”类似于柏拉图的“理念”，如他认为，本质与事物是同一的，或者说本质即事物本身，故它可以不依赖于人们对其他事物的认识而独立存在；但另一方面，他又认为，本质因系一事物具有而其他事物所不具有的东西，因而是与其他事物相比较的结果，换言之，人们只有在一事物与其他事物的对比关系中才能理解和获得事物之本质，此时事物之本质似乎又无法脱离人们对其他事物的认识而独立存在。

亚里士多德有关事物本质的如上认识，使得其后的人们对事物本质的认识踏上了两条截然不同的道路，即“理念主义的本质观”与“经验主

---

① 张志成主编：《逻辑学教程》（第二版），中国人民大学出版社2006年版，第30页。

② ［古希腊］柏拉图：《理想国》，郭斌和、张竹明译，商务印书馆1986年版，第388页。

③ 参见［德］E·策勒尔：《古希腊哲学史纲》，翁绍军译，山东人民出版社2007年版，第139-140页。

④ 转引自［英］罗素：《西方哲学史》（上卷），何兆武、李约瑟译，商务印书馆1982年版，第259页。

⑤ ［古希腊］亚里士多德：《范畴篇·解释篇》，方书春译，商务印书馆2005年版，第23页。

义的本质观”。在理念主义的本质观看来，事物的本质是事物特有的内在属性，本质与事物同一，事物的内在本质决定了事物的外在特征，它并不会随着语境的转换而改变，也不依赖于与其他事物的对比关系而存在，故在此等认识论体系中，本质必然是一元的、绝对客观的。而经验主义的本质观则认为，事物的本质只是在与其他事物的具体对比关系中所表现出来的特殊属性，一旦离开具体的对比关系，这种属性就可能不再是该事物所特有的了。由于事物的本质依赖于特定语境以及具体的对比关系，故在现实表现形式上，它必然是多元的、变化的，且呈现出主观化之性状。概言之，理念主义本质观要求事物的本质在任何场合下都与事物保持永恒的同一，而经验主义本质观之本质则只能保证在具体场合下与事物保持一种暂时的同一。[①]

笔者认为，理念主义的本质观和经验主义的本质观都有其合理性的一面，但也都有其片面性。理念主义的本质观认为本质是事物特有的内在属性并与事物相同一，他们看到了一事物成为该事物的原因，这是其合理性所在，但却认为事物的本质是绝对客观、一元的存在，此等认识所存在的问题是：一方面，由于事物之本质乃使一事物之所以成为该事物而非他事物之原因，故其必须具备特有性之特征，即须为该事物所特有，但对于这种特有性的把握显然与人的认知能力及认知水平紧密相关，因而不可能是绝对客观的；另一方面，将事物的本质视为绝对一元的存在，则显然是未看到或者不承认事物发展的绝对性以及人的认知能力与认知水平的前进性，如若贯彻此等认识论容易导致擅断论和教条主义。而经验主义的本质观则看到了事物本质之于人类思维间的紧密相关性以及事物发展绝对性的一面，却一味地强调事物之间的对比关系而无视人们在这种对比关系中的趋同可能性，并且也因过于强调事物发展的绝对性而忽视了其相对静止的状态，此等认识论若贯彻于理论和实践则容易陷入相对主义和不可知论。在笔者看来，某一事物之本质的确应当是该事物与其他事物相比较而为其所特有的东西，虽然这种比较与主体的认知能力、认知水平以及价值取向等紧密相关，但就特定时代与地域内的人们而言，其整体认知能力及认知水平还是具有相对恒定性，在价值取向上也往往具有趋同性，特定事物之本质因此往往表现出客观性与一元性之特征。但由于事物本身是不断发展变化的，人类的认知能力与认知水平也在不断地提高从而使得认识不断深

---

① 参见黄金荣：“法的本质：神话及其背后的实在”，中国法学网 http://www.iolaw.org.cn/showArticle.aspx?id=2164。

化，人们的价值取向也可能因之发生相应的变化，还有人们观察事物的视角也可能存在差异，如此又往往使得人们在这种对比关系中的判断结论也有所不同乃至迥然有别，事物的本质也因此而呈现出多元性与多层次性之特征。[①]

何谓本质？根据《哲学大辞典》之释义，本质是指“事物所固有的普遍的、相对稳定的内部联系。与‘现象’相对。它决定着事物的性质。事物的本质是由它本身所包含的特殊矛盾构成的。……本质和规律是同等程度的概念。认清事物的本质就能把握事物发展的规律。但是，本质比规律宽广，事物的本质往往由一系列规律来体现。”[②]由于本质是事物所固有的普遍的、相对稳定的内部联系，如此意味着能够成为一事物本质的东西，必须为该事物内部所普遍享有，也即反映该事物之共性；而事物之本质由它本身所包含的特殊矛盾构成，则意味着能够成为一事物本质的东西，还必须为该事物所特有，或者说不为其他事物所享有，也即必须反映该事物之特性，否则便不能够成为该事物的本质。由此可见，事物的本质应系共性与特性的统一，二者缺一不可，缺一即无法成为事物的本质。基此便可将事物的本质具象化为：**为某一事物所共有而又不为其他事物所享有，决定其存在、性质及发展变化的内在根据**。

由于概念乃思维的基本单位和命题的基本元素，构成了判断、推理及论证的前提和基础，而概念的任务在于揭示事物的本质，可见，合理界定本质的概念又是准确把握事物本质的前提和基础，因此，本质概念的合理界定有着极为重要的理论价值，它是检验一切定义合理与否之标尺，当然也是检验一切判断、推理及论证是否合理有效的根本性尺度。基于本质概念可知，在给概念下定义时，如若所揭示的东西只反映了概念所指涉事物的非特性之共性，这是人们在给概念下定义时最经常犯的

① 以人们对“温度”的认识为例，如可将温度定义为“衡量物体冷热程度的物理量”，也可将其定义为“物体分子运动的剧烈程度”，可以说，这两个定义都揭示了温度的本质，只是后一种定义对温度提供了一个更深入和更科学的解释，或者说揭示了温度更为深层次的本质，当然，该定义是不可能在分子理论发展之前就能够给出的。在哲学上，系统提出事物分层理论的是德国哲学家哈特曼，参见[德]尼古拉·哈特曼：《存在学的新道路》，庞学铨、沈国琴译，同济大学出版社 2007 年版，第 31 页以下。

② 冯契主编：《哲学大辞典》，上海辞书出版社 2001 年版，第 70 页。

错误[①]，或是只反映了该事物的非共性之特性[②]，均属于未把握事物的本质，以此为内容的定义不可能具有科学合理性，定义不合理，那么基此所做出的判断、推理及论证都不可能是合理可靠的。在笔者看来，中外刑法学理论之所以理论纷呈、学说充斥，概因理论未能合理地界定作为整个刑法学理论大厦构建依据的“犯罪是行为”这一刑法学最根本性命题中的两大基本范畴——“行为概念”与“犯罪概念”。如本书所析，中外传统刑法学理论中的形形色色的行为学说与犯罪本质学说，无一能够经受住本质概念的检验，且基本都犯了人们在给概念下定义时最经常犯的错误，即只反映了事物非特性之共性，因而均未能正确地揭示人的行为以及犯罪行为之本质。而未能正确把握二者之本质，将意味着连“行为是什么”和“犯罪是什么”都不甚明了，那么建立在此基础上的所有判断、推理及论证怎能不似是而非或似非而是？如此又怎能避免理论纷呈、学说充斥，从而令整个刑法学理论大厦都笼罩在重重迷雾之中？由此可见，本质概念作为衡量刑法学最根本性命题中的基本范畴之标尺，对其本身的合理界定对于整个刑法学科体系的构建而言，无疑有着最基础性的理论价值，可谓是破解几乎所有刑法问题的逻辑原点，也是拨开笼罩在整个刑法学理论大厦之上的重重迷雾的出发点。

第二节　刑法中的行为概念之基本机能

刑法中的行为概念之基本机能是指行为概念在整个刑法学科体系中所应该具有的作用或担负的使命。在德日刑法学理论中，行为概念的基本机能是行为理论研究中不可或缺的内容，并且研究者们往往都是在界定行为概念之前便加以探讨，行为概念的基本机能也因此成为合理界定行为概念的前提和基础，当然也是检验行为概念是否科学合理的标尺。对于行为

① 譬如，古希腊伟大哲人柏拉图在给“人”下定义时都曾犯过这样的错误，如他把人定义为“没有羽毛的两足动物”，第欧根尼听说后，就把一只被拔光毛的鸡带到了柏拉图学园，称“这就是柏拉图式的人”，学园因而不得不对该定义加以修正，于是又添加了“拥有宽大的指甲”之限定语。See Plato: *STATESMAN*, Edited with an Introduction, Translation & Commentary by C.J.ROWE, ARIS & PHILLIPS LTD, 1995, p.55-57; Diogenes Laertius: *Lives of the Eminent Philosophers*, Translated by Pamela Mensch, Oxford University Press, 2018, p.279。

② 譬如，迄今为止，我们所知道的是，除了人类之外没有任何其他的物种会制造光刻机（Aligner），故会制造光刻机乃为人所特有，但我们并不能据此就将人定义为“会制造光刻机的动物”，因为会制造光刻机这一特性并非为人所共有。

概念应当具备哪些基本机能，学界基本已就其如下三项机能达成共识：

其一，界限机能。行为概念的界限机能又被称为“限制机能”或者“否定机能”，是指行为概念具备排除不具有刑法意义的人类举止或其他事物的作用，如能够将痉挛性动作、睡梦中的举止、单纯的思想、动物的行为、自然事件等加以排除，使它们不被纳入刑法的评价范围。

其二，分类机能。行为概念的分类机能又被称为“基本（或整合）要素机能”或者“论理机能”，是指行为概念具有将各种样态的犯罪行为（如故意犯罪和过失犯罪、作为犯罪和不作为犯罪）加以整合，为它们提供共通的上位概念。

其三，连接要素机能。行为概念的连接要素机能又被称为“体系机能”，是指行为概念具有成为犯罪论体系之基干或骨架，连接犯罪各要素的作用。由于构成犯罪的各要素都是从不同角度或不同层次对行为加以判断，故构成犯罪的各要素便通过行为概念而得以相互连接。

行为概念应当同时具备上述三项基本机能，这在刑法学界几乎已无疑议，除此之外，有学者提出行为概念还应当具备其他的机能，如意大利刑法学家帕多瓦尼（Tullio Padovani）认为，行为概念应当具有“教义与应用功能”，即可用其作为理论与实践中判断行为统一性的标准，或者说，具有判断一行为与他行为标准之作用。不过，他又指出，如何判断行为的统一性问题，似乎也不可能找到一个放之四海而皆准的答案，因为在实践中解决这个问题时，只能根据犯罪构成的具体要求来决定，离开了法律对行为方式的具体规定，讨论这个问题就毫无意义。[①]德国刑法学家罗克辛也持类似见解，如他指出，行为概念有时具有作为构成行为在时间和地点的连接点上的含义，以及行为的单数和多数，即所谓的竞合理论的连接点上的含义。不过，他也认为，确定犯罪的时间和地点以及作为区分行为单复的标准不是简单地根据行为概念，而是根据构成要件符合性中的行为，甚至是根据应受刑罚惩罚性中的行为来安排的，故其言意亦未尝不是，行为概念的这项机能是不能脱离刑法规范的具体规定的。[②]另有学者认为，行为概念还应当具备“基本要素之机能”，如我国台湾地区刑法学者陈子平认为，行为不仅属于犯罪概念上之第一要素，同时亦发挥犯罪概

---

① 参见[意]杜里奥·帕多瓦尼：《意大利刑法学原理》（注评版），陈忠林译评，中国人民大学出版社 2004 年版，第 119-120 页。

② 参见[德]克劳斯·罗克辛：《德国刑法学 总论》（第 1 卷），王世洲译，法律出版社 2005 年版，第 148 页。

念上之基本要素之功能。在他看来，犯罪既然是该当构成要件、违法且有责的行为，作为修饰语的该当构成要件、违法和有责都是犯罪的基本要素，那么作为被修饰语的行为也应该是犯罪的基本要素，且应该是第一性或第一位的基本要素，此即其所谓的基本要素机能。[①]

上述有关行为概念的诸项基本机能，笔者除了不认同行为概念的基本要素机能外，对于其他几项基本机能均持肯定的态度。否定行为概念的基本要素机能之理由在于，犯罪构成要件及其要素应该是犯罪行为本体之内容，也即为犯罪行为之组成部分，经验与常识告知我们，部分不可能大于整体，而行为乃犯罪行为的上位概念，其在外延上无疑要远远大于犯罪行为之本体，故根本无由成为构成犯罪之基本要素。而之所以肯定行为概念应当具备界限机能、分类机能、连接要素机能以及教义与应用机能，乃在于这些基本机能我们都可以从行为概念中推导出来：

（1）行为概念的界限机能和分类机能可以从概念的两个基本逻辑特征（即内涵和外延）中推导出来，故也可谓揭示行为本质之当然要求。

（2）连接要素机能源于行为乃犯罪行为的上位概念，换言之，行为与犯罪行为乃一般与特殊、共性与个性的关系，而一般寓于特殊（或共性寓于个性）之中，故行为本身的要素（含要素之下的子要素）以及各要素之间的结合形式便理当成为把握犯罪构成要件（含要件之下的要素）及其结合形式之依据。简言之，行为的构造如何，那么犯罪之构成也当如何，此乃刑法行为概念之连接要素机能的根据与真谛所在。不过，于此需要指出的是，德、日刑法学界有关行为概念的所谓连接要素机能，近乎完全局限于把行为概念当作构成要件符合性、违法性和有责性等属性之形容词所依附的实体基础，或者说，仅限于借行为概念为既有犯罪论体系的合理性提供解说之功能，而远未将其作为犯罪行为的上位概念，进而担负起作为审视既有犯罪论体系合理与否的标尺之重要使命。有鉴于此，笔者认为，将行为概念的连接要素机能称为“对犯罪论体系的实质批判机能”更为妥当，因为如此方能使行为概念的此项机能不至沦为既有犯罪论体系附庸之境地。此外，由于犯罪论体系在整个刑法学科体系中都居于核心地位，而行为概念的此项机能对犯罪论体系之建构又有着根本性的指导意义，故在笔者看来，行为概念的此项机能应当是刑法行为概念之核心机能。

---

① 参见陈子平：《刑法总论》，中国人民大学出版社 2009 年版，第 84 页。

（3）行为的教义与应用机能由来于行为乃客观存在之事物，而如所周知，任何客观事物均有其存在的时空环境以及经由产生、发展和消亡的历程，人的行为也不例外，而行为概念的这些基本特点也应该能够为犯罪的时间、地点以及犯罪的着手、未遂、既遂、终了等的认定提供基本的依据。

不过不难发现，行为概念的上述基本机能所能涵盖的范围还是仅仅局限于犯罪论，而未触及刑罚论。有鉴于此，笔者提出，刑法中的行为概念还必须满足“刑罚论相关基本问题之解释机能”，即行为概念对于解决刑罚论中的相关基本问题，如刑罚之目的、刑事责任之根据、刑罚功能之根据以及量刑乃至行刑情节之本质等，能够提供基本的理论指导。

刑法中的行为概念所应具备的基本机能是全面检验行为概念是否科学合理之标尺，不过，这一标尺目前在中外刑法学界看来似乎太过严苛，严苛得近乎令研究者们绝望，因为在该标尺面前，传统刑法行为概念无一能够经受住检验，且往往是其中的某一项机能便让他们束手无策，更遑论其他的基本机能了，但尽管如此，刑法行为概念之基本机能依旧在被研究者们所一再强调。德国刑法学大家罗克辛曾就此坦言道，“在传统行为理论中，一个能够高标准地同时满足界限机能、分类机能和连接要素机能的行为概念迄今还没有找到。但是，新的刑法信条学的总体发展的确是反映在对行为概念的努力之中的，即使在那些已经无可奈何地放弃了这个概念并终止了这种努力之处，也反映了这种发展。”[①]不过，接下来笔者便试图确证一种能够同时满足以上五项（不止三项）基本机能的行为概念，笔者确证该行为概念之基本机能的逻辑理路是，以行为概念的核心机能（即“对犯罪论体系的实质批判机能”）为基础，通过对相关问题的破解，基此印证该行为概念所具有的其他诸项基本机能。

第三节　不同学科领域中的行为概念以及劳动的构成要素分析

在法学论域之外，行为概念同样被为数众多的其他学科所关注，研究者们从不同学科视角对行为概念进行观察，形成了各式各样的认识，考

---

① [德]克劳斯·罗克辛：《德国刑法学 总论》（第 1 卷），王世洲译，法律出版社 2005 年版，第148页。

察不同学科领域对行为概念的认识，无疑有助于我们把握刑法中的行为概念之本质及构成要素。由于劳动乃为人类所特有也是最为重要的社会实践活动，劳动也因此成为人的行为中最为重要的类型，故研析劳动的构成要素及其相互关系，也应该成为我们把握人的行为之构成要素及其相互关系的重要依据。

一、不同学科领域中的行为概念掠影

人文社会科学中的几乎所有学科与自然科学中的许多学科都关注行为概念，在人文社科和自然科学领域，甚至产生了专门以“行为”命名的学科或者学科流派，如行为学、行为科学、心理学中行为主义心理学、伦理学中的行为功利主义、政治学中的行为主义政治学以及哲学中的行为哲学等等。因受到如此之多的学科或者学科流派的关注，行为概念也因之有如万花筒，在不同学科或者同一学科的不同研究者的眼中，都可能有不同的看法。由于行为概念的定义千姿百态、不遑枚举，笔者仅拟撷取自以为较具代表性的定义罗列如下：

（1）在哲学中，行为一般被定义为“生物以其外部和内部活动为中介与周围环境的相互作用”①。在作为哲学分支的伦理学中，行为的一般定义是“行为不同于举动，伦理学通常把行为看作道德意识的已往活动和以后活动的总和，看作社会道德关系的总体系。道德的行为是由下列基本因素形成的：举动本身；举动之前的道德意识活动，即冲动、动机、意图、选择、决定；道德意识的以后的活动，即人对自己行为的自我评价、周围人对他的评价所持的态度。所有这些因素构成了人所履行的道德义务的内容，在评价一种行为时，它们都被考虑到了（究竟做了些什么，为什么而做，是有意的还是偶然的，人本身怎样对待自己的举动）。”②日本伦理学者山崎昭雄认为，“道德下之行为概念，一般指具备意识下的、有意的、选择的三要件之概念；详言之，须具显明之目的观念或动机，有思虑、选择及决心之进行，同时将思虑、选择及决心予以自觉地表现之人类

① 冯契主编：《哲学大辞典》，上海辞书出版社2001年版，第1696页，“行为”词条。

② ［苏］伊·谢·康主编：《伦理学辞典》，王荫庭等译，甘肃人民出版社1981年版，第300-301页，“行为”词条。

身体运动。”[①]日本另一伦理学者西田几多郎则认为，“所谓行为，如果从外部来看，就是肉体的运动，但是这和单纯的水流或石落这些物体运动是不同的。它是一种有意识的和有目的的运动。”[②]

（2）在经济学中，经济学家米塞斯（Ludwig Von Mises）在其名著《人的行为》一书中，对人的行为下了这样的定义：“人的行为是有目的的。或者我们可以说：行为是意志付诸行动并转化为一种能动性，是为达成某些目的和目标的，是自我对刺激和所处环境条件的有意义的反应，是一个人对决定其生活的宇宙状态所作出的有意识的调整。”[③]

（3）在生物学中，行为是指生物进行的从外部可察觉的适应意义的活动。不仅包括身体的运动，还包括静止的姿势，如站立、安坐、注目凝视、体色的改变或身体标志的显示、发声，以及气味的释放等。生物学上的行为不含有道德的成分。[④]

（4）行为作为心理学的重要研究对象，其中的定义大体有：行为是指“人在主客观因素影响之下而产生的外部活动”[⑤]，或是“有机体在各种内外部刺激影响下产生的活动”[⑥]，或是“有机体在环境影响下所引起的内在生理和心理变化的外在反应”[⑦]，或是“有机体所表现出来的一切活动”[⑧]，又或是“有机体适应环境的方式”[⑨]，如此等等，不一而足。

（5）行为科学[⑩]则把行为视为“个人行为和社会行为的统一性，并且

① 转引自陈友锋：《刑法上行为概念与行为之探索》，台湾辅仁大学法律系博士论文（2002 年），第 103 页。

② [日]西田几多郎：《善的研究》，何倩译，商务印书馆 1965 年版，第 77 页。

③ Ludwig Von Mises: *Human Action: A Treatise on Economics (Fourth Revised Edition)*, Fox&Wilkes, 1996, p.11.

④ 参见周徵才：“生物行为的归类”，《生物学杂志》1998 年第 5 期，第 23 页。

⑤ 朱智贤主编：《心理学大词典》，北京师范大学出版社 1989 年版，第 786 页，“行为”词条。

⑥ 林崇德、杨治良、黄希庭主编：《心理学大辞典》（下卷），上海教育出版社 2004 年版，第 1437 页，“行为”词条。

⑦ 宋书文：《心理学词典》，广西人民出版社 1984 年版，第 95 页，“行为”词条。

⑧ David Matsumoto: *The Cambridge Dictionary of Psychology*, Cambridge University Press, 2009, p.78.

⑨ Richard J. Gerrig: *Psychology and Life*（*20th Edtion*）, Pearson, 2013, p.2.

⑩ 行为科学是 20 世纪 40 年代末产生于美国的一个人类行为学派，其创始人是美国哈佛大学教授梅奥（G. F. Mayo）。行为科学是研究人类行为的原则、规律及其应用的一门综合性的科学。由心理学、社会学、人类学、生理学、政治学、经济学、地理学、法学等多学科共同协作所构成的一门新的科学领域。主要从广泛的侧面来探讨和发现在社会生活中人类行为发生和发展的根本规律，从而达到对人类行为的预测与控制。参见车文博主编：《当代西方心理学新词典》，吉林人民出版社 2001 年版，第 423 页，“行为科学”词条。

和传统心理学、认知心理学一样也将知觉、思维、意志等过程称作行为”[①]。

（6）作为普及性的汉语言工具书，《现代汉语词典》对行为所下的定义是“受思想支配而表现出来的活动”[②]。被誉为“人民百科全书”的维基百科也对行为概念下了较为详细的定义，行为（Behavior）是指“由个人、有机体、系统或人工实体结合自身或其所处的环境[包括其他系统或有机体以及（无生命的）物理环境]而做出的动作和言谈举止。它是系统或有机体对各种刺激或输入做出的计算反应，无论是内部的还是外部的，有意识的还是潜意识的，外显的还是内隐的，自愿的还是非自愿的。”[③]

在笔者看来，上述形形色色的行为概念大体可区分为四类或者四个层次：一是最普遍意义上的行为概念，亦即维基百科所定义的行为概念，它将一切可以观察到的自然进程均视为行为，至于行为的主体是否应具有生命则在所不问；二是普遍意义上的行为概念，也即哲学或生物学上的行为概念，它将一切有生命的事物（包括人、动物甚至植物、微生物等）与周围环境相互作用的存在和表现形式均视为行为；三是从心理学的角度对行为所作的界定，而心理学的研究对象是人和动物心理现象发生、发展和活动的规律[④]，从而将植物、微生物等的行为排除在了行为概念之外，只包含具有神经系统的较为高级的生物（包含人和动物）受心理支配的外部活动；四是将“目的”或“意志”作为构成要素来界定行为概念，此等行为应当仅限于人的行为，因为唯有人方具有目的或者意志。

参差多态的行为概念为我们从不同的视角来观察行为这一现象提供了丰富的信息，透过上述行为概念的定义可以发现，几乎所有的行为学说都强调行为的“客观性”（或谓“外显性”“可观测性”），行为客观论乃当今各门学科之绝对主流见解。[⑤]应该说，肯定行为的外在客观性，对于任

① 车文博主编：《当代西方心理学新词典》，吉林人民出版社 2001 年版，第 423 页，“行为”词条。

② 《现代汉语词典》，商务印书馆 2005 年版，第 1524 页。

③ 参见维基百科“Behavior”词条，http://en.wikipedia.org/wiki/Behavior.

④ 参见曹日昌主编：《普通心理学》，人民教育出版社 2003 年版，第 19 页。

⑤ 在心理学中，只有极少数的流派（如新行为主义、认知心理学）不太注重行为的外显性，而将内隐性的心理历程也视为行为。自 20 世纪 60 年代后，绝大多数心理学家都将内部心理活动与外显行为区别开来，试图从信息加工的角度来描述心理活动的状态和过程，以此解释各种外显行为发生和发展的规律。由此可见，发展迄今的心理学，行为客观论也是绝对主流的见解。参见林崇德、杨治良、黄希庭主编：《心理学大辞典》（下卷），上海教育出版社 2004 年版，第 1437 页，“行为”词条。

何学科而言都是十分必要的，法学当然更不例外，因为法制发展史早已给出了明确的答案。肯定行为的客观性后，依据最普遍意义及普遍意义上的行为概念可知，行为离不开行为主体及其所处的环境，就行为的外观而言，行为表现为行为主体与其所处环境的交互作用，据此不难得出构成一切行为都必须具备的两个基本要素：一是行为主体，二是行为对象。[①]认识行为的最基本要素也是我们进一步把握人的行为之本质及构成要素的前提和基础。

二、人类特有的社会实践活动——劳动之构成要素分析

毫无疑问，刑法中的行为除了必须是行为从而具备行为的一切属性外，更在于它是“人的行为”，当我们对“人的行为”这一语词的结构进行辨析后可知，“人”是其行为存在的前提或原因，行为是结果，依据因果关系原理，“结果一点也不包含原因中所不包含的东西”[②]，换言之，结果的质包含在原因之中。据此，欲准确把握人的行为之本质特征，必须把握人区别于其他一切事物的外在标志，即人的本质特征。

有关人的属性，我国有学者指出，人处于多种系统的交叉点上，具体表现为：“第一，人是属于社会系统，人是社会的一员，社会关系决定着人的发展，决定了一个人的社会定向，价值观念、观点、态度等。总之，社会系统是人的社会性的基础。第二，人从属于生物系统，人是一个生物有机体，生物规律并不因为人的社会性而失去作用，人的社会性是通过神经生理过程表现出来的。第三，人从属于心理系统。其四，人从属于物理系统，因为人的生活环境中还包括工具，工具是物理学的。”[③]而历史唯物论则统合了人的上述属性，认为人是社会的动物，是自然属性与社会属性的统一体。人的自然属性则包含了上述生理学、心理学以及物理学等方面的属性；社会属性则是指人作为集体活动的个体或者作为社会的一员活动时所表现出来的特性。其中人的自然属性是其社会属性的前提与基

① 之所以未将连接主体与对象之间的中介（也即行为的手段或方法）作为此等意义上的行为概念之独立要素，就中缘由在于，在最普遍意义及普遍意义的行为概念中，行为主体包含无心理活动的客观事物，而当行为主体是无心理活动的客观事物时，主体自身便直接成为了作用于行为对象的客观条件，也即此时的行为主体与行为的手段或方法合一。

② [德]黑格尔：《逻辑学》（下卷），杨一之译，商务印书馆 1982 年版，第 217 页。

③ 申继亮：“论心理现象的整体性”，《心理学探新》1990 年第 1 期，第 7-8 页。

础，社会属性则是人最主要也是最根本的属性，是人区别于其他动物的特质，是人所特有的属性。人的社会属性一般包括如下内容：能制造工具进行生产劳动，能进行理性思维，能按一定的伦理道德观念行动，等等，其中能在一定的社会关系中从事劳动是人的本质属性，人的其余各种社会属性都是在这一本质属性的基础上产生和发展起来的。黑格尔曾指出，“人以他的工具而具有支配外在自然界的威力”①，而这个支配外部世界的威力主要就是指人类特有的社会实践活动——劳动。百万年来，通过劳动，人自身的自然与外部自然之间实现了物质、能量的交换，使人的生命得以维持和延续，也使人自身的自然得以改变及改善。劳动不仅形成了人手，促使语言的形成和猿脑向人脑的转变，而且形成人的社会性，造就社会化的人，形成无限丰富多彩的社会关系体系。正是基于此等意义，马克思指出，“人的本质并不是单个人所固有的抽象物。在其现实性上，它是一切社会关系的总和。”②社会则是“以生产劳动为基础的无数个人活动构成的系统。”③由此可见，劳动创造了人，劳动也使人与动物区分开来。正如启蒙思想家卢梭指出的，“在人的生活中最主要的是劳动训练。没有劳动就不可能有正常的人的生活。”俄罗斯伟大教育家乌申斯基也有言，“劳动是人类存在的基础和手段，是一个人在体格、智慧和道德上臻于完善的源泉。”④社会学家吉尔曼也曾言及，劳动不只是人类生存的手段——劳动就是人类生活。⑤要言之，劳动是人类特有的社会实践活动，也是人区别于其他动物的本质特征。

由于劳动是人的行为中最为重要的类型，也是人区别于其他动物的重要标志，劳动的构成要素因之无疑应该成为我们把握人的行为之构成要素的重要依据，借此揭示的也无疑是人的行为区别于动物行为的重要标志，也即反映人的行为之本质特征。何谓劳动？马克思曾就其下过明确的定义，劳动是“人和自然之间的过程，是人以自己的活动来引起、

---

① [德]黑格尔：《逻辑学》（下卷），杨一之译，商务印书馆1982年版，第438页。

② 《马克思恩格斯全集》（第1卷），人民出版社1995年版，第18页。

③ 高清海：《马克思主义哲学基础》（下册），人民出版社1987年版，第3页。

④ 卢梭和乌申斯基上述有关劳动的名言摘自“关于劳动的名人名言”，《人民论坛》1997年第5期，第53页。

⑤ See Charlotte Perkins Gilman: *The Man-Made World*, Dover Publications Inc., 1967, p.38.

调整和控制人和自然之间物质交换的过程”，并且指出，劳动过程包含三项简单而基本的要素：有目的的活动或劳动本身；劳动对象；劳动资料。[①]

劳动的目的性要素表明劳动是人有意识的、能动的活动，这是人的活动与动物活动的最根本性区别所在，对此马克思曾形象地指出，“蜜蜂建筑蜂房的本领使人间的许多建筑师感到惭愧。但是，最蹩脚的建筑师从一开始就比最灵巧的蜜蜂高明的地方，是他在用蜂蜡建筑蜂房以前，已经在自己的头脑中把它建成了。劳动过程结束时得到的结果，在这个过程开始时就已经在劳动者的表象中存在着，即已经观念地存在着。他不仅使自然物发生形式变化，同时他还在自然物中实现自己的目的，这个目的是他所知道的，是作为规律决定着他的活动的方式和方法的，他必须使他的意志服从这个目的。”[②]可见，在劳动的诸要素中，目的性要素无疑居于核心地位。当然，就作为个体的劳动者而言，劳动的目的性要素中事实上还隐含着一个前置性的条件，那就是作为主体的劳动者需要具备“劳动能力”，或者说，具备马克思所称的“调整和控制”之能力，如后文所叙，在心理学中，能力是指人们成功地完成某种活动所必须具备的个性心理特征，它是人格（即个性）结构之内容，而人格则是心理过程（即知、情、意）的内在深层次的决定性力量。据此可知，在劳动这种人类特有的行为中，劳动能力是劳动目的性要素的先决条件，故理当成为劳动的一个独立要素。

劳动对象则是与人自身作为一种自然力相对立而存在的对象物，是劳动者为满足生活需要所加工改造的一切对象。劳动对象直接影响着整个生产力的发展水平，其范围的扩大和质量的提高对发展生产力也有着重要的意义。劳动对象也总是处于一定的社会关系之中以一定的状态而存在。劳动资料则是连接劳动者与劳动对象的媒介，其中，劳动工具是劳动资料的基本的和主要的部分，是衡量人类征服自然能力之尺度。有关劳动资料的作用和价值，黑格尔曾指出，“手段是一个比外在合目的性的有限目的更高的东西；——犁是比由犁所造成的、作为目的的、直接的享受更尊贵

① 参见马克思：《资本论》（第1卷），人民出版社2004年版，第201-202页。

② 马克思：《资本论》（第1卷），人民出版社2004年版，第202页。

些。工具保存下来，而直接的享受则会消逝并忘却。人以他的工具而具有支配外在自然界的威力”[①]。马克思也明确指出，“劳动资料是劳动者置于自己和劳动对象之间、用来把自己的活动传导到劳动对象上去的物或物的综合体。劳动者利用物的机械的、物理的和化学的属性，以便把这些物当作发挥力量的手段，依照自己的目的作用于其他的物。劳动者直接掌握的东西，不是劳动对象，而是劳动资料。这样，自然物本身就成为他的活动的器官，他把这种器官加到他身体的器官上，不顾圣经的训诫，延长了他的自然的肢体”。生产工具系统也因此被马克思称为是生产的“骨骼系统”和“肌肉系统”，劳动对象则被称为生产的“脉管系统”。[②]劳动资料和劳动对象作为生产力中的物的要素统称为生产资料，两者中起主要和决定作用的是生产工具。

劳动者、劳动资料和劳动对象是生产力的基本要素，其中，劳动者是唯一的能动要素，主导支配着其他要素，这种主导支配作用通过目的性劳动得以实现。换言之，如果没有劳动，生产力中的诸要素是相互孤立、彼此分开的，是劳动将它们连接成一个有机联系的整体，正是目的性劳动本身方使得生产力的诸要素进入劳动的过程而成为劳动者、劳动资料和劳动对象。反言之，无劳动便无所谓劳动者、劳动资料和劳动对象，而劳动的整个过程又是受劳动者的目的性支配，“在劳动过程中，人的活动借助劳动资料使劳动对象发生预定的变化。过程消失在产品中。它的产品是使用价值，是经过形式变化而适合人的需要的自然物质。劳动与劳动对象结合在一起。劳动物化了，而对象被加工了。在劳动者方面曾以动的形式表现出来的东西，现在在产品方面作为静的属性，以存在的形式表现出来。”[③]由于这一目的性支配最终指向的是劳动产品，因而完整的劳动过程便表现为：劳动者借助劳动资料作用于劳动对象，进而使劳动对象发生预定的状态改变，制成劳动产品。据此可知，就完整的劳动过程而言，劳动的要素除了包含劳动的过程要素外，还包含“劳动的结果（即劳动产品）”要素。

---

① [德]黑格尔：《逻辑学》（下卷），杨一之译，商务印书馆 1982 年版，第 438 页。

② 参见马克思：《资本论》（第 1 卷），人民出版社 2004 年版，第 203-204 页。

③ 马克思：《资本论》（第 1 卷），人民出版社 2004 年版，第 205 页。

综上所析，作为完整的劳动过程，劳动者的劳动能力是前提，无劳动能力者进行的活动不能称之为劳动；劳动目的之本质是将劳动者的劳动能力借助劳动资料和劳动对象物化为劳动产品的内在支配力量，因此，在劳动的诸要素中属于居核心地位的决定性要素；劳动者的身体器官与劳动资料、劳动对象以及劳动的结果一道构成了劳动的物质载体。劳动的诸要素彼此联系，不可或缺，否则便不成其为劳动。劳动是人类特有的也是最为重要的实践性活动，当然属于人的行为之类型，且应当属于人的行为中最为重要的类型，故劳动的构成要素及其相互关系理当成为我们把握人的行为之构成要素及其相互关系之重要依据。

第四节　刑法中的行为概念界说

从上述不同学科领域对行为概念的界定不难发现，因研究目的及观察视角的不同，不同学科对于行为概念的认识往往存在着较大的差异。事实上，即便是在同一学科领域内的不同分支上，也可能因研究目的的不同而在行为概念的界定上存在着差异。以法学对行为概念的研究为例，如所周知，法律只调整人的行为，在实体法领域，研究人的行为的主要目的就在于判定行为的性质并最终解决行为主体的法律责任问题，而不同部门法因调整对象以及归责原则方面的不同，使得各自所调整的行为在性质及外延上也往往存在着差异。例如，民法因无过错责任原则和公平责任原则的存在，故欲使民法中的行为概念作为能够统括所有受民法规范调整的行为，那么对其界定就应该着眼于行为的客观层面而非主观层面。但是，受刑法规范（罪刑规范）调整的犯罪行为，对其判定除了不可或缺的行为的外在过程外，还要求这一外在过程必须与行为人的特定内在心理状态存在联系，这在刑法学理论中被称为“罪过原则”或“责任（罪责）原则”，中外法学理论界都普遍肯定该原则应该作为刑法的基本原则之一，在有的国家（如意大利）甚至已上升为宪法原则之高度。[①]归责原则上的迥然差异决定了我们在界定刑法中的行为概念时，绝不应该如民法中的行为概念那般着眼于行为的外在客观层面，而必须深入到行为的内在主观层面。

主观系指人的意识、思想领域，也被称为精神世界，为人类所独有。动物虽然有感觉，甚至有意识的萌芽，但没有真正的意识，没有主观与客观、自我与环境的区分。人类通过劳动、语言和思维，引发自我与环境的分化，进而区分出主观世界与客观世界。[②]由此可见，人与动物的界分主要就在于是否具有主观或精神世界，据此也可知，欲界分人的行为与动物的行为、把握人的行为之本质无疑应该诉诸主观。主观也是人的内在心理，乃心理学研究之专长，“心理学可以为人的行为提供有益的洞察”[③]，“心理学家们越来越多地意识到，人类的行为具有复杂的层次与深度”[④]。在作为各个分支心理学之基础与主干的普通心理学中，依据心理现象的稳定性程度的不同或者所处心理结构的内在深度的不同，人的纷繁复杂的心理现象（由活跃到相对稳定、由浅及深）被划分为了既相互联系又互为有别的两大层次：“心理过程”与“人格（也

---

① 刑法中的罪过原则确立于晚期的罗马刑法，参见[德]鲁道夫·冯·耶林：《罗马私法中的过错要素》，柯伟才译，中国法制出版社 2009 年版，第 35-36 页。如今该原则在意大利已被提升至宪法原则的高度（意大利宪法典第 27 条第 1 款之规定），参见[意]杜里奥·帕多瓦尼：《意大利刑法学原理》（注评版），陈忠林译评，中国人民大学出版社 2004 年版，第 190-193 页。德国刑法学界也肯定罪责原则乃刑法的基本原则之一，甚至也毫无例外地承认为宪法原则。参见[德]汉斯·海因里希·耶赛克、托马斯·魏根特：《德国刑法教科书》，徐久生译，中国法制出版社 2001 年版，第 30 页；[德]克劳斯·罗克辛：《刑事政策与刑法体系》（第二版），蔡桂生译，中国人民大学出版社 2011 年版，第 77 页；[德]Tatjana Hornle：“罪责原则的宪法论证”，钟宏彬译，《军法专刊》2013 年第 2 期，第 123-158 页。德国有学者指出，“法律伦理上，罪责原则可重构为正义之要求，亦即国家对于其人民要公平：对于无法遵守法律之人民加以处罚是不公平的”，参见[德]Ulfrid Neumann：“犯罪行为人的罪责——心理的事实还是规范的归责？”，王效文译，《成大法学》2016 年第 32 期，第 75 页。在英美法系国家，罪过原则也被认为是刑法的基本原则之一，See Jennifer L. Moore & John L. Worrall: *Criminal law*, Pearson, 2018, p.45.

② 参见冯契主编：《哲学大辞典》，上海辞书出版社 2001 年版，第 2035 页，“主观世界与客观世界”词条。

③ Richard A. Kasschau: *Understanding Psychology*, The McGraw-Hill Companies, 2003, p.8.

④ Ken Eisold: *What You Don't Know You Know: Our Hidden Motives in Life, Business, and Everything Else*, Other Press, 2010, p.33.

称为‘个性’)”。[①]在笔者看来，普通心理学有关心理现象的此等基本结构层次划分，为我们把握刑法中的行为概念之本质及结构提供了基本的依据。而如上所析，概念是反映事物本质属性的思维形式，本质具有层次性，由此也决定了概念的层次性，刑法中的行为概念当然也不例外。接下来笔者就将立足于普通心理学有关心理现象的基本结构层次划分，界定刑法中的行为概念。

一、心理过程层面的行为概念界说

如上所析，劳动是人类所特有的也是最为重要的实践性活动，当然也是人的行为中最为重要的类型，因此，劳动应该是我们把握人的行为之本质及其结构的最佳蓝本。不过，在以劳动作为蓝本来把握人的行为之本质及其结构之前，需要明确的是，劳动是人的行为，但人的行为并不限于劳动，人的行为是劳动的属概念，且因劳动系人的目的性活动，虽然目的性为人的行为所特有，但该特性却并非为人的行为所共有，因为人的行为并不限于目的性行为，故依据上文对本质概念的辨析可知，目的性并不能够成为人的行为之必备要素，这也是目的行为论的根本缺陷所在。或许有论者会问，劳动只是目的行为之一种特殊类型，为何单单选择它而不是以目的行为或者其他人类特有的行为作为揭示人的行为之本质及其结构的蓝本呢？对此，笔者的回答是，迄今为止的目的行为论之目的行为或者其他人类特有的行为到底应该包含哪些基本要素仍有思虑不周、归纳不全之弊病，已如前述，传统刑法行为理论为使行为概念能够涵括不作为行为和过失行为，在“有体性”和“有意性”到底应否为行为之构成要素问题上意见极不统一，而在笔者看来，构成劳动的诸要素及其相互关系则简洁明了、一览无遗，在最大程度上展现了人的行为之完整结构，故理当成为我们把握人的行为之本质及其结构的最佳蓝本。

通过上述对劳动的诸要素辨析后可知，劳动的完整过程应当是：具

① 参见朱智贤主编：《心理学大词典》，北京师范大学出版社 1989 年版，第 767 页，“心理现象”和“心理现象结构”词条；叶奕乾、何存道、梁宁建编著：《普通心理学》（第四版），华东师范大学出版社 2010 年版，第 1-2 页。需要指出的是，虽然也有不少普通心理学教材对人的心理现象并未明确进行此等层次划分，但人的内在心理事实存在稳定性程度上的差异却是不争的事实，当然也是心理学界的共识。不难发现，几乎所有的普通心理学教材在内容编排上，都遵循着由介绍不稳定的心理现象（即心理过程层面的事实）再到相对稳定的心理现象（即人格或个性层面的事实）之逻辑顺序。并且在“人格（个性）心理学”中，也都是以具有相对稳定性的心理现象作为研究对象。心理活动的分层学说是在弗洛伊德精神分析学、近代脑生理学和哈特曼哲学的影响下形成和发展起来的，参见叶奕乾、孔克勤：《个性心理学》，华东师范大学出版社 2001 年版，第 20 页。

备劳动能力的劳动者为满足生活需要利用劳动资料作用于劳动对象，最终将劳动对象改变成为能够满足自身需要的劳动产品的过程。如若肯定劳动能力系劳动目的的前置性条件并作为一个独立要素的话，那么劳动的要素便可区分为五类：劳动者、劳动对象、劳动资料、劳动产品和劳动目的。据此便不难抽象出构成完整行为的五个要素：行为主体、行为对象、连接二者之间的媒介、行为结果和行为的主观。由于人的行为的特殊性就在于它是主观与客观的统一体，因而这五个要素据此便可以归于两大类，即主观方面的要素与客观方面的要素。为使这五个要素在逻辑归类上更具合理性以及解释论上的便宜，笔者认为，还有必要对相关要素加以整合，整合缘起于：一是行为主体要素的特殊性，二是行为结构的层次性决定了行为构成要素归类上的层次性。

行为主体要素的特殊性在于，行为主体乃主体的身体条件（或躯体）与行为能力的统一体，行为能力属于主观范畴，而主体的身体条件则显然属于客观范畴，因而有必要把后者从主体要件中分离出来。[①]对主体做此等分离也符合刑法学理论的通行做法，如德日刑法学者一般将主体本身归入客观的构成要件要素，而将责任能力归入“责任（罪责）”要素。[②]我国台湾地区刑法学者黄荣坚也曾就此精辟地指出，“人所存在的一切现象，真正的我就只是一个精神的我、意志的我。所谓犯罪的我，指的也就是这一个精神的我、意志的我。而所谓的犯罪，也就是一种意志的跃动。至于自己的肉体，只是犯罪的我（精神的我、意志的我）的工具之一。只不过，在这个世界上，最听从自己使唤的工具，就是自己的肉体。因此某甲用来打某乙的手，也是某甲的工具而已。”[③]把身体条件分离出来后，将其与同属客观范畴的“连接媒介”进行整合，整合后的要素其实就是我们所熟知的“行为的手段或方法”，亦即“行为人用以作用于行为对象的客观条件”。[④]任何行为都必须依赖一定的手段或方法，否则行为

① 在哲学上，笛卡尔也将主体的形体本性与理智本性分立，他指出，“某一种形体是比世界上的其他各种形体更紧密地和我们的灵魂联结在一起的”，参见[法]笛卡尔：《谈谈方法》，王太庆译，商务印书馆2000年版，代序第xxvii，第28-30页。“人心和另一个有广袤、能被动的事物——人身——连合着”，参见[法]笛卡尔：《哲学原理》，关文运译，商务印书馆1958年版，第35页。故在他看来，虽然人的心理与身体紧密相连，但二者仍迥然有别。

② 参见张明楷：“犯罪论体系的思考”，《政法论坛》2003年第6期，第29页。

③ 黄荣坚：《基础刑法学》（下），中国人民大学出版社2009年版，第493-494页。

④ 对行为要素作如此整合具有十分重要的理论和实践价值，因为通过对行为所依赖的客观条件加以分析，是解开诸多刑法学理论难题（如不作为犯罪、共同犯罪以及犯罪的终止形态等相关问题）的突破口。

将无从施展，又因“行为手段或方法”“行为对象”与“行为结果”均系行为赖以依存的物质载体，属客观事物，位居行为结构的最外层，即客观层面，故又可以进一步概括为“行为的客观要件”。而之所以还需再度整合复因人的行为之内在决定因素（即主观心理因素）的层次划分。在普通心理学中，人的内在心理被划分为了“人格（即个性）”与“心理过程”两大层次，如后文所叙，人格乃心理过程之动因或深层决定力量，行为能力属于人格结构之内容，行为的主观（知、情、意）系心理过程之内容，而心理过程又支配制约着行为的客观方面。因此，为使对行为诸要素的分类更合符事实以及更具逻辑自洽性，此等整合是必要的。

这样，经过如上整合后的行为构成要素便包含：行为主体要素（以主体的行为能力为核心）、行为的客观要素（包含“行为手段或方法”“行为对象”以及“行为结果”三个子要素）以及行为的主观要素。不过，就发生学而言，行为的发生过程应当是：主体人格促成心理过程，心理过程外化为行为的客观；而行为在客观世界的展开过程则是：行为手段或方法作用于行为对象，行为对象的原有存在状态因之发生改变，最终产生行为结果。因此，以行为的发生过程作为依据，构成行为的三要素之逻辑排序就应当是：行为的主体要素、行为的主观要素以及行为的客观要素（包含行为手段或方法、行为对象以及行为结果）。

在确定行为的构成要素之后，接下来需要揭示的是行为在心理过程层面的本质，而欲揭示行为在此一层面的本质之关键就在于把握行为在心理过程层面的核心要素。在普通心理学中，人的心理过程被划分为了认识过程、情绪情感过程和意志过程（简称为知、情、意）三个方面。[①]认识是一个由外部刺激向内部意识事实转化的过程，包含知觉、注意、记忆、想象、思维等一系列心理活动。情绪情感是人对客观事物的态度的体验，是人对客观事物与人的需要的关系的反映。[②]意志则是“人自觉地确定目的，并支配行动去克服困难以实现预定目的的心理过程”[③]，或是“个体自觉地确定目的，并据此支配和调节自己的行动、克服种种困难、实

---

① 参见曹日昌主编：《普通心理学》，人民教育出版社 2003 年版，第 1 页以下；黄希庭、郑涌：《心理学十五讲》，北京大学出版社 2005 年版，第 5-7 页；叶奕乾、何存道、梁宁建编著：《普通心理学》（第四版），华东师范大学出版社 2010 年版，第 1 页以下。

② 参见叶奕乾、何存道、梁宁建编著：《普通心理学》（第四版），华东师范大学出版社 2010 年版，第 205 页。

③ 车文博主编：《当代西方心理学新词典》，吉林人民出版社 2001 年版，第 445-446 页，“意志”词条。

现预定目的的心理过程”[①]。意志以认识和情绪情感为依据，是行为主体将内部意识向外部举止转化的直接动因，乃人类特有的心理现象。动物没有意志，它们只能消极地顺应周围环境，成为自然的奴隶，人有了意志，就能够积极主动地改造外部世界，从而成为现实的主人。“意志集中地体现出人的心理活动的自觉能动性”[②]，“正是通过意志的表现，行动获得了人的行为的性质”[③]，“意志是人的行为的共通特质”[④]（黑格尔语）。“人要支配这个世界，意志是主体。至于人的自己的肉体，和别人的肉体，以及世界上所有的物质存在，意义都是一样的，都是人这个意志的工具而已。”[⑤]因此，在心理过程的三个要素中，意志又是其中的决定性因素，意志因素也因此成为人的行为在心理过程层面的核心要素，故为我们把握人的行为在此一层面之本质、界定人的行为概念所不可或缺。

心理学在定义“意志”时通常以“支配”作为关键词，依据《辞海》的释义，支配亦即“控制、统驭”[⑥]，换言之，“支配”与“控制”乃同义语。由于本书系面向刑法问题探讨行为概念，也即研究刑法中的行为概念，故在界定行为概念时，最理想的状态无疑是定义与刑法的相关规定璧合。有鉴于此，笔者拟采用“控制”一词作为描述意志之关键词，就中缘由在于，我国刑法在有关犯罪主体刑事责任能力的规定（第 18 条）中使用了“辨认和控制能力”，由于意志乃主体控制能力在心理过程层面的具体化，故使用“控制”一词不仅具有心理学依据，而且具备刑法规范依据。又因刑法中的行为概念应当涵括刑法所调整的所有行为，即必须包含故意行为和过失行为、作为行为和不作为行为。但若是认为，在人的行为中，行为人与行为的外在过程之间必须是一种事实上的意志控制关系，那么行为概念就将无法涵括过失行为和不作为行为，因为在这两种类型的行为中，行为人对行为的外在过程并不存在事实上的意志控制，故欲合理界定刑法中的行为概念，就有必要对这两种类型的行为之意志状态加以揭

① 林崇德、杨治良、黄希庭主编：《心理学大辞典》（下卷），上海教育出版社 2004 年版，第 1555 页，“意志”词条。

② 曹日昌主编：《普通心理学》，人民教育出版社 2003 年版，第 403 页。

③ 转引自[苏]Л·С·雅维茨：《法的一般理论——哲学和社会问题》，朱景文译，辽宁人民出版社 1986 年版，第 223 页。

④ 据此，黑格尔提出了“意志为归责之核心”的根本命题。参见[德]黑格尔：《法哲学原理》，范扬、张企泰译，商务印书馆 1979 年版，第 119 页；许玉秀：《主观与客观之间——主观理论与客观归责》，法律出版社 2008 年版，第 178-186 页。此一命题在刑法学领域是完全成立的，并且在笔者看来，这一命题是刑法学理论中的重大命题，笔者将于后文就其专门展开论证。

⑤ 黄荣坚：《基础刑法学（上）》，中国人民大学出版社 2009 年版，第 128 页。

⑥ 《辞海》，上海辞书出版社 2000 年版，第 3769 页。

示。[①]当我们对过失行为和不作为行为的存在构造进行辨析后将不难发现：过失行为是行为人有能力将自己的行为可能造成危害结果之事实或者避免自己的行为造成危害结果之事实置于自己注意的中心范围内，却将它们边缘化乃至无意识化了，最终导致了危害结果的发生，过失行为因而出现了规范上不应有的意识缺如（疏忽大意过失）或者不应有的意识偏离（过于自信过失）[②]；较之于作为行为，不作为行为则是行为主体的身体条件在行为过程中出现了功能上的缺位[③]。过失行为与不作为行为所表现出来的此等特殊性，使得行为主体对行为手段或方法的控制就不可能表现为事实上的控制关系，而只能表现为规范意义上的“应该控制”关系。[④]如此，作为行为核心要素的意志因素就表现为事实上的“控制”与规范上的“应该控制”两种意志状态。

在把握行为在心理过程层面的核心要素后，最后还需要明确的两个问题是：其一，行为对象包含人和物两种基本的类型，一如劳动对象，行为对象也总是处于复杂的社会关系中以一定的状态而存在，行为手段或方法对之作用所影响的实际是他/它的某种或某些特定的存在状态；其二，与世间万事万物有生有灭、有始有终一样，行为的存在也系一“过程”，有其产生的始点、发展的阶段以及结束的终点。

经由如上层层铺垫、步步深入研析，行文至此，刑法中的行为概念在心理过程层面的定义已然水到渠成：行为应当是主体控制或者应该控制的客观条件（也即行为的手段或方法）作用于行为对象（具体人或物的特定存在状态）的过程。[⑤]该行为学说因反映了刑法中的行为概念之共性及

---

① 需要指出的是，间接故意是存在事实上的意志控制的，不过，其意志控制还是有其特殊性，笔者将于本书的第七章第三节中论及。

② 相关论述详见本书“第七章第五节 三、”之内容。

③ 有关不作为行为之意志状态参见拙著：《不纯正不作为犯的基本问题研究》，法律出版社2010年版，第50-53页。

④ 价值意义上的“应该”一词，其主要与典型的功能就是表达规范，因为对某人提出应该如何的要求，无疑意味着对其行为的约束或命令，相关论述详见本书第三章第三节之内容。

⑤ 该行为学说由我国刑法学家陈忠林教授提出，他指出，“刑法中的行为是一定主体（能力和义务）的存在形式，是一定主体与客体（对象的存在状态）相互作用的结果，是主体特定主观心理状态在客观世界中的展开，是主体控制或者应该控制的客观条件作用于一定客观事物的存在状态的过程”，参见陈忠林：《刑法散得集》，法律出版社 2003 年版，序言第 7 页。经由如上分析论证后，笔者对于行为在心理过程层面的此般定义表示赞同。就逻辑学有关概念的分类而言，此一定义属于“发生定义”，所谓发生定义，是指以事物产生或形成的情况作为种差而作出的定义，参见张志诚编著：《逻辑学教程》，中国人民大学出版社 2006 年版，第 31 页。

特性[①]，故能够经受住前述本质概念标准之检验，当然，一个定义最终是否科学合理，还有赖其他标准的综合检验，相关验证留待后文逐予进行，于此暂按不表。

二、人格层面的行为概念界说

在揭示行为在心理过程层面的本质后，认识的使命以及刑法学科所面向的特定问题，使得我们还有必要在心理过程层面的行为概念的基础上作深层掘进，继续深究是否还存在更为深层次的因素决定着人的行为的问题。有关行为之深层决定因素或深层动因是什么，系心理学中由来已久的问题，发展迄今的心理学已就该问题的答案达成了广泛的共识，那便是“主体的人格（也谓个性）”。

人的内在心理活动是行为外在客观表现的决定力量，在普通心理学中，人的纷繁复杂的心理现象依据稳定性程度的不同，被划分为了既相互联系又互为有别的两大层次，即“心理过程”与“人格（个性)”，二者的关系是，主体已经形成的人格制约着心理过程，并在心理活动过程中得到体现，从而对心理过程产生重要影响，使之带有个人独有的特征。[②]现代人格心理学的创始人之一奥尔波特（Gordon W. Allport）在总结人格的诸多定义的基础上，于其著名的人格定义中明确指出，“人格是个体内在心理物理系统中的动力组织，它决定一个人独特的行为和思想。……构成人格的所有系统都应该被视为决定行为的倾向，它们直接影响着所有的调节和表达行为，人们也可以通过这些行为来把握人格。”[③]心理学家克洛宁格（Susan C. Cloninger）也指出，人格乃“个体行为与经历的内在根本原因”[④]。“各式各样的人格理论以不同的方式解释人格的结构及其发展，但是都同意人格决定着行为”[⑤]。换言之，主体的人格又是行为心理过程之内在动因，人格也因之成为了人的行为的更为深层次的决定因素。“人

① 由于是从人类特有的意志因素之视角来界定，故该行为概念事实上也揭示了人类行为之本质，即据此也可以将人的行为与动物的行为区分开来。

② 参见叶奕乾、何存道、梁宁建编著：《普通心理学》（第四版），华东师范大学出版社 2010 年版，第 1-2 页。

③ Gordon W. Allport: *Pattern and Growth in Personality*, Holt, Rinehart and Winston, 1961, p.28-29.

④ Susan C. Cloninger: *Theories of personality: understanding persons (4th Edition)*, Pearson Prentice Hall, 2004, p.3.

⑤ Gary R. VandenBos（Editor in Chief）: *APA Dictionary of Psychology（2th Edition）*, American Psychological Association, 2015, p.782, “Personality”.

格是涉及对人的看法，从而发展出一套对人的行为的系统解释”[①]。因此，欲把握人的行为在此一层次的本质，必须认识“人格”。

“人格”与“个性”同义，均译自“Personality”一词，该词源于拉丁文“persona”，最初指演员所戴的面具，表现剧中人物的角色和身份。人格是心理学的基本范畴之一，在心理学中甚至还诞生了一门专门研究人格的重要分支学科——“人格（个性）心理学”。人格在心理学中也是一个意涵极为丰富的概念，不同的心理学流派和心理学家往往都有不同的认识。由于人格的定义浩若繁星，不遑枚举，[②]笔者于此仅拟撷取手头有限的几本人格心理学著作以及心理学辞书中的一些定义：1. 心理学家埃文（Robert B. Ewen）认为，“人格是一个人内在的重要和相对稳定的能够说明行为模式一致性之特征。人格的各个方面可以是可观察到的或是不可观察到的，可以是有意识的或是无意识的。”[③]2. 心理学家帕文（Lawrence A. Pervin）认为，“人格是认知、情感和行为的复杂组织，它赋予个人生活的倾向和模式（一致性）。像身体一样，人格由结构和过程组成，同时反映了天性（基因）和教养（经验）。此外，人格还包含过去的影响，包括对过去的记忆，以及对现在和未来的建构。”[④]3. 心理学家伯格（Jerry M. Burger）指出，人格可以定义为源于个体内部的始终如一的行为模式和内部过程，并指出，人格包含两个部分的内容：一是人格具有一贯性，我们能够跨时间、跨情境地来审查这些一贯性的行为模式；二是人格是内部过程，与发生在人与人之间的人际关系过程不同，内部过程包括影响我们行为和感受的所有内部的情感、动机和认知过程。[⑤]4. 心理学家赫根汉（B. R. Hergenhahn）指出，“几乎所有的人格理论家都赞同这个观点，即人格可以根据一个人的一贯的行为模式加以描述。”[⑥]5. 根据美国心理学会（APA）编撰的《心理学辞典》之释义：“人格是个体特征和行为的持久结构，它构成了个体对生活的独特调整，包括主要特质、兴趣、内驱力、价值观、自我意识、能力和情感模式。人格通常被认为是一种由诸多力量塑

---

① 许燕主编：《人格心理学》，北京师范大学出版社 2009 年版，第 13 页。

② 早在 1937 年，奥尔波特就归纳总结出了心理学界有关人格的 49 个定义，并在此基础上给出了自己的人格定义，See Gordon W. Allport: *Personality: A Psychological Interpretation*, Rinehart and Winston, 1937, p.25–50。随着近一个世纪的飞速发展，迄今心理学界到底有多少人格的定义，相信已无人能够做出精确的统计了。

③ Robert B. Ewen: *An Introduction to Theories of Personality (7th Edition)*, Psychology Press, 2014, p.4.

④ Lawrence A. Pervin: *The Science of personality (2nd Edition)*, Oxford University Press, 2003, p.447.

⑤ See Jerry M. Burger: *Personality (8th Edition)*, Wadsworth, Cengage Learning, 2011, p.4.

⑥ B. R. Hergenhahn: *An Introduction to Theories of Personality*, Prentice Hall, 1980, p.2.

造的复杂的、动态的综合或整体，这些力量包含：遗传和体质的倾向，生理成熟过程，早期的训练，对重要个人和群体的认同，受文化制约的价值观和角色，重要的经验和人际关系。各式各样的人格理论以不同的方式解释人格的结构及其发展，但是都同意人格决定着行为。”①6. 我国心理学家黄希庭认为，人格是个体在行为上的内部倾向，是具有动力一致性和连续性的自我，是个体在社会化过程中形成的给人以特色的心身组织。人格包含四个主要的方面：整体的人、稳定的自我、独特性的个人、具有心身组织的社会化对象。②另有心理学者认为，人格是个体在社会生活的适应过程中，对己、对人、对事、对物做出反应时，其自身所显示出来的异于别人的独特心理品质。③还有心理学者认为，人格是个体在先天生物遗传因素的基础上，通过与后天社会环境的相互作用而形成起来的相对稳定的和独特的心理行为模式。④7. 我国第一部大型心理学词典——《心理学大词典》对人格的定义是，“一个人的整个精神面貌，即具有一定倾向性的心理特征的总和。个性结构是多层次、多侧面的，由复杂的心理特征的独特结合构成的整体。这些层次有：（1）完成某种活动的潜在可能性的特征，即能力；（2）心理活动的动力特征，即气质；（3）完成活动任务的态度和行为方式方面的特征，即性格；（4）活动倾向方面的特征，如动机、兴趣、理想、信念等。这些特征不是孤立存在的，是错综复杂交互联系，有机结合成一个整体，对人的行为进行调节和控制的。”⑤

虽然人格的定义众说纷纭、莫衷一是，但对于人格的某些特征，心理学界还是基本已达成共识，如稳定性⑥、整体性和独特性等。对于人格结构中的基本范畴，一般认为包括能力、需要、动机、兴趣、态度、理想、信念、世界观、气质和性格等。于此需要指出的是，人格及其特征是我们把握犯罪主体要件以及犯罪主体人身危险性之根据，这将是我们化解“行为主义”与“行为人主义”（或谓“行为刑法”与“行为人刑法”）长期对立而实现二者统一的一把钥匙，而人格结构中所包含的相关基本范

① Gary R. VandenBos（Editor in Chief）: *APA Dictionary of Psychology*（*2th Edition*）, American Psychological Association, 2015, p.782.

② 参见黄希庭：《人格心理学》，浙江教育出版社 2002 年版，第 8 页。

③ 参见许燕主编：《人格心理学》，北京师范大学出版社 2009 年版，第 38 页。

④ 郑雪主编：《人格心理学》，广东高等教育出版社 2004 年版，第 7 页。

⑤ 朱智贤主编：《心理学大词典》，北京师范大学出版社 1989 年版，第 225 页，“个性”词条。

⑥ 稳定性是人格因素区别于心理过程因素的一项重要特征，“在行为中偶然发生的、一时性的心理特性，不能称为人格”，参见彭聃龄主编：《普通心理学》（第四版），北京师范大学出版社 2014 年版，第 495 页。

畴，如“能力”“动机”和“态度”等，也是我们揭开犯罪主体要件到底应该包含哪些要素之根本依据。

由于观察视角和探讨问题的侧重点不同，对于人格之成因，即人格产生的根源是什么或者说有哪些因素影响人格的形成和发展，在心理学界同样是聚讼不已的问题。在精神分析学派中，弗洛伊德的经典精神分析理论认为，人的所有行为都是被决定的，这种决定力量就是潜意识，潜意识构成了个体精神生活的普遍基础；行为主义和学习学派认为，人格是条件反射和期望的使然；人本主义学派认为，人的责任感和自我接纳感是造成人格差异的主要原因；特质学派从生物、社会文化、环境等方面阐发人格成因，指出人格是处于各种各样人格特征连续体上的特定位置的；认知学派则使用人们加工信息的方式来解释人格成因；如此等等。①

心理学家们对人格的形形色色的定义以及对人格成因各式各样的解释，反映了人格是一个多维度、多面向的概念。由于笔者在心理学领域涉猎粗浅，兼之每一学科都有自己特定的问题畛域和研究视角，故对于心理学方家有关人格的定义以及人格成因的阐释笔者不敢妄加评断，不过可以肯定的是，任何能够在理论丛林中立基蜚声的学派，其理论中一般都或多或少地包含有合理的成分。因此，当立足于刑法学理论场域，揭示刑法中的行为概念在此一层面的本质时，我们无需过于牵缠纠结于即便在心理学中都是歧见纷呈的“人格的精确定义究竟是什么”的问题，②我们只要不否认“欲深刻地认识人的行为就必须全面认识行为人”和“行为人的人格是行为心理过程的深层动因或决定因素”，同时认同，人格心理学虽然关注个体所表现出来的差异性，但就人格本体而言，乃是差异性基础上的共性，③这种共性无疑为人所特有，那么，人格本身也就成为人的行为在此一层面上的本质。最后不容否认的事实是，无论我们立足于何等本质层面来界定行为概念，客观性都是行为不可或缺的内容。推讨至此，行为在人

① See Jerry M. Burger: *Personality (8th Edition)*, Wadsworth, Cengage Learning, 2011, p.5-6.

② 当然，这并不意味着人格的外延是漫无边际的，笔者于此所欲表达的只是，既然人格的定义在心理学中远未达成共识，那么在刑法学中追求人格的精确定义不仅不切实际，而且难免不给人以无知僭妄之嫌疑。因此，与其追求人格的精确定义，不如肯定心理学有关人格研究的有益成果，以为合理解决相关刑法问题所用。通过笔者在后文的析论可知，人格心理学中的不少研究成果对于破解刑法学中的相关理论难题以及使定罪与量刑合理化都大有助益。

③ 正如我国台湾地区学者蔡墩铭所指出的，“人格因人而异，故世界虽广，人口虽众，但却无二人之人格完全相同者，即使亲如姊妹，仍不可能具有完全相同之人格。虽如此，但人格亦有普遍之特征，可称为人格之一般性质”，参见蔡墩铭：《犯罪心理学》（上），黎明文化事业公司 1979 年版，第 13 页。

格层面的定义便已然告成：行为是主体人格的客观化或现实化。

如所周知，将行为定义为“主体人格的现实化或征表”是人格行为论给行为概念所下的经典定义，因此，笔者在很大程度上还是认同人格行为论对行为概念的界定。不过，已如前述，过往的人格行为论其缺陷也十分明显，主要表现为：强调人格却不知主体人格在整个行为结构中的定位，从而完全忽视了人格与心理过程之间的关系，不知人格客观化或现实化必须经由心理过程之管道，还有对于人格客观化后的具体样态也未投入应有的理论关注，如此难免不给人以定罪的重心并非主观罪过支配下的现实化的行为，而是行为人人格形成过程之强烈印象。此外，透过心理学有关人格的界说来审视人格行为论，还将发现，人格行为论基本都脱离心理学的相关研究成果对人格作宽泛笼统的论说，而忽视了人格结构中所包含的基本范畴，实际上，恰恰是这些基本范畴对刑法中的定罪与量刑具有重大的理论和实践价值。脱离心理学有关人格的研究成果，也使得作为人格行为论之核心范畴的“人格”极不确定，兼之又忽视了行为的心理过程以及对行为的客观方面也未投入应有的理论关注，很显然，此等行为概念是无力成为犯罪论及刑罚论体系所赖以奠立的基石的。因此，人格层面的行为概念始终不能脱离心理过程层面的行为概念，它们是从行为的不同结构层次对行为概念所作的诠释，或者说，它们所揭示的是行为在不同结构层次上的本质，二者是表里关系，人格层面的行为概念是内里，其功能在于为心理过程层面的行为概念提供实质性的深度诠释。

在揭示人的行为在人格层面的本质后，从理论上说，行为还存在再下一层次（即“人格成因”）、再下下层次（即“人格成因之成因”）甚或更深层次的本质，但笔者认为，立足于刑法学论域，已无需无止境地揭示下去，就中主要缘由有二：

其一，如上所述，有关人格成因或人格产生的根源是什么的问题，目前在心理学中仍然是聚讼纷纭的问题，遑论更深层次的本质了，因而是关联学科的理论研究现状在客观上制约了刑法学研究者继续努力之可能。不过，不容否定的是，由于主体之人格成因对于刑法中的量刑仍有其较为重要的价值，面对此等现实，笔者认为，可在人格本体的基础上出于合理量刑之需要，吸纳人格成因层面中的某些已达成广泛共识的有益研究成果作为人格本体之内容（这其实也是犯罪学以及犯罪心理学研究的重要内容），如此，刑法中的行为概念便可揭示到人格层面之本质为已足。

其二，如所周知，不同学科往往面向不同的问题，因而各自都有自己特定的研究对象和研究任务，就特定学科领域中的概念而言，研究者对其本质的揭示以能够合理解决该学科领域内的相关问题为已足，而无需无止境地揭示下去，否则势必全然溢出该学科之研究畛域，以致研究者或力所不逮，或浪费研究精力。如果说人格成因在实体法上对量刑尚有其价值，那么人格成因之成因，乃至行为更为深层次的本质，则因已进入生理学、医学等自然科学的研究领域[①]，其对于刑事实体法上的定罪与量刑的联系已极为微弱，对此，刑法学研究者已经有所认识，如德国刑法学家耶赛克和魏根特就指出，“责任非难，则更少地依赖于深层次的生物学、心理学部分的内容”[②]，的确，在达至一定的深度后，行为越深层次的本质与刑法中的定罪和量刑之关系就越疏远，以致在我们现有的认知能力或认知水平下会被认为是完全不相干。

① 行为结构层次的揭示也为不同学科研究犯罪这一社会现象提供了基本的理论指导，譬如，犯罪学对犯罪行为研究的重心偏向于罪犯之人格成因，当然也不能无视罪犯“人格成因之成因”，否则，将难以全面、深入地把握罪犯之人格成因，因此，在有的国家（如意大利），犯罪学课程由医学院教授来讲授也就不足为奇了，参见陈忠林：《刑法散得集》，法律出版社 2003 年版，序言第 6 页。此外，由于罪犯“人格成因之成因”也是犯罪心理（含人格与心理过程）的深层发动机制，故研究犯罪心理学同样不应该忽视罪犯“人格成因之成因”，这也是为何犯罪心理学（普通心理学也同样如此）论著在解释某些心理现象时也往往会诉诸生理学或医学之缘由。

② [德]汉斯·海因里希·耶赛克、托马斯·魏根特：《德国刑法教科书》，徐久生译，中国法制出版社 2001 年版，第 501 页。

第三章　犯罪论体系构建之方法论

所采用的方法恰当与否，将直接影响着人们认识和改造客观世界的效果，对某一学科体系或者就其中的问题展开研究，方法也同样至关重要，因此，在犯罪论体系的构建工程中，究竟应该采用什么样的方法才科学合理便成为不容回避的问题。在笔者看来，有关犯罪论体系构建之方法论，主要涉及两个关键性的问题：一是犯罪论体系之构建到底应该采取什么样的具体方法？二是在犯罪论体系的构建工程中，到底应该如何正确地处理事实与价值的关系？当然，这以正确认识和把握事实与价值的概念及其相互关系作为前提和基础。本章仅拟对这两个问题做基础性的探讨，具体贯彻则体现在此后各章节的内容之中。

第一节　两大犯罪论体系之方法论述评

从构成犯罪论体系的基本范畴即可看出，我国传统要件体系与德日阶层体系属风格迥异的体系，而这种迥异的风格正是源于体系构建方法上的差异，接下来拟就这两大犯罪论体系所采取的不同构建方法予以述评。

一、德日阶层体系之方法论述评

（一）德日阶层体系之方法论概述[①]

德日阶层体系的产生及发展受到了不同时期认识方法论的影响，总

---

① 参见[德]汉斯·海因里希·耶赛克、托马斯·魏根特：《德国刑法教科书》，徐久生译，中国法制出版社 2001 年版，第 247-267 页；[德]克劳斯·罗克辛：《德国刑法学总论》（第 1 卷），王世洲译，法律出版社 2005 年版，第 121-126 页；[德]许内曼："刑法体系思想导论"，许玉秀译，许玉秀、陈志辉合编：《不移不惑献身法与正义——许茜曼教授刑事法论文选辑》，新学林出版股份有限公司 2006 年版，第 264-302 页；林东茂：《一个知识论上的刑法学思考》，中国人民大学出版社 2009 年版，第 17-39 页；许玉秀：《当代刑法思潮》，中国民主法制出版社 2005 年版，第 118-152 页；叶建勋：《新康德主义价值哲学对犯罪论的影响》，人民日报出版社 2013 年版，第 1 页以下。

体而言，古典体系的思想背景是实证主义（又谓经验主义）、新古典及其以后的体系，除目的论体系以物本逻辑（方法一元论）为思想基础外，其余都是建立在新康德主义价值哲学（方法二元论）的基础之上。

古典三阶层体系受到了其时的实证主义的影响。在实证主义看来，自然界事物的生生灭灭系由因果法则所决定，一切存在现象都可以用物理性的检验加以验证。这种认识论对古典三阶层体系的影响主要表现为：首先，在行为概念上，主张行为是一种自然的因果现象，将行为定义为乃由意思引起的外在变动，认为不仅意思的形成系由自然因果律决定，而且意思活动所造成的外界变动也是由自然因果律决定，此即因果行为论。在因果行为论中，无论是行为的意思（有意性）还是外界的变动（有体性），均无具体的内容，构成行为的所有积极要素都放在了构成要件符合性及有责性阶层，此时的行为概念徒具排除非行为事实之功能。其次，构成要件被理解为对行为事件纯客观的描述，内中不包含任何评价的成分，其所包含的内容仅限于结果、因果关系以及行为客体等用以描述行为所引起的外在变动的客观事实要素。再次，对于违法性阶层，李斯特先前提出实质违法性的概念，认为实质违法也即行为危害社会或反社会，[①]而后贝林则主张形式违法性说，认为违法是与实证法对立冲突的状态，违法不包含主观评判，违法阻却事由不能借由价值上的考量任意创造，而只包含“法定的阻却事由”。[②]最后，在责任论上奉持心理责任论，它“以事实性的实证主义基本形态为特征”[③]，把有责性理解为行为人犯罪时的故意或过失的心理状态。

受新康德主义（主要是其中的“西南学派”）价值哲学的影响，犯罪论体系完成了由古典体系向新古典体系的转变。基于康德的认识论，西南学派发展出了“方法二元认识论”或谓“价值二元论”，其基本观点为：现实世界是一个与价值全然无涉、凌乱无章的世界，其所谓的秩序和理性完全系因它之外的作为主体的人的理解行为或理论化行动使然，或者说，是人的意识赋予了凌乱无章的现实世界以秩序和理性，由此也形成了非现实的价值世界，基此得出，现实世界和非现实的价值世界是互不相干的两

① 参见[德]弗兰茨·冯·李斯特：《德国刑法教科书》，徐久生译，法律出版社 2006 年版，第 201-204 页。

② 参见[德]恩施特·贝林：《构成要件理论》，王安异译，中国人民公安大学出版社 2006 年版，第 87-95 页。

③ [德]汉斯·海因里希·耶赛克、托马斯·魏根特：《德国刑法教科书》，徐久生译，中国法制出版社 2001 年版，第 504 页。

个世界，因而透过对事实的实证分析，不可能发现评价事实的规范标准，换言之，从实然中无法推导出应然，或者说，从事实中无法推导出价值，据而主张，实存现象都有其关涉的最高价值，故应当以这些最高价值来建构并且区分实存现象，从价值的观点对知识进行体系化。[①]受该认识论的影响，德国刑法学者们在保留古典体系原有框架的前提下对之加以改造，其基调是阶层的实质化或价值化，主要表现为：首先，在构成要件符合性阶层，认为构成要件不应该是价值中立的，对构成要件的解释必须做价值上的补充，因而承认规范的构成要件要素，同时也肯定主观的构成要件要素。其次，在违法性阶层，理论充分肯定实质违法性说，基此承认超法规的违法阻却事由。最后，在有责性阶层，理论对心理责任论加以批判，指其无法为责任阻却事由提供一个体系上的安身之所，无认识的过失之罪责特征也令人难以理解，此外，从新康德主义价值论的观点来看，不可或缺的价值关系也消失了。[②]为此，德国刑法学家弗兰克（Frank）借助综合法创造出“可非难性”这一很快即为学界所接受的价值性标准，规范责任论于是取代心理责任论，并由此发展出期待可能性理论，肯定不具有期待可能性作为超法规的责任阻却事由。

韦尔策尔则立足于现象学存在论（物本逻辑）之立场对新康德主义价值哲学进行了批判，在他看来，存在决定着认识存在的方法，如若存在是混乱无序的，那么就不可能形成有序的认知体系，据而认为，所有的秩序和价值都存在于客观现实中，所有构成存在的元素都属于价值的原料，没有这种原料，价值不仅无法实现，而且不可能存在，换言之，存在与价值并非毫无关系，价值能够从存在中导出。该认识论相对于新康德主义价值哲学之方法二元论，被称为“方法一元论”。基于该认识论，韦尔策尔提出了目的行为论，他认为，行为并非盲目的外界因果变动，人的行为是目的性的，其根据在于，人能够按照他对因果关系的认识，在一定范围内预测其活动可能造成的结果，基此设定不同的目标，并且有计划地引导其活动朝着实现目标的方向发展。以目的行为论为契机，阶层体系经历了发

① 如新康德主义西南学派的创始人德国哲学家文德尔班认为，哲学问题就是价值问题，他把世界区分为“事实世界”和“价值世界”，相应地把知识也区分为“事实知识”和“价值知识”，认为任何知识都离不开价值，都要以价值作为标准，参见[德]文德尔班：《文德尔班哲学导论》，施璇译，北京联合出版公司 2016 年版，第 155 页以下。西南学派的代表人物之一李凯尔特则强调价值凌驾于一切存在之上，认为文化与自然的主要区别就在于，价值是文化现象所固有的，而自然则与价值毫不相干，参见[德]H. 李凯尔特：《文化科学和自然科学》，涂纪亮译，商务印书馆 1991 年版，第 20 页以下。

② 参见[德]许内曼：“刑法体系思想导论”，许玉秀译，许玉秀、陈志辉合编：《不移不惑献身法与正义——许茜曼教授刑事法论文选辑》，新学林出版股份有限公司 2006 年版，第 272 页。

展史上最大的变革，主要表现为：首先，在构成要件符合性阶层，由于行为并非纯粹客观的事实过程，而是借着和特定行为人意志的关系形成它的结构，那么构成要件行为就必然是由主观的构成要件要素和客观的构成要件要素结合而成，故意由此成为主观构成要件之核心，构成要件因而在新古典阶层体系的基础上进一步主观化。其次，在违法性阶层，因袭实质违法性学说，认为违法性是指实现禁止规范之构成要件的行为与作为整体的法秩序之间存在冲突，而非仅仅违反了某一单个的规范。此外，肯定主观违法要素，并提出“人的不法概念”。最后，在有责性阶层，承继新古典体系的规范责任论，但认为故意属于构成要件的内容，其对象是符合构成要件的客观因果流程，至于对法律的认识（即“违法性认识”）则属于罪责要素，过失的内容也被一分为二，客观的注意义务属于构成要件，而缺乏注意的可谴责性则属于罪责要素。①

新古典暨目的论综合阶层体系，顾名思义，是结合新古典体系与目的论体系所形成的体系，其特点是：在方法论上承袭新康德主义价值哲学之方法二元论，抛弃目的行为概念，但接受目的行为论对新古典体系的改造，此外，普遍承认行为作为犯罪论体系的第一阶层。

值得一提的是，德国刑法学大家罗克辛后来又提出了颇具影响力的“目的理性体系”（又称“功能性体系”），该体系的出发点在于，刑法的体系性形成，不是与本体的预先规定性（行为、因果关系、物本逻辑结构等等）相联系的，而应只允许从刑法的目的设定性中引导出来。在方法论上，该体系以新康德学派和新黑格尔学派的观点为基础，把新古典体系未曾彻底发扬的新康德思想予以彻底化、精致化，主要表现为，对新康德主义模糊的文化价值以一种特别的刑法上的体系性标准替代，该标准为：现代刑罚目的理论的刑事政策性基础。目的理性体系具有两个特别重要的核心部分：一是客观归责理论。罗克辛认为，古典、新古典以及目的论体系对于客观构成要件的实现，都坚持纯粹的自然因果律，缺乏价值判断，进而基于其所谓的目的理性提出，客观构成要件的结果归责应取决于“在行为构成的作用范围内实现了一种不可允许的危险”，从而以法律评价标准替代自然因果法则标准。二是把“罪责”扩展为“答责性”范畴。在他看来，该“答责性”范畴取决于两个要素：罪责和以预防为目的的处罚必要性，这两个要素同等重要，刑罚因之受到了双重限制，具言之，刑罚之严

---

① 参见［德］汉斯·韦尔策尔：《目的行为论导论》，陈璇译，中国人民大学出版社2015年版，第1页以下。

厉性不得超过罪责的严重性，同时，也不能在没有预防必要的情况下科处刑罚，换言之，如果有利于犯罪人再社会化的话，那么，是可以科处比罪责之严重程度更为轻缓的刑罚的，如果没有预防必要的话，甚至可以完全不科处刑罚。[①]

（二）德日阶层体系之方法论评析

通观德日阶层体系的发展史，不难发现，自古典三阶层体系放弃费尔巴哈和格鲁曼所创建的作为事实构成的主客观二分体系后，在方法论上，始终纠缠着阶层体系的一个核心问题是，如何处理事实与价值的关系？不过，尽管受到不同时期哲学思潮的影响，阶层体系自其创设以迄于今都有一个共同的特点，那便是始终捍卫价值在体系中的地位，并且越往后发展，价值的势力范围越是扩张，地位越是强化，直至渗入每一阶层之中，最终使得诸价值性标准都成为了体系各阶层之基础，就此而言，阶层体系的发展史也可谓是一部价值持续渗透、价值要素或价值性标准之地位不断得到巩固强化的历史。对于阶层体系的这一整体发展趋势，笔者是持否定态度的，主要理由如下：

首先，犯罪论体系的价值化与证据裁判原则直接冲突。对阶层体系价值化影响最为深远的莫过于新康德主义价值哲学思想了，如上所述，该哲学思想的核心在于，认为从事实中无法推导出价值，实存现象都有其关涉的最高价值，故应当以这些最高价值来建构并且区分实存现象，在这一哲学思想的浸染下，阶层体系开始了持续而广泛深入的价值化运动。于此暂且不论该哲学思想本身的是非得失，就是驻足于该哲学思想之立场，肯定其“从事实中无法推导出价值”之立论基础，据此审视价值化运动，也能发现个中是大有问题的。因为，“打官司要用证据说话”早已成为社会公众耳熟能详的生活常识，而这一生活常识也早已上升为法律原则，在刑事法领域，便是作为现代刑事诉讼之基石性原则——证据裁判原则。所谓证据裁判原则，是指对于案件事实（主要是针对实体法中的犯罪事实）的认定，必须依据证据，没有证据，不得认定案件事实。[②]如若从事实中无

---

① 参见[德]克劳斯·罗克辛：《德国刑法学 总论》（第1卷），王世洲译，法律出版社2005年版，第124-126页；[德]克劳斯·罗克辛：《刑事政策与刑法体系》，蔡桂生译，中国人民大学出版社2010年版，第78-79页。

② 尤其需要注意的是，证据裁判原则主要是针对实体法中的犯罪事实认定所适用的基本原则，所谓犯罪事实，是指检察机关通过指控所提出的被告人构成某一犯罪的事实，任何一项犯罪事实的成立，都需要满足刑法所确定的犯罪构成要件，检察机关需要证明的就是该罪名所包括的全部构成要件事实，参见陈瑞华：《刑事证据法学》（第三版），北京大学出版社2018年版，第50-54、416-417页。

法推导出价值，并基此认为必须在事实标准之上架设价值标准，那么面对证据裁判原则，此等认识所存在的根本性问题是，既然从事实中无法推导出价值，势必意味着对于是否符合价值标准的判断也是无法依据事实推导出来，或言之，对于是否符合价值标准的判断由于无法因而势必也无需依据证据事实来加以证明，很显然，这是对证据裁判原则的公然违反！准此以观，基于“从事实中无法推导出价值”之立论前提，受制于证据裁判原则，犯罪论体系的发展根本就不应该是价值化的，而应该是恰恰相反的去（非）价值化，除非彻底否定证据裁判原则方能顺应价值化之潮流。

其次，明确事实与价值的关系，也将否定犯罪论体系的价值化。有关事实与价值的关系问题，也即到底能否基于事实直接推导出价值的问题，其实并不是什么高深莫测的哲学难题。如下文所析[①]，由于价值是一种以主体需要为尺度的主客体关系，是客体的性质、存在状态及合规律性是否满足主体需要以及满足程度的属性或功能，它并不为作为这一关系两极的主体与客体本身所包容，故显而易见，仅执价值关系之一端的客体事实而不明作为衡量尺度的主体需要的情况下，的确无法推导出其价值为何，当然，如若在主体需要也明确的前提下，确定的价值推理便不在话下。在明确事实与价值间的此等关系后可知，由于某一事物的价值并不存在于该事物的内部结构中，故所有认定犯罪的价值性标准无一属于犯罪行为本体之内容，既然如此，如若在认定犯罪的事实标准之上还必须架设所谓的价值性标准，势必意味着，仅仅依据构成犯罪行为的事实是无法区分罪与非罪以及此罪与彼罪的，而这又意味着，罪与非罪以及此罪与彼罪的区分是无法通过证据加以证明的，因而同样会导向违反证据裁判原则之结论。或许有论者会基于事实与价值之间所存在的如上关系辩称，只要明确价值主体的需要，价值推理就具有可行性，既然如此，设定价值性标准也就不存在违背证据裁判原则的问题了。但问题是，价值主体的需要到底是什么？这一问题在德日刑法学界迄今无人能够说清道明，因为，虽然德日刑法学界的主流见解肯定犯罪的价值本质乃法益侵害，但法益概念迄今仍含义不清、界限不明基本已为学界所公认[②]。未能准确把握犯罪的价值本

---

① 详见本章第三节之内容。

② 参见[德]克劳斯·罗克辛：《德国刑法学 总论》（第1卷），王世洲译，法律出版社2005年版，第14、26页；[德]冈特·施特拉腾韦特、洛塔尔·库伦：《刑法总论Ⅰ——犯罪论》，杨萌译，法律出版社2006年版，第30页。

质，便不可能正确揭示价值主体的需要[①]，而未能正确揭示价值主体的需要，价值性标准就必然不具有确定性。也因如此，即便是韦尔策尔基于其方法一元论都未能解决价值性标准的不确定性问题。可以看到，阶层体系中的价值问题历来都是刑法学研究者们竞相表演的舞台，且往往都打着价值主体（立法者）的旗号兜售自己的价值性标准或者以自己的价值观来判断某种情形是否符合某一价值性标准，而从未见有谁（包括韦尔策尔）构建了能够依据证据证明其成立与否的价值性标准。于此需要指出的是，一旦准确把握了犯罪的价值本质，基此明确价值主体的需要，犯罪所具有的独特消极价值与构成犯罪的事实之间的关系就将清晰呈现，犯罪构成之事实属性也将获得最终确证，而价值性标准则会被彻底否弃，犯罪构成也将因之与证据裁判原则相契合。笔者将于接下来的一章中就此展开详细论述。

再次，审视古典阶层体系及其后价值化渐次深入的各个阶段，将发现它们都未能一以贯之地处理事实与价值之间的关系，甚至与自身的基本立场直接冲突。于此便以集中反映犯罪价值的“违法性”阶层为例，在笔者看来，该阶层在阶层体系中是缺乏存在根据的。古典阶层体系以实证主义为基础，在某种程度上强调犯罪阶层的可证性，这与证据裁判原则存在契合之处，可吊诡的是，该体系中居然出现了一个价值性标准——违法性，如本书所析，价值性标准所面临的最大问题是，因作为价值关系之一极的价值主体的需要不明确导致其不具有可证性，亦即与实证主义相悖。当然，为解决违法性判断所面临的证明难题，阶层体系的因应之道是：赋予构成要件以所谓的违法推定机能，基此回避了不可能完成的对违法性做正向积极的判断，违法性因而沦为一纯粹反向消极的判断阶层，也即判断不违法或者是否存在正当化事由（或谓违法阻却事由），实践中绝无正向积极的违法性判断。[②]此等处理方式其实是大有问题的，这是因为，立足于新康德主义价值哲学，既然价值世界与现实世界毫不相干，那么阶层体系遵循先事实判断后价值判断这种最终还是由事实判断过渡到了价值判断的逻辑又怎么可能达成呢？如若真能够达成，岂不明显与新康德主义价值

① 这是因为，犯罪的价值本质体现在犯罪行为所侵犯的独特价值上，而这一独特的价值正应该是刑法所特有的保护价值，由此可见，犯罪的价值本质与刑法目的（也即作为价值主体的立法者的需要）实际是一体两面的关系，故若未能准确把握犯罪的价值本质，便不可能正确地揭示作为价值主体的立法者的需要究竟为何。

② 参见[德]汉斯·海因里希·耶赛克、托马斯·魏根特：《德国刑法教科书》，徐久生译，中国法制出版社2001年版，第286页。

哲学之基本立场相矛盾吗？还有，如此虽然绕过了对价值性标准做正向积极判断所面临的困境，但不难发现，理论对于正当化事由的判断，却诡异地没有“不违法”“合法”或者“正当”那样的价值性条件了。譬如，对于最为典型的法定正当化事由——正当防卫，我们未见有哪个研究者直接将“正当性”作为正当防卫的成立条件之一，既然正当化事由的认定都可以没有“不违法”“合法”或者“正当”那样的价值性条件，何独犯罪的认定却非得有价值性的条件呢？[①]由此可见，阶层体系并未能基于其立场一以贯之地处理事实与价值的关系问题。

复次，新康德主义方法二元论是一种有违科学常识的唯心主义认识论，经由这样的认识论改造的犯罪论体系势必缺乏科学合理性。新康德主义方法二元论认为，直接存在的客体本身是混乱无序、毫无章法的，是人的意识赋予了它秩序和理性。这显然是一种有违科学常识的唯心主义认识论，如若这种认识论成立，那么根本就没有科学存在之余地，因为如所周知，科学探索无不是建立在客观实在与客观规律存在的基础之上，否定这一基础，科学将无立足之地，这也是近代以来随着科学的兴起，唯物主义哲学阵营之所以空前强大之缘由。并且如下文所析，价值是一种以主体需要为尺度的主客体关系，在作为衡量尺度的主体需要不明确的情况下，仅从价值关系之一极的客体事实出发的确无法推导出价值，但若在明确主体的需要[②]以及对客体事实具备充分认知的前提下，基此是能够推导出价值的。由此可见，事实与价值并非毫不相干，二者之间也不存在不可逾越的鸿沟，故新康德主义价值哲学所认为的现实世界与价值世界毫不相干，显然是失之片面、过于武断的。在哲学思想与刑法学理论的关系问题上，笔者的见解是，刑法学理论必须对哲学思想保持高度的警惕！就中根本缘由在于，哲学思想无需如科学理论那般被证实。毫无疑问，无论是对理论的构建或是改造，唯有以被科学证实的认识论作为依据，其科学合理性方才有所保障，若以未能被科学证实乃至已经被科学证伪的认识论作为根本指导，则势必难保其科学合理性，兼之刑法学中的理论和学说所牵涉的是罪与刑，攸关公民的基本人权，故更应该确保其前提、基础以及方法的科学合理性。因此，即便退一步而言，假设新康德主义的方法二元论只是一种未能被科学证实及证伪的哲学认识论，那么，以这种真伪莫辨、正误不明

① 笔者还将于本书的“第四章第一节 二、(四) 2.”中对违法性阶层之错谬详加揭批。

② 需要特别注意的是，主体的需要虽然是一种心理事实，但也是一种存在于客观世界中的客观事实，我们可以通过科学方法对之加以把握，这也是心理学之所以具备自然科学属性的主要根据。

的认识论作为改造犯罪论体系的基本方法或指导思想，试问：有谁能够确保依其改造后的体系具备科学合理性呢？以这样的体系作为判定行为成立犯罪与否的条件，欲将公民的基本人权置于何等境地？更何况，新康德主义的方法二元论实际还是一种有违科学常识且又片面武断的唯心认识论，经其改造后的犯罪论体系是否具有科学合理性自不待言。

最后，德日阶层体系执着于一种有着根本性缺陷的认识论，却明显背离了为康德所强调也为如今各门学科所普遍采纳的人类认识客观事物的两种基本方法——分析法与综合法。康德曾明确指出，“我们先天的思辨知识的全部目的都是建立在这样一些综合性的、亦即扩展性的原理之上的；因为分析判断固然极为重要且必要，但只是为了达到概念的清晰，这种清晰对于一种可靠的和被扩展了的综合、即对于一个实际的新收获来说是必不可少的。”[①]因此，在康德看来，思辨知识的获取，分析法和综合法都是必不可少的。分析与综合是认识客观事物不可或缺的基本方法，背离这两种基本方法便不可能正确地认识和把握客观事物，犯罪行为作为客观存在之事物，对其认识和把握当然也不应该作为例外。不过，如若审视阶层体系将不难发现，阶层体系内的前后阶层之间由于是一种逐层紧缩、逐级排除的逻辑关系，而此等逻辑关系是明显背离分析法与综合法的，这是因为：

其一，有效运用分析法与综合法的基本要求是，要素始终不能脱离整体，因为，整体不是其构成要素的简单拼凑叠加，构成整体的要素之性质及功能是其在孤立状态或处于其他状态中所不具有的，或者说，构成整体的要素只有在与整体的联系中方能获得其在整体中的性质与功能。[②]因此，运用分析法所分析的必须是构成整体的要素，而综合则是在对构成整体的要素进行分析的基础上由部分走向整体。据此可知，犯罪构成要件及其要素必须是作为整体的犯罪行为之构成要件及其要素，否则势必失去其作为犯罪构成要件及其要素之性质与功能。显然，阶层体系并不是以犯罪行为作为整体的，其中还包含了非构成犯罪的因素，因为在阶层体系中，前面两个阶层由于都要接受各自后一阶层的修饬，故前面两个阶层的存在范围显然要大于犯罪行为本身，并且符合构成要件而被违法性排除的东西以及符合不法构成要件而被责任排除的东西，都明显不应该是构成犯罪之要素。以大于犯罪行为的东西作为整体以及将非构成犯罪的因素也纳入体

① [德]康德：《纯粹理性批判》，邓晓芒译，人民出版社2004年版，第11页。

② 参见[美]欧文·拉兹洛：《系统哲学引论——一种当代思想的新范式》，钱兆华等译，商务印书馆1998年版，第19页。

系中来，都无疑违反了运用分析法与综合法对犯罪行为展开研究的基本要求，如此也势必使得体系中的要素失去其作为犯罪构成要件要素之性质与功能。

其二，将违法性作为犯罪成立的阶层，也将阻碍人们运用分析法与综合法对犯罪行为展开研究。违法性由于反映的是犯罪行为的（消极）价值，而如下文所析，事物的价值并不存在于事物的内部结构中，换言之，违法性根本就不属于构成犯罪的要件，故对其研究当然也就不可能是（要素）分析法了。又因任何事物的价值从来都是相对于构成该事物的整体事实而言的，换言之，对事物的评价总是综合性的[①]，但违法性由于只是针对构成犯罪的部分事实的评价，其所反映的当然也就不可能是犯罪行为的整体价值，因而对其研究也绝非针对犯罪行为所运用的综合法。

其三，运用分析法与综合法对犯罪构成要件及其要素展开研究，首先应该以犯罪行为作为原型，再依据一定的标准对其加以分解，由此确定构成犯罪的要件及其要素。因犯罪乃行为之特殊类型，故行为的构成要素（含其子要素）如何，那么犯罪行为的构成要件及其要素也必当如何，换言之，犯罪构成要件及其要素的划分理应以行为的构成要素作为依据，唯此方符合事实与逻辑。但如下文所析，自从新古典阶层体系放弃以行为要素的主客观分类作为阶层的划分依据后，体系之阶层划分依据到底为何实际已成为刑法学中的未解之谜，而这也是对阶层体系无法运用分析法与综合法加以研究的重要缘由。

综上所析，阶层体系执着于以新康德主义价值哲学这一有违科学常识且又片面武断的唯心认识论作为构建体系之基本方法，而背离了分析与综合这两种人们认识客观事物的基本方法，兼之理论始终未能合理界定犯罪的价值本质以致根本不可能准确把握价值主体之需要，从而无法明辨事实与价值在犯罪论体系构建工程中各自所应承担的角色，基此构建的体系错漏百出、歧说纷呈当然也就在所难免了。

二、我国传统要件体系之方法论述评

我国传统要件体系承袭苏俄犯罪构成理论，而苏俄犯罪构成理论则可溯源至德国早期的刑法理论。在费尔巴哈完成将程序法上的“构成要件”（Tatbestand）概念转变为实体法概念后的相当长时间内，“构成要件”一词仅限于在犯罪事实或法律上制约着成立犯罪的诸条件的意义上加

---

① See George Edward Moore: *Principia Ethica*, Cambridge University Press, 1922, p.7-9.

以使用，其中包含主观构成要件和客观构成要件。[①]德国刑法学界其时对构成要件的理解直接影响了后来俄国的犯罪构成理论。至 19 世纪中叶，俄国刑法学家开始接受并将 Tatbestand 引入学术用语中，该词译成俄语后就是“犯罪构成”，在学说中“犯罪构成”被广义地解释为一定数量的必要的客观要件与主观要件，不能增加，亦不能减少。[②]在理论对犯罪构成的态度经历了从完全否定到承认其重要作用后，要件体系的开拓者们对犯罪构成的研究也逐步展开。塔甘采夫在 1874 年出版的教科书中，将犯罪构成划分出三个要素：第一，行为人——犯罪人；第二，犯罪人的行为所指向的事物——犯罪客体；第三，从内部和从外部研究的犯罪行为本身。值得注意的是，塔甘采夫虽然认为犯罪构成包含三个要素，但不难发现，其第三个要素实际包含了主观和客观两个子要素，换言之，塔氏体系实质包含了四个要素。基斯佳科夫斯基在 1875 年出版的教科书中，将犯罪行为不可或缺或者缺一不可的必要要件称为犯罪构成，并认为这种要件有四个：主体，客体，主体的内在活动和外在活动以及活动的后果。A.A.皮翁特科夫斯基在 1928 年出版的《苏维埃刑法总论》（第一卷）中指出，“共同的犯罪构成是那些每一犯罪中都存在的基本犯罪要素，缺少其中一个犯罪构成便不存在。这样的基本要素是：（1）一定的犯罪主体；（2）一定的犯罪客体；（3）犯罪主体行为主观方面的一定特征；（4）犯罪主体行为客观方面的一定特征。”[③]要件体系自此已告定型，此后苏联以及迄今俄罗斯刑法学界的主流学说都是四要件说，即认为，犯罪构成包含犯罪客体、犯罪客观、犯罪主体以及犯罪主观四个要件，该体系也为建国后我国的刑法学理论所承袭并成为主流学说。

有关苏俄及我国传统要件体系构建的方法论，我国刑法学者何秉松教授指出，“经典科学思维方式的总特征是机械论。它的整体观念是机械累加的整体观念，即认为事物的整体是由其各个部分组成的，分别研究各个隔离的组成部分，就能把握事物的整体。苏联及其后的俄罗斯以及中国传统的犯罪构成理论，都是以这种观念构建的。”[④]陈兴良教授也指出，

---

① 参见[日]小野清一郎：《犯罪构成要件理论》，王泰译，中国人民公安大学出版社 2001 年版，第 4-5 页。

② 参见何秉松、[俄]科米萨罗夫、科罗别耶夫主编：《中国与俄罗斯犯罪构成理论比较研究》（中文版），庞冬梅、丛凤玲译，法律出版社 2008 年版，第 5-6 页。

③ 转引自[俄]Н·ф·库兹涅佐娃、И·М·佳日科娃：《俄罗斯刑法教程（总论）》，黄道秀译，中国法制出版社 2002 年版，第 174-175 页。

④ 何秉松、[俄]科米萨罗夫、科罗别耶夫主编：《中国与俄罗斯犯罪构成理论比较研究》（中文版），庞冬梅、丛凤玲译，法律出版社 2008 年版，第 257-258 页。

"可以看出，苏联学者将价值哲学斥责为唯心主义，并以机械唯物论作为其犯罪构成理论建立的哲学基础。"[①]另有学者则对此提出了异议，认为在当时特殊的政治态势下，苏联学界不可能出现以机械唯物论作为指导思想而构建的理论体系，并指出，我国传统犯罪构成体系不是以机械唯物论作为哲学基础，使其经苏联引入后广泛适用于我国司法实践并显示出旺盛生命力，关键在于其与我国直觉体悟的文化认识论以及机体文化模式极为契合。[②]还有研究者提出，苏俄及我国传统要件体系是主客观相统一的体系，其哲学基础或方法论应该是黑格尔辩证法和唯物辩证法。[③]

对于要件体系构建的方法论，笔者认为，应在对其源流的考察中得出。如上所述，要件体系源于费尔巴哈创立的主客观二分的构成要件理论，塔甘采夫及其他刑法学者所主张的要件体系都是在费尔巴哈体系的基础上作进一步的划分，因此在构建方法上，要件体系与费尔巴哈的体系可谓一脉相承，而这种把研究对象分解为若干组成部分后分别加以考察的方法，也就是众所周知的人们认识客观事物的基本方法之一——分析法。[④]在笔者看来，要件体系构建之方法还是存在诸多问题，主要有：

首先，从理论对构成犯罪之要件及其要素的相关论述来看，存在明显违背分析法之情形。例如，对于犯罪主体要件，苏俄刑法学界通常将其界定为"实施犯罪行为的人"[⑤]，或是"实施了危害社会的行为并达到刑

① 陈兴良："刑法知识的去苏俄化"，《政法论坛》2006年第5期，第22页。

② 参见赵秉志、彭文华："文化模式与犯罪构成模式"，《法学研究》2011年第5期，第96-109页。

③ 龙长海：《犯罪构成理论问题研究》，法律出版社2015年版，第94-102页。在笔者看来，该见解由于混淆了要件体系中的犯罪构成概念与阶层体系中的构成要件概念，从而认为阶层体系并非主客观相统一的体系，这其实并不正确，正如我国有权威刑法学者所指出的，德日阶层体系也是主客观相统一的，参见张明楷："犯罪构成理论的课题"，《环球法律评论》2003年第3期，第263页。就此而言，辩证法也不应该是要件体系所独有的哲学基础或方法论。

④ 不过，需要指出的是，虽然分析法和综合法在康德哲学的认识论中具有极为重要的地位，参见[德]康德：《纯粹理性批判》，邓晓芒译，人民出版社2004年版，第8-14页。费尔巴哈的刑法思想也受到康德哲学的影响，参见马克昌主编：《近代西方刑法学说史略》，中国检察出版社1996年版，第80-82页。但并不能就此认为费尔巴哈构建其体系在方法论上受到了康德哲学认识论的直接影响，这是因为，在康德之前，牛顿、莱布尼茨和休谟等都已经论及分析法与综合法，参见[美]威拉德·蒯因：《从逻辑的观点看》，江天骥等译，上海译文出版社1987年版，第19-22页。换言之，分析法与综合法在康德之前便已经成为普遍性的认识方法，故并不能说费尔巴哈的主客观二分体系是受到了康德哲学认识论的直接影响。

⑤ [苏]B·M·契希格瓦节主编：《苏维埃刑法总则》，中国人民大学刑法教研室译，法律出版社1955年版，第245页；[俄]H·ф·库兹涅佐娃、И·M·佳日科娃：《俄罗斯刑法教程（总论）》，黄道秀译，中国法制出版社2002年版，第257页。

法规定年龄的有责任能力者”[1]，我国传统刑法学理论对犯罪主体要件的界定也与之相类[2]。但如此界定犯罪主体要件将使其游离于犯罪行为之外，即犯罪主体要件并非为犯罪行为之内容，对其研究当然有违分析法。还有如，苏俄及我国传统刑法学界都将作为犯罪行为上位概念的行为概念（或称为“违法行为”“危害行为”等）置于犯罪客观要件中，如此显然是违反逻辑当然也是明显违背分析法的。

其次，一如德日阶层体系将违法性作为犯罪成立阶层所存在的缺陷，传统要件体系将价值性的犯罪客体作为构成犯罪的要件也同样阻碍了分析法与综合法的运用。对犯罪客体的侵犯作为犯罪的消极价值由于并非构成犯罪的要件，故对其研究也就不可能是要素分析法了，还有，由于犯罪客体只是针对构成犯罪的客观事实而非整体事实的评价，故对其研究也非综合法。

再次，要件体系的创设缺乏综合。这可以从苏俄刑法学界对犯罪构成的定义中清晰地看出来，如将犯罪构成界定为“构成该犯罪的要件（要素）的总和”[3]，或是“苏维埃法律认为决定具体的、危害社会主义国家的作为（或不作为）为犯罪的一切客观要件和主观要件（因素）的总合”[4]。1987 年苏联有学者还为此做过问卷调查，多数（67%）理论研究者及法官赞同犯罪构成是“法律规定的犯罪客观要件和主观要件——犯罪的客体、主体、客观方面和主观方面——的总和（体系）”之定义。[5]但如此定义犯罪构成显非综合法，因为综合法是在构成事物的要素的联系中把握整体之方法，必须在要素的联系中把握整体的原因在于，事物的整体具有其各组成部分在孤立状态下所不具有的特性和功能，或者说，整体并非其各组成部分的简单相加。由此可见，认为作为整体的犯罪构成是各要件及其要素总和之见解并非综合法。

最后，无论是苏俄刑法学界还是我国传统刑法学界，有关犯罪构成要件的逻辑排序都始终未能达成广泛共识，而在我国刑法学界，无论是要

---

① ［俄］Н. А. 别利亚耶夫、М. И. 科瓦廖夫：《苏维埃刑法总论》，马改秀等译，群众出版社 1987 年版，第 105 页。

② 详见本书“第六章第二节 三、”之内容。

③ 转引自［俄］Н·ф·库兹涅佐娃、И·М·佳日科娃：《俄罗斯刑法教程（总论）》，黄道秀译，中国法制出版社 2002 年版，第 175 页。

④ ［苏］А·Н·特拉伊宁：《犯罪构成的一般学说》，薛秉忠译，中国人民大学出版社 1958 年版，第 48-49 页。

⑤ 参见［俄］Н·ф·库兹涅佐娃、И·М·佳日科娃：《俄罗斯刑法教程（总论）》，黄道秀译，中国法制出版社 2002 年版，第 178 页。

件体系的反对者还是坚守者，都普遍肯定要件体系中的各要件之间是一种“平面耦合”或者“齐合填充”的关系。这种对犯罪构成体系缺乏有序性及层次性的认识，除了反映出刑法学理论对犯罪构成要件及其要素的分析不足外，也是综合法缺失的明证。

综上所析，我国传统要件体系之构建方法总体而言是分析法，但其中却存在诸多明显违背分析法之情形，综合法则基本是缺位的。分析与综合乃认识客观事物不可或缺的两种基本方法，故仅采分析而缺乏综合，更何况还存在诸多明显违背分析法之情形，基此构建的体系也势必难具科学合理性。

第二节　犯罪论体系构建的科学方法论：系统论

分析法与综合法乃人类认识和把握客观事物不可或缺的两种基本方法，犯罪行为作为客观存在之事物，对其认识和把握当然也不例外，但如上所析，无论是德日阶层体系还是我国传统要件体系，都未能很好地贯彻这两种基本方法，那么应当如何有效地贯彻这两种基本方法呢？在笔者看来，现代系统论就是一种能够将这两种基本方法加以有效结合的科学方法论，故可以且应当作为犯罪论体系构建之方法论。

一、系统论概述

系统论由美籍奥地利生物学家贝塔朗菲（Ludwig Von Bertalanffy）所创立，系统论是从系统的角度揭示事物、对象之间相互联系、相互作用的共同本质与内在规律性。根据贝塔朗菲的观点，系统论包括普通系统论（狭义的）、控制论、信息论等。[①]他指出，“在过去，科学试图解释一种可观察的现象，就要把它归结为可以逐个独立考察的基本单元的相互关系。而在现代科学中出现的概念则涉及多少有点模糊地称为‘整体’的那个东西，即组织。现象不能分解为局部的事件，动态相互作用使处于较高级构形中的部分表现出不同于它们在各自孤立时的行为等问题。简而言之，考察各自孤立的部分，是不能理解各级‘系统’的。这种性质的概念和问题已出现在科学的所有分支中，不论它们的研究对象是非生物、生命

① 参见[奥]路·冯·贝塔朗菲：“普通系统论的历史和现状”，《国外社会科学》1978 年第 2 期，第 66-74 页。

有机体还是社会现象。”[①]美国著名系统哲学家拉兹洛（Ervin Laszlo）也明确指出，“早期的科学思维既是整体的又是思辨的，现代科学的崇高精神是依靠经验的而又是原子论的思维方式达到的；两种思维方式都难免有不足之处：前一种用信念和洞察代替了翔实的探求，后一种牺牲了融会贯通以换取条分缕析。今天，我们正目睹另一种思维方式的转换：转向谨严精细而又是整体论的理论。这就是说，要构成拥有它们自己的性质和关系集成的集合体，按照同整体联系在一起的事实和事件来思考。用这种集成的关系集合体来看世界就形成了系统观点。这是现代的思维方式，也是继原子论、机械论和未经协调的专业化三种思维方式之后的思维方式。”[②]

系统（system）是指“由若干相互联系、相互作用的要素所组成的、具有一定结构和功能的有机整体”[③]。它具有整体性、有机关联性和有序性等特点。整体性是系统最基本也是首要的特性，早在古希腊，哲人亚里士多德就有“整体大于各孤立部分之和”的论点[④]，拉兹洛就系统的此般特性指出，“整体具有它的各单个部分所不具有的特性。因此从这种意义上说，整体不是其各部分的简单迭加。”[⑤]换言之，系统整体所获得的新的特性和功能是其各组成要素在孤立状态时所没有的。有机关联性是指系统不仅其增长不是机械的汇集，而且各部分之间的联系也是不可分割的，它包含两个部分的内容：一是系统内部诸因素的有机关联，二是系统同外部环境的有机关联。前者使得系统保有整体性和稳定性，后者使得系统具有开放性。有序性是指构成系统的要素必须按照一定的顺序排列进而形成有序的组合形式，如此系统才能成为一个整体，要素才能成为系统的要素并获得系统所赋予的功能。系统的有序性主要表现为系统空间结构的层次性和发展的时序性。层次性是指系统中的每一组成部分同样可以作为一个系统来研究，而整个系统同时又是更大系统的一个组成部分。时序性又称为动态性，是指任何系统都会随着时间的推移而不断变化，当这种变化达

① [美]冯·贝塔朗菲：《一般系统论：基础、发展和应用》，林康义等译，清华大学出版社1987年版，第34页。

② [美]E·拉兹洛：《用系统论的观点看世界——科学新发展的自然哲学》，闵家胤译，中国社会科学出版社1985年版，第14-15页。

③ 冯契主编：《哲学大辞典》，上海辞书出版社2001年版，第1610页，“系统”词条。

④ 如亚里士多德在其《形而上学》中指出，“凡是由若干部分组成、其总和并非只是一种堆积、而其整体又不同于部分的东西，都是有一个原因的；因为即使在物体方面，在有些场合，接触是统一性的原因，在另一些场合，黏着或别的类似的性质则是统一性的原因”，参见北京大学哲学系外国哲学史教研室编译：《古希腊罗马哲学》，商务印书馆1982年版，第263页。

⑤ [美]欧文·拉兹洛：《系统哲学引论——一种当代思想的新范式》，钱兆华等译，商务印书馆1998年版，第19页。

到一定程度时就会发生旧系统的瓦解终结和新系统的建立，亦即任何系统都是一个由始而终的过程，一个系统的终结又是另一系统的开始。[①]

二、系统论的研究内容

科学的系统研究包含要素研究、结构研究和功能研究。

要素是构成系统的基本单元，没有无要素的系统，也没有无系统的要素，认识的发展是以对对象的具体细节也即其构成要素做深入探究和细致分析作为前提和标记，“认识过程最初是分析的”[②]，“对困难的事物探索，分析法从来都应当优先于综合法”[③]，“从一件事物的要素出发，也即从构成这一事物的那些要素出发，能够最好地认识这一事物”[④]。不过需要注意的是，虽然构成系统的各要素之间存在差异，具有相对的独立性，但在对系统进行要素研究时，把系统分解为要素，并非是在事实上将系统切割分解为毫不相干的各个部分，就中缘由在于，作为整体的系统不是其各组成部分的简单叠加，故这种分解只能是一种“观念上的分解”，而非实际的切割分离。[⑤]正如生命有机体的各器官、组织和细胞不能实际脱离有机体本身而独立存在是一个道理，例言之，如果把一只手从人的身体上截下来，虽然我们仍然可以把它称为一只手，但是很显然，这已是一只无生命活性、丧失其应有功能的“死手”了，它与作为身体有机组成部分、具有相应功能的“活手”是本质上迥然有别的两种事物。有关系统与其要素间的关系，我国台湾地区刑法学者黄荣坚也曾形象地指出，我们如果把润饼卷所包的料拆开来一样一样地吃，就完全不是润饼卷的味道了。我们不能说，单吃高丽菜就等于吃了五分之一个润饼卷，或是说单吃花生

① 参见冯契主编：《哲学大辞典》，上海辞书出版社2001年版，第1610页，“系统”词条。

② ［德］黑格尔：《小逻辑》，贺麟译，商务印书馆1996年版，第412页。

③ Isaac Newton: *Opticks*, Dover Publications Inc, 1952, p.404.

④ ［德］莱因荷德·齐佩利乌斯：《法哲学》，金振豹译，北京大学出版社2013年版，第58-59页。

⑤ 对系统要素的观念分解何以成为可能？这源于人类思维的强大力量，人类所特有的这种思维力量的获取和应用，是与他们所特有的语言符号系统和概念范畴体系分不开的。一定的语言符号和概念范畴标示和揭示着一定的对象。不同的语言符号和概念范畴因其在意义和抽象程度方面的差异可以标示不同的对象和对象的不同层次，借助这些不同意义和抽象程度的语言符号和概念范畴，人们可以将系统及其内部要素和结构以一定结构的语言符号系统和概念范畴体系的形式观念地标示出来，后者成为前者在人们思想和观念中的代称、符号和观念形式。因语言符号系统和概念范畴体系与其所标示的对象之间所具有的分立性，人们便可以在不实际改变客体的现实存在形式和相互关系的条件下，通过思维操作对代表一定客体结构的语言符号系统和概念范畴体系在观念中进行分解与组合，获得对它的观念掌握。这正是人类以观念的和理论的方式掌握对象的具体形式。参见欧阳康主编：《社会认识方法论》，武汉大学出版社1998年版，第451-458页。

粉就等于吃了十分之一个润饼卷。[①]要素的观念分离意味着必须在观念中始终将被分离的要素看作是与整体实际联系着的内在组成部分，进而始终在与整体的内在联系中把握要素，正如拉兹洛所指出的，“系统论的观点总是把系统作为由从属组成部分结合成的集成整体来对待，从来不把系统当作处在孤立因果关系中的各部分的机械聚集体来对待。”[②]观念地分解特定的系统，把整体分解为部分、将过程划分为阶段，这是系统要素研究的核心内容。借着对要素的分析，认识者的视界便由整体导向局部，由特定层次推移至更深层次，由表及里、洞幽烛微。

“结构”一词依据《辞海》的解释，它与功能相对，是指“物质系统内各组成要素之间的相互联系、相互作用的方式。是物质系统组织化、有序化的重要标志。”[③]系统由要素构成，但却不能简单地归结为要素的堆叠，研究系统除了需研究要素本身之外，也要探寻要素与要素之间的关系，正如贝塔朗菲所特别强调的，为了理解系统的完整性，“应当既认识各组成部分，也认识它们之间的关系”[④]。系统的要素按照特定的顺序排列，要素与要素之间又以一定的方式相互联系和相互作用，相互有物质、能量、信息的交换和流通，进而形成特定的结构。可见，系统的结构是要素有序化及要素间相互作用使然，系统的结构研究就是着力于从要素与要素的有机关联中把握整体。系统是由多种要素有机结合的复杂整体，系统的复杂性主要表现为系统要素之间的联系与作用方式的繁复性，这就要求对系统结构的研究必须多面向、多管道、全方位地进行，舍此便不能形成对系统的全面认识。需要指出的是，在对系统进行结构研究时，尤其需要注意对构成系统的核心要素加以准确把握，准确把握该要素是充分把握系统整体结构的关键性环节，因为系统的核心要素往往是将其他要素紧密联系在一起的枢纽，因而是要素之间关系的集中体现，故若未能准确地把握该要素，那么对系统的结构研究势必大打折扣。

功能是指“有特定结构的事物或系统在内部和外部的联系和关系中表现出来的特性和能力”[⑤]。任何系统都是结构与功能的统一，结构是系统功能的前提和基础，系统的功能是其结构的表现，世间不存在无结构的

① 参见黄荣坚：《刑法问题与利益思考》，中国人民大学出版社 2009 年版，序言第 5 页。

② [美]E·拉兹洛：《用系统论的观点看世界——科学新发展的自然哲学》，闵家胤译，中国社会科学出版社 1985 年版，第 13 页。

③ 《辞海》，上海辞书出版社 2000 年版，第 3317 页。

④ [奥]路·冯·贝塔朗菲：“普通系统论的历史和现状”，《国外社会科学》1978 年第 2 期，第 69 页。

⑤ 《辞海》，上海辞书出版社 2000 年版，第 1464 页。

功能，也不存在无功能的结构。系统的功能取决于系统的结构：要素不同，结构必然有别，功能自难相同；要素相同，结构迥异，功能也难相一致。同时，如若系统的要素越优质，结构越合理，则系统的总体功能也必然越优异。需要注意的是，结构与功能的界限是相对的、可变的，结构决定功能，功能又会反过来作用于结构，如功能性的病态就会导致系统结构的恶化甚至崩溃。系统的功能虽然取决于其内在结构，但却并不等同于结构，多数研究者认为，功能是一切系统所具有的行为特性，它表现在一定系统同周围客体、对象和环境的关系上。①因此，系统的功能可谓是系统为适应其所处的外部环境而保存自我、调节自我、更新自我或者反作用于环境进而改变环境的能力。可见，要素与结构是从内在视角描述系统的特质，而功能则是从其与外部环境关系的视角描述系统之特性的。

概言之，要素研究是一种将整体分解为部分、将过程划分为阶段的以分析为主同时包含综合的研究方法，而结构研究则是一种将部分统入整体、把阶段复归过程的以综合为主也包含分析的研究方法。在要素研究和结构研究中，分析方法与综合方法并非截然分离，两种方法实际是相互依存、彼此渗透、互为补充的，只是在不同研究阶段侧重点有所不同而已，这样便能够有效地克服各自独立适用时的局限性。功能研究是从系统与外在环境关系的外部视角审视系统的功用与效能。要素、结构和功能三方面研究相结合，便实现了对系统由细部到整体、由内而外地全方位考察，如此无疑有助于人们准确、全面、深刻地把握作为系统而存在的客观事物。因此，系统论是一种科学的方法论。有关系统论之方法论意义，有学者指出，系统论“指明了解决复杂系统问题的一般步骤、程序和办法，是解决形形色色的系统问题规律的科学方法论”，它“实现了科学思维方式的一次突破，发展为一种具有普遍适用范围的科学方法，开创了兼备多种认识功能的新方法”。②

三、构建犯罪论体系贯彻系统论之理路以及需要注意的问题

分析与综合是逻辑思维的基本方法，也是人类认识客观事物不可或缺的基本方法。分析是指在思维中把对象整体分解为各个部分、方面、层次或因素而分别加以认识的方法，综合则是指在思维中把已经获得的关于

① 参见王雨田主编：《控制论、信息论、系统科学与哲学》（第二版），中国人民大学出版社 1988 年版，第 508-509 页。

② 参见王雨田主编：《控制论、信息论、系统科学与哲学》（第二版），中国人民大学出版社 1988 年版，第 511 页。

对象的各个部分的认识加以联结，从而形成对研究对象的整体把握的方法。分析必须先有对象整体才能进行，综合则是以分析的结果作为直接出发点，把分析中得到的最后的东西当作给定的、按照它们的自然秩序一个个联系起来，从而达到对所要寻求的东西的构造。[①]分析法所进行的要素研究，有助于人们把握研究对象的内在组成部分和细节，但是单纯的分析却也容易使人忽视整体。辩证法大师黑格尔曾就分析法之本质指出，“认识过程最初是分析的”，“即在于分解那给与的具体内容，孤立化其中的差别，并赋予那些差别以抽象普遍性的形式；或者以具体的内容作为根据，而将那显得不重要的特殊的东西抛开，通过抽象作用，揭示出一具体的普遍、类、或力和定律。这就是分析的方法。”[②]他批评了经验论者仅停留在分析层面的做法，指出，“譬如，一个化学家取一块肉放在他的蒸馏器上，加以多方的割裂分解，于是告诉人说，这块肉是氮、氧、碳等元素所构成。但这些抽象的元素已经不复是肉了。”[③]综合的实质是从部分走向整体，它能够克服分析法的局限性，揭示事物在分割状态下无法显露出来的特性，但综合必须以分析作为前提和基础，缺乏分析，综合将无从开展，无要素研究的所谓综合，人们最终把握的必然是一个混沌的整体。黑格尔就综合法也指出，经过综合认识将达到一种必然性，就概念而言，这种必然性“最初也只是外在的、为了主观的识见而规定出来的必然性。但在真正的或内在的必然性里，认识本身便摆脱了它的前提和出发点、它的现成的和给予的内容”[④]，换言之，综合法所达成的必然性只是外界给予的内容，而非概念本身的自我关联。因此，单纯的综合法同样具有局限性。有鉴于此，黑格尔提出了，“在哲学方法的每一运动里所采取的态度，同时既是分析的又是综合的”[⑤]，这也是辩证思维及现代系统论所要求的分析与综合的统一。马克思主义经典作家就辩证思维中的分析与综合也有过精辟的阐释，如指出，“第一，思维既把相互联系的要素联合为一个统一体，同样也把意识的对象分解为它们的要素。没有分析就没有综合。第二，思维，如果不做蠢事的话，只能把这样一种意识的要素综合为一个统一体，在这种意识的要素或它们的现实原型中，这个统一体以前就已经存在了。”[⑥]要言之，在认识事物的过程中，分析与综合是辩证统一

① 参见田运主编：《思维辞典》，浙江教育出版社1996年版，第72页。

② [德]黑格尔：《小逻辑》，贺麟译，商务印书馆1996年版，第412页。

③ [德]黑格尔：《小逻辑》，贺麟译，商务印书馆1996年版，第413页。

④ [德]黑格尔：《小逻辑》，贺麟译，商务印书馆1996年版，第418页。

⑤ [德]黑格尔：《小逻辑》，贺麟译，商务印书馆1996年版，第424页。

⑥ 《马克思恩格斯全集》（第3卷），人民出版社1995年版，第81页。

的，综合必须以分析为基础，分析也要以先前综合的成果为指导，二者互相渗透、相互转化，在分析的基础上进行综合，又在综合的指导下进行分析，如此循环往复，推动着认识的深化和发展。

任何事物均可被分解为若干要素，或言之，任何事物都是由要素构成的系统，事物作为系统而存在，这是一个极为重要的哲学命题。诚如拉兹洛所言，“为了更充分地把握实在，我们就必须把事物当作有它们自己的性质和结构的系统来看待。”①犯罪作为客观事物，符合系统的一切条件，是一个可被分解为若干要素、具有特定结构和功能的系统。②“尽管心理学家们对哪些类型的行为是重要的可能意见不一，但他们一致认同，对行为的研究必须是系统的。使用系统的方法来询问和回答人们为什么会如此思考、行动和感受的问题，减少了得出错误结论的机会。”③经由如上叙论可知，系统论不唯克服了脱离整体的单纯要素分析和非要素分析的所谓综合研究的各自缺陷，实现了二者的有机结合，更在于，它能够让我们站在较之于分析与综合更高的方法论层面——系统方法论——全方位地把握犯罪行为，因而理当成为犯罪论体系构建与研究所应采纳的方法论。笔者认为，在犯罪论体系的构建与研究中贯彻系统方法论，应当注意如下一些问题：

首先，确定犯罪论体系赖以依存的原型。运用系统论进行研究的第一步是确定研究对象或者系统本身，唯有确定研究对象或者系统本身，方能够对其加以分解进而开展要素分析。就犯罪论体系之构建而言，因犯罪构成乃犯罪行为之构成，故作为犯罪论体系赖以依存的原型，也就是要被分解为要素的对象，无疑应该是依据刑法规定已成立犯罪之行为，简言之，即犯罪行为。准此以观，我国传统要件体系在某种程度上是偏离了此一基本逻辑前提的，因为，该体系将犯罪的上位概念——行为（又谓“危害行为”）作为犯罪客观要件之要素，以及将不属于犯罪行为内容的犯罪客体作为构成犯罪的要件，此等要件及要素的存在显然并非是对犯罪行为

---

① [美]E•拉兹洛：《用系统论的观点看世界——科学新发展的自然哲学》，闵家胤译，中国社会科学出版社 1985 年版，第 12 页。

② 在我国刑法学界，早有研究者敏锐地觉察到了系统论方法对犯罪构成体系研究之重要价值，据笔者目前手头掌握的资料来看，最先主张应该将犯罪行为作为一个系统来研究进而提出系统刑法学的学者是西南政法大学的王者香先生。参见王者香：“辩证唯物主义系统论与系统刑法学”，《社会科学》1986 年第 12 期，第 70 页；王者香：“当代中国法学发展之我见——复钱学森同志的信”，《政治学研究》1989 年第 4 期，第 71-75 页。其后，中国政法大学的何秉松教授也提出了应该以系统论方法来研究犯罪构成之见解，参见何秉松：《犯罪构成系统论》，中国法制出版社 1995 年版，第 1 页以下。

③ Richard A. Kasschau: *Understanding Psychology*, The McGraw-Hill Companies, 2003, p.9.

进行分解使然，即便是提倡以系统论方法来研究犯罪构成的学者也犯了这样的错误[1]。而德日阶层体系则已完全将这一基本的逻辑前提抛诸脑后，以通行的三阶层体系为例，该体系的第一阶层（“构成要件”或“典型事实”）就已远远超出犯罪行为的范围，而违法性乃犯罪的消极价值，同样不属于犯罪行为之内容。由此可见，德日阶层体系并非以犯罪行为作为构建体系之原型，细究后不难发现，该体系其实根本就没有赖以依存的原型。确定犯罪论体系赖以依存的原型具有极为重要的理论价值，因为依据系统论的基本观点，作为特定系统组成部分的要素之性质及功能是其在孤立状态或处于其他状态中所不具有的，因此，犯罪论体系若非以犯罪行为作为原型而构建，那么体系中的要件及其要素均将失去其作为犯罪构成要件及其要素之属性与功能，换言之，在彼种体系中，对于其中所谓的要件（阶层）及要素，无论采取何种方法均将难以准确把握其作为构成犯罪之要件及其要素所应具有的属性与功能。据此也不难发现，德日阶层体系将正当化事由也纳入体系中来，认为犯罪行为与正当化事由在构成要件方面是重合或共享的关系，同样不具有合理性，因为犯罪行为与正当化事由分别属于性质截然对反的系统，故二者的每一构成要素或成立条件都势必有着质的差异性，根本不存在所谓的重合或共享关系。

其次，在确定犯罪论体系赖以依存的原型后，接下来需要做的就是对作为系统而存在的原型加以分解，即依据一定的标准将原型分解为若干要素。对系统进行分解所涉及的关键问题是：应该依据什么样的标准对其加以分解？犯罪构成之要件及其要素的划分同样无法回避这一关键性的问题。就德日阶层体系而言，古典阶层体系由于坚持构成要件与违法性均为纯客观的阶层，而将所有的主观心理要素均置于有责性阶层，此等严格界分主客观要素的做法显然是以行为要素的主客观分类作为划分依据的。[2]而自新古典及其以后的体系抛弃阶层的主客观分类后，体系内阶层划分的依据到底为何实际已然成为德日刑法学理论中的未解之谜，因为如上文所述，引起古典阶层体系深刻变革的是新康德主义价值哲学，但由于新康德主义价值哲学只是在原有基本范畴的基础上对它们予以实质化或价值化

① 参见何秉松：《犯罪构成系统论》，中国法制出版社1995年版，第223-240页。

② 古典阶层体系坚持阶层（要素）的主客观划分以恪守“违法客观论”作为前提，违法客观论从刑法规范中按照其机能分别提取出“评价规范”与“命令规范”（或“决定规范”），认为违法是评价规范对行为外部作用所作的否定评价，责任则是导致这种行为的行为者的意思决定对命令规范的违反，从而坚守客观与主观、评价规范与命令规范、违法与责任的严格界分。参见[日]大谷实：《刑法总论》（新版第2版），黎宏译，中国人民大学出版社2008年版，第215-216页；[日]松原芳博：《刑法总论重要问题》，王昭武译，中国政法大学出版社2014年版，第81-83页。

（当然每一基本范畴的具体内容也因此而发生了某些变化），因而是在肯定原有分类的基础上对分类结果的修正，换言之，阶层体系基本范畴的划分并非以新康德主义价值哲学作为依据，但问题是，原有的基本范畴是以行为要素的主客观分类作为划分依据的，而后的理论又明显抛弃了这一依据，那么还有谁能够说清道明新古典及以后的阶层体系其基本范畴的划分依据到底是什么了呢？对此，德国刑法学家许内曼曾言及，“新康德主义的思想和刑法的自然主义比较起来，对于刑法学的体系和方法简直就是一场革命，但是令人惊讶的，刑法体系四个阶层（含行为阶层——笔者注）的区分方法和阶层顺序的结论，却在原有的范围内继续存在。”[①]在笔者看来，令其惊讶的背后实际掩藏着一个无人能解的刑法学理论之谜，那便是，如今该体系内阶层的划分依据或分类标准到底是什么？我国传统要件体系坚持要件的主客观分类，因而无疑是以行为要素的主客观分类作为划分依据的，不过，理论却无法解释，在该分类依据下为什么犯罪的客观方面还包含犯罪客体要件以及犯罪的主观方面还包含犯罪主体要件？由此可见，无论是德日阶层体系还是我国传统要件体系，对于体系内要件或阶层的分类都或多或少地存在问题。确定犯罪论体系之要件（阶层）分类依据有着极为重要的价值，分类依据缺失或不合理，体系势必一团混乱，在很大程度上说，中外犯罪论体系的内部混乱系因分类依据存在问题所导致。笔者认为，犯罪论体系之要件分类应当立足于“犯罪是行为，无行为则无犯罪”这一近代以来整个刑法学理论大厦赖以奠立的基石之上，具言之，犯罪乃行为之特殊类型，而一般寓于特殊之中，故构成行为的要素（含其子要素）如何，那么构成犯罪的要件及其要素也必当如何，唯此方符合事实与逻辑，也唯此方能真正发挥为理论所一再强调却始终未能实现的“行为概念应该作为犯罪论体系的坚固磐石或坚实骨架”之机能，犯罪构成体系方才因此而稳固牢靠，不致出现变动不居、漂浮无根的状态。

最后，在将作为系统而存在的犯罪论体系分解为若干要件及要素后，便可依据科学系统论所包含的要素研究、结构研究以及功能研究对犯罪论体系展开全方位的研究，其中需要注意的问题主要有：

其一，要素研究是一种将整体分解为部分、将过程划分为阶段的以分析为主同时包含综合的研究方法，系统论要素研究在犯罪论体系研究中便具体化为对犯罪构成要件及其要素的研究，研究的核心任务在于对犯罪

---

① [德]许内曼：“刑法体系思想导论”，许玉秀译，许玉秀、陈志辉合编：《不移不惑献身法与正义——许茜曼教授刑事法论文选辑》，新学林出版股份有限公司 2006 年版，第 274 页。

构成要件及其要素进行分析，“在刑法学中离开分析方法，就无法解释犯罪”①。依据系统论对犯罪构成要件及其要素展开研究时，需要注意的问题是，必须将犯罪构成要件及其要素作为与整体的犯罪行为实际联系着的内在组成部分，进而始终在这种联系中把握犯罪构成要件及其要素。在这一点上，无论是我国传统要件体系还是德日阶层体系，都违背了系统论之要素研究方法。如上所析，在我国传统要件体系中，犯罪客体实际根本不属于犯罪行为的组成部分，而依据理论对犯罪主体要件的界说，该要件是可以脱离犯罪行为而存在的，犯罪客观要件则把远远超出犯罪行为外延的“危害行为”作为必备要素，这些都明显违背了系统论之要素研究方法。德日阶层体系也犯了同样的错误，因为，构成要件远远超出了犯罪行为的范围，而违法性也不存在于犯罪行为的内部结构中。在对犯罪构成要件及其要素的研究中应当避免出现如上问题。

其二，结构研究是在要素研究的基础上将要素统入整体、把阶段复归过程以综合为主也包含分析的研究方法，其核心是探寻系统内要素与要素之间的联系。在笔者看来，欲准确把握犯罪构成的结构，需要注意的问题主要有：一是犯罪与行为之间的一般与特殊关系决定了对犯罪构成结构的把握需以行为的结构作为根本依据。二是在构成犯罪的诸要件中，准确把握犯罪构成的核心要件是正确把握犯罪构成体系之关键，因为构成犯罪的核心要件是要件之间关系的集中体现，起着将其他要件紧密联系在一起的枢纽之作用，故若未能准确把握构成犯罪的核心要件，结构研究必将大打折扣，也势必因此有损犯罪构成之整体功能。三是结构研究中还包含系统有序性之重要内容，而系统的有序性主要表现为系统空间结构的层次性和发展的时序性，据此，在对犯罪构成的结构研究中，一方面应当把握犯罪构成的结构层次，另一方面则应当明确作为系统而存在的犯罪构成其要件的逻辑排序。在犯罪构成的结构层次性上，我国传统要件体系是存在严重不足的，如所周知，我国刑法学界近乎一致地认同，要件体系内的各要件之间是一种“平面耦合”或“齐合填充”的关系，也因此备受德日阶层体系奉持者们的诟病，作为系统而存在的犯罪构成体系的确有其层次性，我国传统要件体系的层次性表现为何仍有待理论发掘。而有关犯罪构成要件的逻辑排序，理论对此存在较大的分歧，分歧源于，中外主流刑法学理论认为，犯罪行为发展之时序与司法实践中适用犯罪构成之时序是截然相

① [意]杜里奥·帕多瓦尼：《意大利刑法学原理》（注评版），陈忠林译评，中国人民大学出版社2004年版，第106页。

反的过程，而由此所导致的问题是，犯罪构成要件的逻辑排序到底应该遵循犯罪行为发展的时序还是司法实践中适用犯罪构成之时序？由于系统的发展变化是其要素间发生作用使然，故系统要素间的作用关系与系统的发展变化过程紧密相关，而系统的发展变化过程是由作为前提而存在的要素发动，从而推动其他要素产生连锁反应，因此，观察系统的发展变化过程，系统要素间的作用关系也将清晰呈现。据此可知，犯罪行为的发生过程也是我们把握犯罪构成要件及其要素间的作用关系之依据，这种作用关系与犯罪认定的逻辑顺序紧密相关，因为，某一要件（或要素）在作为其前提或原因的要件（或要素）未被确证的情况下能否径行判定？譬如，在主体责任能力不明了的情况下，能否径行判定行为人具有犯罪故意或过失？还有，在不知有无罪过的情况下，能否径行判定某行为符合某罪之客观要件？由此可见，观察犯罪行为的发展过程，明确犯罪构成要件及其要素间的作用关系，能够基此审视中外主流刑法学理论所认为的犯罪行为发展之时序与司法实践中适用犯罪构成之时序是截然相反的过程之见解到底是否合理，进而为犯罪构成要件的逻辑排序提供理论根据。

其三，如上所叙，功能研究是从系统与外部环境关系的视角来揭示系统的特性和能力，系统的功能取决于系统本身的结构。要素不同，结构必然有别，功能自难相同；要素相同，结构迥异，功能也难相一致。如若系统的要素越优质，结构越合理，则系统的总体功能也必然越优异。由此可见，功能研究实际是对要素研究及结构研究是否科学合理进行检验。犯罪构成的核心功能在于给行为定性，即判定行为的罪与非罪以及此罪与彼罪，而检验该功能是否正常乃至优异的标准，则在于据其能否准确、有效以及便捷地给行为定性。笔者认为，对犯罪构成体系进行功能研究，需要注意的问题主要有：一是检视犯罪构成体系中是否存在模糊或者不确定的判断标准，如若存在，那么除了明显有违罪刑法定原则外，还有很显然据此是难以给行为作出准确定性的，在司法实践中则可能沦为随意出入人罪之工具或借口，犯罪构成体系的相关功能也势必因此而大打折扣乃至丧失殆尽；二是面对所有的适用情形，犯罪构成能否一以贯之地加以应对？答案若为否定，以致出现左支右绌、顾此失彼之状况，则表明此等犯罪构成体系存在着功能性缺陷；三是不能仅以最终的判断结论是否合理作为检验犯罪构成体系之功能是否正常的唯一标准，结论虽然合理，但若是基于体系而产生的理论或学说艰深晦涩，以致犯罪的认定过程曲折繁复，如此一方面反映出犯罪构成适用上的低效，另一方面则需警惕，这样的理论或学说极可能是为刻意掩盖体系缺陷（有可能是致命缺陷）所使用的障眼法。

第三节　事实、价值以及对其把握之方式论

事实与价值的关系问题是人文社会科学领域中的永恒话题，如何正确处理事实与价值的关系也是犯罪论体系构建工程中不容回避的重大理论问题，而犯罪论体系的实践性以及刑事制裁措施所具有的无以复加的严厉性又使得这一问题尤为凸显，就中缘由在于，正确处理事实与价值的关系，将直接关涉犯罪论体系本身的合理性及其在司法实务中的可操作性，而后者又攸关能否有效防杜司法恣意以及充分保障公民的基本人权。因此，在犯罪论体系的构建工程中，正确处理事实和价值的关系具有极其重要的理论与实践意义。当然，正确处理事实和价值的关系，以正确认识事实和价值的概念以及人们对二者的把握方式作为前提，本节拟就此展开论述，以为接下来的研究铺设论证之基础。

一、事实的概念

何谓事实？此一问题的研究者们已从不同视角、采取不同方式对其进行了界定，大体说来，这些界定可归类为“事实的客观定义”与“事实的主观定义”两大类。

事实的客观定义立足于本体论界定事实的概念，认为事实是一种与人的思维、认识活动无关的纯粹客观的自然事实与社会事实。如思想家罗素认为，“‘事实’这个名词照我给它的意义来讲只能用实指的方式来下定义。世界上的每一件事物我都把它叫作一件‘事实’。太阳是一件事实；凯撒渡过鲁比康河是一件事实；如果我牙痛，我的牙痛也是一件事实”，“‘事实’的意义就是某件存在的事物，不管有没有人认为它存在还是不存在。”[①]根据《元照英美法词典》的解释，事实（fact）是指“实际发生的事情、事件及通常存在的有形物体或外观”[②]。可见，事实的客观定义认为，事实与人的思维、认识活动无关，即肯定人的经验、知觉之外存在事实，此种意义的事实概念等同于客观存在。

事实的主观定义则强调人的思维对客观存在的主观把握。如奥地利哲学家维特根斯坦（Wittgenstein）认为，世界是事实的总和，而非事物的总和。事物即物质，而事实中包含了大量的人心，在人心透视下的东西

---

① ［英］罗素：《人类的知识——其范围与限度》，张金言译，商务印书馆 2012 年版，第 176-177 页。

② 薛波主编：《元照英美法词典》，法律出版社 2003 年版，第 525 页。

才可能成为事实。[①]我国哲学家金岳霖也认为，“事实是接受了的或安排了的所与”。何谓“所与”？在他看来，这是一个与“官觉”和“正觉”紧密相关的概念，所谓“官觉”是指人的官能活动，确切些说，是指“能随时以正觉去校对的官能活动”，而“正觉”则是官觉的一种，是“正常的官能者在官能活动中正常地官能到外物或外物底一部分”的那种官觉。官觉与正觉均有内容，这种内容他称之为“呈现”，其中，相对于正觉的呈现他称之为客观的呈现，正觉具有校对其余官觉（如错觉等）的功能，而只有“客观的呈现”才是“所与”，它构成了事实的不可或缺的客观材料。[②]学者彭漪涟认同金岳霖对事实概念的界定，他指出，“事实是为主体用概念所接受了（或安排了）的感性呈现。稍具体一点说，呈现于人们感觉之前的现象，只有当其为概念所接受（或者说：为概念所摹写，所规范……），由主体做出了判断，这才是知觉到了一个事实，如果视而不见、听而不闻、嗅而不觉，那就表明，虽有呈现于感官之前的现象，但未为概念所接受，未为主体所察觉，这就不是有了知觉，更不说是有了事实”，“事实都是经验的，一切事实在本质上都是经验事实，不可能有任何离开人的经验而纯粹自在的所谓‘自在事实’”，最终得出“事实乃是对呈现于感官之前的事物的实际情况的一种陈述”。[③]可见，事实的主观定义将事实限定于经验事实，即囿限于人的经验和知觉所感知之范围，而彭漪涟教授则对其作了进一步的阐发，认为事实系一种以命题表达的为人所经验、知觉到的对象，经验、知觉之外无事实，甚至认为，若未用语言对之加以判断陈述，也无所谓事实。

不难发现，事实的客观定义与事实的主观定义的根本分歧在于：是否承认事实的本体论特征，即事实能否脱离人的经验、知觉而独立存在，或者说，在人的经验、知觉之外是否存在事实？前者对此做出了肯定回答，而后者则持否定态度。事实乃诉讼法学和证据法学中的最基本范畴之一，不过可以看到，事实的主观定义尤其是彭漪涟教授的事实观对我国诉讼法学界和证据法学界产生了极大的影响，我国绝大多数诉讼法学者和证据法学者都接受他的事实概念、事实分析方法以及理论框架，基此构建自己的证据法或司法证明理论体系。[④]笔者认为，若立足于唯物主义立场以

① 参见[奥]维特根斯坦：《逻辑哲学论》，贺绍甲译，商务印书馆 1996 年版，第 25 页以下。

② 参见金岳霖：《知识论》，商务印书馆 1983 年版，第 738、163、125-130 页。

③ 参见彭漪涟：《事实论》，广西师范大学出版社 2015 年版，第 127、70、71 页。

④ 我国诉讼法学者张步文教授对此做了较为详细的归纳，参见张步文：《司法证明原论》，商务印书馆 2014 年版，第 340-341 页。

及着眼于刑事诉讼之任务（查明案件事实），就应当肯定事实的本体概念或者客观定义，而对事实的主观定义则应予否弃，就中主要理据在于：

首先，主观的事实概念有违常识也不切实际。于此拟以常言“事实胜于雄辩”为例，假设对某一问题存在论辩的甲、乙双方，论辩中，甲举出了存在某一事物或现象作为论据来说服或反驳乙，若采取主观的事实概念，就将出现，哪怕该事物或现象对于除乙之外的所有人而言都是铁一般的事实，但只要乙对此无认知或拒绝认知，那么该事物或现象将因无法成为乙的事实而在论辩中变得毫无价值，因为你不能拿在别人那里不是事实的东西来说服或反驳别人，或是指责别人如何地罔顾事实。果若如此，那么“用事实说话”将变得无甚价值，并且无认知、拒绝认知乃至无知在任何情况下都将具备压倒“胜于雄辩之事实”的优势，换言之，只有“无认知、拒绝认知乃至无知”才是真正的“胜于雄辩”！就中的反常识性及荒谬性已不待言。

其次，完全否定事实的本体概念，只承认事实的认识概念，认为人的经验、知觉之外无事实，甚至认为若未被命题加以陈述判断也不存在事实之见解，本质上是一种唯心主义的事实观。此种见解区分事实与存在，认为存在是指不以人的主观意识为转移的客观存在，具有纯粹的客观性，而事实则是人通过感官和思维所把握的真知之事，需要人的感知和经验判断，因而具有经验性。譬如，对于校园外面的马路上刚发生的一起交通事故，此种见解认为，对于不在事故现场、不知道该交通事故的人来说，由于在他们的认识范围之外，也无法陈述，故并非事实，而只是一个客观存在。①此等见解明显割裂了事实与存在的关系，同时也将人们对事实的认识与表达混同为了事实本身，否定事实的客观性，而肯定事实因人而异以及依赖于人的主观（经验、知觉等）甚或陈述判断而存在，简言之，即“心外无事实”，这很难说不是一种唯心主义的事实观。②

最后，否定人的经验、知觉之外存在事实，若把此等认识贯彻到刑事司法实务中，将意味着刑事诉讼的任务（我国刑事诉讼法第 2 条之规

---

① 参见张保生：《证据法学》，中国政法大学出版社 2018 年版，第 3-6 页。

② 此等事实观难免不让人联想到我国明代唯心主义哲学家王阳明之“心外无物”说。据王阳明《传习录》载：先生游南镇，一友指岩中花树问曰：“天下无心外之物。如此花树，在深山中自开自落，于我心亦何相关？”先生曰：“你未看此花时，此花与汝心同归于寂。你来看此花时，则此花颜色一时明白起来。便知此花不在你的心外。”其“心外无物”之“物”是指“事”或者“理”。参见陈荣捷：《王阳明传习录详注集评》，台湾学生书局 2006 年版，第 332、36-37、109-110 页。不难发现，王氏此番言说所表达的对花的认识，与事实主观论者为了说明事实所举的校园外面的马路上发生交通事故之事例，可谓如出一辙。

定）——查明案件事实——成为多余。因为，依据该见解，事实已经是“接受了的或安排了的所与”或是“对呈现于感官之前的事物的实际情况的一种陈述”，既然事实都已如此清晰明了，还有何必要费力劳神地去查明呢？“查明案件事实”本身即表明待查明的是未知的或不确定的事实，若否定这些东西为事实，查明也将没有了对象。或许持论者会依其事实观继续辩称，刑事诉讼任务的准确表述应该是“查明案件真相”而非“查明案件事实”，怎奈根据辞书之释义，“真相”即“事实”，均指“事情的真实情况”，[①]故此等辩解并不成立。

在笔者看来，事实也即客观存在，根据普遍联系原理，世间没有绝对孤立存在的东西，客观事物或现象之间以及客观事物内部要素之间都相互联系，而这些不同的联系使得事物或现象表现出不同的性质、客观存在状态或规律性，故具体而言，事实应当是指事物或现象的性质、客观存在状态或规律性。还有必要指出的是，在外延上，事实既包含外在的事实，也包含“人的内在心理事实”。譬如故意杀人行为，无论是该行为的外在客观表现，还是支配这一行为的内在心理状态，相对于行为人之外的任何人乃至相对于行为人事后而言，都是不容否定、不可更易的客观存在[②]，人的内在心理事实也是一种客观存在，因而可以通过科学方法对其加以认识和把握，这也是心理学之所以具备自然科学属性之主要根据。[③]

基于如上分析可知，事实应当具有如下属性：（1）客观性。事实是客观存在，与人的经验、认识以及是否作出陈述判断无关。譬如，太阳是太阳系的中心、太阳围绕着银河系中心公转和太阳上在发生核聚变等事实，不管在过去漫长的人类历史中人们有无经验、知觉到或者过去有没有人通过语言对此加以陈述判断，这些事实都一直客观存在，完全不以人的经验、知觉或者有无用语言加以陈述判断为转移，有道是：“天行有常，

① 《现代汉语词典》，商务印书馆 2005 年版，第 1246、1730 页。英语 fact 一词也包含“事实；真相；实际情况”之意，参见薛波主编：《元照英美法词典》，法律出版社 2003 年版，第 525 页。

② 对于外在事实与人的内在心理事实，思想家罗素还形象地道出了二者的区别，他指出，“把伦理句和陈述句作一比较，这个问题也许会更清楚些。假如我说‘所有的中国人都是佛教徒’，那么举出一个中国人是基督徒就能把我驳倒。假如我说‘我相信所有的中国人都是佛教徒’，那么任何来自中国的证据都不能把我驳倒，除非是证明我不相信我所说的话；因为我在断言的只是关于我自己精神状态的某种事情”，参见[英]罗素：《宗教与科学》，徐奕春等译，商务印书馆 1982 年版，第 126 页。

③ 参见 Richard A. Kasschau: *Understanding Psychology*, The McGraw-Hill Companies, 2003, p. xiv；高觉敷：《现代心理学》，上海书店 1935 年版，第 12-14 页；彭聃龄主编：《普通心理学》（第 4 版），北京师范大学出版社 2012 年版，第 15-16 页。

不为尧存，不为桀亡。”[1]同理，对于校园外面的马路上刚发生的一起交通事故，该事故相对于任何人而言都是事实，无论是否在现场目击或通过其他途径获知，或者是否对此做出陈述判断，概莫能外。（2）唯一性。事实有别于人们对事实的认识，人们对事实的认识可能符合事实也可能与事实相背，因而存在着真假正误之分，也即不具有唯一性，但事实作为客观存在，它不以任何人的经验、认识或陈述判断为转移，它自身就是尺度，即是衡量人们对其认识真假正误之尺度，因而具有唯一性，[2]事实也因此成为知识论的研究对象。

二、价值的概念

“价值”一词最初是经济学中的一个范畴，依据马克思主义的观点，是指凝结在商品中的一般的、无差别的人类劳动，而后这一概念泛化至哲学、伦理学、美学、社会学、政治学、法学和宗教学等学科。在 18 世纪，休谟和康德先后提出了实然与应然、事物的因果性与人的目的性、事实判断与价值判断的划分（这种区分后来多用“存在与价值”或者“事实与价值”来表述），由此确立并推广了哲学上的价值概念，使其具有了形而上的意义。不过，最早作为严格的哲学范畴使用“价值”一词的是德国哲学家洛采（R. H. Lotze），他提出要把价值和评价放到哲学研究的中心地位，其门徒新康德主义西南学派的创始人文德尔班（W. Windelband）也认为，哲学问题就是价值问题，西南学派的代表人物之一李凯尔特（H. Rickert）则强调价值凌驾于一切存在之上。[3]文德尔班和李凯尔特也将自己的哲学称为“价值哲学”。

有关形而上的价值问题，哲学及作为哲学分支的伦理学对其展开了较为全面深入的探究，至于学界对价值的定义，则歧见纷呈、莫衷一是，大体存在如下一些见解：（1）不可定义说。此见解由伦理学家摩尔（G. E. Moore）提出，在他看来，价值（善）是不能定义的，其理由在于，定义必须陈述那些必定构成某一整体的各部分，或者说，能够下定义的客体

① 《荀子·天论》。天行即天道，乃自然界的运行规律，为事实之类型。

② 当然，人们对事实（客观存在）的把握过程是一个不断趋向、接近客观真实（绝对真理）的过程，正如列宁所言，“认识是思维对客体的永远的、无止境的接近”，参见列宁：《列宁全集》（第 55 卷），人民出版社 1990 年版，第 165 页。因而就特定发展阶段的人们而言，检验具体认识真假正误之标准，只能是人们在该特定发展阶段所把握的相对真实（相对真理），但无论如何，真理都具有普遍性和统一性，即是唯一的。

③ 参见[德]文德尔班：《文德尔班哲学导论》，施璇译，北京联合出版公司 2016 年版，第 155 页以下；[德]H. 李凯尔特：《文化科学和自然科学》，涂纪亮译，商务印书馆 1991 年版，第 20 页以下。

必须是复合的，其本身首先能够下类似的定义，但最后一定简化为一些最简单的部分，而不能再下定义了。有别于“马”等由部分组成的事物，“善”与“黄”一样，它们不是复合的，没有组成部分，而是那种单纯的概念，由其构成诸定义，而进一步对其下定义的能力就不再存在了。因此，善就是善，不能给它下定义。不过，摩尔虽然认为“善”不能被定义，但却肯定“善的东西”是可以定义的，因而强调不能将“善”混同于“善的东西”，即不能把“价值”等同于“有价值的东西”，否则就犯了“自然主义谬误”。[①]（2）需要说。该说认为，“所谓价值，就是客体能够满足主体的一定需要”[②]。（3）意义说。李凯尔特持此种见解，他指出，“关于价值，我们不能说它们实际上存在着或不存在，而只能说它们是有意义的，还是无意义的”[③]，我国也有学者持此说，如认为价值是“客体对主体所具有的积极或消极意义”[④]。（4）属性说。认为价值是“对主客体相互关系的一种主体性描述，它代表着客体主体化过程的性质和程度，即客体的存在、属性和合乎规律的变化与主体尺度相一致、相符合或相接近的性质和程度”[⑤]，或是“客观事物满足人的需要的一种属性”[⑥]。（5）功能说。认为价值是“同人类生活相关的客体的固有属性与评价它的主体相互作用时产生的功能”[⑦]，或是“价值关系的一种特定效应，是客体对主体的功效”[⑧]。（6）关系说。认为“价值是表示：客体（一切客观事物）与主体（人）的需要关系，是表示客体属性对主体需要的肯定或否定关系”[⑨]，或是“客体与主体需要之间的特定（肯定与否定）关系”[⑩]。

笔者对价值的上述定义评析如下：“无法定义说”看到了价值的非实体性（或关系性）及综合性之特征，此外也强调“价值”与“有价值的事物”之区分，这是其相当合理的一面。不过，说价值无法定义难免不给人以神秘不可知之感，虽然摩尔否认价值不可认识，而主张价值能且只能通

---

① See George Edward Moore: *Principia Ethica*, Cambridge University Press, 1922, p.8-17.

② 张岱年：“论价值的层次”，《中国社会科学》1990 年第 3 期，第 4 页。

③ [德]H. 李凯尔特：《文化科学和自然科学》，涂纪亮译，商务印书馆 1991 年版，第 21 页。

④ 袁贵仁：“价值与认识”，《北京师范大学学报》1985 年第 3 期，第 47 页。

⑤ 李德顺：《价值论》（第 3 版），中国人民大学出版社 2013 年版，第 53 页。

⑥ 司马云杰：《文化价值论》，山东人民出版社 1990 年版，第 1 页。

⑦ [日]牧口常三郎：《价值哲学》，马俊峰等译，中国人民大学出版社 1990 年版，第 20 页。

⑧ 王玉樑：《价值哲学》，陕西人民出版社 1989 年版，第 93 页。

⑨ 杜齐才：《价值与价值观念》，广东人民出版社 1987 年版，第 9 页。

⑩ 李连科：《价值哲学引论》，商务印书馆 1999 年版，第 70 页。

过直觉的方式加以把握，但问题是，既然对象都已能够为直觉所觉察到，怎么会无法把握其本质从而对其加以定义呢？对此，不可定义说或许只能诉诸直觉的神秘性，即认为直觉本身具有“可意会不可言传、唯神通不可语达”之性质，可见，不可定义说终究还是陷入了神秘主义及不可知论之泥淖。“需要说”的问题在于，需要是一种心理事实，在心理学中，需要是有机体内部的一种不平衡状态，它是实体性的存在，价值则非实体性的存在，而属关系性之范畴，主体的需要只是价值关系之一极，另一极是客体（对象），显然，我们不能以处于关系之一极的事实替代关系本身，而需要说便犯了这样的错误。“意义说”以意义诠释价值，但根据辞书释义，意义即“价值；作用”[①]，“意义最明显的特征是具有指向性，意义是指向主体的，即客体对于主体的意义。正是在这一点上，意义与价值是统一的。”[②]可见，意义与价值实属同义语，故以意义诠释价值实际并未能揭示价值或意义之本质是什么。在笔者看来，属性说、功能说和关系说并无本质性的差异，因为，属性是“事物本身所固有的性质及与其他事物之间的关系”，功能即功效，是指“有特定结构的事物或系统在内部和外部的联系和关系中表现出来的特性和能力”，[③]由此可见，属性和功能都是关系的具体体现。不过，需要注意的问题有：一是价值并非客体（对象）本身所固有的性质或是其内部联系所表现出来的性质，而只能是客体（对象）在与其他事物发生联系（即外部联系）时所表现出来的属性，否则难以解释为何同一客体相对于不同的主体甚至同一主体只因时间、条件、状态等的不同而可能具有不同价值的问题；二是在价值关系中，与客体发生联系的他事物是“主体的需要”，因而客体与主体需要之间的联系具体表现为客体的性质、存在状态及合规律性是否满足主体的需要及其满足的程度；三是在价值这一关系范畴中居主导地位的是主体的需要，主体的需要是衡量客体价值之尺度，故价值是一种主体向度的特定主客体关系。

基于如上分析，笔者认为，**价值应该是一种以主体需要为尺度的主客体关系，是客体的性质、存在状态及合规律性是否满足主体需要以及满足程度之属性或功能**。

① 《现代汉语词典》，商务印书馆2005年版，第1618页。

② 李德顺主编：《价值学大词典》，中国人民大学出版社1995年版，第881页。

③ 冯契主编：《哲学大辞典》，上海辞书出版社2001年版，第1364、448页；《现代汉语词典》，商务印书馆2005年版，第475页。

依据价值之定义，可知价值应当具有如下性质：（1）关系性。价值在任何情况下均非实体性范畴，而属关系性范畴，它并不存在于价值主体和价值客体各自的内部结构中，而是主客体之间的一种特定的关系，正如文德尔班所指出的，“最轻微的反思能够让我们发现，这些价值谓语并不是属于事物本身的性质，而是在事物的存在与心灵的某种标准相关联中形成。”①李凯尔特也明确指出，“价值决不是现实，既不是物理的现实，也不是心理的现实。……但是，价值是与现实联系着的，……首先，价值能够附着于对象之上，并由此使对象变为财富；其次，价值能够与主体的活动相联系，并由此使主体的活动变成评价。”②不过需要注意的是，并非主客体之间的任何关系都属于价值范畴，不少主客体关系还是属于事实范畴，譬如，我比李四大一岁，我与张三是同事关系，等等。（2）主体性。价值是以主体需要为尺度的一种特定的主客体关系，故往往会随着主体的不同而不同、变化而变化，因而体现出鲜明的主体性特征。价值的主体性特征又使得价值表现出多元性及时效性的特点，就中缘由在于：现实中的每一主体都有自己的一套价值体系，不同主体（包括个体、社群、阶级、民族和国家等）的价值体系都存在程度不等的差异，现实中不可能存在两个彼此完全重合或完全相一致的价值体系，价值也因之呈现出多元性的特点；价值不仅会因主体的不同而存在差别，就是同一主体对同一客体的价值也可能会随着时间的推移而发生变化，由此表现出时效性的特点。

三、把握事实与价值之方式

事实与价值所存在的如上显著差异，使得人们对二者的把握方式也迥然有别，接下来拟就把握事实与价值的两种不同方式（认知和评价）以及作为认知和评价结果的事实判断与价值判断加以阐释。

（一）认知与评价的关系

如上所析，不能如事实的主观定义那般，将事实混同于对事实的认知，事实即客观存在，是指事物或现象的性质、客观存在状态或规律性，认知是把握事实的方式，事实认知是指主体对作为客体的事实之性质、客观存在状态或规律性的能动反映。事实具有客观性及唯一性特征，客观性即无论主体为何人，具有何等规定性，事实就是事实，不会因主体的不同而改变，唯一性即事实自身就是衡量人们对其认识真假正误之尺度，事实

---

① ［德］文德尔班：《文德尔班哲学导论》，施璇译，北京联合出版公司 2016 年版，第 156 页。

② ［德］H. 李凯尔特：《文化科学和自然科学》，涂纪亮译，商务印书馆 1991 年版，第 78 页。

的客观性与唯一性意味着事实将以合规律性及铁的必然性规范着实践的运行轨道。职是之故，对事实的认知必然是以事实为取向、以事实本身的尺度为尺度的对象性活动，这一对象性活动所突出的是主体趋向、逼近客体，所追求的是不以人的主观意识为转移的客观的唯一的“真理”。[①]事实认识之结论有正误之分，其判断标准就是不以人的主观意识为转移的客体本身之尺度。

价值与评价也不可等同，价值是以主体需要为尺度的一种主客体关系，而把握价值的方式则是评价，“评价”即“评定价值”，是“价值意识朝向客体的对象性精神活动，即价值意识在主客体价值关系中的现实表现”[②]。有关评价需要注意的问题主要有：一是评价的客体（对象）并非是在价值这一关系范畴内部与主体相对的客体，而就是“价值”本身。二是并非只要以价值为对象的意识，就一定是评价，而只有在价值这一关系范畴内的主体与评价主体为同一人时，这种意识活动才是评价。换言之，评价总是主体“我”在场。评价结论也有科学、合理与否之别，其尺度为“价值事实”（或谓“价值真相”），所谓价值事实，是指主客体之间价值关系运动所形成的一种客观的、不依赖于评价者主观意识的存在状态，或者说，是主客体之间存在的满足与被满足的状态，它既是客体对主体的实际意义，又是一种“客观”的事实。价值事实是存在于价值这一关系范畴内的主客体相互作用的过程及结果中，对其评价是否科学合理直接受到主体对客体以及自身事实认识的影响，没有对客体和主体有相当程度的认识，便不可能有科学合理的评价。[③]在对这两个方面的认识中，需要特别指出的是主体对自身相关事实的认识，也即“认识自己”，“认识自己”的前提是必须具备自我意识，因为只有具备了自我意识才有对象（客体）意识，才能够将自我与对象区分开来，意识混沌，无法区分自我与对象的人可以说不具备主体资格，当然更不可能现实地评价事物（对象）。在具备自我意识的前提下，主体自我认识的内容通常包含自身的能力、自己的优势需要以及根本利益等，对这些内容是否有认识以及认识的程度决定着评价能否做到科学合理。当然要充分认识自我是困难的，就中缘由在于，在自我认识时，人是主体同时也是被认识的对象，这种主客体自我相关的情况有可能造成主客体同构或互相缠绕，出现类似于悖论的死结与难解之谜，正

① 参见孙伟平：《事实与价值：休谟问题及其解决尝试》（修订版），社会科学文献出版社 2016 年版，第 141-146 页。

② 李德顺：《价值论》（第 3 版），中国人民大学出版社 2013 年版，第 154 页。

③ 参见李德顺：《价值论》（第 3 版），中国人民大学出版社 2013 年版，第 156-169 页。

因如此，“认识你自己”才成为公认的哲学难题①，也正因如此，主体的评价（尤其是自我评价）常常会出现明显的混乱，出现失衡、片面、偏执等复杂情形。②

根据如上分析可知，认知与评价存在如下较为明显的区别：（1）对象不同。认知是以作为客观存在的事实为对象的，是对事实的性质、存在状态或规律性的把握；评价的对象是价值，即是以客观事实与自己需要之关系为对象。（2）判断标准不同。认知是主体趋向、逼近客体（事实），以客体尺度为尺度的对象性活动，而客体尺度具有价值中立的特点，即不会因主体的不同而变化，故判断标准具有唯一性；评价所反映的则是因主体不同而不同的价值关系，它以主体尺度（主体需要）为尺度，因主体不同而不同、因主体自身变化而变化，因而具有多元性、相对性和动态性之特点。（3）所体现的心理过程不同。认知与评价作为一种人的活动，均受意志支配自不待言，但除此之外，如后文所析③，在心理学中，认知所集中体现的心理过程是“认识过程”，因为认识过程即人认识客观事物的过程，是人由表及里、由现象到本质地反映客观事物特性及其内在联系的心理活动；而评价所集中体现的心理过程则是“情绪情感过程”，因为情绪情感是人的需要是否获得满足的反映。由此可见，评价具有鲜明的情感性特征。（4）主体地位不同。在认知中，认识的对象独立于主体的意识；而在评价中，价值关系的主体与评价主体同一，也即主体此时一身兼二任（既是价值主体，又是评价主体）。据此，当被认识的价值主体仅仅是价值的组成部分，而非评价主体时，那么他人对这种关系的把握则属于认知而非评价，譬如，研究表明，节目主持人并不是站在舞台的正中央而是站在舞台的黄金分割点的位置最自然美观，以此为对象的认识活动是获取美学知识，只有当自己作为主持人对自己在舞台上的站位，或作为观众对台上主持人的站位是否美观加以评判时，方属于审美评价。

---

① “认识你自己”相传是刻在德尔斐的阿波罗神庙的三句箴言之一，也是其中最有名的一句，有说法该名言出自泰勒斯，根据第欧根尼·拉尔修的记载，当泰勒斯被人问到什么是烦恼之事时，他回答说：“认识自己”，See Diogenes Laertius: *Lives of the Eminent Philosophers*, Translated by Pamela Mensch, Oxford University Press, 2018, p.19. 尼采对该名言作了发挥，在其《论道德的谱系》一书前言的第一句话就是，“我们这些认知者却不曾认知我们自己”，而后又有，“我们是谁？”，“我们对自己必定仍然是陌生的，我们不理解自己，我们想必是混淆了自己，我们的永恒定理是‘每个人都最了解自己’——对于我们自己来说我们不是认知者”之言说，参见[德]尼采：《论道德的谱系》，周红译，生活·读书·新知三联书店1992年版，第1页。

② 参见孙伟平：《事实与价值：休谟问题及其解决尝试》（修订版），社会科学文献出版社2016年版，第164-168页。

③ 详见本书第七章第一节之内容。

需要注意的是，认知和评价虽然存在如上区别，但在现实中并不存在截然分离的认知和评价，二者在现实中的实际关系是，认知过程始终无法超脱于评价过程，评价也非与认知完全无关的活动，认识中总有评价，评价中也总有认识，总之，是一种相互纠缠、彼此渗透、你中有我、我中有你的关系。二者的分离只存在于抽象的思维和纯粹的逻辑观念中，就中主要缘由在于，由于认知所集中体现的心理过程是认识过程，而评价所集中体现的心理过程则是情绪情感过程，二者都受意志之支配，如下文所叙，认识过程、情绪情感过程及意志过程在现实中并非相互独立的心理过程，而是一种彼此渗透、相互联系、相互作用的关系，由此构成了一个有机联系的整体，心理学只是为了研究上的需要，才对统一的心理活动从不同的侧面加以分析。心理过程要素之间的此等关系也决定了认知与评价之间也必然是一种这样的关系，即认知中有评价，评价中也有认知。其中，认知对评价的影响主要表现为，认知是评价的前提和基础，由于价值乃主客体之间的一种特定关系，故要对其进行评定无疑应以主体对客体事实及自身事实具备一定程度的认知作为前提，否则评价将无从谈起。主体对客体及自身事实的认识是否全面、深入、科学、合理，决定着评价是否科学合理；而评价对认知的影响则表现为，任何人在时间、能力等方面都是有限的，而作为事实存在的客观事物或现象，其在广度上具有无限性，在深度上则具有无限的规定性，此外，达至目的的手段或方法也具有开放性，因而人们只可能关心那些与自己相关或自己感兴趣的那些事实以及选择自以为更有效或更符合目的的手段或方法，即受到自身价值目的、价值取向、价值信念等的指引，唯此认识方得服从于自己的利益和需要。

（二）事实判断与价值判断之关系

有关认知和评价的关系，还需要论及的是，作为认知和评价结果的事实判断与价值判断的问题。

事实判断是主体对事实进行认识后所做的断定，具体而言，是主体凭借自身的认知能力发现并借助语言对事实所进行的刻画，通常采用“S是 P”的命题形式来表达，故其在语气上是直陈的。[①]事实判断所关心的

① 有时，出于语言表达习惯或为了表达简洁，常常省略语句中的“是”，譬如，“太阳位于其行星椭圆轨道的一个焦点上”，所表达的也是事实判断。不过，“S 是 P”的命题形式所表达的未必都是事实判断，只有在“是”所表达的是主词与谓词间的内涵、外延关系或对象的客观性质时，如“人是动物”“大辟是隋以前死刑的通称”“这朵花是红色的”，等等，此等形式的命题所表达的方为事实判断，否则，所表达的可能就是价值判断，如“其他部门法能够有效制裁的违法行为是不应该动用刑法加以制裁的”，所表达的就是价值判断。参见陈波：“‘是’的逻辑哲学分析”，《中国社会科学》1993 年第 1 期，第 117-133 页。

是世界的本来面貌，是为解释世界服务的。事实判断主要包含两种类型，即性质判断（如“这是一朵红花”“钢铁是坚硬的”等）和关系判断（如“张三和李四是同事”“江西省位于湖南省的东边”等）。根据是否正确地描述了事实的本来面貌，事实判断具有真假正误之别。

价值判断则是主体反映价值现象后所作的断定，具体而言，是指客体能否满足主体需要以及满足程度的判断。价值判断包含两种类型，即“评价判断”和“规范判断”。

评价与规范是两种基本的价值活动，也是彼此相关的两种价值意识。规范意味着约束、命令或容许，故它只能是相对于人的行为而言的，而价值意义上的“应该”一词，其主要与典型的功能便是表达规范，因为对某人提出应该如何的要求，无疑意味着对其行为的约束或命令。不过，规范并不是无条件、没理由的，规范均需要理据，即必须回答“为什么应该如此”的问题，显然，“应该如此”所表达的是一种应然状态或者说是一种“理想中的价值”，就此而言，“为什么应该如此”实际等价于“为什么如此是善的、好的或正当的”，换言之，任何规范都需要以评价作为前提或基础，经由评价予以合理性论证。[①]那么，人们需要什么样的规范，或者说，什么样的规范是善的、好的或正当的呢？简单说来，应该是符合其根本利益和需要的规范。而什么样的规范才是符合人的根本利益和需要的规范呢？这一问题在现实中是通过人们的评价来完成的，也即，“应该的”都应是“好的”，而“坏的”则是“不应该的”，是应予“禁止的”，当一定的“好”与“好”、“坏”与“坏”出现冲突或不相协调时，应该依据功利法则，选择较大的“好”，较小的“坏”。基于主体评价的规范一旦确立，并为社会公众所接受或认同，便会形成一股强大的力量，对人本身加以改造，使规范内化、外化或异化为人性、习惯的一部分，一方面约束着人的行为，另一方面又成为相对独立的评价标准，即在具体的价值活动中，人们往往依据一些“应该”判断指导行为，并评价一切，因而规范是一种社会评价标准。[②]

评价判断是指主体关于一定客体有无价值、有什么价值、有多大价值的判断，其所反映的是价值事实，是对价值事实的描述；由于价值事实

---

① 不过，需要注意的是，评价不一定必然导向规范，就中缘由在于，规范意味着约束、命令或容许，故它只能是相对于人的行为而言的，当评价不涉及对人的行为进行约束、命令或容许时，一般都不具有规范意义，譬如“极光炫美多姿”，此等评价便不具有规范意义。

② 参见孙伟平：《事实与价值：休谟问题及其解决尝试》（修订版），社会科学文献出版社 2016 年版，第 176-197 页。

乃主客体之间存在的一种满足与被满足的状态，这种状态也是一种客观存在，故评价判断同样有真假或合理与否之别；并且，由于价值事实内在地包含了客体事实，故评价判断以事实判断作为前提；在语气上，评价判断既可能是直陈的，如“这是一朵美丽的花”，也可能是感叹的，如“这朵花太美了！”规范判断则是对人的行为给予约束、命令或容许的价值判断，其显著标志是含有“应该”“不应该”“允许”“不允许”“禁止”“应当”“有义务”等规范词，并且这些规范词是直接谓述主体行为的；规范判断并不直接描述价值事实，而是指导行为；其不存在真假与否的问题，而只有合理（或妥当）与否的问题，其合理与否依赖于评价判断的真假，故规范判断又以评价判断作为前提；在语气上，规范判断具有祈使性（应然性判断和禁止性判断）或指示性（许可性判断）。[①]

对于事实判断与价值判断之关系，还需要探讨的一个重要问题是，事实判断能否直接过渡到价值判断（具体而言当指“评价判断”）？这一问题可以被简化为“是—应该”问题或“事实—价值”问题，也即哲学及伦理学中著名的“休谟问题”。由于“休谟问题”与对德日阶层体系产生深远影响的新康德主义价值哲学密切关联，也与接下来即将探讨的犯罪构成之属性紧密相关，故有必要对该问题展开论述。

英国哲学家休谟在其名著《人性论》中指出，“在我所遇到的每一个道德学体系中，我一向注意到，作者在一个时期中是照平常的推理方式进行的，确定了上帝的存在，或是对人事作了一番议论；可是突然之间，我却大吃一惊地发现，我所遇到的不再是命题中通常的‘是’与‘不是’等联系词，而是没有一个命题不是由一个‘应该’或一个‘不应该’联系起来的。这个变化虽是不知不觉的，却是有极其重大的关系的。因为这个应该或不应该既然表示一种新的关系或肯定，所以就必须加以论述和说明；同时对于这种似乎完全不可思议的事情，即这个新关系如何能由完全不同的另外一些关系推出来的，也应当举出理由加以说明。不过作者们通常既然不是这样谨慎从事，所以我倒想向读者们建议要留心提防；而且我相信，这样一点点的注意就会推翻一切通俗的道德学体系，并且我们看到，恶与德的区别不是单单建立在对象的关系上，不是被理性所察知的。”[②]换言之，休谟认为，过往的道德学体系在以“是”或“不是”作为连系词的事实命题向以“应该”或“不应该”作为连系词的价值命题过渡时，普

---

① 参见徐梦秋、杨松：“规范判断的特征与功能”，《中国人民大学学报》2016 年第 2 期，第 51-57 页。

② ［英］休谟：《人性论》（下册），关文运译，商务印书馆 1980 年版，第 509-510 页。

遍存在思维上的跳跃，且这种思维跳跃是在不自觉中发生的，缺乏相应的论证与说明，或者说，欠缺逻辑推理过程。在休谟看来，道德（善与恶）的区别不是从理性得来的，而是由道德感得来的，即认为不能基于事实借由理性或逻辑推导出价值。[①]此后的一些哲学家发展了休谟的这一思想，并冠之以“休谟法则”或“休谟律”，即价值判断绝不能从事实判断中推导出来，也即所谓的事实与价值的“二分法”或“二歧鸿沟（又谓‘休谟鸿沟’）”，此等观念在西方的影响甚为深远，不少哲学家和哲学流派（其中以对德日阶层体系影响最大的新康德主义价值哲学为代表）都肯定事实与价值之间存在难以逾越的鸿沟。

通过上述对事实与价值、认知与评价的区分可知：事实也即客观存在，具体是指事物或现象的性质、客观存在状态或规律性，它具有客观性和唯一性之特征，即不以人的主观意识为转移，其自身就是衡量人们认识真假正误之尺度。认知则是主体对作为客体的事实之性质、客观存在状态或规律性的能动反映，事实的客观性与唯一性意味着事实将以合规律性及铁的必然性规范着实践的运行轨道，故对事实的认识必然是以事实为取向、以事实本身的尺度为尺度的对象性活动，这一对象性活动所突出的是主体趋向、逼近客体，所追求的是不以人的主观意识为转移的客观的唯一的真理，因而认识的正误可以通过科学方法加以检验，或者说，可以借由理性或逻辑从已知事实中直接推导出来。价值则是客体的性质、存在状态及合规律性是否满足主体需要以及满足程度之属性或功能，价值具有关系性和主体性之特征，是主客体之间的一种以主体需要为尺度的特定关系，现实中的每一主体都有自己的一套价值体系，不同主体的价值体系都存在着程度不等的差异，并且即便是同一主体对同一客体的价值也可能会随着时间的推移而发生变化，价值因之呈现出多元性与时效性的特点。评价是价值意识朝向客体的对象性精神活动，即价值意识在主客体价值关系中的现实表现，评价的对象是价值本身，因而评价结论是否科学合理直接受到主体对客体及自身的相关事实认知的影响，对客体和主体自身没有正确的认知，便不可能有科学合理的评价。

事实与价值、认知与评价的上述特征也决定了事实判断与评价判断的迥然差异：事实判断必须尽可能地摒弃主体自己的情绪情感、态度等主观性因素的影响，让自己从个人的认识误差和情感偏见中摆脱出来，即应尽可能地保持价值中立或情感中立；评价判断则相反，其具有鲜明而强烈

---

① 参见[英]休谟：《人性论》（下册），关文运译，商务印书馆1980年版，第495–516页。

的主体性，因而绝不可能撇开主体的需要、目的、情绪情感等主观性因素，仅仅凭借作为价值关系之一极的客体事实就能够做出合理的判断，而必须同时准确把握具体价值关系中的特定主体的主体性事实（如其能力、需要、目的等）以及客体事实，基此全面审度二者之间的关系，唯此方能做出科学合理的价值判断。不难发现，为不少哲学家及哲学流派所肯定的单纯从事实判断中无法直接推导出价值判断，二者之间存在难以逾越的逻辑鸿沟，就中缘由正在于：价值是主客体之间的一种特定关系，它并不存在于主体与客体各自的内部结构中，故从价值关系中的客体事实出发，在相关主体性事实缺位的情况下，的确是无法进行确定的价值推理的，即无法如事实判断那般从事实出发通过逻辑推理得出唯一的事实结论。实际上，此等见解不仅在理论上是显然成立的，而且在现实中也极易获得验证，例如，粪便对于耕种者来说是有价值的有机肥料，而对其他人来说则可能是毫无价值的秽物；又如，对于吃狗肉的行为，一些爱狗人士可能会认为这是一种极其残忍的行为，而爱吃狗肉的人士则很可能会认为，吃狗肉与吃猪肉、牛肉、羊肉等没有本质性区别，故并非残忍的行为，当然，有些爱狗人士也可能会认为，爱狗与吃狗肉并不冲突，因而也不认为吃狗肉是残忍的行为，自己则可能是爱狗与吃狗肉两不误；再如，对于川渝地区的麻辣火锅，爱吃麻辣的人一般会认为这是美食，而不爱吃麻辣的人可能会觉得火锅特难吃，如此等等。此等事例在现实生活中可谓俯拾皆是、不胜枚举，并且这些评价都不能说是不合理的。显而易见，如上事例中，若在相关主体性事实缺位的情况下，从作为事实的粪便、吃狗肉的行为以及麻辣火锅等出发，无法直接推导出各自的价值到底为何。

于此还需要特别指出的是，即便是犯罪行为，也非只存在“恶害”这一种单一性的评价，有思想家认为它也有“利好”的一面。如在社会学家迪尔凯姆看来，“它同整个社会生活的基本条件联系在一起，由此也就成为有益的，因为与犯罪有密切联系的这种基本条件本身是道德和法律的正常进化所必不可少的”，“它不仅要求为必要的改革开辟广阔的道路，而且在某些情况下，它还为必要的改革直接作了准备。哪里有犯罪，哪里的集体感情就处于为形成新的形式所必要的可塑状态。不仅如此，犯罪有时还为预先决定集体感情应采取什么形式作出过贡献。实际上，犯罪对未来道德的预测，对未来道路的开拓，何止几次！”[①]马克思也指出，“罪犯生产罪行。如果我们仔细考察一下最后这个生产部门同整个社会的关系，那

① [法]E. 迪尔凯姆：《社会学方法的准则》，狄玉明译，商务印书馆1995年版，第87-89页。

就可以摆脱许多偏见。……罪犯不仅生产罪行，而且还生产刑法，因而还生产讲授刑法的教授，以及这个教授用来把自己的讲课作为‘商品’搬到一般商品市场上去必不可少的讲授提纲。……罪犯生产全体警察和全部刑事司法、侦探、法官、刽子手、陪审官等等。……罪犯生产印象，有时是道德上有教益的印象，有时是悲惨的印象，看情况而定；而且在唤起公众的道德感和审美感这个意义上也提供一种‘服务’。……罪犯打破了资产阶级生活的单调和日常的太平景况。这样，他就防止了资产阶级生活的停滞，造成了令人不安的紧张和动荡，而没有这些东西，连竞争的刺激都会减弱。因此，他就推动了生产力”。[①]应该说，迪尔凯姆和马克思对犯罪行为的如上评价也是非常深刻与合理的。

由此可见，对于任何特定的客体事实，都可以存在不同乃至截然相反的评价，并且这些评价可能都具有合理性，换言之，仅执价值关系之客体事实一端，是无法基于逻辑进行价值推理并得出唯一的价值判断结论的，此乃价值之关系属性使然。价值之关系属性也意味着，欲进行价值判断，在作为前提的事实判断中，除了包含作为价值关系之一极的客体事实外，还必须包含主体方面的事实。如上论证已印证了这一点，于此再举一事例：甲、乙两队举行篮球比赛，甲队落后 1 分，离全场结束仅剩 0.5 秒，此时由甲队发球，那么甲队要想赢球，就应该在 0.5 秒内出手投篮，便是从客体事实与主体事实的联系中作出的价值判断。即便是逻辑学家普赖尔（A. N. Prior）所举的认为能够否定上述结论的反例，实际也是不成立的，该反例为：

前提：他是一个船长，

结论：他应该做一个船长该做的事情。[②]

该反例看似基于事实判断直接推导出了价值判断，但正如我国伦理学者孙伟平所指出的，实际上这是一个省略三段论，其中省略了大前提，即“任何社会角色都应该做他该做的一切”，这一大前提恰恰是一个规范判断，该规范来自文明社会中司空见惯的社会分工。根据社会分工体系，任何社会角色都被赋予了一定的权利，也被要求履行一定的义务。[③]换言之，有些事实概念涉及社会角色，如父母、子女、夫妻、司法工作人员、

① 《马克思恩格斯全集》（第 26 卷 第一册），人民出版社 1972 年版，第 415-416 页。

② See Alasdair Macintyre: *After Virtue: A Study in Moral Theory*（*Third Edition*）, University of Notre Dame Press, 2007, p.57.

③ 参见孙伟平：《事实与价值：休谟问题及其解决尝试》（修订版），社会科学文献出版社 2016 年版，第 294 页。

警察、军人、人大代表、国家机关工作人员等，这些身份事实本身即包含了要求其履行相应社会角色之义务。此外，有些事实判断直接或间接地涉及安全、健康、疾病、有毒、有害、风险、危险等方面的概念，还有些事实判断涉及风俗、习惯、约定等，这些也往往内含有暗示、要求或是命令的规范内容。前者如汽车行驶过程中刹车突然失灵，司机就应该及时采取避险减损措施，后者如甲借给乙一万元，那么到期乙就应该返还，而不能赖账。但即便存在如上事例，我们也不能就此断言能够基于事实判断直接过渡到价值判断，因为这些推理毫无例外的是省略了属于价值判断的大前提而已。由于规范判断以评价判断为基础，而并非直接建立在事实判断之上，因而导出规范判断的前提实际上至少要包括一个评价判断，也即，"应该……"形式的规范判断一般是由一个以"是"形式表达的评价判断，再联系其他的事实判断而导出的。①

综上所析，价值是主客体之间的一种特定关系，它并不为主体与客体本身所包容，故仅执价值关系之一端的客体事实是无法据此推导出价值的，在进行价值判断时，作为其前提的事实判断，除了包含作为价值关系之一端的客体事实外，还必须包含主体方面的相关事实。未把握事实与价值之间的此等关系，将无法厘清事实、价值与犯罪构成体系之间的关系，而未能厘清其间的关系，便不可能构建科学合理的犯罪构成体系。因此，本部分的研究结论，对于在犯罪构成体系的构建工程中到底应该如何正确处理事实与价值的关系有着基础性的理论价值。

① 参见孙伟平：《事实与价值：休谟问题及其解决尝试》（修订版），社会科学文献出版社 2016 年版，第 292-311 页。

第四章　事实、价值与犯罪构成体系之关系论

犯罪行为系作为客观事实而存在，而刑事制裁措施所具有的无以复加的严厉性又意味着犯罪行为势必有着一般违法行为所不具有的独特消极价值，那么，面对作为客观事实而存在同时又有着独特消极价值的犯罪行为，在为其设定成立条件时，应该如何正确处理其构成事实与其所具有的独特消极价值之间的关系，便成为犯罪构成体系的构建工程中无可回避的基础性问题。由于犯罪行为所具有的独特消极价值（也即犯罪的价值本质）乃犯罪行为与非罪行为在价值层面相区分的根本性标志，而如所周知，犯罪构成也具备罪与非罪之界分功能，故犯罪的价值本质显然与犯罪构成体系紧密关联，而充分揭示其间的内在联系便可寻获上述基础性问题之答案。

第一节　犯罪构成之属性探究

犯罪构成的属性，也即犯罪构成体系到底是一个事实性的体系还是价值性的体系，又或是事实与价值相结合的体系，理论对此存在争议。在笔者看来，这是刑法学中的一个重要理论问题，因为，通过如上对事实、价值以及对二者把握方式上的区别详加辨析后可知，该问题将直接关系到犯罪构成在司法实践中是否具有可操作性（可证性），而犯罪构成是否具有可操作性又攸关能否有效地防杜司法恣意进而保障公民的基本人权，故犯罪构成之属性到底为何也就成为犯罪构成理论研究中必须予以究明的基本问题。

一、理论分歧

犯罪构成体系到底是事实体系还是价值体系，或是事实与价值相结合的体系？或者说，犯罪构成要件（含要件之下的要素）到底是事实性的

还是价值性的，或是兼而有之？又或者说，依据犯罪构成对行为所作的判断到底是事实判断还是价值判断，抑或兼而有之？如上问题实属同一问题。对此，我国刑法学界主要存在如下三种见解：

第一种见解认为，犯罪构成体系只能是事实性的体系。如我国刑法学家陈忠林教授指出，“犯罪必须是一种表现在客观世界的事实，而不是一种仅存在于人类思维之中的人对事实的某种认识。由于事实不仅是一种人们可以感觉的客观存在，同时也是一种可以直接用客观证据证明的客观存在。坚持犯罪是一种行为，可以从两方面发挥刑法保护公民自由的作用：一是防止立法者惩罚（不可能直接造成客观危害的）思想；二是防止司法人员（在没有证据的情况下）任意出入人罪。”①杨兴培教授也指出，“犯罪构成的设计是基于行为事实为基础、通过规格模型能够加以规范行为、认定犯罪的依据，所以犯罪构成的内容应当是、也只能是事实，而不应该是价值。”②

第二种见解则截然相反，认为犯罪构成体系只能是纯粹的价值评价体系。如有学者指出，在立法层面，犯罪构成是立法者所做的价值判断，在司法层面，犯罪构成符合性判断是司法者所做的价值判断，价值判断是我国犯罪构成符合性判断的灵魂乃至整个刑法问题的核心；③或认为，犯罪事实是一种价值事实，而非科学事实，因而犯罪成立与否的判断不是事实判断，而是一种价值评价；④甚或认为，“我国的犯罪概念和犯罪构成理论必须改革，必须按照‘犯罪是价值判断’的基本属性来给犯罪下定义，必须按评价规则来建立司法评价犯罪体系”⑤。

第三种见解持折中立场，即认为，犯罪构成体系是事实与价值相结合的体系。如有学者指出，行为符合刑法规定的事实特征，在价值上体现刑法对某种犯罪的评价，就能够认定犯罪成立，并指出，社会危害性理论在犯罪构成体系中处于核心地位，它是联系事实判断与价值评价同犯罪之

① 陈忠林：“现行犯罪构成理论共性比较”，《现代法学》2010年第1期，第167页。

② 杨兴培：“犯罪客体——一个巨大而空洞的价值符号”，《中国刑事法杂志》2006年第6期，第7页。

③ 参见齐文远、苏彩霞：“犯罪构成符合性判断的价值属性辩正”，《法律科学（西北政法大学学报）》2008年第1期，第72-74页。

④ 参见欧阳本祺：“犯罪构成体系的价值评价——从存在论走向规范论”，《法学研究》2011年第1期，第131-132页。

⑤ 邵维国：《犯罪论体系——司法评价犯罪的标准、步骤和方法》，中国法制出版社2009年版，第27页。

间关系的桥梁。[①]

无论是我国传统要件体系还是德日阶层体系，都包含有纯价值性的要件或要素。如我国传统要件体系中的犯罪客体。而德日阶层体系则主要是在新康德主义价值哲学的影响下，除原本即属纯价值性的违法性阶层外，起初的两个事实性阶层如今也已被价值化（实质化），如对构成要件符合性的判断，德国刑法学理论创设了“客观归责理论”，日本刑法学理论创设了“实行行为理论”，有责性阶层则有“期待可能性理论”，这些理论都提出了相应的价值性的判断标准。由此可见，有关犯罪构成体系的属性问题，中外刑法学界的绝对主流见解所持的是折中立场，即认为犯罪构成体系是事实与价值相结合的体系，故依据犯罪构成所做的判断也就不唯是事实判断，还必须包含价值判断，德日刑法学理论甚至认为，其中起决定性作用的是依据价值性标准所做的价值判断。

二、犯罪构成之事实属性正向证成

对于犯罪构成体系到底应该是事实体系、价值体系或是事实与价值相结合的体系的问题，笔者的回答是，犯罪构成体系只能是事实体系，换言之，构成犯罪的要件及其要素只能是事实性的而不能是价值性的，因而依据犯罪构成所做的判断应为事实判断而非价值判断，主要理由分述如下：

（一）犯罪行为系作为事实而存在的客观事物

犯罪到底是作为事实而存在还是作为价值而存在？欲正确回答该问题，必须首先明确两个概念，即事物的价值与事物本身。如所周知，进入人类意识活动领域内的一切事物无不与人的目的或需要相关联，从而被蒙上价值的色彩。世间几乎不存在与价值纯然无涉的事物，任何客观事物一方面作为事实而存在，另一方面又通常接受着来自人的评价，当然，人自身也不例外。但显而易见的是，事物的价值与事物本身不可等同，正如伦理学家摩尔所强调的，不能将“善”混同于“善的东西”，否则就犯了“自然主义谬误”。[②]不容否定，犯罪有着鲜明的价值属性，如刑法学理论所揭示的严重社会危害性、违法性或法益侵害性等，当然，迪尔凯姆和马克思也发现了犯罪有其“利好”的一面。但无论如何，犯罪首先是作为事实而存在，因为，犯罪乃人的行为之特殊类型，而人的行为是一种能够为

① 参见彭文华：“犯罪构成：从二元论体系到一元论体系——以事实和价值关系论为视角”，《法制与社会发展》2012 年第 6 期，第 96-109 页。

② See George Edward Moore: *Principia Ethica*, Cambridge University Press, 1922, p.8-17.

我们所感知和把握的客观存在，并且是一种具象的实体性存在，而非如价值那般属于抽象的关系性范畴，它有其物质载体以及存在状态，有其开始、发展及结束的过程，也有其组成部分或构成因素。由此可见，犯罪虽然具有鲜明的价值属性，但却并非价值本身，而系作为实体性的事实而存在。

在我国刑法学界，有研究者就把犯罪的价值混同为了犯罪本身，如其指出，"犯罪不是事物内部的固有属性，不是非价值事实"，"犯罪不是生活行为的固有属性，而是一种关系属性，是一种价值"。[①]笔者认为，无论如何都不应该把作为客观事实而存在的犯罪混同于其价值，即把犯罪等同于论者所言的"恶""不应该"本身，要不然，迪尔凯姆和马克思就不可能发现犯罪也有其积极的价值，表现出有益于社会（即"利好"）的一面。[②]犯罪行为的确不是事物内部的固有属性，也不是生活行为的固有属性，因为它是生活行为之特殊类型，本身即作为独立的事物而存在，正好比"张三是一个心地善良的人"，张三首先是作为客观事实而存在的个体，而非心地善良本身，张三不是某个事物内部固有的属性，也不是人固有的属性。

要言之，犯罪行为尽管有其鲜明的价值，但它首先是作为事实而存在的客观事物，我们不能也不应将作为事实而存在的犯罪行为，等同于其所具有的某种价值。

（二）构成犯罪的事实系科学事实而非价值事实

犯罪行为系作为事实而存在的客观事物，而事实包含科学事实与价值事实两种类型，由此也导致了理论对于构成犯罪的事实到底应该是科学事实还是价值事实认识上的分歧。在我国刑法学界，有论者就明确主张，犯罪事实是一种价值事实，而不是科学事实，对它的认识不可能达到众口一词的确定。[③]另有论者甚至认为，犯罪本身就是价值，而不是非价值事实，从而主张犯罪的认定只能是价值判断，故其结论必然具有相对性、主

---

① 参见邵维国："犯罪只能是价值判断"，《法商研究》2009年第4期，第95、97页。

② 论者或许会对此反驳称，应区分刑法学中的犯罪与犯罪学中的犯罪，前者是直接源于刑法规范的"规范上的罪"，后者则是直接源于社会生活的"事实上的罪"，而迪尔凯姆和马克思所称的犯罪应该是指犯罪学中的犯罪。此等辩解其实并不成立，因为，"犯罪学所研究之犯罪，应以刑法上所规定的犯罪为出发点，惟并不受刑法法规之拘束或限制。"参见张甘妹：《犯罪学原论》，三民书局1992年版，第2页。可见，犯罪学中的犯罪概念与刑法学中的犯罪概念应该是一种包容与被包容的关系，而非一为"事实"一为"价值"之质的差异。

③ 参见欧阳本祺："犯罪构成体系的价值评价——从存在论走向规范论"，《法学研究》2011年第1期，第132页。

观性、多样性，而非客观的、唯一的。[①]那么构成犯罪的事实到底是科学事实还是价值事实呢？接下来笔者将在明确科学事实与价值事实概念的基础上，回答此一问题。

1. 科学事实与价值事实的概念

科学事实是指以一定的科学的方式（观察、试验、分析、论证等）所把握和认定的客体（对象）存在，或者说是通过科学活动所获得的关于客体性事实的描述与把握。在外延上，科学事实包含一切物质性和精神性的东西。科学事实具有可检验性和共享性之特征，科学事实的可检验性是指科学事实是可以通过一定的科学方法与程序加以检验或证实的，共享性则是指科学事实对所有人来说都是普遍的无例外的"真"。[②]价值事实也即价值真相，是指主客体之间价值关系运动所形成的一种客观的、不依赖于评价者主观意识的存在状态，价值事实存在于价值关系运动的效果或后果之中，或者作为这种效果、后果而存在，它是衡量评价合理与否的尺度。价值事实与科学事实相区别的根本点在于：价值事实是一种主体性的事实，所谓主体性事实就是通过主体本身的存在和变化而表现出来的事实，故价值事实是一种因主体不同而存在差异的事实，而科学事实则不会因人而异，简言之，科学事实是"一"，价值事实是"多"。[③]

2. 构成犯罪的事实乃科学事实确证

在明确科学事实与价值事实的概念后，那么构成犯罪的事实到底是科学事实还是价值事实呢？笔者认为，只能是科学事实，而不能是价值事实，主要理由在于：

首先，构成行为的事实乃科学事实，而犯罪乃行为之特殊类型，由此决定了构成犯罪行为的事实也应当为科学事实。就人的行为之结构而言，它是主观与客观的统一体，或者说，是由相关外在客观事实与内在心理事实构成的有机整体。构成行为的客观事实包含行为手段或方法、行为对象以及行为结果，它们都为客观事物因而均属于科学事实，理论对此应当不存在疑议。至于构成行为的内在心理事实，因其乃心理学之研究对象，而心理学具备自然科学之属性，之所以如此，就在于心理现象本身及其物质基础乃科学事实，因而使得心理学在研究目标与研究手段上与自然

① 参见邵维国："犯罪只能是价值判断"，《法商研究》2009年第4期，第97-98页。

② 参见孙伟平：《事实与价值：休谟问题及其解决尝试》（修订版），社会科学文献出版社 2016 年版，第116-117页。

③ 参见李德顺：《价值论》（第3版），中国人民大学出版社 2013 年版，第163-169页。

科学无异。[①]犯罪乃人的行为之特殊类型，其内在构成因素如责任能力、动机、态度、认识、情绪情感以及意志等均属于心理事实。当然，不容否认的是，构成犯罪的心理事实并非普通的心理事实，而系特殊类型的心理事实，是普通心理事实在犯罪行为中的具体化。虽然故意、过失、明知、已经预见、希望、放任、轻信以及疏忽大意等均非普通心理学中的基本范畴，而是由刑法规范或刑法学理论所确立的概念，所谓由刑法规范或刑法学理论所确立，不过是刑法规范或刑法学理论在相关基本心理事实的基础上，结合构成犯罪行为的心理事实之特殊性，对相关基本心理事实予以具体化并将它们进行符合事实的结合，以此作为罪过之分类依据及成立条件。并且不难发现，这些概念所包含的具体内容：行为人对自己的行为有无辨认和控制能力，犯罪动机与对自己犯罪行为的态度如何，犯罪故意中行为人对自己行为的自然属性的认识为何，对自己行为的社会属性的评价如何，以及对自己行为造成的危害社会结果所持的是希望还是放任的心态，犯罪过失中的有认识能力却未认识或者已经预见而轻信能够避免，等等，都是实实在在、真真切切地作为心理事实而存在，因为它们均毫无例外地能够通过科学方法（司法证明）加以把握，与“故意杀人”的“人”一样，都是作为科学事实而存在。

其次，罪刑法定原则决定了构成犯罪的事实只能是科学事实。“法律明确性与确定性原则从来都是罪刑法定原则的组成部分”，“明确性原则要求对犯罪的描述必须明确，使人能准确地划分罪与非罪的界限”[②]，“明确性要求的根据在于，只有当人民代表的法意志被清楚地规定于条文中，使得法官不可能作出主观擅断的判决，法之保留方能发挥其效力。……明确性要求还应当保证，每个人均能够事先知道，何种行为是被禁止并受刑法处罚的。”[③]“确定性原则是明确性原则对外的‘投射’，其目的在于限制司法解释，确保犯罪规范的适用，不超出‘法律明文规定’的范围。根据这一原则，犯罪规范或总的来说不利于罪犯的规范不得类推。”[④]而如

① See Richard A. Kasschau: *Understanding Psychology*, The McGraw-Hill Companies, 2003, p. xiv；高觉敷：《现代心理学》，上海书店1935年版，第12–14页；彭聃龄主编：《普通心理学》（第4版），北京师范大学出版社2012年版，第15–16页。

② [意]杜里奥·帕多瓦尼：《意大利刑法学原理》（注评本），陈忠林译评，中国人民大学出版社2004年版，第29–30页。

③ [德]汉斯·海因里希·耶赛克、托马斯·魏根特：《德国刑法教科书》，徐久生译，中国法制出版社2001年版，第169页。

④ [意]杜里奥·帕多瓦尼：《意大利刑法学原理》（注评本），陈忠林译评，中国人民大学出版社2004年版，第35页。

上所述，价值事实是一种主体性事实，往往会随着主体的不同而存在差异，由此表现出“多”，故若构成犯罪的事实为价值事实，那么这种事实就完全可能会随着立法者、司法者、犯罪嫌疑人或被告人以及其他不同的主体而发生变化，果若如此，那么即便立法者将构成犯罪的事实规定得再明确，也不可能有明确的罪与非罪界分标准，因为那不过是相对于立法者的价值事实，法官另有自己的价值事实，甚至不同法官之间还有不同的价值事实，那么明确性原则所要求的犯罪认定标准需要明确、确定性原则所要求的禁止法官适用类推以及刑法规范之指引功能等均将无从谈起，整个罪刑法定原则也将因此而沦为具文。而科学事实是“一”，自身即为检验人们对其认识真伪之尺度，故它对所有人来说都是普遍、无例外的“真”，因此，以科学事实为内容的事实标准就将具有不因人而异的确定性。正如伦理学家麦金太尔（A. Macintyre）所指出的，“事实判断要么为真，要么为假；并且在事实的领域，我们可以在什么为真与什么为假的问题上，存在确保达成一致意见的合理标准。”[①]内容确定意味着标准明确，如此，裁判结论也将具有可检验性，从而能够最大限度地限制司法者的主观擅断。更何况，理论为构成要件符合性判断所创设的客观归责理论与实行行为理论所提出的价值性标准，以及有责性阶层的期待可能性之价值性标准，均完全缺乏实定法依据，直接以此等标准来认定犯罪，当然更是对罪刑法定原则的公然违反。要言之，价值事实之主体性特征决定了以其为内容的价值性标准将不具有确定的内容，从而违反罪刑法定原则之明确性与确定性原则的基本要求，构成犯罪的事实只能是科学事实，唯此方能确保以其为内容的标准具有明确性及确定性，从而满足罪刑法定原则的基本要求。

最后，证据裁判原则也决定了构成犯罪的事实只能是科学事实。“犯罪概念的要素在诉讼中还必须是可确定的，并且是经许可的证据可证明的”[②]，毋庸置疑，构成犯罪的每一要件及其要素之成立与否都能够而且必须通过证据加以证明，唯此方能有效地防止司法人员不依证据而随意地出入人罪，这也是证据裁判原则的基本要求。诉讼以事实为基础，认定事

① Alasdair Macintyre: *After Virtue: A Study in Moral Theory*（*Third Edition*）, University of Notre Dame Press, 2007, p.12.

② [德]汉斯·海因里希·耶赛克、托马斯·魏根特：《德国刑法教科书》，徐久生译，中国法制出版社 2001 年版，第 245 页。

实，依靠证据，无证据支持，不得认定事实，是为证据裁判原则，[①]“没有证据就没有诉讼，没有证据就没有公正”[②]，该原则因而成为现代诉讼之基石。证据裁判原则主要是针对实体法中的犯罪事实认定所适用的基本原则，所谓犯罪事实，是指检察机关通过指控所提出的被告人构成某一犯罪的事实，任何一项犯罪事实的成立，都需要满足刑法所确定的犯罪构成要件，检察机关需要证明的就是该罪名所包括的全部犯罪构成要件事实。[③]而证明是一种公认的验证命题真伪的科学方法，其具有可反复验证之属性，亦即，只要某一证明是逻辑严谨、论据充分的，那么任何人依据特定论据，遵循科学的论证方法，就都可以对某一论题的真实性进行验证。作为证明之一种类型，司法证明当然也不例外。[④]既然对于构成犯罪的每一要件及其要素之成立与否的判断都必须通过证据加以证明，而证据事实之事实性以及证明的可反复验证性，势必意味着依据犯罪构成所作的判断只能是一种事实判断而非价值判断，那么与之相对应的是，构成犯罪的要件及其要素也应该是事实性的而非价值性的，即其应以科学事实而非价值事实为内容。因为如上所述，科学事实对所有人来说，都是普遍的无例外的“真”，或者说，科学事实是“一”，不会因人而异，故能够通过证据加以证明，可反复验证；而价值事实则是“多”，可能会因主体的不同而变化，故不具有可反复验证性，或者说，无法仅仅基于证据事实推导出确定的结论，也即无法通过证据加以证明。由此可见，如若认为构成犯罪的事实是价值事实而非科学事实，据此判定犯罪是价值判断而非事实判断，将意味着某行为是否符合犯罪构成根本无需实际也无法通过证据加以证明，司法者只需依据某种自认为正确的价值观予以判断即可，至若不同的司法者得出了完全不同的裁判结论，均属正常，且无可指责。果若如此，那么证据裁判原则将沦为空谈，甚至刑事诉讼也成为多余，因为价值事实是“多”，故根本不存在谁说服谁的问题，控与辩将变得毫无意义，诉讼当然也成多此一举，就中荒谬已无需赘言。要言之，为贯彻证据裁判原则，构成犯罪的事实只能是科学事实而不能是价值事实。

---

① 我国刑事诉讼法第 6 条确立了“以事实为根据，以法律为准绳”之基本原则，第 53 条规定了“对一切案件的判处都要重证据”。此外，《最高人民法院关于适用<中华人民共和国刑事诉讼法>的解释》（2021 年 3 月 1 日起施行）第 69 条也规定，“认定案件事实，必须以证据为根据”，该解释的第 70 条至第 81 条则是有关贯彻证据裁判原则的具体规定。这些规定都是证据裁判原则之体现。

② 刘学文：“强化证据裁判意识 确保刑事案件质量”，《人民法院报》2012 年 4 月 25 日第 5 版。

③ 参见陈瑞华：《刑事证据法学》（第三版），北京大学出版社 2018 年版，第 50-54、416-417 页。

④ 参见陈瑞华：《刑事证据法学》（第三版），北京大学出版社 2014 年版，第 396-404 页。

三、犯罪构成之事实属性反向证成：价值性标准检视

经由如上析论后可知，犯罪构成要件及其要素应当是事实性的而非价值性的，但如所周知，无论是我国传统要件体系还是德日阶层体系，都包含有纯价值性的要件（要素）或者价值性标准，接下来拟对这些纯价值性的要件（要素）或者价值性标准详加检视，以从反向证成犯罪构成之事实属性。对于德日阶层体系中的构成要件符合性阶层之“相当因果关系说”和有责性阶层之“有无期待可能性”两个价值性标准，笔者将在后文中结合相关问题加以揭批，于此暂按不表。[①]

（一）构成要件符合性判断之价值性标准检视

在古典三阶层体系中，构成要件符合性阶层系一与价值纯然无涉的事实阶层，而后逐渐被价值化或实质化了，促成此一趋势的内在动因有二：一是新康德主义价值哲学思潮；二是因果关系之条件说过于宽泛，故有必要对其加以限制，而客观归责理论和实行行为理论都可谓是为限制条件说而提出的价值性标准（相当因果关系说其实也是如此）。前一动因已于前文揭批，接下来拟对客观归责理论和实行行为理论加以检视。

1. 客观归责理论与实行行为理论之共同根基错谬揭示

在率先将客观归责理论体系化的德国刑法学大家罗克辛看来，“归责于客观行为构成，是根据两个相互依靠的原则来实现的：（1）一个由实施行为人造成的结果，只能在行为人的举止行为为行为的客体创设了一个不是通过允许性风险所容忍的危险，并且这种危险也在具体的结果中实现时，才能归责于客观行为构成。……（2）当结果表现为实现一种行为人创设的危险时，通常，这种结果就都是可以归责的，因此，客观行为构成就得到了满足。”[②]简言之，即行为人的行为如果制造了法所不容许的危险，并且这一危险在构成要件的结果中实现，那么在客观上就是可归责的。客观归责的判断，是在构成要件行为已完成因果流程判断之后，再作反面的排除归责判断，因而一般认为，客观归责理论形成的动机，在于将导致构成要件结果的诸多行为因素当中意外的、不可预估的行为因素予以排除，以避免不合理的、无法自圆其说的刑事处罚。[③]客观归责理论包含

---

① 对于相当因果关系说，笔者将于本书的“第八章第五节 二、（二）”中加以批判，对于期待可能性理论，则将于本节的第五部分内容中以及第六章第六节中详加揭批。

② [德]克劳斯·罗克辛：《德国刑法学 总论》（第 1 卷），王世洲译，法律出版社 2005 年版，第 245-246 页。

③ 参见许玉秀：《主观与客观之间——主观理论与客观归责》，法律出版社 2008 年版，第 16-17、238 页。

“制造危险”和“实现危险”两个基本概念，在这两个基本概念之下，又包含若干具体的判断规则，如信赖原则、回溯禁止、规范保护目的、危险升高、行为人的特别认知等。[①]

在日本刑法学界，有关客观构成要件符合性判断之实质标准，主流理论并未采纳客观归责理论，而主要是通过实行行为理论加以解决。关于实行行为之实质，西原春夫指出，“每个实行行为必须包含法益侵害之危险的内容。虽然杀人的实行行为并不包含人的死亡这一结果，但是，它必须包含足以引起这种结果的危险性，而且只要有这种危险性就足够了。”[②]大谷实也指出，“由于所有的构成要件都是以一定法益为目的而被法律规定出来的，因此，成为实行行为，仅在形式上满足构成要件要素还不够，还必须是具有实施该行为的话，通常就能引起该构成要件所预定的法益侵害结果程度类型的危险，换句话说，必须是具有侵害法益现实危险的实质。”[③]前田雅英同样认为，“各构成要件所预定的行为，称为实行行为。在结果犯中，实行行为是具有发生各犯罪类型中所规定的结果的危险性的行为。作为杀人罪的实行行为，‘把人杀死的行为’必须是类型性地导致人死亡的行为，大凡不具有使人死亡的危险性的行为，不能说是‘杀害行为’。”[④]即普遍认同，实行行为之实质为“客观上具有法益侵害危险”的行为，或者是“客观上具有导致构成要件结果发生危险”的行为。[⑤]

无论是德国主流刑法学理论中的客观归责理论，还是日本主流刑法学理论中的实行行为理论，都属于客观构成要件中的问题，或者说，都是为解决客观构成要件符合性判断所提出的理论。并且二者在价值取向上具有一致性，那便是以法益为导向，实行行为理论之“客观上有无侵害法益

① 参见[德]克劳斯·罗克辛：《德国刑法学 总论》(第1卷)，王世洲译，法律出版社2005年版，第247-274页；[德]汉斯·海因里希·耶赛克、托马斯·魏根特：《德国刑法教科书》，徐久生译，中国法制出版社2001年版，第350-352页；[德]约翰内斯·韦塞尔斯：《德国刑法总论》，李昌珂译，法律出版社2008年版，第104-118页；黄荣坚：《基础刑法学》(上)，中国人民大学出版社2009年版，第224-235页；许玉秀：《主观与客观之间——主观理论与客观归责》，法律出版社2008年版，第16-26页。

② [日]西原春夫：《犯罪实行行为论》，戴波、江溯译，北京大学出版社2006年版，第13页。

③ [日]大谷实：《刑法讲义总论》(新版第2版)，黎宏译，中国人民大学出版社2008年版，第125页。

④ [日]前田雅英：《刑法总论讲义》，曾文科译，北京大学出版社2017年版，第66-67页。

⑤ 由于主流刑法学理论认为，个罪之保护法益不过是行为客体所体现的特定法价值，而构成要件结果乃由行为客体受到构成要件行为（实行行为）的作用后转化而来，故“客观上是否具有导致构成要件结果发生之危险”与“客观上有无侵害法益之危险”具有同等意义。

危险”之标准自不待言，客观归责理论亦然，如罗克辛明确指出，“法益概念在释义学上的作用，首先会连结到客观归责理论上。当刑法的任务在于法益保护，这个保护只能在立法上，透过处罚对刑法所保护的法益创造不容许风险的行为，和处罚可归责于行为人的该当构成要件的风险实现行为。”[①]只是较之于实行行为理论中较为抽象笼统的“客观上有无侵害法益危险”之判断标准，客观归责理论为使内容含糊的价值性标准在实务中具有可操作性，进一步提出了诸多细化标准。但尽管如此，客观归责理论还是受到了多方质疑，其中包含该理论本身的合理性、理论的体系定位以及具体细则的合理性等方面[②]，相对而言，对于实行行为理论所提出的抽象笼统的价值性标准反而鲜见有质疑的。

在笔者看来，无论是客观归责理论还是实行行为理论，都存在共同的根基性错误，其根基性错误在于：由于客观归责理论与实行行为理论都属于客观构成要件中的问题，且均以法益为导向，在阶层体系中，绝对主流的见解还认为，对客观构成要件的判断必须优先进行，故以法益概念对客观构成要件符合性的判断加以限制时，意味着“对刑法所保护的法益是否制造了不被容许的危险”或者“有无侵害刑法所保护的法益之危险”的判断对象仅限于行为的客观构成事实，而与行为的主观心理事实全然无涉，形成此等错误认识概因理论未能准确把握刑法法益的概念进而不知侵害刑法法益与罪过之间所存在的内在必然联系所致。如下文所析[③]，刑法法益迥然有别于其他部门法法益，其他部门法法益仅涉及特定领域内的具体利益，而刑法的后盾法性质或保障法地位决定了其功能在于保障其他部门法为保护相关具体利益所设立的法律制度的有效运行，刑法法益因而系以作为整体的其他部门法制度或者全体公民的基本人权为内容。刑法法益以此作为内容，一方面意味着它已完全超越了个罪之行为客体所体现的具体法价值（即德日刑法学的绝对主流理论所认为的个罪之保护法益），另一方面也意味着，能够对刑法法益构成威胁的唯有罪过支配下的行为，无罪过行为，无论其客观危害如何之严重，都不可能威胁到刑法法益，换言之，侵害刑法法益与主观罪过之间存在着内在必然的联系，刑法之法益保

① [德]Claus Roxin：“法益讨论的新发展”，许丝捷译，《月旦法学杂志》2012 年第 12 期，第 270 页。

② 参见[德]沃尔夫冈 · 弗里斯：“客观归责理论的成就史及批判”，陈璇译，《国家检察官学院学报》2020 年第 1 期，第 35-56 页；黄荣坚：《基础刑法学》（上），中国人民大学出版社 2009 年版，第 224-235 页；许玉秀：《主观与客观之间——主观理论与客观归责》，法律出版社 2008 年版，第 16-26 页；刘艳红：“客观归责理论：质疑与反思”，《中外法学》2011 年第 6 期，第 1216-1236 页。

③ 详见本章第三节之论述。

护原则因而与罪过原则通连，抛开主观罪过，有无侵害刑法法益（危险）将无从判断。兼之侵害刑法法益（危险）也是犯罪本质的反映，因事物的本质乃一事物区别于其他事物的根本性标志，故若有无侵害刑法法益（危险）系一与行为的主观方面全然无涉的纯粹客观的判断，将意味着罪与非罪仅仅依据行为的客观方面即可加以区辨，而与行为的主观方面无关，但这显然是错误的。犯罪行为系由主、客观方面要件构成的有机统一体，犯罪的本质因而也必然是构成犯罪的整体事实的综合反映，换言之，“对刑法所保护的法益是否制造了不被容许的危险”或者“有无侵害刑法所保护的法益之危险”，绝非仅仅依据行为的客观方面就能够加以判断。由此可见，客观归责理论与实行行为理论正是建立在不明刑法法益之确切内涵，进而不知对其侵害与罪过之间所存在的内在必然联系而创设的无谓理论。

2. 实行行为理论之价值判断标准揭批

从根基上否定上述两大理论后，笔者认为，还非常有必要对在理论上几乎未见有研究者对之加以批判、在我国大行其道的实行行为理论提出的所谓“客观上有无侵害法益危险”之判断标准详加检视。如上文所叙，“侵害”“法益”以及“危险”[①]等语词均属典型的价值词，更何况，法益迄今在德日刑法学理论中仍属意涵极不明确的概念[②]，故依据“行为在客观上有无侵害法益危险”之标准所进行的判断，无疑属于价值判断而非事实判断，并且该标准实际是较为抽象模糊的，依据该标准，判断结论将无法通过证据证明达成。于此便拟以研究者们常举的两个事案为例加以说明：案例一：甲意图射杀其仇人A，却将稻草人误认为A而开枪射击；案例二：乙意图毒杀其仇人B，却将白糖误认为砒霜而投入到B的食物中。日本刑法学界及司法实务界的通说认为，甲、乙的行为属于不能犯而非未遂犯。[③]我国有权威刑法学者也认同该见解，他明确指出，二人的行为由

① 特别值得一提的是“危险”的概念，日本刑法学家西原春夫曾指出，“从表面上看，危险这一概念好像很明确，但实际上包含着许多解释的可能性”，参见[日]西原春夫：《犯罪实行行为论》，戴波、江溯译，北京大学出版社 2006 年版，第 95 页。木村龟二则更是指出，“危险概念是一个危险的概念”，转引自张明楷：《刑法学（第五版）》（上），法律出版社 2016 年版，第 166 页。在笔者看来，他们之所以会这么认为，就是意识到了危险具有价值属性或主观属性。我国刑法学界也有学者已经意识到危险的这一属性。参见周光权：“区分不能犯和未遂犯的三个维度”，《清华法学》2011 年第 4 期，第 49-53 页；梁根林：“未遂犯处罚根据论：嬗变、选择与检验”，《法律科学（西北政法大学学报）》2015 年第 2 期，第 117 页。

② 详见本章“第二节 一、”之内容。

③ 值得注意的是，对于甲、乙的行为，除了日本刑法学界及司法实务界的主流见解认为属于不可罚的不能犯外，包括我国在内的世界其他各主要国家（如德国、法国和英美法系国家等）的刑法学界和司法实务界的主流见解都认为成立未遂犯，而非无罪。

于在客观上完全没有侵害法益的危险，故均不构成犯罪！[①]我国刑法学界的研究者们对于此等论断附和者甚众，而未见有研究者对之提出有力的反驳意见。笔者认为，此等论断的错误在于：

其一，未准确把握故意杀人罪的保护法益。如本书所析，故意杀人罪的保护法益实际已远远超越作为个体的被害人的生命权，而上升至其他部门法（如民法、行政法等）为保护生命权所设立的生命权保护制度（属人身权保护制度之内容）之层面，而该制度所牵涉的是每一生命权主体的生命权，要不然，将根本无法区分故意杀人罪与侵犯生命权的非罪行为。而一旦把握故意杀人罪的保护法益乃生命权保护制度，将不难发现，唯有具备杀人罪过支配下的行为方能侵犯该法益，无罪过行为绝无可能侵犯该法益，因而所谓的“客观上完全没有侵犯生命权之危险”，概因不明白故意杀人罪之保护法益及其与杀人之罪过间所存在的内在必然联系而形成的错误认识。

其二，退一步而言，即便认为故意杀人罪的保护法益就是作为个体的被害人的生命权，但只要能够意识到“行为在客观上有无侵害法益之危险”的判断属价值判断，而非事实判断，也将很容易觉察其中的破绽。不难发现，该论断是持论者们基于他们所认同的一种人权保障观（即认为，此种情形中所应该保障的人权，只能是敌视或蔑视他人生命权的行为人的人权，而绝不应该包含纯粹因侥幸而未被害者的生命权）所作出的价值判断。但如上所析，价值判断的特点是可能会因人而异，故若转换立场，设身处地地站在纯粹因侥幸而未被害的 A、B 之立场来判断，结论将截然相反，这是因为，不仅 A、B，相信绝大多数具备正常理智及情感者若设身处地地被置于 A、B 之境地，都应该会觉得自己真是侥幸逃过一劫，且都应该不会因为自己侥幸逃过此劫而泰然处之（当然，无法益侵害危险之持论者们或许是例外），而应该会本能地对此感到后怕，同时想着若行为人日后继续加害自己就应该不会有那般幸运了，从而认为自己的生命还会随时遭受加害人行为之威胁，应当说，此乃正常人再正常不过的心理反应了。由此可见，“客观上有无侵犯生命权危险”之判断可谓见仁见智、并无定准及定论。当然，无法益侵害危险的持论者们或许会气定神闲、语重心长地告诫：对于客观上有无侵害法益危险的判断应当基于理性，不能感情用事，而 A、B 以及多数假定被置于 A、B 境地者的上述反应并非基于理性，故不足为据。此般说辞实乃荒谬也！因为如本书所析，价值判断原

① 参见张明楷：《刑法学（第五版）》（上），法律出版社 2016 年版，第 357-359 页。

本就是基于情绪情感而非基于纯粹的理性。[①]更何况，持论者们面对此类案件宣扬的所谓“客观上完全无侵害法益危险”之论调，也非基于事实经由逻辑推理（即理性）或是通过证据证明得出[②]，而同样是基于情绪情感，因为不难发现，持论者们对于国家动用刑罚惩戒敌视或蔑视他人生命权的甲和乙持否定态度，表达出不满，认为如此会侵犯他们的人权，故对他们因此而（可能）受罚表现出同情，而对于纯属因侥幸未被害的A和B的生命权则置若罔闻，表现出冷漠无情。由此可见，持论者们于此等情形中的所谓保障人权需要，不过是认为，只有敌视或蔑视他人生命权的行为人的人权才值得保护，或者说，只有为此类人开脱罪责方为保障人权，至于纯属因侥幸而未被害者的生命权则视若无物。对于此等人权保障观以及据此所作出的价值判断到底是否合乎情理，即便持论者们十分确信这完全“合己情”“入己理”，也应该意识到，在价值多元的世界里，他人可能持截然相反的价值观或价值立场，并且在价值观或价值立场上，躲在象牙塔中的自己未必就绝对高明于他人。

综上所析，客观归责理论与实行行为理论均试图构建以法益为核心的价值性标准以解决客观构成要件符合性的判断问题，却均因未能准确把握刑法法益之内涵而存在根基性的错误，一旦合理界定刑法法益，法益概念反而具有从根底上颠覆两大理论的强大力量。侵害刑法法益与主观罪过之间存在着内在必然的联系，“对刑法所保护的法益是否制造了不被容许的危险”或者“有无侵害刑法所保护的法益之危险”，绝非抛开主观罪过所能判断！因此，德日刑法学理论为构成要件符合性判断所创设的上述两大价值性标准均不具有合理性，从而应该被否弃。

（二）违法性阶层检视

如前所述，德国法学家耶林在探讨民事违法时提出了“违法客观论”，而后被李斯特导入刑法学中并将其作为犯罪结构的一般客观犯罪要件。在德日刑法学界，发展迄今的违法性论已成为一个极具争议、极其复杂的理论，争议主要集中在两个方面：一是违法性应否有其独立的阶层地位，二是违法性之实质为何。对于前一问题，三阶层体系持肯定态度，二阶层体系则持否定态度，而主张应将违法性与构成要件符合性并合。有关

---

① 于此需要指出的是，“理”并非万能，而有其局限性，其局限性往往需要借助“情”来弥补，正所谓“理有限，而情无穷”。

② 或许有不少论者会认为，现场根本就没有被害人，怎么会有侵害生命权（危险）的问题呢？但正如笔者已于上文所指出的，有无侵害生命权（危险）的判断是价值判断，而非事实判断，而不少论者之所以会这么认为，那是因为站在了超然第三者的立场，而非设身处地地站在A、B之立场。

违法性之实质，理论上存在形式违法性与实质违法性、主观违法性与客观违法性、行为无价值与结果无价值之广泛论争[①]，以致违法性的内容极为芜杂、极不确定，当然，这也是价值性要件的向来面貌乃至宿命。对于违法性之阶层或要件地位，笔者持否定态度，也即认为，违法性根本就不应该作为犯罪的成立条件之一，主要理由分述如下：

1. 将违法性作为犯罪的成立条件之一有违行为主义

犯罪的构成要件是构成犯罪的因素，因而必须存在于犯罪行为的内部结构中，或者说属于犯罪行为之内容，这也是贯彻行为主义的最基本要求[②]。但如上文所析，价值乃主客体之间的一种特定关系，属关系性范畴，它既非价值主体也非价值客体本身的内容，价值关系中的客体并不存在与主体纯然无涉的价值属性，所谓的价值属性只能是价值客体相对于价值主体而言的。由此可见，无论是犯罪的消极价值，如“社会危害性”“违法性”或“法益侵害性”等，还是迪尔凯姆和马克思所揭示的犯罪的积极价值，都不属于犯罪行为本体之内容。[③]犯罪是行为，将不属于（犯罪）行为内容的东西作为犯罪的成立条件显然有违行为主义。概言之，犯罪对于社会的害处也好，益处也罢，均因不存在于犯罪行为的内部结构中，故并非构成犯罪之要件，将其作为犯罪的成立条件之一明显有违行为主义。

2. 一事物若具有某种独特的价值，势必意味着其也具有某种独特的构成事实，依据经验可知，该独特的构成事实即可成为我们判断某事物是否为该事物之标准，犯罪行为也不例外

---

① 参见[日]日高義博：《违法性的基础理论》，张光云译，法律出版社2015年版，第1页以下；余振华：《刑法违法性理论》，元照出版有限公司2001年版，第1页以下。

② 有关行为主义的基本要求详见本书“第五章第三节 四、（三）”以及“第六章第二节 二、”之内容。

③ 我们说犯罪是具有严重社会危害性的行为，或者说犯罪是违法的行为，据而认为，“严重的社会危害性”和“违法性”乃为犯罪所固有，这的确符合我们的日常语言习惯，不过，若予细究的话，其实不然，任何价值无不是相对于特定的价值主体而言的，价值客体绝无可能具有脱离价值主体的纯粹价值属性。譬如，川渝地区的人普遍认为火锅是美食，如若据此认定“美味”是火锅的内在固有属性，将意味着任何人都不能否定火锅的美味或火锅是美食，若有人认为火锅难吃，就是未把握火锅美味之固有属性，就是认知错误，这无疑是霸道无理的。实际上，不仅价值具有此等性质，关系性事实也同样如此，例言之，“这是一只大跳蚤”，“大”就是一个关系性的概念，这里的“大”应该是相对于许多或多数跳蚤的个头而言的，也即这个跳蚤的“大”其实存在于该跳蚤与其他跳蚤的对比关系中，而非该跳蚤本身所包含的事实或内在固有属性，这是因为，如若该大跳蚤的内部结构中存在着一个“大”的事实或是具有“大”之固有属性，那么我们在任何情境中都不能否定该事实或固有属性，换言之，即便是在大象乃至太阳面前，也不能否定该跳蚤所固有的“大”，但这显然是违背常识和常理的。可见，但凡是关系性的概念，不论是价值或是关系性事实，都不存在于该关系两极的内部结构中。

由于进入人类意识活动领域中的客观事物一方面系作为事实而存在，另一方面又通常接受来自人的评价，故几乎无不被蒙上价值的色彩，从而具备价值属性。但根据事实与价值之间的关系以及生活经验可知，一事物若具有某种独特的价值，势必意味着其也具有某种独特的构成事实，对于某事物是否属于该事物的判断，我们只需以该独特的构成事实为已足，而无需再附加该事物所具有的某种价值作为判断条件之一。例言之，"大熊猫是珍贵动物"，"HIV 病毒是危害人体免疫系统的病毒"，"黄金是贵重金属"，等等，我们并不能据此设定是否为"大熊猫""HIV 病毒"和"黄金"等的判断标准为："珍贵/有害/贵重"等 + 能够将"大熊猫、HIV 病毒、黄金等与其他事物相区别的构成事实"，而是直接以后者作为认定条件即足矣。对于某一个体是否为某人的判断也同样如此，譬如，"连环杀手张三是个穷凶极恶的歹徒"，"诈骗犯赵小姐是个美女"，显然，公安司法人员在查明某人是否为张三或赵小姐时，不应该设置"穷凶极恶"或"美"之类的识别条件。同理，作为客观事物而存在的犯罪行为，就应该以能够将罪与非罪以及此罪与彼罪相区别的构成犯罪的相关事实作为判断标准，而无需加入犯罪所具有的某种价值作为判断条件之一。

3. 源于民法学中的"违法客观论"在刑事违法领域中并不成立，更何况，违法性也非一般违法行为之成立条件

违法客观论最初源于耶林对民事违法的论述，他在批判默克尔把过错要素提升为衡量不法的唯一标准时指出，过错要素在民事不法判断中可以不予考虑，此即其著名的"违法客观论"。[①]应当说，在民法领域，耶林的见解是正确的，因为，民事责任原则中包含了无过错原则以及公平原则，故民事违法或者说民事责任的承担的确不以责任主体具备过错为必要，因而违法客观论在民事违法领域中是完全成立的。问题是，违法客观论在民事违法领域中成立是否意味着在刑事违法领域中也照样成立呢？答案是否定的，因为，现代刑法已抛弃客观责任而坚守罪过原则（又谓责任或罪责原则），而如所周知，刑事违法不同于一般违法，刑事违法是一种程度最高的违法，那么，客观责任的抛弃和罪过原则的确立及坚守与刑事违法区别于一般违法之间是否存在内在必然的联系呢？答案是肯定的，正如笔者将于下文所揭示的，正是因为罪过而使得犯罪行为有着一般违法行为所无法企及的严重社会危害性，或者说，只有罪过支配下的行为（即犯

---

① 参见[德]鲁道夫·冯·耶林：《罗马私法中的过错要素》，柯伟才译，中国法制出版社 2009 年版，第 1 页以下。

罪行为）才能够威胁到刑法所特有的保护价值（即刑法法益），从而构成刑事违法，无罪过行为无论如何都不可能威胁到刑法法益，亦即不触及刑事违法，换言之，作为犯罪之独特消极价值的“刑事违法”集中体现在了行为之罪过中[①]，罪过也因此成为犯罪行为所具有的独特构成事实，从而构成了犯罪行为之事实本质，犯罪构成也因此应该围绕着作为犯罪行为事实本质的罪过而构建。一旦揭示罪过与刑事违法之间所存在的内在必然联系，刑事违法与犯罪构成的关系也将清晰呈现，违法性在犯罪论体系中的地位就将被彻底否定。未能揭示刑事违法与罪过之间所存在的内在必然联系，将性质迥异的民事违法径行搬到刑法中来，并作为犯罪的成立条件之一，此等体系岂可能科学合理？

尤其值得刑法学研究者们注意的是，耶林的违法客观论虽然是针对默克尔的主观违法论而提出来的，指出民事不法的成立不以过错为必要，但他也肯定了默克尔有关不能承担责任的个人在刑法中不能被认为是实施了违法行为之见解，从而将自己的违法客观论仅仅限定在了民法领域。[②]经由笔者的论证，耶林的此一见解是正确的。更何况，放眼其他部门法学领域，如中外民法学理论以及行政法学理论在探讨民事违法行为与行政违法行为的成立条件时，就笔者之目力所及，还从未见有哪位研究者径直以“违法性”或“不法”作为民事违法行为与行政违法行为的成立条件之一，唯独刑法学理论在犯罪的成立条件中却非得要加入还是源于民法学领域的“违法性”之条件，这难道不值得我们刑法学研究者高度警醒和深刻反省吗？

4. 违法性阶层其实自始即属于赘余的阶层

不难发现，较之于主客观二分的“二元犯罪论体系”[③]，古典三阶层体系只是在该体系（即客观要件和主观要件）的中间插入了违法性之判断条件。从表面上看，违法性阶层似乎有其存在的必要性：由于德日阶层体

---

① 由此可见，“犯罪所侵犯的特殊价值”“刑法所保护的特殊价值”“刑事违法”以及“罪过”之间，都是存在着内在联系的问题。

② 参见[德]鲁道夫·冯·耶林：《罗马私法中的过错要素》，柯伟才译，中国法制出版社 2009 年版，第 1 页以下；Hans-Heinrich Jescheck: *The doctrine of mens rea in German criminal law — its historical background and present state*, The Comparative and international law journal of southern Africa, 1975, Vol.8 (1), p.114.

③ 在德国，二元犯罪论体系为费尔巴哈和格鲁曼所创，而在意大利，则为意大利古典学派的主要代表人物 Carrara 所创，值得注意的是，该体系在现代意大利刑法学界仍然得到极权威人士的修正和发展，是一种完全可以和三元论体系分庭抗礼的学说，参见[意]杜里奥·帕多瓦尼：《意大利刑法学原理》（注评版），陈忠林译评，中国人民大学出版社 2004 年版，译者序第 10 页、正文第 105-109 页。

系遵循着由客而主的判断逻辑，但显而易见的事实是，即便在客观上造成了损害的行为也未必构成犯罪，因为现实中还存在正当防卫、紧急避险之类的正当化事由，因而在客观要件判断后似乎确有必要再依据某种标准在客观层面将这些正当化事由加以排除，违法性阶层之看似必要性即在于此。不过，若对犯罪行为与正当化事由之构成事实予以细究的话，将不难发现，即便是在由客而主的体系逻辑架构中，违法性阶层其实也是多余的，就中缘由在于，正当化事由事实上根本不具备罪过！换言之，即便没有违法性阶层，也完全可以通过有责性阶层将正当化事由出罪。这当然也是为何没有违法性阶层的二元犯罪论体系也具有可行性，而不至于犯下将正当化事由判定为犯罪那样低级性错误之缘由所在。更何况，如下文所析，犯罪的认定实际上只能遵循从主体要件出发经由主观要件再到客观要件的逻辑顺序，舍此，犯罪的认定将成为难以完成的任务，因为，不知作为罪过前提的主体的责任能力，将无从得知其有无罪过，而未知罪过，则无从知悉行为的客观是否为犯罪行为的客观，更无从知晓其符合何罪之客观要件。[①]认定犯罪若遵循此般逻辑顺序，违法性阶层的赘余性将愈发明显，由于正当化事由不具备罪过，故在主观要件判断时即可将此类行为加以排除，那么在客观层面的判断中若再架设违法性阶层就显属多此一举了。[②]概言之，违法性阶层皆因德日刑法学理论对犯罪构成事实与正当化事由之构成事实未予细究而为的蛇足之笔，自始即无存在的必要。

5. 若对违法性阶层的证明问题加以检视，还将发现此一阶层所存在的其他错谬

如上所析，价值性要件存在的最大问题是其可证性或者说在司法实务中的可操作性，不过，尽管理论对于违法性的认识歧见纷呈、莫衷一是，但不容否定的是，在阶层体系的逻辑架构中，对违法性的判断在司法实践中还是具有可操作性的，那么理论是如何令其具有可操作性的呢？显然，若对该阶层做正面、积极的判断，势必因标准内容不确定而缺乏可操

① 有关犯罪构成要件究竟应该如何排序，或者说，司法实务认定犯罪到底应该遵循何等逻辑顺序，详见本书第五章第三节之论述。

② 不难发现，为了维护违法性阶层不至崩溃，阶层体系论者可谓费尽心机，如把有着紧密联系的构成犯罪故意的要素切割分解为“对构成要件事实的认识”与“违法性认识”，并将二者分别置于构成要件符合性阶层与有责性阶层，由于正当化事由之主观具备“对构成要件事实的认识”却无“违法性认识”，违法性阶层也因此得以保留。但如此煞费心机地处理主观心理事实已再清楚不过地表明，研究者们心里明白，一旦“违法性认识”也被前挪至构成要件符合性阶层，违法性阶层将完全失去存在的必要！于是乎，必须无条件地固守“违法性认识”在有责性阶层中的地位，哪怕是将有机联系的心理事实弄得分崩离析也在所不惜。

作性，故必须设法对此加以回避。可以看到，阶层理论认为，构成要件乃违法（甚或有责）之类型，由此通过赋予构成要件以所谓的“违法推定机能”而避开了对违法性做正面、积极的判断的，违法性也因之沦为一个纯粹反面、消极的判断阶层，“对犯罪行为违法性的积极的认定在司法实践中是不存在的”①，这也是违法性阶层的机巧之处以及具有可操作性之缘由。不过，在笔者看来，如此应对违法性的判断问题并未能掩饰该阶层之错谬，对于其错谬的揭批，笔者拟从如下两个方面进行：

（1）违法性的正面判断由构成要件的所谓违法推定机能来承担，而由此所导致的问题主要有：

首先，这种推定除了与作为阶层体系方法论基础的新康德主义价值哲学的基本观点背道而驰外，也违背了经验法则。由于行为符合构成要件也即能够“将案件事实归类到相应的刑法规定的构成要件特征之中”②，故基于符合构成要件即推定违法是一种从事实到价值的所谓推定。而证据法学上的推定，无论是“法律推定”还是“事实推定”，均毫无例外地是“从事实到事实”（具体是指“从基础事实到待证事实”）的推定，而绝无“从事实到价值”之推定类型。③在把握事实与价值之间的关系后可知，证据法学理论对推定的认识是正确合理的，德日刑法学理论有关案件事实只要符合构成要件即推定违法不具有合理性，就中缘由在于，如上所叙，事物的价值是一种以主体需要为尺度的主客体关系，故在作为衡量尺度的主体需要不确定的情况下，仅仅基于客体事实是无法进行确定的价值推理的，简言之，也就是基于事实无法直接推导出价值，此即哲学中著名的“休谟鸿沟”，也是作为阶层体系方法论基础的新康德主义价值哲学之基本观点。显然，德日阶层体系这种由案件事实只要符合构成要件即推定违法的做法是与之背道而驰的。或许有论者会就此反驳称，因为符合构成要件的行为是正当化事由的概率很低，故此等推定还是符合经验法则的。实际上，即便符合构成要件的行为是正当化事由的概率很低，但这种发生概率很低的事由仍然属于正常人生活经验之范围，因为在当今时代，造成客观损害的行为（如致他人死亡、伤害或财产损失等）未必就是违法犯罪，或

① [德]汉斯·海因里希·耶赛克、托马斯·魏根特：《德国刑法教科书》，徐久生译，中国法制出版社 2001 年版，第 286 页。

② [德]汉斯·海因里希·耶赛克、托马斯·魏根特：《德国刑法教科书》，徐久生译，中国法制出版社 2001 年版，第 286 页。

③ 参见张保生：《证据法学》，中国政法大学出版社 2018 年版，第 391-410 页；陈瑞华：《刑事证据法》（第三版），北京大学出版社 2018 年版，第 504-525 页；易延友：《证据法学》，法律出版社 2017 年版，第 511-540 页。

者说有可能是正当合法的行为，这对于普通民众而言早已不再陌生，而对于刑法学研究者以及刑事司法实务工作者而言，则更无丝毫理由声称自己缺失“行为符合构成要件但有可能是正当化事由”之学识或者经验。由此可见，此等所谓的推定实际也违反了经验法则。

其次，此等所谓的推定即便如主流见解所认为的非属降低证明标准、转移证明责任的法律推定，而实际上是一种不转移证明责任的“事实推定”①，但仍然会因此而要求被告方承担违法阻却事由之争点形成的证明责任②，这都将不合理地减轻控诉方的证明责任而加重被告方的证明责任。因为从逻辑上说，每一犯罪成立条件的证立都必然意味着其反面条件的不成立，反之亦然，故除非因特殊情况（如“法律推定”③之情形），无论是犯罪成立的积极条件还是消极条件，控诉方都应该承担证明责任。④由此可见，我国为数众多的刑法学者乃至不少刑事诉讼法学者皆宣称，德日阶层体系由于将违法阻却事由也纳入到体系中来，故更有利于保障人权，在笔者看来，这纯属无稽之谈！

最后，肯定构成要件的所谓违法推定机能还将使得阶层体系的一个致命缺陷暴露无遗，那便是把证明要件成立与否的证据作为实体法上的事实。因为，当构成要件具备违法乃至有责推定机能时，理论宣称，这种推定并非为降低证明标准、转移证明责任的法律推定，而系事实推定，事实推定是“根据经验法则对事实进行的推断，与合理的事实认定是一个意思”⑤，因而“事实推定”实质即“事实推论”，也即证明⑥，如此，符合

---

① 参见[日]松尾浩也：《日本刑事诉讼法》（下卷），张凌译，中国人民大学出版社 2005 年版，第 18 页。

② 如若肯定构成要件的有责推定机能，被告方则至少还需要担负责任阻却事由优势证据的证明责任，参见[日]小野清一郎：《犯罪构成要件理论》，王泰译，中国人民公安大学出版社 2001 年版，第 245-250 页。的确，若不与刑事诉讼程序相勾连，让被告方或多或少地承担证明责任，称之为推定将无甚意义。

③ 例如，我国刑法第 395 条（巨额财产来源不明罪）规定，“国家工作人员的财产、支出明显超过合法收入，差额巨大的，可以责令该国家工作人员说明来源，不能说明来源的，差额部分以非法所得论”，以及第 282 条第 2 款（非法持有国家绝密、机密文件、资料、物品罪）规定，“非法持有属于国家绝密、机密的文件、资料或者其他物品，拒不说明来源与用途的”，便属于法律推定之情形。

④ 需要指出的是，除了法律推定之情形外，被告方提出证据证明自己无罪，进行积极抗辩，应是其权利而非其责任或义务。

⑤ [日]西原春夫主编：《日本刑事法的形成与特色》，李海东等译，中国法律出版社、日本成文堂联合出版 1997 年版，第 181 页。

⑥ 我国著名诉讼法学家龙宗智教授对事实推定持否定态度，指出，事实推定的概念混淆了推定机制与证明机制的区别，而且可能破坏法治、冲击无罪推定原则，并指出，所谓的事实推定实质是事实推论，也即证明，参见龙宗智：“推定的界限及适用”，《法学研究》2008 年第 1 期，第 108-116 页。笔者认同此一论见。

构成要件之事实实际徒具证据属性，即只是作为证明“违法”和“有责”的证据（之一），显然，证明是否符合犯罪构成要件之证据本身是不具备实体法事实属性的，因为它根本不具备接受实体法标准检验之资格。[①]将徒具证据属性的事实作为实体法上的事实，是德日构成要件理论之所以极度纷繁复杂的主要原因，也是阶层体系的致命缺陷之一，笔者将于后文就此详加揭批。[②]

（2）既然在德日阶层体系中对违法性的判断是一个纯粹反面、消极的判断，即只判断是否存在“正当化事由”（或谓“违法阻却事由”），那么于此便来审视一番正当化事由的成立条件

不难发现，无论是法定的正当化事由还是所谓的“超法规的正当化事由”，没有哪个研究者径直以“正当性”作为它们的共同成立条件之一，以最为典型的法定正当化事由——正当防卫——为例，正当防卫之“正当”因系一典型的价值词[③]，故正当防卫可谓是一个价值标示再明显不过的概念了，其鲜明的价值标示甚至超过了犯罪行为，因为，犯罪行为所具有的“违法性”“法益侵害性”或者“严重社会危害性”等价值属性并未直接反映在“犯罪行为”这一语词当中。吊诡的是，绝大多数中外刑法学研究者在犯罪构成体系中念兹在兹的价值性要件（要素），在正当防卫的成立条件中竟然诡异地消失了，我们没看见哪个研究者径行以“正当性”作为正当防卫成立的必要条件之一。为何如此？就中缘由其实并不复杂：既然价值性的“违法性”都无法做正面、积极的判断，那么具有相同属性的“正当性”势必同样如此，如若也转向反面、消极的判断，即判断是否存在“阻却正当化之事由”（如判断是否存在一般违法行为、犯罪行为等），如此将与犯罪论体系中的“违法性”形成无限镜像，也即，对“违法性”的判断只能转向判断“正当性（即阻却违法）”，而要判断“正当性”又只能转向判断“违法性（即阻却正当）”，如此往复，以致无论是犯罪的认定还是正当化事由的判定，都将在违法性阶层中因这种无限往复而无法推进，故为避免陷入此等境地，在正当化事由的成立条件中，断断

① 德国刑法学家耶赛克和魏根特的阐释则更是表明了这一点，他们指出，“只有当主观要素与客观要素联系密切，以至于可从客观要素中可靠地推断出主观要素，始可运用主观要素”，参见[德]汉斯·海因里希·耶赛克、托马斯·魏根特：《德国刑法教科书》，徐久生译，中国法制出版社 2001 年版，第 245 页。只是中外刑法学界的绝大多数研究者均未意识到，以所谓的客观要素推断出主观要素，此时的“客观要素”实际徒具证据属性，还根本谈不上是构成犯罪的要素。

② 详见本书“第五章第三节 三、（一）2. ”之论述。

③ See W. D. Ross: *The Right and the Good*, Oxford University Press, 2002, p.65-173；[日]西田几多郎：《善的研究》，何倩译，商务印书馆 1965 年版，第 77 页以下。

不可再设置“正当性”之价值条件了。

或许有论者会反驳称，正当化事由之“正当性”与犯罪行为之“违法性”是对立排除的关系，判断了“违法性”就没有必要再判断“正当性”，故在正当化事由成立与否的判断时，已无需再判断“正当性”了，即无需再设置“正当性”之成立条件。但此等辩解显然是不成立的，因为，虽然理论对于何谓违法众口纷纭，但在阶层体系中，毫无疑议的是，其所谓的违法性判断其实并未判断“违法”，而真正判断的是不违法之现实类型，即判断是否存在正当化事由，故若在是否为正当化事由的判断中不设置“正当性”之条件，并对其做正面、积极的判断，那么“违法”与“正当（即‘不违法’）”其实都没有判断。或许另有论者还会反驳称，正当化事由之所以无“正当性”之成立条件，系因它们所具有的“正当性”实际已然体现在了既有的各成立条件之中，譬如，正当防卫之“正当性”已经体现在起因、时间、对象、主观和限度等条件中了，是这些成立条件的综合反映，或者说，行为只要符合这些成立条件便属正当，自然阻却违法。对于该反驳理由，笔者并无疑议，想要指出的是，如若具备此等认识，便已准确把握正当化事由之价值（正当）与正当化事由之事实成立条件间的关系，而只要稍稍转换思维，也就能够准确把握犯罪的消极价值（违法性、法益侵害性或严重的社会危害性等）与构成犯罪的事实要件之间的关系了，换言之，一如正当防卫之正当性价值已然体现在了其各事实成立条件中，犯罪之消极价值实际也已体现在了构成犯罪的诸事实要件中，是这些事实要件的综合反映，但它本身是不能够成为犯罪的成立条件的。[①]遗憾的是，我们未见有研究者在正当化事由之成立条件的基础上加以反思，从而未能在思维上迈出这关键性的一步。

（三）犯罪客体检视

在我国传统要件体系中，反映犯罪价值的要件是犯罪客体，理论通说认为，犯罪客体是我国刑法所保护的而为犯罪行为所侵犯的社会关系，它在犯罪构成体系中有着首要要件之地位，而其之所以具有如此地位，系

① 有关犯罪的消极价值与犯罪构成事实之间的此等关系，我国有力推德日阶层体系的权威刑法学者在对我国传统要件体系中的犯罪客体进行批判时，便正确地把握了这一点，如他指出：“犯罪客体本身是被侵犯的法益，但要确定某种行为是否侵犯了法益以及侵犯了什么样的法益，并不能由犯罪客体本身来解决；从法律上说，要通过犯罪客观要件、主体要件和主观要件综合反映出来；从现实上说，要通过符合上述三个要件的事实（犯罪构成事实）综合反映出来。”参见张明楷：《法益初论》，中国政法大学出版社 2003 年版，第 249-250 页。不过，颇为吊诡的是，他在正确把握犯罪客体与构成犯罪的事实要件关系的基础上，据此否定了犯罪客体之犯罪构成要件地位，却在转向力推德日阶层体系后，对于有着相同属性的违法性阶层，竟又能毫无疑虑地接受其为犯罪的成立条件之一。

因为，行为成立犯罪首先就在于侵犯了一定的社会关系，如果某一行为并未危害刑法所保护的社会关系，就不可能构成犯罪。[①]在我国刑法学界，有关犯罪客体的理论争议主要集中在概念界定、与犯罪本质的关系、要件地位以及个罪之具体客体等问题上。一如对违法性之阶层地位的态度，笔者对犯罪客体之要件地位也同样持否定态度，主要理由如下：

1. 通说肯定犯罪客体乃犯罪构成要件之理据并不充分

虽然，任何犯罪都必然侵犯刑法所保护的社会关系，行为若未侵犯刑法所保护的社会关系，则必然不构成犯罪，但仅此并不能够成为犯罪客体乃犯罪构成要件之充分理据。这是因为，如所周知，任何犯罪都必定是在一定的时间和地点中实施，而绝无超脱于时空的犯罪行为，但犯罪的时间和地点却并非行为成立犯罪所必需。还有，如上所析，防卫只有“正当”才属于正当防卫，缺乏正当性的防卫绝非正当防卫，但“正当性”却并非正当防卫的成立条件之一。由此可见，通说肯定犯罪客体之犯罪构成要件地位的理据并不充分。

2. 犯罪客体并不存在于犯罪行为的内部结构中，因而并非构成犯罪之要件

犯罪构成要件应该是构成犯罪的要件，即必须为犯罪行为本体所包容，这也是行为主义的基本要求，我国传统刑法学理论通说也承认，犯罪构成是“从犯罪行为的内部结构来分析某种行为是如何成立犯罪的、成立某种犯罪需要具备哪些方面的要件”[②]，但由于对犯罪客体的侵犯所反映的是犯罪行为的价值，而事物的价值并不存在于事物的内部结构中，故犯罪客体也不存在于犯罪行为的内部结构中，因而不应该成为构成犯罪之要件，将不属于（犯罪）行为内容的东西作为犯罪的成立条件也违背了行为主义的基本要求。并且从另一角度来看，由于任何事物的价值从来都是相对于事物整体（而非其部分）的综合评价，而对犯罪客体的侵犯因反映的是犯罪的价值，故显然也应该是对构成犯罪的整体事实的评价，而这其实已体现在了理论通说对犯罪客体的界定上，即犯罪客体是刑法所保护而为犯罪行为所侵犯的社会关系，既然强调“刑法所保护”及“为犯罪行为所侵犯”，势必意味着，这种社会关系并非为其他部门法所保护，也非为一般违法行为所能侵犯，否则，作如此强调和限定将无甚意义。据此不难发现，犯罪客体所反映的其实就是犯罪的本质，又因事物的本质乃一事物区

---

① 参见高铭暄、马克昌主编：《刑法学》（第九版），北京大学出版社、高等教育出版社 2019 年版，第 49 页。

② 参见马克昌主编：《犯罪通论》，武汉大学出版社 2003 年版，第 67 页。

别于其他事物的根本性标志，那么，基此得出的结论就当然是：只要行为侵犯到了这种社会关系，就必然构成犯罪。由此可见，若肯定犯罪客体之犯罪构成要件地位，将意味着，犯罪成立只需具备该要件即可，而根本无需其后的客观、主体和主观要件了，但这显然是不合理的。

3. 肯定犯罪客体决定行为的性质有违罪过原则

如下文所析，理论对大量个罪的犯罪客体都存在争议，对个罪之犯罪客体的把握需经专业研析，且即便如此，也未必能正确把握，普通人更是难以对其形成正确的认识，换言之，个罪的犯罪客体不应该属于罪过之认识内容，但若确立犯罪客体之犯罪构成要件地位，肯定其对行为的定性产生影响，将违背罪过原则。例言之，有关盗窃罪，不少研究者认为，该罪的犯罪客体（保护法益）到底是所有权，本权，占有（制度），或是其他的某种社会关系，将直接影响到诸如“所有权人窃回他人合法占有的留置物或抵押物”“行为人窃取他人占有的违禁品或赃物”等行为的定性，譬如，盗窃罪的客体若为所有权，那么这些行为均因未侵犯所有权，故不成立犯罪，但其客体若为占有或是本权，则都构成盗窃罪。果若如此，将很容易发现犯罪客体作为犯罪构成要件之错谬，因为，盗窃罪的客体无论是所有权、本权、占有（制度）或是其他的某种社会关系，均非盗窃罪故意认识因素之内容，故若认为盗窃罪的客体决定着行为的性质，将意味着某行为是否构成盗窃罪，并非由该行为本身所能决定，而系由刑法学研究者或裁判者对盗窃罪客体的认识或观点所决定，如此显然违背了罪过原则。

4. 对于是否侵犯犯罪客体的判断缺乏可证性或可操作性

不难发现，在判断方式上，与德日阶层体系对违法性判断迥然有别的是，我国传统要件体系对犯罪客体的判断是正面、积极的判断。如上所析，价值性标准存在的最大问题是内容不确定从而使得其在司法实践中缺乏可证性或可操作性，而德日阶层体系对违法性判断的应对策略是，通过赋予构成要件以所谓的违法推定机能，借此避开了实际不可能完成的正面、积极的判断。那么，我国传统要件体系是如何解决对犯罪客体作正面、积极判断的呢？研究者们对此基本都予回避，唯冯亚东教授曾直面此一问题，他明确指出，“虽然在哲学价值论上法益、危害性一类的价值似乎是不可证明而只能个体意会的，但在生活实践中它们又的确是真实、并无须证明而‘自然’存在着”，“正因为犯罪客体真实存在而又十分有用，立法往往忽略或难以描述，也才给学者们在刑法之明文规定以外，提供了一显身手、大展才智的广阔空间”。[①]即认为犯罪客体是一个可意会而难以描述、不可证明也无需证明的要件，并且在他看来，犯罪客体的内涵如何基本无碍于犯罪的判定，即便在特定情形中影响定罪，也无需证据加以证明。该见解已经意识到并肯定了价值性标准不具有可证性的特点，这在传统要件体系坚守者的论述中并不多见。只是在具有如此认识的基础上，却仍然坚持认为犯罪客体乃行为成立犯罪所必需便不可思议了，因为，直接以此等内容不确定、难以描述、证据无法证明因而也无需证明、可任由学者们显身手和展才智的东西作为犯罪成立的必备条件，在实务中如何避免司法恣意、随意地出入人罪？还有，我国刑事诉讼法所确立的“必须以事实为根据，以法律为准绳”之诉讼法基本原则（内中包含证据裁判原则所要求的构成犯罪的每一要件及其要素都能够而且必须通过证据加以证明）岂不沦为空谈？同案不同判岂非具有天然合理性？[②]构成犯罪的要件必须具备可证性，否则势必为司法恣意大开方便之门，刑法的人权保障机能也将因之而化为乌有。

于此还有必要指出的是，行为是否侵犯了刑法所保护的社会关系（犯罪客体）原本已是一个非常抽象的判断，而在我国传统要件体系中，犯罪客体之首要要件地位还将使得对该要件的判断变得愈加抽象，因而更缺乏可证性：一方面，由于犯罪客体系首要要件，故构成犯罪的客观以及主观方面的事实均在其后进行判断，如此意味着，在判断某一行为是否侵犯某罪之犯罪客体时，判断者尚不清楚该行为之具体构成事实为何；另一方面，犯罪客体之确切内涵（即刑法所保护的特殊社会关系）或犯罪的本质究竟为何，理论仍远未达成共识，并且理论对于众多个罪的犯罪客体都还存在争议。这样，在某一行为之具体构成事实以及犯罪客体本身都不甚明朗的情况下，就要判断该行为是否侵犯了某罪之犯罪客体，试问有谁能够完成如此玄虚空泛的判断？

5. 中外主流刑法学理论均对个罪之犯罪客体（保护法益）存在认识错误，实际上，理论所认为的犯罪客体决定行为性质之情形，都可以从居于

① 参见冯亚东：“犯罪概念与犯罪客体之功能辨析”，《中外法学》2008年第4期，第584-585页。

② 在我国刑法学界，就有研究者明确主张犯罪的认定只能是价值判断，从而为同案不同判提供理论支撑，如其指出，“犯罪本来是价值判断，却被法官当作了事实判断；犯罪本来是通过评价活动来把握的，却被法官通过认知活动来把握，即认为犯罪可以用事实判断来准确把握。犯罪本来是生活行为与社会需要、目的之间的效用性，社会需要、目的是由法律规定的，需要法官来理解和把握其内涵，而法官的理解和把握又具有相对性、差别性，因此，对于犯罪评价的结论必然具有相对性、主观性、多样性，其结论并非客观的、唯一的”。参见邵维国：“犯罪只能是价值判断”，《法商研究》2009年第4期，第97-98页。此等论见无异于为司法恣意大开方便之门，因而不具合理性。

核心地位的罪过之视角获得解释，而根本无需诉诸犯罪客体

中外刑法学理论均因未能准确把握犯罪的本质，以致对个罪之本质也都存在认识错误，表现为，将个罪的犯罪客体认定为受犯罪行为直接作用的犯罪对象所体现的法价值。譬如，认为故意杀人罪的客体是他人的生命权，故意伤害罪的客体是他人的身体健康权，盗窃罪的客体是所有权、本权或占有等，如此等等，显然，对个罪的客体作如此界定根本无法据此区分无罪过情况下的致人死亡、致人伤害或者侵犯他人财产权等非罪行为。如下文所析，唯有将个罪的客体界定为相关的法律制度（法律制度所牵及的是制度之下的每一利益主体的相关利益），如故意杀人罪和故意伤害罪的客体应为其他部门法为保护生命权或身体健康权所设立的人身权保护制度，盗窃罪则为财产权保护制度，唯此方能将它们与相关非罪行为区分开来。而要侵犯此等客体，又唯有罪过支配下的行为，无罪过行为无论如何都不可能侵犯此等客体，罪过因此与法益侵害贯通，构成了犯罪行为的事实本质，行为性质的判定也由此回归到以个罪之罪过为核心的构成事实上来。

实际上，理论所认为的犯罪客体决定行为性质之情形，都可以而且应该从作为犯罪构成核心的罪过之视角来加以解释。譬如，理论通说认为，盗窃仓库里的电线与盗窃已投入使用的公共输电线路，犯罪对象都是电线，主观上都具有非法占有的目的，前者之所以构成盗窃罪，而后者却构成破坏电力设备罪，只有通过分析各自所侵犯的客体才能做出合理的解释。类似的事例还有：盗窃汽车修配厂里处于修理状态的公交车的零部件和盗窃正在使用中的公交车的零部件；行为人甲欲杀死其仇人乙，某日在乙经常饮用的公用水井中投入毒药，结果毒死乙，并致多人中毒死亡。细究不难发现，这些事例并非无法在事实层面而只能求诸价值性的犯罪客体才能对行为人的行为做出准确的定性，因为，盗窃罪与破坏电力设备罪、破坏交通工具罪，故意杀人罪与投放危险物质罪，这些罪在构成事实上其实存在着显著的差异，这种差异集中体现在了作为犯罪构成核心的罪过内容上：在盗窃罪中，对于仓库里的电线或汽车修配厂里处于修理状态的公交车的零部件，行为人所认识的是其作为普通财物之客观属性，而对于已投入使用的公共输电线路或正在使用中的公交车的零部件，虽然行为人也认识到了其作为财物之属性，但还认识到了所作用的对象是正在给社会公众提供输电服务的电力设备或正在为社会公众提供交通运输服务的公交

车。[①]对于甲意图杀乙而在公用水井中投毒的行为，行为人则因认识到了该水井是公用水井，即认识到了除乙外还有许多其他的人也在使用该水井之事实，[②]这显然与在乙的水杯中投毒之认识内容迥然有别。正是认识内容上的此等差异导致了各自罪过性质的不同，从而使得上述行为构成不同的罪。[③]有关盗窃罪，则只要求行为人以非法占有之目的，秘密地将他人占有的财物据为己有即可，至于这种行为到底侵犯了财物占有人的何种具体利益，是所有权、本权、占有（制度）或是其他的某种社会关系，对于行为是否构成盗窃罪概无影响。还有如强奸罪，则只要求行为人认识到奸淫行为违背了女性的意志即可，至于“与女性性交需经得其同意或不得违背其意志”到底代表了什么样的具体法价值，是性自主或自由权、性的不可侵犯权、人格名誉权或是其他的某种法价值，均不影响行为构成强奸罪。

总而言之，理论所认为的犯罪客体决定行为性质之情形，概因研究

---

① 如后文所析，在犯罪故意中，不要求行为人对犯罪对象的社会属性作出准确或专业性的评价，如构成盗窃罪不要求行为人对仓库里的电线作出其所代表的是公私财产权之评价，构成破坏电力设备罪不要求行为人对已投入使用的电线作出其所代表的是公共安全之评价，故意杀人罪也不要求行为人对作为对象的他人（有生命的状态）作出其所代表的是他人的生命权之评价，如此等等。

② 还可以设想此般案例：如果乙独居在人迹罕至的大山深处，甲意图杀死乙而在其使用的水井里投毒，投毒后不久，孰知一群逾百人的探险“驴友”偶然行经乙的住处附近，见有水井便汲水解渴，致数十“驴友”伤亡。本案甲的行为虽然在客观上危害了公共安全，但由于甲并无危害公共安全之故意，因此，甲只应该构成故意杀人罪，而非投放危险物质罪。此时对甲的行为的定性便充分体现了，是故意杀人罪与投放危险物质罪各自在构成事实上的差异而非所侵犯价值（即犯罪客体或保护法益）的不同决定着行为的刑法性质。

③ 需要指出的是，由于对已投入使用的公共输电线路或正在使用中的公交车的零部件进行盗窃，行为人既认识到了对象作为财物之属性，又认识到了其正在为社会公众提供输电服务或交通运输服务之属性，故就该行为之构成事实而言，行为人既具备了盗窃罪之罪过，又具备了破坏电力设备罪或破坏交通工具罪之罪过，还有甲意图毒杀乙而在公用水井里投毒的行为，甲也是既具备了故意杀人罪之故意，又具备了投放危险物质罪之故意。但因作为公共安全内容的不特定多数人的生命、健康和重大公私财产安全，完全能够将特定人的生命、健康和财产安全包容于内，故上述事例中的行为人所具有的罪过之间实际是一种包容与被包容的关系，因此，对他们行为的定性，通常只需分别定破坏电力设备罪、破坏交通工具罪以及投放危险物质罪即可，而无需再定盗窃罪实行数罪并罚，否则将有违刑法禁止重复评价原则，当然，作为例外的是，如若定盗窃罪更能实现罪刑相适应时，则还是应该定盗窃罪。上述情形其实属于理论上的法条竞合之情形。于此顺带一提的是，在笔者看来，行为人的某一举止同时触犯的不同刑法规范所规定的以罪过为核心的犯罪构成之间是否存在包容或交叉（即部分包容）的关系，也是法条竞合与想象竞合的根本区别所在，具言之，若行为人的某一举止同时触犯的不同刑法规范所规定的以罪过为核心的犯罪构成之间是一种包容或交叉的关系，便属于法条竞合之情形，从而应当采取法条竞合之适用法律原则，选择适用其中最能实现罪刑相适应原则的那个法条来定罪量刑，反之，则属于理论上的想象竞合犯之情形，只是对于想象竞合犯，笔者并不认同理论通说所认为的属于“实质的一罪”，而认为它属于“实质的数罪”，因而在处断原则上，主张对其应实行数罪并罚，至于理由参见本书“结语”部分的内容。

者们未能准确把握个罪之犯罪客体以及对个罪之犯罪构成事实未予细究所致，一旦准确把握个罪之犯罪客体以及对个罪之犯罪构成事实作深入辨析，那么广为我国刑法学研究者所接受的个罪之犯罪客体直接影响定罪之见解就将遭到否定。

四、对相关批判与质疑的回应

经由如上从正反两个方面的论证，确证了犯罪构成之事实属性，并且该事实应为科学事实而非价值事实，因而依据犯罪构成所作的判断应当是事实判断而非价值判断，但如前所述，在我国刑法学界有研究者对该论见提出了批判或质疑，接下来拟就相关批判与质疑逐予回应：

（一）如若构成犯罪的事实为科学事实，那么如何解释出罪与入罪现象？

我国有学者提出，如若构成犯罪的事实是科学事实，将无法解释为何对于相同的生活行为，在有的国家或社群中会被视为是正当的，而在有的国家或社群中则可能会被视为是违法乃至犯罪，或是先前被认为是正当的行为后来又变成了犯罪，其中的例证有：巴西在相当长的时间内对于丈夫杀害与人通奸的妻子的行为不认为是犯罪，其正当性根据为“维护荣誉说”，直至1991年，巴西最高法院才通过判决否定了“维护荣誉说”。①据此得出只有将犯罪作为价值事实而非科学事实才能对上述现象做出合理解释之结论。②此外，论者还引用了法国法学家兼社会学家布律尔（Henri Lévy-Bruhl）的相关论述来佐证，布律尔指出，“人的任何一个行为，本身都无所谓无辜或有罪。在我们看来最为可憎的犯罪行为，如杀害父母罪，在某些社会群体里是允许的；而另一些在某些原始群体中受到严厉惩罚的犯罪行为，如违反某些宗教迷信的禁忌，在我们看来却是无所谓的。”③

笔者认为，论者的上述论证其实并不成立。科学哲学家瓦托夫斯基（Marx W. Wartofsky）也曾论及此一问题，并且在笔者看来他道出了该问题的关键。他提出，设想某个调查研究者观察到，在S社会中，谋杀被看作是正当的，假定该调查研究者认为是谋杀从而构成犯罪的行为，S社会成员却看作是必要的社会治疗，那么，S社会的成员和该调查研究者所谈

---

① 参见“随着巴西最高法院做出的一项裁决：‘杀妻有理’论终于休矣”，《参考消息》1991年4月16日第3版。

② 参见邵维国：“犯罪只能是价值判断”，《法商研究》2009年第4期，第92-93页。

③ [法]亨利·莱维·布律尔：《法律社会学》，许钧译，上海人民出版社1987年版，第29页。

论的是同一种事实吗？抑或存在着两种不同的事实呢？[①]的确，将“谋杀”认定为犯罪的社会与将“谋杀”视为必要的社会治疗因而是正当行为的社会（假定真有这样的社会），两个社会各自所指的“谋杀”是否为同一事实呢？或者说，这两个“谋杀”各自的构成事实是否完全相一致呢？答案应该是否定的，就中缘由在于：在将谋杀认定为犯罪的社会中，谋杀无疑是为该社会主流价值观或立法者（有时也是司法者）倡导的某种价值观所否定的行为，那么在构成谋杀行为的心理事实中，就必然包含着行为人依据该价值观对自己的谋杀行为做出否定性评价之内容，也即罪过内容中的“社会危害性认识”或“违法性认识”，否则，若欠缺此一心理事实，势必无法区分谋杀与正当防卫杀人、依法处决死刑犯、战争中杀死敌人等不构成犯罪的杀人行为，这种区分无疑是将谋杀规定为犯罪的社会始终无法回避的问题。而在将谋杀视为必要的社会治疗因而是正当行为的社会，该社会的主流价值观或立法者所倡导的价值观由于对谋杀行为持肯定态度，如此将使得行为人在实施谋杀时，也会依据该价值观对自己的行为做出肯定性的评价（即做出“无害”或“有益”之评价），换言之，此时此地构成谋杀的心理事实中，就不包含对行为的“社会危害性认识”或“违法性认识”之内容。由此可见，看似相同的谋杀行为，在认为构成犯罪的社会与视为正当行为的社会，其实具有不同的构成事实，因而实质系属性质迥异的行为。同理，在同一社会，先前不认为是犯罪的某种行为而后被入罪，如上述巴西对丈夫杀害与人通奸的妻子的行为，在这一过程中，构成行为的事实其实已悄然发生变化，逆向的非罪化情形亦然。由此可见，此社会认为是犯罪的行为与彼社会看似相同但却不认为是犯罪的行为，实际具有不同的构成事实，以致二者在性质上迥然有别，行为在入罪或出罪的过程中，行为的构成事实也会发生相应的变化，未能意识到这一点据而得出唯有将犯罪作为价值事实方可对此类现象做出合理解释之论断，其实是站不住脚的。

（二）如若认为构成犯罪的事实只能是科学事实，因而依据犯罪构成所作的判断是事实判断，那么如何解释“规范的构成要件要素”的问题？

规范的构成要件要素是与记述的构成要件要素相对的概念，“在认定构成要件要素的存否时，只以裁判官进行认识活动为已足的，称为记述的构成要件要素；要求规范的、评价的行为的，称为规范的构成要件要

---

① See Marx W. Wartofsky: *Conceptual Foundations of Scientific Thought: An Introduction to the Philosophy of Science*, The Macmillan Company, 1968, p.405-406.

素。"[①]对于规范的构成要件要素，正如前文所指出的，我们不能将有价值的事物混同于价值本身，诸如合法收入、淫秽物品、毒品、贵重金属、珍贵文物、珍贵动物及其制品以及珍贵、濒危野生动物等，都属于具有价值的事物，而非价值本身，故无改于这些事物的事实属性，换言之，所谓的规范的构成要件要素实际仍然属于事实性的范畴。不过，还需要明确的问题是，对这些要素的判定到底是事实判断还是价值判断？对此，笔者的立场是一贯的，即认为，这些要素的判断标准也应该是事实性的，而不能径直以这些要素的价值作为判断条件之一，唯其如此，判断标准方具有确定性及可操作性，而不至沦为司法者任意拿捏、恣肆评断的玩物。例言之，对于"淫秽物品"的判定标准，我们不能直接以"淫秽"作为其成立条件之一，而应该通过规范将"淫秽"予以事实化或明确化，如我国刑法第367条对于淫秽物品的界定便在很大程度上将淫秽物品之"淫秽"予以事实化或明确化了。[②]至于毒品、珍贵文物、贵重金属、珍贵动物以及珍贵、濒危野生动物等，则分别通过我国刑法第357条以及《麻醉药品及精神药品品种目录》等、《文物保护法》与《文物藏品定级标准》《珠宝玉石及贵金属产品分类与代码》《野生动物保护法》以及《国家重点保护野生动物名录》等法律或规范性文件予以明确化或事实化了。当然，若仍有不明确之处，如对于某一事物到底能否为某规范的构成要件要素所涵摄存在较大争议时，便往往属于需要借助价值判断来廓清犯罪构成模糊界域之情形，但模糊界域的存在显非规范的构成要件要素所独有，记述的构成要件要素也同样存在这样的情形，如故意杀人罪中的"人"，其出生与死亡的界限也非明确，而明晰其界限同样需要借助价值判断。并且如下文所析，需要借助价值判断来廓清犯罪构成模糊界域之情形的存在，并不能否定犯罪构成本身的事实属性。总之，即便是规范的构成要件要素也无改于其本身的事实属性，对于其模糊界域的廓清需要借助价值判断依然无法否定犯罪构成本身的事实属性。

① [日]大塚仁：《刑法概说（总论）》，冯军译，中国人民大学出版社2003年版，第131页。

② 此外，我们知道，在我国还存在"鉴黄师"这一职业，相信他们用以鉴别淫秽物品的标准较之于刑法第367条的规定应当更为详细具体，也即事实化或明确化程度应该更高。将来若能借助人工智能（AI）来鉴黄，那么作为鉴黄程序设计所依据的淫秽物品鉴定标准应当是该时代所能事实化的最大限度，否则将难以全面转化为AI算法，因为AI的运算是基于逻辑法则，而仅就单一事实是无法通过逻辑推导出价值的。

（三）如若认为构成犯罪的事实是科学事实，因而依据犯罪构成所做的判断是事实判断，那么为何对于同样的行为，在理论和司法实践中并未得出众口一词的判断结论呢？

不容否定，理论界及司法实务界的确未就每一刑事案件中的被告人的行为都毫无争议地得出众口一词的判断结论，但同样不容否定的是，理论与司法实务界对绝大多数刑事被告人的行为的定性都是没有争议的，可以说，在被告人行为的定性上，相对于没有争议的案件而言，存在争议的案件可谓微乎其微。那么，为何理论与实务对绝大多数刑事被告人的行为的定性不存在争议呢？应当说，多数案件的案情都相对简单，案件事实也一般清晰明了，这是一方面的原因。另一方面，虽然中外犯罪构成理论都或多或少地包含有价值性要件（要素）或价值性标准，但无论是我国传统要件体系还是德日阶层体系，都包含了行为成立犯罪所必须且在司法实践中能够通过证据证明的全部事实性要件及要素。因此，只要刑事诉讼法学界充分肯定以及刑事司法实务界恪守证据裁判原则，做到行为成立犯罪的每一要件及其要素均毫无例外地被纳入证据的证明体系中来，那么无论刑法学理论在所谓的价值性要件（要素）或价值性标准问题上如何喧嚣闹嚷，那些无法通过证据证明的价值性要件（要素）或价值性标准都将通通被隔离于犯罪构成体系之外，最终保留的是那些构成犯罪所必需且能够通过证据加以证明的事实性要件及要素。可以看到，刑事诉讼法学界乃至刑法学界都鲜见有公然否定证据裁判原则的论者，刑事司法实务界也在很大程度上坚守住了该原则，在笔者看来，这也是理论与司法实务对绝大多数刑事被告人的行为的定性不存在争议的重要缘由。

至于理论与司法实务为何未就每一刑事案件中的被告人的行为都毫无争议地得出众口一词的判断结论，笔者认为，就中缘由主要在于：

首先，事实认知本身存在正误之别，判断者难免不会有犯错误之时，对于某些案件被告人的行为的定性未能达成众口一词的判断结论，其中就完全可能存在事实认定错误之情形。更何况，在笔者看来，中外刑法学主流理论在构成犯罪的核心事实定位上均存在根本性的认知错误，即认为构成犯罪的核心要件是犯罪客观要件或（客观的）构成要件，而非对行为在事实上起支配制约作用的犯罪主观要件，以致理论虽然可以对诸如甲欲开枪射杀乙客观上却仅致乙伤害或乙毫发未损之情形据此勉强做出正确的定性判断，即甲的行为应构成故意杀人罪（未遂或中止），而非构成故意伤害罪（既遂）或是不构成犯罪，[①]但对于诸如误将白糖当砒霜而投毒杀人、误将稻草人当仇人而开枪射杀以及误将面粉当毒品而贩卖等，有不少论者就因未能把握构成犯罪的核心要件从而得出了错误的判断结论。

其次，理论与司法实务之所以未能就每一刑事被告人的行为的定性都得出众口一词的判断结论，其中重要缘由可能还在于，中外刑法学主流理论在犯罪构成中掺入了太多无法通过证据加以证明的价值性要件（要素）或价值性标准，如存在“犯罪客体”“行为有无侵害法益的危险”“行为是否制造了法不容许的危险”“行为与构成要件结果发生之间是否具有相当性”“违法性”以及“有无期待可能”，等等。如上所述，不同于科学事实，价值事实是“多”，往往会因人而异，因而不具有可反复验证之性质，也即无法通过证据加以证明，在不依证据证明而仅仅依据价值观进行判断的情况下，对于相同的案件事实做出不同的价值判断当然也就在所难免了。由此可见，恰恰是价值性要件（要素）或价值性标准的掺入，甚至认为构成犯罪的事实是价值事实而非科学事实，进而认为依据犯罪构成所作的判断是价值判断而非事实判断，乃至认为价值判断起决定性作用，才是导致诸多案件无谓争议的重要缘由。

最后，如下文所析，犯罪构成的事实属性并不能确保定罪在任何情况下均与价值判断全然无涉，而只能确保“定罪以事实判断为原则，以价值判断为例外”。定罪中无法回避价值判断之情形有：一是立法对犯罪构成要件及其要素的规定存在模糊界域以及可能存在遗漏，那么对于模糊界域的廓清以及漏洞的填补将不得不诉诸价值判断；二是犯罪构成并非判定行为成立犯罪与否的终极标准，除犯罪构成外，定罪情节也影响着行为的定性，在定罪情节发挥作用的场合，往往也需要借助价值判断。不容否定，上述两种例外情形的存在，也是导致理论和司法实务未能就每一刑事案件中的被告人的行为都毫无争议地得出众口一词的判断结论的另一重要缘由。不过，由于前种情形中的价值判断只是为廓清犯罪构成的模糊界域或者填补立法在犯罪构成规定上的漏洞，而后种情形则是在适用犯罪构成对行为进行定性判断后所作的补充价值判断，故这两种情形的存在均未能否定犯罪构成本身的事实属性，具体论述详见接下来的内容。

---

① 之所以说是“勉强”得出正确的判断结论，系因为，若严格而言，是得不出该正确判断结论的，笔者将于本书的第五章第三节以及书末的“结语”部分就此详加论述。

五、两个问题澄清

在确证犯罪构成体系乃事实体系以及依据犯罪构成所作的判断应为事实判断后，笔者认为，最后还有必要对与之紧密相关的如下两个重要问题予以澄清：

（一）行为符合犯罪构成是否必然成立犯罪？

不符合犯罪构成的行为必然不成立犯罪，但凡犯罪行为都必然符合犯罪构成，这在理论上并无疑议，存在疑议的是，行为符合犯罪构成是否必然成立犯罪？或言之，行为符合犯罪构成到底是犯罪成立的必要条件还是充要条件？对此，我国刑法学理论通说认为，“犯罪构成是我国刑法所规定的、决定某一行为成立犯罪所必需的一切客观要件和主观要件的有机统一的整体（有机统一体）”，且认为，“犯罪构成由于直接并且最终决定了犯罪的成立，因此可以说，一切成立犯罪的行为都是符合犯罪构成的行为；换言之，一切符合犯罪构成的行为都是成立犯罪的行为”。[①]由此可见，在我国的刑法学理论通说看来，行为符合犯罪构成是犯罪成立的充要条件。德日刑法学界的主流见解也认为，犯罪乃符合构成要件的违法且有责的行为，行为人的行为只要充足了这些条件即构成犯罪，国家就能够据此发动刑罚权，行为符合其犯罪论体系因而同样是犯罪成立的充要条件。[②]

笔者认为，行为符合犯罪构成到底是犯罪成立的必要条件还是充要条件？其中所涉及的根本问题是，犯罪构成是否为判定行为成立犯罪与否的终极标准？或者说，除了犯罪构成要件及其要素外，是否还存在影响行为定性的其他因素？不难发现，我国刑法学理论通说虽然认为行为符合犯罪构成是犯罪成立的充要条件，但在刑罚论中，理论通说又同样肯定，定罪情节也对行为的性质产生影响，也即影响行为的罪与非罪、此罪与彼

① 参见马克昌主编：《犯罪通论》，武汉大学出版社 2003 年版，第 70、71 页。

② 参见[德]汉斯·海因里希·耶赛克、托马斯·魏根特：《德国刑法教科书》，徐久生译，中国法制出版社 2001 年版，第 246 页；[德]克劳斯·罗克辛：《德国刑法学 总论》（第 1 卷），王世洲译，法律出版社 2005 年版，第 118-120 页；[日]大谷实：《刑法总论》（新版第 2 版），黎宏译，中国人民大学出版社 2008 年版，第 80-81 页；[日]大塚仁：《刑法概说（总论）》，冯军译，中国人民大学出版社 2003 年版，第 90 页。

罪。[①]故紧接的问题是，犯罪构成要件及其要素与定罪情节之间到底是一种怎样的关系？对此，理论上主要存在三种见解：一是认为定罪情节也是犯罪构成的共同要件；[②]二是认为定罪情节并非犯罪构成的要件，而是从犯罪构成基本要件的程度上把握的成立犯罪的条件；[③]三是认为上述两种见解均欠妥当，犯罪构成的共同要件是犯罪成立的基本要件，也是一切犯罪成立的必备要件，定罪情节既不是犯罪成立的基本要件，也不是一切犯罪成立的必备要件，它体现的是具体犯罪的个性，而不是一般犯罪的共性。[④]笔者认同第三种见解，因为显而易见的是，任何行为只要不符合犯罪构成则必然不成立犯罪，但若不具备定罪情节，却仍可能成立犯罪，而犯罪构成乃由要件及其要素所构成，因此，定罪情节的确不同于犯罪构成要件及其要素，二者的区别就在于，定罪情节只是在个罪或个案中对行为的定性产生影响，而犯罪构成要件及其要素对定罪的影响则是普遍性的。只是该见解并未进一步揭示，是什么原因导致了功能相同的二者却存在着如此之差异？

定罪情节属情节之类型，依据所处刑事审判环节的不同，情节可区分为定罪情节与量刑情节，无论是定罪情节还是量刑情节，都有别于犯罪构成要件及其要素，正如意大利刑法学家帕多瓦尼所指出的，“不应该或不可能成为犯罪的构成要件，是犯罪情节的典型特征”[⑤]。那么，是什么原因使得情节不能成为犯罪构成要件或其要素呢？笔者认为，问题的答案就在于，犯罪构成要件及其要素是反映犯罪行为之“质”的因素，而情节

---

① 参见高铭暄主编：《刑法学原理》（第三卷），中国人民大学出版社 1993 年版，第 245 页；马克昌主编：《刑罚通论》，武汉大学出版社 2003 年版，第 329 页。

② 参见钱毅：“试论情节也是犯罪构成的共同要件”，《中南政法学院学报》1986 年第 4 期，第 83-85 页。

③ 参见敬大力：“正确认识和掌握刑法中的情节”，《法学与实践》1987 年第 1 期，第 17-18 页。

④ 参见王晨：“定罪情节探析”，《中国法学》1992 年第 1 期，第 68-70 页；王充：“定罪情节若干问题研究”，《法学评论》2000 年第 6 期，第 130-132 页。

⑤ [意]杜里奥·帕多瓦尼：《意大利刑法学原理》（注评本），陈忠林译评，中国人民大学出版社 2004 年版，第 277 页。

则是反映犯罪行为之“量”的因素。[1]据此便不难解释犯罪构成要件及其要素与定罪情节对定罪的不同影响了。犯罪构成要件及其要素由于反映的是犯罪行为之“质”，而“质”即“本质”，如前文所析，事物的本质乃为该事物内部所共有而又不为其他事物所享有、决定其存在和发展的内在根据，犯罪构成要件及其要素因而必然对定罪产生普遍性的影响。而情节由于反映的是构成犯罪行为之事实的“量”，故其在绝大多数情况下并不影响犯罪行为之“质”（即定罪），而只影响其“量”（即反映行为的社会危害程度，进而影响量刑），也即通常只是作为量刑情节而存在。至于通常只影响量刑的情节何以有时也会影响定罪，就中缘由则在于“质量互变规律”，依据该规律，在质与量变化的过程中，通常只引起量变的因素在特定情况下也会引发质变，此种特定情况出现在：当某一事物之量的累积或者递减接近发生质变的临界线时，此时微小的量变即可引发事物的质变。情节影响定罪便属于此种情况。根据质量互变规律也不难得知，任何通常只影响量刑的情节均可能在该特定情况下转化为定罪情节。而如所周知，情节在现实中类目繁多、难以计数，不难想见，如若将所有的情节均纳入犯罪构成体系中来，那么犯罪构成势必因漫无边际而无确定的内容，故为使犯罪构成之内容具有确定性，就应该将犯罪构成要件及其要素限定于反映犯罪行为之质的因素，由此严格界分反映犯罪行为之量的情节。

由于并非只有犯罪构成要件及其要素才会对定罪产生影响，定罪情

---

① 如下文所析，犯罪构成要件的划分应当以行为的结构层次作为依据，行为的结构层次由里及表依次包含人格、心理过程和客观三大层次，与之相对应的是，犯罪构成要件包含主体、主观和客观三个要件，缺乏其中的任一要件，行为将不成立犯罪，而要件之下的要素则包含：犯罪主体要件包含作为必备要素的刑事责任能力与作为选择要素的犯罪动机和犯罪主体的态度；主观要件则包含认识、情绪情感和意志三个必备要素；在客观要件中，唯“着手”方为不可或缺的内容，犯罪对象、犯罪手段和犯罪结果均为选择性要素。由于犯罪构成要件及其要素系反映犯罪行为之“质”的因素，而情节则是反映构成犯罪行为之事实的“量”的因素，故犯罪构成要件及其要素与情节迥然有别，换言之，犯罪构成要件及其要素并非情节，情节本身也不能成为犯罪构成要件及其要素。不过，需要注意的问题是，现实中的某一事实，有可能既反映了犯罪行为之“质”，在此基础上也往往反映出构成犯罪行为之事实的“量”，此时，它可能同时对定罪与量刑产生影响，但这并不违反刑法禁止重复评价原则，因为，基于犯罪构成所做出的判断是“符合与否（即有或无）”的问题，情节则是在该基础上的“多少”的问题，故判断视角截然不同。例言之，16 周岁的甲实施了盗窃，由于年龄是反映刑事责任能力的因素，依据我国刑法第 17 条之规定，盗窃罪的刑事责任年龄是年满 16 周岁，甲年满 16 周岁，故具备刑事责任能力，而 16 周岁又属于未成年，该事实也反映出主体刑事责任能力之程度，故同样对量刑产生影响。

节也具备同样的功能，而定罪情节本身并不能够成为犯罪构成要件或其要素，由此导出的结论是：行为符合犯罪构成只是犯罪成立的必要条件而非充要条件。[①]那么，在将行为符合犯罪构成作为犯罪成立的充要条件而非必要条件的理论体系中，理论应该如何应对定罪情节发挥作用之情形呢？笔者认为，唯一可行的做法就是创设价值性的要素，因为，量刑情节与定罪情节之间的可转化性，意味着类目繁多、属性及功能各异的量刑情节都可能成为定罪情节，显然，这不计其数的情节绝非为某一有着确定内容的事实性要素所能囊括，由是通过创设无确定内容的价值性要素，借其发挥定罪情节之功能，便成为不二选择。在笔者看来，德日刑法学中的期待可能性理论就是在这样一种理论体系下的产物，以直接导致期待可能性理论产生的“癖马案”为例，如下文所析[②]，该案被告马夫行为的出罪机制其实就是定罪情节（犯罪动机）发挥作用之情形，并且如今德、日等国的刑法学界以及刑事司法实务界的主流见解是，缺乏期待可能性原则上不能使行为出罪，而只影响责任之程度，即把没有期待可能性通常只是作为责任减轻事由，而非该理论创设之初的责任阻却事由，显而易见，这正是情节所具有的典型特征（即，通常作为影响量刑的因素而存在，只在特定情形中方成为影响定罪之因素），换言之，如今的理论与实务实际已经将期待可能性由最初的要素地位降格为了徒具情节功能之因素。

不过，随之而来的问题是，期待可能性能否在角色转换后充当起能够涵括所有定罪情节的一个综合性要素，基此发挥其影响定罪之功能呢？答案是否定的，就中主要缘由在于：如上所析，根据质量互变规律，任何在通常情况下影响量刑的情节，均可在特定情形中转化为定罪情节，而情节就其性质来说，有的是反映行为客观危害程度之事实，有的是反映主体主观恶性程度之事实，还有的则是反映主体人身危险性程度之事实，至于其具体类型则繁多芜杂、难以计数，散布于行为的各个结构层次之中，并且不同类型的情节在功能上也往往存在着差异（甚至同一情节，如犯罪动

① 不过，于此有必要澄清的一个问题是，定罪情节其实包含两种类型：一是作为某些个罪之特定构成要素成立所要求的法定量的定罪情节，其中最为典型的当属以造成一定数额的损害结果作为犯罪成立条件的数额犯，此时的数额便是作为犯罪客观要件要素（犯罪结果）成立所需量的情节；二是并非作为个罪之特定构成要素成立所要求的法定量的定罪情节，该类定罪情节包含：以“情节严重”或“情节恶劣”作为犯罪成立条件的情节犯之情节以及属于我国刑法第13条“但书”规定的“情节显著轻微危害不大的，不认为是犯罪”之情节。而能够成为“行为符合犯罪构成是犯罪成立的必要条件而非充要条件”理据的是后一种类型的定罪情节。

② 详见本书第六章第六节之内容。

机、犯罪主体的态度等，都可能存在功能上的差异），[①]情节在属性及功能上所存在的广泛差异也意味着，欲发挥其在定罪中的作用，绝非仅仅在犯罪构成的某一要件或者某一阶层中添加某个要素即可达成，因为，作为整体的定罪情节并非单一性地影响犯罪构成的特定要件或阶层。由此可见，德日阶层体系仅仅在有责性阶层中添加所谓的期待可能性要素，实际还是无法充分发挥所有类型的定罪情节之功能。有关到底应该如何正确处理犯罪构成要件及其要素与定罪情节的关系，笔者认同陈忠林教授之见解，他指出，要想在运用犯罪构成理论指导实践的过程中，既能做到将“情节显著轻微，危害不大的，不认为是犯罪”，又能保持犯罪构成各要件内容的确定性，将犯罪构成理解为犯罪成立的必要条件而非充分条件，才是唯一正确的选择。[②]也即应该将犯罪构成要件及其要素限定于反映犯罪行为之质的因素，而反映犯罪行为之量的情节则不应该作为犯罪构成的要件或其要素，行为符合犯罪构成也因此只是犯罪成立的必要条件而非充要条件，唯其如此，犯罪构成要件及其要素才具有确定的事实内容，情节也才能充分发挥其在定罪与量刑中的作用。于此还有必要补充的一点是，由于作为整体的定罪情节发挥作用之情形并非为某单一的事实性要素所能囊括，而若以价值性要素来概括则又因价值性要素不具有确定的事实内容以及无法将其纳入任何要件或阶层之中，兼之犯罪构成由于反映的是犯罪行为之质，故行为符合犯罪构成原则上即构成犯罪，情节影响定罪只是例外之情形。有鉴于此，笔者认为，欲综合所有定罪情节发挥作用之情形，在刑法总则中采取如我国刑法第 13 条“但书”规定之模式，应是立法最为合理的抉择。

在笔者看来，行为符合犯罪构成乃犯罪成立之必要条件而非充要条件，也能够在我国刑法的规定中找到相关依据：首先，依据我国刑法第 13 条之规定：“一切……危害社会的行为，依照法律应当受刑罚处罚的，都是犯罪，但是情节显著轻微危害不大的，不认为是犯罪。”其中，“一切……危害社会的行为，依照法律应当受刑罚处罚的，都是犯罪”，实际就应该是依据犯罪构成对行为所做的定性判断，而“但是情节显著轻微危害不大的，不认为是犯罪”，则是在个罪或个案中依据情节对先前的定性判断所作的修正。其次，从刑法分则的相关规定来看，即便是通常性质非常严重的行为，也不排除存在“情节显著轻微危害不大”之情形。例如故

① 参见拙著：《酌定量刑情节研究》，商务印书馆 2020 年版，第 1 页以下。

② 参见陈忠林：“现行犯罪构成理论共性比较”，《现代法学》2010 年第 1 期，第 169 页。

意杀人行为，依据我国刑法第232条之规定，适用第一个档次法定刑的情形是危害最为严重的故意杀人行为，适用第二个档次法定刑的则是“情节较轻”之情形。顺此逻辑，故意杀人行为也不排除存在“情节轻微”乃至“情节显著轻微危害不大”之情形，譬如，我国第一例“安乐死”案件，法院认定被告人蒲某某和王某某无罪，适用的就是“但是情节显著轻微危害不大的，不认为是犯罪”之规定。[①]故意杀人行为尚且如此，其他性质的危害行为就更不在话下了，也即都无法绝对排除存在依据最终的定量判断否定先前的定性判断之情形。最后，在以“情节严重”或“情节恶劣”作为成立条件的情节犯中，此等成立条件的存在也表明，在行为满足成立犯罪所需基本条件的前提下，或者说，在对行为做出定性判断之后，还需进一步地做定量判断，唯有达到法定的量方可最终判定行为成立犯罪。刑法的这些规定均表明，行为符合犯罪构成只是犯罪成立的必要条件而非充要条件。

综上所析，犯罪构成乃行为成立犯罪所必需的基本条件，为使犯罪构成要件及其要素具有确定的事实内容，就应该将其限定于反映犯罪行为之质的因素，而反映犯罪行为之量的情节则不应该成为犯罪构成之要件或要素，如此也意味着行为符合犯罪构成只是犯罪成立的必要条件而非充要条件，并且能够找到相关的法律依据支持该结论。

（二）定罪是否在任何情况下均与价值判断全然无涉？

经由如上分析后可知，犯罪构成体系乃事实体系，那么是否意味着定罪在任何情况下均毫无例外地为事实判断，而与价值判断全然无涉呢？答案是否定的，犯罪构成的事实属性并不能确保定罪在任何情况下均与价值判断无涉，而只能确保“定罪以事实判断为原则，以价值判断为例外”，在笔者看来，其中无法回避价值判断之情形主要有二：

其一，立法对构成犯罪的要件及其要素的规定不可能做到完全清晰明了、纤悉无遗，而总是存在模糊界域以及可能存在遗漏，那么对于模糊界域的廓清和漏洞的填补将不得不诉诸价值判断。法律的模糊界域与立法漏洞的不可避免性早已为学界所公认。法律无可避免的模糊界域主要由来于法律规范普适性所导致的抽象性以及作为法律规范载体的语言本身所具有的特征，法律规范的普适性决定了它只能以抽象标准的面目呈现，抽象当然就难免存在模糊之处，而作为法律规范载体的语言则具有“中心意义

---

① 参见最高人民法院中国应用法学研究所编：《人民法院案例选》（刑事卷 上），中国法制出版社2002年版，第387-390页。

清晰、边缘意义模糊”之特征[①]，如此使得法律规范也难免不出现模糊地带。立法漏洞的不可避免性则主要源于社会生活的复杂性及易变性与立法者局限性之间的矛盾。法律的模糊界域与立法漏洞的不可避免性也反映在了刑法规范对犯罪构成要件及其要素的规定上，此时对模糊界域的廓清以及漏洞的填补将不得不诉诸价值判断。这些涉及价值判断之情形可能涉及犯罪构成的各个要件及其要素。例如，在犯罪主体要件中，对于刑事责任年龄的合理划定以及相关犯罪主体（如国家工作人员）外延的确定等；在犯罪主观要件中，不同罪过形式（如间接故意与过于自信的过失）之间，还有在具体案件中某行为到底是具备此罪之罪过还是彼罪之罪过，乃至是否属于竞合之情形，有时也未必清晰而存在模糊之处；在犯罪客观要件中，其中主要涉及犯罪手段和犯罪对象的外延的廓清。[②]不过，需要指出的是，由于此种情形中的价值判断是对犯罪构成要件或其要素的模糊界域的廓清或者漏洞的填补，而犯罪构成作为能够直接成为司法实务定罪之依据，故很显然，它只能是一种在涉案之模糊界域已被廓清或者漏洞已被填补后的形态，也即必须是一种已被事实化或明确化的状态，要不然，此种犯罪构成将无法成为司法实务定罪之依据。由此可见，虽然在定罪过程中可能存在这样的价值判断，但这并未能否定犯罪构成体系乃事实体系之结论。

其二，由于犯罪构成并非判定行为成立犯罪与否的终极标准，除犯罪构成要件及其要素外，定罪情节在特定情形中也影响行为的定性，在定罪情节发挥作用的一些场合，也往往需要借助价值判断。如上所析，在情节并非作为个罪之特定构成要素成立所要求的法定量的情节犯中，当依据犯罪构成对行为作出定性判断后，其最终成立还有量上的要求，而其成立

① 参见杨仁寿：《法学方法论》，中国政法大学出版社1999年版，第75页。

② 有关犯罪手段外延的廓清，如抢劫、强奸和强制猥亵、侮辱等罪中的“其他手段（方法）”，对其确定就需要借助价值判断。有关犯罪对象外延的确定：如我国刑法规定，破坏交通工具罪的对象限于火车、汽车、电车、船只和航空器，但理论通说认为，破坏作为交通工具使用的大型拖拉机也应该构成该罪，参见高铭暄、马克昌主编：《刑法学》（第九版），北京大学出版社、高等教育出版社2019年版，第336页，其中就涉及价值判断；又如，我国刑法只规定了非法制造枪支、弹药、爆炸物罪，但现实中若出现了非法制造“大炮”的行为，欲将该行为入罪从而填补处罚漏洞，也需要借助价值判断；再如，根据文义解释及过往经验，“卖淫”都是指“妇女出卖肉体”，但对于现实中出现的组织男性卖淫的行为，能否以组织卖淫罪追究行为人的刑事责任，同样需要借助价值判断；还有如，随着互联网的发达，现实中出现了大量针对虚拟财产实施的盗窃、诈骗、敲诈勒索等行为，那么虚拟财产能否成为相关财产犯罪的对象，还是需要借助价值判断；甚至对于那些犯罪对象看似极其明确的个罪，如故意杀人罪，其犯罪对象外延的确定也往往需要诉诸价值判断，如人的出生及死亡标准的选择；如此等等。

所需量的要求一般都较为模糊，就中缘由在于，此类情节犯成立所需的量系由情节所决定，而情节在现实中纷纭变化，各自在属性及具体功能上也往往存在差异，兼之影响行为整体社会危害程度之量的情节又往往是多重性的而非单一性的，如此势必意味着对于这些影响定罪的情节绝非为某一有着确定内容的事实性要素所能囊括，因而通过创设无确定内容的价值性条件便成为立法不得已的抉择，这也是立法对于此类情节犯之所以设定“情节严重”或“情节恶劣”之价值性条件（“严重”“恶劣”均属典型的价值词）的内在情由。与之相应的是，对于具体案件中的被告人的行为是否已达“情节严重”或“情节恶劣”之程度的判断便成为一种价值判断。除结果犯[①]和上述情节犯对犯罪成立要求发生特定的犯罪结果或者具备法定的危害程度外，对于其他类型犯罪的成立并没有这样的要求，之所以如此，一方面应该是因其主观罪过均为直接故意，所侵犯的也往往是相对重要的社会关系，如此便使得构成这些罪的行为较之于其他犯罪通常都具有更为严重的社会危害性，另一方面也是囿于现实而难以通过立法对其加以量化。不过尽管如此，这并不意味着它们的成立就完全没有量上的要求，依据我国刑法第 13 条之规定，若属于“情节显著轻微危害不大”之情形将不构成犯罪，只是由于构成这些罪的行为通常都具有更为严重的社会危害性，以致司法实践在绝大多数情况下均无需再作定量判断，也即在绝大多数情况下不能或不允许适用刑法第 13 条“但书”之规定对行为出罪。不过，如上所析，这并不意味着就能绝对排除该规定之适用，当个案存在特殊情况的确需要适用该规定时，一如对行为是否已达“情节严重或情节恶劣”之判断，对于是否属于“情节显著轻微危害不大”之判断，同样需要诉诸价值判断。

据上分析可知，犯罪构成的事实属性与定罪是否在任何情况下均和价值判断无涉是两个不同的问题，犯罪构成的事实属性只意味着“定罪以事实判断为原则，以价值判断为例外”。于此仍需指出的是，有别于事实判断，价值判断具有主体性之特征，可能因人而异，其判断结论并非基于证据证明所能得出，而行为的罪与非罪又攸关公民的基本人权，故为防止司法者借价值判断随意地出入人罪，还是有必要对定罪过程中的价值判断严加限制，笔者认为，主要可以通过如下途径进行限制：

首先，对于立法漏洞，在笔者看来，虽然可以借助价值判断予以填

---

① 这里的结果犯是以特定的犯罪结果作为犯罪成立条件而非作为犯罪既遂成立条件的犯罪，如过失犯罪和间接故意犯罪即属于此种类型的结果犯，需要指出的是，这种结果犯的法定结果是犯罪客观要件之选择性要素，即是反映犯罪行为之质的因素。

补，但受限于罪刑法定原则，最优的方案还是完善立法。对于犯罪构成中无可避免的模糊界域以及情节犯成立所要求的“情节严重”或“情节恶劣”之情形，则应尽量通过立法或司法解释的方式予以事实化或明确化，可以看到，已有为数众多的司法解释在这方面做出了努力。

其次，最高司法机关也可以通过发布指导性案例的方式来填补立法漏洞或者在一定程度上澄清犯罪构成之模糊界域，对于“情节严重”“情节恶劣”以及“情节显著轻微危害不大”等规定，同样可以通过指导性案例的方式对之在某种程度上予以事实化或明确化。

最后，可以通过完善判决书说理及公开制度，让法官作出价值判断之依据和结论接受社会公众的评判，以确保其判断不至沦为纯粹个人的主观臆断，从而违背或偏离社会主流价值观。正如德国刑法学家耶赛克和魏根特所指出的，“法官受法律的约束在于，立法者不允许法官有完全个性化的评价，而只是从法官所处的现存的一般的社会-伦理观来评价。”①

第二节　犯罪本质界说

犯罪的本质所要回答的问题是“犯罪是什么”，依据前文对本质概念的界定可知，犯罪的本质应该是共性与特性的统一，也即为犯罪行为所共有、区别于其他事物的根本性标志，故若不明白犯罪的本质是什么，势必意味着连犯罪与其他事物的界限究竟何在都不甚了了，那么基此显然是不可能构建具备合理区分罪与非罪以及此罪与彼罪功能的犯罪构成体系的。由此可见，犯罪本质问题是犯罪构成体系也是整个刑法学科体系中的根基性问题，如何对其加以准确把握当然也就成为构建科学合理的犯罪构成体系乃至整个刑法学科体系绝对不容回避的重大课题。

一、犯罪本质之域内外歧见概览及简评

有关犯罪的本质到底为何，在中外刑法学界存在着广泛的争议，迄今远未达成共识，接下来拟就我国传统刑法学界与德日刑法学界有关犯罪本质所形成的主要学说观点作一概览，并对其加以简要评析。

---

① [德]汉斯·海因里希·耶赛克、托马斯·魏根特：《德国刑法教科书》，徐久生译，中国法制出版社 2001 年版，第 159-160 页。

（一）歧见概览

在我国传统刑法学理论中，主流见解认为，社会危害性是犯罪的本质特征。“所谓社会危害性，简单地说即危害社会的特性，就是指行为对社会秩序和社会关系造成这样或那样损害的事实特征。”①或者认为，是指“行为对我国的社会主义社会关系实际造成的损害或者可能造成的损害”②。社会危害性也被认为是犯罪的最基本属性，是犯罪其他两个基本特征（即刑事违法性和应受刑罚惩罚性）的基础，因而在我国传统刑法学理论中是一个有着核心地位的概念。不过，社会危害性概念受到了不少研究者的质疑乃至猛烈抨击，如被指，社会危害性并非犯罪的本质特征或基本属性，因为一般违法行为也具有社会危害性，故其不具备犯罪专属性，还有，社会危害性是超规范的概念，也不具有实体性，是一个十分空泛而无自身认定标准的价值符号，或者说，是一个永远正确但是又华而不实的大词，以其为核心将为超越法律规范恣意出入人罪大开方便之门，从而违背罪刑法定原则。鉴于罪刑法定原则之于刑事法治的重要意义，以致有学者十分尖锐地指出，“只要社会危害性范畴在我国刑法领域内继续占据帝统地位，刑事法治就永远难见天日，夭折在摇篮里是早晚的事”③。不少研究者据而提出，应该将社会危害性概念逐出注释刑法学领域，以德日刑法学中的法益概念取而代之。④

在德国刑法学界，有关犯罪本质的认识，19 世纪初居支配地位的是费尔巴哈提出的权利侵害说，他认为，“犯罪是一个刑法中规定的违法或者说由刑法加以威慑的与他人权利相违背的行为”⑤。但该学说被指未能详尽说明实定法上的所有犯罪，如无法据此解释违反社会伦理与宗教的犯罪以及违警罪等，由是随后便被伯恩鲍姆（Birnbaum）提出的法益侵害说所取代。法益侵害说经由宾丁、李斯特等的继承发展，如今已成为德、日等国家或地区的刑法学理论之通说。不过，尽管为通说，但学界还是认为

---

① 高铭暄主编：《刑法学原理》（第一卷），中国人民大学出版社 1993 年版，第 383 页。

② 马克昌主编：《犯罪通论》，武汉大学出版社 2003 年版，第 20 页。

③ 劳东燕：“社会危害性标准的背后——对刑事领域‘实事求是’认识论思维的质疑”，陈兴良主编：《刑事法评论》（第 7 卷），中国政法大学出版社 2000 年版，第 200 页。

④ 参见樊文：“罪刑法定与社会危害性的冲突——兼析刑法第 13 条关于犯罪的概念”，《法律科学（西北政法大学学报）》1998 年第 1 期，第 26-28 页；李海东：《刑法原理入门（犯罪论基础）》，法律出版社 1998 年版，第 6-9 页；陈兴良：“社会危害性理论——一个反思性检讨”，《法学研究》2000 年第 1 期，第 3-18 页；陈兴良：“社会危害性理论——进一步的批判性清理”，《中国法学》2006 年第 4 期，第 3-17 页；王牧：“犯罪概念：刑法之内与刑法之外”，《法学研究》2007 年第 2 期，第 3-20 页。

⑤ [德]安塞尔姆·里特尔·冯·费尔巴哈：《德国刑法教科书》（第十四版），徐久生译，中国方正出版社 2010 年版，第 34 页。

该学说尚存在批判之余地，因为刑法并非仅仅依据法益侵害来区分个罪，例如，盗窃罪和诈骗罪都侵犯了相同的法益，故认为还应考虑法益侵害的行为方式才能对此作出合理的解释，此外，有学者认为，对犯罪本质的把握也应该考虑义务违反的一面，否则，将难以合理解释不真正身份犯何以应当从重处罚的问题。[①]在纳粹时代，学者夏弗斯坦因（Schaffstein）提出了义务违反说，即认为犯罪的本质应该是对忠于国家之义务的违反。该说被指将导致国家刑罚权的无限扩张，因为，“行为是否体现了行为人违背忠诚义务的意志是判断行为构成犯罪的根本标准；而行为是否在实际上侵害了某种法益，或将某种法益置于危险之中，则无关紧要。如果坚持这种犯罪概念，立法者就不会以法益受侵害为限来确定犯罪的范围，这必然会从根本上导致刑事立法的无限扩张，完全改变‘罪过’的内容：即不再以行为人的行为，而是以行为人整个的生活方式作为刑事责任的根据了。”[②]还值得注意的是，德国刑法学家雅科布斯对居于通说地位的法益侵害说提出了针锋相对的见解，他指出，“刑法保护的不是法益，而是规范的有效性，社会这一形态就意味着规范联系。这不是说刑法防止的是破坏法律，毋宁是说刑法保障破坏法律（倘若它发生的话）被作为破坏法律而不是被作为某种社会上正常的事来理解”，因此，“犯罪不是法益侵害，而是规范否认”，[③]即认为，犯罪的本质是规范否认，刑法的目的和任务就在于维护规范的有效性。另有学者则立足于法益侵害说与规范违反说，又提出了折中的见解，如德国刑法学家金德霍伊泽尔（Urs Kindhäuser）认为，在刑法目的这一问题上，法益保护与规范效力的保障并非相互排斥，而是两个分属不同层次、完全能够彼此兼容的思想，刑法所规定的罪刑条文既说明了制裁规范，又揭示了行为规范的内容，行为规范的作用在于保护法益，基此指出，刑法的目的在于保障行为规范的效力，而行为规范的目的则在于保护法益，因此，刑法通过对规范效力的维护间接实现了

---

① 参见[德]汉斯·海因里希·耶赛克、托马斯·魏根特：《德国刑法教科书》，徐久生译，中国法制出版社2001年版，第11页；[德]克劳斯·罗克辛：《德国刑法学 总论》（第1卷），王世洲译，法律出版社2005年版，第12-26页；[日]大塚仁：《刑法概说（总论）》，冯军译，中国人民大学出版社2003年版，第90-92页。

② [意]杜里奥·帕多瓦尼：《意大利刑法学原理》（注评版），陈忠林译评，中国人民大学出版社2004年版，第75-76页。

③ 参见[德]格吕恩特·雅科布斯：《行为 责任 刑法》，冯军译，中国政法大学出版社1997年版，序言第1-2页。

对法益的保护。[1]

由于法益侵害说是德、日等国家或地区的刑法学理论之通说，故于此还是有必要对该学说略加考察，以了解其概貌，归纳其主要争点。[2]在法益的概念史上，伯恩鲍姆最先提出的是“法财”概念，他指出，“从事物的本性来看，应该看作犯罪或者根据理性由国家来处罚的，是应该归责于根据国家权利对全体人平等地保护的财·人的意思的侵害或危殆化”，从而以财侵害说来把握犯罪的实质定义，只是他对作为“财概念的内容如何考虑并没有下一个明确的定义，而且也并不清楚”。[3]宾丁和李斯特继承并发扬了伯恩鲍姆的法财概念。宾丁在其《规范论》第1版（1872年）最先提出了“法益”的概念，他指出，“一方面，（结果）惹起的禁止，通过被禁止的行为产生的状态与法的利益矛盾，另一方面，行为前的状态只能从适合法的利益来说明。通过变更不应该被排除的全部的状态有法价值，人们把这样的状态称为法益。由此惹起禁止的目的是法益维持。为此不可或缺的手段是对禁止的服从”[4]。李斯特的法益论最初是用来回答刑罚根据问题的，他认为，“由法律所保护的利益我们称之为法益。法益就是合法的利益。所有的法益，无论是个人的利益，还是集体的利益，都是生活利益，这些利益的存在并非法制的产物，而是社会本身的产物。但是，法律的保护将生活利益上升为法益”，故对于法益，“法律只能发现它，而不能制造它”，并指出，“刑罚概念有两个内容：1）行为人侵害了受法律保护的法益，如生命，自由，财产等；2）刑罚同时又是对行为及行为人显而易见的指责。”[5]法益概念经由宾丁和李斯特的阐发，在德国刑法学中取得了核心概念的地位，也因二者在法益概念认识上的如上分

---

① 参见[德]乌尔斯·金德霍伊泽尔：“法益保护与规范效力的保障：论刑法的目的”，陈璇译，《中外法学》2015年第2期，第548-559页。

② 有关法益概念的发展演变史详参：[日]伊东研祐：《法益概念史研究》，秦一禾译，中国人民大学出版社2014年版，第1页以下；张明楷：《法益初论》，中国政法大学出版社2003年版，第6-157页；陈志龙：《法益与刑事立法》，世华纸行有限公司1997年版，第6-28页。

③ 参见[日]伊东研祐：《法益概念史研究》，秦一禾译，中国人民大学出版社2014年版，第33-34页。

④ 宾丁在其《规范论》第2版中给法益所下的定义是：“法益不是它的自身权利，而是在立法者的眼中作为法共同体健全的生活条件的法共同体的价值，在不可变更不可打乱的持续中，从立法者来看，法共同体是具有利益的，因此，法益是立法者通过规范使其免受不期望的侵害或危险而必须努力予以保护的全部利益”。转引自[日]伊东研祐：《法益概念史研究》，秦一禾译，中国人民大学出版社2014年版，第68-69页。

⑤ 参见[德]弗兰茨·冯·李斯特：《德国刑法教科书》，徐久生译，法律出版社2006年版，第4、202、401页。

歧，奠定了德、日等国家或地区的刑法学理论自后在法益概念上的论争主线和争议焦点。

在法益概念的内涵上，存在“状态说”与“利益说”之论争，宾丁是状态说的首倡者，而李斯特则是利益说的倡导者。宾丁一方面把“人、物以及状态”作为法益，从而采用了在现实中被侵害的、被破坏的或者是受到攻击的财的价值而减少的可见的有形的物质的基本立场，另一方面又主张将重婚、通奸、近亲相奸、反自然的性行为、虚伪宣誓等情况下的所谓行为价值乃至规范的妥当状态来定义法益概念。[①]状态说得到了奥本海（Oppenheim）、西施贝尔（Max Hirschberg）、加兰（Heinrich Gerland）、厄特克尔（Friedrich Oetker）和贝林（Ernst Beling）等的支持。不过，在状态说的内部仍存在着诸多分歧。状态说受到了以李斯特为代表的利益说的猛烈抨击，如被指虚有其表，没有内容，不过是混乱的堆砌，面临着实定法上所有保护客体的统一性的核心难题。[②]李斯特则将法益定义为“法律所保护的利益”，因而认为法益是一种利益，有别于起初对行为客体与保护客体不加区分的状态说，利益说严格区分行为客体与法益。在李斯特看来，由行为所引起的变更为犯罪的结果，这种结果的对象也即行为客体，而利益则是指某一变更发生或不发生对关系人来讲是有价值的，所谓的变更常常是根据支配自然的因果法则，因为外部世界是有感觉地被认识的事实、人以及关于物的现象，法益（即法律所保护的利益）是行为客体（即人或物）的化身，二者区别的关键在于，行为客体受自然因果法则的支配，而法益则否。李斯特有关法益与行为客体关系的认识，如今已成为德、日等国家或地区刑法学界的绝对主流见解。利益说获得了赫兹（Eduard Herzt）、凯斯勒（R. Kessler）、默克尔（Adolf Merkel）、比格（Paul Bünger）等的支持和发扬。在利益说的内部，同样存在着诸多的分歧。利益说也受到了批判，如被指，利益概念内容变幻莫测因而不具有明确性，此外，如若将法益排除出受因果法则支配的领域，那么对法益的侵害-危殆化的把握，特别是在不存在行为客体的情况下，将是极其不可思议的，并且，认为行为客体应通过因果法则来考察而保护客体则应通过价

---

① 参见[日]伊东研祐：《法益概念史研究》，秦一禾译，中国人民大学出版社 2014 年版，第 74 页。

② 参见[德]京特·雅科布斯：“保护法益？——论刑法的合法性”，赵书鸿译，赵秉志、宋英辉主编：《当代德国刑事法研究》（2016年第1卷），法律出版社 2017 年版，第 16 页；[日]伊东研祐：《法益概念史研究》，秦一禾译，中国人民大学出版社 2014 年版，第 74-92 页。

值关系来考察之认识，还将导致法益概念的精神化。①

在法益与法律规范的关系问题上，存在着“方法论的法益说”与“现实论的法益说”之论争。方法论的法益说认为，如果没有法律规范的承认，任何“利益”都不会成为法律所肯定的价值，不会成为“法益”，换言之，任何法益都只能在法律规范的范围内才有实际意义，离开了规定法益的法律规范，就不存在所谓的“合法利益”，在任何情况下，最终都只能根据刑法规范的规定来确定“法益”的内容。因此，坚持要以先于法律规范存在的事实为标准来对刑法规范进行分类是不可能的。方法论的法益说之所以说它是“方法的”，是因为这种观点认为，必须严格坚持从现实法律规定出发的方法为基础，才可能对“法益”作出正确的解释。现实论的法益说则认为，法益尽管只有在受法律保护的情况下才是“法律所保护的利益”，但其本身的存在仍应该是“现实的”，即其先于规范而存在，或者更确切地说，是不依赖于刑法保护的。在成为刑法所保护的法益之前，人的生命、身体的完整性、对财产的拥有、公共的健康等都已经是“利益”，都是某种具有积极意义的现实的情况或状态。正是因为这些状态具有积极的意义，立法者才会将侵害这些状态的行为规定为犯罪，以达到维护这种状态的目的。方法论的法益说被指将法益等同于犯罪规范的目的，无异于说犯罪的共同特征就在于它们都是犯罪，人们据此得到的仍然只能是一个形式主义的犯罪概念，尽管这个概念中有了些许目的论的内容。除此之外，以这种方式来理解法益与犯罪规范之间的关系，代表了一种企图用教条式的方法来诠释刑法规范的倾向。现实论的法益说也受到了批判，批判之理据在于，立法者制定刑法未必是为了维护某种先于刑法规范的存在状态，而只是为了实现某种特定的政治目的，譬如，虽然人的生命可以离开有关杀人罪的规范而独立存在，但对武器流通的控制却是一个完全依赖法律规定才得以存在的事实，离开了相关的法律规范，对武器的控制就没有具体的内容。②

由于在基本问题上存在如上重大分歧，有关法益的具体定义当然也就难免不言人人殊了，可以说，几乎任一涉足该问题的研究者都提出了异于他人的见解，除了上文提及的一些刑法学者对法益概念所作的阐释外，还存在其他形形色色的定义。如德国刑法学家金德霍伊泽尔认为，“在法

① 参见[日]伊东研祐：《法益概念史研究》，秦一禾译，中国人民大学出版社 2014 年版，第 69-92、102-115 页。

② 参见[意]杜里奥·帕多瓦尼：《意大利刑法学原理》（注评版），陈忠林译评，中国人民大学出版社 2004 年版，第 76-79 页。

治和社会福利国家的民主社会中，服从于个人自由发展的人之特征、事物特征或制度特征，如身体、生命、自由、财产、司法裁判，就是法益。”[①]韦塞尔斯指出，“法益的概念，指生命财产、社会价值、个人的或者集体的因为对社会化有着特别意义而享受法律保护的合法利益。个人之受到法律保护的利益，有生命安全、身体完好性、个人自由、荣誉、所有权、财产等（个体法益）。集体之受到法律保护的利益，有国家的组成、国家的自由民主基本秩序、国家机密、司法管理、官员之不受贿赂性、现金流通安全、法律关系证书的可靠性等（整体法益）。”[②]耶赛克和魏根特认为，将法益保护强调为刑法的首要任务，是自由国家观点的一个标志，所谓法益是指刑法所要保护的公众的生活利益。[③]罗克辛对法益的最新定义是，“法益是指所有对于个人的自由发展、其基本权利的实现和建立在这种目标观念基础上的国家制度的功能运转所必要的现实存在或者目的设定。”[④]日本刑法学家大塚仁认为，“刑法是对社会生活上被认可的各种利益进行保护的，这种利益称为法益或保护法益，只有对法益的攻击行为，即侵害法益或者使法益蒙受危险的行为才是犯罪”[⑤]，因而认为法益是社会生活上被认可而为刑法所保护的各种利益。另有从宪法的角度来定义法益之见解，该见解认为，将犯罪的实质理解为对法益的侵害不是出于理性的需要，而是宪法的要求，因而犯罪的实质是对宪法性利益的侵犯。[⑥]我国刑法学家张明楷教授在界定法益概念时吸纳了此一见解，他指出，“法益是指根据宪法的基本原则，由法所保护的、客观上可能受到侵害或者威胁的人的生活利益。”[⑦]如此等等，不一而足。

（二）诸说简评

尽管中外刑法学研究者们对犯罪本质的研究倾注了巨大的心力，也提出了形形色色的学说或见解，但通观这些学说及见解，都存在较为明显的缺陷，那便是，均难以经受住本质概念标准的检验。如前所析，一事物

---

① [德]乌尔斯・金德霍伊泽尔：《刑法总论教科书》（第六版），蔡桂生译，北京大学出版社 2015 年版，第 23 页。

② [德]约翰内斯・韦塞尔斯：《德国刑法总论》，李昌珂译，法律出版社 2008 年版，第 5 页。

③ 参见[德]汉斯・海因里希・耶赛克、托马斯・魏根特：《德国刑法教科书》，徐久生译，中国法制出版社 2001 年版，第 1-12、314 页。

④ [德]克劳斯・罗克辛：“刑法的任务不是法益保护吗？”，樊文译，陈兴良主编：《刑事法评论（第 19 卷）》，北京大学出版社 2006 年版，第 152 页。

⑤ [日]大塚仁：《犯罪论的基本问题》，冯军译，中国政法大学出版社 1993 年版，第 4 页。

⑥ 参见[意]杜里奥・帕多瓦尼：《意大利刑法学原理》（注评版），陈忠林译评，中国人民大学出版社 2004 年版，第 79-83 页。

⑦ 张明楷：《法益初论》，中国政法大学出版社 2003 年版，第 167 页。

之本质必须是为该事物所共有而又不为其他事物所享有的东西，即必须是共性与特性的统一体，二者缺一不可，缺一即无法成为事物之本质。准此审视中外刑法学界上述形形色色的犯罪本质学说及见解，它们所存在的缺陷可谓一目了然。

有关犯罪的本质，我国传统刑法学理论最初的通说是“社会危害性”说，但有不少研究者早就指出，犯罪的确具有社会危害性，但具有社会危害性的行为未必就是犯罪，一般违法行为同样具有社会危害性，换言之，社会危害性其实只反映了犯罪的共性，而该共性却非为其特性，故社会危害性并非犯罪的本质。而后，理论又试图在量上对其加以限制，形成了犯罪本质应该是“严重的社会危害性”之通说，但该认识实际上依旧未能经受住本质概念标准的检验，因为如所周知，无罪过行为，如意外事件、不可抗力以及完全丧失辨认控制能力的精神障碍者所实施的行为，无论造成了多么严重的危害社会后果，都不可能构成犯罪，故若未能将犯罪行为与此类也具有严重社会危害性的行为作进一步的界分，同样没有反映犯罪行为之特性。由此可见，对社会危害性仅以“严重”作量上限制，仍未能据此界分罪与非罪，故依然没有揭示犯罪的本质。

“权利侵害说”也存在同样的问题，因为侵害他人权利的行为未必就是犯罪行为，一般违法行为也具备此等性质。在德日刑法学理论中居通说地位也越来越为我国的刑法学研究者所推崇的“法益侵害说”，依旧存在较为明显的缺陷。法益侵害说认为，犯罪的本质是法益侵害，但问题是：何谓法益？若认为法益就是“法律所保护的利益”，因而“犯罪就是侵犯法律所保护的利益的行为”，应当说，这一断言本身是没有问题的，有问题的是，以该断言作为根据断定犯罪的本质就是法益侵害。因为显而易见的是，侵犯法律所保护的利益的行为未必就是犯罪，一般违法行为也具备此等属性，换言之，同样是只反映了犯罪的共性，而该共性却非为犯罪之特性，故无由成为犯罪的本质。有鉴于此，不少研究者又提出了法益乃“刑法所保护的利益”，试图基此限制法益概念外延之见解。不容否认，称“犯罪是侵犯刑法所保护的利益的行为”以及“侵犯刑法所保护的利益的行为必然是犯罪”都没有问题，可问题就在于，该见解并没有回答：刑法所保护的利益其具体内容是什么？或者说，刑法所保护的利益与其他部门法（如民法、行政法和诉讼法等）所保护的利益的区别究竟何在？可见，该见解虽然看到了前一论见之明显不足，却并未能从根本上解决问题。至于试图从宪法的角度来限制法益概念之见解，也丝毫未见有高明之处，因为宪法乃母法或根本大法，故依其制定的各个部门法无不是维护宪法法益的，这在理论上应该不存在任何疑议，声称刑法必须维护宪法法益，却未能揭示刑法与其他部门法在维护宪法法益上的根本性区别究竟何在，不过是道出了最为基本的法律常识，而对于理论把握犯罪的本质依然无甚助益。将法益界定为具体人或物的特定状态的状态说，也明显无法据此区分罪与非罪，因为，动物的行为、自然事件以及人的行为（无论合法与否）等，都能够将具体人或物的状态加以改变（如将活人变成尸体、改变人的肢体的完整状态等），故若未能说清犯罪行为在对人或物的状态改变上到底有何独特之处，也不可能基此把握犯罪的本质。

义务违反说的问题也同样明显，因为犯罪行为的确违反了法律义务，但违反法律义务的行为又何止是犯罪行为？而若将义务限定为刑事义务，则必须回答：刑事义务与其他部门法义务的界限何在？否则作如此限定也毫无意义。对于规范违反说，笔者认为，其必须解决的基本问题包含：对刑法规范否定的犯罪行为与对其他部门法规范否定的一般违法行为的根本性区别究竟何在？还有，如何确保刑法规范的正当性与合宪性，或者说，如何防杜立法者任意地创制罪刑规范，从而有效保障公民的基本人权？现有的规范违反说并未能就如上基本问题提供令人信服的解答。正如罗克辛所指出的，该说“有意回避规范内容的合法性或者不法性的任何命题”，“导致法学家给立法者提供恣意和专断”。①我国也有权威学者指出，规范违反说“基本上不可能为增设新的犯罪提供根据，因为这些行为并没有否定法规范”，并且“也难以为非犯罪化提供根据，因为已经被刑法规定为犯罪的行为都是对法规范的否定”。②因此，规范违反说同样没有揭示犯罪的本质。

此外，不难发现，上述有关犯罪本质的诸学说，无论是我国传统刑法学理论中的“（严重）社会危害性说”，还是德日刑法学理论中的“权利侵害说”“法益侵害说”“义务违反说”以及“规范违反说”等，无不是试图从价值的维度来揭示犯罪的本质，换言之，均试图揭示犯罪的价值本质（即犯罪所具有的独特消极价值）。在笔者看来，中外刑法学理论一则因未能准确把握犯罪的价值本质，二则因不明白事物的价值与构成事物的事实之间的基本关系，从而不明白一事物若具有某种独特的价值，势必意味着其也具备某种独特的构成事实（即事实本质），故若未能准确把握犯罪的价值本质，当然也就不可能正确揭示犯罪的事实本质（即犯罪所具有的独

① 参见[德]克劳斯·罗克辛：“刑法的任务不是法益保护吗？”，樊文译，陈兴良主编：《刑事法评论（第19卷）》，北京大学出版社2006年版，第164页。

② 参见张明楷：“刑法理论与刑事立法”，《法学论坛》2017年第6期，第18页。

特构成事实）了，甚至都难以意识到犯罪行为还具备事实本质。而正确揭示犯罪的事实本质对于犯罪构成体系的构建有着至关重要的意义，或言之，如若未能正确揭示犯罪的事实本质，就不可能构建科学合理的犯罪构成体系。

综上所析，我国以及德日刑法学界迄今有关犯罪本质的诸学说及见解基本都存在一个有目共睹的通病，那便是，所揭示的几乎都是犯罪行为在价值层面上的共性，但该共性却非为其特性，而试图对之加以限制的学说或见解则根本经不起推敲或追问，故无一准确把握住了犯罪的价值本质，更遑论犯罪的事实本质了。

可以看到，有关犯罪本质所形成的林林总总的学说及见解，不少中外刑法学研究者对于它们所存在的缺陷还是有比较清醒的认识的，以在德日刑法学理论中居通说地位、为我国刑法学界不少研究者推崇备至的法益侵害说为例，在其发源地德国，有不少刑法学者都指出了该学说发展迄今所存在的堪称致命的缺陷。如德国刑法学大家罗克辛就坦言，“尽管取得了这些进展，但是，关于实体犯罪概念的理论问题还是没有得到澄清。‘法益’的定义至今仍然没有得到成功而明确的说明，因而不能提供一个可以在法律上作为基础的和在内容上令人满意的界限”，“在今天，这种实体性犯罪概念和法益理论，都还属于刑法中最不精确地得到说明的基础问题。”[①]德国刑法学家施特拉腾韦特和库伦也指出，“尽管作出了种种努力，但是我们迄今为止都未能更清楚一点地澄清法益的概念。”[②]另有学者同样指出，“目前仍不清楚的是，法益‘是’什么，它在什么条件下产生或者被创造出来，哪些财必然属于法益”，“即便是在近期，对于法益所作的论证也依旧令人捉摸不透，不同意见形成的丛林几乎让人无法穿行。”[③]有学者甚至认为，“‘真正的’法益概念并不存在。”[④]法益理论在德国的现状是，法益主要还是存在于刑法学界的一个概念，当今德国的立法和司法界对刑法理论界热议的法益理论普遍持怀疑态度，德国联邦宪法法院曾多次拒绝将法益保护思想作为一种标准来检验刑法规定是否符合宪

① [德]克劳斯·罗克辛：《德国刑法学 总论》（第 1 卷），王世洲译，法律出版社 2005 年版，第14、26页。

② [德]冈特·施特拉腾韦特、洛塔尔·库伦：《刑法总论 I——犯罪论》，杨萌译，法律出版社2006年版，第30页。

③ [德]伊沃·阿佩尔：“通过刑法进行法益保护？——以宪法为视角的评注”，马寅翔译，赵秉志、宋英辉主编：《当代德国刑事法研究》（2016年第1卷），法律出版社2017年版，第54、61页。

④ [德]阿敏·英格兰德：“通过宪法振兴实质的法益理论？”，马寅翔译，赵秉志、宋英辉主编：《当代德国刑事法研究》（2016年第1卷），法律出版社2017年版，第95页。

法，理由直指法益概念本身的模糊性，因为关于法益概念目前并未有一个一致的观点。[①]

按理说，面对如此纷纭扰攘、远未达成共识而缺陷又极其明显的法益理论，学者们在使用法益概念时应当极为慎重，否则，使用这种含糊混沌的概念来决定行为的罪与非罪、此罪与彼罪以及罪重与罪轻，无异于将国家极为严肃的刑事司法活动视同儿戏，将公民的基本权利和自由当作任意拿捏的玩物。令人遗憾的是，前赴后继的刑法学研究者们几乎都无视法益理论所存在的有目共睹的致命缺陷，在探讨刑法问题时近乎言必法益，毫无顾忌地运用法益概念来解决各类刑法问题，这一点在我国刑法学界随着德日刑法学理论的广泛引入表现得尤为突出。问题是，立足于如此含混模糊、似是实非的概念前提，如何可能科学合理地解决刑法相关问题？

二、把握犯罪本质[②]之逻辑理路展示

如所周知，一门学科的基础理论若存在缺陷，其消极影响将具有弥散性，它会导致整个学科体系都笼罩在迷雾之中，令研究者们难以基此辩清究明其中几乎所有的问题，学说林立、各持己见、谁都难以说服谁也就在所难免了。犯罪的本质是犯罪行为区别于人的其他一切行为的根本性标志，故若未能对其加以准确把握，意味着我们连“犯罪是什么”都不甚明了，那么建基于其上的整个刑法学理论大厦又怎么可能稳固牢靠？笔者认为，这也是日本刑法学家平野龙一曾指出的“在法学领域，‘某某学说’对‘某某学说’到处充斥的场景，除了刑法学以外，可能再也找不出第二个来了”[③]之根由所在。“犯罪是什么”是刑法学理论中的元问题，该问题的答案——犯罪的本质——因而也就成为刑法学基础理论研究中绝对不容回避的根基性问题。

---

① 参见杨萌：“德国刑法学中法益概念的内涵及其评价”，《暨南学报（哲学社会科学版）》2012 年第 6 期，第 65-66 页。而在 2008 年德国联邦宪法法院的“乱伦案判决”表明法益理论是宪法上无关的之后，出现了潮水般辩护或者彻底废除刑法上法益理论的出版物，参见[德]卡尔-弗里德里希·施图肯贝格：“基本权教义学代替法益理论——对刑罚与国家关系的评论”，潘文博译，赵秉志、宋英辉主编：《当代德国刑事法研究》（2016 年第 1 卷），法律出版社 2017 年版，第 110 页。

② 本部分内容所揭示的犯罪本质实际是犯罪的价值本质，也即犯罪行为较之于非罪行为在价值层面所具有的独特消极价值。实际上，犯罪的本质除了包含价值本质外，还包含事实本质，犯罪的事实本质也即犯罪行为较之于非罪行为在事实层面上所具有的独特构成事实，有关犯罪的事实本质，笔者将在下一节中予以揭示。

③ 转引自黎宏：“我国犯罪构成体系不必重构”，《法学研究》2006 年第 1 期，第 42 页。

（一）把握犯罪本质的立论前提

笔者认为，欲准确把握犯罪的本质，首先需要明确如下两个前提性问题：

1. 前提性问题之一：把握犯罪本质活动的性质

把握犯罪本质活动的性质所涉及的问题是，对犯罪本质的把握到底是一种评价活动还是一种认知活动？有不少研究者或许会认为，犯罪的本质无论是法益侵害、规范违反、（严重的）社会危害性或是其他，所反映的由于都是犯罪的消极价值，而对事物价值的把握当然就应该是一种评价活动，既然是评价活动，就可能会因人而异，并且有关犯罪本质理论的研究现状也能够印证这一点。笔者认为，此等见解其实并不正确，主要理由有二：

其一，对于有无准确把握犯罪的本质存在不因人而异的客观检验标准。该客观检验标准也即必须反映犯罪行为的共性及其区别于非罪行为之特性，任何研究者到底有无真正揭示犯罪的本质，都应该接受这一标准的检验，而不能如评价活动那般以不同价值主体各自的需要为尺度，要不然，犯罪的本质就将因失去客观定准而漫无边际，与之相关的学说争鸣也将无从开展，如此无异于否定犯罪有其本质之理论共识。并且可以看到，学界有关犯罪本质的不同学说之间的彼此攻讦或者某一学说内部的自我修正，所依据的基本都是该标准。

其二，对犯罪本质的把握实际上是刑法学研究者对身外价值事实的认知活动。犯罪的本质乃犯罪行为所具有的独特消极价值，在该价值关系范畴中，价值客体是作为客观事物而存在的犯罪行为，价值主体则应该是代表人民意志的国家立法者，而非刑法学研究者或是其他的什么主体，就中缘由在于，罪与非罪攸关公民的基本人权，故唯有代表人民意志的国家立法者方有资格对何谓犯罪作出评断后，进而基此制定罪刑规范对之施以刑事制裁。[①]因此，对于犯罪的本质，刑法学研究者所能够做的就是正确地揭示国家立法者的特定需要与犯罪行为之间的价值关系，而不应该是研究者自身的某种需要（如为支持自己提出的某种学说或观点）与犯罪行为之间的价值关系。由此可见，对犯罪本质的把握实乃刑法学研究者对身外价值事实（也即价值真相）的认知而非评价活动。

对犯罪本质的把握是一种认知而非评价活动，将使得我们到底有无准确地把握犯罪本质以及基于犯罪本质所作的逻辑推理是否科学合理，也

① 在我国，其法律依据是《中华人民共和国宪法》第62条以及《立法法》第10、11、12条之规定。

具有了不因人而异的可检验性。

2. 前提性问题之二：刑法与其他部门法的关系

犯罪的本质也即犯罪行为在价值层面所具有的独特消极价值，而如前所析，事物的价值乃价值主体的需要与作为价值客体的该事物之间的一种特定关系，故在犯罪本质这一价值关系范畴中，关系的一极是作为价值主体的国家立法者的特定需要，另一极也即价值客体则是作为客观事物而存在的犯罪行为，其中，国家立法者的特定需要乃衡量犯罪行为所具有的独特消极价值之尺度，因而在该价值关系范畴中居于主导地位，也是我们把握犯罪本质的关键所在。在笔者看来，“国家立法者的特定需要是什么”所要解决的问题其实就是：面对犯罪行为，国家为何需要制定刑法（也即刑法的目的）？而该问题的答案在此般同等问题中将变得更加清晰，也即，面对犯罪行为，国家若不制定刑法又会如何？或者说，国家若没有刑法而仅有其他部门法，法秩序是否会呈现出某种异常的状态？答案若为否定，那么国家制定刑法显属多此一举。答案若为肯定，那么显而易见，该异常法秩序状态正是为刑法所应该防止，换言之，立法者之所以需要制定刑法，就是为了防止该异常法秩序状态的出现。而立法者的该特定需要也成为衡量犯罪所具有的独特消极价值之标尺，也即唯有能够导致该异常法秩序状态的行为方为犯罪，或者说，唯有侵犯该异常法秩序状态之反面的行为方才构成犯罪，犯罪的本质也将因之而彰显。基此不难发现，该异常法秩序状态与立法者的需要（刑法目的）、犯罪的本质以及刑法的调整对象等刑法基础性问题都直接关联，如若准确把握该异常法秩序状态，那么这些基础性问题都将迎刃而解。由于该异常法秩序状态的出现系以仅有其他部门法而无刑法之假定作为前提，故欲准确揭示该异常法秩序状态，又以正确把握刑法与其他部门法之关系作为前提。

笔者认为，刑法与其他部门法的关系集中体现在了刑法的一个在理论上已达成广泛共识的特性上，那便是刑法的后盾法性质或保障法地位。刑法的后盾法性质或保障法地位是指，刑法只能将那些其他部门法的制裁措施不能有效遏制的违法行为规定为犯罪，进而对之施以刑事制裁，反言之，对于那些其他部门法的制裁措施能够有效遏制的违法行为，就不允许刑法为之设罪处刑。刑法的这一特性在理论上又被称为刑法的“不得已性”“补充性”“辅助性”或者“第二顺位性”等。[①]早在启蒙时代，便已有思想家对刑法的该特性有了明确的认识，如卢梭曾明言，“刑法在根本上与其说是一种特别法，还不如说是其他一切法律背后的制裁。”[②]刑法的这一特性迄今已在中外法学界鲜有疑议，刑法学者们就此进行了更为明确的阐释，如德国刑法学家罗克辛指出，“法益保护并不会仅仅通过刑法得到实现，而必须通过全部法律制度的手段才能发挥作用。在全部手段中，刑法甚至只是应当最后予以考虑的保护手段，也就是说，只有在其他解决社会问题的手段——例如民事起诉，警察或者工商管理规定，非刑事惩罚，等等——不起作用的情况下，它才能允许被使用。”[③]日本刑法学家大塚仁也指出，“只有在通过其他的法律不能进行充分的保护时，才应认可刑法中的法益保护。把基于这种关系的性质称为刑法的第二次性质或者补充性质。”[④]我国台湾地区学者韩忠谟也认为，一切法益，常受禁止法规和制裁法规之两重保护，所谓禁止法规，乃国家对于一定之法益，加以承认，从而命令或禁止为一定之行为，以为保护之法规，而制裁法规之作用则为对于违反禁止法规之规定者，科以制裁，以确

① 理论也论及刑法的“谦抑性”，由于刑法的后盾法性质或保障法地位所强调的主要是对刑事立法在行为出入罪上的限制，而理论所探讨的刑法的谦抑性，除了包含刑法的后盾法性质或保障法地位之内容外，一般认为，还应该包含刑罚适当的内容，即在行为入罪后，立法在配置刑罚以及司法实务在适用刑罚时不得过度，参见张明楷：《刑法格言的展开》（第三版），北京大学出版社 2013 年版，第480-499 页。可见，刑法的后盾法性质或保障法地位并不等同于刑法的谦抑性，前者为后者所包容。

② “制裁”一词在卢梭 1762 年法文版的《社会契约论》中的用语是 sanction，See Jean-Jacques Rousseau：*Du Contract Social ou Principes du droit politique* (1762)，Un document produit en version numérique par Jean-Marie Tremblay, professeur de sociologie, p.33. 在法语和英语中，sanction 一词都有“制裁，处罚，处分；认可，批准，核准，许可”等含义。参见陈振尧主编：《新世纪法汉大词典》，外语教学与研究出版社 1998 年版，第 2428 页；陈春龙主编：《法汉/汉法 法律词典》，中国社会科学出版社 2003 年版，第 545 页；Byran A. Garner：《牛津现代法律用语词典》（第二版），法律出版社 2002 年版，第 780 页。“剑桥政治思想史原著系列”英译版的《社会契约论》也直接使用 sanction 一词，See Rousseau: *The Social Contract and other later political writings*, Cambridge Texts in the History of Political Thought, Edited by Victor Gourevitch, Cambridge University Press, 1997, p.81.《社会契约论》的国内译本有将该词译为“裁定”的，参见[法]卢梭：《社会契约论》，何兆武译，商务印书馆 2003 年版，第 70 页。也有译为“认可”的，参见[法]卢梭：《社会契约论》，杨国政译，陕西人民出版社 2004 年版，第 48 页。笔者认为，卢梭在这里所欲表达的应该就是刑法作为其他部门法的后盾法或保障法之性质，故译为“制裁”或“制裁措施”方为妥当，参见[法]卢梭：《社会契约论》，钟书峰译，法律出版社 2017 年版，第 53 页。当然，称“刑法是其他一切法律背后的制裁（措施）”，并不是说其他法律就没有自己的制裁措施，而是指刑法的制裁措施唯有在其他法律制裁措施未能奏效时方得以发动。

③ [德]克劳斯·罗克辛：《德国刑法学 总论》（第 1 卷），王世洲译，法律出版社 2005 年版，第 23 页。

④ [日]大塚仁：《刑法概说（总论）》，冯军译，中国人民大学出版社 2003 年版，第 23 页。

保法益之存立，禁止法规训示于前，制裁法规确保于后。刑法对于法益，常作第二次的保护，故为制裁法规，又其保护法益，往往以禁止法规为基础，由是可见刑法与他种法律间关系之密切。[①]此外，德国联邦宪法法院在判决中也曾明示，“刑法规范在一定程度上是立法者的‘最后手段’”[②]。

刑法的后盾法性质或保障法地位不容否定，刑法的这一特性由来于其所特有的调整方法或制裁措施——刑罚。[③]如所周知，刑罚以剥夺公民的基本人权为主要内容，具体包含剥夺公民的人身自由、财产以及政治权利，在罪行极其严重时，甚至可以剥夺作为其他一切权利前提和基础的生命，因而有着其他部门法的制裁措施所无可比拟的严厉性，或者说具有无以复加的严厉性，制裁措施的极端严厉性也意味着对其适用必须严加限制、慎重为之。启蒙思想家孟德斯鸠曾告诫，“治理人类不要用极端的方法；我们对于自然所给与我们领导人类的手段，应该谨慎地使用。”[④]法学家耶林也指出，“刑罚如两刃之剑，用之不得其当，则国家与个人两受其害。”[⑤]功利主义哲学家边沁则对国家应该如何审慎地施加惩罚进行了较为详尽的论述，他明确指出，“很明显，在下列情形中就不应该施加惩罚：（1）惩罚无根据：没有要防止的损害，或者说，行为总的来说没有危害；（2）惩罚必定无效：不可能起到防止损害的作用；（3）惩罚无益或代价太高：惩罚产生的损害将大于它所防止的损害；（4）惩罚无必要：损害无需惩罚就可以防止或自行停止，也即以较小的代价便可防止或停止。”[⑥]边沁的此番言说可谓不刊之论。鉴于刑事制裁措施所具有的无以复加的严厉性，其中的“惩罚无必要”中就理所当然地包含了此般内容：对于那些只需动用其他部门法的制裁措施就能够有效遏制的违法行为，绝不允许刑法对之设罪处刑，反推则是，刑法唯有在穷尽其他部门法的制裁措施仍不能有效遏制相关违法行为时方得以发动。诚如罗克辛所指出的，“因为刑法在国家对公民权利的所有干涉中是最严厉的一种，所以，只有

---

① 参见韩忠谟：《刑法原理》，中国政法大学出版社 2002 年版，第 9 页。

② 参见[德]汉斯•海因里希•耶赛克、托马斯•魏根特：《德国刑法教科书》，徐久生译，中国法制出版社 2001 年版，第 3 页。

③ 刑法之调整方法或制裁措施的特殊性已为法学界所公认，甚至以其作为刑法之所以能够成为独立部门法之主要根据，参见张文显主编：《法理学》（第五版），高等教育出版社 2018 年版，第 103 页。

④ [法]孟德斯鸠：《论法的精神》，张雁深译，商务印书馆 1995 年版，第 85 页。

⑤ 转引自林山田：《刑罚学》，台湾商务印书馆股份有限公司 1983 年版，第 127 页。

⑥ Jeremy Bentham: *An Introduction to the Principles of Morals and Legislation*, The Clarendon Press, 1823, p.171.

在比较轻缓的手段不能充分保证效果的情况下，才允许适用刑法。如果国家使用其他社会政策措施就能够或者甚至更有效地保护一种确定的法益，但是却抓住了锋利的刑法之剑，那么，这种做法就违反了禁止超过必要限度的原则。”[①]由此可见，刑法的后盾法性质或保障法地位毋庸置疑[②]，把握刑法的该特性也是我们揭示犯罪本质的关键性前提。

（二）犯罪本质揭示

刑法的后盾法性质或保障法地位意味着刑法只能将那些穷尽其他部门法的制裁措施仍不能有效遏制的违法行为规定为犯罪，进而动用刑事制裁措施予以打击。立基于此，对于犯罪本质的把握，寻解的逻辑思路便回到：当面对那些穷尽其他部门法的制裁措施仍不能有效遏制的违法行为，设若没有刑法这一部门法的存在，法秩序是否会呈现出某种异常的状态？答案若为肯定，那么显而易见，此一状态正是由刑法所应该规制的犯罪行为所导致，而刑法的目的则无疑就是要避免或防止这种异常法秩序状态的出现，据此可知，与该异常法秩序状态相对的反面就是刑法所应该维护的状态，而犯罪行为所侵犯的正是此种状态。答案若为否定，则意味着，对于那些穷尽其他部门法的制裁措施仍不能有效遏制的违法行为，即便没有刑法规范为之设罪处刑，法秩序也将如常不易，果若如此，那么刑法势必完全失去其存在的价值。毋庸置疑，经验与现实绝不允许我们对该问题作出否定的回答，我们所能追寻的唯有：对于那些穷尽其他部门法的制裁措施仍不能有效遏制的违法行为，若无刑法规范为之设罪处刑，法秩序到底会呈现出怎样的一种异常状态？我们又应该如何对之加以把握？由于该种状态的出现系以没有刑法规范作为前提，而如所周知，刑法在任何国家都是国家治理与社会控制不可或缺的公器，故没有刑法或者刑法在一段时期内完全失效，法秩序将会呈现出怎样的异常状态，这更多的是一种假设，在现实中不太可能真实地呈现，换言之，该种状态通常只存在于我们的观

---

① [德]克劳斯·罗克辛：《德国刑法学 总论》（第1卷），王世洲译，法律出版社2005年版，第23页。起源于行政法如今已为不少国家的宪法所确认的“比例原则”，其基本内容中也包含了“（惩罚）必要性”之要求，该原则的基本内容包含：（1）“适当性”，即法律规定必须系达到所欲追求目的之有效方法；（2）“必要性”，即法律规定必须系达到所欲追求目的之各种有效方法中影响人民利益最轻微之一种方法；（3）“衡平性”，法律规定造成人民之损害与其所欲追求之目的二者间，必须维持合理之衡平关系。参见余振华：《刑法违法性理论》，元照出版有限公司2001年版，第7页。因此，如今刑法学者们多倾向于依据比例原则来推导出刑法的后盾法性质或保障法地位。

② 不过，在中外刑法学界，还是有极个别的学者对于刑法的此一属性提出了质疑。参见[德]科讷琉斯·普里维茨：“作为适当原则的刑法”，陈昊明译，赵秉志主编：《刑法论丛》（第67卷），法律出版社2022年版，第286-299页；张峰铭：“刑法是后置法吗？——法域冲突问题之体系反思”，《法制与社会发展》2023年第4期，第131-149页。但是在比例原则之下，他们所提出的理据显然是站不住脚的。

念或者思维之中。[①]不过，尽管如此，我们还是可以借助某些方面的生活经验以及相关学科的研究成果对之加以把握。有关这一点，笔者在很大程度上还是认同德国刑法学家西施贝尔之论见，他指出，“保护客体的侵害绝不是由感觉性的知觉而决定的，常常只是根据抽象化理论才有可能认识”[②]。

面对那些穷尽其他部门法的制裁措施仍不能有效遏制的违法行为，设若没有刑法规范的存在，法秩序将会呈现出一种怎样的异常状态，我们其实可以基于事例、借助经验以及相关学科的研究成果对之加以把握，于此便拟以人类社会最为古老、现实中也是最为常见的犯罪之一——盗窃罪作为把握之素材。从民法的角度来看，盗窃无疑是一种民事侵权行为，那么仅仅通过民事制裁的方式能否有效地遏制盗窃行为呢？答案是否定的，就中缘由在于：盗窃是以秘密（亦即财物的所有人或占有人不知道）的方式获取他人的财物，故通常而言，被害人所面临的首要问题将是如何找到被告人，因为在不知被告为何人的情况下是不具备民事起诉条件的[③]；退一步而言，即使知悉被告为何人，则因行为人往往会掩饰、隐匿赃款赃物，故被害人又面临着如何取证的棘手难题，而若无充足的证据是不可能实现诉求的；还有，即便知悉被告为何人且证据确凿充分，则又因民法对侵权损害赔偿所奉持的是填平原则，即遵循有损失才赔偿，且有多少损失就赔偿多少的原则，[④]故对于被告人而言，所承担的责任也不过是返还财物或者作价赔偿而已。显然，相较于前面两种情形，最后一种情形在现实中出现的概率是比较低的，故总体而言，盗窃行为人基本可谓稳赚不赔。据此可知，若让行为人只承担如此轻微的法律责任，不仅无法有效地遏制

① 当然，该种状态在现实中也非绝对无出现之可能，譬如在战乱中，刑法便可能会因各方厮杀而部分或完全地失效。

② 转引自[日]伊东研祐：《法益概念史研究》，秦一禾译，中国人民大学出版社 2014 年版，第 86 页。

③ 依据我国民事诉讼法第 122 条之规定，“起诉必须符合下列条件：……（二）有明确的被告；……。”

④ 这是由民法中的平等原则所决定的，民事主体在民事领域中的法律地位是平等的，侵权事实不能改变当事人的平等地位，而平等的当事人是不能互相惩罚的，参见谭启平主编：《中国民法学》（第二版），法律出版社 2018 年版，第 684-685 页。虽然民事责任中也存在作为例外的惩罚性赔偿，但仅限于如下少量情形：《中华人民共和国民法典》第 1185 条规定的故意侵害他人知识产权的赔偿责任，第 1207 条规定的明知产品存在缺陷致人损害的赔偿责任，第 1232 条规定的故意污染环境、破坏生态造成严重后果的侵权赔偿责任，我国《消费者权益保护法》第 55 条规定的经营者提供商品或者服务有欺诈行为的侵权赔偿责任，我国《药品管理法》第 144 条规定的生产假药、劣药或者明知是假药、劣药仍然销售、使用致人损害的侵权赔偿责任等。并且很显然，这种惩罚性赔偿只能针对侵权行为人的财产（且有数额限制），而不涉及其人身。

行为人再盗窃，反而有鼓励其继续实施盗窃之嫌疑。

哪怕是诉诸制裁措施相对严厉的行政法，依据我国《治安管理处罚法》第49条之规定，对盗窃公私财物行为的处罚最重不过15日拘留（并罚也不过20日）并处1000元罚款，不难设想，若仅施以此般惩罚，不仅未能起到遏止行为人再盗窃之功效，反而有鼓励其做大案之嫌疑，因为，做小案被抓住受罚并不合算，做大案即便被抓住受罚也不过尔尔，而若未被抓住则大赚，因此，也同样难以有效地遏制行为人再盗窃。

概言之，无论是让盗窃行为人承担民事责任或/兼行政责任，其违法收益都要高于甚至大大高于违法成本。心理学的研究表明，一旦受试者发觉实施某种行为会得到奖赏，他们就会显著地增加该行为。[①]有法律格言亦云："对实施恶行的人显示宽大时，他将再度实施恶行"[②]。由此可见，无论是通过民事制裁、行政制裁甚或双管齐下，都难以有效地遏制盗窃分子重复实施盗窃行为。

不过，行为人可能重复实施盗窃行为其实还不是我们揭示犯罪本质的关键所在，就中缘由有二：一是个体在日常生活中能够接触到的人与生活事件毕竟有限，故若盗窃分子只是数量恒定的少数人，即便他们反复地实施盗窃行为，其社会危害仍然相对有限；二是此等危害亦非为犯罪行为所特有，譬如，完全丧失辨认控制能力的精神障碍者在实施危害行为后，若不对其采取相关有效措施（如严加看管和医疗），也完全可能继续实施危害行为，但其行为却不构成犯罪。基此可知，若要准确把握犯罪的本质，还必须具备更为广阔的观察视野。

心理学的相关研究成果其实已经为我们把握犯罪的本质提供了较为明确的解题路径。根据心理学中的"社会学习理论"（Social Learning Theory）的研究，新的行为模式可以通过直接经验或者通过观察他人的行为（即间接经验）而获得，其中，人的绝大多数行为都是通过后者也即观察他人的示范过程而习得，美国心理学大家、社会学习理论的奠基者也是集大成者阿尔伯特·班杜拉（Albert Bandura）称之为"观察学习"，他指出，"事实上，几乎所有由直接经验产生的学习现象，都可以通过观察他人的行为及其结果而在替代的基础上发生。人类通过观察学习的能力使他能够透过实例获得大量、完整的行为模式，而不必经由令人厌烦的试错过

① See Spielberger, C.D., & DeNike, L. D.: *Descriptive behaviorism versus cognitive theory in verbal operant conditioning*, Psychological Review, 1966.73(4), p.306–324; Albert Bandura: *Social Learning Theory*, General Learning Press, 1971, p.25.

② 张明楷：《刑法格言的展开》（第三版），北京大学出版社2013年版，第461页。

程来逐步建立。类似地，情绪反应可以通过观察经历痛苦或者快乐的其他人的情绪反应来发展。通过观察他人从事令人恐惧的活动而不会产生任何不利的后果，恐惧和防御行为就可以被替代地消除，看到他人因其行为而受到惩罚，则会导致行为抑制。”①“榜样在诱发和引导行为中的威力，在实验室研究与实地研究中都得到了充分的证明。”②

据此可知，对于盗窃行为若仅仅倚仗民事与行政制裁而缺乏刑事制裁，最为严重的后果还不在于盗窃分子自己会反复地实施盗窃行为，而在于他人会在耳濡目染中习得进而也为盗窃这一不法取财之勾当，即便起初并无盗窃意图者，也可能会因为自身财物时常被窃致维生艰难而被迫踏上盗窃或其他不法取财之歧途。不难想见，长此以往，盗窃及其他不法侵财行为势必蜂起，其危害将远远超越特定的被害人而殃及社会每一公民，也即，在此等状态下，每一公民的财产权均将无所保障，时刻面临着被侵犯的威胁。由此可见，对于盗窃行为，若仅仅倚仗民事与行政制裁措施，最终将使得整个社会都会陷入到一种每一权利主体之财产权均无所保障的状态。而刑法的后盾法性质或保障法地位决定了刑法只能将那些穷尽其他部门法的制裁措施仍不能有效遏制的违法行为规定为犯罪，这就意味着此等状态正是由刑法所应该规制的犯罪行为所导致。基此可知，盗窃犯罪所侵犯的已绝不仅仅局限于被害人的财产权，更在于威胁到了每一财产权主体之财产权。而在法规范体系的价值层次中，牵及每一利益（含权利）主体之特定利益所对应的法价值，实际已然超越特定利益主体之具体利益，而上升到了该具体利益之上的法律制度层面，因为，唯有当某一项法律制度遭受威胁时，方能使该制度之下的每一利益主体的相关具体利益均受到威胁。因此，较之于一般性的违法侵财行为，盗窃罪所侵犯的特殊价值就应该是其他部门法（民法、行政法等）为保护公民财产权所设立的财产权保护制度。

遵循如上分析路径，对于其他犯罪行为所侵犯的独特价值（相对于一般违法行为而言）也可以得出同样的结论，即都侵犯了相关的法律制度，例如，故意杀人罪和故意伤害罪所侵犯的应该分别是其他部门法所设

① Albert Bandura: *Social Learning Theory*, General Learning Press, 1971, p.2.需要补充说明的是，引文之“看到他人因其行为而受到惩罚，则会导致行为抑制”，其中显然应该排除惩罚畸轻之情形，换言之，若对相关行为的惩罚畸轻，使得行为人因实施行为所带来的收益大于乃至远大于受罚之代价时，这种所谓的惩罚实质上并非惩罚，而是一种变相的奖赏，因而并不会导致行为抑制，这是经验也是常识。

② Albert Bandura: *Social Learning Theory*, Prentice-Hall, Inc., 1977, p.88.

立的生命权保护制度和身体健康权保护制度（属人身权保护制度之内容），重婚罪所侵犯的应该是我国婚姻法所确立的一夫一妻婚姻制度，背叛国家罪等危害国家安全犯罪所侵犯的应该是国家安全制度，伪造货币罪所侵犯的应该是国家的货币管理制度，拒不执行判决、裁定罪所侵犯的应该是司法机关的判决、裁定执行制度，走私、贩卖、运输、制造毒品罪所侵犯的应该是国家对毒品的管理制度，贪污贿赂犯罪所侵犯的应该是国家的廉政制度，如此等等。实际上，唯有将危害程度达至威胁到其他部门法所设立的相关法律制度的违法行为规定为犯罪，方能在价值层面上对犯罪行为与一般违法行为加以界分，譬如，若认为故意杀人罪的犯罪客体（保护法益）仅仅是作为个体的他人的生命权，而非其他部门法为保护生命权所设立的生命权保护制度，就不可能在价值层面上区分故意杀人罪与侵犯生命权的非罪行为（如意外事件、不可抗力致人死亡以及无责任能力者致人死亡的行为等），若认为盗窃、诈骗、抢夺等犯罪所侵犯的只是公私财产权，而非其他部门法为保护公私财产权所设立的财产权保护制度，就不可能在价值层面上区分侵财犯罪与一般性的违法侵财行为。

由于个罪行为所侵犯的特殊价值乃其他部门法所设立的特定法律制度，那么作为整体的犯罪行为所侵犯的特殊价值就应该对应着作为整体的其他部门法制度，而刑法的目的就在于保障作为整体的其他部门法制度的有效运行，或者说，就是为作为整体的其他部门法制度的有效运行保驾护航，刑法的后盾法性质或保障法地位正是因此而得以彰显。而若从另一视角来考察，也可以得出同样的结论：由于公民所享有的各种权利之间并非彼此孤立、毫无关联，而是有着千丝万缕的联系，例如，财产是人赖以生存的物质保障，故若财产权得不到有效保障，那么人身权也势必无所保障，换言之，若财产权保护制度受到威胁，那么人身权保护制度也必然同时受到威胁，而若人身权保护制度都无所保障，那么其他一切法律制度均将无所保障，此时整个社会都将陷入混乱无序的状态，在此等状态中，每一公民甚至连最起码的权利（也即基本人权，如生命权、身体健康权、人身自由权、财产权以及参与社会管理的权利等）都将无所保障，更遑论其他的权利了。正如我国刑法学家陈忠林教授所指出的：不用刑法制裁盗窃，国家的所有权制度乃至整个民法制度就可能荡然无存；不用刑法制裁妨害公务的行为，所有的行政法律制度都可能形同虚设；不用刑法制裁故意杀人行为，国家的任何法律制度就可能彻底崩溃。[①]由此可见，任何一项法律制度的崩溃都将引发“多米诺效应”，导致其他部门法制度的整体崩溃，整个社会也将因此而陷入混乱无序的状态之中。[②]据此可知，犯罪是威胁到作为整体的其他部门法制度的行为，或者说，是威胁到每一公民（包括犯罪人自身在内的全体公民）基本人权的行为，此即为犯罪行为所特有而为一般违法行为所不可能具有的严重社会危害性。

如若将作为整体的其他部门法制度或者全体公民基本人权的受保护状态喻为宁静祥和的大海，那么一般违法行为就只是海面上的风雨雷电，即便电闪雷鸣，狂风骤雨，也始终无法撼动整个大海，因为我们知道，此时大海的稍深处仍是一派安宁，而对犯罪行为若不动用刑法加以及时有效地打击的话，则将具有蓄积引发海底地震从而能够摇撼震荡整个大海的巨大能量。[③]有关犯罪所具有的如此严重的社会危害性，启蒙思想家们有过精辟的论述，如洛克指出，“除去某些部分来保护全体，而所除去的只是那些腐败到足以威胁全体的生命和安全的部分；否则任何严峻的刑罚都不是合法的。”[④]卢梭则直陈，“一个为非作恶的人……他甚至于是在向国家开战。”[⑤]

综上可知，立法者的需要也即刑法的目的在于维护作为整体的其他部门法制度或者是保障全体公民的基本人权，也即我国刑法第 1 条所规定的刑法的价值目标——“保护人民”之应有意涵，而犯罪所侵犯的则是作为整体的其他部门法制度或者全体公民的基本人权，这也是犯罪行为与一般违法行为乃至人的其他一切行为在价值层面相区别的根本性标志，因而构成了犯罪的本质。据此也就不难把握刑法所具有的独特调整对象了，刑法的调整对象应该是罪犯个人（的基本人权）与作为整体的其他部门法制度或者全体公民基本人权之间的法律关系，因而显著区别

---

① 参见陈忠林主编：《刑法学》（上），法律出版社 2006 年版，第 3 页。

② 犯罪行为在价值层面上的如此紧密关联性也意味着，犯罪的价值本质只具有宏观上的罪与非罪之区分功能，而无微观上的此罪与彼罪之区分功能，如下文所析，微观上的罪与非罪以及此罪与彼罪之区分功能，将由以个罪之事实本质（即罪过之意志因素）为核心而构建的犯罪构成来承担。

③ 有鉴于此，笔者反对“违法一元论”，因为违法一元论无异于将海面上的风雨雷电等同于具有引发海底地震危险之因素。违法具有程度之别，程度较低的违法行为无法触发程度较高的违法，刑事违法属于最高程度的违法，故仅仅违反民法、行政法等规范的一般违法行为不属于刑事违法行为，也即不违反刑法，因为它们根本威胁不到刑法所特有的保护价值（刑法法益）。

④ [英]洛克：《政府论》（下篇），叶启芳等译，商务印书馆 1996 年版，第 105 页。

⑤ [法]卢梭：《社会契约论》，何兆武译，商务印书馆 2003 年版，第 43 页。

于其他部门法的调整对象，这也是刑法之所以能够成为独立部门法的根本依据所在。[①]

三、相关问题澄清

在界定清楚犯罪的本质后，与犯罪本质相关的一些论争到底孰是孰非也就不在话下了：

首先，在称谓上，到底应该将犯罪的本质属性称为“严重的社会危害性”还是“法益侵害性”，或是其他？笔者的回答是，只要没有界定清楚各自确切的内涵并能够基此区分罪与非罪，就是没有把握犯罪的本质属性，就无所谓孰优孰劣。无视含混模糊的法益概念，声称只要肯定社会危害性范畴在刑法领域中的核心地位，刑事法治就永难见天日，也绝不会因为哪怕是全世界的刑法学研究者以及刑事司法实务工作者张口闭口皆法益而拨云见日！而一旦界定清楚犯罪的本质，则将犯罪的本质属性称为“严重的社会危害性”也好，“法益侵害性”或是其他的什么称谓也罢，均已无关宏旨。因此，有关犯罪的本质或本质属性，笔者并不反对使用社会危害性概念、法益概念或是其他的什么概念，所反对的是，基于含混不清的概念理不直却气壮地恣意言说。

其次，刑法法益到底是一种“状态”还是一种“利益”？利益是指“好处”，与“害处”相对，即“对人或事物有利的因素”[②]，可见，利益其实是一种积极的价值。如前所析，价值是价值客体与价值主体需要之间的一种关系，价值客体乃作为事实而存在的人或物，而任何人或物无不以一定的状态而存在，从而表现出一定的属性和功能，正是这种属性和功能

---

① 中外法学界（包括刑法学界）的主流见解认为，刑法并无自己独特的调整对象，其独特之处仅在于调整方法，并认为这也是刑法之所以能够成为独立部门法之主要根据。在笔者看来，调整方法的确能够将刑法规范与其他部门法规范区分开来，但这一标准徒具形式意义，唯有具备独特的调整对象方能够为刑法成为独立的部门法提供实质根据。这是因为，如若刑法没有自己独特的调整对象，将意味着刑法与其他部门法所调整的社会关系并无差异，而这又意味着犯罪行为与一般违法行为所侵犯的社会关系也无不同，果若如此，那么犯罪行为与一般违法行为将具有相同的本质。而如上文所析，犯罪行为与一般违法行为的界限又非仅仅量差所能够说明，质同而量又难以界分，犯罪行为与一般违法行为的界限也将因此而消失，换言之，若否定刑法具有自己独特的调整对象，那么在整个法规范体系中，对行为的定性将无所谓罪与非罪的问题，而只有违法与否的问题。既然如此，刑法将为数众多的违法行为规定为犯罪并对之施以最为严厉的制裁措施（刑罚）也将失去依据，刑法因而根本没有存在的合理性，更无由成为独立的部门法。由此可见，与其他部门法（如民法、行政法和诉讼法等）的存在根据一样，只有调整对象才能够为刑法成为独立的部门法提供实质根据。

② 《现代汉语词典》，商务印书馆 2005 年版，第 841、543 页。

与主体的特定需要相关联而产生价值，故任何价值都有其物质载体（以一定的状态而存在）。法律上的利益（含权利）当然也不例外，换言之，任何一项法律上的利益，无不是因人或物的特定存在状态符合代表人民意志的立法者的特定需要，进而使其通过立法对之加以保护而形成。譬如，对人的生命的保护形成生命权，对人保持其身体组织完整并支配其身体组织的保护形成身体权，对人体各器官系统良好发育以及保持正常功能状态的保护形成健康权，对财产所有人对于自己财产的占有、使用、收益和处分的保护形成所有权，如此等等。为犯罪行为所侵犯也是为刑法所保护的独特价值——作为整体的其他部门法制度或者全体公民的基本人权，不过是有着更加广泛外延的价值客体（牵及每一利益主体的相关法律利益）而已，但这显然无改其以一定的事实状态而存在。由此可见，刑法法益首先是作为一种事实状态而存在，而该事实状态又因符合立法者的特定需要从而形成法律上的特定价值或利益，因此，刑法法益可谓既是一种事实状态，也是一种价值或利益。如此把握刑法法益的概念当然也就不存在将法益概念精神化的问题了。

最后，刑法法益到底是“方法的”还是“现实的”？如上所述，在法益与刑法规范的关系问题上，存在着方法论的法益说与现实论的法益说之论争，二者对立的焦点在于，法益到底是否依赖于刑法规范而存在？前者持肯定态度，后者则持否定态度。经由如上析论后可知，刑法的后盾法性质或保障法地位决定了它只能将那些穷尽其他部门法的制裁措施仍不能有效遏制的违法行为规定为犯罪，较之于一般违法行为，犯罪行为的独特性就在于它威胁到了其他部门法所设立的法律制度，而这也是刑事立法设罪之标准，换言之，某种类型的行为只要威胁到了其他部门法中的某项法律制度，刑法就应该为之设罪处刑，要不然，将危及作为整体的其他部门法制度或者全体公民的基本人权。由此可见，刑法法益其实是一种先于刑法规范而存在、约限刑事立法的特定法价值，刑事立法只能去发掘并确认，而不能任意创造。据此可知，刑法法益应该是“现实的”，即其应该先于刑法规范而存在，或者说，不应依赖于刑法规范是否为其提供保护而存在。

四、揭示犯罪本质的重大意义

因犯罪的本质乃刑法学理论之根基性问题，故对其准确把握所具有的意义是无论如何强调皆不为过的。准确把握犯罪的本质不啻手握剖析刑法问题之利刃，刑法学中的系列重大理论难题均将因此而刃迎缕解，相关主要问题及其解答简述如下：

首先，有别于民事、行政案件的原告，刑事案件的原告为何原则上不是犯罪行为的直接受害人或其利益相关人，而是检察机关？在准确把握犯罪的本质后，该问题的答案可谓显而易见：由于犯罪行为威胁到了作为整体的其他部门法制度或者全体公民的基本人权，故刑事案件的被害人实际已然超越遭受犯罪行为直接侵害的受害人，而上升至全体公民的高度，因此，唯有国家方具有代表全体公民之资格（具体通过其行使检察权的国家机关——检察院）对罪犯进行指控，刑事诉讼之所以原则上是“公诉”，或者说，“公诉”之“公”，正在于此。①

其次，国家凭何剥夺罪犯的相关基本人权？也即国家刑罚权之根据问题。此一重大理论问题的答案在于：犯罪行为由于威胁到了全体公民的基本人权，故在国家应当尊重和保障人权这一内在要求中，罪犯的相关基本人权便与全体公民的基本人权之间产生了根本性的冲突，国家此时必须在二者中做出取舍，正如启蒙思想家卢梭所指出的，“一个为非作恶的人……，他甚至于是在向国家开战。这时保全国家就和保全他自身不能相容，两者之中就有一个必须毁灭。”②依据简单的功利法则——“两利相权取其大，两害相权取其轻”，故国家此时所能做的唯有选择保护全体公民的基本人权，而不得不牺牲罪犯的相关基本人权。③国家刑罚权之根据就在于此。

再次，确证刑法的目的只能是“法益保护”，而非所谓的“规范效力维护”。有关刑法的目的问题，如上所叙，在德国刑法学界，存在着法益

---

① 至于少量亲告罪的设立则是立法者因基于被害人合法权利的维护存在特殊性、犯罪行为的社会危害性存在特殊性或是行为人与被害人之间存在特定关系等方面因素的考量，进而通过公权力极为有限的让渡，为使对犯罪的处理达到最佳效果，更好地保护被害人的权利，以实现国家和社会利益的最大化。此外，通过对犯罪本质的揭示也可以得知，在刑事案件中，除亲告罪外，原则上是不允许遭受犯罪行为直接侵害的受害人或其利益相关人与罪犯进行所谓的“和解”，从而令其逃脱刑事制裁的。

② [法]卢梭：《社会契约论》，何兆武译，商务印书馆2003年版，第43页。

③ 需要特别注意的是，这并不意味着罪犯在犯罪后就不再享有任何基本人权，而是仍然依法享有相关的基本人权，如生存权、人格权、人身安全权、合法财产权以及诉讼权利等，其仍然享有的那些基本人权也属于刑法所保护的全体公民基本人权之内容。

保护与规范效力维护之间的理论对立。应当说，如若将法益限定于为犯罪行为所直接侵害的特定利益主体的相关利益，那么的确会如规范效力维护论者所指责的，刑法对于防止它所制裁的那个犯罪行为来说总是显得无能为力，并且就结果犯而言，刑法对法益的保护也为时过晚，或者说，每一个犯罪结果的发生都可谓是一次法益保护失败的宣告。[①]而若把握刑法所特有的保护价值（即刑法法益）系作为整体的其他部门法制度或者全体公民的基本人权，那么刑法的目的就毫无疑问地应该是法益保护而非所谓的规范效力维护了。因为如上所析，对犯罪行为若不动用刑法加以及时有效地制裁的话，其危害就将在社会中蔓延扩散，最终导致作为整体的其他部门法制度的崩溃，整个社会都将因此而陷入混乱失序的状态，全体公民的基本人权也将无所保障，刑法无疑应该防止此种状态的出现，故刑法的目的应该是有效维护作为整体的其他部门法制度或者充分保障全体公民的基本人权，也即保护刑法法益。一旦立足于此等法益保护之立场，势必意味着，每一次犯罪的发生均将促迫刑法作出及时有效的反应，要不然，刑法法益所遭受的威胁将与日俱增，换言之，每一次犯罪的发生不仅未能动摇或者否定刑法的此一目的，反而会使得该目的愈发地凸显、急迫与坚定。据此也不难得知，刑法规范若非以维护其他部门法制度或者保障全体公民的基本人权为目的，或者说，若对未威胁到其他部门法制度或者全体公民基本人权的一般违法行为也设罪处刑，如此无异于否定刑法的后盾法性质或保障法地位，应作违宪无效处理[②]，

---

① 如韦尔策尔指出，“刑法禁止与处罚针对性的权利侵害行为”，但是“当具体付诸行动时，刑法对于法益保护通常来的太迟”，转引自[德]Wolfgang Frisch：“70 年代后 Welzel 的犯罪理论”，李立暐译，《科技法学论丛》2019年第14期，第213页。其后不少学者认同韦尔策尔的此一论见，具体参见：[德]格吕恩特·雅科布斯：《行为 责任 刑法》，冯军译，中国政法大学出版社 1997 年版，序言第 1-2 页；[德]G·雅科布斯：“刑法保护什么：法益还是规范适用”，王世洲译，《比较法研究》2004 年第 1 期，第 96-107 页；[德]乌尔斯·金德霍伊泽尔：“法益保护与规范效力的保障：论刑法的目的”，陈璇译，《中外法学》2015 年第 2 期，第 548-559 页；[德]米夏埃尔·帕夫利克：“刑法科学的理论”，陈璇译，《交大法学》2021 年第 2 期，第 23-44 页；[德]沃尔夫冈·弗里施：“变迁中的刑罚、犯罪与犯罪论体系”，陈璇译，《法学评论》2016 年第 2 期，第 91-104 页。

② 我国宪法虽然并未明确规定比例原则，但比例原则无疑应该作为限制所有国家公权力（含刑罚权）不容置疑的标准，换言之，比例原则理当成为宪法的基本原则之一。因此，若对未威胁到其他部门法制度或者全体公民基本人权的一般违法行为也设罪处刑，无疑是对宪法这一应有基本原则的公然违反。

而绝不应该继续专横地维护此等规范的所谓效力，“法益概念的刑事立法规制机能或批判机能”也因之而彰显。[①]由此可见，保护刑法法益乃刑法规范之根本指归，也是刑法规范有效性的根本依据，即其效力之源，或言之，刑法规范唯有以保护刑法法益作为根本指归，其效力方具有正当性与合宪性。因此，刑法的目的并不在于维护自身的效力，而在于保护刑法法益。

最后，准确把握犯罪的本质是构建科学合理的犯罪构成体系乃至整个刑法学科体系之基础。由于犯罪的本质乃犯罪行为区别于人的其他一切行为的根本性标志，故若未能对其加以准确把握，势必不明了犯罪行为与人的其他行为尤其是一般违法行为之间的界限究竟何在，那么基此显然是不可能构建具备合理区分罪与非罪以及此罪与彼罪功能的犯罪构成体系的，而由此导致的后果是，理论对几乎所有的刑法问题（甚至是极其简单的问题）都难以提供令人信服的解决方案，这也是如今整个刑法学科体系何以会如此歧见纷呈、异论迭现之根由所在。一旦准确把握犯罪的本质，犯罪构成体系将具有坚实而牢固的理论基础，构建科学合理的犯罪构成体

---

① 近些年来，在德国刑法学界，对于法益概念到底应否具备此项机能成为激烈争论的对象，参见[德]克劳斯·罗克辛：“对批判立法之法益概念的检视”，陈璇译，《法学评论》2015 年第 1 期，第 53-67 页。而德国联邦宪法法院对现有法益理论的该项机能则持否定态度，指出，对于刑事立法具有法律约束力的规定仅源于宪法，而非源自刑法上的法益理论，参见[德]阿敏·英格兰德：“通过宪法振兴实质的法益理论？”，马寅翔译，赵秉志、宋英辉主编：《当代德国刑事法研究》（2016 年第 1 卷），法律出版社 2017 年版，第 92 页。在明确刑法法益之内涵后便不难得知，法益概念当然应该具备该项机能！不过，法益概念该项机能实现的关键还在于：如何将其具体化为可供操作的实践标准？笔者认为，法益概念的刑事立法规制机能或批判机能主要体现在如下两个方面：一是在入罪方面，即对于某种类型的危害行为到底应否入罪（其中也包括对某些罪应否降低刑事责任年龄之情形），所秉持的标准应该为：在仅仅倚仗现有法律制裁措施的情况下，相关行为人是否已表现出反复实施该种类型的危害行为之特征，以及社会上不少人是否在耳濡目染中也逐渐开始实施该种类型的危害行为，从而在社会上呈现出蔓延扩散之趋势？答案若为肯定，就应该入罪，反之，则不应该入罪。二是在出罪方面，即对于既有的某些个罪是否应该将其除罪化，则应该首先找寻当初入罪之根据是否满足上述入罪之标准，如若当初入罪之根据并不明确或是情势发生了变化，那么，对于是否应该将其除罪化的争议较大的个罪，可以通过司法除罪化试验来检验。具言之，可将符合争议个罪的行为在某一或某些区域内进行司法上的除罪化试点工作，而后观察出现的情况是否符合上述不应该入罪之标准，如若符合，则可逐渐扩大试点工作的范围做进一步地观察，如此最终扩及全国范围做最后观察，若最终情况符合上述不应该入罪之标准，那么便可通过修改立法将其除罪化，若是仅在部分区域内符合标准，则可在这些区域内对其进行司法上的除罪化，而不宜在立法上予以除罪化。基于刑法法益概念对相关类型的行为进行入罪或出罪检视，也实现了其对刑事立法的规制机能或批判机能。最后还需要指出的是，不难发现，无论是在入罪或是在出罪方面，对于某种类型的行为是否满足入罪或出罪标准的检验，都需要通过较长时间以及较大范围的调查研判方能做出正确的抉择，不过，考虑到无论是入罪或是出罪都攸关公民的基本人权，故此等工作虽然极其艰巨繁复，但却是极有必要的。

系也将不在话下，在此基础上，正如本书内容所展示的，刑法学理论中歧见纷呈、莫衷一是的系列问题，均能够获得简洁明快、一以贯之的合理破解。因此，准确把握犯罪的本质对于犯罪构成体系乃至整个刑法学科体系而言，都有着基础性的价值。

第三节 犯罪本质与犯罪构成体系之关系论

经由上文论述可知，犯罪构成体系乃事实体系，犯罪所具有的某种价值是无法进入到犯罪构成体系的内部而成为其中的要件或阶层的，但这并不意味着犯罪构成体系与犯罪所具有的独特消极价值（犯罪的价值本质）就彼此绝缘，相反，二者之间有着极为紧密的联系，犯罪的价值本质虽然不能够成为犯罪构成本体之内容，但其在犯罪构成体系的构建工程中却扮演着至关重要的角色。[①]接下来拟就二者之间的关系作深入探析。

一、犯罪本质与犯罪构成体系关系之主流见解述评

有关犯罪本质（犯罪概念）与犯罪构成体系的关系，我国传统刑法学理论通说认为，犯罪概念所要揭示的是犯罪的基本特征，而犯罪构成则是以犯罪概念的定性为基础，进一步从犯罪行为的内部结构来分析某种行为是如何成立犯罪的、成立某种犯罪需要具备哪些方面的要件，犯罪构成独立于犯罪概念之外，但是以犯罪概念为基础，这种关系是一种抽象与具体的关系，二者在基本属性上具有一致性。[②]另有研究者也是立足于理论通说所认为的犯罪的基本特征，专门就犯罪概念与犯罪构成之间的关系展开研究，提出，犯罪概念在犯罪论中居于首要地位，犯罪构成乃接续犯罪概念（社会危害性理论）之后继判断，也即，在犯罪的“三性”（或犯罪的特征）中，接续“严重的社会危害性”之后便是“刑事违法性”判断（行为若符合严重的社会危害性方才可能进入后一步的犯罪构成符合性判

---

① 犯罪的价值本质也即犯罪行为所具有的独特消极价值，乃犯罪行为在价值层面上区别于非罪行为的根本性标志，需要注意的是，由于犯罪构成是行为成立犯罪所必需的事实条件，且其同样具备罪与非罪之区分功能（当然还具备此罪与彼罪之区分功能），据此不难得知，犯罪构成所反映的其实是犯罪行为在事实层面上的本质。由此可见，犯罪的本质实际包含“犯罪的价值本质”与“犯罪的事实本质”两个层面的内容，而我国刑法学理论通说所指的犯罪本质，也即研究者们在探讨犯罪概念时所揭示的犯罪本质，其实是犯罪的价值本质。本节中所探讨的犯罪本质与犯罪构成之间的关系，实际也是探讨“犯罪的价值本质”与“犯罪的事实本质”之间的关系。

② 参见马克昌主编：《犯罪通论》，武汉大学出版社2003年版，第67-68页。

断；反之，若行为不具有严重的社会危害性，或是“情节显著轻微危害不大的”，则径直以刑法第 13 条但书予以出罪），而刑事违法性部分实则主要考量犯罪构成之符合性判断。[①]在笔者看来，从犯罪的基本特征来把握犯罪概念与犯罪构成的关系，其中存在的问题主要有：

其一，由于严重的社会危害性和刑事违法性都是犯罪的基本特征，即都属于犯罪概念的基本内容，而刑事违法性是指“行为违反刑法规范，也可以说是，行为符合刑法规定的犯罪构成”[②]，既然如此，犯罪构成怎么会独立于犯罪概念之外呢？还有，概念的任务在于揭示事物的本质，而一事物之本质乃该事物区别于其他事物的根本性标志，故犯罪的本质乃犯罪行为区别于非罪行为之根本性标志，而如所周知，犯罪构成同样具备罪与非罪之区分功能，换言之，犯罪构成也必须反映犯罪的本质，准此以观，犯罪构成也应当属于犯罪概念之内容，而非独立于犯罪概念之外。

其二，理论所认为的犯罪的本质特征（严重的社会危害性）与犯罪客体到底是一种怎样的关系？通说认为，犯罪客体作为犯罪构成的一个要件，其与犯罪的社会危害性是既有联系又有重要区别、在犯罪论中的地位和作用均有所不同的两个范畴。犯罪的社会危害性是一个内涵十分广泛的范畴，它既体现着主观的内容，又具有客观属性，而犯罪客体要件只是从一个方面说明和体现犯罪的社会危害性，而不能全面地反映和体现某个行为具有社会危害并达到应受刑罚处罚的程度。[③]或认为，行为符合犯罪客体要件具有某种法益侵害性，并不等同于行为就具有完整意义之社会危害性——前者仅仅是后者的一个方面或一个部分。法益侵害性只是从客观事态方面揭示行为主要侵害了社会哪方面的实际利益，而完全不涉及行为人主观上对之能否认识的问题。[④]应该说，在我国传统刑法学理论体系中，对于二者之间的关系只能作如此解释，但作如此解释其实是经不起推敲的，就中缘由在于：犯罪客体因系刑法所保护而为犯罪行为所侵犯的社会关系，由于强调“刑法”所保护以及为“犯罪行为”所侵犯，则势必意味着，此种社会关系应该并非为其他部门法所保护，也应该非为一般违法行为所能侵犯，否则，作如此强调和限定并无甚意义。依据上文对本质概念

---

① 参见邓君韬：《犯罪概念与犯罪构成关系论》，西南财经大学博士论文（2009 年），第 86 页以下。

② 马克昌主编：《犯罪通论》，武汉大学出版社 2003 年版，第 26 页。

③ 参见高铭暄主编：《刑法专论》（第二版），高等教育出版社 2006 年版，第 127-128 页。

④ 参见邓君韬：《犯罪概念与犯罪构成关系论》，西南财经大学博士论文（2009 年），第 91-93 页。

的界定可知，犯罪本质必须反映犯罪行为之特性，而其价值特性正在于所侵犯的社会关系上，即犯罪行为所侵犯的社会关系势必迥然有别于一般违法行为所侵犯的社会关系。而从另一角度来说，犯罪行为所侵犯的这种特定的社会关系应该正是刑法所保护的特有社会关系（相对于其他部门法所保护的社会关系而言），也即反映犯罪行为之独特严重社会危害性。由此可见，犯罪客体概念所反映的其实就是犯罪的价值本质。因此，在我国传统要件体系中，犯罪的价值本质实际仅为犯罪客观方面的一个要件。

在德日刑法学理论中，主流见解认为，犯罪的价值本质是法益侵害，而其犯罪论体系中的违法性之实质即法益侵害，[①]故犯罪的价值本质集中体现在了违法性阶层，因而与我国传统要件体系一样，将犯罪的价值本质直接作为犯罪的成立条件之一，犯罪的价值本质与犯罪构成体系之间的关系也由此体现。

在笔者看来，无论是我国传统要件体系还是德日阶层体系，都没有正确地处理犯罪的价值本质与犯罪构成体系之间的关系，其中较为明显的错误在于，仅仅将对构成犯罪的部分事实的评价充作犯罪的价值本质，如认为，犯罪客体与行为的主观方面无关，或是认为，“违法是客观的”，或者说，行为是否侵害法益是一个与构成犯罪的主观心理要素全然无涉的纯粹客观的判断。实际上，犯罪的价值本质（也即犯罪所具有的独特消极价值）只能是针对构成犯罪的整体事实（包含主观心理要素）的综合评价，而绝非仅仅是对其中的某一或某些构成事实的部分评价，就中缘由在于：如上所述，依据系统认识论，把系统分解为要素，并非是在事实上将系统切割分解为毫不相干的各个组成部分，因为作为整体的系统并非其各个组成部分或要素的简单拼凑叠加，故将系统分解为要素，其实只是一种观念上的分解，而非现实的切割分离，否则势必难以准确把握作为整体的系统。由于系统并非为其要素的简单拼凑叠加，故系统的整体价值也绝非为其每一要素各自独立价值之和，更非为其某一或某些要素之价值所能替代。作为系统而存在的犯罪行为当然也不例外，即犯罪所具有的独特消极价值并非为对其每一要件单独评价后所形成的价值之和，更非仅为其某一要件或者部分要件之价值所能替代。正如伦理学家摩尔曾就“善”与“善的东西”之间的关系所指出的，“关于善的诸命题全都是综合的，而绝不是分析的”，“‘善的东西’，即‘善者’，因此必须是‘善’这个形容词所

① 如上文所述，也有一些学者认为，犯罪的价值本质是规范违反，还有些学者则持折中说，即认为，犯罪的价值本质既是法益侵害也是规范违反，由此也导致了理论对违法性之实质认识上的分歧，但这种分歧并不影响违法性乃犯罪价值本质的集中体现之学界共识。

适用的实体：这个形容词所适用的必须是这个东西的整体，并且这个形容词必须总是真正地适用于它。”[①]因此，无论是我国传统要件体系还是德日阶层体系，由于其犯罪客体或违法性都仅仅是针对构成犯罪的部分事实的评价，那么它们所反映的显然也就不可能是犯罪的价值本质了。既然事物的价值是相对于构成事物的整体事实而言的，那么能够反映犯罪价值本质的也应该是构成犯罪的整体事实（包括构成犯罪的主、客观方面的事实）。

有关犯罪的价值本质与犯罪构成事实之间的此等关系，我国有力推德日阶层体系的权威刑法学者在对我国传统要件体系中的犯罪客体进行批判时，便曾正确地把握住了这一点，如其指出，“犯罪客体的意义已经包含在犯罪概念之中”，“犯罪客体本身是被侵犯的法益，但要确定某种行为是否侵犯了法益以及侵犯了什么样的法益，并不能由犯罪客体本身来解决；从法律上说，要通过犯罪客观要件、主体要件和主观要件综合反映出来；从现实上说，要通过符合上述三个要件的事实（犯罪构成事实）综合反映出来。”[②]不过颇为吊诡的是，他在正确把握犯罪客体与犯罪构成事实之间关系的基础上，据此否定了犯罪客体之犯罪构成要件地位，却在转向力推德日阶层体系后，对于有着相同属性的违法性阶层，竟然又能够毫无疑虑地接受其为犯罪的成立条件之一，并且认同违法性只是针对构成犯罪的部分事实之评价。[③]实际上，无论是对犯罪客体的侵犯还是所谓的违法性，由于所反映的都是犯罪的消极价值，故其只能是针对构成犯罪的整体事实的综合评价，而绝非如我国传统要件体系以及德日阶层体系所认为的那般，只是针对构成犯罪的部分事实的评价。据此也可以很容易得知，假如反映犯罪价值本质的对犯罪客体的侵犯或者违法性的确应该作为犯罪的成立条件之一，那么，该条件在序位上也只能是退居于所有事实性要件之后，在层次上则应该是居于所有事实性要素之上，而不应该如我国传统要件体系那样将其置于所有事实性要件之前，或如德日阶层体系那般将其置于事实性要件之间。[④]不过，如本书所析，犯罪的价值本质其实是不能够直接成为犯罪的成立条件的。

---

① George Edward Moore: *Principia Ethica*, Cambridge University Press, 1922, p.7, 9.

② 张明楷：《法益初论》，中国政法大学出版社 2003 年版，第 249-250 页。

③ 参见张明楷：《刑法学（第五版）》（上），法律出版社 2016 年版，第 107 页以下。

④ 在我国刑法学界，早有学者意识到了这一点，也即把价值性的犯罪客体放在了犯罪主体、犯罪主观以及犯罪客观等事实性要件之后，参见赵秉志、吴振兴主编：《刑法学通论》，高等教育出版社 1993 年版，第 84-85 页。

由此可见，无论是我国传统刑法学界还是德日刑法学界，主流见解均未能正确地揭示犯罪本质（犯罪概念）与犯罪构成体系之间的关系。

二、犯罪本质与犯罪构成体系之关系研析

犯罪本质与犯罪构成是刑法学中两个至为关键的基本范畴，揭示其间的关系也是刑法学基础理论研究中至关重要的一环，未能准确把握二者之间的关系，就不可能构建科学合理的犯罪构成体系。

（一）中外刑法学理论均未能正确揭示二者间关系之缘由辨析

虽然中外刑法学理论都充分肯定犯罪的价值本质（犯罪概念）对于犯罪构成体系的重要作用，如有学者指出，“没有法益概念，我们今天的整个犯罪论的体系基础将不复存在”[①]，令人遗憾的是，“尽管作出了种种努力，但是我们迄今为止都未能更清楚一点地澄清法益的概念。所有的尝试都因遇到了一个原则上不可能解决的困难——找到一个考虑到了所有的肯定合法的犯罪构成要件的定义，并能言之成理——而失败。”[②]我国刑法学家陈兴良教授也指出，“刑法中规定的犯罪概念，是犯罪的法定概念，它揭示了犯罪的形式特征，从而为司法机关认定犯罪提供了一定的标准，但是犯罪概念这种标准本身是比较抽象的。一个法官还不可能根据犯罪概念来认定犯罪，而犯罪概念还必须转化为犯罪构成要件，通过犯罪构成要件作为一种标准来认定犯罪。”[③]他的此番言说虽然正确地道出了犯罪概念（实指犯罪的价值本质）与犯罪构成体系之间抽象与具体的关系，但对于到底应该如何将抽象的犯罪概念转化为具体的犯罪构成要件却语焉不详，以致没能进一步阐明二者之间的关系。在笔者看来，中外刑法学理论之所以始终未能正确揭示犯罪的价值本质与犯罪构成体系之间的关系，就中主要缘由在于：

一是未能合理界定犯罪的价值本质。已如上述，中外刑法学界有关犯罪本质的诸学说及见解基本都存在一个通病，即所揭示的几乎都是犯罪行为在价值层面上的共性，但该共性却非为其特性，而试图对之加以限制的学说及见解则根本经不起推敲或追问，故均未能合理界定犯罪的价值本质。而合理界定犯罪的价值本质是正确揭示其与犯罪构成体系之关系的前提和基础，这也是中外刑法学理论之所以始终未能正确揭示二者间关系之

---

① 李海东：《刑法原理入门（犯罪论基础）》，法律出版社 1998 年版，第 16 页。

② ［德］冈特·施特拉腾韦特、洛塔尔·库伦：《刑法总论 I——犯罪论》，杨萌译，法律出版社 2006 年版，第 30 页。

③ 陈兴良：《口授刑法学》，中国人民大学出版社 2007 年版，第 97 页。

首要原因。

二是未能把握犯罪构成之事实属性。犯罪构成要件是构成犯罪的要件，因而必须存在于犯罪行为的内部结构之中，我国传统刑法学理论通说也承认，犯罪构成是“从犯罪行为的内部结构来分析某种行为是如何成立犯罪的、成立某种犯罪需要具备哪些方面的要件”[①]。而价值由于是价值主体与价值客体之间的一种特定关系，它并不存在于价值主体和价值客体各自的内部结构中，故犯罪所具有的独特消极价值在犯罪构成体系中并无其容身之所。而无论是我国传统要件体系还是德日阶层体系，都把不应该成为犯罪构成要件的犯罪的价值本质混入到犯罪构成体系中来，将位居不同层次、属性迥然有别的东西并置共论，如此岂可能正确地揭示犯罪的价值本质与犯罪构成体系之间的关系呢？

三是未能意识到犯罪行为还存在事实本质。由于未能准确把握犯罪的价值本质，进而未能意识到一事物若是具有某种区别于其他事物的独特价值，则势必意味着其也具备某种区别于其他事物的独特构成事实（即其事实本质），犯罪行为也不例外。而犯罪构成之事实属性及其所具有的罪与非罪以及此罪与彼罪之区分功能，无疑意味着把握犯罪的事实本质对于犯罪构成体系的构建起着至关重要的作用。由此可见，未能意识到犯罪事实本质的存在，同样不可能正确揭示犯罪的价值本质与犯罪构成体系之间的关系。

（二）犯罪的事实本质析出

由于事物的本质乃一事物区别于其他事物的根本性标志，故犯罪的价值本质也即犯罪行为与人的其他一切行为（尤其是一般违法行为）在价值层面相区别的根本性标志，而犯罪构成的事实属性以及同样具备罪与非罪之区分功能，则意味着犯罪构成所反映的应该是犯罪的事实本质[②]，也即犯罪行为与人的其他一切行为在事实层面相区别的根本性标志。又因概念的任务在于揭示事物的本质，因此，无论是犯罪的价值本质还是犯罪的事实本质，都应该属于犯罪概念之内容，当然，二者之间的联系也是犯罪概念所不可或缺的内容。据此不难发现，我国传统刑法学理论所探讨的犯罪概念与犯罪构成之关系，实际探讨的应该是犯罪的价值本质与犯罪的事实本质之间的关系。

犯罪的价值本质也即犯罪所具有的独特消极价值，如上所析，在该

---

① 参见马克昌主编：《犯罪通论》，武汉大学出版社2003年版，第67页。

② 如所周知，犯罪构成除了具备罪与非罪之区分功能外，还具备此罪与彼罪之区分功能，这就意味着犯罪构成所反映的实际是个罪之事实本质。

价值关系范畴中，价值主体只能是国家立法者，其特定需要在于维护作为整体的其他部门法制度或者保障全体公民的基本人权，而犯罪所具有的独特消极价值则是侵犯了国家立法者所欲维护或保障的这一独特而又至关重要的价值。在犯罪所具有的独特消极价值本身与作为衡量尺度的价值主体的特定需要都已然明确的情况下，接下来需要辨析的就是该价值关系范畴之另一极的价值客体——作为客观事物而存在的犯罪行为。

在事物的价值这一关系范畴中，我们很容易便可得知，一事物若是具有某种区别于其他事物的独特价值，则意味着其也必然具备某种区别于其他事物的独特构成事实（即其事实本质），而能否准确把握该独特的构成事实，也将直接决定着价值关系范畴中作为衡量尺度的价值主体的特定需要能否获得充分的满足。而犯罪构成之事实属性以及因其所具有的罪与非罪区分功能故而必须反映犯罪的本质，无疑意味着对该独特构成事实的准确把握对于整个犯罪构成体系的构建而言都起着至关重要的作用。由于国家立法者的特定需要在于维护作为整体的其他部门法制度或者保障全体公民的基本人权，该需要的充分满足须得通过对犯罪行为实现有效打击而获得，而要想对犯罪行为实现有效打击，显然就应该将打击的着力点落在犯罪行为所具有的该独特构成事实上。因此，以国家立法者的特定需要作为衡量尺度对作为客观事物而存在的犯罪行为加以辨析，其核心使命就在于揭示出到底是构成犯罪的何等事实因素方使得犯罪行为有着一般违法行为所不具有的独特消极价值——侵犯了作为整体的其他部门法制度或者全体公民的基本人权。

如本书所析，人的行为是主客观的统一体，在作为各个分支心理学之基础与主干的普通心理学中，人的纷繁复杂的主观世界依据心理事实的稳定性程度的不同，被区分为了“人格（个性）”与“心理过程”两大层次，故总体而言，人的行为由内及外便依次包含“人格”“心理过程”和“客观”三大结构层次，而与之相对应的犯罪构成要件则分别为“犯罪主体要件”“犯罪主观要件”和“犯罪客观要件”。那么在这三个要件中，到底是哪一要件方使得犯罪行为有着非罪行为（尤其是一般违法行为）所不具有的独特消极价值呢？或者说，到底哪一要件才是犯罪行为与非罪行为有着质的差异性的集中体现呢？笔者认为，应当是犯罪的主观要件（即罪过），具体而言，应当是犯罪主观要件之意志因素，而非犯罪主体要件，也非中外刑法学之绝对主流见解所认为的是犯罪客观要件或客观的构成要件，主要理由如下：

1. 犯罪主体要件并非犯罪价值本质之集中体现

犯罪主体要件之所以并非犯罪行为与非罪行为有着质的差异性的集中体现，乃在于，犯罪主体要件系属人格层面的要件，而人格具有稳定性，人格的稳定性表现为跨时间的持续性与跨情境的一致性。[①]人格的稳定性也意味着：一方面，人们可以跨时间、跨情境地对人格要素加以审查判断，换言之，现实中对于人格要素（如责任能力）的把握，通常可以脱离某一具体的行为（如行为人实施的某犯罪行为）而独立进行[②]；另一方面，人格的稳定性也使得其渗透于主体的日常行为中，譬如，具备辨认控制能力者可以将该能力用于犯罪，也可用于实施一般违法行为或是合法行为，即控制自己不犯罪或不实施违法行为，如所周知，绝大多数人都选择了后者，并且即便是犯罪分子，其绝大多数的日常行为也都是合法行为。据此可知，犯罪主体要件只是犯罪成立的前提条件，单纯具备该条件与犯罪行为之间并无内在必然的联系，换言之，犯罪行为与非罪行为的本质性差异并不体现在犯罪主体要件上。

2. 犯罪客观要件或客观的构成要件也非犯罪价值本质之集中体现

犯罪客观要件或客观的构成要件之所以也不是犯罪行为与非罪行为有着质的差异性的集中体现，理由其实非常简单也是显而易见的：因为无罪过行为无论造成了何其严重的客观损害后果都不构成犯罪，譬如，完全丧失辨认控制能力的精神病人甲持刀捅死十余人，又如，长途客车司机乙开车时突发脑血栓，车辆失控坠崖致数十人死亡，自己侥幸存活下来，甲、乙的行为尽管社会危害特别巨大，但却均不构成犯罪；而并未造成任何客观损害因而社会危害看似不大的行为却可能构成犯罪，譬如，丙意图开枪杀害其仇人丁，不料子弹因受潮而未能被激发，丁毫发无损。据此可知，行为的客观危害也不应该是罪与非罪相界分的根本性标志，或者说，并非为犯罪所具有的独特严重社会危害性之集中体现。

于此还必须指出的是，中外主流刑法学理论由于未能准确把握刑法所特有的保护价值，以致对该价值的物质载体产生了认识上的严重偏差，如近乎一致地认为，犯罪对象（行为客体）的特定存在状态所体现的法价

① 参见黄希庭：《人格心理学》，浙江教育出版社2002年版，第9页。

② 这也是事后司法精神医学鉴定之所以具有可行性以及定罪何以能够从主体要件入手的重要依据。

值即为刑法上的法益（个罪之犯罪客体或保护法益）[1]，因而认为，集中体现犯罪价值本质（侵害法益或犯罪客体）的是犯罪对象（行为客体）所属的犯罪客观要件或客观的构成要件，也就在所难免了。但经由上文析论后可知，犯罪行为由于已经威胁到法制度价值，因而所牵及的已远非特定利益主体的相关利益，而是法制度之下的每一利益主体的相关利益，换言之，此等价值的物质载体实际已远远超越个罪之犯罪对象（行为客体），而延及每一潜在的对象，这也是刑事案件的原告何以原则上不是犯罪行为的直接受害人或其利益相关人，而是代表人民意志的国家，或者说，刑事诉讼之所以原则上是公诉的内在情由。[2]更何况，由于作为未遂犯类型的对象不能犯的存在，意味着犯罪对象（行为客体）及由其转化的犯罪结果均非行为成立犯罪在客观方面的必备要素，问题是，犯罪构成的非必备要

① 参见[德]汉斯·海因里希·耶赛克、托马斯·魏根特：《德国刑法教科书》，徐久生译，中国法制出版社 2001 年版，第 318 页；[德]克劳斯·罗克辛：《德国刑法学 总论》（第 1 卷），王世洲译，法律出版社 2005 年版，第 21 页；[德]乌尔斯·金德霍伊泽尔：《刑法总论教科书》（第六版），蔡桂生译，北京大学出版社 2015 年版，第 24 页；高铭暄、马克昌主编：《刑法学》（第九版），北京大学出版社、高等教育出版社 2019 年版，第 55 页。认为法益的物质载体系犯罪对象（行为客体），该认识的形成与“违法客观论”紧密相关，因为，违法客观论之违法的成立，以行为造成客观损害结果（危险）为必要，而客观损害结果系由犯罪对象转化而来，犯罪对象也因此成为了法益的物质载体。

② 于此有必要作出回应的是，如果刑法法益的物质载体并非为犯罪对象（行为客体），那么为何“被害人同意”（又谓“被害人承诺”）有时能够阻却行为成立犯罪呢？对于该质疑，笔者的回应如下：首先，如果刑法法益的物质载体的确就是犯罪对象（行为客体），被害人同意能够因此而阻却所谓的违法，那么刑事诉讼原则上就不可能是公诉，而也应该如民事诉讼与行政诉讼那般，由当事人自行去起诉，并且刑事案件也应该完全允许被害人或其利益相关人与犯罪人进行和解，从而令其逃脱刑事制裁。其次，被害人同意并不能够普遍性地阻却犯罪的成立，譬如下列案例：A 请求 B 将自己杀死，于是 B 将 A 杀死；妇女 C 请求人贩子 D 将自己拐卖，于是 D 将 C 拐卖；E 对 F 实施诈骗，F 识破其骗局后基于怜悯而给予 E 数额较大的财物；H 男使用胁迫手段与 I 女发生了性关系，但事后查明，I 女早就对高大帅气的 H 男暗生情愫，但因胆小羞于告白，在 H 男使用胁迫手段与其发生性关系时，I 女心中窃喜，心想即使你不胁迫我也愿意，但 H 男对 I 女的此般心思一无所知；如此等等。在上述案例中，这些承诺（也即所谓的放弃法益的行为）均未能阻却行为人的行为构成犯罪。最后，对于那些理论所谓的能够阻却违法的被害人同意，笔者认为，其出罪机制不外乎是如下两种情形：一是不符合犯罪构成之情形，例如，经得具备性承诺能力的女性同意而与其发生性关系，就没有强奸之故意，经得房主的同意而进入其住宅，就没有非法侵入住宅罪之故意，经得财物所有人的同意而毁坏其财物，就没有故意毁坏财物罪之故意（缺乏“社会危害性认识”），又如，李某为戒掉网瘾，让妻子王某将自己反锁在没有电子产品的房间一周，王某就没有非法拘禁之故意（同样缺乏“社会危害性认识”），如此等等；二是定罪情节发挥作用之情形，譬如，乙同意甲砍掉自己的小手指，于是甲将乙的小手指砍掉，甲的行为虽然符合故意伤害罪的犯罪构成，但因乙的同意使得其行为又符合我国刑法第 13 条“但书”之规定而出罪。由此可见，被害人同意有时的确能够阻却犯罪的成立，但我们并不能基此推导出，被害人同意放弃的法益就是刑法法益，或者说，刑法法益的物质载体就是个罪之犯罪对象（行为客体）的结论。

素又怎么能够集中体现犯罪的价值本质呢？未能意识到或者无视如上这两点，也是中外居绝对主流地位的刑法学理论对于集中体现犯罪行为独特消极价值之要件（亦即犯罪构成之核心要件）出现定位错误的主要缘由。

3. 唯有犯罪主观要件方为犯罪价值本质之集中体现

犯罪主观要件（罪过）之所以是犯罪行为与一般违法行为有着质的差异性的集中体现，由来于作为其内容的意志因素的特殊性，其特殊性具体表现为：

（1）罪过之意志因素与犯罪的价值本质直接通连，构成了犯罪的事实本质

意志是人类自觉（主观）能动性的最突出表现，也是人的行为与动物行为相区别的根本性标志。如下文所析[①]，意志是行为主观客观化的枢纽，其本质系不断地将相关内部意识转化为客观现实的动态心理过程，意志过程的根本在于达成目标，不过，这一过程要受到客观规律的制约，意志以认识的合规律性作为前提和基础，能否正确地认识和运用客观规律，也是人与动物相区别的重要标志。当实施某种行为在现实中能够合规律地达成某种目标时，意志的自觉能动性便不仅会推动已具备经验者权衡是否继续实施该行为或者是否继续保持过往的某种心态，而且也会带动或诱使其他人通过观察学习，权衡利弊，汲取其经验和教训，基此决定是否也实施该行为或者也抱持同样的心态，人的行为的发动与抑止以及彼此之间的沟通交流端赖意志发挥作用使然。人类社会无限丰富多彩的社会关系体系，如经济、政治、法律、道德以及婚姻家庭等关系，还有社会组织和社会共同体等，也无不借着人的意志活动（实践）而形成。正是人的意志方使得人类有着其他一切生灵所不具有的无穷想象力和创造力，从而令自己站在了生物链的最顶端，成为万物之灵。当然，对人的意志若不予正确引导，必要时不加有效束约，也有着极为可怕的破坏力，如发动大规模恐怖袭击，挑起战争，乃至使用核武器等。

意志活动所具有的如此功能及特性也意味着，在构成犯罪行为的诸事实因素中，唯有罪过之意志因素方与犯罪的价值本质直接通连，或者说，正是意志之自觉能动性方使得具备罪过之意志因素的行为具有侵害刑法法益之危险。这是因为，如若不对其支配下的行为加以有效打击，其危害就将因意志的沟通交流活动而在社会中蔓延扩散开来，具体表现为，不

---

① 详见本书“第七章第一节 三、”之内容。

仅行为人会重复，而且其他人也会在耳濡目染中学习模仿（故意犯罪），或者也养成忽视、漠视他人利益的社会生活态度以及使得他们的惰性被激活、强化与蔓延扩散（过失犯罪）[①]，进而威胁到作为整体的其他部门法制度或者全体公民的基本人权（也即刑法法益）。由此可见，犯罪行为正是借着罪过之意志因素方才威胁到刑法法益，换言之，正是罪过之意志因素方使得犯罪行为有着非罪行为所不具有的独特消极价值。[②]罪过之意志因素因而与犯罪的价值本质直接通连，是犯罪的价值本质在事实层面上的最集中体现，或者说，构成了犯罪行为在事实层面上的本质（即为其事实本质）。据此可知，唯有罪过（以意志因素为核心）支配下的行为方能够威胁到刑法法益，无罪过的危害行为，如不可抗力、意外事件、无责任能力者的行为等，无论其所造成的客观损害如何之严重，所侵犯的都绝非刑法法益，更遑论诸如正当防卫、依法执行职务和正当业务行为等无社会危害的行为了[③]，因而也绝不应该在任何意义上将它们认定为犯罪。

（2）罪过之意志因素的成立实际包含了行为成立犯罪所必需的全部事实条件

由于罪过之意志因素以认识及情绪情感因素[④]作为前提和依据，而知、情与意三者有机联系所形成的犯罪主观要件又以犯罪主体要件的成立作为前提，换言之，罪过之意志因素的成立无法脱离认识因素、情绪情感因素以及犯罪主体要件。又因意志过程乃行为主观客观化之枢纽，其本质

---

① 有关过失犯罪何以也能够侵犯刑法法益，详见本书“第七章第五节 一、”之论述。

② 需要特别指出的是，罪过之意志因素在现实中表现为行为人的特定意志状态，具体而言，是指行为人对于自己的行为有能力控制却未加有效控制，而为刑法所不容许的心理状态，其中包含“实际控制”与“应该控制”两种状态，这两种状态都是人的意志之存在和表现形式，或者说，都是人的意志控制之类型或表现形式，因为显而易见的事实是，若无意志，就根本无所谓控制或者应该控制的问题。据此可知，无论是故意犯罪还是过失犯罪，是作为犯罪还是不作为犯罪，都具备意志因素。有关意志因素在犯罪主观要件（罪过）中的不可或缺地位，详见本书“第七章第三节 三、”之论述。

③ 在德日三阶层体系中，该当构成要件的违法阻却事由也被认为是侵害法益的行为，如认为，正当防卫杀人与杀死一只蚊子虽然在性质上都不构成犯罪，但二者不可同等看待，因为，正当防卫是侵害他人法益的行为，参见黄荣坚：《基础刑法学》（上），中国人民大学出版社 2009 年版，第 123 页。此等见解可谓荒谬绝伦！因为如所周知，正当防卫在任何部门法中都是正当合法的行为，既然是正当合法的行为，又如何可能侵害法益呢？如果正当合法的行为也能够侵害法益，那么试问：所谓的法益之“法”以及法益本身到底是什么？法益侵害还可能是犯罪的本质吗？如此有着非常明显错误的谬见竟然还能够在刑法学理论中大行其道，简直匪夷所思！

④ 罪过之认识因素与情绪情感因素分别是指主体对自己犯罪行为之自然属性的认识以及对其社会属性的评价，因而情绪情感因素也即中外传统刑法学理论中的“社会危害性认识”或“违法性认识”，相关论述详见本书第七章之内容。

系不断地将认识及情绪情感内容转化为客观现实的动态心理过程，故它本身虽为内在心理活动，却始终无法脱离外在的客观化过程。人的意志所具有的此等属性与功能早已成为心理学界之共识[①]，而德国刑法学大家韦尔策尔更是指出，“在行为上面，绝不应该忽视，意志并非外在事实之发生在行为人精神中的纯粹某种被动的‘镜像’，相反，它是借行为人之‘内在’方面能够主动塑造外在事实发生之形态的因素。……这并不是什么新东西，而是一个古老的事实。早在亚里士多德那里，便这样描述了。”[②]故对于行为之意志因素的把握，始终无法脱离行为的客观方面，换言之，罪过之意志因素的成立也无法脱离犯罪客观要件。由此可见，罪过之意志因素的成立实际包含了行为成立犯罪所必需的全部事实条件。应该正是基于此等意义，韦尔策尔还指出，“如果没有这种操控性的因素（指‘意志因素’——笔者注），那么行为的事实结构就会归于毁灭”[③]。

（3）罪过之意志因素对犯罪行为的客观具有事实上的支配制约关系，其对行为的刑法性质、犯罪行为的客观存在界域以及主体所应承担的刑事责任之范围都起着决定性的作用

由于意志系行为客观化的内在支配制约力量，意志因素也因此成为行为客观方面的直接原因，依据常识可知，在事实上起支配制约作用的因素当然应该为决定性的因素，还有原因也决定着结果，因此，意志因素还直接决定着行为的刑法性质。[④]并且事实也的确如此，因为显而易见的是：客观表现完全相同的行为，各自的刑法性质却可能不同，并且这种不同可能是此罪与彼罪不同，还有可能是罪与非罪的本质性差异；而主观内

① 参见 Gary R. VandenBos（Editor in Chief）: *APA Dictionary of Psychology（2th Edition）*, American Psychological Association, 2015, p.1147；朱智贤主编：《心理学大词典》，北京师范大学出版社 1989 年版，第 861 页，“意志”词条；林崇德、杨治良、黄希庭主编：《心理学大辞典》（下卷），上海教育出版社 2004 年版，第 1555 页，“意志”词条；曹日昌主编：《普通心理学》，人民教育出版社 2003 年版，第 402-433 页；黄希庭：《心理学导论》，人民教育出版社 1991 年版，第 549-569 页；叶奕乾、何存道、梁宁建编著：《普通心理学》（第四版），华东师范大学出版社 2010 年版，第 225-232 页；彭聃龄主编：《普通心理学》，北京师范大学出版社 2004 年版，第 351-360 页。

② [德]汉斯·韦尔策尔：“近百年的德意志刑法学理与目的行为论（1867-1966）”，蔡桂生译，陈泽宪主编：《刑事法前沿》（第六卷），中国人民公安大学出版社 2012 年版，第 236 页。

③ [德]汉斯·韦尔策尔：《目的行为论导论》，陈璇译，中国人民大学出版社 2015 年版，第 2 页。

④ 所谓行为的刑法性质，是指依据刑法规定的判断标准所判定的行为之性质，即行为的罪与非罪以及此罪与彼罪。笔者之所以特别强调是行为的刑法性质，就中缘由在于，在刑法学论域，如若撇开刑法的规定来探讨行为的性质将毫无意义，譬如，A 客观上朝某个方向开了一枪，子弹在空中飞行一段距离后落地，对于该行为的性质，不同的人可能有不同的看法，但这些看法若不从刑法规定的视角来加以考察，没有刑法意义。

容相同的行为，那么其刑法性质原则上就具有一致性。[①]据此也可以很容易得知，行为的刑法性质系由以意志因素为核心的主观而非行为的客观所决定。此外，根据普遍联系原理，客观事物无不处于由无数因果链条交织而成的巨大网络之中，在该网络中，任一因果链条都具有向上能无穷追溯、向下可无限延伸之属性。犯罪行为的客观面（也即其物质载体）与其他的客观事物一样，处于由无数因果链条所交织而成的巨大网络中，故若仅从外在客观的视角来观察，犯罪行为的客观面将具有无限延展之属性，那么应该如何把其从普遍联系着的客观世界中分离出来，从而为其划定客观存在界域呢？显然，仅仅驻足于行为的客观层面是行不通的，诉诸行为的主观便成为唯一切实可行之道，具言之，犯罪行为的客观存在界域应该以行为人之意志所应该控制（也即罪过之所及）作为最大限度，一旦超出该限度，原则上便不应被纳入犯罪行为之范围。[②]而犯罪行为的客观存在界域也决定着主体所应承担的刑事责任之范围。由此可见，罪过之意志因素对犯罪行为的客观存在界域以及主体所应承担的刑事责任之范围也起着决定性的作用。

意志因素所具有的如上属性、功能及特征，使得罪过之意志因素理所当然地应该成为整个犯罪构成体系的核心要素或核心支柱，构成了犯罪行为之事实本质，是犯罪行为与一切非罪行为在事实层面相区别的根本性标志。[③]由于国家立法者的需要（刑法的目的）在于维护作为整体的其他

---

① 我国刑法学理论通说也认为，缺乏犯罪主观方面，犯罪便不能成立，同时，犯罪主观方面不同，所构成的犯罪也不相同，也即，犯罪主观要件具有区分罪与非罪以及此罪与彼罪之功能，参见马克昌主编：《犯罪通论》，武汉大学出版社 2003 年版，第 304 页。不过，需要指出的是，行为的刑法性质系由行为的主观内容所决定，这是原则上而言的，刑法中也存在少量例外之情形。例如，同是具有杀人故意的灭口行为，若是实施抢劫和强奸等犯罪后的灭口行为，就单独构成故意杀人罪，而若是犯绑架罪，灭口行为则不构成故意杀人罪，而只属于绑架罪之法定加重结果；又如，同是使用暴力方法抗拒缉私的行为，走私行为若触犯的是我国刑法分则第三章第二节规定的走私犯罪，那么暴力抗拒缉私的行为就单独构成妨害公务罪，而若走私行为所触犯的是走私毒品罪，那么暴力抗拒缉私的行为就不构成妨害公务罪，而只是作为走私毒品罪的法定加重结果。不过，细究不难发现，严格而言，此等例外情形还是难以否定“行为的刑法性质系由行为的主观内容所决定”之论断，因为，这些看似相同而却定性有别的行为它们各自的罪过前提是不同的，也即作为前提的行为所构成之罪并不相同。至于立法者对于相关行为的定性为何有时会考虑行为之罪过前提的不同，而有时却不予考虑，则涉及立法者的价值考量（其中往往是基于罪刑相适应原则之考量）。

② 当然也存在个别例外之情形，即在个案中极个别的超出行为人罪过之所及范围的事实，出于情感上的考虑，也应该被纳入犯罪行为之范围，在量刑时加以考虑，相关论述参见拙著：《酌定量刑情节研究》，商务印书馆 2020 年版，第 154-156 页。

③ 相应地，个罪主观要件之意志因素则构成了个罪之事实本质，是个罪在事实层面区别于非罪行为以及他罪行为的根本性标志。

部门法制度或者保障全体公民的基本人权，而正是罪过之意志因素方使得犯罪行为能够威胁到刑法这一独特的保护价值，一般违法行为则因欠缺罪过，故无论如何都不可能触及此一层面的价值。罪过之意志因素因而与立法者的需要形成尖锐的冲突，成为了犯罪行为之锋芒所在，可谓是犯罪行为突破其他部门法防线的枪头矛尖，故为使立法者的需要获得充分的满足，挫其锋芒，刑法在对犯罪行为进行打击时，就必须将打击的着力点落在罪过之意志因素上。

综上所析，侵犯作为整体的其他部门法制度或者全体公民的基本人权乃犯罪所特有的消极价值（即反映犯罪的价值本质），立法者的需要（刑法的目的）则在于维护作为整体的其他部门法制度或者保障全体公民的基本人权，故为使这一需要获得充分的满足，就必须对构成犯罪的事实具备充足的认知。而正是意志之自觉能动性方使得具备罪过之意志因素的行为具有侵害刑法法益之危险，罪过之意志因素因而成为犯罪的价值本质在事实层面上的最集中体现，构成了犯罪行为的事实本质，兼之其成立实际包含了犯罪成立所必需的全部事实条件以及在功能上直接决定着行为的刑法性质、犯罪行为之客观存在界域以及主体所应承担的刑事责任之范围，故理所当然地应该成为整个犯罪构成体系的核心支柱以及刑法对犯罪行为实现有效打击的着力点，而其所属的犯罪主观要件也无疑应该成为犯罪构成体系之核心要件。

（三）犯罪的价值本质与犯罪构成体系之关系揭示

在把握犯罪的价值本质与犯罪的事实本质之间的关系后，犯罪的价值本质与犯罪构成体系的关系（也即我国传统刑法学理论所探讨的犯罪概念与犯罪构成的关系）也将因此而昭然若揭。犯罪的价值本质是罪与非罪行为在价值层面相区别的根本性标志，只有威胁到刑法所特有保护价值（即作为整体的其他部门法制度或者全体公民的基本人权）的行为方才构成犯罪，否则为非罪。不过很显然，这是一个非常抽象的标准，并且不具备此罪与彼罪之区分功能，司法实务是不可能直接依据如此抽象的标准来认定犯罪的，因而必须将其具体化或事实化。

犯罪构成之罪与非罪以及此罪与彼罪区分功能决定了其必须反映个罪之本质，而根据本质概念以及犯罪构成之事实属性可知，犯罪构成体系必须以犯罪的事实本质作为构建之根本依据。如上所析，犯罪行为正是因为罪过之意志因素方有着一般违法行为所不具有的独特消极价值，罪过之意志因素也因此成为犯罪行为之独特构成事实，或者说，构成了犯罪的事实本质。因此，犯罪的事实本质与其价值本质直接通连，罪过之意志因素也因之成为此岸事实与彼岸价值相沟通的桥头堡，犯罪的价值本质正是借着犯罪的事实本质——罪过之意志因素——而实现具体化或事实化的，而具体化或事实化最终所形成的便是犯罪构成体系。具言之，犯罪构成体系是以罪过之意志因素为核心、依照行为的事实结构而构建：如本书所析，人的行为在结构上由内及外依次包含人格（个性）、心理过程和客观三大结构层次，其中，意志因素位居心理过程层次，此一层次除了包含意志因素外，还包含作为意志因素前提和基础的认识因素和情绪情感因素，知、情、意三要素有机联系所形成的整体便是犯罪主观要件；犯罪主观要件的成立以行为的下一层次（也即人格）所对应的犯罪主体要件的成立作为前提；又因意志过程乃行为主观客观化的枢纽，其本质系不断地将知与情之内容转化为客观现实的动态心理过程，故这一过程无法脱离行为的客观方面，而与行为的客观方面相对应的则是犯罪客观要件。由此可见，犯罪的价值本质与犯罪构成体系之关系，实质即犯罪所具有的独特消极价值与犯罪所具有的独特构成事实之间的关系，或者说，就是犯罪的价值本质与犯罪的事实本质之间的关系，而犯罪的事实本质乃罪过之意志因素，罪过之意志因素也因此成为了整个犯罪构成体系的核心支柱，犯罪构成体系就是围绕着这一核心支柱而构建的分别由犯罪主体要件、犯罪主观要件和犯罪客观要件所构成的有机联系整体。

概言之，在犯罪构成体系的构建工程中，**行为概念的功能在于为犯罪构成体系的构建提供架构依据，而犯罪的价值本质之功能则在于揭示出犯罪的事实本质，进而基此择定整个犯罪构成体系赖以维系的核心支柱，该核心支柱也成为刑法对犯罪行为实现有效打击的着力点**（见图 4-1）。作为犯罪概念内容中不可或缺的犯罪的价值本质与围绕着犯罪的事实本质而构建的犯罪构成体系之关系就此揭示！犯罪构成体系中长期纠缠不清的事实与价值的关系问题由此得以澄清，为过往行为理论所一再强调却实际从未实现过的“行为概念在功能上应当成为犯罪论结构体之坚实骨架或坚固磐石”之愿景，也因之得以实现！

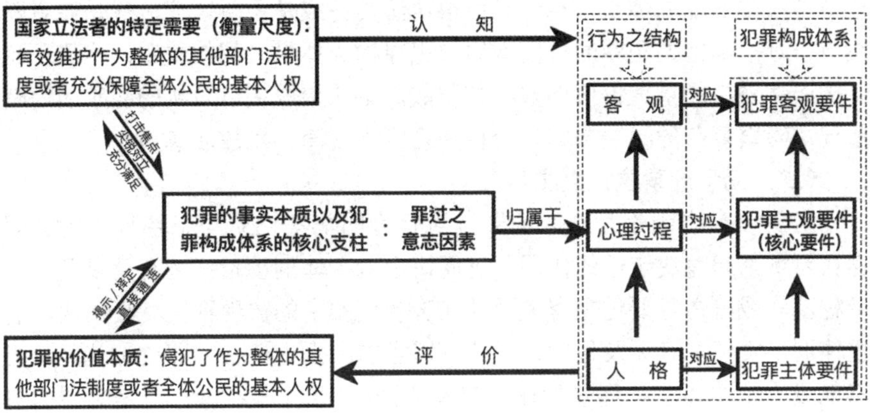

图 4-1　犯罪本质与犯罪构成体系之关系示意图

三、揭示犯罪本质与犯罪构成体系之关系的重大意义

一旦揭示犯罪本质与犯罪构成体系之间的关系，抽象的犯罪概念也将因此而具象化为可供司法实务操作的犯罪构成体系，这是刑法学基础理论研究中至为关键的一环，有着极其重大的理论与实践价值，主要体现为：

（一）最终确证犯罪构成体系乃事实体系

无论是我国传统要件体系还是德日阶层体系，都将犯罪的价值本质（犯罪客体或违法性）作为犯罪的成立条件之一，有关犯罪的价值其实是无法进入到犯罪构成体系的内部而成为其中的一个要件或阶层的，就中理据笔者已于前文详论。而本部分内容则从根本上解开了犯罪的价值本质在犯罪构成体系构建工程中所应担负的至关重要的使命，即揭示出犯罪的事实本质进而为整个犯罪构成体系择定赖以维系的核心支柱。如此便解开了犯罪所具有的独特消极价值在犯罪构成体系的构建工程中究竟应该扮演何等角色的重大理论问题，也从根底上破解了它在犯罪构成体系中到底应否有其要件或阶层地位的问题。犯罪构成体系本身乃事实体系，而非事实与价值相混合的体系，更非纯粹的价值体系，明确这一点具有极为重要的理论和实践价值。长期以来，中外犯罪构成理论之所以会如此地纷繁复杂，在很大程度上说系因理论始终弄不明白犯罪行为究竟具有何等独特的消极价值，当然也就不可能明白该独特的消极价值所具有的真正刑法学价值了，以致将过往一直含糊不清的犯罪的价值本质乃至其他价值性的东西直接作为犯罪构成之内容，如此不仅带来了理论上的极大混乱，而且若是严格遵循这样混乱的体系，也势必使得司法实务或是无所适从，或是恣意断案。一旦准确把握犯罪的价值本质与犯罪构成体系之间的关系，弥漫于犯罪构成体系中的重重价值迷雾将被驱散，犯罪构成将以事实的面貌而清晰呈现，纷繁复杂的犯罪构成理论也因之删繁就简、蜕故而孳新。

（二）揭示刑事责任之根据

由于以意志因素为核心的罪过对行为的刑法性质与犯罪行为的客观存在界域都起着决定性的作用，进而决定着主体刑事责任之有无以及范围或程度，或言之，罪过之有无及其在客观现实中的实现程度，直接决定着主体刑事责任之有无及程度。据此，以意志因素为核心的罪过也就理所当然地成为了主体承担刑事责任之根本依据，“罪（即罪过，也是犯罪的事实本质）”与“责（即刑事责任）”也由此实现了贯通。有关意志因素在对主体归责中的核心地位，英国法学家兼法官布莱克斯通（Blackstone）爵士曾深睿地指出，“当意志可以选择去做或者避免相关事实时，意志的同意就是唯一使人类的行为成为值得称赞或是应该受到谴责的东西。”[①]黑格尔也指出，“行动只有作为意志的过错才能归责于我。”[②]

（三）揭示刑罚功能之根据

中外主流刑法学理论认为，报应属于刑罚的功能，而预防（含特殊预防和一般预防）则是刑罚的目的。但笔者认为，刑罚的目的与刑法的目的具有一致性，就中缘由在于，刑罚是刑法惩罚犯罪最为主要的手段，因而二者在目标指向上具有一致性，并且在揭示刑法法益之内涵以及犯罪的本质后也将很容易发现，预防犯罪（含特殊预防和一般预防）所追求的效果其实就是保护刑法法益。基此可知，刑罚的目的与刑法的目的相一致，即都是保护刑法法益，而无论是报应还是预防，都应该是刑罚的基本功能。接下来需要揭示的是，刑罚的这两项基本功能系因何而来，或者说，其根据究竟何在？而该根据其实也是并合主义刑罚理念之基础或根据。[③]

有关刑罚之报应与预防功能或者说并合主义刑罚理念之基础或根据到底为何，在准确把握犯罪的事实本质与价值本质后，也就不难破解这一

---

① William Blackstone: *Commentaries on the Laws of England（Book IV）*, Oxford University Press, 2016, p.13.

② ［德］黑格尔：《法哲学原理》，范扬、张企泰译，商务印书馆 1979 年版，第 119 页。

③ 有关刑罚正当化之根据，统合绝对主义（报应刑论）与相对主义（目的刑论）的并合主义刑罚理念认为，“因为有犯罪并为了没有犯罪而科处刑罚”，也即认为，刑罚正当化的根据在于报应与预防（含特殊预防和一般预防），参见张明楷：《刑法格言的展开》（第三版），北京大学出版社 2013 年版，第 460-475 页。不难发现，并合主义刑罚理念需要解决的关键性问题是，报应与预防实现并合的基础或根据是什么？而该基础或根据也即笔者所认为的刑罚功能之根据。

极为重要的刑法学理论难题了。由于行为人之罪过及其实现程度决定着行为人所应承担的刑事责任，故从这一视角来看，刑罚应该是一种对行为人之既往罪行的报应。又因人的意志具有自觉能动性，如此使得对罪过（以意志因素为核心）支配下的行为若不动用刑法加以有效制裁的话，其严重的社会危害性不仅在于行为人会重复实施犯罪，更在于因其行为之示范作用还会诱使或带动其他人也实施犯罪，进而威胁到作为整体的其他部门法制度或者全体公民的基本人权（即刑法法益）。有鉴于此，作为对犯罪行为最为主要的反制措施——刑罚，无疑就应该将打击的着力点落在罪过之意志因素上，以阻断这两条途径，从而保护刑法法益（刑法及刑罚的目的），刑罚之特殊预防与一般预防功能因而自在其中。[①]而从这一视角来看，刑罚也应该是一种着眼于未来的犯罪预防措施。由此可见，刑法在对犯罪行为进行打击时，只要将打击的着力点落在以意志因素为核心的罪过上，内中就既体现了刑罚的报应功能，又体现了刑罚的预防功能（含特殊预防与一般预防），换言之，罪过与刑罚的基本功能贯通，罪过原则的贯彻即是刑罚之报应功能与预防功能的体现。[②]刑罚之报应与预防功能之根据，或者说并合主义刑罚理念实现报应与预防并合的基础或根据，也正在于此。

（四）证伪刑事违法客观论

由于正是罪过之意志因素方使得犯罪行为能够侵犯到刑法所特有的保护价值，罪过之意志因素也因此与立法者的需要形成尖锐的冲突，故为了使立法者的需要获得充分的满足，刑法在对犯罪行为进行打击时，无疑就应该将打击的着力点落在罪过之意志因素上。而与之形成鲜明对照的是民事责任与民事违法行为的关系，如所周知，民法对民事违法行为关注的焦点是行为所造成的客观损害，而非主观过错，导致这种差异的根本缘由在于：如上文所叙，民法恪守平等原则，即民事主体在民事领域中具有平等的法律地位，由此决定了民事责任的承担原则上不具有惩罚性而奉持填

---

① 不过，需要特别指出的是，刑罚之特殊预防功能的充分实现，也不能脱离作为罪过深层动因的犯罪主体的人格，即刑罚的适用也必须充分考量犯罪主体的人身危险性，惟其如此，刑罚之特殊预防功能方得以充分实现，相关论述详见本书“第五章第二节　二、（二）4.（3）”以及“第六章第二节　二、”之内容。

② 有鉴于此，笔者并不认同德国刑法学大家罗克辛所认为的刑罚应该受到双重限制（即“用刑罚进行预防的必要性”以及“犯罪人罪责及其大小”）之见解，参见[德]克劳斯·罗克辛：《刑事政策与刑法体系》，蔡桂生译，中国人民大学出版社2010年版，第78-79页。因为，该见解显然是不明白罪过（罪责）与刑罚的预防功能之间所存在的内在必然联系，从而不知刑罚的适用以罪过及其实现程度作为依据，本身即已包含预防必要性之内容。

平原则，即遵循有损失才赔偿，且有多少损失就赔偿多少的原则，而这又决定了民法对于民事行为关注的焦点应该集中在行为的客观层面而非主观层面，即民事责任的承担并不要求违法行为人必须具备过错，即便行为人完全无过错，其行为也可能构成民事违法，从而要求行为人对其行为所造成的损害后果承担民事责任。

民事责任的承担并不以行为人具备过错为必要，或者说，过错要素在民事不法判断中可以不予考虑，这也是德国法学家耶林在批判德国刑法学家默克尔的主观违法论时所提出的著名观点。[①]耶林的客观违法性概念随后便被德国刑法学家李斯特导入刑法的范畴中，并将其作为犯罪论体系的一般客观犯罪要件。[②]由此形成了沿用迄今、影响甚广的以不法与责任的严格界分作为核心支柱的德日阶层犯罪论体系。但经由如上分析后将不难发现德日刑法学理论在此一问题上所犯下的根本性错误：民事责任（原则上）的非惩罚性特征（因而确立了包含无过错原则、公平原则等在内的民事责任原则），决定了对民事违法的判断应当聚焦于行为的客观层面，而刑法之独特保护价值以及刑事责任的惩罚性特征，则决定了刑事违法关注的焦点应该落在行为的主观层面（因而确立了罪过原则）[③]；完全无过错的行为仍可能侵犯民法法益从而构成民事违法，故“违法客观论”在民法学领域中是完全成立的，但无罪过的行为却是无论如何都不可能侵犯刑法法益从而构成刑事违法的，换言之，刑事违法之成立绝对不能脱离罪过！[④]由此可见，德日刑法学理论中的“违法客观论”这一最初源于耶林

① 参见[德]鲁道夫·冯·耶林：《罗马私法中的过错要素》，柯伟才译，中国法制出版社 2009 年版，第 1 页以下。

② 参见[德]弗兰茨·冯·李斯特：《德国刑法教科书》，徐久生译，法律出版社 2006 年版，第 199 页以下。

③ 但凡惩罚，都应该着眼于行为人的主观，任何脱离行为人主观的惩罚都不可能收到理想的效果，从而使得惩罚失去合理根据，内中根由仍在于人的意志之自觉能动性。

④ 或许有论者会反驳称，“违法客观论”在刑法领域内仍然成立，例如，我国刑法第 20 条有关正当防卫的对象条件所规定的“不法侵害”之“不法”，就应当作客观的理解，即不应包含行为人的主观以及责任能力方面的内容。对此，需要指出的是，笔者所否定的违法客观论之“违法”，系指犯罪行为所特有的也是违法程度最高的“刑事违法”，而作为正当防卫的对象并不应该仅限于“犯罪行为”，还应该包含犯罪行为以外的其他不法侵害，就中理据参见高铭暄主编：《刑法专论》（第二版），高等教育出版社 2006 年版，第 419-420 页。因此，这是两个有着不同外延的概念。当然，也就不能以正当防卫的对象中由于还包含犯罪行为以外的不法侵害，来否定犯罪行为所特有的刑事违法应系主客观相统一的概念了，更不能基此就认为犯罪的成立应该包含违法性或不法之条件。

对民事违法的论述，实际完全混淆了两种性质迥异的违法概念。[①]

（五）为刑法主客观相统一原则寻获统一之基础

我国传统刑法学理论通说认为，我国的犯罪构成体系是一个主客观相统一的体系。[②]对于德日犯罪论体系，我国有力推该体系的权威学者也肯定地指出，德日的犯罪成立条件也是主客观相统一的。[③]令人遗憾的是，无论是我国传统刑法学理论，还是德、日等国家或地区的刑法学理论，均未能找到它们实现统一的基础是什么。经由如上分析后可知，犯罪行为（含犯罪构成）的主观与客观之间实现统一的基础就在于“罪过之意志因素”，这是因为，意志过程乃行为主观客观化之枢纽，其本质系不断地将认识及情绪情感内容转化为客观现实的动态心理过程，故它本身虽为内在心理活动，却始终无法脱离表现自身的外在客观事实。据此可知，但凡未外化为客观的内在心理状态，绝非罪过之意志状态，相应地，非表现罪过之意志状态的外在客观事实，也非构成犯罪行为之客观事实，犯罪行为的客观存在界域以及主体所应承担的刑事责任之范围也由此划定。职此之故，主客观相统一就不仅仅是定罪所应该遵守的基本原则，而且也是量刑所应该遵守的基本原则，换言之，主客观相统一应该作为刑法的基本原则之一。更兼罪过之意志因素乃整个犯罪构成体系的核心支柱，构成犯罪的其他主客观要件及要素都是围绕着它而构建，或者说，均是为确保它的成立而存在。构成犯罪的主观方面要素与客观方面要素由是便借着罪过之意志因素而实现了粘聚，形成为一个统一密合的有机整体，刑法之主客观相统一原则也因此具备了相统一的事实基础。这也是笔者之所以声称自己所坚持的刑法基本立场乃主客观相统一之立场的根本依据所在。

于此还有必要指出的是，“主客观相统一”并不等同于“主客观相一致”，在定罪阶段坚持主客观相统一原则并不意味着犯罪的成立必须主客观相一致。例言之，甲基于杀人的直接故意而开枪射击乙，结果却是子弹

① 尤其值得刑法学研究者们注意的是，在刑法学说史上，最后一位始终坚持不区分不法与罪责的是德国刑法学家阿道夫·默克尔，耶林的违法客观论就是针对默克尔的主观违法论提出来的。不过，耶林虽然反对默克尔把过错要素提升为衡量不法的唯一标准，指出民事不法的成立不以过错为必要，但是耶林也肯定了默克尔有关不能承担责任的个人在刑法中不能被认为是实施了违法行为之见解，从而将自己的违法客观论仅仅限定在了民法领域。参见[德]鲁道夫·冯·耶林：《罗马私法中的过错要素》，柯伟才译，中国法制出版社2009年版，第1页以下；Hans-Heinrich Jescheck: *The doctrine of mens rea in German criminal law — its historical background and present state*, The Comparative and international law journal of southern Africa, 1975, Vol.8 (1), p.114。经由笔者之论证，耶林的此一见解是完全正确的。

② 参见聂立泽：《刑法中主客观相统一原则研究》，法律出版社2004年，第54页。

③ 参见张明楷：“犯罪构成理论的课题”，《环球法律评论》2003年第3期，第263页。

射偏，乙毫发无损。该案中，行为的实际发展虽然偏离了行为的主观内容（也即行为的主、客观方面并非一致），但对于该案的处理并不意味着，坚持主客观相统一原则就必须将甲的行为认定为无罪，或者是将甲的行为定性为故意杀人罪（未遂或中止）就必然违背了主客观相统一原则。主客观相统一所强调的是构成犯罪的主客观要素之间的紧密关联性以及相互依存性，理论所要揭示的是这种紧密关联性以及相互依存性的立足点也即统一的基础是什么，因此，这一原则中并不包含行为成立犯罪必须主客观相一致之内容。

（六）准确定位犯罪构成体系的核心要件以及刑法对犯罪行为实现有效打击的着力点，基此将能够从根本上破解系列刑法学理论难题

犯罪行为正是因为罪过之意志因素而有着一般违法行为所不具有的独特严重社会危害性，因而是犯罪行为所具有的独特消极价值在事实层面上的最集中体现，构成了犯罪行为的事实本质，乃犯罪行为之锋芒所在，故理所当然地应该成为整个犯罪构成体系的核心支柱以及刑法对犯罪行为实现有效打击的着力点。据此可知，唯有该要素所属的犯罪主观要件方为犯罪构成之核心要件，而非如我国传统要件体系和德日阶层体系之绝对主流见解所认为的是犯罪客观要件或（客观的）构成要件。由于整个犯罪构成体系都是围绕着作为犯罪事实本质的犯罪主观要件之意志因素而构建，换言之，构成犯罪的其他要件及要素均是为确保此一要素的成立而存在，故其无疑乃定罪之实质根据，直接决定着行为的罪与非罪以及此罪与彼罪。此外，正确把握刑法对犯罪行为实现有效打击的着力点，还能够从根本上破解系列刑法学理论难题。例如，迄今未见有研究者说清道明的行为成立犯罪在客观方面的最低限度要求（也即中外主流刑法学理论所认为的作为犯罪论体系核心要件的犯罪客观要件或客观的构成要件）到底为何的问题，刑法因果关系的研究对象及判断标准问题，犯罪终止形态中的处罚形式预备犯是否具有合理性、未遂犯的处罚根据及存在范围、未遂犯与不可罚的不能犯的界限、着手的标准、既未遂的界分标准等问题，如何化解行为无价值论与结果无价值论之间的对立从而实现二者统一的问题[①]，共

① 理论提出所谓的“行为无价值论”和“结果无价值论”，概因未把握犯罪的价值本质进而未能基此揭示出犯罪的事实本质以及犯罪构成体系之核心支柱使然，一旦准确把握犯罪的价值本质进而基此揭示出犯罪的事实本质以及犯罪构成体系之核心支柱乃罪过之意志因素，那么，行为无价值论与结果无价值论之间的对立也将被消解而实现统一，统一于“罪过之意志因素的无（反）价值”。对此，笔者将于本书的第八章第六节中通过对未遂犯处罚根据的揭示，实现二者之间的统一。

犯的处罚根据与成立条件问题，罪数标准问题，刑法及刑罚的目的、国家刑罚权的根据、刑罚功能之根据以及刑事责任之根据与范围问题，刑法典到底是应该采取刑罚单轨制立法模式还是应该采取刑罚与保安处分双轨制立法模式的问题，如此等等。由此可见，把握犯罪构成的核心要件具有极其重大的理论与实践价值。在笔者看来，将犯罪构成的核心要件由客观要件（客观的构成要件）转变为主观要件，这一根本性的认识转变一旦成立，那么其对于整个刑法学科未来发展所具有的意义，甚至不亚于天文学发展史上人类对太阳系中心的认识由“地心说”转变为“日心说”！

（七）罪过原则与法益保护原则之间由此实现贯通[①]，而这两大原则的贯通除了对中外传统刑法学理论具有根底性的颠覆力量之外，还将带来刑法学理论的“统一场效应”，故堪称“刑法学中的万有引力定律”，因而具有极其重大的刑法学意义

我国台湾地区刑法学者许玉秀指出，“现代刑法的归责原则就是：法益受害结果必须是行为人的意志创作。掌握行为人主观面的影响要素，是现代刑法归责理论无法回避的课题，不能因而被指为自然主义或纯粹心理的归责取向。”[②]在法益概念宛如烟云般模糊、将不法与责任的严格界分视为犯罪论体系坚不可摧的核心支柱以及近乎必然会被扣上刑法主观主义冠帽的理论境遇中，能够将法益侵害与行为人的意志彼此关联，这是深刻且难能可贵的。[③]只是在笔者看来，此一见解并未从根本上揭示行为人的特定意志状态与刑法法益受侵害之间所存在的内在必然联系。如上所析，二者间所存在的内在必然联系是：能够威胁刑法法益的唯有罪过之意志状态支配下的行为，舍此绝无他途；无罪过行为无论造成了何其严重的客观危害后果，其所侵犯的都绝非刑法法益，或者说，无罪过行为在任何情况下都绝无可能对刑法法益形成威胁，从而构成刑事违法。如此便完全冲破了中外刑法学的绝对主流理论在罪过与法益（犯罪客体）侵害之间所设下的不容逾越的理论屏障，让彼此隔绝的二者实现了贯通，刑法之罪过原则

---

① 笔者认为，我国现行刑法第 1、2 条之规定是法益保护原则的实定法根据，而第 14、15、16 条之规定则是罪过原则的实定法根据。

② 许玉秀：《主观与客观之间——主观理论与客观归责》，法律出版社 2008 年版，第 127 页。

③ 考察法益的概念史可以看到，法益侵害说的首创者伯恩鲍姆其实就已经意识到了法益侵害与行为人的意志之间的彼此关联性，如其指出，被视为犯罪的，是“针对所有受到国家权力均等保障的财实施的、可归属于个人意志的侵害或者威胁”，参见[德]米夏埃尔·帕夫利克：《目的与体系：古典哲学基础上的德国刑法学新思考》，赵书鸿等译，法律出版社 2018 年版，第 161 页，注：着重号为笔者所加。只是后来的刑法学之绝对主流理论毅然决然地截断了二者之间的联系。

也因此具有了极为坚实牢靠的理论基础[①]，犯罪构成的核心要件也将因之而发生由客观向主观的根本性转换，进而引起整个刑法学科体系的重大变革，主要表现为：

其一，一旦罪过原则与法益保护原则之间实现贯通，基此将能够从根底上摧毁以不法与责任的严格界分作为核心支柱的德日阶层体系。因为，即便如今德日刑法学的主流理论已经承认主观不法要素的存在，但“主观不法要素理论始终坚持客观的法益侵害或危险是不法成立的唯一基础”[②]，就中缘由在于，“违法客观论”始终是该体系赖以维系的根本。因此，一旦罪过与刑法法益侵害之间实现贯通，那么不法与责任截然分立的基础就将消失，该体系也将因失去核心支柱而轰然崩塌。当然，建基于其上的系列重要理论和学说，例如，客观归责理论，实行行为理论，行为无价值论与结果无价值论的对立，主观违法性论与客观违法性论的对立，等等，均将因失去赖以维系的理论基础而一并坍塌或消歇，流盛于刑法学理论中的诸如“违法是客观的”或“违法是一元的”“客观上对刑法所保护的法益是否制造了不被容许的危险”或“客观上有无侵害刑法所保护的法益的危险”之类的说辞，其错谬也都将无所遁形。

其二，中外传统刑法学理论中诸多难以化解的理论对立，也能够在这两大原则贯通后的体系中化解彼此之间的对立而实现统一。例如，在笔

① 在我国传统要件体系中，反映犯罪价值本质的犯罪客体是一个与罪过全然无涉的要件。在德日阶层体系中，对于同样反映犯罪价值本质的违法性，主流理论也是竭力排斥主观心理要素，坚持所谓的“违法客观、责任主观”之论调，并且即便承认主观不法要素的存在，但主观不法要素理论还是始终坚持客观的法益侵害或危险是不法成立的唯一基础。此外，对于客观构成要件符合性的判断，坚持以法益概念为核心来构建实质判断标准乃绝对主流之见解，换言之，仍是毅然决然地截断罪过与法益侵害之间的内在联系。中外刑法学的绝对主流理论因而在罪过与法益（犯罪客体）侵害之间构筑了不容逾越的理论屏障。殊不知，刑法之罪过原则也将因此而失去坚实牢靠的理论基础，因为，既然对法益的侵害无需罪过，那么为实现对法益的充分保护，刑法就不应该将处罚范围限定于有罪过的行为。或许有论者会反驳称，法益保护之任务并非由刑法单独承担，其他部门法也同样担负着法益保护之使命。但问题是，刑法与其他部门法在法益保护上到底有无界限，或者说，刑法法益与其他部门法法益到底有无界限？答案若为否定（此乃如今中外刑法学界之主流见解），那么刑法就完全有理由介入到其他部门法领域，将无罪过的行为也纳入自己的打击范围。答案若为肯定，那么侵犯刑法法益与刑法只处罚有罪过的行为之间难道就没有内在必然联系吗？若对此作出否定的回答，将意味着无罪过的行为也能够侵犯刑法法益，果若如此，那么刑法法益与其他部门法法益之间还存在界限吗？因而此等否定回答与前面所作的肯定回答之间存在显而易见的矛盾。由此可见，唯有揭示罪过与刑法法益（犯罪客体）侵害之间所存在的内在必然联系，刑法确立罪过原则方具有坚实牢靠的理论基础。

② 陈璇：“德国刑法学中结果无价值与行为无价值的流变、现状与趋势”，《中外法学》2011年第2期，第373页。

者基此而构建的这一理论体系中，便实现了：主客观相统一，行为主义与行为人主义（也谓“行为刑法”与“行为人刑法”）的统一，行为无价值与结果无价值的统一，犯罪构成体系的核心支柱、核心要件以及刑法对犯罪行为实现有效打击的着力点三者的统一，还有刑罚的报应与预防功能以及预防功能中的特殊预防与一般预防的统一，等等，故可谓构建了一个刑法学理论的“统一场”。

鉴于罪过原则与法益保护原则之间实现贯通对中外传统刑法学理论所具有的根底性颠覆力量以及将带来的刑法学理论的“统一场效应”，笔者认为，如若的确成立，那么这两大原则的贯通对于整个刑法学科体系变革所起的作用，甚至不亚于万有引力定律在天文学和物理学变革中所起的作用，故堪称“刑法学中的万有引力定律”！因此，这两大原则之间的贯通一旦成立，那么其对整个刑法学科的未来发展，势必有着极其重大的意义以及极为深远的影响。

第五章　犯罪构成本体论的基本问题

在把握行为概念、确证犯罪构成之属性以及揭示犯罪本质及其与犯罪构成体系的关系后，接下来将进入到犯罪构成之本体论中，当然，对犯罪构成本体展开研究，还有必要首先探明其中的相关基本问题，主要涉及：犯罪构成的概念、犯罪构成到底应该包含哪些要件以及这些要件在体系中的逻辑排序。本章拟对这三个基本问题逐予究明。

第一节　犯罪构成的概念

在我国传统刑法学理论中，有关犯罪构成的概念存在诸多见解，其中较具代表性的有：一是认为，所谓犯罪构成，是指我国刑法所规定的，决定某一具体行为的社会危害性及其程度而为该行为构成犯罪所必需的一切客观和主观要件的总和；[①]二是认为，犯罪构成是我国刑法所规定的、决定某一行为成立犯罪所必需的一切客观要件和主观要件的有机统一的整体（有机统一体）；[②]三是认为，犯罪构成是指我国刑法所规定的由相互联系、相互作用的诸要件组成的具有特定的犯罪性质和社会危害性的有机整体。除此之外，在理论上还存在罪状说、概念说、理论说、事实说和法律兼理论说等等。[③]

笔者认为，欲合理界定犯罪构成的概念，应当明确如下几个问题：

首先，需要明确犯罪构成与犯罪行为之间的关系。犯罪构成要件是构成犯罪行为的要件，因而犯罪构成中的每一要件及其要素都应当属于犯罪行为之内容，或者说都能够为犯罪行为所包容，而不应该将超出犯罪行

---

① 高铭暄主编：《刑法学原理》（第一卷），中国人民大学出版社 1993 年版，第 444 页。

② 马克昌主编：《犯罪通论》，武汉大学出版社 2003 年版，第 70 页；赵秉志、吴振兴主编：《刑法学通论》，高等教育出版社 1993 年版，第 77-78 页。

③ 参见肖中华：《犯罪构成及其关系论》，中国人民大学出版社 2000 年版，第 70-76 页。

为范围的东西作为构成犯罪的要件或者要素，这也是贯彻行为主义的基本要求。准此以观，理论因未能明确犯罪构成与犯罪行为之间的此等关系，以致近乎所有的刑法学研究者在界定构成犯罪的具体要件时，时而认为犯罪构成要件不能脱离犯罪行为而存在，如认为主观罪过只能是主体行为时的心理状态，时而又不自觉地使犯罪构成要件溢出犯罪行为的范围，如对犯罪主体要件和犯罪客观要件的界定，德日阶层体系中的构成要件符合性阶层也存在将不属于犯罪行为内容的事实作为构成要件要素的问题。此外如上所析，事物的价值是价值主体的需要与作为价值客体的该事物之间的一种特定关系，它并不存在于该事物的内部结构之中，据此可知，犯罪所具有的某种价值（无论是消极价值还是积极价值）也不应该属于犯罪行为之内容，或者说，无由成为犯罪构成之要件或者要素，因此，我国传统要件体系将犯罪客体作为犯罪构成要件以及德日阶层体系将违法性作为犯罪的成立阶层均不具有合理性。

其次，从功能上说，依据犯罪构成不仅能够区分罪与非罪，而且能够区分此罪与彼罪。基此不难发现，上述有关犯罪构成的第一和第二个定义都最多只具有罪与非罪之区分功能，而不具备此罪与彼罪之区分功能，因而欠缺合理性。依据前文有关事物本质的概念可知，欲使犯罪构成同时具备罪与非罪以及此罪与彼罪之区分功能，犯罪构成就必须揭示具体罪之共性及其区别于他罪与非罪之特性，亦即必须反映个罪之本质。因此，并非一切决定“行为的社会危害性及其程度”的因素（如自首、立功、累犯等量刑情节或定罪情节）都是犯罪构成的要件或要素，唯有反映个罪之本质的因素才能够成为犯罪构成的要件及其要素。①

再次，犯罪构成作为行为成立犯罪的条件，决定着行为的罪与非罪以及此罪与彼罪，因而攸关公民的基本人权，故必须由刑法作出规定，而非任由学者解说的纯理论，这也是罪刑法定原则最为基本的要求之一。

复次，犯罪构成作为行为成立犯罪之条件，其所抽象的对象只能是具体犯罪的直观表象特征，或者说必须以能够通过证据证明的构成事实为内容，而不应该包含见仁见智、具有多元性因而无确定事实内容以及无法通过证据证明的价值性要素或者价值性标准，这也是贯彻罪刑法定原则与

---

① 我国刑法学界有学者提出，犯罪构成还具有区分既遂与未遂以及重罪与轻罪的功能，参见王志祥、曾粤兴：“修正的犯罪构成理论之辨正”，《法商研究》2003 年第 1 期，第 102-110 页。依据该见解，自首、坦白、立功、累犯、犯罪时未成年、中止犯、未遂犯、从犯、胁从犯等等情节，都应该是构成犯罪的要件或要素，果若如此，那么犯罪构成势必因之而极度芜杂乃至无确定的事实内容，可见，此等见解由于赋予了犯罪构成过多的功能因而不具有合理性。

证据裁判原则的当然要求。因此，犯罪构成体系只能是事实性的体系，而不能是价值体系或者是事实与价值相混合的体系。

最后，正如我国刑法学界的通行见解所认为的，构成犯罪的各要件之间并非彼此孤立、毫无关联的，犯罪构成应该是由各要件及其要素组成的具有特定结构的有机整体，这也是运用系统方法论把握犯罪构成所得出的当然结论。

在明确上述问题之后，便不难对犯罪构成的概念作出界定了。所谓犯罪构成，是指由刑法所规定、反映个罪本质的事实结构。在此之所以使用“结构”一词作为界定犯罪构成概念的关键词，系因为，依据辞书之释义，“结构”与功能相对，是指“物质系统内各组成要素之间的相互联系、相互作用的方式。是物质系统组织化、有序化的重要标志。……结构既是物质系统存在的方式，又是物质系统的基本属性，是系统具有整体性、层次性和功能性的基础与前提”①，由此可见，事物的结构不仅包含构成事物的要素，而且包含各要素之间的联系。此外，它还与事物的功能紧密关联，因而以其作为界定犯罪构成概念的关键词，能够准确地反映犯罪构成之实质。犯罪构成概念的合理界定将有助于我们正确地把握犯罪构成要件的内容以及各要件之间的关系。

第二节　犯罪构成之要件揭示

无论是我国传统刑法学界还是德、日等国家或地区的刑法学界，对于犯罪构成到底应该包含哪些要件或阶层都存在争议。随着德日阶层体系的引入，我国有越来越多的刑法学研究者支持该体系，当然，他们在支持该体系的同时也对我国传统要件体系展开了全方位的抨击。到底应该依据什么样的标准对犯罪的成立条件进行分类？犯罪构成又到底应该包含哪些要件或阶层？将直接关系到司法实务认定犯罪的效率乃至能否正确地认定犯罪，如上问题也因此成为犯罪构成理论研究中无可回避的基本问题。

一、理论分歧以及两大犯罪论体系之内容比较

在德日刑法学界，有关犯罪论体系的构成存在“二阶层说”“三阶层说”“四阶层说”和“五阶层说”。“三阶层说”一般是指包含“构成要件

① 《辞海》，上海辞书出版社2000年版，第3317页。

符合性”“违法性”和“有责性”三个判断层次之体系[①]，“二阶层说”是将三阶层说的前面两个阶层合并为“不法”阶层，从而形成“不法”和“有责”之体系，“四阶层说”是在三阶层说之前加上“行为”阶层，从而形成“行为”“构成要件符合性”“违法性”和“有责性”之体系，“五阶层说”则是在四阶层说之后加上“客观处罚条件”，由此形成“行为”“构成要件符合性”“违法性”“有责性”和“客观处罚条件”之体系。[②]

在我国传统刑法学理论中，有关犯罪构成究竟应该包含哪些要件的问题，理论通说是“四要件说”，即认为，犯罪构成应该包含犯罪客体、犯罪客观、犯罪主体和犯罪主观四个必备要件。除此之外，理论上还出现了“二要件说”“三要件说”和“五要件说”等见解。“二要件说”的内部存在两种观点：一是认为犯罪构成的基本条件是主观条件（含犯罪主体和犯罪主观方面）和客观条件（含犯罪客体和犯罪客观方面）；二是认为犯罪构成要件包含行为要件（含客观行为和主观罪过）和主体要件。“三要件说”的内部也存在分歧：一是认为一般犯罪构成要件为犯罪客观要件、犯罪主观要件和犯罪主体；二是认为犯罪构成的共同要件为主体、危害社会的行为（含行为的主观罪过、行为的客观形式、行为的危害结果和因果关系）和客体；三是认为犯罪构成的基本要件包括评价因素（即犯罪客体）、行为结构（含客观方面与主观方面）和责任条件（含犯罪主体条件和“不存在责任阻却的情况”）。“五要件说”认为，犯罪构成的基本要件包含犯罪行为、犯罪客体、犯罪客观方面（含犯罪结果及因果关系）、犯罪主体和犯罪主观方面。[③]

德日阶层体系与我国传统要件体系乍看差异极为明显，这种显著差异体现在构成体系的基本范畴上，但若去除原本就不应该被纳入犯罪构成体系的纯价值性要件（阶层）及要素，例如，作为构成要件核心的法益、违法性、期待可能性以及犯罪客体等，对两大体系（各自体系之下的不同理论及学说可以忽略）各自剩余的内容进行辨析后，将不难发现，两大体系在构成犯罪的事实性要素上基本没有差异。在此仅以各自居主流地位的体系为例加以分析。三阶层体系中的首要阶层是构成要件符合性，一般认为，这一阶层包含“客观的构成要件要素”和“主观的构成要件要素”，

① “三阶层说”也包含“行为、不法和有责”之体系，即在二阶层说之前加上行为阶层之体系。

② 参见许玉秀：《当代刑法思潮》，中国民主法制出版社 2005 年版，第 53-165 页。

③ 参见宣炳昭、黄志正编著：《犯罪构成与刑事责任——刑法学研究综述》，中国政法大学出版社 1993 年版，第 47-52 页；赵秉志主编：《刑法争议问题研究》（上卷），河南人民出版社 1996 年版，第 173-194 页。

其中，客观的构成要件要素包含“行为主体”“行为”“行为客体”“行为结果”“因果关系”以及“特别行为情状”等内容，主观的构成要件要素包含构成要件故意、过失以及特定的犯罪目的或意图，有责性阶层则包含“责任能力”和“违法性认识（可能）”。[①]在我国的传统四要件体系中，通说认为，犯罪客观要件包含“危害行为”“危害结果”“因果关系”以及“行为的时间、地点、方法（手段）和对象”等内容，犯罪主体要件包含主体的刑事责任能力以及影响刑事责任能力的因素，犯罪主观要件包含故意、过失、犯罪目的和犯罪动机等内容。[②]据此不难发现，两大体系在构成犯罪所必须的事实性要素上几乎不存在差异，存在差别的只是如何对它们进行归类进而使用何等范畴来对它们加以概括。

二、对来自德日阶层体系批判的反驳与反批判

在德、日等国的刑法学界，有非常权威的刑法学家对于如我国传统要件体系那样的整体上采取主客观二分的体系提出了批评，他们提出批评之理据也成为我国刑法学界认同德日阶层体系的研究者们抨击我国传统要件体系的主要理由。接下来笔者拟基于自己的理论立场，对这些批评理由逐予反驳，并且对德日阶层体系提出反批判。

（一）对来自德日阶层体系批判的反驳

我国传统要件体系坚持以行为要素的主客观分类作为要件划分的依据，而发展迄今的德日阶层体系则早已放弃以此种分类标准作为阶层划分之依据，至于放弃的理由主要有：其一，认为以行为要素的主客观分类作为依据的体系是一种平面的体系，据此是不能正确把握犯罪行为之实体的；其二，认为主客观经常不能分开，譬如，没有非法占有的目的拿走他人的财物，就不是盗窃的不法，还有如，未遂的不法，若不考虑行为人的主观，在客观上是无法被评价的；其三，这种区分会让不法回到因果关系上去，如此将创设一个过于广泛的责任范围；其四，罪责也不能作为唯一的主观因素来理解，如在无认识的过失中，主观因素就是不存在或无法查明的，还有，责任能力也是一种客观的、可以通过科学方法查明的结

① 参见[德]汉斯·海因里希·耶赛克、托马斯·魏根特：《德国刑法教科书》，徐久生译，中国法制出版社 2001 年版，第 314 页；[意]杜里奥·帕多瓦尼：《意大利刑法学原理》（注评版），陈忠林译评，中国人民大学出版社 2004 年版，第 137 页；[日]大塚仁：《刑法概说（总论）》，冯军译，中国人民大学出版社 2003 年版，第 119-130 页；许玉秀：《当代刑法思潮》，中国民主法制出版社 2005 年版，第 63-165 页。

② 高铭暄、马克昌主编：《刑法学》（第九版），北京大学出版社、高等教育出版社 2019 年版，第 38 页以下。

果。[①]在笔者看来，上述批判理由无一能够成立，这是因为：

1. 以行为的结构作为构建依据的犯罪构成体系，其各个要件之间并非为平面的关系，而是一个有着鲜明层次的立体结构

认为以行为要素的主、客观分类作为依据的体系，其各个要件之间是一种平面的关系（又谓“平面耦合关系”或“齐合填充关系”），不仅域外有刑法学者持此等认识，而且也得到了我国刑法学界近乎一致的肯定。经由前文对行为的结构层次揭示后将不难发现，这明显系因未把握行为的内在结构所形成的错误认识，一旦准确把握行为的内在结构，将很容易发现，以行为的结构作为构建依据的犯罪构成体系，其各个要件之间实际并非为平面的关系，而是一个结构清晰、层次分明、真实展现犯罪行为实体的立体结构（详见书末“附录：犯罪行为结构之意象图”）。

2. 虽然未知行为的主观就无法判断其客观，但这并不能够成为构成犯罪的主观方面要件与客观方面要件就应该混在一起的理由

认为行为的主、客观经常无法分开，因为在许多情况下，未知主观将无法判断客观。笔者认为，有关“在许多情况下，未知主观将无法判断客观”的正确认识应该是：“未知主观，在任何情况下（无论是在既遂还是未遂的情形中）都无法判断行为的客观到底系何等刑法性质”。因为，在未知行为主观内容的前提下，行为是否成立犯罪尚属未知，何谈既、未遂？兼之行为乃主观的客观化，主观是客观的原因及内在支配制约力量，故行为的刑法性质应由作为原因及居于支配制约地位的主观所决定，并且事实也的确如此，因为显而易见的是，客观表现完全相同的行为，其刑法性质可能截然不同，但客观表现截然不同的行为，其刑法性质却可能相同，而主观内容相同的行为，其刑法性质原则上即具有一致性。由此可见，未知行为的主观，的确无法判断其客观。不过，这并不能够成为犯罪的主观方面要件与客观方面要件就应该混在一起的理由，个中缘由在于：

首先，就构成行为的主、客观要素之属性而言，一为外在客观事实，从而能够被我们的感官所直接感知，一为内在心理事实，它看不见，摸不着，没有重量、大小和体积，故无法为我们的感官所直接感知，而只能间接把握。由此可见，二者在属性上可谓泾渭分明，根本不存在无法分辨或者无法区分开来的问题，并且可以看到，在以人的内在心理作为研究对象的心理学中，对此也概无疑议。

---

① 参见[德]克劳斯·罗克辛：“德国犯罪原理的发展与现代趋势”，王世洲译，《法学家》2007 年第 1 期，第 152-153 页；[日]大塚仁：《刑法概说（总论）》，冯军译，中国人民大学出版社 2003 年版，第 107 页。

其次，依据系统认识论，系统是由要素构成的有机联系整体，将系统区分为要素实际只是“观念上的分离”，而非实际的切割分解，因此，不能因为构成犯罪的主、客观要件之间存在密切联系，就认为犯罪构成要件不应该按照各自的主、客观属性差异来进行分类，要不然，将无所谓要素研究了。并且可以看到，德日阶层体系一方面认为由于主、客观经常难以分开，所以不应该以行为的主、客观要素分类作为犯罪论体系之阶层划分依据，另一方面，在阶层的内部，对要素却仍然依据各自之主、客观属性差异来进行分类，如将构成要件要素区分为所谓的“客观的构成要件要素”和“主观的构成要件要素”。既然基本范畴的内部都可以做如此区分，却认为基本范畴本身不能做如此区分，试问此系何等逻辑？更甚者，该体系还对同居心理过程层面、有着更为紧密联系的“认识因素”与“情绪情感因素（违法性认识）”进行了实际的切割分置，将前者置于构成要件符合性阶层，而后者则被置于有责性阶层。既然属性相同，甚至有着更为密接联系的主观心理事实都能够被实际地切割分置，属性截然不同的主观要件与客观要件却无法分开，这岂非咄咄怪事？由此可见，此等认识完全缺乏逻辑上的一贯性。

最后，笔者认为，如今德日刑法学的主流理论否定以行为的主、客观要素分类作为阶层划分之依据，还与阶层体系诞生之初在基本范畴命名上的瑕疵紧密相关。如所周知，在构成要件理论的创立者贝林看来，构成要件是一个纯客观、非评价的事实范畴，也即为行为成立犯罪在客观方面的事实条件，因而等同于我国传统要件体系中的犯罪客观要件。可是后来的研究者们发现，在许多情况下，未知主观将无法判断客观，由是在仍然保持既有基本范畴不变的前提下，就不得不打破以行为的主、客观要素分类作为体系阶层之划分依据，而在原本属于行为成立犯罪在客观方面的事实条件中加入主观要素，唯此方能应对遵循先客后主之判断逻辑所面临的困境。不难想见，如若贝林将行为成立犯罪在客观方面的事实条件也如我国传统要件体系那般命名为“犯罪的客观要件”，而非所谓的“构成要件”，那么无论往后的理论如何发展，都不可能出现主张犯罪的客观要件中应当包含某些主观要素之论见，而只可能出现到底是应该先判断客观要件还是应该先判断主观（责任）要件之论争，当然也就不会形成所谓的主、客观要素难以区分的认识了。由此可见，理论所谓的主、客观要素难以分开也与阶层体系诞生之初对相关基本范畴的命名瑕疵紧密相关。

3. 让不法回到因果关系上去从而创设过于宽泛的责任范围的，并非因为犯罪构成体系采取了要件的主客观分类

认为体系之要件或阶层的主、客观划分最终会让不法回到因果关系上去，从而创设一个过于宽泛的责任范围。笔者认为，此等错误认识形成的根源在于其体系坚持由客而主的逻辑排序，因为在此一逻辑架构中，对客观构成要件（含因果关系）的把握只能驻足于与主观构成要件全然无涉的纯客观立场，从而无视行为的主观对其客观在事实上的支配制约关系，而客观事物普遍联系原理也决定了，抛开行为的主观，行为的客观必定是漫无边际的，因此，通过行为的主观去把握其客观（含因果关系）是唯一切实可行的途径，要不然，即便为此付出再多的努力都注定是徒劳的。兼之如上文所析，作为不法内容的违法性由于反映的是犯罪行为的价值，故其应该是对构成犯罪的整体事实（含主观心理事实）的综合性评价，换言之，刑事违法绝非是与主观全然无涉的概念，而应该是一个主客观相统一的概念。一旦否定违法客观论，也就不存在所谓创设过于宽泛的责任范围的问题了。由此可见，导致让不法最终回到因果关系上去从而使得责任范围过于宽泛的，是其体系之逻辑架构错谬以及理论对刑事违法存在错误认识，而非因为体系采取了要件的主、客观分类。

4. 以责任能力为由来否定罪责乃主观要素，实际系一种混淆主客、不成其为理由的理由

认为罪责也未必是纯主观的要素，其中也包含有客观要素，譬如，责任能力就是客观要素，因为它可以通过科学方法来查明。笔者认为，此等认识明显是一种混淆主客、不成其为理由的理由，这是因为，构成行为的主、客观要素划分显然是就行为的本体而言的，行为表现于外的作用过程（具体而言，系行为手段或方法作用于行为对象进而引起其存在状态发生改变最终产生行为结果的过程）为客观，而隐藏于内、对这一外在过程起支配制约作用的内在心理则为主观。主体的责任能力显然属于后者，能力属于心理学中的基本范畴，这在当今心理学界已概无疑议。于此必须指出的是，作为判断或者认识对象的行为本身乃客观存在之事物，故构成行为的任一要素（包括主体之责任能力、动机以及知情意等要素）相对于判断者、第三人乃至行为人事后而言，都具有客观性，都不以判断者、第三人乃至行为人事后的主观意识为转移，且都能够通过科学方法加以查明。认为责任能力由于能够通过科学方法来查明，故其属于客观要素，此等说辞之言意未尝不是，其他的主观心理要素（如犯罪动机、犯罪故意和过失

等）之所以是主观要素而非客观要素，系因它们无法依据科学方法来查明，或者说，司法实务中对其查明所依据的不是科学方法，也即司法证明活动此时将不具有科学性，就中荒谬自不待言。由此可见，提出该批评意见的论者要么是完全不明白行为之主、客观要素的划分标准，要么是明知不成其为理由而有意混淆视听。

至于以无认识的过失不存在主观要素或其主观要素无法查明为由来肯定犯罪行为的主、客观方面要素难以分开之论见，在明确主体的责任能力乃主观心理事实后也就明显难以成立了，因为，“主体有无认识能力”以及“实际有无认识”都无疑是行为人的心理状态事实，对它们也都可以通过科学方法（即司法证明）加以查明，其中根本不存在主客难辨或者主客难分的问题。

（二）对德日阶层体系的反批判

虽然在德日阶层体系的内部对于犯罪论体系到底应该包含哪些阶层以及每一阶层内又到底应该安排哪些要素众说纷纭，但还是存在基本达成共识之处，那便是坚持“不法”与“责任”的严格界分[①]，这一严格界分也被称为“犯罪论的核心”（耶赛克、魏根特语），或被认为是“对于处在我们时代水准的所有其他……刑法教义学来说都具有典范意义”（许乃曼语），又或是“一切刑法思想坚不可摧的支柱”[②]，甚或认为，“是刑法法理上最大的成就，而也不可能再走回头路”（Küper 语）[③]。但在笔者看来，德日阶层体系对犯罪成立条件所做的此等基本划分以及在此基础上对相关要素的处理不具有合理性，主要理由分述如下：

① 不过，在德国刑法学界，也有少量学者，如默克尔（Merkel）、费尔纳克（Ferneck）、雅科布斯（Jacobs）、弗罗因德（Freund）和帕夫利克（Pawlik）等，主张不存在无责任的不法，由此否定了不法与责任的截然分立。参见[德]格吕恩特·雅科布斯：《行为 责任 刑法》，冯军译，中国政法大学出版社1997年版，第128-133页；[德]格奥尔格·弗罗因德：“人之犯罪论的犯罪概念以及犯罪构造”，陈璇译，赵秉志主编：《刑法论丛》（第40卷），法律出版社2015年版，第378-397页；[德]米夏埃尔·帕夫利克：“最近几代人所取得的最为重要的教义学进步？——评刑法中不法与责任的区分”，陈璇译，陈兴良主编：《刑事法评论》（第35卷），北京大学出版社2015年版，第302-320页；陈璇：“结果无价值论与二元论之争的共识、误区和发展方向”，《中外法学》2016年第3期，第792-794页。

② 转引自[德]米夏埃尔·帕夫利克：“最近几代人所取得的最为重要的教义学进步？——评刑法中不法与责任的区分”，陈璇译，陈兴良主编：《刑事法评论》（第35卷），北京大学出版社2015年版，第302页。

③ 转引自许玉秀：《当代刑法思潮》，中国民主法制出版社2005年版，第57页。

1. 违法性并不属于犯罪行为实体之内容

作为“不法”范畴基本内容之一的“违法性”[①]，如前所析，它由于反映的是犯罪行为的消极价值，而事物的价值乃作为客观事实而存在的该事物与价值主体需要之间的一种关系，故它并不属于实体性的范畴，而属于关系性的范畴，且不存在于事物的内部结构之中。因此，犯罪行为之消极价值并不属于犯罪行为实体之内容，故那种认为“犯罪的实体……是不法与责任”[②]，实乃未弄明白价值之属性使然。而将不属于犯罪行为实体内容的东西作为犯罪的成立条件则明显有违行为主义。此外，能够成为事物构成要素的东西只应该是实体性的范畴，而不应该包含关系性的范畴，这是因为，构成事物的各要素之间都始终处于联系之中，故若将其间的联系本身也作为构成要素，那么构成事物的要素势必漫无边际。[③]由此可见，违法性一则因不属于犯罪行为实体之内容，二则因属于关系性的范畴，故无由成为构成犯罪之要件，既然如此，那么将违法性作为犯罪论体系的核心支柱之内容也就自然失去依据。

2. 不法与责任的划分违背了事物与其价值之间的基本关系

退一步而言，即便“违法性”的确是行为成立犯罪的必备条件，但如上所析，事物与其价值之间的关系是，任何事物的价值无不是相对于构成该事物的整体事实的综合性评价，而非仅仅是针对构成事物的部分事实的评价，要不然，评价所得出的就并非为该事物的价值，或者说，至少是未反映该事物的完整价值或真实价值。而不容否认的事实是，犯罪行为乃由主、客观方面要件构成的有机统一体，故犯罪的价值显然就应该是对构成犯罪的主、客观方面要件所作的综合性评价。换言之，如若非得要将反映犯罪消极价值的“违法性”作为犯罪的成立条件之一，那么，它在整个犯罪构成体系中的序位也只能是退居于构成犯罪的所有事实性要素（包括主观方面的要素）之后，在层次上则应该是居于所有事实性要素之上，而非与事实性要素不做层次划分，将其置于事实性要素之间。“不法”与

① 在德日阶层体系中，“违法性”和“不法”是两个不同的概念，“违法性”表示了符合构成要件行为的性质，也就是其对刑法禁止和要求的违反，而“不法”则是把违法性评价的对象连同其价值称谓一起加以理解，因此其同时包含了行为、构成要件符合性和违法性这三个犯罪范畴，参见[德]克劳斯·罗克辛：《德国刑法学 总论》（第1卷），工世洲译，法律出版社2005年版，第389页。

② 张明楷：《刑法学（第五版）》（上），法律出版社2016年版，第98页。

③ 不难发现，一旦把实体性要素之间的关系本身也作为事物的构成要素，由此所导致的后果将是，实体性要素与关系性要素之间、关系性要素与关系性要素之间势必再度产生关系性要素，果若如此，事物的构成要素将漫无边际，那么，犯罪构成也就绝不可能只是我们如今理论所认为的那为数不多的几个要件（阶层）以及每一要件中为数不多的那几个要素了。

“责任”的划分及其序位显然违背了事物与其价值之间的此等基本关系。

3. 将不法与责任作严格界分，概因理论不明白刑事违法与罪过之间所存在的内在必然联系所致

如上所述，违法性最初源于耶林对民事违法的论述，他指出，过错要素在民事不法判断中可以不予考虑，此即其著名的“违法客观论”。[①] 民事法律关系因双方主体的法律地位平等，由此决定了民事责任的承担原则上不具有惩罚性，因而确立了包括无过错原则和公平原则在内的责任原则，故违法客观论在民事违法领域中是完全成立的。但是，违法客观论在民事违法领域中成立并不意味着在刑事违法领域中也照样成立，这是因为，现代国家在刑事责任原则上已经抛弃客观责任而坚守罪过原则，无罪过行为无论造成了多么严重的客观危害后果都不构成犯罪。并且如上文所析，正是因为罪过而使得犯罪行为有着一般违法行为所不具有的独特严重社会危害性，即侵犯了刑法所特有的保护价值——作为整体的其他部门法制度或者全体公民的基本人权（刑法法益）。刑法之罪过原则与法益保护原则也由此实现贯通，一旦这两大原则实现贯通，也将从根基上摧毁作为德日阶层体系核心支柱的不法与责任之严格分立。因为无罪过行为无论如何都不可能威胁到刑法法益，从而不可能触及违法程度最高的刑事违法，换言之，违法客观论尽管在民事违法领域中成立，但在刑事违法领域中却是完全不成立的，也即，在刑事违法领域，不法与责任无法分离，二者之间存在着内在必然的联系。据此也不难发现，德日阶层体系将不法与责任截然分立，并以此作为整个体系之核心支柱，就中主要缘由在于：一是在价值层面，未能正确把握犯罪所具有的独特严重社会危害性以及刑法之独特保护价值究竟为何；二是在事实层面，不明白究竟是构成犯罪的何等事实要素使得犯罪行为有着一般违法行为所不具有的独特严重社会危害性，进而将判若霄壤的两种违法——民事违法与刑事违法——混为一谈。一旦弄清楚这两个层面的问题，德日阶层体系也将因失去赖以维系的核心支柱而整体崩塌。

4. 德日阶层体系的所谓区分价值以及双轨制立法模式都存在基础性的错误

坚持以不法与责任的区分作为阶层体系的核心支柱之核心理据在于：依据阶层体系不仅能够判定行为的罪与非罪，而且还能够对某些非罪

---

① 参见[德]鲁道夫·冯·耶林：《罗马私法中的过错要素》，柯伟才译，中国法制出版社 2009 年版，第 1 页以下。

行为的性质做进一步的区分，譬如能够区分正当防卫杀人与未达刑事责任年龄者实施的杀人行为，甚至连区分“正当防卫杀人”与“拍死一只蚊子”都不在话下，因而较之于徒具区分罪与非罪以及此罪与彼罪功能的犯罪构成体系，具有再明显不过的优势了；兼之符合不法构成要件但不成立犯罪的行为，行为实施者通常都具有较大的社会危险性，故为了维护社会安全，不少国家和地区的刑法典都确立了刑罚与保安处分双轨制之立法模式，基此认为，在该立法模式中，阶层体系的优势更是显露无遗了。但在笔者看来，阶层体系的此等所谓的区分价值以及双轨制立法模式，从根本上说是一种因理论基础错误而形成的所谓“优势”，这是因为：

（1）阶层体系的所谓区分价值实际混淆了刑事违法与一般违法之间的界限

如上所析，犯罪所具有的违法性（即刑事违法）是一种程度最高的违法，它是对以罪过为核心的构成犯罪的整体事实的综合评价，因此无罪过行为，如未达刑事责任年龄者以及完全丧失辨认控制能力的精神障碍者实施的危害行为，无论如何都不可能触及刑事违法。由此可见，所谓的无责任能力者的违法，实际混淆了有着质的差异性的刑事违法与一般违法之间的界限。更何况，违法性作为犯罪的消极价值原本就不应该成为犯罪的成立条件之一。

（2）阶层体系的所谓区分价值还混淆了刑法规范与非刑法规范之间的界限

每一部门法都有自己独特的调整对象或者保护价值，刑法所特有的保护价值乃作为整体的其他部门法制度或者全体公民的基本人权，而能够威胁到这一独特价值的唯有犯罪行为，由此决定了刑法的任务即在于判定行为是否成立犯罪以及在成立犯罪的情况下又构成何罪，还有应该如何适用刑罚，刑法规范因而只能以规定犯罪成立条件或者适用刑罚标准作为内容。故在刑法规范面前，有关行为的定性只有罪与非罪两种，并且只有前者才会被纳入刑法的规制范围，至于不构成犯罪的行为在性质上存在何等具体差异，则已然超出刑法的调整范围，根本无需刑法越俎代庖，自有其他性质的法规范对它们加以区判。据此，各国刑法典中有关非罪的保安处分规定，还有我国刑法第 17 条第 5 款和第 18 条第 1 款的规定，由于皆非以规定犯罪成立条件或者适用刑罚标准作为内容，故就其规范性质而言，实际均非刑法规范。[①]既然这些规范并非为刑法规范，那么将判定非罪行为性质的相关条件混入到犯罪的成立条件中来也就自然失去理据。

（3）刑法采取刑罚和保安处分双轨制立法模式之理论基础存在严重的问题

主张刑法应当采用双轨制立法模式的理论基础在于：刑法的首要任务是保护法益，而罪责报应和危险预防是两种不同的东西，但两者又都属于刑法的合法任务，故刑罚和保安处分的双轨制原则上讲是无可指责的。[②]认为罪责报应与危险预防不可兼容却又都属于刑法任务（保护法益）之内容，以此作为双轨制立法模式之理论基础是存在严重问题的，就中主要缘由有二：

其一，作为犯罪法律后果的刑罚理应包含危险预防（即特殊预防）之内容，换言之，刑罚之罪责报应与危险预防其实并非不可兼容。在笔者看来，德、日等国家或地区的主流刑法学理论之所以会认为二者不可兼容，一方面系因未能揭示罪过之意志因素与犯罪的价值本质间所存在的内在必然联系，从而不明白只要刑法将打击的焦点集中在罪过之意志因素上，内中实际就既包含罪责报应之内容，又包含犯罪预防（含特殊预防与一般预防）之内容，另一方面则因未能深入把握犯罪行为的内在结构，从而不明白作为罪过深层动因的人格也属于犯罪行为之内容，以致在对犯罪行为的整体社会危害性评价时忽视了此一层次的内容（即主体的人身危险性），基此认为罪责报应与危险预防不可兼容当然更是在所难免了。一旦揭示罪过之意志因素与犯罪的价值本质间所存在的内在必然联系以及深入全面地把握犯罪行为的结构，便可化解罪责报应与危险预防之所谓不可兼容性而实现二者的统一。而一旦二者实现统一，由于刑罚的功能中已内在地包含了危险预防之内容，那么，将以危险预防为目的的保安处分与刑罚作为犯罪行为并行的法律后果（即所谓的双轨制立法模式），也就自然失去理据。

其二，对非罪行为适用保安处分之法规范所维护的价值与规制犯罪行为的刑法规范所维护的价值并非一致，二者存在着本质性的差异。对于

① 于此需要特别强调的是，刑法规范并不等同于刑法典中规定的规范，因为，刑法典中有不少规范并非以规定犯罪成立条件或者适用刑罚标准作为内容，譬如，我国刑法第 48 条第 2 款（死刑核准程序）和第 79 条（减刑程序），就明显属于诉讼法规范，而非刑法规范。此外，未规定在刑法典中的规范也未必就不是刑法规范，如单行刑法规范。

② 参见[德]汉斯·海因里希·耶赛克、托马斯·魏根特：《德国刑法教科书》，徐久生译，中国法制出版社 2001 年版，第 9-12、17-18、106-109 页。

非罪行为适用保安处分所依据的因系行为人所具有的人身危险性，而与罪过无涉，这就意味着保安处分之此类适用情形绝无可能威胁刑法法益，因为如上文所析，唯有罪过支配下的行为方能威胁刑法法益，换言之，对非罪行为适用保安处分之法规范所维护的价值与规制犯罪行为的刑法规范所维护的价值并非一致，其间存在着本质性的差异。由此可见，以刑法的任务是保护法益作为刑法也应该对某些反映主体人身危险性的非罪行为适用保安处分之根据，概因不明白刑法法益到底为何，从而混淆了两种在所保护法益之属性上有着本质性差异的法规范，因而犯了基础性的错误。

有鉴于此，笔者无疑认同如我国刑法典那般采取刑罚单轨制之立法模式，并且可以看到，在现代刑事立法中，该种模式同样被为数众多的国家所采用。①

（4）不区分所谓的不法与责任并不会给我国刑法的相关规定带来适用障碍

我国刑法典虽然采取的是刑罚单轨制立法模式，却也有对未达刑事责任年龄者（刑法第 17 条第 5 款）以及完全丧失辨认控制能力者（刑法第 18 条第 1 款）实施严重危害行为时的矫治规定，这也成为我国不少刑法学研究者认为应该采纳德日阶层体系的重要依据。如陈兴良教授指出，若不区分不法与责任，对于未达刑事责任年龄者实施的严重危害行为判无罪，不去查明其是否实施了该当构成要件的行为，则必然会给刑法第 17 条第 5 款的适用带来障碍。②但如上所析，这两款规定就规范性质而言实际并非为刑法规范，因为它们均非以规定犯罪成立条件或者适用刑罚标准作为内容，而是有关非罪行为的矫治规定，因而是无关犯罪与刑罚之规定。并且不难发现，对于这两款规范的适用，实际是依据刑法规范判定相关行为不构成犯罪后的他种性质规范的适用，故这些行为是否合符该类规范已无关乎犯罪构成的适用问题。③在明确这两款规范之性质以及突破认识上自设的理论藩篱后，对其适用也就根本不存在所谓的障碍了。

---

① 除我国外，采用刑罚单轨制立法模式的国家主要有：英美法系国家（如英国、美国、加拿大、澳大利亚和新西兰等），法国，瑞典，比利时，希腊，俄罗斯，等等。

② 参见陈兴良："犯罪主体的消解——一个学术史的考察"，《环球法律评论》2011 年第 1 期，第 17-18 页。

③ 并且如本章下一节之论述，犯罪的认定实际上是不可能遵循由客而主的逻辑顺序的，而只能遵循从主体要件出发经由主观要件再到客观要件的逻辑顺序。依循此一逻辑，未达刑事责任年龄者与完全丧失辨认控制能力者所实施的危害行为，将在第一个要件（即犯罪主体要件）判断时就会被排除出刑法的调整范围，而根本无需再接受其他要件之检验。如此，刑法规范与作为非刑法规范的第 17 条第 5 款以及第 18 条第 1 款之间的适用逻辑更是尽显无余。

综上所析，将不法与责任的严格界分作为犯罪论体系的核心支柱，并宣称所谓的优势，实乃因基础性错误所致，一旦揭示其基础错谬，所谓的优势也就不复存在了。于此还有必要指出的是，如本书所析，犯罪论体系的核心支柱根本就不应该是所谓的不法与责任的严格界分，而应该是罪过之意志因素，因为在构成犯罪的所有要素中，唯有罪过之意志因素方为犯罪的价值本质在事实层面上的最集中体现，构成了犯罪行为之事实本质。如此，犯罪构成体系的核心支柱、犯罪构成的核心要件（乃意志因素所属的犯罪主观要件）以及刑法对犯罪行为实现有效打击的着力点，三者完美统一。而未若德日刑法学之主流理论那般，一方面肯定不法与责任的界分是犯罪论体系的核心支柱，另一方面却又认为，犯罪论体系以“构成要件”为核心[①]，至于核心要件为什么不能够成为核心支柱？这两个核心之间到底是一种怎样的关系？理论未能就此作出合理的解释，体系内在逻辑的不协调性也因之而凸显。

5. 德日阶层体系实际是一个反事实、反逻辑以及反常识的体系

犯罪乃行为之特殊类型，故行为的结构如何，那么犯罪行为的结构（内中包含犯罪的构成）也必当如何，而行为系主客观的统一体，主观也即人的内在心理，乃心理学之研究专长，而心理学所具有的自然科学属性又决定了其有关人的内在心理事实的分类以及对它们之间关系的揭示无疑具有科学合理性，而这也是使得行为概念具备科学合理性的根本保障。笔者认为，欲使犯罪构成体系具备科学合理性，就应当以科学的行为概念作为体系之架构依据，唯其如此，对构成犯罪的要件及其要素的安排方具备科学合理性，也即符合事实与逻辑，反之，若抛弃行为概念而另觅其他的某种架构依据，那么，据此构建的体系必将搅乱犯罪构成要件及其要素在行为结构中原本井然的秩序，以及撕裂它们之间在事实上的有机联系，此

① 如认为，“犯罪的这种外在的表现形态通过客观的构成要件要素来描述。它构成了‘每一种犯罪的具体的-现实的核心’”，参见[德]汉斯·海因里希·耶赛克、托马斯·魏根特：《德国刑法教科书》，徐久生译，中国法制出版社 2001 年版，第 333-334 页。或认为，“构成要件应该发挥作为犯罪论中理论支柱的机能”，“把构成要件理解为违法性和责任的类型时，以构成要件为核心，就能构筑犯罪构成要素密切关联的、一贯的刑法理论体系”，“构成要件具有作为犯罪论脊梁的意义”，参见[日]大塚仁：《刑法概说（总论）》，冯军译，中国人民大学出版社 2003 年版，第 115 页。又或指出，“客观的犯罪论取得了完全支配性的地位，在它的推动下，与罪刑法定原则紧密相联的构成要件概念登上了核心的位置”，参见[日]井田良：“走向自主与本土化：日本刑法与刑法学的现状”，陈璇译，陈兴良主编：《刑事法评论》（第 40 卷），中国政法大学出版社 2017 年版，第 375 页。

等体系因而必定是有悖事实、违反逻辑的体系，或者说，不可能是一个科学合理的体系。

自新古典阶层体系抛弃以行为要素的主客观分类作为阶层划分的依据后，便明显表现出了反事实、反逻辑及反常识的一面。可以看到，阶层体系之主流见解为了维护作为其核心支柱的不法与责任的严格界分不致崩溃，不得不将原本紧密联系、作为罪过内容不可或缺的“对构成要件事实的认识和意志”（分别为“知”与“意”之因素）与“违法性认识”（乃“情”之因素）加以切割分置，把前者置于构成要件符合性阶层，后者则与责任能力共置于有责性阶层，而在有责性阶层内部，“违法性认识”则被置于责任能力之后。[①]如此处理主观心理要素所存在的主要问题有：

首先，现实中的知、情、意三因素之间总是彼此渗透、相互联系、相互作用的关系，由此构成了一个统一的有机整体，[②]因此，理论对作为有机联系的心理过程要素做如此切割分置，本身就是违反事实的。

其次，如此处理主观心理要素意味着，“违法性认识”必须以责任能力作为前提，而“对构成要件事实的认识和意志”则不以责任能力作为前提，缘何如此？让人备感莫名其妙，也未见有持论者就此作出解释。

再次，“对构成要件事实的认识和意志”不以责任能力作为前提，意味着无需“认识能力”和“意志能力（控制能力）”也完全能够形成“对构成要件事实的认识和意志”，但这显然是违反事实、违背常识的。[③]

最后，依照该体系对知、情、意因素与责任能力的安排表明，知、意不以责任能力作为前提，情则必须以责任能力作为前提，但心理学的研究表明，知与情乃意之前提和依据，既然情都必须以责任能力作为前提，意却不以责任能力作为前提，这显然是违反逻辑的。

由此可见，德日阶层体系为了维护其所谓的核心支柱而对主观心理要素所做的此般处理所反映出来的是，该体系实际是一个反事实、反逻辑

① 参见[德]汉斯·海因里希·耶赛克、托马斯·魏根特：《德国刑法教科书》，徐久生译，中国法制出版社 2001 年版，第 286 页；[德]克劳斯·罗克辛：《德国刑法学 总论》（第 1 卷），王世洲译，法律出版社 2005 年版，第 285 页以下；[日]大塚仁：《刑法概说（总论）》，冯军译，中国人民大学出版社 2003 年版，第 110 页以下。

② 有关知、情、意三者之间的关系，详见本书“第七章第一节 四、”之内容。

③ 欲成功完成某项活动，以主体具备完成该项活动之能力作为必要前提，不具备该能力绝无可能成功地完成该项活动，此乃基本的生活常识，并且可以看到，即便是小说家在写神话小说或科幻小说的时候，一般都不会违背这样的基本常识！但德日阶层体系的主流理论却犯下了如此匪夷所思的常识性错误，更匪夷所思的还在于，前赴后继的阶层体系的绝大多数拥护者竟还能安之若素地对此加以接受，乃至对这样的理论体系顶礼膜拜。

以及反常识的体系！

三、犯罪构成之要件确证

“认识过程最初是分析的”[①]，“一个人，顾名思义，本质上是不可分的。……当然不能把一个人分割成独立的部分。但同样可以肯定的是，对一个人的行为的各个不同方面是可以而且必须分别加以考虑的。任何一门科学，无论是物理学还是心理学，都必须把研究对象分解开来，依次研究其各个方面，最终把每一方面与其余的方面联系起来。科学家只有先做分离，最终才能获得完满。”[②]“在刑法学中离开分析方法，就无法解释犯罪”[③]。犯罪行为乃作为系统而存在，故以系统方法论研究犯罪行为的第一步就是对它进行分解，即从刑法规定的犯罪行为出发，依据特定的标准将作为统一体的犯罪行为分解为若干组成部分或者若干要件及要素。于此还需要再次强调的是，犯罪构成是犯罪行为的构成，犯罪构成要件是构成犯罪行为的要件，故对其分解必须以依据刑法规定已成立犯罪的行为作为原型。此外，根据系统论的基本观点，作为特定系统组成部分之要素的功能，是其在孤立状态或者处于其他状态中所不具有的，因此，研究犯罪构成若非以既有的犯罪行为作为原型，而是以其他的某种社会现象作为原型，那么对这种非犯罪现象或者比犯罪现象外延更为宽泛的社会现象进行分解，所获得的所谓要件及要素其实并非构成犯罪的要件及要素，以非构成犯罪的要件及要素作为判定行为成立犯罪与否的条件，其可行性及有效性都势必大成问题。

犯罪构成要件只能是构成犯罪行为的要件，因而只能存在于犯罪行为的结构之中，而犯罪的价值（如犯罪客体、违法性以及与之相关的法益等）由于并不存在于犯罪行为的结构之中，或者说，不属于犯罪实体之内容，故不能成为构成犯罪的要件或要素。因犯罪构成要件只能存在于犯罪行为的结构之中，故把握犯罪行为的结构便成为关键。有关犯罪行为的结构到底为何，我们其实可以在揭示人的行为之结构的基础上对其加以把握，因为，犯罪乃人的行为之特殊类型，二者系一般与特殊（或共性与个性）的关系，而一般寓于特殊（或共性寓于个性）之中，换言之，人的行

---

① ［德］黑格尔：《小逻辑》，贺麟译，商务印书馆 1996 年版，第 412 页。

② C. Spearman: *The Abilities of Man: Their Nature and Measurement*, The Macmillan Company, 1927, p.2-3.

③ ［意］杜里奥·帕多瓦尼：《意大利刑法学原理》（注评版），陈忠林译评，中国人民大学出版社 2004 年版，第 106 页。

为之结构如何，那么犯罪行为的结构也必当如何，正如韦尔策尔所言，“由于犯罪也是一种人类行为，那么，它身上也必须同样体现出用于描述人类行为的特征”[①]。我国台湾地区学者蔡墩铭也指出，“犯罪行为既限于人类之行为，则人类之行为所出现之共同特征，自亦出现于犯罪行为”[②]。基于行为与犯罪行为之关系来审视既有的形形色色的犯罪构成体系，将不难发现，尚无哪怕一种犯罪构成体系是建立在对人的行为之结构的正确把握基础之上，因为，迄今为止的任何一种犯罪构成体系均无不把行为要么是作为犯罪构成体系中的一个独立阶层（如作为构成要件符合性阶层之前的独立阶层），要么是作为某一阶层或要件中的一个要素（如作为构成要件之要素或者犯罪客观要件之要素），将原本属于犯罪行为上位概念的行为概念降格为犯罪构成体系中的一个阶层乃至阶层或要件之下的一个要素，如此处理行为与犯罪构成体系之间的关系无疑违背了行为与犯罪行为之间的基本关系，也将无可避免地使得行为概念沦为“无血的幽灵”，从而严重阻碍了刑法学理论对人的行为之结构展开全面深入的探究，更遑论为犯罪论体系的构建提供根本性的理论指导了。我国刑法学家陈忠林教授曾就此深刻地指出，“正确地界定行为及其构成要件的内容，是正确地认定犯罪及其构成要件的前提和基础，离开对行为及其构成要件的正确认识，我们根本就不可能构建一个正确的犯罪构成理论体系。遗憾的是，到目前为止的所有犯罪构成理论，没有一个是建立在对行为及其构成要素的正确认识之上的。”[③]诚哉斯言！但凡不以行为概念作为构建依据的犯罪论体系，都必将搅乱犯罪构成要件及其要素在行为结构中原本井然的秩序，以及撕裂它们之间在事实上的有机联系，此等体系因而必定是违背事实、违反逻辑的体系。

犯罪乃人的行为之特殊类型，故人的行为之结构如何，那么犯罪行为的结构（即犯罪之构成）也必当如何，要不然，犯罪的行为性将被否定。如上所析，人的行为之结构由内而外依次包含人格、心理过程与客观三个层次，故犯罪行为的结构亦必当如是。此外，虽然犯罪的价值本质本身并不能够成为构成犯罪之要件，但它在犯罪构成体系的构建工程中却发挥着至关重要的作用，那便是能够据其揭示出犯罪的事实本质，进而为整个犯罪构成体系择定赖以维系的核心支柱。刑法所特有的保护价值（即刑

---

① [德]汉斯·韦尔策尔：“近百年的德意志刑法学理与目的行为论”，蔡桂生译，陈泽宪主编：《刑事法前沿》（第六卷），中国人民公安大学 2012 年 3 月版，第 240 页。

② 蔡墩铭：《犯罪心理学》（下），台湾黎明文化事业公司 1979 年版，第 563 页。

③ 陈忠林：“现行犯罪构成理论共性比较”，《现代法学》2010 年第 1 期，第 165 页。

法法益）也是犯罪行为所侵犯的独特价值，系作为整体的其他部门法制度或者全体公民的基本人权，通过对构成犯罪的诸事实要素之属性与功能详加辨析后，将不难发现，正是罪过之意志因素方使得犯罪行为能够侵犯到刑法这一特有的保护价值，罪过之意志因素因而是犯罪的价值本质在事实层面上的最集中体现，构成了犯罪的事实本质，是犯罪行为与一切非罪行为在事实层面相区别的根本性标志，兼之犯罪构成体系乃事实体系，故罪过之意志因素理所当然地应该成为支撑整个犯罪构成体系的核心支柱，或者说，整个犯罪构成体系都应该围绕着罪过之意志因素而构建，而所谓围绕着罪过之意志因素而构建，也即构成犯罪的其他要件及要素都应该是作为罪过之意志因素的成立条件而存在，以确保其成立为必要。据此也就不难把握构成犯罪的要件及其要素了：意志因素居于行为的心理过程层面，在此一层面中，包含三个基本的心理要素，即认识、情绪情感及意志（简称知、情、意），其中，认识与情绪情感乃意志形成的前提和依据，欠缺知与情，意将无以形成，知、情、意三要素之整体构成了犯罪主观要件（也谓罪过）；心理过程又以位居更为深层次的人格作为前提和基础，人格中包含诸多基本范畴，依据我国刑法之规定，能够影响主观罪过有无及性质的因素包含作为必备要素的刑事责任能力以及作为选择要素的犯罪动机和犯罪主体的态度，这些因素的整体则构成了犯罪主体要件；又因意志乃主观客观化的枢纽，其本质或核心功能在于不断地将认识及情绪情感内容转化为客观现实，故它虽为内在心理事实，却始终无法脱离客观化的过程。据此可知，意志因素的最终成立还有赖于行为的客观，缺乏经由意志转化的客观事实，罪过之意志因素将因欠缺表现自身的物质载体而无法成立，而与行为的客观相对应的则是犯罪客观要件，如后文所析[①]，犯罪客观要件的成立以罪过之意志因素内容开始客观化（也即“着手”）为已足，犯罪手段、犯罪对象和犯罪结果乃为该要件之选择性要素。

综上所析，犯罪的价值本质之功能在于揭示出犯罪行为之事实本质，进而为犯罪构成体系择定赖以维系的核心支柱，整个犯罪构成体系均围绕着该核心支柱而构建。而行为概念则为犯罪构成体系的构建提供架构依据，人的行为在结构上由内及外依次包含人格、心理过程以及客观三大层次，与之相对应，构成犯罪的要件也依次包含犯罪主体、犯罪主观和犯罪客观三个要件。

---

① 详见本书第八章之内容。

第三节　犯罪构成要件的逻辑排序

犯罪行为乃作为系统而存在，如上所叙，有序性是系统的基本特征之一，系统的有序性主要表现为系统空间结构的层次性和发展的时序性，有序性是系统功能得以正常发挥的前提和基础，换言之，如若构成系统的要素紊乱或者排序错误，那么系统的功能就将受损乃至完全丧失其应有的功能。由于行为是主观的客观化，故就行为的发生过程而言，犯罪构成要件的逻辑排序应该是：犯罪主体要件、犯罪主观要件和犯罪客观要件。不过，其中存在的问题是，犯罪构成也是司法实务定罪之依据，那么司法实务中的定罪活动是否也遵循该逻辑顺序呢？答案若为肯定，那么犯罪构成要件的排序与行为的发生过程相一致；答案若为否定，则必须释明导致二者不一致之缘由。

一、理论分歧

如上所叙，行为概念是在普芬道夫创设的归属概念结合费尔巴哈与格鲁曼的主客观二分的犯罪论体系的基础上诞生的，费尔巴哈和格鲁曼所创立的主客观二分体系在逻辑排序上都是客观要件优先于主观要件，归属概念也被后来的研究者们区分为了“客观上的归属”与“主观上的归属”，初创期的犯罪论体系以及归属概念的分类奠定了此后德日阶层体系的逻辑基调。发展迄今的德日主流刑法学理论虽然已经放弃以主客观二分作为犯罪论体系之阶层划分依据的做法，但仍可清晰地看到，在构成要件符合性阶层的内部，构成要件虽然不再是纯粹客观的阶层，而包含主观心理要素，存在所谓的“客观的构成要件要素”与“主观的构成要件要素”之分类，但在逻辑排序上，主流理论仍然严格坚守着先客后主的逻辑排序，并且对于责任能力，在其他主观心理要素不断前置的情况下，它却始终屹立不摇地被固定在了最后的有责性阶层中，鲜有研究者对此提出疑议。此外，虽然理论对于体系中每一阶层的内部应该配置何等具体要素存在着分歧，但对于阶层本身的逻辑排序几乎不存在疑议。故总体而言，在德日刑法学界，对于犯罪论体系应该坚持客观优先、责任能力后置以及阶层的逻辑排序都已达成广泛的共识。

与德日阶层体系截然不同的是，在我国传统刑法学界，在通行的四要件体系内部，有关这四个要件到底应该如何排序方为合理的问题，存在着较为激烈的论争，主要见解以及各自之理据简述如下：

一是认为，犯罪构成要件的逻辑排序应该是：犯罪客体、犯罪客观、犯罪主体和犯罪主观。此为理论通说。如此排序的理由在于，“认定犯罪的过程一般是：首先发现了某种客体遭受侵害的事实，如某人死亡，接着需要查明的是，某种客体遭受侵害是不是由于人的行为？在查明是由于人的侵害行为所造成，如他杀之后，就要查明谁是行为人以及行为人的情况，在确定了行为人是有刑事责任能力的人以后，还必须查明行为人实施行为时是否出于故意或过失，只有确定行为人具有故意或过失，才可能认定行为构成犯罪，如故意杀人罪。”[①]即认为，犯罪构成要件的逻辑排序应该是司法实践发现犯罪的过程。对此，我国有权威刑法学者还在比较行为科学与刑法学关于行为结构的研究方法及研究成果的基础上，捍卫此一通行见解，他指出，行为科学是一种事实学，事实学决定了它必须按照行为发生的事实来研究行为结构，行为的发生是从主观到客观的。而刑法学则是规范学，并且是关于裁判规范的学问，因此，刑法学必须遵循裁判过程确立犯罪构成体系，而裁判过程是当合法权益受到侵犯后，再看是否由人的行为所造成，然后追查具体的行为人及其心理状态，故刑法学必然建立由客观到主观的犯罪构成体系。[②]

二是主张，犯罪构成四要件的逻辑排序应该是：犯罪主体、犯罪主观、犯罪客观和犯罪客体。即认为，犯罪构成要件的逻辑排序就应该是犯罪行为的发生顺序。其理由是，以行为发展之内在逻辑为依据，鲜明地反映了犯罪行为自身的形成过程与发展规律，揭示了各要件在犯罪行为产生发展过程中所显现出来的环环相扣、层层递进的一般规律，勾勒了行为形成过程中谁支配谁的轨迹图像，且适用于所有的案件。因而，此一排列顺序具有更为严密的理论逻辑性与更为普遍的适应性。[③]

三是认为，犯罪构成要件的逻辑排序应该是：犯罪主体、犯罪客体、犯罪主观方面和犯罪客观方面。其理由是，在现实生活中，任何犯罪都是主体对法律所保护的客体的侵害，而主体只有通过一定的中介才能作用于客体。这样就形成了一切犯罪构成的基本结构，即犯罪主体——中介

---

① 高铭暄、马克昌主编：《刑法学》，中国法制出版社 1999 年版，第 105-106 页。

② 参见张明楷：“行为结构与犯罪构成体系——兼谈行为科学与刑法学的区别”，《法商研究》1998 年第 2 期，第 34-39 页。

③ 参见赵秉志：“论犯罪构成要件的逻辑顺序”，《政法论坛》2003 年第 6 期，第 16-23 页。采用这一逻辑排序的教科书有：赵秉志、吴振兴主编：《刑法学通论》，高等教育出版社 1993 年版，第 84 页以下；周振想主编：《刑法学教程》，中国人民公安大学出版社 1997 年版，第 63 页以下；陈明华主编：《刑法学》，中国政法大学出版社 1999 年版，第 98 页以下；冯军、肖中华主编：《刑法总论》，中国人民大学出版社 2008 年版，第 161 页以下。

——犯罪客体。在这里，犯罪主体和犯罪客体是犯罪构成这个有机整体的两极，连结这两极的中介是犯罪主体进行的犯罪活动。由于任何犯罪活动都是人的有意识的活动，都是人的内部主观意识与其客观的外部犯罪活动过程的统一，它又可以区分为犯罪主观方面和犯罪客观方面。①

四是认为，不同诉讼阶段中的认定顺序因诉讼活动规律的不同而有所区别，换言之，在不同诉讼阶段犯罪构成要件的排序也会发生相应的变化。这种观点提出，犯罪客体不应该作为犯罪构成要件，而作为阻却事由的“排除犯罪性的行为”对于刑事诉讼却是不可缺少的因素。持论者指出，侦查机关直接与现实存在的案件事实打交道，其认定犯罪事实的过程只能是从客观方面开始的“客观要件—主体要件—主观要件—排除犯罪性的行为”的顺序；侦查机关在侦查终结后则把查清和确认的犯罪事实还原为犯罪实际发生的顺序，即“主体要件—主观要件—客观要件”的顺序（这里既然已经确认是犯罪，就不可能存在“排除犯罪性的行为”了），再将以此种顺序叙述的犯罪事实提交给检察机关加以审查；检察机关审查以此种顺序叙述的犯罪事实，当然也是按照此种顺序进行审查（要在“主体要件—主观要件—客观要件”的后面续接“排除犯罪性的行为”，因为这是审查所不可缺少的环节），并在审查之后按照同样的顺序把经过确认的犯罪事实在向法院提出的起诉书中加以叙述；法院审理以此种顺序叙述的犯罪事实指控，同样也要按照这种顺序对诸项犯罪构成要件事实加以确认，并最终把以这种顺序叙述的犯罪事实体现于判决书中。②另有研究者持类似见解，认为犯罪构成要件既具有程序法功能也具有实体法功能，从程序法功能（即查清事实功能）来看，犯罪构成要件的逻辑排序应该是：犯罪客体—犯罪客观方面—犯罪主体—犯罪主观方面，而从实体法功能（即认定犯罪性质）来看，犯罪构成要件的逻辑排序应该是：犯罪主体—犯罪主观方面—犯罪客观方面—犯罪客体。③

五是认为，我国的犯罪构成理论体系是要件“齐合填充式”的，各要件之间互为前提、相互作用，任何一个方面的要件，如若离开其他三个方面的要件或其中之一，都将难以想象，要件的齐合充分体现出要件的同时性和横向联系性；撇开论述上的逻辑顺序不谈，四个要件哪个也不能独立在先、独立在后。因此可以说，按照犯罪行为产生发展的过程把犯罪构

① 参见何秉松：《刑法教科书》，中国法制出版社2000年版，第208-209页。

② 参见夏勇：“刑事诉讼对犯罪构成的要求”，《法学》2005年第4期，第8-12页。

③ 参见陈银珠：“论犯罪构成要件的逻辑顺序——以程序法与实体法的功能区分为视角”，《法律科学（西北政法大学学报）》2012年第3期，第69-78页。

成要件的顺序排列为主体要件、主观要件、客观要件和客体要件，并不意味着哪个要件在前哪个要件就更重要（因此不能说犯罪主体要件就是最重要的要件），也不意味着排在前面的要件的具备是排在后面的要件具备的“逻辑前提”，如果说这种排列顺序体现出了什么逻辑性，也只能说仅仅是论理上的逻辑性，而不是各要件产生或认定的所谓先后“逻辑顺序”，这种排列顺序，并不影响司法实践根据具体案件的实际情况对犯罪成立与否的认定采用不同的方法和步骤。或是认为，我国刑法犯罪构成四个要件之间是一种平行关系，四个要件处于同一理论层面。理论中对四个要件虽有先后排序的区别，但排序的差别并无重大理论意义。如先判断主观方面还是先判断客观方面，先判断主体或是先判断客体，对罪之评价结果并无太大影响。[①]总之，这种观点认为，司法实践认定犯罪并无固定的顺序，犯罪构成要件的排序最多只具有论理意义，而与司法实践如何认定犯罪并无多大关联和意义。

二、犯罪构成之适用前提澄清

虽然我国传统要件体系和德日阶层体系各自具有不同的基本范畴，但任何犯罪论体系在构成犯罪的最基本要素上都承认内在心理（即主观）要素与外在客观要素之区分，因而任何体系不管各自的基本范畴如何，都面临着应该如何对这些主客观要素进行合理排序的问题，这也是不同体系在要素的逻辑排序上何以能够一并加以探讨的基础。在笔者看来，有关构成犯罪的主观要素与客观要素到底应该如何排序方为合理，必须澄清的一个前提问题是：查明犯罪事实的过程与定罪过程是否存在界限？不难发现，但凡坚持客观要素优先于主观要素判断之论见，无论是我国传统要件体系之理论通说，还是德日阶层体系之主流见解，其最为主要的理由无非是：查明犯罪事实与定罪都是法官的权力，由其统一行使，因而二者是一个无法截然分离的一体化过程，而查明犯罪事实只能遵循由外而内（即由客观到主观）的过程，或者说，只有首先解决“客观归因”的问题而后才有“主观归责”的问题，否则，将导致归因与归责相混淆。因此，依据犯罪构成来认定犯罪的过程，也即犯罪构成要件的逻辑排序，自当是客观要素优先于主观要素。由此可见，犯罪构成要件到底应该如何排序，首先需要究明的问题是：查明犯罪事实的过程与定罪过程是否真为一体化的过

---

① 参见赵秉志主编：《犯罪总论问题探索》（第二卷），法律出版社2004年版，第75页；董玉庭：“主观超过因素新论”，《法学研究》2005年第3期，第65页；庄劲：“递进的犯罪构成体系：不可能之任务”，《法律科学（西北政法大学学报）》，2015年第5期，第74-77页。

程？对此，笔者的回答是否定的，主要理由在于：

（一）司法实务中查明犯罪事实并无绝对固定、一成不变的所谓逻辑顺序

通说所认为的那种“由客体遭受损失的事实出发进而追查人的侵害行为、找到行为人、确定其责任能力最后查明其行为时的罪过”的过程，至多只能说是通常而非在任何情况下的发现或追查犯罪事实之顺序，因为在许多情形中，此等顺序会被打破，这些情形包含：从主体入手之情形，如在司法机关还未发现任何犯罪线索的情况下行为人自首；从作案工具入手之情形，如清洁工甲在某小区绿化带中发现了一把带血的匕首和一双染血的手套，报案后警察据此破获了一起凶杀案；还有那些当着司法工作人员的面而实施的犯罪，如扰乱法庭秩序罪、拒不执行判决裁定罪等，在这些案件中，追查或发现犯罪事实的过程也非遵循上述过程而推进。上述情形的存在意味着，如若严格依照查明犯罪事实的过程来对犯罪构成要件进行排序的话，那么这种排序就将因案而异，并无固定的顺序。由此可见，那种认为查明犯罪事实的过程与定罪过程是一体化的，却主张犯罪构成要件只能如何排序，显然龃龉于其中。

（二）查明犯罪事实的过程与定罪过程在司法实践中并非一体化的过程，二者界限分明

在司法实务中，查明犯罪事实的过程与定罪过程并非是一个一体化的过程，二者其实有着清晰的界限，这是因为：

首先，依据刑事诉讼法查明犯罪事实的过程与依据刑法认定犯罪的过程之间的界限，实际已经为刑事诉讼法之任务或目的所鲜明标示。我国刑事诉讼法第 2 条规定，“中华人民共和国刑事诉讼法的任务，是保证准确、及时地查明犯罪事实，正确应用法律，惩罚犯罪分子……。”日本刑事诉讼法第 1 条也明确规定，刑事诉讼的目的在于“维护公共福利和保障个人基本人权的同时，明确案件的事实真相，正当而迅速地适用刑罚法令”。因此，刑事诉讼法的任务或目的在于“查明犯罪事实”或者“明确案件真相”。由于刑法规范以规定犯罪成立条件或适用刑罚标准作为内容，由此决定了刑法的任务并不在于查明犯罪事实或者明确案件真相，而是根据已收集完毕的全部证据所还原的案件事实，判定相关事实是否符合刑法规定的犯罪构成，以及在行为构成犯罪的情况下再以相关事实作为依据适用刑罚。由此可见，查明犯罪事实或者明确案件真相乃刑法规范得以适用的前提和基础，缺乏前一环节将不会有后一环节。诚如我国台湾地区刑事法学者林钰雄所指出的，“翻阅刑法教科书的案例，往往看起来‘轻而易举’，亦即，我们好似全知全能的上帝，对于犯罪事实真相（也就是行为人的所作所为）了若指掌；我们只要解决到底那些‘已知’的犯罪事实在刑法上如何评价即可。然而，刑事诉讼法必须处理的根本难题是：何从得知？”[①]刑事诉讼法与刑法之间所存在的如此差异也意味着，“只有通过一场‘诉讼’，并且只有经过一场诉讼之后，刑法才能得到适用。”[②]

其次，从系统认识论的角度来看，在查明犯罪事实之前，也无适用犯罪构成之余地。如上所述，构成系统的要素之性质及功能是其在孤立状态或处于其他状态中所不具有的，或者说，构成系统的要素只有在与作为整体的系统的联系中方能获得自己在系统中的性质与功能，由此也决定了在对构成系统的要素展开研究时，必须在观念中始终将被分解的要素作为与整体实际联系着的内在组成部分，进而始终在与整体的内在联系中把握要素。犯罪行为乃作为系统而存在的客观事物，故犯罪构成要件及其要素与作为整体的犯罪构成之间的关系，自当符合系统与其要素间的一般关系，也即，犯罪构成要件及其要素必须在与作为整体的犯罪构成的联系中方得以正确把握，但凡脱离作为整体的犯罪构成的所谓要件或要素，其实均非为构成犯罪的要件或要素。基此可知，行为是否构成犯罪乃由影响行为性质的整体构成事实是否符合犯罪构成所决定，故只要决定行为性质所必需的事实出现缺失，那么剩下的事实也必将因缺失整体而失去其在整体中所应具备的属性与功能，换言之，只要定罪所必需的事实出现缺失，那么剩下的事实就根本无所谓符合犯罪构成要件或要素的问题，也即无适用犯罪构成之余地。正如我国刑法学家陈忠林教授所指出的，“在发现查明案件事实的过程尚未结束之前，不仅从法律角度考察不允许适用刑法，从事实角度考察也根本不可能适用刑法。由于任何行为的性质都是由构成行为的全部事实决定的，在上述查明案件事实的过程中，每发现一个新的事实，都只意味着我们发现了组成某一待认定行为的一部分事实，而不是作为整体的决定该行为性质的全部案件事实。”[③]

再次，刑法规范只有在犯罪事实已经查明的情况下方得以适用，也可以通过对德日犯罪论体系中的“构成要件”之历史渊源进行考察而获得印证。构成要件符合性乃古典阶层体系中的首要阶层，有学者考证，“构成要件”一词最早可以追溯到中世纪意大利的纠问程序中所使用的

---

① 林钰雄：《刑事诉讼法》，中国人民大学出版社2005年版，第5页。

② ［法］贝尔纳·布洛克：《法国刑事诉讼法》，罗结珍译，中国政法大学出版社2009年版，第4页。

③ 陈忠林：“现行犯罪构成理论共性比较”，《现代法学》2010年第1期，第164-165页。

Constare de delicti（犯罪的确证），而后意大利刑法学家法利那休斯（Farinacics）将该词又引申为 Corpus delicti，用以“指示已被证明的犯罪事实的东西”。德国学者克莱因（Klein）首次将这一概念引入德国并译为 Tatbestand（构成要件），但它仍然是诉讼法意义上的概念。19 世纪初，经由斯求贝尔（Stübel），这一概念已变成带有实体法意义的概念，而直到费尔巴哈才明确将其当作实体刑法上的概念来使用。①可以看到，“构成要件”在被引入刑事实体法之前，它就已经“指示已被证明的犯罪事实的东西”，而非待查明的犯罪事实。构成要件之首要阶层地位无疑意味着，犯罪构成唯有在犯罪事实或案件真相查明之后方得以适用。

最后，查明犯罪事实的过程与定罪过程之间的界限也清晰地反映在了相关法律文书的文本结构中。不难发现，无论是侦查机关的起诉意见书还是检察机关的刑事起诉书，对相关刑法规范的适用无不是以相关犯罪事实已全部查明为前提。而在刑事判决书中，这种关系则展现得更加清晰明了，翻开任何一份刑事判决书都可以看到，其主体部分的内容依次是：检察机关指控的基本内容，被告人的供述、辩解和辩护人的辩护意见，接着是“经审理查明，……”，再紧接的是“本院认为，……”。刑事判决书的此等结构可谓再清晰不过地标示了在审判环节依据刑事诉讼法查明案件事实的过程与依据刑法定罪过程之间的界限，在审理查明案件事实之前都只受刑事诉讼法规范的调整，直至“本院认为”才开始进入刑事实体法规范的调整范围，故刑法规范的适用以相关犯罪事实已全部查明为前提，因而适用刑法规范进行判断的当然也就只能是法院依照刑事诉讼法审理查明的相关案件事实，但凡未经审理查明的东西，不管是公诉机关的指控，还是被告人的供述、辩解，或是辩护人的意见，都不能够成为刑法规范的判断对象。而这种“经审理查明的完整案件事实”正是我们刑法案例教学与研究中的“案情”。由此可见，从刑事司法实践的角度来看，待证事实与确证事实、查明犯罪事实的过程与定罪过程之间可谓泾渭分明，不容混淆。因此，那种认为司法实践中查明案件事实与依据犯罪构成判定行为之刑法性质是交织在一起、难解难分（或是所谓的一体化）之论见，不仅不合事实与逻辑，而且也与司法实践明显不符。

概言之，刑事诉讼法中的查明犯罪事实乃收集证据、还原案件真相的活动，而刑法中的定罪则是以刑事诉讼所还原的、决定行为性质的全部

---

① 参见[日]小野清一郎：《犯罪构成要件理论》，王泰译，中国人民公安大学出版社2004年版，第2-4页。

案件事实作为对象，判断这些事实是否符合刑法规定的犯罪构成的活动，因而二者是有着清晰界限的前后相续阶段，前者是后者的前提，无前者便无后者，其间根本不存在界限不明或者一体化的问题。据此也就不难得知，理论以所谓的“客观归因、主观归责”作为客观方面要件优先于主观方面要件判断的定罪二阶段论，实际是将诉讼法上的查明犯罪事实的过程混入到了实体法上的定罪过程之中，因为所谓的“客观归因”，也即理论所谓的存在客观侵害事实、是否由人的行为所造成乃至系由何人的行为所造成，这些其实是在适用犯罪构成之前的诉讼阶段就必须加以解决的问题，而非有待通过适用犯罪构成所要解决的问题。

三、犯罪构成要件之逻辑排序确证

虽然实务中查明案件真相的过程并无绝对确定、一成不变的顺序，但由于犯罪构成唯有在案件真相已被查明的前提下方得以适用，故适用犯罪构成的定罪活动应当遵循何等逻辑顺序（也即犯罪构成要件的逻辑排序）与查明案件真相的顺序并无内在必然的联系。因此，接下来需要究明的问题是，面对已经查明的案件真相，适用犯罪构成判断相关案件事实之刑法性质是否存在确定的逻辑顺序呢？对此，笔者的回答是肯定的，并且认为，定罪活动所能遵循的唯一路径是“从主体要件出发经由主观要件再到客观要件”的逻辑顺序，也即与行为的发生过程相一致，要不然，实务中的定罪活动将根本无法推进或展开，详细理由分述如下：

（一）客观要件不可能优先于主观要件判断

客观要件（客观的构成要件）优先于主观要件（主观的构成要件）判断乃中外刑法学理论之绝对主流见解，但事实上前者是不可能优先于后者判断的，主要理由在于：

1. 唯有主观要件优先于客观要件判断方符合事实与逻辑

现实中，人的任一完整的行为均无不是主体采取一定的手段作用于一定的对象从而引起对象存在状态发生改变最终产生行为结果的过程，犯罪行为也不例外。但如所周知，犯罪的成立并不要求行为必须具备完整性，在手段不能、对象不能乃至二者皆不能的情况下，行为照样可以成立犯罪，此即意味着，犯罪手段、犯罪对象、犯罪结果以及因果关系等，均非行为成立犯罪在客观方面不可或缺的事实要素，又因犯罪构成乃行为成立犯罪的最低限度要求，而由此产生的理论难题是，行为成立犯罪在客观方面的最低限度要求或谓“最大公约数”到底是什么？虽然我国传统要件体系以及德日阶层体系认为是“行为（危害行为）”，但显而易见，抽离主观内容、行为手段、行为对象和行为结果的所谓行为（危害行为），必定是空洞无物、不知所云的东西。面对此等难题，德日刑法学理论试图通过法益概念创设构成要件判断的实质标准①以及加入主观要素来应对，并且认为，“对刑法所保护的法益是否制造了不被容许的危险”或者“有无侵害刑法所保护的法益（危险）”，系一与主观要素全然无涉的纯粹客观的判断，故在加入主观要素后的构成要件符合性阶层的内部，客观要素完全可以而且应该在主观要素之前判断，因为这在有些研究者看来是贯彻客观主义刑法立场的基本要求及重要标志。在我国传统要件体系中，犯罪客体乃首要要件，一如阶层体系对于是否制造了法不容许的危险或者是否具有侵害法益危险的判断，对于是否侵犯犯罪客体也是一个与主观要件全然无涉的纯粹客观的判断。那么，对于是否侵害法益或犯罪客体的判断，到底能否在主观要件（要素）之前判断呢？答案是否定的，就中缘由在于：

首先，犯罪客体与法益并非构成犯罪之要件或要素。法益与犯罪客体系作为价值形态而存在，而任何事物的价值都不存在于事物结构体的内部，且由于是关系性的范畴，从而无法成为事物的构成要素，故犯罪客体与法益当然也就无由成为构成犯罪的要件或要素了。兼之德日刑法学界的主流见解认为，个罪之保护法益的物质载体是行为客体②，我国传统刑法学界的主流见解也认为，犯罪客体与犯罪对象之间是本质与现象的关系③。但如所周知，犯罪对象（行为客体）其实并非行为成立犯罪之必备要素，既然如此，那么从逻辑上说，依附于犯罪对象（行为客体）而存在的犯罪客体（法益）也不应该为行为成立犯罪所必需，可是一个非必备的

---

① 有关法益概念对于构成要件的作用，有权威刑法学家指出，“构成要件形成的出发点和指导思想是法益”，“法益是构成要件的中心概念”，也是“构成要件构造的基石”，参见[德]汉斯·海因里希·耶赛克、托马斯·魏根特：《德国刑法教科书》，徐久生译，中国法制出版社 2001 年版，第 314、316、317 页。“在构成要件理论中，按照被保护的法益进行的解释占据了中心地位”，参见[德]克劳斯·罗克辛：《刑事政策与刑法体系》，蔡桂生译，中国人民大学出版社 2010 年版，第 17 页。“对犯罪构成合法性检验的出发点是对通过规范保护的权益作出规定”，参见[瑞士]沃尔夫冈·沃勒什：“法益理论与犯罪行为结构”，赵晨光译，赵秉志、宋英辉主编：《当代德国刑事法研究》（2016 年第 1 卷），法律出版社 2017 年版，第 126 页。“在 20 世纪 50 年代，学界已普遍认为，只有当行为人的举动表现出侵害法益的客观危险性时，它才能与构成要件相符合”，参见[日]井田良：“走向自主与本土化：日本刑法与刑法学的现状”，陈璇译，陈兴良主编：《刑事法评论》（第 40 卷），中国政法大学出版社 2017 年版，第 375 页。

② 参见[德]汉斯·海因里希·耶赛克、托马斯·魏根特：《德国刑法教科书》，徐久生译，中国法制出版社 2001 年版，第 318 页；[德]克劳斯·罗克辛：《德国刑法学 总论》（第 1 卷），王世洲译，法律出版社 2005 年版，第 21 页。

③ 高铭暄、马克昌主编：《刑法学》（第九版），北京大学出版社、高等教育出版社 2019 年版，第 55-56 页。

因素又如何能够成为犯罪构成之首要要件呢？德日阶层体系之主流理论虽然未将法益作为构成要件要素①，但却以此等意义的法益概念为核心来构建客观构成要件符合性之实质判断标准，显然也同样是缺乏理据的。还有，如前文所析，依据我国刑法学理论通说对犯罪客体概念的界定可知，对犯罪客体侵犯所反映的其实就是犯罪的本质，而在德日刑法学的主流理论中，法益侵害也反映犯罪的本质，因一事物之本质乃为该事物所特有而为其他事物所没有的东西，故能够侵犯刑法法益或犯罪客体的行为，除了犯罪行为外别无其他，换言之，一旦判定某行为侵犯了刑法法益或犯罪客体，那么犯罪即告成立，其他的判断皆属赘余，但如此显然是不合理的。由此可见，是否侵犯犯罪客体或刑法法益根本就不应该作为犯罪的成立条件之一或者不应该以其作为实质判断标准，更不应该成为犯罪构成之首要要件或者首要阶层优先判断条件之实质判断标准。在否定侵犯犯罪客体或刑法法益作为犯罪的成立条件或客观构成要件之实质判断标准后，又因犯罪的手段、对象、结果以及因果关系等均非行为成立犯罪在客观方面所必需的事实要素，那么行为成立犯罪在客观方面的最低限度要求或谓“最大公约数”到底为何，在德日阶层体系以及我国传统要件体系中便成了无解之谜。而如下文所析②，行为成立犯罪在客观方面的最低限度要求或谓“最大公约数”其实是“着手”，对其把握唯有诉诸主观罪过，也即必须在主观罪过的约限中方得以把握，如此当然意味着，客观要件不可能优先于主观要件而判断。③

其次，认为是否侵犯犯罪客体或法益系一与主观全然无涉的判断，概因理论未能准确把握刑法所保护的特有社会关系或刑法法益所致。我国刑法学理论通说认为，犯罪客体乃为犯罪行为所侵犯而为刑法所保护的社会关系，却因始终未能准确把握该社会关系之具体内涵，从而未能将刑法

---

① 不过，也有权威刑法学家认为法益是构成要件要素，参见[德]汉斯·海因里希·耶赛克、托马斯·魏根特：《德国刑法教科书》，徐久生译，中国法制出版社 2001 年版，第 314-318 页。

② 详见本书第八章第六节之内容。

③ 有论者提出，在既遂犯中通常先审查客观要件后审查主观要件，而在未遂犯中则需要先审查主观要件，参见张志钢：“我国刑法语境中主、客观要件的审查顺位研究——基于方法论角度的考察”，陈兴良主编：《刑事法评论》（第 40 卷），北京大学出版社 2017 年版，第 464-478 页。此等论见其实并不正确，这是因为，犯罪构成是犯罪的成立条件，而非犯罪既遂的成立条件，犯罪既遂毫无疑问应以行为成立犯罪作为前提，换言之，在行为成立犯罪之前，还根本不涉及行为的既未遂问题，故那种认为既遂犯与未遂犯在行为成立犯罪上存在着不同的审查顺序，可谓犯了常识性的错误。如后文所析，无论是故意犯罪还是过失犯罪，它们在客观方面的成立条件都是“着手”，而其唯有在主观罪过的约限中方得以把握。因此，无论是故意犯罪还是过失犯罪，是既遂犯还是未遂犯，客观要件都不可能在主观要件之前判断。

所保护的社会关系与其他部门法所保护的社会关系区分开来。而法益概念在理论上含糊不清、界限不明已为学界所公认，换言之，也是未能把握刑法法益之确切内涵。而未能准确把握刑法所保护的特有社会关系或刑法法益，便不可能正确把握犯罪的价值本质，当然更不可能揭示犯罪的价值本质与其事实本质（主观罪过）之间所存在的内在必然联系了。如前文所析，一旦准确把握刑法法益之内涵，犯罪的价值本质与构成犯罪的事实要件之间的关系也将清晰呈现，集中体现对刑法法益（犯罪客体）侵害的恰恰是被我国传统要件体系以及德日阶层体系所竭力排斥的主观罪过，缺乏主观罪过的行为根本就不可能侵犯刑法法益（犯罪客体）！由此可见，在构成要件符合性阶层创设所谓的“客观上对刑法所保护的法益是否制造了不被容许的危险”或“客观上有无侵害刑法所保护的法益的危险”之类的实质判断标准，或者认为，是否侵犯犯罪客体系一与行为的主观方面完全无关的纯客观的判断，概因理论不明白何谓刑法所保护的特有社会关系或刑法法益所致。

再次，即便按照中外刑法学各自的主流理论来理解犯罪客体与法益的概念[①]，那么在具体案件中，行为是否侵犯或是侵犯了何种具体类型的犯罪客体或保护法益，还是必须诉诸行为的主观方得以确定。这是因为，在现实中，若未查明行为的主观内容，将根本无法判断行为是否侵犯或是侵犯了何种具体类型的犯罪客体或保护法益。例言之，甲朝乙开枪，子弹因受潮未被激发，乙毫发无损，甲的行为在客观上侵犯了何种类型的犯罪客体或保护法益呢？是生命权、身体健康权、人身自由权、性不可侵犯权或是其他的某种权利？又或是没有侵犯任何犯罪客体或保护法益？显然，在行为的主观内容不明了的情况下，仅仅凭借行为的外在客观表现，无人能够做出确定无疑的回答。因为显而易见的是，甲是基于杀人的故意、伤害的故意、剥夺他人人身自由的故意、强奸的故意或是抢劫的故意等，所威胁的法益之具体类型也应该有所不同。譬如，若甲只是为了剥夺乙的人身自由（如只是想让他站在原地不许动）、抢劫其财物或是强行与其发生性关系等，而有意在手枪里装上失效的子弹，显然就不能说其行为侵犯了乙的生命权；但若是基于杀人的故意，不知子弹已失效而瞄准乙扣动扳机，就应该侵犯了乙的生命权；还有，若甲只是想跟乙开玩笑或者是为拍短视频以博流量，且知道子弹已经失效，乙也知道这些事实，那么甲就应

① 即个罪的犯罪客体（保护法益）就是犯罪对象（行为客体）之特定存在状态所体现的法价值，如故意杀人罪和故意伤害罪所侵犯的分别是作为个体的他人的生命权和身体健康权，盗窃罪所侵犯的是公私财产权等。

该未侵犯乙的任何权利。由此可见，对于行为是否侵犯或是侵犯了何种具体类型的犯罪客体或保护法益的判断，是无法脱离行为的主观内容的。此外，即便就是甲开枪击中了乙的头部致其死亡，能否据此断定甲的行为就绝对侵犯了乙的生命权呢？答案同样是否定的，因为如若甲的行为成立正当防卫，就根本不存在侵犯乙的生命权的问题。[①]由此可见，未知行为的主观内容，将无法判断行为是否侵犯或是侵犯了何种具体类型的犯罪客体或保护法益。

最后，行为的刑法性质并非由行为的客观所决定，而系由对行为的客观起着支配制约作用的主观所决定。因为显而易见的事实是：客观表现完全相同的行为，各自的刑法性质可能截然不同；客观表现截然不同的行为，各自的刑法性质却可能相同；而主观内容相同的行为，其刑法性质则原则上具有一致性。譬如，甲客观上在A的肩膀上砍了一刀致其重伤，如所周知，这一行为可能构成故意伤害、过失致人重伤、故意杀人、抢劫、绑架、强奸等犯罪，还可能是正当防卫，或是不可抗力、意外事件，如此等等；又如，醉酒的乙客观上推开了他人住宅的门，他的行为可能构成非法侵入住宅、盗窃、抢劫、强奸、绑架、故意伤害、故意杀人等犯罪，还可能只是因认错了门而不构成任何犯罪；再如，丙意图杀死B而朝其开了一枪，不管射击的结果是B被打死、打伤，或是因没命中，B毫发无损，其行为的刑法性质均为故意杀人罪。由此可见，行为的刑法性质并非行为的外在客观表现本身所能决定，根据本书之析论，行为的刑法性质系由对行为的客观起支配制约作用的主观所决定。行为的刑法性质并非由其客观表现本身所能决定，而系由其主观内容所决定，如此也势必意味着，任一行为的外在客观表现到底符合何罪之客观要件或客观的构成要件，在查明行为的主观内容之前，无人能够做出确信无疑的回答，即便做出了自以为确信无疑的回答，也完全可能被随后依据主观要件（要素）判断得出的结论所推翻。对此，阶层体系的奉持者中已有学者意识到这个问题。如韦尔策尔指出，“事实上，如果单纯从‘客观的’方面出发，即完全不考虑行为人的主观决意，那我们就无法认定，行为符合的是何种构成要件。”[②]

① 需要注意的是，生命与生命权并非等同，有生命未必有生命权，生命权是法律对生命进行保护的结果。甲射杀乙的行为若成立正当防卫，则意味着乙的生命在甲实施防卫之时必定是不受法律保护的，即不享有生命权，否则，若乙的生命在彼时仍然受到法律的保护，那么甲的行为就不可能是正当合法的，也即不可能成立正当防卫。由此可见，甲的行为只要成立正当防卫，就不存在侵犯乙的生命权的问题。

② [德]汉斯·韦尔策尔：《目的行为论导论》，陈璇译，中国人民大学出版社 2015 年版，第37页。

我国台湾地区刑法学者许玉秀则更加明确地指出，“客观面和主观面分离判断中，客观面的判断在经过主观面的判断之后，有可能被推翻；……而有效的判断是从主观面开始判断。换句话说，从行为主观面开始判断，才知道要选择哪一个客观的构成要件作为判断依据。”[①]阶层体系为解决起初认为的构成要件是纯客观的阶层所面临的判断上的窒碍难行，于是不得不在此一阶层中加入主观要素，殊不知，在内容更易后的构成要件符合性阶层的内部，加入的主观要素在序位上若仍然被置于客观要素之后，那么对客观要素的判断将依然面临着加入主观要素之前所遭遇的同样困境，换言之，实际仍未能解决客观构成要件符合性判断的难题。因此，虽然发展迄今的阶层体系在构成要件符合性阶层中加入了主观要素，但主流见解仍然将其置于客观要素之后判断，如若严格遵循此一判断逻辑，犯罪的认定将在首要阶层的内部便完全可能因控辩双方各执己见且谁都不可能说服谁而无法推进。

综上所析，客观的构成要件当头，该要件将无确定的事实内容，而无论是基于法益概念创设客观构成要件之实质判断标准，还是在构成要件中加入主观要素，又或者是将犯罪客体作为首要要件，客观都始终无法优先于主观判断，符合事实与逻辑的是，主观要件必须优先于客观要件判断。

2. 主观要件并非由客观要件推断而来

主观乃人的内在心理，它无形体，是一种看不见也摸不着的东西，只能通过相关的外在客观事实予以间接把握，其中，行为的外在客观表现是把握行为人内在心理的重要依据之一。[②]也正因如此，中外刑法学之绝对主流见解均认为，既然行为的外在客观表现是把握行为人内在心理的重要依据，那么，犯罪客观要件（客观的构成要件）自然就应该优先于犯罪主观要件（主观的构成要件）判断，如德国刑法学家耶赛克和魏根特就明确指出，“犯罪概念的要素在诉讼中还必须是可确定的，并且是经许可的证据可证明的。只有当主观要素与客观要素联系密切，以至于可从客观要

① 许玉秀：《主观与客观之间——主观理论与客观归责》，法律出版社2008年版，第31-32页。

② 通过行为的外在客观表现来推测人的内在心理活动，也是心理学研究的一条基本法则。因为心理现象是一种主观精神现象，或是一个“黑箱子”，它看不见，摸不着，没有重量、大小和体积，但由于行为表现出人的心理活动，而行为具有外显性的特点，它可以用客观的方法进行测量，因此便可以通过观察和分析行为的外在表现来客观地研究人的心理活动，即打开“黑箱子”，参见彭聃龄主编：《普通心理学》（第4版），北京师范大学出版社2012年版，第5页。

素中可靠地推断出主观要素，始可运用主观要素。”[①]也即认为，主观要件必须从客观要件中推断出来，否则便不成其为主观要件。在笔者看来，此等认识其实并不正确，主要理由在于：

首先，如上所析，若撇开主观要件而仅仅凭借行为的外在客观表现，是无法判定该行为到底是符合何罪之客观要件的，既然作为推断前提的客观要件都不具有确定性，又如何可能依据该不确定的前提“可靠地”推断出主观要件呢？

其次，行为的外在客观表现只是我们把握行为人内在心理活动的重要依据，但并非唯一的依据。因为显而易见的事实是：外在客观表现相同的行为，行为的主观内容未必相同；而主观内容相同的行为，各自的外在客观表现却可能截然不同。据此可知，仅仅凭借行为的外在客观表现，往往是难以“可靠地”推断出行为人确切的主观心理的。

再次，如若事先即判定行为的外在客观表现符合此罪之客观要件，但行为人实际却是具有彼罪之罪过，在此等情形中，符合此罪客观要件之事实与彼罪罪过之间会是怎样的一种紧密联系呢？我们又如何能够可靠地完成由前者到后者的推断呢？例言之，甲见路旁一女性身上插有匕首，躺在地上一动不动，身旁血迹斑斑，误以为该女性已身亡（实际只是重伤昏迷），见其容貌姣好，遂色心顿起奸“尸”。若遵循由客而主的判断逻辑，对于客观上与倒在路旁昏迷不醒的女性发生性关系之事实以及该行为在客观上所侵犯的理论所认为的保护法益，应该会先入为主地将该事实断定为完全符合强奸罪之客观构成要件，甚至会认为不可能再符合其他任何罪的客观构成要件了（包括侮辱尸体罪，因为本案并不存在理论所认为的该罪之保护法益），但本案中甲并无强奸之故意，而系侮辱尸体之故意，问题是，符合强奸罪客观构成要件之事实与侮辱尸体故意之间的联系紧密吗？如何可能依据前者可靠地推导出后者呢？持论者对此显然是难以作答的。还有，如若无法依据前者可靠地推导出后者，那么是否就能够基此否定通过其他途径（如当事人的陈述、证人证言、物证、书证以及视听资料等）查证甲具有侮辱尸体罪之故意进而判定其无罪呢？答案无疑是否定的。由此可见，认为主观要件只能通过客观要件推断而来之见解缺乏合理性。

最后，也是最为重要的是，依据行为的外在客观表现推断主观要件

---

① ［德］汉斯·海因里希·耶赛克、托马斯·魏根特：《德国刑法教科书》，徐久生译，中国法制出版社 2001 年版，第 245 页。

成立与否的活动，就其法律性质而言，实质系一种运用证据来证明某一犯罪构成要件是否成立的司法证明活动，故行为的外在客观表现此时徒具证据属性，即只是证明主观要件成立与否的证据之一，在功能上，它与其他能够证明主观要件成立与否的证据相比并无特殊性。例言之，甲开枪击中了乙的头部，这一外在客观事实只是用以证明甲有无杀人故意或者其他罪之罪过的证据之一，要最终确证甲到底有无杀人故意或者其他罪之罪过，还必须有其他的证据加以佐证，譬如，事后查明，甲之所以开枪杀乙，系因与乙有杀子之仇，而之所以选择用枪，则系因觉得自己的体格相对乙瘦小，用枪可以一击毙命，那么结合这些证据，便可推断甲有杀人之故意。不过，如若随后又发现了新的证据，如发现案发现场的不远处有个非常不起眼的摄像头，恰好将案发过程记录了下来，影像资料显示，甲原本是朝乙的膝部开枪，可就在甲扣动扳机之际，乙因突然抱头蹲下而被击中了头部，加上甲后来也供述，自己在开枪前已改变杀乙的主意而只想伤害乙，当时实际瞄准的是乙的膝盖，但未料到他突然蹲下，而自己先前作如此供述之动机则系因丧子而不想苟活于世一心寻求被判死刑，那么，这些证据的出现又可推翻甲有杀人故意之先前推断结论，而推断其有伤害之故意。当然，即便有如上证据也未必就能绝对确证甲系伤害之故意，因为，如若再次发现新的证据，证明甲在开枪时其实已经预见到乙会抱头蹲下，如随后查明，甲此前曾多次拿枪威胁乙，而乙每次在被甲举枪瞄着时都会本能地立即抱头蹲下，那么，该证据的出现又可推翻先前推断甲有伤害故意之结论，而证明其具有杀人之故意。由此可见，甲开枪击中乙头部之客观事实，在主观要件被确证前，与上述其他诸多证据一样，只是证明甲是否具有某罪之罪过的证据之一，而非为已符合故意杀人罪或者其他某罪之客观要件的事实。基此也不难得知，只要主观要件未被确证，行为的外在客观表现都还只是我们认识行为人行为时的内在心理状态的事实依据之一，或者说，只是用以证明主观要件成立与否的证据之一。[①]因此，只要主观要件未被确证，此时徒具证据属性的行为的外在客观表现就完全不具备接受作为实体法标准的犯罪构成检验之资

---

① 在日本刑法学界，已有学者开始意识到这个问题，如井田良指出，在诉讼程序中，像故意这样的主观要素需要根据客观的征表来加以查明。可是，实体法上各种犯罪条件的内容，却恰恰是在诉讼程序中凭借征表得以弄清、查明的那些给定的事实。而在故意这一要素上，用来充当犯罪之前提的证明对象，则是通常能被标记为故意的、那些内在的精神状况。（前面的）那些批评者，忽略了实体法上的犯罪条件和证据法上的征表两者之间所具有的原则性区别。参见井田良："论刑事不法中的主观要素"，蔡桂生译，《南大法学》2022年第2期，第174-175页。

格。用实体法标准去检验证据事实的刑法性质，将证据事实混同为实体法事实，中外刑法学的绝对主流理论在此一问题上所犯下的严重认知错误，也是中外刑法学理论何以已为此产出了汗牛充栋的研究成果，却始终未能说清道明到底什么是行为符合客观要件（客观的构成要件）之根由所在，因为以实体法标准去检验证据事实之刑法性质这种硬要将驴唇对上马嘴的认识，又怎能不使得理论纷呈、异论迭现？！基此审视德日阶层体系也不难发现，由于行为的外在客观表现在主观要件被确证之前还只是证明主观要件成立与否的证据之一，而依据德日阶层体系，仅仅依据这么一个证据即可证明自身以及整个行为是否符合所谓的构成要件，进而推定行为违法乃至有责，那么试问，这样的体系在人权保障方面，到底是有助于保障人权，还是会助长侵犯人权呢？

综上所析，无论是在构成要件中围绕着法益概念创设实质判断标准还是加入主观要素，或者是将犯罪客体作为首要要件，客观均无法在主观之前判断，坚持客观要件优先于主观要件判断，还混淆了证明主观要件成立与否的证据和符合某罪客观要件（客观的构成要件）之事实间的界限。需要指出的是，在构成要件符合性阶层的内部坚持先客后主的判断逻辑，也是导致此一阶层体态极度臃肿以及在整个体系中结构严重失调的直接原因。[①]如因果关系理论、客观归责理论以及实行行为理论等，均试图从纯粹客观的立场来解决客观构成要件符合性的问题，但实际上，若抛开行为的主观内容，行为的外在客观表现是千姿百态、貌无定型的，以致构成要件本身也将无确定的事实内容，更甚者，主流理论还是抓住证据事实来判断其刑法性质，欲掩饰此等缺陷及错谬，研究者们必定得煞费心机、历尽周折。可以说，以（客观的）构成要件作为核心的阶层体系，构成要件符合性的判断已然成为认定犯罪的核心障碍。若不事先把握对行为的客观起着支配制约作用的主观，再通过主观去把握客观，而试图抛开主观，基于纯粹客观的立场去把握客观，那么即便为此创制再多的理论，提出再多的学说，就实际效果而言，都注定难逃西西弗斯式的命运！

（二）主观要件不可能优先于主体要件判断

考察德日阶层体系可以看到，该体系对主观心理要素的处理虽然存在着较大的分歧，但在一点上却达成了高度的共识，那便是对于作为我们

---

① 我国有学者指出，在德日阶层体系中，仅仅是构成要件符合性这一个阶层的内容，就占据了整个体系约 80%的内容，由此使得行为成立犯罪的各个阶层在内容比例上出现了严重失调的现象，参见侯国云："德日犯罪构成理论批判"，《中国政法大学学报》2011 年第 4 期，第 83 页。

主体要件核心要素的责任能力的处理，研究者们近乎毫无例外地将其置于最后的有责性阶层中。从某种程度上说，德日阶层体系的发展史也可谓是主观心理要素不断前置的历史，但任凭其他主观心理要素如何变动，责任能力要素却始终屹立不摇地被禁锢在了有责性阶层。与之有别的是，我国传统要件体系之理论通说认为，主体要件应该在主观要件之前判断。[①]那么主观要件到底能否在主体要件之前判断呢？笔者的回答同样是否定的，主要理由在于：

1. 责任能力是故意过失成立之前提

如后文所叙，能力是指使人能够成功地完成某种活动所必须具备的个性心理特征或人格特质，故一个人要从事某项活动或实施某种行为，以其具备从事该项活动或实施该种行为之能力作为前提和必要，无实施某行为之能力则必然无法实施该行为，这可谓是再显白不过的生活常识了。责任能力包含主体的辨认能力（含认识能力和情绪情感能力）与控制能力（即意志能力），故意过失系由特定的认识、情绪情感以及意志状态所构成，而该特定的认识、情绪情感与意志状态系主体的辨认能力与控制能力在心理过程层面的具体化。显而易见，没有“辨认能力”就不可能形成故意的“明知”以及过失的“已经预见”，也无所谓“应当预见”，而没有“控制能力（意志能力）”也就不可能形成故意之“希望或放任”以及过失之“轻信或疏忽大意”。由此可见，无责任能力就必无作为罪过形式之故意过失，也即根本不存在所谓的无责任能力的故意过失，换言之，主观要件绝无可能在主体要件之前判断。

于此需要指出的是，如今德日刑法学理论通行的做法是，将“对构成要件事实的认识和意志”置于构成要件符合性阶层，而“违法性认识”则被置于有责性阶层，并且在有责性阶层内部，“责任能力”要素居于“违法性认识”之前。如此处理主观心理要素是否合理呢？答案是否定的，因为如此处理意味着，对构成要件事实的认识不以责任能力为前提，而违法性认识则必须以责任能力为前提，但就中依据何在？让人备感莫名其妙，也未见有研究者就此作出解释。虽然评价是建立在认知的基础之上，即违法性认识（实为“违法性评价”）应以行为人对构成犯罪的相关事实的认知作为前提和基础，但若据此就认为，对构成犯罪

---

① 参见高铭暄、马克昌主编：《刑法学》（第九版），北京大学出版社、高等教育出版社 2019 年版，第 79 页以下。

的相关事实的认知与违法性认识就应该分别置于责任能力之前与之后，则是没有任何事实根据的想当然。如下文所析，责任能力中的辨认能力包含“事实认知能力”与“价值判断能力（即情绪情感能力）”，若无事实认知能力，又如何可能形成对构成犯罪的相关事实的认知呢？除非依随撕裂故意之认识因素与情绪情感因素那般，将责任能力之辨认能力也撕裂为“事实认知能力”和“价值判断能力”，并将二者分别置于构成要件符合性阶层与有责性阶层，但号称逻辑严密的阶层体系之绝对主流见解却能由着如此明显的逻辑漏洞而不作修补。[①]此外，如上文所析，依据该体系对知、情、意因素与责任能力的安排表明，知、意不以责任能力作为前提，情（即违法性认识）则必须以责任能力作为前提，但心理学的研究表明，意以知与情作为前提和依据，既然情都必须以责任能力作为前提，意却不以责任能力作为前提，这明显是违反逻辑的。由此可见，阶层体系对于责任能力要素与心理过程要素（即知、情、意要素）的处理，明显表现出了反事实、反逻辑以及反常识的一面。

还值得一提的是，在德国刑法学理论中，对于过失犯罪，还盛行着一种所谓的“双层过失犯论”，在多数学者看来，不法阶层中关于行为是否违反注意义务的判断，应该以社会上一般理性人为标准，至于具体行为人本人的能力如何，则只能留待责任判断去考虑，也即认为，作为过失犯之违反注意义务前提的履行义务的能力（或谓理解和执行规范的能力），系一与法益侵害毫无关联的所谓社会一般理性人所具有的能力。但如前所述，能力属人格之范畴，而人格具有独特性或专属性，是主体异于他人的独特心理品质或心理行为模式，故作为人格范畴之一的能力无疑也具有独

① 不过，已有极个别的学者开始意识到这个问题，如日本刑法学者井田良指出，行为能力，也即制御根据意思的行动的可能性（那种能力），是违法的要素，而责任能力，则是根据规范意识赋予动机的可能性（那种能力），属责任要素，参见[日] 井田良：《刑法总论的理论构造》，秦一禾译，中国政法大学出版社 2021 年版，第 14-16 页。不难发现，正如笔者的上述分析那般，他所谓的行为能力应该是“事实认知能力”与“意志能力（控制能力）”的结合，而责任能力则应该是“价值判断能力”与“意志能力（控制能力）”的结合，之所以要将原本属于统一体的责任能力作如此切割分置，应该就是为了适应该体系既有的逻辑缺陷之需要。问题是，如此虽然修补了体系的逻辑缺陷，但将责任能力在事实上做如此切割分置，原本作为统一体的责任能力也将不复存在，而由此导致的后果是，在刑罚与保安处分双轨制立法模式中，适用保安处分的第一个条件是实施了“违法行为”，根据德国刑法典第 11 条第 5 项之规定，“违法行为：实现了刑法规定的构成要件的行为”，参见[德]汉斯・海因里希・耶赛克、托马斯・魏根特：《德国刑法教科书》，徐久生译，中国法制出版社 2001 年版，第 972 页。但若将“事实认知能力”置于构成要件符合性阶层，而“价值判断能力”保留在有责性阶层，将意味着无事实认知能力者实施的危害行为不构成违法，因而不适用保安处分，但这显然是与司法实务不相符的，这或许也是德日刑法学的绝对主流见解之所以未将责任能力做如此切割分置的主要缘由。

特性或专属性。能力所具有的此般属性具体到犯罪行为中则是，犯罪主体所具有的责任能力专属于其自身，它并不受他人以及所谓的社会一般人能力的影响，也非为他人或所谓的社会一般人的能力所能替代。并且正如我国有学者所指出的，即便是虚构出一个这样的所谓社会一般人，仍未能解决体系所面临的重重矛盾，过失犯尚且如此，更遑论并无所谓的“社会一般人”存在空间而向来即以具体行为人本人事实上的认识和意志作为判断依据的故意犯了。①

概言之，无论是对所谓的构成要件事实的认识和意志，还是违法性认识，无论是过失犯罪的知情意要素，还是故意犯罪的知情意要素，均毫无例外地应该以主体的责任能力作为前提。

2. 德日主流刑法学说还混淆了日常或一般意义上的故意过失与作为罪过基本形式的故意过失

作为罪过基本形式的故意过失系刑法中的专门术语，具有特定的领域义，而有别于日常或一般意义上所谓的故意过失，正如意大利刑法学家帕多瓦尼所指出的，“没有刑事责任能力的人的确也可能故意或过失地实施违法事实，但在认定刑事责任问题上，这种故意与过失的意义与有刑事责任能力的人的故意与过失有根本的区别。一个有被人追杀幻觉的妄想狂患者的杀人故意，显然不能与具有完全刑事责任能力的正常人的杀人故意相提并论。由于不能正确地理解自己行为的意义，无刑事责任能力的人的故意只能是一种‘被扭曲’的因素。人们可以用这种故意来说明行为人具有（较大）的危险性；但在罪过原则意义上，这种故意不是将行为归咎于

① 在相当一段时间里，人的不法理论自认为通过所谓的“双层过失犯论”就能够成功地使不法与责任的界分维持下来，但正如我国刑法学者陈璇教授所指出的：第一，在人的不法理论中，对于故意犯而言，作为主观构成要件要素的故意以及与之相关联的事实认识错误，从来都是以具体行为人本人事实上的认识作为判断依据的，并没有所谓“社会一般人”存在的空间。然而，到了过失犯领域，不法的判断却需要与行为人自身的能力相隔离，转而求助于一个抽象化的社会人。这种不一致的根据何在？第二，既然不法构成要件的核心内容是结果归责，而结果归责要解决的是某一法益侵害结果能否算在某个具体而现实的行为人账上的问题，那么在不法中引人一个纯粹虚构的、与法益损害事实的发生毫无关联的局外人又有什么意义呢？第三，人的不法理论一方面试图通过使人的形象社会公众化来维持不法判断标准的一般性和客观性，但另一方面又总是不忘强调，行为人所具有的特别能力或者特别认知也应纳入到不法的判断中来。甚至有的学者认为，在判断注意义务的违反性时，若行为人的能力高于一般人，则应以行为人为准；若行为人的能力低于一般人，则应以一般人为准。这样一来，不法中的人竟然可以根据实际的需要任意变换面孔，忽而是社会一般人，忽而是具体行为人。因此，体系上的重重矛盾一直是困扰当代德国主流不法理论的顽疾。参见陈璇：“结果无价值论与二元论之争的共识、误区和发展方向”，《中外法学》2016年第3期，第792-794页。应该说，该批评是深中肯綮的。

行为人的根据。事实上，离开刑事责任能力，就无罪过可言。”[①]诚然，完全丧失辨认控制能力的精神病人、未达刑事责任年龄的未成年人、具有完全辨认控制能力的人实施的行为，例如，11 岁的甲“故意”杀人，具备完全责任能力的乙“故意”闯红灯因刹车不及将他人撞死，丙正当防卫或紧急避险“故意”杀死他人，法警丁依法“故意”枪决死刑犯，3 岁的幼儿戊“不小心（过失）”打翻了开水瓶将另一幼儿严重烫伤，如此等等，我们虽然可以说他们的行为是故意或过失的，但是很显然，这种故意或过失只具有日常或一般意义，而与作为罪过形式的故意过失有着质的差异性，[②]且它们之间也不存在内在关联性，即并非一般与特殊或者共性与个性的关系。因此，试图以日常或一般意义上的故意过失来证明存在所谓的无责任能力的故意过失，即认为故意过失应该或者可以在责任能力之前判断，除了表明持论者们在这一问题上存在根本性的认知错误外，实际并不能证明该命题的正确性。

故意过失的成立在任何情况下都必须以责任能力作为前提，否则，据此判定所谓的故意过失可能毫无刑法意义。应该有不少论者（尤其是认同德日阶层体系的论者）还是对此不以为然而坚持认为，无责任能力者也完全可能具备作为罪过形式之故意过失，例如，11 岁的人与 12 岁的人实施故意杀人行为时的主观心态在事实上并无差别。此等认识其实并不正确，因为如下文所析[③]，责任年龄系反映主体责任能力有无及程度的因素，虽然刑法有关责任年龄的刚性规定并不符合人格发展的规律以及未考虑个体之间的差异性，但在现有条件下却是立法者不得已当然也是最佳的

---

① [意]杜里奥・帕多瓦尼：《意大利刑法学原理》（注评版），陈忠林译评，中国人民大学出版社 2004 年版，第 201 页。

② 德国刑法学家弗兰克（Frank）否定意志因素作为故意的要素，而主张只要“行为人对构成犯罪事实有一定的认识时，仍会行为，则为故意，若有一定认识时则不行为，即非故意”，参见许玉秀：《主观与客观之间——主观理论与客观归责》，法律出版社 2008 年版，第 57 页。基此认为，对自己行为无控制能力而欠缺责任能力的人，仍然能够认识他的行为，譬如，无责任能力的精神病患者也能形成故意，从而得出，故意并不以行为人具备责任能力为必要。参见[德]汉斯・海因里希・耶赛克、托马斯・魏根特：《德国刑法教科书》，徐久生译，中国法制出版社 2001 年版，第 256 页；许玉秀：《当代刑法思潮》，中国民主法制出版社 2005 年版，第 69-70 页。笔者认为，弗兰克的该见解不具合理性，因为，作为罪过形式的故意和过失都具有特定的内容与结构，唯有满足相关条件方可认定为具备作为罪过形式的故意过失，而弗兰克仅依据认识因素所界定的故意概念，其实并非作为罪过形式之一的故意，此等故意只能归于一般意义上的故意，因此，并不能以之作为证明存在无责任能力的故意过失之论据。对于作为罪过形式的故意过失之内容及结构，详见本书第七章之论述。

③ 详见本书“第六章第三节 三、（一）”之论述。

抉择。因此，在刑法规范体系中，只要主体未达刑事责任年龄，其对相关犯罪行为就属于完全无辨认控制能力，而完全无辨认控制能力是绝无可能形成作为罪过形式之故意过失的，即便称之为故意过失，也徒具日常或一般意义，而与作为罪过形式的故意过失有着质的差异性。实际上，对于上述认识，我们只要稍加思考即不免疑窦丛生：为何只考虑接近 12 岁的人杀人之事例，而不考虑数量更多、年龄更小的人（如 8 岁、5 岁、2 岁甚至更小的人）杀人之事例呢？后者不是更能说明问题吗？譬如，现实中就发生过这样的事例：2 岁女童在十四楼高的自家阳台上玩耍时，向楼下抛掷空玻璃瓶，楼下保姆怀中 5 个多月大的婴儿被击中头部，不久死亡。[①]如若能够证明该 2 岁女童虽无责任能力但却与 12 岁的未成年人一样绝对具有杀人之故意或过失，岂不更具有说服力吗？显然，几乎无人会认为该幼童具有杀人的故意（无论是所谓的对构成要件事实的故意，还是所谓的责任故意）或过失。

于此还有必要进一步指出的是，在构成故意过失的部分或全部要素前置的情况下[②]，就逻辑彻底性而言，仅仅证明存在少量的无责任能力却仍然具有故意过失之情形显然是远远不够的，而必须证明故意过失在任何情况下都绝对与主体的责任能力无丝毫的关联，因为，现实中哪怕存在一例以责任能力作为前提的故意过失，先前已然形成的、符合故意过失的部分或全部成立条件之判断结论，必将会被随后出现的无责任能力之情形所推翻，从而动摇体系的逻辑架构。更何况，这少量的例证其实并不成立，作为罪过形式的故意过失在任何情况下均毫无例外地以主体的责任能力作为前提！[③]经由如上分析后可知，责任能力与故意过失在德日阶层体系中的定位集中凸显出该体系的逻辑悖谬，笔者不揆梼昧，认为任何坚持该体系却不直面该问题的论者，其为坚持该体系所提供的其他一切说辞皆为虚妄！责任能力与故意过失的关系问题乃德日阶层体系中的严肃而重大的理论问题，因为该问题直接关系到有责性阶层的存在合理性，进而关涉以不

① 参见“两岁女孩 14 楼抛果瓶砸死 5 月男婴”，《重庆晚报》2016 年 2 月 25 日第 6 版。

② 如我国台湾地区刑法学者黄荣坚就认为，构成故意与过失的全部要素均应该被置于构成要件符合性阶层，参见黄荣坚：《基础刑法学》（上），中国人民大学出版社 2009 年版，第 236 页以下。

③ 当然有论者或许会以所谓的“预判”来进行辩解，但是很显然，其所谓的预判也必定是预先知晓主体的责任能力状况，据而依循先责任能力后故意过失之判断逻辑而作出的，舍此绝无他途。

法与责任的严格界分作为核心支柱的整个体系的合理性问题[①]，若非刻意掩盖体系在这一点上所表现出来的明显反事实、反逻辑及反常识性，就必须认真对待，而非仅仅基于少量在事实上并不成立的事例，进而以三言两语便可对如此重大的理论问题敷衍了事的。

3. 德日阶层体系在对责任能力与其他主观心理要素关系处理上的明显错误，源于认识窠臼所导致的体系之根基性缺陷

德日阶层体系之所以必须将责任能力牢牢禁锢在有责性阶层，而将构成故意过失的部分或全部要素前置，主要缘由应该还在于：客观要件实际无法在主观要件之前判断，以致原初纯客观的构成要件阶层不得不加入主观要素，但又必须肯定未达责任年龄者以及完全丧失辨认控制能力的精神障碍者实施的符合构成要件的行为具备违法性[②]，因为这是作为阶层体系核心支柱的不法与责任严格界分的事实基础，也是其刑法典采取刑罚与保安处分双轨制立法模式的主要根据，[③]因此，必须将责任能力牢牢禁锢在有责性阶层，肯定构成故意过失的部分或全部要素之成立并不以具备责任能力作为前提。但正如笔者已于上文所指出的，以不法与责任的严格界分作为犯罪论体系之核心支柱是存在根基性缺陷的，其根基性缺陷在于，理论由于未能准确把握犯罪的价值本质，进而不明白集中体现犯罪价值本质的恰恰是被主流理论所竭力排斥的主观罪过，不具备主观罪过的行为绝无可能威胁到刑法法益，换言之，无罪过行为绝无可能触犯刑法从而构成刑事违法，而一旦揭示罪过与刑事违法之间所存在的此等内在必然联系，也同时宣告了以不法与责任的严格界分作为核心支柱的阶层体系的整体崩塌。体系的整体崩塌也意味着，肯定未达责任年龄者以及完全丧失辨认控制能力的精神障碍者实施的符合构成要件的行为与犯罪行为具备相同的违

---

① 在德国刑法学界，已有少量学者如雅科布斯（Jacobs）、弗罗因德（Freund）和帕夫利克（Pawlik）等提出，不论是故意犯还是过失犯的不法，都应该以行为人的认识能力作为判断依据，从而认为不法不可能脱离责任而存在，由此否定了不法与责任的截然分立。参见[德]格吕恩特·雅科布斯：《行为 责任 刑法》，冯军译，中国政法大学出版社 1997 年版，第 128-133 页；[德]米夏埃尔·帕夫利克："最近几代人所取得的最为重要的教义学进步？——评刑法中不法与责任的区分"，陈璇译，陈兴良主编：《刑事法评论》（第 35 卷），北京大学出版社 2015 年版，第 302-320 页；[德]格奥尔格·弗罗因德："人之犯罪论的犯罪概念以及犯罪构造"，陈璇译，赵秉志主编：《刑法论丛》（第 40 卷），法律出版社 2015 年版，第 378-397 页；陈璇："结果无价值论与二元论之争的共识、误区和发展方向"，《中外法学》2016 年第 3 期，第 792-794 页。

② 德国刑法典第 11 条第 1 款第 5 项规定，"违法行为：仅指实现了刑法规定的构成要件的行为"。

③ 参见[德]汉斯·海因里希·耶赛克、托马斯·魏根特：《德国刑法教科书》，徐久生译，中国法制出版社 2001 年版，第 966 页以下；许玉秀：《当代刑法思潮》，中国民主法制出版社 2005 年版，第 59-60 页。

法性，也就失去了赖以依存的基础，责任能力也能因此而挣脱该体系之羁绊，复归到作为主观要件核心前提的正常关系中。由此可见，阶层体系在责任能力与其他主观心理要素关系处理上的明显错误，还是源于认识窠臼所导致的体系之根基性缺陷，若不打破这种认识窠臼、直面体系的根基性缺陷，就不可能理顺其间原本显白明了的事实与逻辑关系。

四、对相关质疑的回应

在确证犯罪构成要件的逻辑排序后，仍有如下几个问题有待澄清，以回应批评者们已经提出或者可能提出的质疑，相关问题以及笔者的回应如下：

（一）遵循由主而客的判断逻辑，是否会导致将不可罚的不能犯一概认定为未遂犯？

我国有权威刑法学者指出，认定犯罪若遵循由主而客的顺序，会导致将不可罚的不能犯一概认定为未遂犯。①该批评意见其实并不成立，这是因为，未遂犯与不可罚的不能犯之界分不过是罪与非罪问题在特定情境中的具体化而已，而解决罪与非罪问题之根本在于准确把握犯罪的本质，其中包含犯罪的价值本质与事实本质，由此揭示二者之间所存在的内在必然联系。如本书所析，一旦准确把握犯罪的价值本质与事实本质，将不难发现，犯罪的事实本质（罪过之意志因素）与其价值本质通连。不过，二者之间要实现通连并非是无条件的，在故意犯罪中，要求作为其主观要件认识因素的“明知”之“知”必须具备“合规律性”之条件，因为唯其如此，正常理智者方可能以该认识作为自己实施相关行为之根据或心理基础，进而能够威胁到刑法所特有的保护价值，犯罪故意正是借此而实现与犯罪的价值本质直接通连的。未遂犯与不可罚的不能犯也因此具有了明确而又客观的界分标准，并且有着坚实的理论基础。②由此可见，认定犯罪遵循由主而客的逻辑顺序并不会导致将不可罚的不能犯一概认定为未遂犯之后果。相形之下，中外主流刑法学理论由于始终未能准确把握犯罪的本质，而由此导致的后果是：一方面不可能合理地设定罪与非罪之区分标准，当然也就不可能据此正确地界分未遂犯与不可罚的不能犯了；另一方面则是未能正确把握构成犯罪的核心要件，可以看到，中外刑法学的绝对主流理论均对构成犯罪的核心要件出现了定位上的错误，都错误地认为构

---

① 参见张明楷：“犯罪构成理论的课题”，《环球法律评论》2003 年第 3 期，第 269 页。

② 具体论述详见本书“第七章第四节 一、（二）2.”之内容。

成犯罪的核心要件是犯罪客观要件或（客观的）构成要件，从而将绝大多数的精力都耗费在了对该要件（阶层）的研究中，而忽视了对真正的核心要件——犯罪主观要件——的深入探究，基此武断地认为判定犯罪若遵循由主而客的顺序会导致将不可罚的不能犯一概认定为未遂犯也就在所难免了。

（二）若遵循先主后客的判断逻辑，那么主观要件的内容应该如何确定？

在德、日等国家或地区的刑法学界，理论一致认同，故意的认识对象只能是该当构成要件之客观事实，理论称之为构成要件的“故意规制机能”，有学者更是指出，在过失犯罪中，必须对该当构成要件之客观事实存在认识或预见可能性，故综合而言，构成要件应当具有“责任内容规制机能”。[①]构成要件的这一机能甚至还得到了立法的肯定，如德国刑法典第 16 条第 1 款规定，“行为人行为时对法定构成要件缺乏认识，不认为是故意犯罪，但要对其过失犯罪予以处罚。”奥地利联邦共和国刑法典第 5 条第 1 款也规定，“意图实现与法定构成要件相适应的案件事实的，是故意行为；行为人认为构成要件的实现是可能的，且容忍其实现的，即成立故意行为。”该法第 6 条规定，“（1）根据其精神和身体状况，应当注意而未注意，因此未认识到他可能实现与法定构成要件相适应的案件事实的，是过失行为。（2）虽认识到可能实现与法定构成要件相适应的案件事实，但不想实现与法定构成要件相适应的案件事实的，同样是过失行为。”既然故意过失须以该当构成要件之客观事实为内容，那么，若不事先确定客观的构成要件之内容，故意过失的内容也势必无从确定，因而在序位上，客观要件理当优先于主观要件。

笔者认为，构成要件的所谓“故意规制机能”或者“责任内容规制机能”并不能够成为客观要素应当优先于主观要素判断之理据，就中缘由在于，构成要件根本就不可能具有所谓的“故意规制机能”或者“责任内容规制机能”。之所以如此，主要理由在于：

首先，就行为的主观与客观之间的事实关系而言，行为的主观系其客观的内在动因，支配制约着行为的客观发展过程，换言之，行为的主观与客观之间是一种事实上的支配与被支配或者制约与被制约的关系。据此可知，那种认为客观的构成要件具有“故意规制机能”或者“责任内容规

① 参见[日]松原芳博：《刑法总论重要问题》，王昭武译，中国政法大学出版社 2014 年版，第 39-40 页。

制机能”，显然是倒果为因、完全违背事实的。

其次，就行为的主观与客观的发生时序而言，行为是主观的客观化，其中，主观是因，客观是果，而如所周知，结果不可能出现在原因之前，然而，若肯定构成要件的所谓“故意规制机能”或者“责任内容规制机能”，认为构成行为的客观事实制约着其主观内容，无异于说，结果在现实中还根本没有出现的时候即已对原因形成制约，这显然是违背事理、不合常识的。这种认识的背事理、反常识性在行为的主客观不一致（即客观偏离主观）时表现得尤为明显。譬如，甲基于杀人的故意开枪射击其仇人乙，但因射术不佳，实际射杀的却是乙身边的一只狗，乙毫发无损。由于甲的行为仍然成立犯罪（故意杀人罪的未遂或中止），故其客观上射杀了一只狗而被害人毫发无损的事实也应该是符合（客观的）构成要件的，但试问，客观上射杀了一只狗而被害人毫发无损的事实又如何能够规制甲开枪时的主观心理呢？难道依据客观上由于射杀的是一只狗而被害人毫发无损之事实便可否定甲的杀人故意，从而断定其仅具有“杀狗的故意或过失”？如此岂不荒唐？！

再次，客观的构成要件乃行为成立犯罪在客观方面的最低限度要求，但由于未遂犯的存在，客观的构成要件实际根本无法为故意之成立提供所必需的事实内容。[①]如上所析，由于未遂犯（含手段不能犯和对象不能犯）的存在，意味着犯罪手段、犯罪对象、犯罪结果以及因果关系等均非行为成立犯罪在客观方面的必备要素，但是很显然，若行为人缺乏对这些事实的认识，是不可能形成犯罪故意的。譬如，甲欲开枪射杀其仇人乙，某日透过乙卧室的窗户见其床上的被子隆起，误以为乙在被子里面睡觉，于是扣动扳机，孰知子弹因受潮而未能被激发，事实上乙此时也不在卧室。本案中，尽管可能导致结果发生的手段、犯罪对象以及犯罪结果并不存在或不在现场，但仍然无法否定甲的行为构成故意杀人罪（未遂），换言之，甲举起因子弹受潮而不可能被激发的枪，瞄准无人在内的被子，扣动扳机，扳机咔嚓一声，仅此而已，但仍然是符合故意杀人罪的客观构成要件的。问题是，故意杀人罪的客观构成要件此时到底包含了什么样的事实内容呢？使用不具有致人死亡的手段、作用于非犯罪对象从而不可能导致他人死亡之危害结果？这样的事实能够成为故意杀人罪之故意的认识

① 如后文所析，行为成立犯罪在客观方面的最低限度要求或谓“最大公约数”其实是“着手”，无论是直接故意犯罪，还是间接故意犯罪和过失犯罪，概莫如此，只是各自着手的成立条件存在差异而已，间接故意犯罪和过失犯罪着手之成立以发生法定的犯罪结果为必要，而直接故意犯罪着手的成立则无此要求，它们之间的具体差异详见本书第八章第六节之论述。

内容吗？答案无疑是否定的，因为显而易见，行为人行为时若是对这样的事实形成认识的话，是绝对排除杀人故意的。或许有论者会反驳称，只有未遂犯才是如此，而既遂犯却并非如此，故据此并不足以否定构成要件所具有的该项机能。对此，有必要特别强调的是，犯罪构成是犯罪的成立条件，而非犯罪既遂的成立条件，要不然，未遂犯就将因不符合犯罪构成而不可能构成犯罪，而犯罪既遂以行为成立犯罪为前提，是行为成立犯罪后的进一步发展，因此，在行为是否构成犯罪尚属未定之天的情况下，根本就无所谓犯罪的既未遂问题，或言之，犯罪是否既遂并非犯罪成立条件所要以及所能解决的问题，更何况，构成要件还是阶层体系的首要阶层。由此可见，由于未遂犯的存在，客观的构成要件作为行为成立犯罪在客观方面的最低限度要求，实际根本无法为故意之成立提供所必需的事实内容，[①]换言之，客观的构成要件根本不具备所谓的“故意规制机能”。

最后，既然构成要件其实并不具备所谓的“故意规制机能”或“责任内容规制机能”，那么故意过失的内容源自哪里呢？对此，笔者的回答是，行为人故意过失的内容既非源于刑法学者们所归纳概括的那些所谓的客观构成要件要素，因为现实中几乎没有罪犯会事先通过学习刑法学者们所归纳概括的所谓客观构成要件要素而后再去实施犯罪的，也非源于行为人将要实施的犯罪行为实际的客观构成事实，因为，行为的实际发展过程可能偏离行为的主观内容，或者说可能出乎行为人之意料。故意过失的内容其实源于行为人的生活经验，具体而言，系来源于行为人经验中所包含的、特定目的实现或者其认识能力所及的[②]、构成某完整行为所不可或缺的客观事实，但这种客观事实至少在直接故意犯罪中显非行为成立犯罪在客观方面所不可或缺的事实，兼之接受客观构成要件检验的，也非先于行为而存在的、行为人经验中的或者其认识能力所及的某完整行为之客观构成事实，而只能是行为人实际变现的客观事实，但如上所析，后者是不可能对故意过失的内容形成制约的。

---

① 如后文所进一步分析的[详见本书“第七章第四节 一、（一）3.”之内容]，由于未遂犯的存在，欲使构成要件具备“故意规制机能”，就必须否定“构成要件乃行为成立犯罪在客观方面的最低限度要求”这一原本正确的认识，而将构成要件作为行为成立犯罪既遂乃至短缩行为犯被短缩行为之目的实现所必需的客观构成事实，但是很显然，此时的构成要件已非行为成立犯罪在客观方面的最低限度要求了，而是犯罪既遂成立乃至短缩行为犯被短缩行为之目的实现所不可或缺的客观构成事实，故完全不具有合理性。由此可见，德日阶层体系对于构成要件内容与罪过内容之关系的处理可谓左支右绌、进退维谷。

② 这是相对于过失行为而言的，认识能力所及的范围虽然受到多方面的影响（如遗传、身体状况和环境等），但其主要还是由主体的生活经验所决定。

综上所析，德、日等国家或地区的主流刑法学理论所认为的乃至为立法所肯定的构成要件具有所谓的“故意规制机能”或“责任内容规制机能”，是有悖事理、违反常识的，行为人主观罪过之内容源于行为人的生活经验，而非行为人所实际实施的行为之客观构成事实。因此，构成要件原本即不具有所谓的“故意规制机能”或者“责任内容规制机能”，该机能当然也就无由成为客观要素优先于主观要素判断之理据了。

（三）坚持由主而客的定罪逻辑是否意味着主观主义刑法立场？

在日本刑法学界以及受其影响的我国刑法学界，存在着客观主义与主观主义刑法立场之论争，客观主义是一种认为只有表现于外部的犯人的行为是刑事责任基础之立场，主观主义则是一种想从犯人的反社会性格即反复实施犯罪行为的犯人的危险性中找到刑事责任基础之立场。[①]对于刑法客观主义，有学者归纳其要义为：在评价对象上，客观的事实要素（行为及其法益损害）绝对重要、具有优先性，对于没有法益侵害或危险的行为，不能因为行为人的主观恶性、人身危险性较大而肯定犯罪成立；在判断逻辑上，必须先确定行为客观上符合构成要件且违法，再确定责任的有无。[②]于是乎，认定犯罪的逻辑顺序便与刑法的基本立场相关联，要坚持客观主义刑法立场，就必须坚持由客而主的判断逻辑，若是遵循由主而客的判断逻辑，那么其立场就必然是主观主义，而只要奉持主观主义，刑法的人权保障机能就岌岌可危。笔者认为，此等认识其实并不正确，主要理由在于：

首先，所谓的客观主义不过是行为主义，而现有的行为主义本身亦非完美、无可指摘的理论立场。不难发现，除日本刑法学界以及受其影响的我国刑法学界外，其他多数国家的刑法学界都一般认为，历史上曾有过“古典学派（旧派）”和“近代学派（新派）”或者“行为主义”和“行为人主义”之论争，而鲜见有以“主观主义”或“客观主义”来标定一种刑法理论或者学说的做法，并且即便是在日本刑法学界，也有权威刑法学者指出，“主观主义与客观主义的涵义未必确切”[③]，“按其内容，毋宁分别称其为行为主义、行为人主义更为妥当”[④]。而行为主义与行为人主义之

① 参见[日]大塚仁：《刑法概说（总论）》，冯军译，中国人民大学出版社2003年版，第51页。

② 转引自周光权：“价值判断与中国刑法学知识转型”，《中国社会科学》2013年第4期，第120页。

③ [日]木村亀二：《刑法学词典》，顾肖荣、郑树周等译，上海翻译出版公司1991年版，第23页。

④ [日]大塚仁：《刑法概说（总论）》，冯军译，中国人民大学出版社2003年版，第51页。

间的对立，正如笔者将于接下来的一章中所指出的[①]，概因理论始终未能正确把握行为的内在结构所致，一旦全面深入地揭示行为的内在结构，两派之间的对立也将被消解而实现统一。人的行为在结构层次上由外而内依次包含客观、心理过程以及人格三大层次，由此决定了犯罪行为的整体社会危害性就应该分别是对犯罪行为所造成的客观危害程度、主体的主观恶性程度以及人身危险性程度的综合评价。据此可知，行为的结构中其实已经内在地包含了主体事实，如此，行为主义便理所当然地将行为人主义囊括于内。据此也就不难发现，现有的行为主义虽然顾及了犯罪行为的前面两个层次（即行为的客观和心理过程层次），却忽视了行为的深层动因——主体人格，从而未能将主体的人格纳入犯罪行为之范畴，而行为人主义则因只强调主体的人格，却对行为的另外两个层次并未投入应有的理论关注，因而更是片面。由此可见，现有的行为主义（客观主义）本身亦非完美、无可指摘的理论立场。而一旦深入揭示行为的内在结构，囊括行为人主义的行为主义也将成为全面、深刻也是彻底的行为主义。

其次，以罪过之意志因素为核心而构建的犯罪构成体系，是一种能够将主观主义与客观主义相融合，从而实现二者统一的"主客观相统一"之刑法立场。如本书所析，罪过之意志因素乃整个犯罪构成体系之核心支柱，其本质系不断地将认识及情绪情感因素内容转化为客观现实的内在支配制约力量，换言之，任何脱离外在过程的内在心理活动，无论如何都不可能成为罪过之意志因素。而"'客观主义'是指犯罪的成立需要伴有外界变动的'行为'"[②]，或者正如我国有学者所指出的，"区分客观主义与主观主义最简单的方法就是看行为在该刑法或刑法理论中的地位。无论一部刑法或一种理论在认定犯罪时如何看重主观因素，但只要它承认行为的基础性地位，就是客观主义的刑法或刑法理论。反之，一部刑法或一种理论无论它如何强调客观因素的不可缺少，但只要它是以行为人为中心建构起来的，就属于主观主义的刑法或刑法理论。"[③]故就此等意义而言，笔者所主张的体系也毫无疑问地是客观主义刑法立场，而绝非无视行为的外界变动或者是以行为人为中心的主观主义刑法立场。当然，确切而言，笔者所持的应该是一种以行为概念为基础、兼顾行为的主观与客观且能够将行为人囊括于内的"主客观相统一"之刑法立场。

---

① 详见本书第六章第二节之论述。

② [日]松宫孝明："结果反（无）价值论"，张小宁译，《法学》2013年第7期，第17页。

③ 陈家林："为我国现行不能犯理论辩护"，《法律科学（西北政法大学学报）》2008年第4期，第123页。

再次，现有的刑法客观主义还割裂了法益侵害（危险）与构成犯罪的心理事实之间所存在的内在必然联系。如上文所析，在构成犯罪的诸事实要素中，唯有罪过之意志因素方与犯罪的价值本质直接通连，换言之，正是罪过之意志因素方使得犯罪行为对刑法法益形成威胁，因而构成了犯罪的事实本质。据此反观现有的刑法客观主义，其所认为的“对于没有法益侵害或危险的行为，不能因为行为人的主观恶性、人身危险性较大而肯定犯罪成立”，就明显割裂了法益侵害（危险）与行为人特定的心理状态之间所存在的内在必然联系，殊不知，若撇开主观罪过，仅仅依据行为的外在客观表现根本就无法判断行为有无侵犯刑法法益。由此可见，正是在这一点上的认识错误，使得现有的刑法客观主义进行了错误的刑法基本立场关联，认为犯罪的认定必须从客观上有无法益侵害（危险）入手遵循由客而主的判断逻辑，并以此作为坚持客观主义刑法立场的重要标志。

最后，在笔者看来，坚持刑法客观主义不过是坚持行为主义，而坚持行为主义的核心标志应当是：影响行为的社会危害性有无及其程度的每一因素都属于行为的内容，具言之，构成犯罪的每一要件及其要素，影响定罪、量刑乃至行刑的每一情节，均能够被犯罪行为囊括于内。[①]据此不难发现，理论将原本不属于犯罪行为内容的犯罪客体、违法性等作为构成犯罪之要件或阶层，就明显违背了行为主义。还有，基于行为主义也根本无法推导出认定犯罪应当从客观要件入手之结论，相反，在深刻揭示行为的内在结构后，行为的不同结构层次以及与之相对应的犯罪构成要件之间的关系也将清晰呈现，其中，主体要件作为位居行为之人格层面的要件，系位居行为心理过程层面的主观要件之前提，而主观要件又是客观要件之前提，逻辑常识告知我们，依据前提待定的标准是不可能作出确定的判断结论的。由此可见，从主体要件入手经由主观要件再到客观要件的判断逻辑，一方面完全符合要件之间的事实关系以及认识规律，另一方面也不违背行为主义。

综上所析，所谓的客观主义不过是行为主义，而迄今为止的行为主

① 现有的行为主义所面临的核心难题是：罪犯的某些罪前罪后表现（如累犯、自首、立功和坦白等）何以能够影响刑事责任之轻重的问题？迄今为止的行为主义由于未能揭示行为的深层动因——主体人格，以致理论或是否定犯罪主体要件之独立要件地位（德日阶层体系），或是虽然肯定其独立要件地位，却未能揭示其作为独立要件之根据何在（我国传统要件体系），因而都始终未能破解这一刑法学理论难题，由此也直接导致了行为主义与行为人主义之间的根本对立。有关如何实现行为主义与行为人主义之间的统一，详见本书第六章第二节之论述。

义由于未能全面深刻地揭示行为的内在结构，也不明白犯罪的价值本质与罪过心理之间所存在的内在必然联系，从而基此进行了错误的刑法基本立场关联。实际上，基于行为主义非但不能推导出定罪过程必须从行为的客观入手之结论，相反，据此所能得出的唯一合理结论是，定罪只能遵循从主体要件出发经由主观要件再到客观要件的判断逻辑，此等判断逻辑既符合事实，又符合认识规律，是认定犯罪唯一切实可行的逻辑顺序。

（四）坚持由主而客的定罪逻辑是否会导致侵犯人权之后果？

我国有权威刑法学者明确指出，遵循由主而客的判断逻辑，其结果必然是“先抓人、后找事实”，因为绝大多数人都是符合犯罪主体条件的，于是司法机关遇到任何人都可以进行盘问乃至采取强制措施，再追查所谓犯罪事实，其中隐含的导致侵犯人权的危险，是不言而喻的，[①]甚至认为，“只要从主观到客观认定犯罪，就必然需要刑讯逼供”[②]。另有学者也同样指出，由于主观要件不可靠，而客观要件相对稳定，容易检验，不易变化，故定罪应当遵循从客观到主观的思考逻辑，且认为，正是司法上的从主观到客观的惯性思维，才导致了刑讯逼供或者不合法的侦查行为的出现。[③]在日本刑法学界也有个别学者持类似观点，认为，主观上的要素无法被确定且清晰地查明，因而不宜将之升格为不法的要素，不得在犯罪审查的更早阶段对之加以考察。[④]笔者认为，上述观点并不正确，主要理由分述如下：

1. 适用犯罪构成的定罪过程与查明案件事实过程中可能存在的侵犯人权危险无关

如上所析，查明案件事实的过程与定罪过程是前后相续、泾渭分明的两个阶段，只要与定罪相关的案件事实尚未查明，定罪过程便无从展开，也就无适用犯罪构成之余地。既然查明案件事实的过程与定罪过程界限分明，无疑意味着，即便在查明案件事实过程中存在侵犯人权的现象，也与犯罪构成要件的逻辑排序无关。由此可见，那种认为若遵循从主体入手经由主观再到客观的定罪逻辑，其结果必然是“先抓人、后找事实”或是会导致实务中出现刑讯逼供或不合法侦查行为之见解，实际完全混淆了

---

① 参见张明楷：“行为结构与犯罪构成体系——兼谈行为科学与刑法学的区别”，《法商研究》1998年第2期，第37页。

② 张明楷：“阶层论的司法运用”，《清华法学》2017年第5期，第26页。

③ 周光权：“刑法方法论的实践展开”，陈兴良主编：《刑事法评论》（第42卷），北京大学出版社2018年版，第18-35页。

④ 参见井田良：“论刑事不法中的主观要素”，蔡桂生译，《南大法学》2022年第2期，第174页。

查明案件事实的过程与定罪过程这两个原本泾渭分明的阶段。而一旦辨明这两个过程之间的界限，将很容易得知，欲防止查明案件事实过程中可能出现的侵犯人权现象（如刑讯逼供或不合法侦查等），根本就不应该在犯罪构成要件的逻辑排序上下功夫，而应该在程序法上下功夫。还需要指出的是，由于查明案件事实的过程在司法实践中实际并无一成不变的顺序，故若查明案件事实的过程果真如多数论者所宣称的那般只能从所谓的法益侵害（危险）或是犯罪客体受到侵犯入手，而决不允许有其他的途径，如从犯罪主体、犯罪手段或方法等入手，这无疑是纵容司法工作人员渎职，让不少犯罪分子逍遥法外，如此或许虽然满足了他们所谓的保障人权仅仅是保障罪犯人权之需要，但无疑是对全体公民基本人权的公然漠视与践踏。

2. 犯罪主体要件之属性决定了定罪从其入手并不会导致“先抓人、后找事实”之侵犯人权后果

如本书所析，犯罪主体要件系位居行为之人格层面的要件，而人格具有稳定性，人格的稳定性使得其渗透于主体的日常行为之中，譬如，具备辨认控制能力者可以将该能力运用于犯罪，也可运用于实施一般违法行为，或者是合法行为，如所周知，绝大多数人都选择了后者，且即便是犯罪分子，其日常行为也绝大多数是合法行为。如此无疑意味着，主体要件只是犯罪成立的前提条件，单纯具备该条件与涉嫌犯罪之间并无内在必然的联系。据此可知，那种认为定罪若从主体要件入手，其结果必然是“先抓人、后找事实”，从而赋予警察四处出击、随意抓人的权力之见解，一则混淆了查明案件事实的过程与定罪过程之间的界限，二则不明白犯罪主体要件所具有的上述属性使然。

3. 主观要件不可靠，而客观要件相对稳定，容易检验，不易变化，这并不能够成为定罪应当遵循由客观到主观之理据

主观要件不可靠，而客观要件相对稳定，容易检验，不易变化，之所以不能够成为定罪应当遵循由客观到主观之理据，这是因为：

首先，如本书所析，由于手段不能犯与对象不能犯的存在，意味着犯罪手段、犯罪对象、犯罪结果以及因果关系等均非行为成立犯罪在客观方面的必备要素，而犯罪客观要件作为行为成立犯罪在客观方面的最低限度要求，如若无视行为的主观对其客观的支配制约关系，试图抛开主观要件去把握客观要件，那么由此导致的后果将是，客观要件的内容都无从确定。并且，在具体案件中，若不事先知悉行为的主观内容，也根本不可能判断行为是否符合以及符合何罪之客观要件。

其次，犯罪构成作为认定行为成立犯罪与否的条件，攸关公民的基本人权，故其必须具备明确性与确定性，这是罪刑法定原则的基本要求，也是证据裁判原则在司法实务中得以贯彻的基本前提。准此以观，如若主观要件的确是不可靠、易变化的，那么理论和立法又怎么能够将这种不可靠、易变化的东西作为犯罪的成立条件呢？这岂不明显违背罪刑法定原则的基本要求吗？如此在主观要件的证明上，司法实务又如何可能贯彻证据裁判原则呢？

最后，如前所析，由于行为的外在客观表现在主观要件被确证之前只是证明主观要件成立与否的证据之一，故若仅仅依据这么一个证据即证明自身以及整个行为符合所谓的构成要件，并基此推定行为人的行为违法乃至有责，很显然，这种做法非但无助于保障人权，反而有助长侵犯人权之嫌疑。

4. 对于犯罪主观方面要件成立与否的判断，并非仅仅依据行为人的口供或者仅仅依据行为的外在客观表现即可达成，而同样需要依据充分的证据经由严格的证明方可达成

不容否认，人的内在心理事实的确有其特殊性，它们看不见，摸不着，无重量、大小和体积，但尽管如此，它们却并非虚幻、不可认知的东西，而仍然属于客观存在之事物，可以通过科学方法加以查明，这也是心理学之所以具备自然科学属性之缘由。因此，对于犯罪主观方面要件成立与否的判断，是可以当然也是必须借由科学方法来达成，而这种科学方法也即我们所熟知的司法证明，既然司法证明是一种科学方法，当然也就意味着它不可能是一种可以恣意操作的活动，并且事实也的确应当如此，也即对犯罪主观方面要件成立与否的判断必须依据充分的证据经由严格的证明达成。譬如，对于主体有无责任能力的判断，我们可以通过反映主体责任能力的相关因素如责任年龄、精神状况等加以判定，而对于主体是否达到责任年龄，则可通过主体的出生证明、户口簿、身份证等予以证明，当对主体的精神状况存疑时，则可通过司法精神医学鉴定的方式予以确认；在满足主体条件的前提下，对于主观要件，则可基于行为的外在客观表现结合其他相关证据，如当事人的陈述、证人证言、书证以及视听资料等，通过经验法则加以证明。[①]不难发现，即便是遵循由客而主的判断逻辑，对于主体要件和主观要件的证明也不过如此，而不可能还有其他更为高明

① 参见王彪：《犯罪主观要件证明问题研究》，法律出版社 2016 年版，第 88 页以下；阮堂辉：《犯罪主观要件的证明问题研究》，中国社会科学出版社 2017 年版，第 56 页以下。

的套路或招式。因此，正如日本刑法学者井田良针对日本刑法学界个别观点认为的“主观要素无法被确定且清晰地查明，故不得在犯罪审查的更早阶段对之加以考察”所批评指出的，“在对不法、罪责要素加以审查时，可能会产生一些程序法上的问题，但是，不法、罪责要素在实体法上如何归位，当然地与那些程序法问题没有任何关系。将犯罪的那些主观要素归入罪责的领域，在根本上也对这些程序性问题的解决产生不了任何作用。”[①]要言之，遵循由主而客的判断逻辑并不意味着司法者可以随心所欲地认定主体要件和主观要件，在对这两个要件成立与否的判断上，丝毫未降低证明要求，准此以观，遵循由主而客的定罪逻辑当然也就无损于刑法的人权保障功能了。

于此还必须指出的是，对于犯罪主观要件成立与否的证明，口供只是证据之一，而不能“唯口供论”或者无条件地将口供作为压倒性的证据，这是因为，人具有趋利避害之天性，如此使得在现实中即便是在没有受到强制（含身体强制和精神强制）的情境中，口是心非、言不由衷者都可谓比比皆是，更遑论在受到强制的情况下了，这也是立法之所以明令禁止刑讯逼供的主要缘由。由此可见，那种认为，“主观要件不可靠，对主观要件的认定，如果被告人供认不讳不成问题，但若否认或翻供的话，定罪就会有难度”[②]，或是认为，“只要从主观到客观认定犯罪，就必然需要刑讯逼供”[③]，这种对主观要件证明的（近乎）“唯口供论”不具有合理性。更何况，循此论调，既然主观要件的证明唯有或者必须依靠口供，而只要被告否认或翻供，就必然需要刑讯逼供，那么很显然，无论是遵循客观优先还是主观优先的定罪逻辑，都将难免需要求助于刑讯逼供，除非否定主观要件之犯罪构成要件地位。还有，行为的外在客观表现同样也只是证明主观要件成立与否的一个证据，因为经验告知我们，客观表现完全相同的行为，各自的主观内容可能截然不同，而主观内容相同的行为，各自的客观表现却可能迥然不同，此类事例可谓俯拾皆是，而根本无需笔者举例说明。因此，对于主观要件成立与否的证明，同样不能仅仅依据行为的外在客观表现这一孤证即推定行为人有无罪过以及具有何罪之罪过。准此以观，德日阶层体系那种仅仅依据行为的外在客观表现这么一个证据即可证明自身以及整个行为是否符合所谓的构成要件，进而推定

---

① 井田良：“论刑事不法中的主观要素”，蔡桂生译，《南大法学》2022 年第 2 期，第 174 页。

② 参见周光权：“刑法方法论的实践展开”，陈兴良主编：《刑事法评论》（第 42 卷），北京大学出版社 2018 年版，第 18-35 页。

③ 张明楷：“阶层论的司法运用”，《清华法学》2017 年第 5 期，第 26 页。

行为违法乃至有责的做法，是明显有违经验和常识的。

5. 针对我国权威刑法学者对于由主而客的定罪逻辑之批判的回应

我国有权威刑法学者对于这种由主而客的定罪逻辑进行了较为详尽的批判，他指出，绝对不能从主观到客观认定犯罪，否则必然导致刑讯逼供，并举例云：甲参加聚会时，发现客厅衣架上挂着一件和自己穿的假名牌一模一样的真名牌外套，甲也将自己的外套顺手挂在真名牌外套的边上。聚会结束时，甲仔细辨认了两件外套，最后将自己的假名牌外套穿回家（事实一）。甲参加聚会时，发现衣架上挂着一件和自己穿的假名牌一模一样的真名牌外套，就打算在聚会结束时调包，将他人的真名牌外套穿回家。于是，甲将自己的外套顺手挂在真名牌外套的边上。聚会结束时，甲以盗窃的故意，仔细辨认了两件外套，穿走了自以为是他人所有的真名牌外套，但回家后发现还是自己的那件高仿假外套（事实二）。又如，乙从商店购买了两斤黑胡椒粉，一直放在家里没有使用（事实 A）。乙为了在抢劫财物时将胡椒粉撒入被害人眼中，于是从商店购买了两斤黑胡椒粉，一直放在家里没有使用（事实 B）。上述事实一与事实二、事实 A 与事实B在客观方面完全相同，那么司法人员如何发现行为人的犯罪故意与目的呢？论者指出，只有甲、乙供述了其犯罪故意与目的时，司法人员才可能知道。而在刑讯逼供还没有杜绝甚至并不少见的情况下，融入行为人的主观内容判断构成要件符合性的做法，必然导致诸多冤案。反过来说，在判断构成要件符合性时，融入行为人主观内容的做法，是导致刑讯逼供难以杜绝的重要原因。这是因为，只要从主观到客观认定犯罪，就必然需要刑讯逼供。并认为，构成要件行为（实行行为）是具有导致法益侵害结果发生危险的行为，而判断行为是否为构成要件行为与行为的主观内容无关。据而主张，定罪必须从客观入手。①

对于上述批判，笔者认为，只要把握行为的外在客观表现在主观要件被确证之前，仅仅是证明行为人行为时的主观心态的一个证据而已，此时它还根本不具备接受作为实体法标准内容的犯罪客观要件（客观的构成要件）检验之资格，便可很容易发现上述见解之谬误。在论者所举的上述事例中，如果仅仅有“甲客观上拿回了自己的假名牌外套”“乙客观上购买了两斤黑胡椒粉一直放在家中未使用”这么一个客观事实，从刑事诉讼

① 参见张明楷：“阶层论的司法运用”，《清华法学》2017年第5期，第25-26页。

法的角度来看，这连立案条件都不具备，如若有司法人员非得要违法地将这种不具备立案条件的情形立案侦查，那么试问由此所导致的不合法侦察（如刑讯逼供）又与定罪逻辑有何干系呢？还有，即便甲拿回的是他人的真名牌外套，难道司法人员就可以仅仅凭借这么一个事实，而无视其辩解或者提供的其他证明自己只是一时疏忽拿错了从而没有盗窃故意的证据，断定其具有盗窃故意吗？答案无疑是否定的。此外，需要一再强调的是，唯有具备罪过的行为方能侵犯刑法法益，故即便甲拿回的是他人的真名牌外套，在未查明其具有非法占有目的的前提下，根本就无所谓侵犯刑法法益的问题，故那种认为判断行为是否为构成要件行为（即具有侵害法益危险的行为）与行为的主观内容无关，显然系因不明白何谓刑法法益进而不知对其侵犯与罪过之间所存在的内在必然联系。并且由于客观表现完全相同的行为，各自的主观内容可能截然不同，故论者所举的上述事例原本是能够警醒我们的理论研究者在对主观要件的判断上应当极为慎重，不能仅仅凭借行为的外在客观表现这一孤证，就断定行为人有无罪过以及具有何罪之罪过。但事实却并未如此，因为依据德日阶层体系之由客而主的定罪逻辑以及理论所认为的构成要件是违法乃至有责行为的类型化，故仅仅依据行为的外在客观表现即可证明自身以及整个行为是否符合某罪之构成要件，进而基此推定行为是否违法乃至有责。由此可见，上述见解除了明显违反刑事诉讼法以及犯了基础性的错误外，在人权保障方面，不仅未能做到如论者所宣扬的那般更有助于保障人权，反而有助长侵犯人权之嫌疑。至于论者论及的预备犯（事实 B）所面临的问题，笔者将于后文加以论述。[①]

小　结

综上所析，由于犯罪主体要件是犯罪主观要件成立的前提，而犯罪主观要件又是犯罪客观要件成立的前提，依据逻辑常识可知，以前提待定的要件作为判断标准是不可能作出确定的判断结论的，判断结论的不确定势必意味着犯罪认定过程的阻滞，因此，犯罪构成要件的逻辑排序（也是司法实务定罪之逻辑）就唯有遵循从主体要件出发经由主观要件再到客观

① 详见本书“第七章第四节 三、（二）3.”之内容。

要件的过程，也即与犯罪行为的发生过程相一致[①]，违反此一逻辑，犯罪的认定将成为谁都不可能完成的任务。可以看到，无论是德日阶层体系还是我国传统要件体系有关犯罪成立条件排序的绝对主流见解均违反了这一逻辑顺序，就中主要缘由在于，都混淆了依据刑事诉讼法查明案件事实的过程与依据刑法判断已查明的相关案件事实之刑法性质的过程，以及错误地运用刑事实体法标准（犯罪构成）去检验尚作为证据事实而存在的行为的外在客观表现之刑法性质，而德日阶层体系对责任能力与其他主观心理要素的处理，则明显表现出了反事实、反逻辑以及反常识的一面，故那种声称阶层体系“既符合思考、判断的逻辑性、经济性，又遵循着刑事裁判中犯罪认定的具体过程”[②]，不过是研究者们的臆想或幻觉，因为这种完全逆序的判断逻辑无论是在理论上还是在司法实务中都不可能行得通。[③]为使犯罪的认定成为可能，唯有澄清犯罪构成之适用前提，辨明证据事实与实体法事实之间的本质性差异，打破认识窠臼，部分或者全部推翻（分别是就我国传统要件体系和德日阶层体系而言的）既有犯罪构成体系之逻辑架构，犯罪构成要件及其要素的关系方能回归正常，才不致出现有悖事实、违反逻辑甚至明显有违常识的状况。

还有必要进一步指出的是，一旦理顺犯罪构成要件之间的逻辑关系，纷繁复杂的犯罪构成理论体系也将因此而删繁就简、面貌一新，主要表现为：

首先，违法性之阶层地位将被否定。由于德日阶层体系中的违法性

① 由此可见，刑法学中的犯罪构成要件的逻辑排序与行为科学所研究的行为结构具有一致性，根本不存在如我国有权威刑法学者所认为的前者背离后者的问题，参见张明楷：“行为结构与犯罪构成体系——兼谈行为科学与刑法学的区别”，《法商研究》1998年第2期，第34-39页。根据笔者于前文对事实、价值以及对二者把握方式的叙论可知，规范的合理性以评价的合理性作为前提，而评价的合理性又是建立在对事实的正确认知基础之上，换言之，没有对事实的正确认知便不可能有合理的评价，而若评价不合理，规范也必然不具有合理性，故规范不得违背事实。基此可知，作为规范学的刑法学也必须以事实学作为基础，如若将规范学与事实学对立起来，无异于是说，规范学“是”乃至“必须是”反事实的，就中谬误自不待言。实际上，我们也可以清楚地看到，世界各国的刑法典对个罪之犯罪构成要件的规定无不是依照犯罪行为的发展进程来描述的，而找不到“定罪应当遵循由客观到主观的逻辑过程”之明确法律依据。

② [日]大塚仁：《刑法概说（总论）》，冯军译，中国人民大学出版社2003年版，第109页。

③ 无论是德日阶层体系还是我国传统要件体系有关要件（阶层）排序之主流见解均不符合此一逻辑，但不少理论研究者乃至实务工作者都宣称能够据此很好地指导实务部门定罪。应该说，理论上都行不通的东西在实务中是不可能行得通的。在笔者看来，不少实务工作者之所以也会如此认为，其实是他们在思维上自觉或不自觉地对既有犯罪构成要件的逻辑排序做了调整，如根据已查明的案件事实，在对主观要件进行判断时，事先已知悉主体的责任能力状况，而在客观要件判断时，事先已知晓行为人行为时的主观心态为何，正是因为在思维上做了这样的调整，才使得定罪活动具有了可行性。

阶层系一纯粹反面、消极的判断阶层，也即判断不违法，或者说，判断是否存在正当化事由，而一旦遵循先主后客的定罪逻辑，那么违法性在犯罪构成体系中将无立足之地，理由也非常简单，因为正当化事由根本不具备罪过，故在主观要件判断完成后，再在客观方面判断是否存在正当化事由显属多此一举。

其次，纷繁复杂的犯罪客观要件理论（构成要件理论）将删繁就简、被彻底革新。遵循先主后客的定罪逻辑，意味着犯罪客观要件必须在犯罪主观要件的约限中加以把握，当然，通过行为的主观来把握其客观无疑是具备事实依据的，因为行为的客观在事实上即受到其主观的支配制约。一旦基于犯罪的主观去把握其客观，那么，客观归责理论所创设的“客观上对刑法所保护的法益是否制造了不被容许的危险”以及实行行为理论所创设的“客观上有无侵害刑法所保护的法益的危险”之实质判断标准，都将彻底失去用武之地，换言之，客观归责理论和实行行为理论均将被否弃。此外，刑法因果关系理论也将在罪过的约限下变得简单明了，行为成立犯罪在客观方面的最低限度要求或谓“最大公约数”也得以清晰呈现，整个犯罪客观要件理论由是去繁就简、被彻底革新。

最后，犯罪构成的核心要件也将由犯罪客观要件转变为犯罪主观要件。由于犯罪客观要件必须在犯罪主观要件的约限中加以把握，如此，犯罪客观要件（客观的构成要件）之核心地位势必遭到否定，而犯罪主观要件之核心地位则将被确立。犯罪构成核心要件的此般转换将引起整个犯罪构成理论乃至整个刑法学科体系发生翻天覆地的变化，既有的系列重要理论及学说，要么被彻底推翻，要么被全面革新，当然，最为重要的还在于，犯罪论乃至刑罚论中的系列重要问题均可因之在合事实与合逻辑的体系架构中得到简洁明快、一以贯之的破解。

第六章　行为之人格因素与犯罪主体要件

在我国传统要件体系的理论通说中，犯罪主体要件是位居犯罪主观要件之前、以责任能力为核心的一个独立要件，而在德日阶层体系中，虽然也包含有责任能力要素，但却并未构建以其为核心的独立阶层，犯罪主体要件也因此备受力推德日阶层体系的我国刑法学者们的诟病。而我国传统刑法学理论由于始终未能揭示该要件何以具备独立要件地位之根据，以致面对诟责无人能够作出有力的回击，兼之理论对该要件的界定也存在较为严重的问题，以及除了强调其以责任能力要素为核心外，对于是否还存在其他的心理要素也几乎无人问津，犯罪主体要件因之已然成为我国传统要件体系中最缺乏说服力的要件。因此，揭示犯罪主体要件之所以能够成为独立要件之根据、对其加以合理界说以及就其构成因素展开研析，便成为犯罪主体要件研究中不容回避的重要课题。

第一节　行为之人格因素概述

在心理学中，人格（个性）是一个多维度、多侧面以及多层次的复杂心理结构，不过一般认为，人格主要包括个性倾向性和个性心理特征两个方面。个性倾向性是指人对客观事物的态度以及对活动对象的选择与趋向，它是人从事活动的基本动力，主要包含需要、动机、兴趣、理想和价值观等。个性心理特征是个体区别于他人、在不同环境中表现出来的一贯的、稳定的心理特点，主要包括能力、气质和性格等。[①]只是心理学界对于人格结构到底应该包含哪些具体的基本范畴（即人格的组成成分）尚未完全达成一致，但都基本认同这些因素属于人格结构之内容：能力、气

① 参见林崇德、杨治良、黄希庭主编：《心理学大辞典》（上卷），上海教育出版社 2004 年版，第 981-982、411 页，“人格”“个性倾向性”和“个性心理特征”词条；叶奕乾、何存道、梁宁建编著：《普通心理学》（第四版），华东师范大学出版社 2010 年版，第 2 页。

质、性格、需要、动机、兴趣、态度、理想、信念、价值观和世界观等。[①]笔者认为，若从刑法学的视角来观察，心理学所揭示的上述人格因素中，对行为成立犯罪产生影响的因素有三个，即能力、动机和态度（包括态度的最稳定形态——“性格”）。[②]本节拟从心理学的角度对这三个因素作基本的阐释，为接下来把握犯罪主体要件及其要素奠定基础。

一、能力

在心理学中，能力是人格中的重要范畴之一，一般认为，能力是指“使人能成功地完成某种活动所需的个性心理特征或人格特质”[③]。能力并非与生俱来，它与遗传素质相关，又与活动紧密联系，后者表现为：一方面，人的能力是在活动中形成、发展和表现出来的，另一方面，从事某种活动又必须以一定的能力作为前提。[④]

根据不同的标准，可以将能力大体区分为如下一些类型：（1）根据能力的倾向性不同，可分为一般能力和特殊能力。一般能力又被称为普通能力，是指从事大多数活动所共同需要的能力，包括观察力、记忆力、注意力、想象力和思维力等，一般能力的综合体就是通常所说的智力。特殊能力又被称为专门能力，是从事某项专门活动所必需的能力，它只在特殊活动领域内发生作用，是完成相关活动必不可少的能力。（2）根据能力参与其中的活动的性质不同，可分为模仿能力和创造能力。模仿能力是指仿效他人的言行举止而引起的与之相类似的行为活动的能力。美国心理学家班杜拉认为，模仿是人们彼此之间相互影响的重要方式，是实现个体行为社会化的基本历程之一，通过模仿能使原有的行为巩固或改变，使原来潜伏的行为表现出来，习得新的行为动作。创造能力是指产生新思想、发现和创造新事物的能力。（3）根据能力在人的一生中的发展趋势以及能力对先天禀赋与社会文化的依赖关系，可分为流体能力和晶体能力。流体能力

---

① 参见 Gary R. VandenBos（Editor in Chief）: *APA Dictionary of Psychology（2th Edition）*, American Psychological Association, 2015, p.782；朱智贤主编：《心理学大词典》，北京师范大学出版社 1989 年版，第 225 页；黄希庭：《人格心理学》，浙江教育出版社 2002 年版，第 8 页；叶奕乾、孔克勤：《个性心理学》，华东师范大学出版社 2001 年版，第 18 页以下。

② 当然，这并不意味着人格中的其他因素就没有刑法意义，人格中的其他因素不能成为犯罪主体要件之要素，但可能会对量刑产生影响，在个案中，也可能成为定罪情节。

③ 林崇德、杨治良、黄希庭主编：《心理学大辞典》（上卷），上海教育出版社 2004 年版，第 868 页，“能力”词条。

④ 参见叶奕乾、何存道、梁宁建编著：《普通心理学》（第四版），华东师范大学出版社 2010 年版，第 355 页。

是指在信息加工和问题解决过程中所表现的能力，流体能力属于人的基本能力，其个别差异受教育文化的影响较少。晶体能力是指获得语言、数学知识能力，它决定于后天的学习，与社会文化有密切的关系。（4）根据能力的功能不同，可分为认知能力、操作能力和社交能力。认知能力是指接受、加工、储存和应用信息的能力，它是人们成功地完成活动的重要心理条件，知觉、记忆、注意、思维和想象的能力都被认为是认知能力，即我们一般所谓的智力；操作能力是指人们操作自己的肢体以完成各项活动的能力。认知能力和操作能力不能截然分开，不通过认知能力积累一定的知识和经验，就不会有操作能力的形成和发展，反过来，操作能力不发展，人的认知能力也不可能得到很好的发展。社交能力是指人们在社会交往活动中表现出来的能力。[①]（5）还值得注意的一种能力是“情绪智力”（Emotional Intelligence，EI），情绪智力一词由美国心理学家梅耶（John D. Mayer）和萨洛维（Peter Salovey）等首创，在他们看来，情绪智力汇集了四个层次或分支的情感能力，最基本的是情绪感知、评价和表达能力，其次是利用情感经验来促进思考的能力，再次是对情绪的理解和推理并使用语言来描述它们的能力，最后是对自己和他人情感的管理和调节能力。[②]

人的能力主要受到遗传和环境的影响，遗传对能力的影响主要体现在身体素质上，如感官的特征、四肢运动器官的特征、脑的形态和结构特征等，身体素质是能力形成和发展的自然前提，缺乏这一前提，任何能力都无从产生，此外，环境因素包括胎儿产前环境以及出生后的成长环境也对人的能力有着极为重要的影响。[③]能力乃人的内在心理特性，不同于物理现象，它看不见也摸不着，具有无形性之特征，故我们无法对其予以直接把握，而只能通过其他方式间接把握。尽管人的能力存在个体差异，但人的能力的发展还是具有共性，这种共性主要表现为发展进程的规律性。人的能力的总体发展趋势为：童年期和少年期是某些能力发展最重要的时

① 参见叶奕乾、何存道、梁宁建编著：《普通心理学》（第四版），华东师范大学出版社 2010 年版，第 356–358 页；彭聃龄主编：《普通心理学》（第 4 版），北京师范大学出版社 2012 年版，第 453–455 页。

② See John D. Mayer, Peter Salovey, David R. Caruso, and Lillia Cherkasskiy: *Emotional Intelligence*, excerpt from The Cambridge Handbook of Intelligence, Edited by Robert J. Sternberg, Cambridge University Press, 2011, p.528–545.

③ 参见黄希庭：《心理学导论》，人民教育出版社 2001 年版，第 630–635 页；彭聃龄主编：《普通心理学》（第 4 版），北京师范大学出版社 2012 年版，第 487–491 页；叶奕乾、何存道、梁宁建编著：《普通心理学》（第四版），华东师范大学出版社 2010 年版，第 374–379 页。

期，从3～13岁，智力的发展与年龄的增长几乎等速，之后呈负加速变化而渐趋缓和；人的智力在18～25岁间达到顶峰；成年是人生最漫长的时期，也是能力发展最稳定的时期；根据对人的智力毕生发展的研究，人的流体智力在中年之后有逐渐下降的趋势，而人的晶体能力在人的一生中却是稳步上升的。①人的能力发展的此等趋势或规律性，也为我们间接把握主体的能力提供了依据。

人的能力具有差异性，现实中，个体的能力可能因某些外在或内在因素的影响而使得其某些方面乃至整体能力表现出异乎寻常（可能是超能、低能乃至丧失能力），除却一般性的遗传和环境的影响，这些内在或外在因素主要包含两大类：一是精神障碍，所谓精神障碍，是指在各种生物学、心理学以及环境因素的影响下，大脑的结构和功能发生紊乱，导致认知、情感、意志和行为等精神活动的异常。②精神障碍的核心部分是失去现实检验能力、有明显幻觉妄想的精神病性障碍，外围是一些神经症性疾病，再外围可能是一些人格、适应不良等问题。③依据普通心理学将心理过程分为认知过程、情绪情感过程和意志过程，精神障碍的常见精神症状也表现为认知障碍（含感觉障碍、知觉障碍、思维障碍、注意障碍、记忆障碍、智能障碍等）、情感障碍、意志行为障碍、自我意识障碍等。④根据中国精神疾病分类及诊断标准（第三版）（CCMD-3），ICD-10“精神与行为障碍分类”临床版的第一级分类，精神障碍包含：器质性精神障碍，精神活性物质⑤或非成瘾物质所致的精神障碍，精神分裂症和其他精神病性障碍，心境（情感性）障碍，癔症、应激相关障碍、神经症，心理因素相关生理障碍，人格障碍、习惯与冲动控制障碍、性心理障碍，精神发育迟滞与儿童和少年期发育障碍，童年和少年期的多动障碍、品行障碍、情绪障碍，以及其他精神障碍和心理卫生情况；且每一种类型之下又包含若干具体类型。精神障碍使人的精神出现异常，进而可能对相关主体的能力产生不同时长、不同程度的影响。二是生理缺陷，生理是心理赖以依附的物质载体，故若在生理上存在某种缺陷，主体某些方面的能力就可

① 参见彭聃龄主编：《普通心理学》（第4版），北京师范大学出版社2012年版，第454页。

② 参见江开达主编：《精神病学》，人民卫生出版社2010年版，第1页以下。

③ 参见郝伟主编：《精神病学》（第6版），人民卫生出版社2008年版，第1页。

④ 参见沈渔邨主编：《精神病学》（第5版），人民卫生出版社2009年版，第146页以下；江开达主编：《精神病学》，人民卫生出版社2010年版，第15页以下；郝伟主编：《精神病学》（第6版），人民卫生出版社2008年版，第22页以下。

⑤ 根据CCMD-3，精神活性物质包含：酒精、鸦片、大麻、镇静剂或催眠剂、可卡因、兴奋剂、致幻剂、烟草等。

能受到影响，例如，天生聋哑者无法形成音乐能力，天生失明者无法形成绘画能力，自幼聋哑或失明者，其音乐能力或绘画能力往往也会受到较大程度的影响。

刑法中的刑事责任能力乃能力之特殊类型，心理学有关能力的定义、在心理结构中的定位、分类以及影响能力的相关因素的研究成果，都是我们全面深入把握刑事责任能力的前提和基础，并且可以发现，心理学有关能力分类中的模仿能力和创造能力，也是人的意志自觉能动性的前提和基础，而如前所析，人的意志之自觉能动性是我们把握犯罪本质的关键所在。由此可见，心理学有关能力的相关研究成果具有非常重要的刑法学价值。

二、动机

在心理学中，有关何谓动机的问题，心理学家们给出了诸多不同的定义，如认为，动机是一个过程，它以某种方式引发、促进、保持和终止指向目标的行为，[①]或认为，动机是激发和维持目标导向活动的过程，[②]或认为，动机是一种作用于有机体或有机体内部，发动并指引行为的力量，[③]又或认为，动机是指发动、指引和维持躯体和心理活动的内部过程，[④]如此等等。不过，虽然存在诸多不同的看法，但一般还是认为，动机是一个解释性的概念，即为个体为何会这样或那样行为提供解释，[⑤]都强调动机是一种内部心理过程，而不是心理活动的结果，且都基本认同动机具有如下几项功能：（1）激活或起动功能，即具有推促个体发动行为的作用。（2）指向功能，动机不仅能激发行为，而且能将行为指向一定的对象或目标。动机不同，活动的方向和它所追求的目标也不同。（3）激励功能，动机对行为具有维持和加强的作用。动机激发行为后，当行为与目标相一致时，动机就维持并调节着活动的强度和持续时间。如果行为达到了目标，动机就促使行为人终止行为，如果行为尚未达到目标，动机就将驱使行为人维持或加强该行为，或者转换行为

① Michael W. Eysenck: *Psychology: An Integrated Approach*, Longman Publishing Group, 1998, p.504.

② Dale H. Schunk, Judith R Meece & Paul R. Pintrich: *Motivation in Education: Theory, Research and Applications*. Prentice-Hall（4th Edition）,1996, p.5.

③ Herbert L. Petri John M. Govern: *Motivation: Theory Research and Application*, Wadsworth（6th Edition）, 2004, p.5.

④ 孟昭兰主编：《普通心理学》，北京大学出版社 1996 年版，第 358 页。

⑤ See Frank J. Bruno: *Psychology: A Self-Teaching Guide*, John Wiley & Sons, Inc., 2002, p.91-103.

方向以达到某种目标。[①]因此，动机便与行为的起动、指向、强度以及持久性直接相连。[②]在具体活动中，动机上述功能的表现较为复杂，不同的动机可以通过相同的活动表现出来；不同的活动也可能是由相同或相似的动机所支配，并且人的一种活动还可以由多种动机所支配。[③]

动机虽然具有发动行为的功能，但是动机作为人格中最为活跃的因素之一，其本身的产生也须要具备相关条件，这些条件包括内在条件和外在条件。引起动机的内在条件是“需要”，需要是指“有机体内部的一种不平衡状态”[④]，离开需要，动机将无从产生，不过比较微弱的需要通常还是难以产生行为动机，只有当需要在强度上达到一定水平并且有满足需要的对象存在时才会引发动机。驱使个体产生动机的外部条件称为诱因，动机之诱因又可区分为正诱因和负诱因，凡是个体因趋向或接受它而得到满足时，此种诱因称为正诱因，凡是个体因逃离或躲避它而得到满足时，该种诱因称为负诱因。在动机的内在条件和外在条件各自所起的作用上，心理学家所强调的侧面有所不同，即所谓“拉”和“推”的理论。“拉”的理论强调动机中环境的作用，“推”的理论强调动机中个体的内部力量。一般认为，有些动机形成时需要的作用强些，有些动机形成时诱因的作用强些。[⑤]总之，动机作为一种内在心理及生理力量，它能够促进主体特定行为模式的产生。在心理学中，有关动机的实质到底为何的问题，心理学家们提出了多种理论解说，主要有本能论、驱力理论、唤醒理论、诱因理论、期待价值理论、动机的归因理论、自我决定理论、自我功效理论和成就目标理论等等。[⑥]

依据不同的标准可以对动机进行不同的分类，根据动机的起源不同，可分为生理性动机和社会性动机；根据动机影响范围和持续时间的不同，可分为长远的、概括的动机和暂时的、具体的动机；根据动机的性质和社会价值的不同，可分为高尚动机和低级动机；根据动机对活动作用的

① 参见黄希庭：《心理学导论》，人民教育出版社 2001 年版，第 193-194 页；彭聃龄主编：《普通心理学》（第 4 版），北京师范大学出版社 2012 年版，第 369 页；叶奕乾、何存道、梁宁建编著：《普通心理学》（第四版），华东师范大学出版社 2010 年版，第 273-274 页。

② See John P. Houston: *Motivation,* Macmillan, 1985, p.1-3.

③ 参见黄希庭：《心理学导论》，人民教育出版社 2001 年版，第 370 页。

④ 参见孟昭兰主编：《普通心理学》，北京大学出版社 1992 年版，第 360 页；彭聃龄主编：《普通心理学》，北京师范大学出版社 2012 年版，第 370 页。

⑤ 参见叶奕乾、何存道、梁宁建编著：《普通心理学》（第四版），华东师范大学出版社 2010 年版，第 272-273 页。

⑥ 参见彭聃龄主编：《普通心理学》（第 4 版），北京师范大学出版社 2012 年版，第 389-399 页。

大小不同，可分为主导动机和辅助动机；根据动机的意识性的不同，可分为意识动机和潜意识动机。[①]

犯罪的动机乃动机之特殊类型，心理学有关动机的界定与其在心理结构层次中的定位，以及对动机之功能和类型的研究，对于合理界定犯罪动机的概念、准确把握其在犯罪构成体系中的坐标定位、揭破相关刑法理论之源起（如期待可能性理论）以及合理量刑等，均大有裨益。

三、态度

态度作为人格中的基本范畴之一，是指个体基于过去经验对其周围的人、事、物所持有的比较持久而一致的心理准备状态或人格倾向。它包含认知成分、情感成分和行为意向成分三个部分。认知成分是指个体如何知觉态度对象，认识其概念内涵，它基本上由对态度对象的知识或信息构成，反映个体对态度对象的相信与不相信。情感成分指个体对态度对象的评价，反映个体对态度对象的喜欢与厌恶、同情与冷漠、尊敬与蔑视等。行为意向指个体对态度对象的行为倾向，反映个体对态度对象的行为意图及准备状态。态度的三个部分通常彼此协调统一，当认知成分与情感成分相矛盾时，行为意向成分与情感成分的一致性要大于认知成分的一致性。态度作为人格中的基本范畴之一对个体的行为具有引导或决定作用，它可由个体外显的行为推知。态度的特点是：（1）具有特定的对象；（2）在后天的社会生活中习得，既可通过他人或大众媒体等间接经验形成，也可形成于个体的直接经验，主要通过联想、强化和模仿三种过程获得；（3）虽有行为意向，但不是外显行为本身，而是一种心理意向；（4）一旦形成，即相对稳定；（5）对个体的内在心理活动和外显行为具有激发、调整和协调作用。[②]

在态度中，还需注意它的一种较为特殊的类型——性格。心理学中，性格是指个人对现实（即对人、对己、对事）的稳定的态度和习惯化了的行为方式。人在活动过程中，受到客观事物特别是社会环境的种种影响，通过认识、情绪和意志活动在个体的反映机构中保存下来，固定下来，构成一定的态度体系，并以一定的形式表现在个体的行为之中，不同的态度表现在不同的行为方式中便构成了人的不同性格。性格是在后天社会环境

① 参见叶奕乾、何存道、梁宁建编著：《普通心理学》（第四版），华东师范大学出版社 2010 年版，第 274-282 页。

② 参见林崇德、杨治良、黄希庭主编：《心理学大辞典》（下卷），上海教育出版社 2004 年版，第 1217 页。

中逐渐形成的，也受个体的生物学因素的影响，它接受道德评价，有好坏之分，能最直接地反映出一个人的简单道德风貌，构成了人最核心的人格差异。性格具有稳定性，但又不是一成不变，具有可塑性，它在主客观的相互作用中形成，又在主客观的相互作用中发生变化。性格具有态度、意志、情绪及理智特征。①性格的本质是一种态度，一种非常稳固的态度。

由于态度乃人格中的基本范畴，故在对犯罪主体要件展开研究时，有必要探究作为态度特殊类型的犯罪主体的态度是否有其要素地位的问题，这是迄今为止鲜见有刑法学研究者涉足的问题，笔者认为，心理学有关态度的相关研究成果能够为该问题的解决提供理论依据。当然，心理学有关态度的相关研究成果其刑法学价值并不限于此，例如，能够基于态度揭示过失犯罪之处罚根据，以及借由态度还能够将罪犯的某些罪前罪后表现（如自首、坦白、立功、累犯以及积极退赃、赔偿等）纳入犯罪行为之范畴而成为犯罪的情节，进而实现行为主义与行为人主义的统一。由此可见，心理学有关态度的相关研究成果还是具有非常重要的刑法学价值。

第二节 犯罪主体要件之地位及概念

虽然我国传统要件体系肯定犯罪主体要件之独立要件地位，但对于其何以能够成为独立要件之根本理据在理论研究中却是付诸阙如的，也正因如此，该要件备受认同德日阶层体系的我国刑法学研究者们的猛烈抨击。面对抨击，我国传统要件体系的坚守者们也因苦于缺乏充分的理据而无力回应，从某种程度上说，犯罪主体要件有无其存在根据也攸关我国传统要件体系的整体合理性问题。接下来拟首先揭示犯罪主体要件之存在根据，确证其在犯罪构成体系中的独立要件地位，并在此基础上对犯罪主体要件的概念加以界定。

一、犯罪主体要件之独立要件地位论

在我国传统刑法学界，也有少量学者否定犯罪主体要件之独立要件地位，而在德日阶层体系中，则根本无犯罪主体要件之独立阶层地位。接

① 参见黄希庭：《心理学导论》，人民教育出版社 2001 年版，第 665 页以下；叶奕乾、何存道、梁宁建编著：《普通心理学》（第四版），华东师范大学出版社 2010 年版，第 316 页以下；彭聃龄主编：《普通心理学》（第 4 版），北京师范大学出版社 2012 年版，第 496-497 页。

下来将对否定犯罪主体独立要件（阶层）地位之见解及做法加以批判和反驳，基此确证犯罪主体要件之独立要件地位。

（一）我国传统刑法学界否定犯罪主体独立要件地位之见解批判

有关犯罪主体要件之犯罪构成要件地位，即便是在我国传统刑法学界，也有研究者对此持否定态度，其主要理由为：（1）“犯罪行为是由人来实施的，但是，行为人和行为毕竟是两个不同的客观事实”，“判断一个人的行为是否构成犯罪，其决定性的因素是行为，而不是犯罪主体自身”，[①]“从理论上并在现实生活中得到证明，犯罪主体实际上是在行为符合的犯罪构成之外的一个社会活动者，犯罪主体很难在犯罪构成中找到应有的位置。把犯罪主体纳入犯罪构成之中作为一个必要的要件所存在的矛盾和错误，就在于犯罪主体到底是以行为符合犯罪构成为必要要件，因而是犯罪构成的前提和基础？还是犯罪主体是行为符合了犯罪构成后的必然结果，因而犯罪构成的成立是犯罪主体的前提和基础？”[②]。（2）犯罪主体这一概念并不反映某人所实施的行为性质，这种条件甚至与行为的危害社会性质没有直接联系。（3）犯罪构成是刑事责任的基础，犯罪主体是刑事责任的条件，前者是解决是否犯罪的问题，后者是解决是否要适用刑罚的问题，二者属于两个不同的研究范畴。犯罪的成立不受犯罪主体的影响，并得出“无责任能力者实施严重危害社会的行为也构成犯罪只是不负刑事责任”之结论。（4）罪过的成立必须以行为人具有刑事责任能力为前提条件，没有犯罪主体条件也就不可能具备犯罪构成主观方面的要件，而犯罪构成主观方面一旦成立，犯罪主体必定成立。也就是说，犯罪主体这一要件被犯罪构成主观方面这一要件的内容所包容。如此说来，还有什么必要把犯罪主体作为犯罪构成的一个独立的、与主观方面相并列的要件呢？[③]

在笔者看来，上述否定犯罪主体要件之犯罪构成独立要件地位的理由均不成立，就中缘由在于：

首先，不难发现，在我国传统刑法学界否定犯罪构成在主体中存在要件之见解，其核心理由是：犯罪是行为，犯罪构成因而是行为构成，虽然行为与行为人相关，但二者是截然不同的客观事物。通过前文对行为结构层次的揭示可知，该见解显然系因未深入探究行为的内在结构所致，行

① 陶积根：“犯罪主体不是犯罪构成要件”，《政治与法律》1986年第2期，第47-48页。

② 杨兴培：《犯罪构成原论》，中国检察出版社2004年版，第68页。

③ 参见傅家绪：“犯罪主体不应是犯罪构成的一个要件”，《法学评论》1984年第6期，第66-69页。

为是主客观的统一体，对行为主观方面的认识不应该仅仅局限于心理活动中相对浅显活跃的心理过程层面，还必须深入到作为行为深层发动机制的相对稳定的人格结构之中，唯其如此，方能全面、深刻地把握人的行为，对犯罪行为的认识当然也不例外。据此可知，将犯罪主体隔绝于犯罪行为之外，显然系因未全面深刻地把握犯罪行为的内在结构使然，一旦深入揭示行为的内在结构，否定犯罪主体要件在犯罪构成体系中的独立要件地位之核心理由也就自然无法成立了。此外，那种认为犯罪主观要件一旦成立，犯罪主体要件必已成立，进而认为犯罪主观要件与犯罪主体要件是包容与被包容的关系，据此否定犯罪主体独立要件地位之见解，也就同样难以成立了。

其次，否定论者的另一重要理由是，犯罪主体并不反映行为的性质，甚至与行为的社会危害性没有直接联系。不容否认，犯罪主体要件的确有其特殊性，其特殊性由来于主体人格的特殊性。如前所述，人格乃主体稳定的内在心理，故具有稳定性之特征，人格的稳定性也使得其渗透于主体实施的日常行为中，在这些行为中，合法行为有之，不合法行为乃至犯罪行为也有之，并且绝大多数人（包括犯罪分子）的绝大多数日常行为也都是合法行为。因此，的确如有的论者所指出的，犯罪主体要件与行为的性质以及社会危害性无直接联系，但这并不能够成为否定犯罪主体要件作为独立要件之理据，这是因为：其一，犯罪主体要件是任何犯罪成立的前提性条件，不符合该条件的任何行为均不可能构成犯罪。其二，犯罪客观要件其实也不直接决定行为的性质以及社会危害性，因为显而易见的事实是：客观表现完全不同的行为，却可能有着相同的刑法性质；客观表现完全相同的行为，也可能具有截然不同的刑法性质，并且这种截然不同的刑法性质还可能是罪与非罪之质的差异，譬如，客观上致人死亡的行为，可能构成故意杀人罪，也可能是正当防卫。由此可见，与犯罪主体要件一样，犯罪客观要件也不直接决定行为的性质以及社会危害性，但又见有谁基此否定其作为独立要件之地位呢？其三，如本书所析，直接决定犯罪行为之性质及其独特社会危害性的要件是犯罪主观要件，该要件也是犯罪构成的核心要件，但它是无法脱离犯罪主体要件和犯罪客观要件而独立存在的。因此，不能认为只有直接决定行为的性质以及社会危害性的条件才能够成为犯罪构成的要件，要不然，犯罪构成就只剩下一个要件了。

最后，对于“无刑事责任能力者实施的危害行为仍构成某种意义上的犯罪只是不负刑事责任”之见解，在我国传统要件体系中其实是完全站不住脚的。因为，该见解的持论者以及我国传统刑法学理论的绝对主流见解都肯定，主体条件（要件）是主观要件成立的前提，换言之，若不符合主体条件，主观要件就必然不成立，如此一来，在未否定主观要件是行为成立犯罪的必备要件的情况下，如何能够得出“无责任能力者实施的危害行为仍然构成犯罪只是不负刑事责任”之结论呢？除非主观要件的成立不以满足主体条件作为前提，但该见解的持论者却又不这么认为。由此可见，在我国传统要件体系的架构下，根本就没有所谓的“无责任能力者实施的严重危害社会的行为同样构成犯罪”的容身之所。[①]

（二）德日阶层体系对犯罪主体要件之处理方式批判

在德日阶层体系中，犯罪主体要件并无其独立阶层之地位，该体系对犯罪主体要件的处理方式是：把犯罪主体分解成“行为主体”与“责任能力”，将行为主体置于构成要件符合性阶层，而责任能力则被置于有责性阶层。所谓行为主体，是指实施成为构成要件内容的行为的人，也即行为人。刑罚法规中规定的“实施……的人”，这里的人就是指行为主体，通常是指自然人。虽然只要是自然人就没有其他限制，但是，构成要件上也有例外的情况，这就是以一定身份为必要的犯罪。另外，对于规定处罚法人自身的刑罚法规而言，法人也能成为行为主体。[②]“属于客观行为构成的永远要提到有：一个是犯罪主体，……例如在第 303 条这个特别简单地组成的行为构成中（‘任何人……损害或者毁坏他人的物品’），‘任何人’这个词表示的是犯罪主体。”[③]因此，行为主体（犯罪主体）是构成要件的必备要素，并且是第一位的要素，[④]其主要功能在于确定实施构成要件行为之主体资格，将不是由人造成的法益侵害排除在构成要件判断之外，因为只有人的行为才有所谓违法与否的问题。[⑤]在行为主体中，理论探讨的重点是身份犯的身份问题，由于责任能力被置于有责性阶层，故在一般犯罪中，对构成要件中的行为主体要素的判断只需确定是自然人或法人即可，无额外探讨之必要。

---

① 对于该见解我国有学者还提出了其他的一些批评理由，详见赵秉志：《犯罪主体论》，中国人民大学出版社 1989 年版，第 44-50 页；肖中华：《犯罪构成及其关系论》，中国人民大学出版社 2000 年版，第 160-168 页。

② 参见[日]大谷实：《刑法总论》（新版第 2 版），黎宏译，中国人民大学出版社 2008 年版，第 107 页。

③ [德]克劳斯·罗克辛：《德国刑法学 总论》（第 1 卷），王世洲译，法律出版社 2005 年版，第 200 页。

④ 参见[日]西田典之：《日本刑法总论》，刘明祥、王昭武译，中国人民大学出版社 2007 年版，第 55 页。

⑤ 参见张明楷：《刑法学（第五版）》（上），法律出版社 2016 年版，第 131 页。

在笔者看来，不以行为的结构作为犯罪构成要件（阶层）的划分依据，从而否定犯罪主体要件之独立要件地位，由此所导致的主要问题在于，混淆主观心理要素在行为结构中原本清晰的定位及逻辑关系，其中最为突出的是在对责任能力与故意过失或者构成故意过失的相关心理要素的处理上。心理学常识其实也是生活常识告知我们，欲成功地完成某种活动，以主体具备完成该活动的能力为前提，责任能力作为能力之特殊类型，乃位居人格层面的要素，其所包含的认识能力、情绪情感能力（又谓“价值判断能力”）和控制能力（又谓“意志能力”），分别构成了位居心理过程层面的故意过失之认识、情绪情感和意志因素之前提，换言之，在逻辑序位上，责任能力应当位居构成故意过失的所有要素之前。这本应是不存在任何疑议的问题，但在德日阶层体系中却会成为大问题。

如前所述，从某种程度上说，德日阶层体系的发展史也可谓是主观心理要素不断被前置的历史，但任凭其他主观心理要素如何变动，责任能力要素却始终被牢牢禁锢在了有责性阶层，对主观心理要素的处理，如今的主流见解是，将原本同居心理过程层面、彼此紧密相联的“对客观构成要件事实的认识和意志”与“对行为的评价（即违法性认识，属情绪情感因素）”加以切割分置，前者被置于构成要件符合性阶层，后者则被置于有责性阶层，且系被置于责任能力之后。应当说，如此安排主观心理要素是符合该体系的内在逻辑的，因为，如若将“违法性认识”也一并前置，那么违法性阶层将不再有存在之余地：一则如此将导致在判断违法性认识之后再判断违法性，而违法性乃违法性认识之前提，故这显然是不符合逻辑的；二则如所周知，构成违法阻却事由的主观因素内容中是不包含违法性认识的，换言之，若将违法性认识置于违法性阶层之前，违法性阶层将失去判断对象而沦为赘余，由此所导致的严重后果是，以不法与责任的严格界分作为核心支柱的整个阶层体系都将因此而崩溃。

不过，如此处理所存在的有目共睹的问题在于：一是意味着无需认识能力也能够对构成要件事实形成认识，而对违法性认识则必须具备责任能力，问题是，就中根据何在？让人备感莫名其妙，主流理论也未就此作出解释。在笔者看来，从合逻辑的角度来说，也应该如割裂认识因素与情绪情感因素那般，将责任能力切割分解为“事实认知能力”与“价值判断能力”，而将前者置于“对构成要件事实的认识”之前，但号称逻辑严密的阶层体系之绝对主流理论竟能由着如此明显的逻辑漏洞而不加修补。二是由于意志系以认识和情绪情感为依据，既然情绪情感因素（即违法性认识）都必须以责任能力为前提，那么以情绪情感因素作为依据的意志因素当然也不能缺少责任能力这一前提。或许有论者会辩称，构成要件符合性阶层的意志只是“对客观构成要件事实的意志”，而不包含对情绪情感因素（即违法性认识）之意志。但问题是，未见有哪个研究者对意志做如此切割分解，更何况，现实中也不可能存在这样各自独立运行的意志。而若虚构出一个所谓的一般人责任能力标准，但因“对客观构成要件事实的认识与意志”显非为一般人而系具体人之认识与意志，故将前者作为后者的前提显然有悖于事实。由此可见，德日阶层体系将认识和意志因素前置，而责任能力却被牢牢地禁锢在有责性阶层，明显违背了事实及逻辑。号称逻辑严密的阶层体系，面对如此有目共睹的违反事实、逻辑以及常识的严重缺陷，阶层体系的奉持者们显然并非没有觉察到，而是因为此等缺陷已严重至直接危及整个阶层体系的存亡，在不承认该体系存在根基性错误进而应该被彻底推翻的理论语境中，奉持者们所能做的唯有对如上有目共睹的缺陷做鸵鸟状。若以行为的结构作为犯罪构成要件的划分依据，确立犯罪主体与犯罪主观以独立要件之地位，那么构成犯罪的主观心理要素在犯罪构成体系中的坐标定位以及相互关系就将变得十分清晰明了，也就不可能如阶层体系那般出现明显违反事实、逻辑以及常识之情形了。

（三）对我国刑法学者基于德日阶层体系对犯罪主体要件批判的反驳

随着德日阶层体系的全面引入，我国有越来越多的刑法学研究者在接受该体系的同时，均无视该体系所存在的如上致命缺陷而对我国传统要件体系展开了全方位地猛烈抨击，而犯罪主体要件已成为他们抨击的焦点之一。如有权威刑法学者指出，“就传统的四要件体系而言，是否将犯罪客体作为要件，并不是一个核心问题。如何看待犯罪主体这一要素，反而更为重要”[①]，“犯罪主体本身蕴含着的矛盾正是四要件犯罪构成理论的内在矛盾的体现”[②]，因而他们在否定犯罪主体要件的同时，也否定了整个传统要件体系。他们否定犯罪主体要件的主要理由为，将主体本身（自然人）、责任年龄、责任能力和特殊身份归入主体要件存在诸多问题，具体表现为：其一，责任能力与责任年龄是客观事实，并不是主观

---

① 张明楷：“构建犯罪论体系的方法论”，《中外法学》2010 年第 1 期，第 45 页。

② 陈兴良：“犯罪主体的消解——一个学术史的考察”，《环球法律评论》2011 年第 1 期，第 5 页。

的东西。其二，由于故意的成立必须对属于犯罪构成客观要件的事实具有认识，但不要求对属于主观要件的事实具有认识，而主体的身份实际上是故意成立所必须认识的要素，因此，将主体必须具备的所有条件归入一个主体要件所面临的困境是：如果认为主体是主观方面的要件，则意味着主体的要素不是故意必须认识的内容，但事实上并非如此；如果通说改变观点，认为主体属于客观方面，则意味着主体的全部要素都是故意必须认识的内容，可事实上也非如此（故意的成立并不需要主体认识到自己的年龄与能力）。其三，要件体系由于没有确立犯罪主体与其他犯罪构成要件之间的位阶关系，因而对于无责任能力者未实施符合构成要件的行为与无责任能力者实施了符合构成要件的行为无法作出区分，从而给我国刑法第17条第5款的适用带来困难，解决之道是，只有将犯罪主体加以分解，把责任能力从犯罪主体中分离出来，将其纳入责任要件。[①]或是指出，不具有国家工作人员身份的人，其单独非法收受他人财物的行为，不可能侵害国家工作人员职务行为的不可收买性或者职务行为的廉洁性，而15周岁的人被正式录用为警察后，非法收受与其职务有关的财物的行为，则侵害了国家工作人员职务行为的不可收买性或职务行为的廉洁性，不追究刑事责任是因为未达责任年龄。[②]在笔者看来，上述抨击理由均不成立：

首先，在传统要件体系中，责任能力与责任年龄的确都被置于犯罪主体要件中，但如所周知，无论是在传统要件体系中还是在德日阶层体系中，责任能力与责任年龄都是两个不同层次的概念，责任年龄与精神障碍一样，只是反映主体责任能力有无及程度的因素，本身并不具备独立要素之地位，这也是传统要件体系之所以将作为客观事实的责任年龄置于犯罪主体要件之根据。至于说责任能力是客观事实之抨击理由，笔者已于前文指出，这明显是混淆主客、不成其为理由的理由。因为，构成行为的主、客观要素的划分只能是就行为本体而言的，行为表现于外的作用过程为客观，而隐藏于内、支配制约这一外在过程的行为人的内在心理为主观，责任能力显然属于心理事实，也即属于主观方面的要素。需要再次强调的是，作为认识或判断对象的犯罪行为本身是客观存在之事物，故其任一构成要素（包括人格层面的要素以及心理过程层面的要素）相对于判断者、第三人乃至行为人事后而言，都是客观事实，都可以通过科学方法加以查明。由此可见，该抨击理由实际混淆了责任能力与责任年龄的层次关系以

---

① 参见陈兴良：“犯罪主体的消解——一个学术史的考察”，《环球法律评论》2011年第1期，第17-18页。

② 参见张明楷：“构建犯罪论体系的方法论”，《中外法学》2010年第1期，第42-46页。

及犯罪构成要件（要素）的主客观分类之视角。

其次，对于主体的特殊身份（即纯正身份犯之身份），如下文所析，它具有三重属性：特殊身份首先是作为主体进入特定社会关系领域之资格，因而属于反映主体特殊责任能力之因素，然后是成为认识、情绪情感和意志内容中的犯罪手段或方法，最后是成为行为人在客观现实中可加利用的手段或方法。[①]据此可知，主体的特殊身份之所以是犯罪主体要件之内容，系因其乃反映主体特殊责任能力之因素，而之所以也是犯罪主观要件及客观要件之内容，则因其也为法定的犯罪手段或方法。由于在不同要件中所探讨的是它的不同属性和功能，故并不存在违背体系逻辑以及禁止重复评价的问题。而责任年龄虽然也是反映主体责任能力之因素，但它却未若主体的特殊身份那样可以成为犯罪的手段或方法，故其仅属于犯罪主体要件之内容。责任能力本身在绝大多数情况下也是如此，即只是犯罪主体要件之内容，不过在个别情形中，主体责任能力的特定状态也是可以成为犯罪主观要件以及客观要件之内容的，如在主体故意或过失使自己陷入无责任能力状态而实施犯罪的情形中（即理论所谓的“原因自由行为”场合）便是如此。由此可见，论者所指出的犯罪主体要件在传统要件体系中看似进退维谷的境地，实则系因自己未把握与犯罪主体相关因素之属性及功能使然。

最后，认为如果不对我国传统要件体系中的犯罪主体要件加以分解，将责任能力从犯罪主体中分离出来纳入责任要件，就无法对非罪的诸种情形加以区分，从而给刑法相关规定的适用带来困难。笔者认为，该见解之错谬在于：

其一，其他主观心理要素不得不被前置，而责任能力却被置后，对于此等处理方式，笔者已于上文指出，这是明显反事实、反逻辑及反常识的。

其二，该见解概因未把握何谓刑法法益以及对其侵犯与罪过之间所存在的内在必然联系所形成的错误认识。由于理论始终未弄明白刑法法益究竟为何，从而不可能基此揭示出侵犯刑法法益与罪过（犯罪主观要件）之间所存在的内在必然联系。一旦准确把握刑法法益之概念，基此揭示出对其侵犯与罪过之间所存在的内在必然联系，将不难发现，未达刑事责任年龄即无责任能力，无责任能力就无罪过，而无罪过当然也就无所谓侵犯刑法法益的问题了。由此可见，认为应该将未侵犯法益从而不承担刑事责

---

① 详见本章“第三节 三、（五）”之论述。

任之情形与侵犯了法益只是由于无责任能力而不承担刑事责任之情形加以区分的见解，概因不知何谓刑法法益以及对其侵犯与罪过之间所存在的内在必然联系所形成的错误认识。

其三，该认识还混淆了刑法规范与非刑法规范之间的界限。如前文所析，刑法规范系以规定犯罪成立条件或者适用刑罚标准作为内容，否则非为刑法规范，刑法规范之如此识别标准也意味着，在刑法规范面前，对于行为的定性只有罪与非罪两种，并且只有前者才会被纳入刑法的规制范围，至于不构成犯罪的行为在性质上存在何等具体差异，则已然超出刑法之调整范围。据此可知，我国刑法第 17 条第 5 款和第 18 条第 1 款因系有关非罪行为的处置规定，故不具备刑法规范之属性，对这两款规范的适用其实是依据刑法规范判定行为不构成犯罪后的他种性质规范的适用，因而已无关乎犯罪构成的适用问题，换言之，犯罪构成要件及其要素应该如何安排也就不可能成为适用此类规范的障碍了。

二、确立犯罪主体要件之独立要件地位的重大理论价值

确立犯罪主体之独立要件地位具有重大的理论价值，其重大理论价值在于，基此能够化解长期以来“行为主义”与“行为人主义”（也谓“行为刑法”与“行为人刑法”）之间存在的对立，最终实现二者的统一。行为主义与行为人主义之间的对立是自新派诞生以来无人能解、堪称“世纪难题”的理论问题，两派的对立聚焦于：刑事责任的基础到底是犯罪行为还是犯罪人的危险性格？行为主义的回答是犯罪行为，而行为人主义的回答则是犯罪人的危险性格。理论之所以难以化解两派的对立，就中症结在于：犯罪是行为，故理当坚持行为主义，而坚持行为主义无疑应当坚守以行为人所实施的行为作为决定其刑事责任有无轻重的唯一根据。但不争的事实却是，不少与行为人相关的因素，譬如主体的责任能力以及某些罪前罪后表现（如累犯、自首、坦白和立功等），也同样对刑事责任的有无轻重产生影响，故欲贯彻行为主义，意味着其中有些似乎明显游离于犯罪行为之外的因素（如罪犯的某些罪前罪后表现）也必须能够被犯罪行为所囊括。问题是：如何办到？一直无人能解。

面对彼此对立却都有其合理内容的两派，理论需要做的是化解对立、实现统一，正如日本刑法学界有学者曾就新旧两派之间的此等对立所指出的，“必须注意的是，不能继续坚持学派的对立，也不能再燃起争论

的热情，只应该冷静地、批判地研究两个学派的基本思想，并在新的基础上克服分歧达到统一。”[①]但难题是，如何克服分歧达成统一呢？面对该理论难题，即便是为此倾注了最大心力的人格行为论，最终还是铩羽而归。如人格行为论的倡导者日本刑法学家团藤重光认为，“第一层次的责任是行为责任，是相对于行为人的个别行为而言的，必须从该行为是行为人人格的主体性的现实化这一角度把握行为责任。……第二层次的责任是人格形成责任。为了把握现实行为中的行为人的人格态度，必须分析行为人过去的人格形成问题。”其高足大塚仁也坦言，“只用单纯的行为责任论是无论如何也不能判定符合于每一个犯罪人的具体责任的”。[②]可见，这两位著名刑法学家虽然都倡扬人格行为论，但在他们的观念中，主体人格与其行为还是彼此分立、始终无法调和的两个范畴，行为主义与行为人主义之间的对立因而依旧未能借其得到化解。

犯罪是行为，而犯罪行为的实施者是犯罪主体，依据行为主义和行为人主义论争的焦点不难得知，犯罪主体与行为主义和行为人主义是紧密相关的。不过，我国有权威刑法学者立足于德日阶层体系抨击我国传统要件体系中的犯罪主体要件时曾明确提出，“犯罪主体问题和行为刑法与行为人刑法都无关系”[③]。在笔者看来，该论断其实大谬不然，行为主义与行为人主义对立的化解之道，恰恰隐藏在犯罪主体要件作为独立要件地位的根据之中。遗憾的是，在德日阶层体系的全部发展史中，犯罪主体要件都始终无其独立阶层之地位，而自新古典阶层体系抛弃以行为要素的主客观分类作为阶层划分的依据后，行为的内在结构如何对于阶层体系而言已无足轻重，因为犯罪主体、主观以及客观自后概无自己独立阶层之地位了，探究行为的内在结构，进而揭示犯罪主体要件作为独立要件地位之根据也就更无从谈起了，这也是离解决该问题最接近且为此付出了最大心力的人格行为论之所以仍以失败而告终之根由所在。犯罪构成体系若不以行为的结构作为构建依据，否定犯罪主体要件之独立要件地位，那么，行为主义与行为人主义之间的对立将永远不可能得到化解而实现统一。

---

① [日]木村龟二：《刑法学词典》，顾肖荣、郑树周等译，上海翻译出版公司 1991 年版，第 23 页。

② 参见[日]大塚仁：“人格刑法学的构想（上）”，张凌译，《政法论坛（中国政法大学学报）》2004 年第 2 期，第 45、46 页。

③ 陈兴良：“犯罪主体的消解——一个学术史的考察”，《环球法律评论》2011 年第 1 期，第 12 页。

如前所析，人的行为由表及里依次包含客观、心理过程和人格三大结构层次，犯罪行为作为人的行为之特殊类型当然也不例外，而犯罪主体要件正是位居人格层面的要件，作为该要件必备也是核心要素的责任能力以及作为选择要素的犯罪动机和犯罪主体的态度，均属于主体人格中的基本范畴，而反映主体责任能力程度、犯罪动机的善恶及其程度以及体现犯罪主体态度（含性格）等方面的事实，则属于量刑情节（在特定情形中可转化为定罪情节）乃至行刑情节，其整体反映了主体人身危险性之有无及程度[①]，为犯罪行为所包容。由此也揭示了刑罚个别化之根据，为罪犯的某些罪前罪后表现何以能够归属于犯罪行为进而影响量刑乃至行刑（即成为犯罪的情节）这一长期困扰着中外刑法学界的理论难题提供了根本性的解释。[②]基此可知，犯罪行为的整体社会危害性便可归纳概括为：系犯罪行为所造成的客观危害、行为人之主观恶性以及人身危险性的综合反

① 人格系主体稳定的内在心理，在现实中往往表现为特定的行为模式，而行为模式乃规则化的行为系列或可观察的规则行为，其具有重复性之特征，即当一系列行为达到目标后，并不会立即消失，而会在其他类似的情境中重复出现，使人感觉到它是固定的、有规则的、始终如一的。包含动机、态度及价值取向等心理因素。参见林崇德、杨治良、黄希庭主编《心理学大辞典》（下卷），上海教育出版社 2004 年版，第 1443 页，“行为模式”词条。因此，如若犯罪主体的某些罪前罪后表现系主体人格中的某种或某些因素的反映，譬如，累犯、自首和立功等反映出主体对自己所实施的犯罪行为之态度，而如上所述，态度是指个体基于过去经验对其周围的人、事、物持有的比较持久而一致的心理准备状态或人格倾向，由此可见，这些事实所反映的是主体人身危险性之程度。

② 可以看到，绝大多数国家或地区的刑事立法都将犯罪分子的某些罪前罪后表现，如自首、立功、累犯等作为量刑情节（有些也是行刑情节）加以考量，而量刑情节是指“能够说明犯罪行为的社会危害性程度，又不属于犯罪构成要件事实的一切情节”，参见高铭暄、马克昌主编：《刑法学》（上编），中国法制出版社 1999 年版，第 467 页，注：着重号为笔者所加。此外，依据我国刑法第 61 条有关量刑原则之规定（即“对于犯罪分子决定刑罚的时候，应当根据犯罪的事实、犯罪的性质、情节和对于社会的危害程度，依照本法的有关规定判处”）可知，既然量刑情节是“犯罪的”情节，那么它们就应该能够为犯罪行为所包容，可是从直观上看，这些情节明明是罪犯在犯罪前或是犯罪后的表现，又怎么能够被犯罪行为之本体所包容呢？这一刑罚论中的基本问题在中外刑法学理论中始终未能得到很好的解决。在揭示行为的内在结构后，该问题也将迎刃而解：欲全面深入地把握犯罪行为，就必须充分认识作为其深层动因的犯罪主体之人格，而人格的稳定性也意味着对主体人格的审查是一个需要多方考量的综合判断，要求判断者的视野不能仅仅局限于犯罪行为的主观恶性与客观危害层面，还必须“瞻前顾后”，考察罪犯在罪前罪后的各种表现，唯其如此，方能全面把握犯罪主体之人格，进而全面深刻地把握犯罪这一人类所特有的社会现象。既然犯罪主体的人格属于犯罪行为之内容，那么能够反映主体人格的各种罪前罪后表现，也就自然而然地能够为犯罪行为所包容从而成为其内容。刑法定罪量刑之根据由人类社会早期只注重行为的外在客观表现，发展到如今也重视行为人的心理过程乃至人格，这并非对“犯罪是行为”这一刑法学根本命题的否定，而是人类对犯罪行为本体认识不断深化的体现。

映。[①]如此，犯罪行为便内在地包含了犯罪主体的相关内容，行为主义也就理所当然地将行为人主义囊括于内。据此也不难发现，现有的行为主义虽然顾及了犯罪行为之客观与心理过程，却忽视了行为的深层动因——主体人格，因而未能将反映主体人身危险性的相关因素统入犯罪行为之范畴；而行为人主义则只强调犯罪主体的人格才是刑事责任之基础，明显轻忽了行为的另外两个层次，因而更是片面。唯有深入揭示行为的内在结构，犯罪行为的整体结构方能清晰呈现，行为主义也才能够将行为人主义囊括于内，而一旦将行为人主义囊括于内，行为主义也将成为全面彻底的行为主义。因为，此时构成犯罪的每一要件及其要素，影响刑事责任有无轻重的每一情节（含定罪情节、量刑情节乃至行刑情节），均无不为犯罪行为所包容，笔者认为，此乃行为主义之真谛所在。由此可见，确立犯罪主体要件之独立要件地位并揭示其根据具有极其重要的理论价值，内中隐藏着化解行为主义与行为人主义对立这一堪称刑法学“世纪难题”的不二法门。

于此还需要特别指出的是，在意大利这个近现代刑法的摇篮和故乡，其刑法学界早已认识到，强调犯罪者的人格在刑法中的作用，是现代刑法最具灵性、最有人性的部分。因为只有从犯罪者人格的角度，才能真正理解刑法中规定犯罪的意义、犯罪的原因、犯罪实质、犯罪的目的，才可能真正地在刑法中将人作为刑法的目的，而不仅是作为实现某种目的的手段。在法律制度层面，也处处可见为法官根据犯罪者人格实行刑罚个别化留下的广阔空间，如意大利宪法中关于刑事责任是个人责任，刑法典总则用专章对犯罪主体的规定，刑法典总则中不胜枚举的关于犯罪主体条件可以影响定罪量刑的规定，刑罚制度中各种根据犯罪者人格设计的刑罚的替代性措施，等等。[②]笔者对此深表认同也由衷叹赏。欲全面深刻地把握

① 在我国刑法学界，西南政法大学的朱建华教授最先提出，犯罪的社会危害性是行为的客观危害、行为人的主观恶性和再犯可能性（人身危险性）的统一。他的此一见解在我国刑法学界应者寥寥，之所以如此，在笔者看来，可能与其论证方法及论据有关，朱老师得出该结论所依据的主要是经验，如认为，杀人罪与伤害罪所存在的危害程度差异，盗窃罪存在数额较大、数额巨大和情节特别严重的危害程度差异，显然分别反映着各自的主观恶性程度与客观危害程度上的不同，而依据我国的相关刑事立法以及刑罚的特殊预防目的，则可知犯罪的社会危害性还应当包含再犯可能性之内容，参见朱建华：《论我国刑法的罪刑相适应原则》，西南政法大学 1985 年硕士学位论文，第 21-29 页。若仅仅基于此等论据而得出该结论的确难以让人完全接受。此外，德国刑法学家普珀（Puppe）也提出了类似的见解，她指出，“刑罚系取决于罪责之轻重，而罪责对外表现于行为、对内则反射出行为人之可非难性意思与人格特质”，转引自柯耀程：《刑法的思与辩》，中国人民大学出版社 2008 年版，第 103 页。笔者于此则从根基上证明了两位学者上述论见的正确性。

② 参见陈忠林：《意大利刑法纲要》，中国人民大学出版社 1999 年版，第 243-244 页。

犯罪行为，必须深入到犯罪行为的人格乃至人格成因之结构层面，洞烛主体之人格，否则，相关刑法基本理论问题将因失去根基而始终难以获得合理诠解。犯罪主体（要件）应有其独立的价值，在现代刑法学理论大厦中应有其重要地位。

三、犯罪主体要件的概念

在我国刑法学界，有关犯罪主体（要件）的定义，代表性的观点有：（1）犯罪主体是指刑法上有犯罪资格者。[①]（2）犯罪主体是指达到刑事责任年龄、具备刑事责任能力、实施了危害社会行为的自然人。[②]（3）犯罪主体，是指实施严重危害社会行为、具有刑事责任能力的人。[③]（4）犯罪主体是指具备刑事责任能力、实施犯罪行为并且依法应负刑事责任的自然人。[④]（5）犯罪主体，是指实行犯罪行为，依法对自己罪行负刑事责任的人。[⑤]

笔者认为，欲合理界定犯罪主体要件，必须明确如下问题：

首先，犯罪主体要件须为犯罪行为之内容。犯罪是行为，故犯罪构成乃行为构成，换言之，构成犯罪的每一要件（包括主体要件）均须为犯罪行为之内容。据此不难发现，上述定义都毫无例外地犯了相同的错误，即犯罪主体要件游离于犯罪行为之外，第一个定义则更是漫无边际。或许有研究者会反驳称，自己的定义中不是明明标示了“实施犯罪行为或实施危害社会的行为”吗？但笔者想问的是，难道实施了犯罪行为或危害社会行为的人就永远符合犯罪主体要件吗？犯罪主体要件必须是作为犯罪行为之内容而存在，否则无所谓犯罪主体要件，因此，没有犯罪、犯罪尚未开始或者已经结束，此时的行为人均无所谓符合犯罪主体要件的问题。由此可见，上述所有犯罪主体要件的定义都缺乏合理性因而有待重新界定。

其次，经由前文分析可知，构成犯罪的各要件在行为结构中并非居于同一层次，每一层次所对应的要件都是对该层次中影响定罪之事实的归纳概括，而犯罪主体要件则是对犯罪行为在人格层面影响定罪的心理因素的归纳概括，它不包含心理过程层面的心理因素以及作为主体心理之物质

---

① 参见高仰止：《刑法总则之理论与实用》，台湾五南图书出版公司 1983 年版，第 167 页。

② 参见高铭暄主编：《刑法学》（修订本），法律出版社 1984 年版，第 136 页。

③ 参见马克昌主编：《犯罪通论》，武汉大学出版社 2005 年版，第 239 页。

④ 参见赵秉志：《犯罪主体论》，中国人民大学出版社 1989 年版，第 10 页。

⑤ 参见何秉松主编：《刑法教科书》，中国法制出版社 1997 年版，第 210 页。

载体的躯体。[①]

最后，如所周知，犯罪构成要件的基本功能在于用以判定行为之性质，即区分罪与非罪以及此罪与彼罪，而不包含量刑功能，犯罪主体要件当然也不例外。

综上所析，犯罪主体要件应该是指在犯罪行为的人格层面具有区分罪与非罪以及此罪与彼罪之事实特征。

在界定犯罪主体要件之后，还有必要明确与犯罪主体要件相关的两个概念：一是犯罪主体与犯罪主体要件。犯罪主体与犯罪主体要件并非同一概念，犯罪主体是指实施犯罪行为的人，它包含着主体方方面面的人格特征，既包含影响定罪的事实，也包含影响量刑的事实，还包含对定罪和量刑都不产生影响的事实，而犯罪主体要件则只是对第一种情形（即影响定罪的事实）所作的归纳概括。二是犯罪主体要件与犯罪人格。犯罪主体要件也不同于犯罪人格，犯罪主体要件是对犯罪行为在人格层面影响定罪之事实因素的归纳概括，而犯罪人格也即犯罪危险性人格，则是犯罪心理学中的术语，是指“犯罪人内在的相对稳定的反社会行为倾向的特定身心组织”[②]，犯罪人格是在基本社会化过程中的未成年个体因生活所迫而以不择手段方式生活过程中形成的一种异常人格现象，具备犯罪人格的人具有重复犯罪反复危害社会的特点，绝大多数犯罪人不是因为人格问题而犯罪。[③]可见，犯罪主体要件与犯罪人格是迥然有别的两个概念，犯罪主体要件是主体人格中影响定罪之事实因素，就刑事实体法而言，犯罪人格虽然有时也影响定罪，但其主要还是对量刑产生影响。[④]

第三节　刑事责任能力

犯罪主体要件包含若干要素，其中刑事责任能力要素是犯罪主体要件中的核心要素，而其之所以会成为核心要素，乃在于它是犯罪主体要件

① 据此也可知，以犯罪主体要件来概括犯罪行为在人格层面的构成要素也是较为贴切的，因为如前所述，人格是主体比较稳定的心理倾向和心理特征的统一体，是每一个人之所以成为自己而区别于他人的根本性标志，因而集中体现了行为人之主体性。

② 张文、刘艳红、甘怡群：《人格刑法导论》，法律出版社 2005 年版，第 102 页。

③ 参见李玫瑾：《犯罪心理研究——在犯罪防控中的作用》，中国人民公安大学出版社 2010 年版，第 56-62 页。

④ 详见本章第五节“犯罪主体的态度”之论述。

中唯一的必备要素，即任何犯罪的成立均毫无例外地要求主体必须具备刑事责任能力，当然，它也是作为整个犯罪论体系核心支柱的罪过之意志因素成立的前提条件。接下来拟对该要素展开研究。

一、刑事责任能力之本质

刑事责任能力系能力之特殊类型，而能力乃人格的基本范畴之一，如前所述，它是使人能够成功地完成某种活动所需的个性心理特征或人格特质，据此可知，实施犯罪行为必须具备犯罪能力，无犯罪能力者就不可能实施犯罪行为或者说所实施的行为就不可能是犯罪行为，因此，从这个角度来说，刑事责任能力即“犯罪能力”。不过，就字面含义而言，由于刑事责任是指行为人因实施了犯罪行为而应承担的刑事法律后果，故刑事责任能力应该是指承担刑事法律后果的能力。那么，刑事责任能力的本质到底为何？

有关刑事责任能力之本质，道义责任论和社会责任论存在犯罪能力与受刑能力之论争。道义责任论把刑事责任能力理解为能够辨别是非善恶并依此决定意思的能力，故认为刑事责任能力之本质系“犯罪能力”，由此要求具有责任能力的时间为犯罪行为时；而社会责任论则把刑事责任能力理解为作为社会防卫处分的刑罚能够取得效果的能力，故主张刑事责任能力之本质是“受刑能力”，由此要求具备刑事责任能力的时间为裁判时。目前的理论通说是，刑事责任能力是犯罪能力而非受刑能力。[①]

笔者认为，欲把握刑事责任能力之本质，首先需要明确“责任”一词的含义，根据辞书释义，“责任”一词的基本含义有：（1）分内应做的事，如尽责任；（2）没有做好分内应做的事，因而应当承担的过失，如追究责任。[②]第一种意义上的责任实际等同于义务，而对于第二种意义的责任在法学理论中存在两种不同的解读：一是将责任之“过失”理解为“违反义务的后果”，例如，将法律责任界定为“由于违法行为而应当承担的法律后果。它与法律制裁相联系。”[③]这是最为通行的理解。二是认为，这里责任之“过失”与法学上所使用的过失在涵义上是不同的，它实际是指包括故意和过失在内的“主观过错”，它与责任是一种因果关系，而不是等同关系。[④]责任的上述不同含义均与刑事责任能力产生联系，那么刑

① 参见金昌俊：《韩国刑法总论》，社会科学文献出版社 2016 年版，第 126 页。

② 《现代汉语词典》，商务印书馆 2005 年版，第 1702 页。

③ 《法学词典》，上海辞书出版社 1984 年版，第 618 页。

④ 参见杜飞进：“试论法律责任的若干问题”，《中国法学》1990 年第 6 期，第 46 页。

事责任能力中的责任到底应作何理解呢？笔者认同刑事责任能力之“责任”应作“义务”解，就中缘由在于，刑事责任能力是犯罪的成立条件之一，而犯罪成立条件只是追究刑事责任之根据，并不等同于作为法律后果的刑事责任本身，故在犯罪构成中的刑事责任能力之“责任”只能作“义务”解，即属于上述责任之第一种含义，换言之，刑事责任能力也就是主体承担刑事义务之能力。①又因唯有犯罪行为方能违反刑事义务，而违反刑事义务的行为也必定构成犯罪，因此，具备犯罪能力也即具有承担刑事义务之能力。此外，由于犯罪都是应受刑罚处罚或者说应当承担刑事责任的行为，换言之，具备刑事责任能力的主体只要实施了犯罪行为，依法就具有承担刑事责任的之能力，如此看来，刑事责任能力也是承担刑事责任之能力，即因违反刑事义务而承担刑事法律后果之能力。故综合而言，刑事责任能力是犯罪能力（承担刑事义务之能力）与承担刑事责任之能力（因违反刑事义务承担刑事法律后果之能力）的统一。②

需要指出的是，刑事责任能力也是承担刑事法律后果之能力，其与社会责任论者所主张的受刑能力并非同一概念。因为在社会责任论者看来，刑事责任是一种社会责任，无论是有责任能力者或是无责任能力者，有关其行为对于社会所应负的责任，在本质上并无差异，法律仅仅因对象不同而采取了不同的处分方法，但在防卫社会这一点上并无差异，换言之，对于具有通常能力的人，处通常刑罚即足以实现刑法之目的，而对于精神异常者及幼年人，虽然无刑罚适应能力，但并不意味着他们不承担责任，还须要通过其他方式对他们进行处置。③因此，在社会责任论者看来，完全丧失辨认控制能力的精神障碍者以及未达刑事责任年龄者实施的危害行为也构成犯罪，须承担刑事责任，只是他们所承担的刑事责任不是

---

① 参见陈忠林：《刑法散得集》，法律出版社 2003 年版，第 244 页。

② 二者统一也为我们审视我国的相关刑事立法是否合理提供了依据，在笔者看来，我国刑法有关危害国家安全罪的立法就存在较为明显的缺陷，因为依据我国刑法第 17 条之规定可知，危害国家安全罪的刑事责任年龄是年满 16 周岁，第 56 条又明确规定，“对于危害国家安全的犯罪分子应当附加剥夺政治权利”，而依据我国《宪法》第 34 条以及《选举法》第 4 条之规定，只有年满 18 周岁的人才享有选举权和被选举权，虽然依据我国刑法第 54 条之规定，政治权利除了包含选举权和被选举权外，还包含其他的权利，但宪法学的主流理论认为，在政治权利所包含的诸种权利类型中，只有选举权和被选举权才是严格意义上的政治权利，构成了政治权利的核心，参见文正邦主编：《宪法学教程》，法律出版社 2005 年版，第 171-183 页。换言之，在我国，公民享有真正意义上的政治权利的年龄应该是年满 18 周岁。这样，在危害国家安全罪中，主体承担刑事责任之能力便与犯罪能力并不吻合。因此，从刑事责任能力是犯罪能力与承担刑事责任之能力相统一的立场来审视，笔者认为，应该将危害国家安全罪的刑事责任年龄提升至年满 18 周岁方为妥当。

③ 参见韩忠谟：《刑法原理》，中国政法大学出版社 2002 年版，第 131 页

以刑罚为内容而已，故社会责任论者认为刑事责任能力的实质是通过施加刑事责任能够达成刑法目的之能力，也即其所谓的受刑能力。依据前文对犯罪本质以及刑法法益的揭示可知，社会责任论对犯罪以及刑法的目的都存在严重的认识偏差，因为，无责任能力者不可能具备刑法上的罪过，而无罪过便不可能侵犯刑法法益，换言之，无责任能力者实施的危害行为不可能构成犯罪，即便认为是所谓的犯罪，此等意义上的犯罪也与具有责任能力者实施的犯罪有着天壤之别。由此可见，社会责任论在刑法目的、犯罪本身以及作为其法律后果的刑事责任等方面的认识与笔者的见解都存在根本性的差异，故其所谓的受刑能力与笔者所主张的承担刑事责任之能力当然迥然有别。

此外，承担刑事责任之能力也不同于应诉能力与服刑能力。如所周知，从行为人的行为成立犯罪到刑事责任最终实现，通常需要经由侦查、审查起诉、审判和行刑等环节，在这些环节中可能出现主体因某种原因（如患精神疾病）而导致行为人的应诉能力或服刑能力减损乃至丧失之情形。应诉能力或服刑能力的减损或丧失对主体的刑事责任能力并无影响，因为刑事责任能力存在于犯罪行为之时，而应诉能力与服刑能力则存在于犯罪行为之后。主体应诉能力或服刑能力的减损或丧失，原则上不对其所应承担的刑事责任产生影响，对于应诉能力或服刑能力丧失之情形，我们司法实践中的通常做法是暂时中止诉讼或刑罚执行，将其送到专门机构治疗，待病情好转或痊愈恢复应诉能力或服刑能力后，再起诉、审判或者继续服刑。[①]

二、刑事责任能力之内容及地位

（一）刑事责任能力之内容

有关刑事责任能力的内容，我国刑法学理论的通说是，行为人对自己行为所具有的刑法意义上的辨认能力与控制能力，其中，辨认能力是指行为人具备对自己的行为在刑法上的意义、性质、后果的分辨认识能力，就是说，行为人有能力认识自己的行为是否为刑法所禁止、所谴责、所制裁，控制能力则是指行为人具备决定自己是否以行为触犯刑法的能力。[②]意大利刑法学家帕多瓦尼指出，认识能力是指了解自己行为意义的能力，即了解自己行为对自己与他人关系的价值的能力，控制能力则是指根据行

① 参见李建明主编：《司法精神病学》，人民卫生出版社 2009 年版，第 55 页。

② 参见高铭暄、马克昌主编：《刑法学》（第九版），北京大学出版社、高等教育出版社 2019 年版，第 81 页。

为的意义有目的地引导行为的能力。[①]我国台湾地区有学者则更为详细地指出，意思能力是一种理性的思考，是对自己行为价值的判断。一般精神成熟且健全之人，就具有依伦理上之体察而认识自己行为性质的能力。前者是指人的“辨识能力”，也就是认识辨别自己行为之是非、善恶、正邪的能力。具体而言，指（1）对于自己地位及外界之实况，何者当为，何者不当为，有大体不错之见解，（2）对于行为之因果关系有大致不失其当之见解，以及（3）对于特定行为有知其系违反法律秩序与否之常识。后者是指人之意思力，而此意思力乃所谓常态的意思决定，并非意思决定得有心理上之绝对自由，因此，所谓意思力应认为仅指通常人依社会共同生活的要求而为行动的一般知能。[②]

依据我国刑法第 18 条之规定可知，刑事责任能力包含辨认能力与控制能力，而如上所析，作为犯罪成立条件中的刑事责任能力应当是指犯罪能力，而具备犯罪能力则必然意味着主体对犯罪行为的属性具有辨认和控制之能力，二者所包含的具体内容及其相互关系应该是：

首先，由于犯罪行为的属性包含自然属性和社会属性两个方面，故辨认能力也相应地包含这两个方面的内容：其一，就行为的自然属性而言，它取决于构成行为的客观事实，而构成行为的客观事实包含行为对象、作用于行为对象的客观条件（即行为手段或方法）以及行为对象因受到作用后而引起的状态改变（即行为结果），因此，刑事责任能力之辨认能力就应当包含对犯罪对象、犯罪的手段或方法以及犯罪结果的自然属性之认知能力。其中需要注意的是，对犯罪手段或方法自然属性的认知能力，具体而言，就是主体对犯罪手段或方法具有将犯罪对象转化为犯罪结果之属性或功能的认知能力，也即因果关系之认知能力。对如上客观事实自然属性之整体的认知能力，可概括为“事实判断能力”。事实判断能力是刑事责任能力中的基础性能力，缺乏该能力，刑事责任能力便无从谈起。据此，也就不难处理如下情形了：若甲认为巫蛊之术具有致人死伤之性质，而试图以此加害他人，也即所谓的迷信犯之情形，则应认定其对该行为无事实判断能力；若乙看到飞机在天上飞，就认为它们有随时掉下来的危险，进而劝自己的仇人去坐飞机，意图使其死于坠机事故，也应认定其对该行为无事实判断能力；若丙认为手机的辐射会严重损害人的身体健康乃至危及生命，于是给其仇人赠送手机，希望他因辐射致伤或致死的行

① 参见[意]杜里奥·帕多瓦尼：《意大利刑法学原理》(注评版)，陈忠林译评，中国人民大学出版社 2004 年版，第 200 页。

② 参见林彬：《刑法总则》，作者自版 1959 年版，第 122 页。

为，也因其对该行为无事实判断能力而不成立犯罪；如此等等。其二，就犯罪行为的社会属性（即犯罪行为的价值属性）而言，它是一种严重危害社会的行为，如此便要求主体必须对自己所实施的行为能够作出正确的评价，该能力也即基本的是非善恶之分辨能力，或谓“价值判断能力”，主体对自己行为的价值判断能力是心理学中的“情绪智力”在刑事责任能力中的具体表现。若不具备该能力，便无法形成心理过程层面中的情绪情感因素之内容，也即无法对自己的行为作出具有社会危害性之评价，故不具备此等能力同样属于无刑事责任能力。

其次，就控制能力而言，应该是指行为人在能够认知自己行为的自然属性以及对自己行为的社会属性能够作出正确评价的前提下，控制自己将认识及情绪情感内容转化为客观现实或不转化为客观现实之能力，或者说，控制自己实施犯罪行为或者不实施犯罪行为之能力。具有控制能力要求主体在实施犯罪行为与不实施犯罪行为之间存在或多或少的选择自由，若主体完全没有选择自由而只能实施危害行为的情况下，属于无控制能力，譬如在身体受到强制时。

最后，就辨认能力与控制能力的关系而言，笔者认同通说之见解，即辨认能力是控制能力的前提和基础，无辨认能力必无控制能力，具备辨认能力未必具备控制能力，而具备控制能力则必然具备辨认能力，刑事责任能力的存在，要求辨认能力和控制能力必须同时齐备，缺一不可。①辨认能力与控制能力之间的此等关系也意味着控制能力构成了刑事责任能力之核心，因为没有控制能力必定无责任能力，具备控制能力则必定具备责任能力。当然，控制能力之所以构成了刑事责任能力之核心，还在于，它也是罪过之意志因素这一作为整个犯罪构成体系之核心支柱的核心前提。

（二）刑事责任能力之地位

在德日刑法学界，有关刑事责任能力在责任论中的地位，存在“责任前提说”和“责任要素说”之论争。责任前提说认为，责任能力与具体犯罪行为无关，是本身能够独立进行判断的人格能力，是把责任能力从行为中相对独立之一般性能力，以行为人人格的统一性及持续性作为出发点考虑责任能力之问题。关于责任能力与故意、过失的判断顺序，如行为人无责任能力，作为责任之前提必然欠缺，即无必要对行为之责任要素（故意、过失）进行判断。该见解得到伯克迈耶（Birkmeyer）、麦耶（M. E.

---

① 参见高铭暄、马克昌主编：《刑法学》（第九版），北京大学出版社、高等教育出版社 2019 年版，第 81-82 页。

Mayer)、施密特(E. Schmidt)、韦尔策尔(Welzel)以及大谷实等学者的支持。责任要素说则认为，责任能力应针对具体行为来考虑的行为属性，虽然它主要是从生物学的一面给非难可能性奠定基础，但它并非一般性能力，不是与具体行为无关的责任前提，而是针对具体行为的责任要素，因此，认为责任能力是与故意过失、违法性意识可能性以及期待可能性相并列的责任要素。该见解得到了弗兰克(Frank)、大塚仁等学者的支持。[①]

虽然我国刑法学中的责任概念与德日刑法学中的责任概念存在着较大的差异，但受到德日刑法学理论的影响，在我国刑法学界，有关刑事责任能力的地位也存在责任前提说与责任要素说之理论分歧。责任要素说认为责任能力不能脱离具体行为，如有学者指出，“责任能力是责任的要素，它总是与具体的行为联系在一起的，脱离具体行为的责任能力是不存在的。既然我们要认定的是能否就具体行为谴责行为人，那么，我们就只能追问行为人是否具有能够决定、选择该具体行为的能力。”[②]责任前提说则否定责任能力与具体行为之间的联系，指出，“责任能力是行为人实施行为时独立于行为的一种生理、心理基础，而不是行为本身。对于这种生理、心理基础，行为人本身具有不可选择性和不可改变性，有无责任能力以及有什么样的责任能力，都是一种不以行为人的意志为转移的客观存在。”[③]

据上可知，有关刑事责任能力之地位所存在的责任前提说与责任要素说的主要分歧有：一是对刑事责任能力是否能够脱离具体的行为进行独立判断？对此，责任前提说持肯定态度，而责任要素说则持否定态度；二是刑事责任能力是否为与故意过失相并列的责任要素，或者说，是否存在无责任能力的故意过失？对此，责任前提说持否定态度，而责任要素说则一般持肯定态度。立足于构成行为的内在心理事实之层次划分以及人的能力之属性，笔者的见解如下：

首先，笔者完全不认同那种对构成犯罪的主观心理要素不作层次划分的做法。如前所述，心理过程层面的因素与人格层面的因素虽然都属于主观心理事实之范畴，但二者还是存在着较大的差异，前者属于主观要件之内容，后者则属于主体要件之内容，而不应该将它们并置共论，否则将

---

① 参见[日]大谷实：《刑法总论》(新版第 2 版)，黎宏译，中国人民大学出版社 2008 年版，第 290-292 页；[日]大塚仁：《刑法概说(总论)》，冯军译，中国人民大学出版社 2003 年版，第 382 页以下；黄丁全：《刑事责任能力研究》，中国方正出版社 2000 年版，第 28-30 页。

② 冯军：《刑事责任论》，法律出版社 1996 年版，第 122 页。

③ 马克昌主编：《犯罪通论》，武汉大学出版社 2005 年版，第 253 页。

产生诸多无谓的理论纷争，笔者将于后文对此详加揭批。并且如上文所析，将构成犯罪的主观心理事实作如此层次划分，也有着极其重大的刑法学价值。

其次，对于刑事责任能力是否能够脱离具体的行为进行独立判断的问题，笔者的见解是，刑事责任能力原则上是能够脱离具体的行为进行独立判断的。这是因为，已如前述，能力属人格之基本范畴，而人格具有稳定性之特征，人格的稳定性使得其渗透于主体日常实施的具体行为中，故具体行为无法脱离主体的相关人格因素而独立存在，但人格的稳定性又意味着，它并不依赖于行为人的某一乃至某些具体行为而存在，换言之，它通常不会受到行为人所实施的某一或某些具体行为的影响。正是人格的稳定性使得人们跨时间、跨情境地对其进行审查成为可能，这也是事后司法精神医学鉴定之所以具有可行性的根本依据所在。人格因素与具体行为之间的此等关系同样反映在了刑事责任能力与具体犯罪行为的关系上，这也为我们对主体刑事责任能力的认定提供了判断方法，即若事后认定行为人对其行为有或无辨认控制能力，则依据能力的稳定性特征，便可推断行为人行为时对其行为也应该有或无辨认控制能力，但若有其他证据证明行为人在行为时无或有辨认控制能力，如患间歇性精神病、身体受到强制等，则可否定先前之推断。由此可见，对于主体是否具备刑事责任能力，原则上是能够脱离行为人所实施的具体行为而独立进行判断的。

最后，有关刑事责任能力是否为与故意过失相并列的责任要素，或者说是否存在无责任能力的故意过失问题，正如笔者于本书中所指出的，作为罪过形式之故意过失在任何情况下均毫无例外地应该以责任能力作为前提，无责任能力必无所谓的罪过，这是由人格与心理过程之间的事实关系所决定的。

三、反映主体刑事责任能力之因素

刑事责任能力属主观范畴，且系居于深层次的主观心理事实，而主观心理事实未若外在客观事实那般，后者仅凭感官便可直接觉察感知，前者则由于是一种精神现象，它看不见，摸不着，没有重量、大小和体积，故无法直接把握，而唯有借助相关客观事实予以间接把握。就刑事责任能力而言，影响或反映主体刑事责任能力的客观事实包含年龄、精神状况、精神活性物质、重要生理缺陷以及主体的特殊身份等。接下来拟就这些因素所涉及的相关问题展开论述。

（一）年龄

在反映人的能力的所有因素中，年龄可谓是最具普遍意义也是最为显而易见的客观事实，因为任何个体能力的缓渐形成几乎无不伴随着生理的成熟进程，而这一进程以年龄作为显著标志。正因如此，世界各国的刑事立法无不以年龄作为衡量主体刑事责任能力有无及程度的首要标尺。根据发展心理学的研究，在童年期和少年期，人的许多能力（如认知能力也即智力）会随着年龄的增长而不断增强，直至顶峰，之后在漫长的成年期保持着相对恒定，及至进入成人晚期又开始缓慢减弱下降，其主因是生理上各系统的机能都走向衰退。[①]作为能力之特殊类型，刑事责任能力也具有能力的一般特征，即经历着由无渐有、增强至顶峰、接着维持相对恒定、而后逐渐减弱的过程，这一过程较为完整地体现在了我国现行刑法有关刑事责任年龄的规定中。依据我国刑法第 17 条之规定：不满 12 周岁属绝对不负刑事责任年龄阶段；已满 12 周岁不满 16 周岁属相对负刑事责任年龄阶段；已满 16 周岁属完全负刑事责任年龄阶段；已满 12 周岁不满 18 周岁以及年满 75 周岁属减轻刑事责任年龄阶段。[②]

对于刑法有关刑事责任年龄的规定，首先需要强调的是，年龄虽为客观事实，但它由于是反映主体刑事责任能力之有无及程度的因素，故其属于主体要件而非客观要件之内容。此外，还必须指出的是，包括我国在内的多数国家的刑法有关刑事责任年龄的规定，从严格意义上说，并不符合人格发展之渐进性规律。因为，满周岁无论是从周岁生日的当天还是第二天起算，都似乎意味着，人们对相关犯罪行为的辨认控制能力是在 12、14 或 16 周岁生日的前一天或当天的最后一秒过后，才发生由无到有的质变，或者说，主体对相关犯罪行为之辨认控制能力的获得，仿佛是发生在特定的“刹那间”，毫无疑问，这是绝对不符合人格发展的规律的，人世间绝对没有哪个人是以如此方式获得自己的辨认控制能力的，因为个体人格的发展均毫无例外地是渐进式的，而非突变式的。此外，人格的发展还存在个体上的差异，换言之，不同的个体，即便年龄相同，各自的辨

---

① 参见林崇德：《发展心理学》，浙江教育出版社 2002 年版，第 121 页以下。

② 有关老年人犯罪的刑事责任，我国台湾地区“刑法典”第 18 条第 3 款也规定有“满八十岁人之行为，得减轻其刑”。需要注意的是，人进入老年阶段，除了在该阶段的终点——死亡之外，并不会出现达到一定年龄后就普遍性地丧失辨认控制能力之现象，或者说，除非死亡，人进入老年阶段的辨认控制能力随着年龄的增长只会普遍性地减弱，但不可能普遍性地完全丧失，因此，在人的老年阶段，并无绝对不负刑事责任的年龄阶段。

认控制能力也往往存在着程度不等的差别，年龄不同，各自的辨认控制能力却有可能相当。故就理想状态而言，对不同个体的刑事责任能力应作逐一鉴别，进而精确地得出每一主体刑事责任能力之有无及程度，如此方更具合理性。但是很显然，人类现有的科技发展水平还没有达到如此之程度，兼之也相信没有多少国家的司法资源能够承受如此之重负。因此，通过年龄来间接把握主体的刑事责任能力，可谓是现有条件下立法者不得已当然也是最佳的抉择。基此不难得知，各国刑法所规定的通过年龄来把握主体的刑事责任能力，事实上是一种立法上的推定，并且是一种“结论性的或不可反驳的推定”①，这种推定尽管不符合人格发展的规律，但却具有不可反驳性。换言之，在实践中绝对不允许将未达刑事责任年龄的人以任何理由判定其具备刑事责任能力，极言之，在我国的刑法规范体系中，出生第一天的婴儿与 12 周岁生日那天的旷世奇才，二者在辨认控制能力方面没有区别，即均属于完全无辨认控制能力者。②

不过，我国有权威刑法学者对责任年龄与责任能力之间的上述关系提出了不同的看法，他认为，法定年龄是责任要素，且主要与责任能力有关，并指出，不可否认的是，即使没有达到法定年龄的人，也可能具有责任能力，理由是，不少人呼吁降低法定年龄即可说明这一点。③笔者认为，该见解存在较为明显的不合理之处：

首先，该见解实际并未把握责任年龄之属性。如上所析，责任年龄就是反映责任能力有无及程度的因素，而非所谓的“主要与责任能力有关”，虽然中外刑法有关主体责任年龄的规定并不完全符合人格发展的规律，但却是立法者在现有条件下不得已的抉择，此等认识不仅是我国刑法

---

① 所谓“结论性的或不可反驳的推定”，是指“一旦能证明事实 A，该事实导致推定事实 B，那么事实 B 这项推定的事实就绝对确立。反对该推定发挥作用的当事人不被允许提供非 B 的证据”。参见[美]罗纳德·J. 艾伦等：《证据法：文本、问题和案例》（第三版），张保生等译，高等教育出版社 2006 年版，第 853-854 页。

② 可以作为类比的是我国刑法第 236 条有关奸淫幼女构成强奸罪之“幼女”的规定，我国刑法学界都认同，不满 14 周岁的女性为幼女乃法定标准，绝对不允许撇开年龄以其实际发育的成熟程度来作为判断标准，换言之，只要是未满 14 周岁的女性，就应当被认定为完全无性承诺能力者，这种推定同样是结论性的或不可反驳的推定。

③ 参见张明楷：《刑法学（上）》（第五版），法律出版社 2016 年版，第 249 页。

学界，而且也是德国、日本、意大利等国刑法学界的主流见解。[①]

其次，若否定责任年龄与责任能力之间的必然联系，从而肯定“即使未达责任年龄者也可能具有责任能力”，那么从逻辑上说，即使已达责任年龄者（排除精神障碍之情形）因个体差异也可能不具备责任能力，也应该是完全能够成立的，那么论者所谓的“任何成年人，只要没有精神病，就认定其具有责任能力（不可反证）”[②]就难以成立。因此，这种单向度地肯定是存在较为明显的逻辑矛盾的。

再次，肯定“未达责任年龄者仍可能具备责任能力”势必意味着，对于无论是否已达责任年龄者（排除精神障碍之情形），公诉机关都有义务举证证明其是否具备责任能力，果若如此，试问刑法规定责任年龄的意义何在呢？当然，更为严峻的问题还在于：如何证明？这无疑是一个极度艰巨乃至是谁都几乎不可能完成的任务。道理非常简单，因为依据我国的相关司法解释，达到责任年龄之满 12、14 或 16 周岁是生日的第二天，且莫说不可能证明行为人生日当天与生日第二天在责任能力上的差别，就是时间跨度更长（如一个月、半年、一年甚或更长时间）的责任能力之间的差别何在，相信都难以准确地判定。由此可见，肯定“未达责任年龄者仍可能具备责任能力”，除了给司法实务徒添无解的困扰外，并无甚价值。

复次，“有不少人呼吁应该降低责任年龄”，并且我国刑法修正案（十一）也的确降低了刑事责任年龄，但这还是不能够作为“未达责任年龄者也可能具有责任能力”之理据，就中缘由在于：其一，在刑法修正案（十一）通过之后，是否还有不少人主张应该继续降低刑事责任年龄就大成问题了，换言之，该论据如今是否依然有效已成为问题。退言之，即便现在仍有不少人认为应当继续降低刑事责任年龄，但可以肯定的是，应该有更多的人反对再降低刑事责任年龄了，如果“有不少人呼吁应该降低责任年龄”能够成为“未达责任年龄者也可能具有责任能力”之理据，那么如今“也有不少人甚至有更多的人主张不应该再降低责任年龄了”，当然也能甚至更能成为“未达责任年龄者就不应该具有责任能力”之理据。其二，在笔者看来，与其用“有不少人呼吁应该降低责任

---

① 参见[德]汉斯·海因里希·耶赛克、托马斯·魏根特：《德国刑法教科书》，徐久生译，中国法制出版社 2001 年版，第 518-519 页；[德]克劳斯·罗克辛：《德国刑法学 总论》（第 1 卷），王世洲译，法律出版社 2005 年版，第 598 页；[日]大塚仁：《刑法概说（总论）》，冯军译，中国人民大学出版社 2003 年版，第 388 页；[意]杜里奥·帕多瓦尼：《意大利刑法学原理》（注评版），陈忠林译评，中国人民大学出版社 2004 年版，第 205 页。

② 参见张明楷：《刑法学（上）》（第五版），法律出版社 2016 年版，第 312 页。

年龄”来作为“未达责任年龄者也可能具有责任能力”之论据，还不如以“任何人除非突遭意外，其在12、14或16周岁生日当天的责任能力与其第二天的责任能力基本无丝毫差异”作为论据来得直接与简单明了，也更具“说服力”！但是很显然，若有论者真以如此可谓“绝对成立”且显而易见的事实来作为论据的话，那么其对责任年龄属性之认知错谬也将彻底暴露无遗。

最后，还必须指出的是，在笔者看来，论者之所以提出这样的观点，应该是为其否定犯罪主体要件之独立要件地位进而否定我国传统要件体系服务的。他不遗余力地宣扬所谓责任能力及责任年龄都是客观的，故将它们放在犯罪主体中加以探讨是绝对错误的，[①]而割裂责任年龄与责任能力之间的内在必然联系，则是为防止有人提出责任能力乃主观心理要素之反驳意见所预留的后路而已。因为如此一来，即便你肯定责任能力乃主观心理要素，但因责任年龄与责任能力之间并无内在必然的联系，故将绝对属于客观事实的责任年龄放在犯罪主体要件中探讨还是不具有合理性。这也是笔者之所以要对此种见解专门加以揭批之缘由所在。

综上所析，年龄就是作为反映主体责任能力之因素，未达责任年龄即无责任能力，不存在所谓的“没有达到法定年龄的人也可能具有责任能力”以及“达到法定年龄的人也可能没有责任能力（精神障碍除外）”之情形。

据上分析不难得知，未达责任年龄者对相关行为由于完全不具备辨认和控制能力，故绝对不可能形成刑法上的罪过（故意和过失），即根本不存在所谓的无责任能力的故意或过失。就德日阶层体系而言，若主体无责任能力，无论是所谓的“违法性认识（可能）”，还是所谓的“构成要件的故意或过失”，均无存在之余地，责任能力在任何情形中均系罪过之前提，前提待定，罪过之有无根本无从判定。因此，该体系将所谓的构成要件的故意或过失前置而责任能力却后置的做法，不仅有违事实和常识，而且若严格遵循这样的体系，也将使得司法实践认定犯罪成为谁都无法完成的任务。而若将责任能力也一并前挪至构成要件符合性阶层，且作为构成要件故意和过失之必要前提，那么，一方面，该体系将面临着整体崩溃的危险，因为如此一来，后面两个阶层将沦为几乎无甚事实内容的价值性阶层，另一方面，也与他们的刑法典所采取的刑罚与保安处分双轨制立法模

① 参见张明楷：“构建犯罪论体系的方法论”，《中外法学》2010年第1期，第45-46页。

式之保安处分的适用条件及司法实务不相符[①]。由此可见，有责性阶层中的责任能力俨然已成为德日阶层体系赖以维系的救命稻草，无论其错谬多么显而易见，也必须无条件、不惜代价地将其牢牢禁锢在有责性阶层。

（二）精神障碍

如前所述，精神障碍是指在各种生物学、心理学以及环境因素的影响下，大脑的结构和功能发生紊乱，导致认知、情感、意志和行为等精神活动的异常。精神障碍的核心部分是失去现实检验能力[②]、有明显幻觉妄想的精神病性障碍，外围是一些神经症性疾病，再外围可能是一些人格、适应不良等问题。精神障碍也会影响主体的刑事责任能力，对此不少国家或地区的刑法典都有明确规定，不过在具体内容上还是有所差异。例如，德国刑法典第 20 条规定，“行为人行为时，由于病理性精神障碍、深度的意识混乱、智力低下或其他严重的精神病态，不能认识其行为的违法性，或依其认识而行为的，不负责任。”奥地利刑法典第 11 条规定，“行为时患有精神疾病、弱智、深度的意识障碍，或因其他严重的与之相似的心理疾患，不能认识自己的行为的违法性，或者以该认识而行为的，不负刑事责任。”俄罗斯联邦刑法典第 21 条第 1 款规定，“在实施危害社会的行为时处于无刑事责任能力状态的人，即由于慢性精神病、暂时性精神失常、痴呆症或其他心理病态而不能意识自己行为（不作为）的实际性质和社会危害性，或者不能控制自己行为的人，不负刑事责任。”我国台湾地区“刑法典”第 19 条第 1 款规定，“行为时因精神障碍或其他心智缺陷，致不能辨识其行为违法或欠缺依其辨识而行为之能力者，不罚。”上述国家或地区的刑法除了规定精神障碍外，对其他心智缺陷也作出了规定。另有不少国家只对精神障碍或精神障碍中的精神病作了规定，例如，日本刑法典第 39 条规定，“心神丧失人的行为，不处罚。心神耗弱人的行为，减轻

---

① 因为，适用保安处分的第一个条件是实施了“违法行为”，根据德国刑法典第 11 条第 5 项之规定，“违法行为：仅指实现了刑法规定的构成要件的行为”，参见[德]汉斯·海因里希·耶赛克、托马斯·魏根特：《德国刑法教科书》，徐久生译，中国法制出版社 2001 年版，第 972 页。如若把责任能力也前挪至构成要件符合性阶层，将意味着适用保安处分也要求主体必须具备责任能力，但这显然是与其司法实务不相符合的。

② 现实检验能力是一种基本的自我功能，指测验并客观评价环境之性质和特征的能力，可借以区别外在客观世界与内心主观世界，以便精确地判断自我与环境之间的关系，参见龙国明：“司法精神医学鉴定中两个不容忽视的问题”，《法律与医学杂志》2000 年第 4 期，第 156 页。

处罚。”[①]韩国刑法典第 10 条（精神障碍人）规定，“（一）因精神障碍，没有辨别事物的能力或者没有决定自己意识能力者的行为，不予处罚。（二）由于精神障碍，前项所列能力减弱者的行为，得减轻处罚。”而我国刑法典则只对精神障碍中的精神病作了规定。

笔者认为，有关影响主体刑事责任能力的精神障碍因素，需要明确的问题主要有：

1. 精神障碍与精神病的关系问题

精神障碍不等同于精神病，精神病只是精神障碍的一种类型，精神病是精神功能明显异常，以致不能应付日常生活要求，且社会功能受损而不能与现实保持恰当联系。根据病理解剖学基础，精神病可区分为功能性精神病和器质性精神病两大类。[②]它不包括精神发育迟滞、神经症、心因性精神障碍和人格障碍。[③]可见，精神障碍的外延要远大于精神病的外延，它不仅包括精神病，还包括许多非精神病性精神障碍。有关精神病对刑事责任的影响我国刑法已经作出明确规定，而对于非精神病性精神障碍是否会影响刑事责任则未予规定。

2. 非精神病性精神障碍是否会影响刑事责任能力的问题

如上所述，非精神病性精神障碍主要包括精神发育迟滞、神经症、心因性精神障碍和人格障碍，故有必要对它们分别加以辨析。

其一，精神发育迟滞是一组在中枢神经系统发育成熟（18 岁）以前起，以智能低下和社会适应困难为临床特征的精神障碍。导致精神发育迟滞的因素有遗传及先天性因素（如染色体异常、基因异常和先天性颅脑畸形等）、围生期有害因素（如母孕期各种感染、药物、毒物、分娩期并发症等）及出生后因素（如脑损伤和环境因素）等。世界卫生组织（WHO）根据智商（IQ）将精神发育迟滞区分为四个等级，分别为：（1）

---

① 所谓心神丧失，是指由于精神障碍，不能辨认行为的违法性（辨认能力），或欠缺控制自己根据对违法性的辨认加以行动的能力（控制能力）的状态，参见[日]山口厚：《刑法总论》（第 2 版），付立庆译，中国人民大学出版社 2011 年版，第 255 页。

② 功能性精神病是采用现代病理解剖学和组织学方法尚不能发现有特殊的脑结构形态的一些精神病，如精神分裂症、躁郁症、偏执性精神病等，而器质性精神病是指因脑或其他身体部位发生器质性变化（在解剖学上可看出的变化）而产生的异常精神状态，如因头部外伤引起的精神病、脑动脉硬化症或因脑神经萎缩引起的痴呆（如老年痴呆）、感染性精神病（如因梅毒引起的慢性神经麻痹）等，参见林崇德、杨治良、黄希庭主编：《心理学大辞典》（上卷），上海教育出版社 2004 年版，第 633、427、918 页，“精神病”“功能性精神病”和“器质性疾病”词条。

③ 林崇德、杨治良、黄希庭主编：《心理学大辞典》（上卷），上海教育出版社 2004 年版，第 633 页，“精神病”词条。

轻度：智商在 50～69 之间，成年以后可达到 9～12 岁的心理年龄，在全部精神发育迟滞中占85%，通过特殊教育可获得实际技巧及实用的阅读和计算能力，并能在指导下适应社会；（2）中度：智商在 35～49 之间，成年以后可达到 6～9 岁的心理年龄，在全部精神发育迟滞中占 10%，可学会简单的人际交往、基本卫生习惯和简单手工技巧，但阅读和计算方面不能取得进步；（3）重度：智商在 20～34 之间，成年以后可达到 3～6 岁的心理年龄，在全部精神发育迟滞中占 3%～4%，可从系统的训练中受益；（4）极重度：智商在 20 以下，成年以后可达到 3 岁以下的心理年龄，在全部精神发育迟滞中占 1%～2%，对于进食、大小便训练有反应。[①]由此可见，精神发育迟滞会对主体的刑事责任能力产生影响，甚至可能使其完全丧失刑事责任能力，故能够对定罪量刑产生影响。值得进一步研究的是，精神发育迟滞者由于一般难以达到 12 岁（即我国刑法规定的承担刑事责任的最低年龄）的心理年龄，在实践中，此类人若实施了严重危害社会的行为，能否一般作为无责任能力处理？笔者对此持肯定态度，一则具备心理学依据，二则不少国家已有相关的立法例。

其二，神经症又称为神经症性障碍，是一组主要表现为焦虑、抑郁、恐惧、强迫、疑病症状或神经衰弱症状的精神障碍，其特点是，一般没有明显或持续的精神病性症状；症状没有明确的器质性病变为基础；患者对疾病体验痛苦；心理社会因素、病前性格在神经性障碍的发生发展中起一定作用。神经症性障碍包含恐惧症、惊恐障碍、广泛性焦虑障碍、强迫障碍、躯体形式障碍、神经衰弱和分离（转换）性障碍等类型。[②]神经症性障碍或多或少都会对患者的辨认控制能力产生影响，有些情形如恐惧症、惊恐障碍、强迫障碍、躯体形式障碍和分离（转换）性障碍还可能会使主体完全丧失辨认控制能力，因而对定罪量刑具有意义。

其三，心因性障碍是由明显的心理社会刺激因素所引起的精神障碍，按其性质，可分为精神病性心因性障碍和非精神病性心因性障碍两大类。前者即反应性精神病，仅占该障碍的少部分；后者为大多数，有事过境迁，障碍便随之消失的特点。按其病程，又可分为急性心因性障碍、慢性心因性障碍和感应性心因性障碍三大类。急性心因性障碍又称急性应激反应，是由于突然而来且异乎寻常的强烈应激性生活事件所引

① 参见沈渔邨主编：《精神病学》（第 5 版），人民卫生出版社 2009 年版，第 696-700 页；郝伟主编：《精神病学》（第 6 版），人民卫生出版社 2008 年版，第 186-187 页。

② 参见郝伟主编：《精神病学》（第 6 版），人民卫生出版社 2008 年版，第 113-134 页。

起的一过性精神障碍，有的患者陷入意识蒙胧、木僵呆滞、麻木茫然状态，少数人会有行为幼稚，甚至假性痴呆表现，有的患者则表现为激越性活动过多，如兴奋、失眠、逃跑或无目的的漫游活动。其病因或应激源有：严重生活事件（如严重交通事故、亲人突然亡故、遭受歹徒袭击、被奸污或家财被劫等创伤性体验），重大自然灾害（如特大山洪暴发、大面积火灾或强烈地震等威胁生命安全的伤害），战争场面。慢性心因性障碍是在负性刺激长期而持续的作用下产生的境遇性反应，患者反复出现与刺激情境有关的情感体验，易感情用事、心境低沉，有时可有同心因性刺激相关的幻觉与妄想。感应性心因性障碍是由周围人的影响而产生，出现障碍者往往有较高的地位或威望，而受感应者多为依赖性强、缺乏独立性和易受暗示者，可表现为躯体不适、心身症状、异常情绪或幻觉等。①对于精神病性心因性障碍可适用刑法有关精神病人实施危害行为的刑事责任之规定来处理；非精神病性心因性障碍的三种类型都会在不同程度上影响主体的辨认控制能力，而急性心因性障碍②和感应性心因性障碍则有可能使主体完全丧失辨认控制能力。故总体而言，心因性障碍也对定罪量刑具有意义。

其四，人格障碍又称为“人格异常”，是指明显偏离正常且根深蒂固的行为方式，具有适应不良的心智，其人格在内容上、质上或整个人格方面异常，由于这个原因，病人遭受痛苦和 / 或使人遭受痛苦，或者给个人或社会带来不良影响。人格障碍通常开始于童年、青少年或成年早期，并一直持续到成年乃至终生。人格障碍可能是精神疾病发生的素质因素之一。童年的不幸生活经历（如父母离异、父爱或母爱的剥夺）、教养方式不当、不良的生活环境、结交具有品行障碍的人及经常混迹于大多数成员具有恶习的社交圈子以及不合理的社会现象、扭曲的价值观念，等等，都是导致人格发育障碍的重要因素。人格障碍的常见类型有：偏执型人格障碍、分裂样人格障碍、社交紊乱型人格障碍（又称为“反社会型人格障

① 林崇德、杨治良、黄希庭主编：《心理学大辞典》（下卷），上海教育出版社 2004 年版，第 1424 页，“心因性障碍”词条；沈渔邨主编：《精神病学》（第 5 版），人民卫生出版社 2009 年版，第 620-629 页。

② 由于应激属于情绪状态之一种类型，对于急性心因性障碍或急性应激反应，笔者将于下一章中进行探讨。

碍”）[①]、情绪不稳型人格障碍（含冲动型人格障碍和边缘型人格障碍）、表演型（癔症型）人格障碍、强迫型人格障碍、焦虑型人格障碍和依赖型人格障碍等。[②]

此外，与人格障碍相关的还有性心理障碍（过往被称为“性变态”），性心理障碍泛指两性性行为的心理和行为明显偏离正常，并以此作为性兴奋、性满足的主要或唯一方式为主要特征的一组精神障碍。性心理障碍和人格障碍既有区别又有联系，性心理障碍在寻求性对象及满足性欲的方式方法方面与常人不同。性心理障碍患者大多性格内倾，但多数性心理障碍患者对社会生活适应良好，除了性心理障碍所表现的异常性行为之外，并无其他与社会不相适应的行为，更没有反社会行为，有不少患者还是社会知名和成功人士，不具备人格障碍所具有的特征。对于性心理障碍的病因及发病机制，弗洛伊德认为，性心理障碍与性心理发展过程中遇到挫折走向歧途有关。此外，父母对子女的性教育失当和社会不良影响以及与社会文化背景有关。性心理障碍在临床上包括三种类型：性身份障碍，如易性症，性偏好障碍，如恋物症、异装症、露阴症、窥阴症、摩擦症、性施虐与性受虐症，还有性指向障碍等。[③]

对于人格障碍和性心理障碍，需要探讨的是人格障碍者或性心理障碍者如果将其扭曲的人格或性冲动付诸行动时，其人格障碍或性心理障碍能否成为影响刑事责任能力的因素？通说站在传统精神医学的立场，基于刑事政策考量，对此持否定态度，其基本理由有二：一是认为人格障碍及性心理障碍不属于精神医学中的精神疾病范畴，也非智力方面的缺陷，人格障碍是在情感、意志、情动等方面的违常，或者说只是性格上的变异至何种程度，性心理障碍是两性性心理及行为反常，而精神病是精神功能明显异常，以致不能应付日常生活要求，且社会功能受损而不能与现实保持恰当联系的疾病，故二者与精神医学上的精神疾病有着质的差异；二是就刑事政策而言，如果仅因人格障碍及性心理障碍就否定行为人具有责任能力或减轻责任能力，在社会防卫立场上是不妥当的，如此有使司法实践中

---

① 反社会型人格障碍又被称为“危险和严重的人格障碍”，这一术语主要用来指那些具有反社会型人格障碍和暴力行为史的人，由此提出要减少这些人造成的危险，故这一概念与违法犯罪具有密切的关系，参见[英]Michael Gelder · Paul，Harrison · Philip Cowen：《牛津精神病学教科书》，刘协和、李涛译，四川大学出版社 2010 年版，第 146 页。研究发现，在罪行特别严重、作案手段残忍、犯罪情节恶劣的犯人中，有相当比例属于反社会型人格障碍，参见郝伟主编：《精神病学》（第 6 版），人民卫生出版社 2008 年版，第 159 页。

② 参见郝伟主编：《精神病学》（第 6 版），人民卫生出版社 2008 年版，第 157-162 页。

③ 参见郝伟主编：《精神病学》（第 6 版），人民卫生出版社 2008 年版，第 162-166 页。

无罪或减轻刑事责任的情形泛滥之危险。[①]笔者认为，通说之理据值得商榷，其根本理据为：人格障碍和性心理障碍由于不属于精神医学上的精神病及智能缺陷，故不能作为影响刑事责任能力之因素。如上所述，精神障碍中除了精神病和精神发育迟滞（即智能缺陷）外，神经症（神经症性障碍）和心因性障碍都可能对主体的辨认控制能力产生影响，故仅以二者因不属于精神病而否定它们作为影响刑事责任能力的因素之理由并不充分。[②]的确，人格障碍和性心理障碍由于都是长期性的演变所形成的社会性偏差，故具有矫正更为困难之特点，但是，受罪过原则（责任原则）之制约，矫正困难并不能成为适用重刑之充分依据，换言之，如果行为人确实因人格障碍或性心理障碍而使得其辨认控制能力减弱乃至丧失时，受罪过原则之制约，还是应该对其减责乃至出罪。更兼刑罚也非解决矫正困难的唯一途径，因为显而易见，面对无可矫正的完全丧失辨认控制能力的精神病人，刑罚无能为力，因此，对于人格障碍或性心理障碍刑罚难以矫正的部分，同样需要借助刑罚之外的措施。申言之，对于人格障碍和性心理障碍，笔者的见解是，与其他类型的精神障碍一样，在特定情形中可以成为影响主体刑事责任能力之因素。

在分析精神障碍中的各种类型与刑事责任能力的关系之后可知，我国刑法第 18 条所规定的“精神病”就其字面含义而言，似乎只包含精神病，而不包含非精神病性精神障碍，但学界主流观点却都对该规定作了扩张解释，即认为包含了各种影响主体辨认控制能力的精神障碍。有鉴于此，笔者认为，从用语精确性的角度来说，以“精神障碍”替代“精神病”应该是更为恰当的立法表述。

3. 在判断无刑事责任能力时，是否要求主体之精神障碍必须是其实施行为之原因的问题

意大利刑法学界的主流见解对此持否定态度，在他们看来，意大利刑法典第 88 条规定的精神状态是指主体作为整体的人格，而将主体在无能力状态中的行为划分为决定于疾病的行为和非决定于疾病的行为，本身就是荒唐可笑的。故对于一个有杀人幻觉的人，实施的却是盗窃行为，其

---

① 参见黄丁全：《刑事责任能力研究》，中国方正出版社 2000 年版，第 179-180 页。

② 正是考虑到这些情形的存在，理论界已经要求在认定精神缺陷时，除医学标准外，还应该采用心理学标准作为补充，参见[意]杜里奥·帕多瓦尼：《意大利刑法学原理》（注评版），陈忠林译评，中国人民大学出版社 2004 年版，第 208 页。

无须对盗窃行为承担刑事责任。[①]对此，我国有权威刑法学者则指出，应当判断精神病人所实施的行为与精神病之间有无直接联系，如果精神病人所实施的行为起因于精神病时，才可能认定他没有责任能力。故对部分责任能力，即，行为人由于精神障碍对某一类犯罪没有辨认和控制能力，但对其他犯罪具有辨认和控制能力，例如，具有好诉妄想的偏执狂患者，对诬告陷害罪没有辨认或控制能力，但对与好诉妄想无关的犯罪，则具有辨认和控制能力。又如，癔病患者因某种刺激产生异常的环境反应时，对由这种反应所表现出来的侮辱、伤害等行为没有辨认或控制能力，但对与此无关的其他犯罪则具有辨认和控制能力。[②]笔者认为，精神障碍的种类繁多，其中的确存在仅对某类行为没有辨认或控制能力而对其他行为的辨认控制能力则属正常之情形，此种情形可能存在于性心理障碍和偏执性精神障碍中[③]，如果行为人的确因为相关精神障碍导致对部分行为完全丧失辨认或控制能力，那么其对该部分行为应认定为无刑事责任能力，而对于其他的行为则可能具有完全刑事责任能力。

（三）精神活性物质

精神活性物质也会导致精神障碍，这种类型的精神障碍与刑事责任的关系有其特殊性，故有专门探讨之必要。精神活性物质是指能够影响人类情绪、行为、改变意识状态，并有致依赖作用的一类化学物质，人们使用这些物质的目的在于取得或保持某些特殊心理、生理状态。精神活性物质包含酒精、苯丙胺类药物、咖啡因、大麻、可卡因、致幻剂、吸入剂、尼古丁、阿片类药物、苯环己哌啶及类似物、镇静催眠剂等。在此笔者拟以最为常见也是最具代表性的精神活性物质酒精为例，阐明精神活性物质

---

① 参见[意]杜里奥·帕多瓦尼：《意大利刑法学原理》（注评版），陈忠林译评，中国人民大学出版社2004年版，第208页。

② 参见张明楷：《刑法学（上）》（第五版），法律出版社2016年版，第305页。

③ 偏执性精神障碍（Paranoid Disorders）是指一组病因未明，以系统妄想为主要病状的精神病，若有幻觉则历时短暂且不突出，在不涉及妄想的情况下，不表现明显的精神异常。病程演进较慢，一般不会出现人格衰退和智能缺损，并有一定的工作和社会适应能力的疾病。该病发展缓慢，多不为周围人所察觉，逐渐发展为一种或一整套相互关联的妄想，内容以被害、嫉妒、诉讼、钟情、夸大、疑病等常见。妄想多持久，有时持续终生。很少出现幻觉，也不出现精神分裂的其他典型症状如思维破裂、被控制感等。在不涉及妄想内容的情况下，患者其他方面的精神功能相对正常。部分患者可有与妄想内容相一致的情绪和行为反应，如抑郁、焦虑、攻击、自杀等。以偏执性精神障碍中的最为典型的偏执狂为例，其在临床上可分为如下类型：诉讼狂，色情狂，嫉妒狂和夸大狂。参见郝伟主编：《精神病学》（第6版），人民卫生出版社2008年版，第100-101页；沈渔邨主编：《精神病学》（第5版），人民卫生出版社2009年版，第538-540页。至于分离性障碍（即癔症），似乎不存在部分责任能力之情形。

导致的精神障碍与刑事责任的关系。

与酒精相关的精神障碍可分为急性酒精中毒、酒精戒断综合征和酒精所致的精神障碍三大类。急性酒精中毒又分为普通醉酒和异常醉酒，后者包括复杂性醉酒和病理性醉酒。普通醉酒是指一次大量饮酒，多数人可产生对酒精的正常反应，并具有共同临床特征的醉酒。普通醉酒的临床过程通常分为兴奋期和麻痹期，典型普通醉酒是由麻痹期开始，进入麻痹期后，普通醉酒者意识逐渐进入混浊状态，思维进一步脱抑制，兴奋明显，欣快并联想加快，还可出现知觉、表象与情感相结合的类情感高涨，易激惹和情绪不稳，也有少数普通醉酒者的基本情绪不是欣快和满意，而是激情和抑郁混合在一起，普通醉酒者出现明显麻痹症状后，精神兴奋状态即刻消失，但周围的定向力可一直保持到入眠。普通醉酒者有时会对周围人出现攻击行为。异常醉酒是指酒精急性作用于异常个体的结果，是非常强烈而持久的精神兴奋和高级精神活动突发的严重障碍，行为完全失去礼仪，出现了人格的异质行为。异常醉酒分为两类：与普通醉酒只有量的差异的复杂性醉酒以及具有质的差异的病理性醉酒。复杂性醉酒也是大量饮酒过程中迅速产生非常强并急速加深的意识混浊。与普通醉酒相比，复杂性醉酒全过程更激烈，整个麻痹期延长，正常礼仪紊乱，不能像普通醉酒那样保持自我，平时人格控制体系和正常的意志支配受到破坏，人格丧失基本状态，对环境多保持粗略的定向力①，记忆大多是概括记忆。病理性醉酒是指饮用一定量的酒后突然醉酒，并同时产生严重意识障碍。普通醉酒和复杂性醉酒都保持程度不同的定向力，而病理性醉酒一旦发生，定向力也同时丧失，因而不能通过对现实的感知来判断自己与外界的关系，其行为盲目，不现实和幻想性，出现全面的错误感知，或行为由幻觉、妄想支配，行为无目的性，无动机地指向周围的事或人，这与普通醉酒有质的差异。酒精戒断综合征主要表现有惊厥发作或震颤谵妄，前者是指严重酒精依赖患者在急剧中断饮酒后或大量饮酒等情况下出现的痉挛大发作，也称为酒精性癫痫。震颤谵妄是指一种在酒精依赖基础上急性发作性精神障碍，典型表现是意识模糊、认知损害和幻觉。酒精所致的精神障碍包含幻觉症、嫉妒妄想、痴呆、心境障碍以及人格衰退等。②

由此可见，无论是普通醉酒还是异常醉酒，都会程度不等地影响醉

---

① 定向力是指一个人对时间、地点、人物以及自身状态的认识能力；对环境或自身状况的认识能力丧失或认识错误称为定向障碍。参见郝伟主编：《精神病学》（第6版），人民卫生出版社2008年版，第32页。

② 参见沈渔邨主编：《精神病学》（第5版），人民卫生出版社2009年版，第448-452页。

酒者的辨认控制能力，其他精神活性物质也基本相类似，问题是，因使用精神活性物质而处于无责任能力状态时，使用者所实施的危害行为能否以无责任能力为由直接出罪？与其他类型的精神障碍不同的是，精神活性物质所致的精神障碍往往是使用者明知或者应知精神活性物质的使用将带来对己对人的不良后果，却仍然使用，故通常都具有罪过。[①]如果纵容此类行为，于情于理皆说不过去，也相信任何国家都难以承受由此带来的后果。正是基于这一点，许多国家或地区的刑法都对此类情形作出了专门规定，如俄罗斯联邦刑法典第 23 条“在不清醒状态下实施犯罪的人的刑事责任”规定，“在使用酒精饮料、麻醉品或其他迷幻药物而导致的不清醒状态中实施犯罪的人，应承担刑事责任。”韩国刑法典第 10 条（精神障碍人）第三项规定，“前二项之规定，不适用于已预见危险发生而有意装成精神障碍者的行为。”我国台湾地区“刑法典”第 19 条第三项也规定，“前二项规定，由于故意或过失自行招致者，不适用之。”意大利刑法典的规定最为详尽，该法第 91 至 95 条分别对“产生于偶然事件或不可抗力的醉酒状态”“自愿的、过失的或者预先安排的醉酒状态”“在麻醉品作用下实施行为”“惯常性醉酒”和“慢性酒精或麻醉品中毒”作出了规定。[②]我国刑法第 18 条第 4 款也规定，“醉酒的人犯罪，应当负刑事责任”，相对而言，该规定较为单一且笼统。

尽管立法多持肯定态度，但如何从理论上解释此种特殊类型的精神障碍者的刑事责任问题还是遇到了困难，困难源于“行为与责任同在原则”。为克服该原则所产生的困难，学界还创设了“原因自由行为理论”。所谓原因自由行为，是指行为人在具有责任能力的状态下决意的行为，或者在该状态下能够预见的、但在丧失行为能力或责任能力之时才实现的行为。[③]在德日刑法学界，为解决原因自由行为的刑事责任与“行为与责任同在原则”的冲突，提出了两种解决模式，即构成要件模式与例外模式。构成要件模式坚持行为与责任同在原则，但考虑到原因自由行为的特殊结构，认为应该将实行行为的时间从结果行为阶段“前置”到原因行为阶段，由于在前置的行为阶段，行为人具有完全责任能力，故处罚行为人并未违反行为与责任同在原则。至于原因自由行为何以能够前置，如今多数

---

① 当然，如果行为人并不知道自己所使用的是精神活性物质或者不知对其使用会导致自己严重精神障碍，如第一次病理性醉酒者，那么行为人对于由此造成的危害后果不具有罪过。

② 参见《最新意大利刑法典》，黄风译注，法律出版社 2007 年版，第 37-38 页。

③ [德]汉斯·海因里希·耶赛克、托马斯·魏根特:《德国刑法教科书》，徐久生译，中国法制出版社 2001 年版，第 533 页。

学者采用“道具理论”（又称“间接正犯类似说”），该学说将原因自由行为比照间接正犯的法益侵害模式，行为人在原因阶段，利用于结果阶段陷入责任能力障碍的“自己”实现法益侵害，因此可将自陷行为当作是“利用责任能力缺损之人犯罪”的间接正犯法定犯行，即可符合罪责原则而科予完整刑责。另一观点则认为，行为人自陷于责任能力缺陷后，又再实施结果行为，导致法益侵害发生时，可以透过条件理论连接“法益侵害—结果行为—原因行为”间的因果关系，若结果行为与法益侵害有因果关系，而自陷行为又是结果行为的条件，自陷行为与最终的法益侵害之间，当然也有因果关系。因此只要行为人在最初的原因行为阶段，具备完整的法益侵害意思，而且也有完全责任能力，就可以直接将犯罪的成立时点提前至原因行为阶段，行为人即负完全责任。例外模式则认为，原因自由行为本来就不符合行为与责任同在原则，因此必须承认原因自由行为乃该原则之例外。[①]

对原因自由行为的处罚是否违反了行为与责任同在原则？笔者的回答是否定的，且认同“道具理论”。不难发现，除少量不作为犯罪外，绝大多数犯罪行为人都会利用自己的身体条件（即自身躯体），原因自由行为也不例外。与其他客观条件相比，人的身体条件是人主观精神的物质载体，因而也是客观世界中最听自己使唤的工具，并且在绝大多数情况下都处于主体意识支配之范围。不过，即便是精神正常者也可能因某种原因而失去对自己身体的控制，若行为人对导致自己失去对自身躯体控制之原因本身并无罪过，如身体受到强制之情形，则对自己实施的危害行为显然不能归罪。但原因自由行为却并非如此，在原因自由行为中，行为人系基于罪过而使自己陷入无法控制自己身体的状态（即无责任能力状态），进而通过自己失控的身体（往往还会结合其他客观条件）作用于罪过范围内的对象。据此可知，在原因自由行为中，整个行为过程事实上都处于行为人控制或应该控制之范围，在这一点上与其他类型的犯罪行为可谓别无二致，故追究行为人的刑事责任也不应该有所困惑。在笔者看来，对于原因自由行为的追责之所以会出现所谓的理论困难，概因研究者们将作为整体的原因自由行为做了不恰当的“片段化”处理，如此做法若贯彻到底的话，对许多犯罪行为的认识都会出现同样的问题。譬如，对于常见的开枪杀人行为，若做片段化处理的话，也将遇到同样的困难，因为在开枪杀人

① 参见许恒达：“‘原因自由行为’的刑事责任”，《台大法学论丛》第39卷第2期（2010.06），第358-361页。

行为中，事实上行为人能够控制的只有枪口的朝向以及扣动扳机的举动，对于出膛后飞行中的子弹，行为人是无能为力或者说是没有控制能力的。还有如甲不小心将同伴乙撞落悬崖后死亡，在这一过程中，甲对坠落过程中的乙同样失去了控制。类似情形可谓不胜枚举，但面对这样的情形，又有谁会认为对行为人的追责存在理论上的困难呢？由此可见，在原因自由行为中，自己失控的身体与上述案例中出膛后飞行中的子弹、坠落过程中的他人身体等并无本质性差异，之所以会成为问题，概因不少研究者在观念上对作为整体的行为做了不恰当的片段化处理使然。概言之，在原因自由行为中，整个行为过程实际均处于行为人所能够控制（含实际控制或应该控制）之范围，这也是行为人之所以需要对其所实施的危害行为承担刑事责任的根本依据，就中并不存在所谓的违反行为与责任同在原则的问题。在把握原因自由行为问题的实质后，对于因使用精神活性物质致精神障碍进而在该状态下所实施的危害行为的处理，也就不成其为问题了。

（四）重要生理缺陷

如所周知，听觉、视觉和言语交流是使人的辨认和控制能力得以产生及提升的主要渠道，这些渠道若被堵塞往往会影响人的辨认和控制能力，因此，对主体刑事责任能力产生影响的还有盲、聋、哑等重要生理缺陷，对此，不少国家或地区的刑法典均有规定。例如，意大利刑法典第96条“聋哑状态”规定，“处于聋哑状态的人在实施行为时因其残疾而不具有理解或意思能力的，是不可归罪的。如果理解或意思能力严重降低，但未完全丧失，刑罚予以减轻。”韩国刑法典第11条规定，“聋哑人的行为，得减轻处罚。”希腊刑法典第33条“聋哑人”第1款规定，“如果聋哑人不具有认识其行为的违法性质或者根据对行为违法性质的认识而行为之必需的精神能力的，不可归责。”我国台湾地区“刑法典”第20条规定，“瘖哑人之行为，得减轻其刑。”我国刑法第19条规定，“又聋又哑的人或者盲人犯罪，可以从轻、减轻或者免除处罚。”可见，上述国家或地区的刑法典对于重要生理缺陷的规定还是存在差异，多数规定的是聋哑状态，我国台湾地区“刑法典”则只规定了瘖哑（即哑）一种状态，而我国刑法典除了规定哑外，还有聋、盲。当然，也有不少国家的刑法典对重要生理缺陷并未作出规定，其中值得注意的是，日本刑法典原第40条的规定是，“又聋又哑的人的行为，不处罚或减轻处罚”，该规定于1995年被删除，删除的理由是，在现代聋哑教育很发达的情况下，难以发现聋哑人有特别的精神障碍，因此，把聋哑人当作无责任能力的人或者限定责任能力的人来对待，是不妥当的。如果确实由于聋哑而导致精神障碍，也只需适用关于责任能力的一般规定即可。[①]对于重要生理缺陷所涉及的问题主要有：

其一，重要生理缺陷是否会影响刑事责任能力？笔者认为，上述否定的理由值得商榷。不容否认，在许多发达国家或地区，其特殊教育（主要是对听力、视力或智力残疾的儿童教育）也较为发达，如此便在很大程度上缩小了与正常人在辨认控制能力方面的差距，有些甚至达到了正常人的水平，不过整体而言，重要生理缺陷者在辨认控制能力方面比正常人还是要弱，这是不争的事实。兼之就我国的特殊教育现状而言，虽然较之过往已经取得了长足的进步，但还是存在诸多问题，远称不上发达，[②]由此也决定了在我国重要生理缺陷对行为人辨认控制能力的影响较之于特殊教育比较发达的国家或地区应该更为显著，因此，我国刑法有关重要生理缺陷的规定还是符合我国当下国情的。

其二，重要生理缺陷影响主体刑事责任能力之情形能否归于精神障碍？学界对此存在两种不同的见解，一是持肯定态度，另一种见解则认为应该区别对待，即若是未接受适当的克服残疾教育的先天性聋哑和幼年发生的聋哑不属于精神障碍，而对于接受过适当的社会文化教育后才发生的后天性聋哑，一般来说是一种大脑病变（如外伤、肿瘤等）的表现，此种情形可归于精神障碍。[③]笔者认同后一见解，因为如前所述，精神障碍的核心是失去对现实的检验能力，而重要生理缺陷本身一般不会使主体失去对现实的检验能力，故因重要生理缺陷所导致的心理缺陷原则上不属于精神障碍之范畴。如果大脑病变除了使主体产生精神障碍外，也使得其听觉、视觉等受损，此种情形则可直接适用刑法有关精神障碍的规定来处理。

（五）主体的特殊身份

在我国传统要件体系中，犯罪主体要件具有独立要件之地位，其包含作为必备要素的刑事责任能力（与之相关的因素有刑事责任年龄、精神

① 参见张明楷：《外国刑法纲要》，清华大学出版社1999年版，第205-206页。

② 参见彭霞光："中国特殊教育发展现状研究"，《中国特殊教育》2013年第11期，第3-7页。

③ 参见[意]杜里奥·帕多瓦尼：《意大利刑法学原理》（注评版），陈忠林译评，中国人民大学出版社2004年版，第209页。

障碍、重要生理缺陷等）以及作为选择要素的主体的特殊身份（即纯正身份犯之身份）。而如前所述，在德日阶层体系中，犯罪主体并无独立阶层之地位，主流理论对与之相关要素的处理方式是，责任能力与违法性认识（可能）、期待可能性并置，构成了有责性阶层之内容，而作为行为主体之“人”以及主体的特殊身份，则被归于构成要件符合性阶层。可见，两大体系对主体的特殊身份有着截然不同的归类，故首先需要究明的是，对主体特殊身份的这两种不同归类，各自之依据究竟何在？到底何种归类更为合理？

对于主体的特殊身份为何应该被置于犯罪主体要件而非其他要件（如犯罪客观要件）的问题，我国传统刑法学理论多未细究。而未予细究之缘由应该是，在多数研究者看来，该问题的答案即存在于犯罪主体的特殊身份概念中，可谓不言自明。“所谓犯罪主体的特殊身份，是指刑法所规定的影响行为人刑事责任的行为人人身方面特定的资格、地位或状态”[①]，主体的特殊身份因系行为人人身方面的事实，故理所当然地应该属于犯罪主体要件之内容。但经由比较德日阶层体系对主体特殊身份截然不同的归类后可能会发现，问题似乎并未如我们预想的那般理所当然，因为在德日阶层体系中，主体的特殊身份就属于客观的构成要件要素（即相当于被定位于我国传统要件体系的犯罪客观要件中），而非责任要素，如此截然不同的归类就不能不引起我们的深思。在笔者看来，将主体的特殊身份置于犯罪主体要件中必须解决的问题是：主体的特殊身份乃客观事实，而犯罪主体要件之要素事实应该为主观方面的人格心理事实，那么作为客观事实的主体的特殊身份何以能够成为主体要件之要素呢？对于该问题，坚持我国传统要件体系的研究者或许会认为，刑事责任年龄也是客观事实，却被公认为属于主体要件之内容，既然如此，主体的特殊身份当然也就不成其为问题了。可问题是，如上所析，刑事责任年龄本身虽为客观事实，但因其系属反映主体刑事责任能力之因素，它本身并非与刑事责任能力相并列的主体要件之要素，这也是刑事责任年龄虽为客观事实却何以被置于主体要件之缘由。由此可见，如若主体的特殊身份并非作为反映主体相关人格事实之因素，那么它就根本无由成为主体要件之内容。

对于主体的特殊身份何以能够被定位于犯罪主体要件而非其他要

① 高铭暄、马克昌主编：《刑法学》（第九版），北京大学出版社、高等教育出版社 2019 年版，第 91 页。

件，我国刑法学家陈忠林教授给出了理据，他指出，“刑法分则规定某些犯罪的主体必须具备特定身份，是因为只有具备这些特定身份，行为人才可能进入到相应刑法规范所调整的特定社会关系的领域，也才可能具有实施相应犯罪所需的辨认能力和控制能力；如果不具备相应犯罪主体所要求的特定身份，行为人就不可能直接实施侵害刑法分则保护的特定社会关系的犯罪。例如，不具备国家工作人员的身份，行为人就没有职务上的便利可利用；没有职务上的便利可利用，就不可能直接实施刑法分则第八章规定的贪污、受贿、挪用公款等犯罪行为。”[①]笔者认同此一见解，行为人若不具备特定的身份，就没有进入相关社会关系领域之资格，而未能进入特定的社会关系领域就无法实施相应的犯罪，也即缺乏实施特定犯罪之能力。因此，主体的特殊身份在本质上系与刑事责任年龄、精神障碍和重要生理缺陷等一样，属于反映主体刑事责任能力之因素。只不过刑事责任年龄、精神障碍和重要生理缺陷等属于反映主体一般责任能力的因素，是认定所有自然人犯罪主体的刑事责任能力时都必须予以考量的因素，而主体的特殊身份则是反映主体特殊刑事责任能力（该能力以一般责任能力作为前提）的因素，仅在认定特定犯罪主体的特殊刑事责任能力时需要加以考量的因素。

在明确主体的特殊身份在犯罪构成要件中的定位之后，笔者认为，对于该因素的把握，还需要注意如下几个问题：

首先，主体的特殊身份除了反映主体的特殊刑事责任能力外，的确如德日阶层体系给其所作的定位那般，也可以成为犯罪客观方面的内容，换言之，主体的特殊身份首先是使行为人获得进入特定社会关系领域之资格，即具备特定的刑事责任能力，而一旦进入到特定社会关系领域后，作为客观事实的主体的特殊身份还可成为认识、情绪情感以及意志因素之内容，进而在客观现实中能够被利用来实施特定的犯罪行为。例如，行为人在取得国家工作人员的身份后，该身份便可成为其认识、情绪情感以及意志之内容，进而在现实中被利用来实施相关的犯罪行为（如贪污、受贿等）。由此可见，主体的特殊身份实际具有三重属性：首先是作为反映主体特殊责任能力之因素，其次是成为认识、情绪情感和意志之内容，最后

① 陈忠林主编：《刑法总论》，高等教育出版社2007年版，第123页。

是成为犯罪客观方面的手段或方法。[①]

其次，主体的特殊身份由于具备三重属性，也使得它与其他反映主体刑事责任能力的因素（如年龄、精神障碍、精神活性物质和重要生理缺陷等）相比，表现出特殊性，其特殊性在于，不具有该特殊身份的主体在具备一般主体条件的前提下，可以借助具有该身份之主体身份进入到原本无资格（能力）进入的社会关系领域，从而实施相关的犯罪，如我国刑法第382条第3款规定的“与前两款所列人员勾结，伙同贪污的，以共犯论处”，其中就包含此种情形。而年龄、精神障碍、重要生理缺陷等则由于只是作为反映主体一般责任能力之因素，因而不具备此等属性。例如，未达刑事责任年龄者并不能利用已达刑事责任年龄者而使自己获得责任能力，从而令自己实施的危害行为构成犯罪；同理，已达刑事责任年龄者也不能利用未达刑事责任年龄者而使自己丧失责任能力，从而令自己实施的危害行为出罪，相反，对于已达刑事责任年龄者而言，此等情形还应该成为从重处罚之依据。精神障碍、重要生理缺陷等也同样如此。

最后，在有些国家或地区的刑法所规定的某些犯罪中，主体的特殊身份可能是作为间接反映主体刑事责任能力之因素。例如，有不少国家或地区的刑法都规定了“（母亲）杀婴罪”[②]，其法定刑均轻于普通故意杀人罪。该罪之成立要求“必须在生产时或甫生产后的特别情状下为之者”[③]，此等特别情状在不少国家的刑法典中都作了明确的规定，即通常

---

① 笔者并不认同德日刑法学理论通说仅仅将主体的特殊身份定位于构成要件要素而否定它的其他方面的属性，因为这将导致对相关行为定性上的不合理。例如，邮政部门的临时清洁工，误认为自己是邮政工作人员，而私自开拆、隐匿或者毁弃邮件，在笔者所主张的体系中，由于行为人不具备邮政工作人员之特殊身份，故不符合私自开拆、隐匿、毁弃邮件罪的犯罪主体要件，因犯罪主体要件系第一位的要件，故无需再判断是否符合该罪的主观及客观要件了，因此，其行为不可能构成私自开拆、隐匿、毁弃邮件罪（但可成立侵犯公民通信自由罪）。而若依据德日刑法学主流理论对主体特殊身份的定位，将得出不同的结论，因为在德日阶层体系中，虽然主体的特殊身份被置于构成要件符合性阶层，且系作为第一位的因素，但主体身份若仅仅作为构成要件要素的话，那么即便主体不具备特定的身份，也不能据此否定行为符合构成要件，正好比使用已完全失效的“毒药”杀人或误认尸体为活人而进行击杀之情形一样，行为并非不成立犯罪，而是成立犯罪未遂。因此，误认为自己是邮政工作人员，而私自开拆、隐匿或者毁弃邮件的行为，依其对主体特殊身份的定位，理论上应该成立私自开拆、隐匿或者毁弃邮件罪的未遂（属手段不能犯未遂）。此外，主体的特殊身份所具有的多重属性，还能够解开不作为犯罪之作为义务性质的问题，笔者将于下一章中论及该问题。

② 例如，我国台湾地区“刑法典”第274条，奥地利联邦共和国刑法典第79条，葡萄牙刑法典第136条，瑞士联邦刑法典第116条，芬兰刑法典第21章第4条，加拿大刑法第216条，新西兰刑法典第178条，等等，都对生母杀婴的行为作出了有别于普通故意杀人罪的规定。

③ 参见林山田：《刑法各罪论》（上册），北京大学出版社2012年版，第42页。

是指“母亲因分娩而致精神紊乱”之情形，[①]这也是该罪的法定刑轻于普通故意杀人罪之缘由。笔者认为，在限定母亲因分娩而致精神紊乱所构成的杀婴罪中，母亲之身份应该是作为间接反映主体刑事责任能力之因素，即是作为反映主体刑事责任能力因素的精神障碍之特定类型的因素，而非作为直接反映主体刑事责任能力之因素，因为分娩本身并不会直接影响母亲的刑事责任能力，只有在母亲因分娩而致精神障碍时，方可影响其刑事责任能力。由此可见，母亲的身份只是反映此种精神障碍之因素，因而是一种间接反映主体刑事责任能力之因素。对其作如此定位也能够较好地处理该罪之认识错误的问题，譬如，母亲因分娩而致某种程度的精神障碍，在其将他人的婴儿误认为是自己的婴儿而加以杀害时，应该成立杀婴罪，但若是母亲的分娩并未致精神障碍，在其将自己的婴儿误认为是他人的婴儿而加以杀害时，则应该成立普通故意杀人罪。

（六）其他因素

在对如上影响主体刑事责任能力的系列因素进行探讨后，最后还需要注意的是，上述因素并未囊括所有影响主体刑事责任能力之因素，就中缘由在于，在具体个案中，主体的辨认和控制能力可能会受到方方面面的影响，除了前述一般性的因素外，还可能是主体的某些自身因素以及案发时的某些具体情境因素，这些因素同样可能使行为人丧失辨认或控制能力。例如，意外事件（如睡梦中的行为、反射性动作以及司机在驾驶过程中因被人从车窗扔入的鞭炮爆炸而受到惊吓致车辆失控致人死伤的行为等）、不可抗力（如身体受到强制而实施的行为、在封闭的高速公路上突遇横穿马路的人因刹车不及致人死伤的行为等）以及愚昧无知（如利用迷信手段实施的行为、认为飞机在空中会随时坠毁而劝人乘坐飞机的行为等）等。总之，影响主体刑事责任能力的因素种类繁多，在具体个案中，判定主体刑事责任能力之有无时，除了应该考量一般性的因素外，还应审视行为人的个体因素以及案发时的相关具体情境因素。

---

① 例如，葡萄牙刑法典第136条杀婴罪规定，“母亲在分娩时或者刚分娩后，在分娩对其所造成的精神紊乱的影响下杀害其婴儿的，处1年至5年监禁。”新西兰刑法典第178条规定，“妇女因尚未完全从生产哺乳所造成的影响中恢复过来，或因哺乳以及其他因生育所造成的精神紊乱，且在精神紊乱状态下，采用应当承担刑事责任的杀人方式杀害自己未满十周岁孩子的，按照杀婴罪判处三年以下监禁，但该行为不构成谋杀和非预谋的杀人罪。”芬兰刑法典第21章第4条“杀婴”规定，“因分娩而导致处于疲惫或者抑郁状态的妇女杀害自己的婴儿，应当因为杀婴被判处最低4个月最高4年有期监禁。”加拿大刑法第216条规定，“妇女以故意之作为或不作为致其出生的子女死亡，而其作为或不作为时生产尚未完全复原或受哺乳的影响，致其情绪紊乱者，为杀婴罪。”如此等等。

第四节　犯罪动机

在中外刑法学理论中，犯罪动机主要是在量刑论中加以探讨，即认为它一般是作为量刑情节而存在，不过，也肯定其有时会对定罪产生影响。那么，什么是犯罪动机？其在行为结构中的定位为何？它到底能否成为犯罪构成要件之要素？接下来拟就这些问题加以探究。

一、犯罪动机的概念

除刑法学外，犯罪动机也为犯罪心理学所关注，由于犯罪心理学研究的犯罪与刑法学中的犯罪具有一致性[①]，故在界定犯罪动机时也不能忽视犯罪心理学有关犯罪动机的研究，因此，笔者拟将犯罪心理学者与刑法学者对犯罪动机的界定一并加以辨析。在犯罪心理学和刑法学中，有关犯罪动机概念的代表性见解有：（1）犯罪动机是驱使犯罪人实施犯罪行为的内心起因。它是在外界诱因的刺激下和主体不能以社会规范抑制其强烈、畸变需要的基础上产生的。[②]（2）犯罪动机是指推动或者促使个人实施犯罪行为的内部动力。[③]（3）犯罪动机就是激起和推动犯罪人实施犯罪行为的动因。[④]（4）犯罪动机，是指刺激犯罪人实施犯罪行为以达到犯罪目的的内心冲动或者内心起因。[⑤]（5）犯罪动机是刺激、促使犯罪人实施犯罪行为的内心起因或思想活动，它回答犯罪人基于何种心理原因实施犯罪行为，说明实施犯罪行为对行为人的心理愿望具有什么意义。[⑥]

犯罪动机属动机之特殊类型，故对其界定应当以心理学有关动机的研究为基础。如前所述，在功能方面，动机对行为具有起动、指向和激励功能，从犯罪心理学者和刑法学者对犯罪动机概念的上述界定中可以看出，他们都突出了犯罪动机的功能，但多数强调的只是动机的第一项功能，即起动功能，少量也注意到了动机的激励功能，除了第四种定义（也即通说定义）外，其余定义都忽视了动机的指引功能，但通说定义却忽视

① 参见罗大华、何为民主编：《犯罪心理学》，中国政法大学出版社 2007 年版，第 23–24 页。

② 罗大华、何为民主编：《犯罪心理学》，中国政法大学出版社 2007 年版，第 77 页。

③ 梅传强主编：《犯罪心理学》，法律出版社 2010 年版，第 72 页。

④ 邱国梁：《犯罪动机论》，法律出版社 1988 年版，第 27 页。

⑤ 高铭暄、马克昌主编：《刑法学》（第九版），北京大学出版社、高等教育出版社 2019 年版，第 117 页。

⑥ 参见张明楷：《刑法学》，法律出版社 2004 年版，第 277 页；苏惠渔主编：《刑法学》，中国政法大学出版社 2007 年版，第 111–112 页。

了动机的激励功能。笔者认为，动机的整体就好比汽车的引擎兼方向盘，仅强调其起动和激励功能而忽视其指引功能，动机就俨然没有方向盘的汽车，而仅强调动机的起动和指引功能，动机就俨然缺乏持续动力的汽车，故在定义犯罪动机时应该全面考量动机的各项基本功能。因此，如若严格依据心理学有关动机的认识，那么对犯罪动机便可作如此定义，即激发、指引和推动犯罪人实施犯罪行为的内部动力。本定义由于强调犯罪动机的指引功能，而与犯罪动机指引功能紧密相关的是犯罪目的，而如所周知，犯罪目的只存在于直接故意犯罪中，故该定义所指涉的犯罪动机也就只存在于直接故意犯罪中。认为犯罪动机只存在于直接故意犯罪中也是我国刑法学界的理论通说。[①]

不过，在我国刑法学界，也有少量学者对犯罪动机只存在于直接故意犯罪中之理论通说提出了质疑，指出，“间接故意犯罪和过于自信过失犯罪的行为人，尽管不具有希望通过犯罪行为本身去导致危害结果发生的心理态度，不存在犯罪的目的，然而，他们对于自己的行为可能导致危害结果的发生，都是有预见的。摆在他们面前的，是可供选择的两种情况：要么积极排除危害结果发生的可能性，坚决防止触犯刑律；要么对危害结果的发生持放任或轻信能够避免的态度，甘冒触犯刑律的风险。在这种得失两可的场合，行为人舍弃前者而选择后者，必然是基于一定内心起因的推动。……所以，作为推动行为人实施犯罪行为的内心起因——动机，无论在直接故意或者间接故意和过于自信过失犯罪中，都是存在的。”[②]即认为，除无认识的过失（疏忽大意过失）犯罪外，直接故意犯罪、间接故意犯罪和有认识的过失（过于自信过失）犯罪都存在犯罪动机。

有关犯罪动机的存在范围，笔者认为，不仅直接故意犯罪、间接故意犯罪和有认识的过失犯罪存在犯罪动机，而且无认识的过失犯罪其实同样存在犯罪动机。这是因为，已如前述，在心理学中动机是一个解释性的概念，即解释行为人为何实施特定行为的问题，就此等意义而言，任何行为的实施都必然有其心理原因，亦即都必定存在动机，不管是直接故意犯罪还是间接故意犯罪，是有认识的过失犯罪还是无认识的过失犯罪，概莫能外。正如我国台湾地区学者蔡墩铭所指出的，“行为之实施，均有其动

① 参见高铭暄、马克昌主编：《刑法学》（第九版），北京大学出版社、高等教育出版社 2019 年版，第 117-118 页；孙国祥主编：《刑法学》，科学出版社 2002 年版，第 104 页；周光权：《刑法总论》（第二版），中国人民大学出版社 2007 年版，第 134 页。

② 曾宪信、江任天、朱继良：《犯罪构成论》，武汉大学出版社 1988 年版，第 105-106 页。

机，无动机则无行为。”[①]此外，在心理学中，动机除了有意识的动机外，还存在一种潜意识（或称为无意识）的动机，潜意识动机是指无意识的或者没有清楚意识到的动机，这种动机人们虽然意识不到它们的作用，但能在其支配下产生各种各样的行动，例如，对活动的定势与意向等。[②]无认识的过失犯罪的动机就主要是这种潜意识的动机。与故意犯罪一样，过失犯罪（无论是有认识的过失犯罪还是无认识的过失犯罪）之犯罪动机的性质也是多样而复杂的，如为求得高产增效而冒险作业，为制止犯罪而防卫过当，为好奇、探究造成过失，为争强好胜、谋求私利造成损失等。[③]

一如直接故意犯罪之犯罪动机，存在于间接故意犯罪和过失犯罪中的犯罪动机同样具有刑法价值，其价值在于，这些犯罪中的犯罪动机能够成为影响量刑的因素。[④]有鉴于犯罪动机在不同类型犯罪中的存在形式及刑法价值，同时联想到刑法中存在诸多“纯正（或真正）”与“不纯正（或不真正）”的相对概念[⑤]，笔者也拟将存在于犯罪行为中的动机区分为“纯正（或真正）的犯罪动机”和“不纯正（或不真正）的犯罪动机”。纯正的犯罪动机也即上述仅存在于直接故意犯罪中的动机，也可称之为狭义的犯罪动机，而不纯正的犯罪动机则是指存在于间接故意犯罪和过失犯罪中的动机，纯正（真正）的犯罪动机与不纯正（不真正）的犯罪动机统称为广义的犯罪动机。由于间接故意犯罪和过失犯罪不存在犯罪目的，又因纯正的犯罪动机与犯罪目的紧密关联，而与犯罪目的紧密联系的是动机的指引功能，因此，广义的犯罪动机若要包容纯正的犯罪动机与不纯正的犯罪动机，那么在界定广义的犯罪动机时，取二者之“最大公约数”，就应当去除动机的指引功能。如此，广义的犯罪动机便可定义为：激发和推动犯罪人实施犯罪行为的内部动力。

---

① 蔡墩铭：《犯罪心理学》（上），台湾黎明文化事业公司1979年版，第21页。

② 参见彭聃龄主编：《普通心理学》，北京师范大学出版社2001年版，第336-337页。

③ 参见罗大华主编：《犯罪心理学》（第五版），中国政法大学出版社2007年版，第269页

④ 需要注意的是，不能望文生义地认为，由于犯罪是恶的，故犯罪的动机也必定是恶的动机，犯罪行为的恶与其动机的善或恶并无内在必然联系，因为现实中“好心干错事”之情形可谓比比皆是，正如伦理学家梯利所指出的，“一个人可能主观上是道德的而客观上是不道德的，反之亦然。而当他的动机与行为之间存在不一致的时候，我们能称他是真正善或真正道德的吗？我们能把他树为世界的一个榜样，像赞美一个动机与行为一致的人一样赞美他吗？不，我们倒不如去为他寻求宽恕和谅解”，参见[美]弗兰克·梯利：《伦理学导论》，何意译，广西师范大学出版社2001年版，第93页。

⑤ 例如，“纯正（真正）不作为犯”和“不纯正（不真正）不作为犯”，“纯正（真正）身份犯”和“不纯正（不真正）身份犯”等。

二、犯罪动机在犯罪构成体系中的定位及地位

犯罪动机在犯罪构成中的定位所涉及的是犯罪动机在犯罪构成中的归属问题，而犯罪动机在犯罪构成中的地位所涉及的则是犯罪动机能否成为犯罪构成要件之要素的问题。接下来拟就这两个问题进行研讨。

（一）中外刑法学理论有关犯罪动机之定位及地位歧见

域外刑法学界对于犯罪动机能否成为影响定罪之因素的问题存在不同的看法。在法国，犯罪的成立原则上不考虑犯罪动机，但存在例外情形，如有学者指出，原则上只要有犯罪故意，不论动机如何，故意犯罪即告成立；但也有些情况，法律对那些从外部要件来看属于犯罪性质的行为，由于考虑到这种行为的动机，而将它们看成是合法的行为；与此相反，对那些并无违法动机，并不违法的行为，法律也可能基于考虑到行为人的动机而将其看成是非法的行为。例如，法国刑法典第 227-12 条规定的“以营利为目的”、第 314-7 条规定的“为逃避在刑事、侵权或准侵权行为方面产生的财产性质的义务”、第 411-9 条规定的“实施上述行为之目的在于为外国国家、外国企业或外国组织服务”以及第413-1条至413-6 条规定的“意图危害国家防务”等，都属于犯罪动机，在这些犯罪中，犯罪动机影响犯罪的成立。[①]在俄罗斯刑法学界也有学者认为，犯罪动机在犯罪构成中具有重要作用，它是犯罪构成主观方面构成的选择要件（补充要件），例如，俄罗斯刑法典第 285 条“滥用职权”规定的“如果这种行为是出于贪利动机”，还有，第105条“杀人”第2款第2项规定的“因他人执行公务或履行社会义务而对他或其亲属实施的”与第317条“侵害执法机关工作人员的生命”规定的“为妨碍执法机关的工作人员、军人维护社会秩序和保障公共安全的合法活动或为报复这种活动而侵害上述人员及其亲属的”，将两罪区分开来的是犯罪动机。[②]在英美法系也有观点认为，在某些特定的案件中，动机是犯罪的构成要素。如在对诽谤罪的指控中，如果可以行使正确的民事评论辩护权或者特有权的辩护权，一旦证实行为人是出于怨恨或恶意，诽谤的内容则难以立脚。[③]可见，在法国、俄

---

① 参见[法]卡斯东·斯特法尼等：《法国刑法总论精义》，罗结珍译，中国政法大学出版社1998年版，第253-256页。

② 参见[俄]Л. В. 伊诺加莫娃-海格主编：《俄罗斯联邦刑法（总论）》，黄芳等译，中国人民大学出版社 2010 年版，第 93-95 页。

③ 参见[英]J·C·史密斯、B·霍根：《英国刑法》，马清升等译，法律出版社 2000 年版，第95页。

罗斯以及英美法系的刑法学理论中，犯罪动机均被置于心理要件或犯罪主观方面中作为罪过的一个选择性要素。在德日阶层体系中，由于既无犯罪主体要件也无犯罪主观要件之独立阶层地位，以致该体系对构成犯罪的主观心理因素的处理极为混乱，如今的主流见解是，责任能力和违法性认识（可能）被置于有责性阶层，其他的主观心理要素则被置于构成要件符合性及违法性阶层，从而成为主观的构成要件要素或主观的违法性要素，其中便包含作为犯罪成立条件的犯罪动机，如属于犯罪动机类型的短缩行为犯的超越内心倾向的意图、倾向犯的内心倾向等。[①]此外，在立法上也明确规定有犯罪动机作为犯罪成立条件之情形，如德国刑法典第 211 条（谋杀）就明确规定有“出于杀人嗜好、性欲的满足、贪财或其他卑劣动机”，还有我国台湾地区“刑法典”第 320 条规定的财物取得，第 204 条意图供伪造变造有价证券之用而制造交付或收受器械原料之罪。对此，我国台湾地区学者韩忠谟曾就此种类型的犯罪动机指出，“现时刑法理论以此等意图列为犯罪成立要件后，与各该犯罪类型之违法性大小轻重密切关系，已成为犯罪构成之主观违法要素，非复通常之犯罪动机可比矣”[②]。

我国刑法学理论在犯罪论与量刑论中均涉及犯罪动机，并且可以看到，所有奉持传统要件体系的刑法教科书在犯罪构成中探讨犯罪动机时，均无一例外地将其置于犯罪主观要件中，至于犯罪动机在整个刑法学体系中的地位，通说的见解是，犯罪动机侧重于影响量刑，但在特定情况下也影响定罪，这些特定情况包括刑法第 13 条“但书”之规定以及刑法分则规定的以情节是否严重或恶劣作为区分罪与非罪标准的情节犯。[③]也即认为，犯罪动机通常是作为量刑情节而存在，只在特定情形中作为定罪情节从而对定罪产生影响，换言之，否定其在犯罪主观要件中的要素地位。

据上可知，中外刑法学理论都肯定犯罪动机对定罪的影响，但因各自犯罪论体系的差异，故对其定位也不相同。我国与俄罗斯一样，主流理

---

① 参见[德]汉斯·海因里希·耶赛克、托马斯·魏根特：《德国刑法教科书》，徐久生译，中国法制出版社 2001 年版，第 383-386 页。不过，也有学者认为，主观的责任要素包括对行为决意有影响的全部事实，从而认为，行为的动机也能成为责任要素，参见[日]大谷实：《刑法总论》（新版第 2 版），黎宏译，中国人民大学出版社 2008 年版，第 287-288 页。德国刑法学家罗克辛则认为，与犯罪类型相关的主观心理要素属于构成要件要素，反之，若非与犯罪类型相关，而只影响刑罚轻重的主观心理要素则属于罪责要素，参见[德]克劳斯·罗克辛：《德国刑法学 总论》（第 1 卷），王世洲译，法律出版社 2005 年版，第 204-206 页。

② 韩忠谟：《刑法原理》，中国政法大学出版社 2002 年版，第 149 页。

③ 参见高铭暄、马克昌主编：《刑法学》（第九版），法律出版社、高等教育出版社 2019 年版，第 119 页。

论均将犯罪主体作为一个独立的要件，法国的犯罪论体系是以“犯罪行为”（含“法律要件”“事实要件”和“心理要件”）和“行为人”为基点的二元论体系，其行为人基本相当于我们的犯罪主体要件，[①]我国和俄罗斯的要件体系与法国的二元论体系对于犯罪动机的定位相同，即都将其置于主观要件或心理要件中而非主体要件或行为人中加以探讨，只是我国的理论通说否定犯罪动机在主观要件中的要素地位，而俄罗斯和法国主流理论则肯定其作为主观要件或心理要件之选择性要素地位。德日阶层体系则通常将犯罪动机定位于构成要件符合性阶层或违法性阶层，并肯定其阶层要素之地位。

（二）犯罪动机在犯罪构成体系中的定位及地位之我见

犯罪动机属于人的内在心理事实，这一点在理论上概无疑议，至于犯罪动机到底是属于心理过程之内容还是属于人格之内容，在将犯罪主体作为独立要件的体系中，由于理论一概将犯罪动机置于犯罪主观要件而非犯罪主体要件中加以探讨，因而认为犯罪动机当属心理过程之内容，而在对构成犯罪的心理因素不作层次划分的体系中，则根本无需讨论这样的问题。在笔者看来，犯罪动机在犯罪构成体系中应该如何定位是刑法学理论中的一个重要问题，忽视此一问题或对其定位错误，都将导致无法解释相关的刑法问题，甚至还会因此而创设出无谓的理论（如下文将论及的德日阶层体系中的“期待可能性理论”）。

如上所述，在心理学中，动机属于人格之基本范畴，人格具有稳定性之特征，只是相对于属个性心理特征的能力而言，动机属于人格结构中最为活跃的个性倾向性之内容，换言之，在稳定性程度上，动机虽然未若能力那般稳定，不过仍不失其稳定性，因为动机在达成目标之前的相当时间内都起着维持乃至强化行为的作用，由此表现出持久性（也即稳定性）之特征，因而明显有别于具有动态性、易变性及情境性的心理过程之知情意因素，这也是心理学之所以将动机划归人格而非心理过程之缘由。因此，依据行为的内在结构层次划分以及与之相对应的犯罪构成要件，笔者提出，犯罪动机应当属于犯罪主体而非犯罪主观之内容。可以看到，在意大利刑法学界，理论已经意识到“犯罪动机……对主体人格的认定具有极大的价值”。[②]在我国刑法学界，虽然研究者们在比较犯罪动机与犯罪目的时，都基本认同犯罪动机是比犯罪目的更为内在深层的心理发动机制，

① 参见孙平、博胥康：“法国犯罪二元论体系概述”，赵秉志主编：《刑法论丛》（第 11 卷），法律出版社 2007 年版，第 303-320 页。

② 参见陈忠林：《意大利刑法纲要》，中国人民大学出版社 1999 年版，第 252 页。

但却均未意识到犯罪动机实际已无法为相对浅表的心理过程所包容，在行为的内在结构中它深居于行为之人格层面，当然更为关键的还是未意识到犯罪主体要件其实就是对主体人格层面的相关事实因素的归纳概括，因而未能将犯罪动机置于犯罪主体要件中加以探讨也就在所难免了。将犯罪动机定位于犯罪主体要件具有较为重要的刑法学价值，如此能够使其与犯罪主观要件的关系变得十分清晰明了，而厘清犯罪动机与犯罪主观要件的关系对于解决相关理论难题也将大有裨益。

在确定犯罪动机的归属后，接下来需要探讨的是犯罪动机在犯罪主体要件中有无其要素地位的问题。如上所述，我国刑法学理论的通说认为，犯罪动机影响定罪只是其作为定罪情节而非作为犯罪构成要件之要素，即否定犯罪动机作为犯罪构成要件之要素地位。不过，在我国刑法学界，有研究者很早就提出，犯罪动机虽然不是所有犯罪成立都必须具备的要素，却是某些犯罪成立的必要条件，如其指出，有些犯罪我国刑法虽然都标明了其成立需“以营利为目的”“以泄愤报复或其他个人目的”或者“意图陷害他人或者隐匿罪证”之条件，但刑法所标明的这些犯罪目的，实际上是犯罪的动机。[①]该见解后来也得到了一些研究者的认同[②]，并且如上所述，在法国刑法学界也有学者持此一见解。不过随着德日刑法学理论的引介，我国有越来越多的研究者开始接受德日刑法学理论中的目的犯学说，认为刑法规定的犯罪目的就是犯罪目的而非犯罪动机，并由此区分出了两种类型的目的犯，即“断绝的结果犯”（又谓“被抑制的结果犯”或“直接目的犯”）和“短缩的行为犯”（又谓“不完全的行为犯”“间接目的犯”或“短缩的二行为犯”[③]）。断绝的结果犯是指“构成要件行为由追求超越客观构成要件的外在结果来予以补充，该外在结果在行为发生之后，不要行为人再做什么就应当自动发生”。短缩的行为犯是指“行为人必须想在实现构成要件之后，以自己的行为促成超越客观构成要件的结

① 参见余欣喜：“犯罪动机应是犯罪构成的选择要件”，《西北政法学院学报》1988 年第 1 期，第 34-36 页。

② 参见张明楷：《犯罪论原理》，武汉大学出版社 1991 年版，第 92 页。在该著作中，张明楷教授认为目的犯的目的实际上就是犯罪动机，不过从他后来的著述来看，他实际已放弃了此种观点，参见张明楷：《刑法学》（第五版），法律出版社 2016 年版，第 298-301 页。刘明祥：“论目的犯”，《河北法学》1994 年第 1 期，第 10-13 页；董玉庭：“主观超过因素新论”，《法学研究》2005 年第 3 期，第 62-79 页。

③ 参见张明楷：“论短缩的二行为犯”，《中国法学》2004 年第 3 期，第 147-156 页。

果的发生。”[①]简言之，在断绝的结果犯中，犯罪目的的实现只需行为人实施符合构成要件（实指犯罪既遂成立）的行为，而在短缩的行为犯中，行为人除了要实施符合构成要件的行为外，还需额外的行为才能实现犯罪目的。短缩的行为犯的基本特点是，行为人只要实施完符合构成要件的行为即成立犯罪既遂，但若不具有刑法规定的特定目的，即使实施了符合构成要件的行为，也不构成该罪（可能不构成犯罪或者构成他罪）。

在我国刑法中有不少犯罪的成立，刑法明确规定必须具备特定的目的，例如，刑法第152条规定成立走私淫秽物品罪须“以牟利或者传播为目的”，第175条规定成立高利转贷罪须“以转贷牟利为目的”，第217条规定的侵犯著作权罪、第218条规定的销售侵权复制品罪和第303条规定的以聚众方式构成的赌博罪，均要求“以营利为目的”，第228条规定的非法转让、倒卖土地使用权罪和第363条规定的制作、复制、出版、贩卖、传播淫秽物品牟利罪均须具备“以牟利为目的”，第276条规定破坏生产经营罪须出于“泄愤报复或者其他个人目的”，第385条受贿罪和第387条单位受贿罪规定的“为他人谋取利益”，还有第192条规定的集资诈骗罪、第193条规定的贷款诈骗罪和第224条规定的合同诈骗罪均须“以非法占有为目的”，如此等等。那么在这些犯罪中，刑法所规定的特定目的到底系属何等性质的心理事实呢？其中是否有些属于犯罪动机呢？犯罪动机与犯罪目的区别究竟何在？

在笔者看来，较之于作为意志之核心的目的，动机因系属人格之基本范畴，故其具有相对稳定之特征，这种相对稳定性通常表现为受其激发和推动的行为具有反复性，也即行为人通常会反复地实施相关的行为。据此，上述“以营利或牟利为目的”作为成立条件之一的犯罪，就明显具备此一特征，因此，笔者认同此等“目的”应为“动机”之见解。此外，由于动机也是一个解释性的概念，即为个体为何会这样或那样行为提供解释。准此以观，破坏生产经营罪中的“泄愤报复或者其他个人目的”，受贿罪和单位受贿罪中的“为他人谋取利益”、诬告陷害罪中的“意图使他人受刑事追究”、伪证罪规定的“意图陷害他人或者隐匿罪证”以及徇私枉法罪中的“徇私”“徇情”等，都应该属于犯罪动机。还有，当某一个罪存在两个“目的”，且前一目的系后一目的之前提或原因时，那么后一目的相对于前一目的而言，也应该属于动机，因为在此种情形中，后一目

---

① [德]汉斯·海因里希·耶赛克、托马斯·魏根特：《德国刑法教科书》，徐久生译，中国法制出版社2001年版，第384页。

的能够为行为人何以追求前一目的提供解释。据此可知，在绑架罪中，行为人的直接目的是控制人质，故作为该目的之原因的“勒索财物之目的或者其他目的”，也应该属于犯罪动机。

将刑法规定的一些特定目的还原为犯罪动机后，将不难发现，德日刑法学理论中的所谓短缩的行为犯，应该是一种以犯罪动机作为成立条件的犯罪类型，即实属“动机犯”之类型。如此也能够为短缩的行为犯所涉及的一个重要问题提供合理的解释，也即，立法为何能够将原本达至“目的”的前后相续的两个行为短缩为一个前行为？或者说，此种类型犯罪之既未遂为何与后一“目的”行为无关？如上所析，由于短缩的行为犯之“目的”实为犯罪动机，而动机属于人格之范畴而非心理过程之因素，犯罪动机的此等归属也使得其与犯罪客观方面的关系迥然有别于心理过程因素与犯罪客观方面的关系。心理过程与行为的客观之间密接相连，是一种直接的因果关系（前者为因，后者为果），因而也是一种直接的决定与被决定的关系，而人格是心理过程之前提，故其与行为的客观之间是一种间接的联系，也即二者之间并非直接的决定与被决定关系。因此，在犯罪行为中，犯罪主观要件不仅直接决定着犯罪行为的性质，并且如后文所析，犯罪主观要件内容在客观现实中是否实现还决定着犯罪行为的既未遂，而犯罪既遂之成立时点也即犯罪主观要件内容在客观现实中实现之时，它存在于达成犯罪目的的行为区间范围内。[①]由于在短缩的行为犯中，唯有其意志内容中的目的才是真正的犯罪目的（如绑架罪之控制人质），而作为该目的之主观原因（如绑架罪之勒索财物意图）则为犯罪动机，又因实现犯罪动机所预设目标的行为是接续达成犯罪目的行为之后的行为，而犯罪既遂之成立时点又只存在于达成犯罪目的的行为区间范围内，如此便解释了在短缩的行为犯中，其犯罪既遂的成立何以与实现犯罪动机所预设目标的行为（即被短缩的行为）无关的问题。

通过对短缩的行为犯之本质进行分析后，于此顺带论及与短缩的行为犯相关的所谓“主观超过要素”的问题。所谓主观超过要素是指没有客观要素与之相对应的主观要素，刑法理论一般认为其具体类型包含：目的犯之目的（实为短缩的行为犯之犯罪动机）、倾向犯之内心倾向和表现犯

---

① 如后文所析，犯罪既遂成立之时点应该为犯罪主观要件内容在客观现实中实现之时，也即犯罪对象所体现的法价值遭受实质性侵害之际，而犯罪对象所体现的法价值遭受实质性侵害之际，可能是犯罪目的实现之时（如故意杀人罪中被害人死亡），也可能是在犯罪目的的实现之前的某个时点（如盗窃罪中财物占有人失去对财物的控制），总之，犯罪既遂之成立时点存在于达成犯罪目的的行为区间范围内。相关论述详见本书“第八章第三节 二、（二）”以及“结语”部分的内容。

之内心状态。[①]对于主观超过要素的问题，笔者的见解是：

首先，在类型上，除了上述普遍承认的三种类型外，事实还存在其他的类型：一是除犯罪动机外，主体要件中的其他要素实质也都可谓属于主观超过要素。譬如刑事责任能力，如所周知，具备刑事责任能力的主体可以实施为数众多的犯罪行为，但现实中行为人实际可能只实施了一个或几个犯罪行为，换言之，行为人的责任能力在现实中并未得到充分的展现，故作为主观因素的责任能力超过了客观，因而也应该属于主观超过要素。还有后文将论及的作为犯罪主体要件另一选择性要素的“犯罪主体的态度”，也同样如此。二是不仅犯罪主体要件之要素具有超过客观要素的特点，就是与犯罪客观方面直接关联的心理过程要素也可能超过客观要素，那便是未遂犯之情形。显而易见，在未遂犯中，犯罪主观要件之内容在客观现实中并未实现，因而主观要件之内容也超出了客观实际之范围，故同样应该属于主观超过要素。

其次，对于倾向犯之内心倾向，笔者认为，它其实属于犯罪动机。所谓倾向犯是作为犯人的一定主观性倾向的表现而实施的犯罪，例如，强制猥亵罪必须是基于犯人追求性的满足这种主观性倾向的。[②]倾向犯的内心倾向之所以属于犯罪动机，系因为，人格即“个体在行为上的内部倾向”[③]，故主观性倾向属人格范畴，具体而言，倾向犯之内心倾向又完全符合动机之特征。以强制猥亵罪中的“追求性的满足的主观倾向”为例，如前所述，动机的产生有内在条件和外在条件，内在条件是需要，外在条件是诱因，追求性的满足是行为人的需要，特定情境以及对象的出现则是外在诱因，在满足这两个条件的情况下产生猥亵之犯罪动机（即“追求性的满足的主观倾向”），激发推动行为人实施强制猥亵行为。由此可见，倾向犯之内心倾向实质系犯罪动机。

再次，对于表现犯的内心状态，笔者认为，其应该属于心理过程因素。表现犯是“实施的行为只有表现行为人的内心状态才成为犯罪的，如伪证罪即是”[④]，“伪证罪中虚伪的表述，意味着与其记忆相反的心理的

① 参见[德]汉斯·海因里希·耶赛克、托马斯·魏根特：《德国刑法教科书》，徐久生译，中国法制出版社2001年版，第383-386页；[德]克劳斯·罗克辛：《德国刑法学总论》（第1卷），王世洲译，法律出版社2005年版，第208页；[日]大塚仁：《犯罪论的基本问题》，冯军译，中国政法大学出版社1993年版，第130页；[日]山口厚：《刑法总论》（第2版），付立庆译，中国人民大学出版社2011年版，第95-98页。

② 参见[日]大塚仁：《犯罪论的基本问题》，冯军译，中国政法大学出版社1993年版，第130页。

③ 黄希庭：《人格心理学》，浙江教育出版社2002年版，第8页。

④ [日]大塚仁：《犯罪论的基本问题》，冯军译，中国政法大学出版社1993年版，第130页。

过程。因此，必须将陈述者的陈述内容与其记忆内容相比较才能确定。”[①]由于记忆属于心理过程之内容，故表现犯之内心状态也应属于心理过程之内容，具体而言，应该属于犯罪故意认识因素之内容。[②]

最后，在笔者看来，肯定主观超过要素的存在具有较为重要的刑法学价值，主要体现为：一是主观超过要素的存在事实上暗含着一个极为重要的刑法学命题，那便是主观方面的要素在犯罪成立中具有决定性作用。因为显而易见的事实是，即便不存在与主观方面要素相对应的客观内容，行为仍然成立犯罪，但若是超出主观罪过范围的客观事实，则无论如何都不应该成为犯罪客观要件之要素，也即不存在所谓的客观超过要素。据此，在犯罪构成体系中，到底是犯罪主观要件还是犯罪客观要件居于主导或核心地位，可谓一目了然。二是德日刑法学理论中的所谓“构成要件的故意规制机能”将被否定，因为主观超过要素的存在意味着（客观的）构成要件根本无法为犯罪故意之成立提供不可或缺的事实内容。三是主观超过要素的存在也意味着主观方面的要素并非只能通过行为客观方面的要素方可获得证明，或者说只能根据客观的构成要件推断出来，[③]要不然，主观超过要素在司法实践中就将因无法被证明以致无需证明，如此显然不具有合理性。

综上所析，犯罪动机应该属于犯罪主体之内容，其在犯罪构成体系中的地位则是犯罪主体要件中的选择性要素，它只是某些犯罪成立之必备要素，而非所有犯罪成立之必备要素。

有关犯罪动机，最后还需要究明的一个重要问题是，立法缘何为某些犯罪设定犯罪动机这一成立条件？对此，笔者的思考结论是，立法之所以为某些犯罪设定犯罪动机之成立条件，可能主要是基于如下几个方面的考量：

首先，符合社会的一般观念或是实施相关行为通常具有的内在心理，例如，绑架罪之“勒索财物或其他目的（动机）”、受贿罪之“为他人谋取利益”以及伪证罪之“意图陷害他人或者隐匿罪证”等。

---

① [日]野村稔：《刑法总论》，全理其、何力译，法律出版社2001年版，第111页。

② 有关记忆的内容及属性，详见本书第七章“第一节　一、”以及“第四节　一、（一）1.”之内容。

③ 如前所述，在德国刑法学界，有权威刑法学者提出，“只有当主观要素与客观要素联系密切，以至于可从客观要素中可靠地推断出主观要素，始可运用主观要素”，参见[德]汉斯·海因里希·耶赛克、托马斯·魏根特：《德国刑法教科书》，徐久生译，中国法制出版社2001年版，第245页。笔者已于前文揭批此种认识的不合理性，这里则给出了另一理据。

其次，限缩处罚范围，即若立法不作此等限定将导致处罚范围过于宽泛。以赌博罪为例，一般意义上的赌博是指就偶然因素的输赢以财物进行赌事或者赌戏的行为[①]。如所周知，在现实生活中，一般性的赌博活动可谓比比皆是，若将所有的赌博行为一概入罪，显然打击面过于宽泛，故有必要对之加以限缩。而之所以用"营利之目的（动机）"进行限缩，则在于动机属人格范畴，故具有相对稳定性之特点，动机的相对稳定性将使得行为往往表现出反复性或持续性之特征，即行为人一旦具有通过赌博营利之动机，便往往会反复或持续性地实施赌博行为，因而较之于一般性的赌博，具备该动机的行为人具有较大的人身危险性[②]，其赌博行为也因此具有更大的社会危害性，这也可以从赌博罪的另一选择性的限缩条件——"以赌博为业"获得印证。[③]其他以营利或牟利为目的（动机）的犯罪，如侵犯著作权罪、高利转贷罪和销售侵权复制品罪等，还有走私淫秽物品罪之"传播动机"[④]等，也都具有此一特征。

最后，如下文所析，刑法分则在采取实质预备犯的立法模式设罪时，原形式预备犯之动机，也即所准备实施之罪的犯罪目的，通常是该预备行为是否具有罪过进而能否侵犯特定法益的一项重要指针，故刑法在将此等预备行为上升为实质预备犯时，该动机通常是其所不可或缺的成立条件之一。[⑤]

第五节　犯罪主体的态度

态度与能力、动机一样，属于人格结构中的基本范畴，刑事责任能

① 参见张明楷：《刑法学（上）》（第五版），法律出版社2016年版，第1078页。

② 当然这里的人身危险性未必就是刑法意义上的再犯可能性，而包含反复实施一般违法行为所表现出来的危险性。

③ 至于赌博罪的另一选择性的限缩条件——"以赌博为业"，属于接下来的一节中将要探讨的作为犯罪主体要件的另一选择性要素——"犯罪主体的态度"问题，由于态度与动机一样，均属人格之基本范畴，故其限缩依据与犯罪动机可谓如出一辙。

④ 与其他犯罪动机相比，走私淫秽物品罪之"传播动机"还有其特殊性，表现为：一方面，具有传播之动机使得主体往往会反复或持续性地实施传播淫秽物品的行为；另一方面，由于传播行为的对象通常具有人数不特定或者数量众多之特点，因而还具有较大的客观危害。故整体而言，具备该动机的走私淫秽物品行为较之于不具备该动机的一般走私淫秽物品行为，前者无疑具有更大的社会危害性。

⑤ 相关论述详见本书"第七章第四节 三、（二）3."之内容。

力和犯罪动机都能够成为犯罪主体要件之要素，那么，犯罪主体的态度是否也如二者那样能够成为犯罪主体要件之要素呢？接下来拟就该问题加以探究。

一、犯罪主体的态度之概念

如前所述，态度是指个体基于过去经验对其周围的人、事、物持有的比较持久而一致的心理准备状态或人格倾向，它包含认知成分、情感成分和行为意向成分三个部分。态度的特点有：具有特定的对象，在后天的社会生活中习得，主要通过联想、强化和模仿三种过程获得，不是外显行为本身而是一种行为意向，可由外显行为推知，一旦形成即相对稳定，对个体的内在心理活动和外显行为具有激发、调整和协调作用。心理学中一般意义上的态度在犯罪行为中则具体化为犯罪主体的态度，根据心理学对态度的一般定义可知，犯罪主体的态度应是指犯罪主体对自己实施的犯罪行为之态度，具体而言，是指犯罪主体基于过往经验而形成的对自己实施的犯罪行为所持有的一种比较持久而一致的心理准备状态或人格倾向。需要注意的是，犯罪主体的态度并非位居心理过程层面的犯罪主观之内容，而系犯罪主体之内容。可以看到，有不少刑法学研究者在界定犯罪主观要件时，往往使用“态度”一词作为定义的中心词，如将犯罪主观方面（要件）定义为“犯罪主体对自己的行为及其危害社会的结果所抱的心理态度”[①]，笔者认为，使用态度作为定义犯罪主观要件的中心词并非妥当，因为，犯罪主观要件乃心理过程层面之要件，而态度系属人格层面的基本范畴，二者分别居于行为的不同结构层次，因此，犯罪主观要件中的心理事实不包含态度。将犯罪主观要件界定为一种态度，还容易使研究者们误认为既然犯罪主观要件是主体的一种态度，那么就不可能有其他态度的存在，进而忽视了在人格层面中的真正意义上的态度。在笔者看来，这正是我国刑法学界普遍未注意到真正意义上的犯罪主体的态度，从而忽视探究其在犯罪构成要件中是否有其独立要素地位之主要缘由。

犯罪主体的态度具有非常重要的刑法学价值，罪犯的诸多罪前及罪后表现均可借助它而被纳入犯罪行为之范畴从而成为犯罪行为之内容。例如，我们熟知的累犯、自首、坦白、立功、积极退赔、认罪悔罪等，由于这些事实都主要是反映犯罪主体对自己所实施的犯罪行为之态度，而态度

---

① 高铭暄、马克昌主编：《刑法学》（第九版），北京大学出版社、高等教育出版社 2019 年版，第 100 页。

属人格范畴，人格又属于行为本体之内容，故罪犯的这些罪前罪后表现实质上仍然属于犯罪行为之内容，如此便不仅能够解释它们何以是“犯罪的”情节，而且还能够借其在很大程度上实现行为主义与行为人主义的统一。[①]不过，不难发现，这些主要反映犯罪主体态度的因素在多数情况下都只是影响量刑的因素，少数情况下也影响定罪，[②]即都只是量刑情节或定罪情节，而非犯罪构成要件之要素，故还需要究明的是，犯罪主体的态度能否成为犯罪构成要件的要素问题。

二、犯罪主体的态度之主体要件独立要素地位论

对于犯罪主体的态度能否成为犯罪构成要件的要素问题，虽然我国已有学者提出，刑法上的人格是指行为人对刑法所保护价值的一种对立态度，并认为，这种对立态度具有出罪及入罪功能，但从其论述中不难发现，这种态度所具有的出罪及入罪功能仍然只是作为定罪情节之功能，而非作为犯罪构成要件要素之功能。[③]除此之外，再未见有研究者触及此一问题。因此，我国刑法学界近乎完全忽视了该问题，而忽视的结果必然导致，当面对此一问题时只能给出否定的回答，即否定犯罪主体的态度作为犯罪构成要件之要素地位。但笔者认为，犯罪主体的态度在某些罪中是可以成为犯罪主体要件之要素的。

考察我国的刑事立法可以发现，犯罪主体的态度在某些罪中的确可以成为犯罪主体要件之要素。对此，我国旧刑法（即 1979 年刑法）多有规定，例如，旧刑法第 118 条规定的“以走私、投机倒把为常业”、第 152 条规定的“惯窃、惯骗”、第 168 条规定的“以赌博为业”等。笔者认为，在这些罪中，犯罪主体的态度便属于犯罪主体要件之要素，其中最

---

① 犯罪主体的态度是行为主义与行为人主义实现统一的关键性因素，但并非唯一的因素，二者实现统一需要借助由犯罪主体的态度、责任能力和犯罪动机等因素构成的作为整体的犯罪主体的人格。

② 例如，2000 年 11 月 21 日起施行的《最高人民法院关于审理交通肇事刑事案件具体应用法律若干问题的解释》第二条规定，“交通肇事具有下列情形之一的，处三年以下有期徒刑或者拘役：……（三）造成公共财产或者他人财产直接损失，负事故全部或者主要责任，无能力赔偿数额在三十万元以上的。”这里赔偿损失就是一个影响定罪的情节。当然，赔偿损失之所以能够作为从宽量刑情节乃至出罪情节，其依据在于，它对行为的两个结构层次可能产生影响：一是若主体积极赔偿，则体现主体的积极态度，由此反映出主体具有较小的人身危险性，二是能够在一定程度上抵消行为在客观层面所造成的客观损害。

③ 参见陈忠林、梅锦：“论人格在定罪中的运用”，《现代法学》2012 年第 6 期，第 141-144 页。依据前文之析论可知，笔者并不认同人格在定罪中的作用仅仅局限在存在于个案中的作为定罪情节的某种态度，事实上，主体要件中的所有要素（包括责任能力、犯罪动机和犯罪主体的态度）都属于人格之基本范畴，因此，在笔者看来，人格对定罪的作用已远远超出其作为定罪情节之功能。

为典型的当属构成惯窃罪、惯骗罪所要求的“惯窃、惯骗”。“惯窃、惯骗”意味着行为人在盗窃或诈骗行为上已形成稳定的行为模式，而从行为人的内在心理的角度来考察，则意味着该行为模式已经内化积淀为行为人的特定人格，具体而言，“惯窃、惯骗”所要求的是行为人对其盗窃、诈骗行为的态度，必须达到态度中最为稳定的类型——“性格”[①]之程度，即须达到“嗜窃成性”“嗜骗成性”之地步。而性格乃人格之范畴，故其并非为位居心理过程层面的犯罪主观要件之要素，而系属居于人格层面的与刑事责任能力和犯罪动机相并列的犯罪主体要件之要素。因此，犯罪主体的态度（含性格）也就毫无疑问地成为了惯窃罪、惯骗罪之主体要件的必备要素。

虽然我国现行刑法已废除了“以走私、投机倒把为常业”和“惯窃、惯骗”之规定，但却仍然保留了“以赌博为业”构成赌博罪之情形，因此，还有必要探讨的是，在该情形中犯罪主体的态度是否也为该罪主体要件之要素。笔者对此持肯定态度，就中缘由在于，“以赌博为业”是指以赌博为常业，即以赌博所得为主要生活来源或挥霍来源，或者虽有正当职业却不务正业，把主要精力放在赌博上，长期在工余时间从事赌博活动的。[②]由此可见，“以赌博为业”同样表明赌博已成为行为人稳定的行为模式，就内在心理事实而言，则意味着行为人对赌博已形成较为稳定的态度，即将赌博作为自己的职业或常业之态度。[③]从认定犯罪的逻辑顺序（即犯罪构成要件的排序）来看，如若行为人的外在行为表现并不能证明其对赌博已形成将赌博作为职业或常业之态度，即可在犯罪主体要件中排除行为人的赌博行为通过此种形式构成赌博罪。由此可见，犯罪主体的态度在赌博罪中也可以成为犯罪主体要件之要素，不过，与我国旧刑法规定的惯窃罪和惯骗罪不同的是，犯罪主体的态度在赌博罪中只是犯罪主体要件的选择性要素，而非必备要素，因为除了以此种方式构成赌博罪外，还可以通过其他的方式构成该罪。

依据我国现行刑法之规定，除赌博罪外，笔者认为，犯罪主体的态度在其他罪中也能够成为主体要件之要素。例如，我国刑法第 153 条第 1

---

① 因为如前所述，性格是个人对现实（即对人、对己、对事）的稳定的态度和习惯化了的行为方式。

② 参见高铭暄、马克昌主编：《刑法学》（第九版），北京大学出版社、高等教育出版社 2019 年版，第 549 页。

③ 不过，笔者认为，这种态度未必已上升至性格之程度，即达到嗜赌成性之程度，如果行为人赌博已达到嗜赌成性之地步，那么性格就可以作为从重处罚量刑情节。

款“走私普通货物、物品罪”规定，“（一）……一年内曾因走私被给予二次行政处罚后又走私的，处……”，从现有的理论来分析，将此种情形入罪是存在较大疑问的，就中缘由在于，前面两个走私行为只是行政违法行为，且均已受过行政处罚，第三次走私行为单独来看也应该仅属于行政违法行为，按理也只能适用行政处罚而不应适用刑事制裁。或许有论者会反驳道：不应该孤立地看待三次走私行为，而应该将它们结合起来作为一个整体加以考量。但其中存在的问题是，凭何将三次行为结合起来综合考量呢？显然，仅仅从客观危害的角度来分析是缺乏充分理据的，因为即便将三次走私行为结合起来，累积偷逃的关税总额都可能远未达到数额较大（10 万元）之标准。在笔者看来，诉诸行为人的内在心理是解决立法何以将此种类型的走私行为入罪的关键，理由在于，“一年内曾因走私被给予二次行政处罚后又走私的”，集中反映出主体对自己实施的走私行为的态度，具体而言，是行为人对我国的外贸监管制度以及关税征收制度的无视或蔑视态度，这种无视或蔑视态度可由其反复偷逃关税受罚仍不知悔改而推知，而态度的稳定性特征又预示着未来相同性质的行为还将重复，故为了有效地遏制其继续实施走私行为，立法必须升格制裁措施。而升格后的制裁措施之选择则在于刑法的后盾法性质或保障法地位，依据“一年内曾因走私被给予二次行政处罚后又走私”之规定可知，行为人是一而再、再而三地实施走私行为，且之前的两次行政处罚仍不足以遏制其继续实施走私行为，有道是：“事不过三”，如此意味着对于行为人的走私行为，行政处罚已然失效，此时刑法便将基于其后盾法性质或保障法地位而登场，不得不对行为人的走私行为施以刑事制裁。由此可见，立法正是基于行为人的态度而将单独来看仅仅属于行政违法的行为整体入罪。从认定犯罪的逻辑顺序来看，在主体具备刑事责任能力的前提下，“一年内曾因走私被给予二次行政处罚后又走私”之事实，首先反映的应当是主体的态度，因此，在以此种方式构成走私罪的情形中，主体的态度便属于犯罪主体要件之要素。此外，刑法第 290 条第 3 款“扰乱国家机关工作秩序罪”的规定，“多次扰乱国家机关工作秩序，经行政处罚后仍不改正，造成严重后果的，处三年以下有期徒刑、拘役或者管制。”其中，“多次扰乱国家机关工作秩序，经行政处罚后仍不改正”，也应当属于首先反映主体态度之事实，故主体的态度在该罪中也应该属于主体要件之要素。

至于我国刑法中规定的有些以多次行为作为成立条件之一的犯罪，例如，刑法第 264 条规定的盗窃罪之“多次盗窃”，第 267 条规定的抢夺罪之“多次抢夺”，第 267 条规定的敲诈勒索罪之“多次敲诈勒索”，

第 290 条规定的组织、资助他人非法聚集罪之“多次组织、资助他人非法聚集”，第 301 条规定的聚众淫乱罪之“多次参加”，等等。在这些犯罪中，虽然之前的多次行为不要求必须受过刑事处罚或行政处罚，即不属于“屡罚仍犯”之情形，但行为人反复实施特定的违法行为仍然体现着其对该违法行为的态度，只是在对立的程度上，较之于上述屡罚仍犯之情形相对缓和而已。故在这些以多次行为作为犯罪成立条件之一的犯罪中，主体的态度同样应该属于犯罪主体要件之要素（多数属于选择性要素）。

最后还需要注意的是，犯罪主体的态度在很多情形中可以成为定罪情节，对此，我国刑法及司法解释均有相关的规定，例如，我国刑法第 201 条第 4 款规定，“有第一款行为，经税务机关依法下达追缴通知后，补缴应纳税款，缴纳滞纳金，已受行政处罚的，不予追究刑事责任；但是，五年内因逃避缴纳税款受过刑事处罚或者被税务机关给予二次以上行政处罚的除外。”根据前文对犯罪构成要件及其要素与定罪情节之间的差异辨析可知，由于该规定中的“有第一款行为”即已符合逃税罪的犯罪构成，故“五年内因逃避缴纳税款受过刑事处罚或者被税务机关给予二次以上行政处罚”而使原本可出罪的行为又入罪之事实，应当属于反映主体态度的定罪情节，而非犯罪构成要件之要素。司法解释也规定有大量的反映主体态度的定罪情节，如 2014 年 4 月 4 日起施行的《最高人民法院、最高人民检察院关于办理盗窃刑事案件适用法律若干问题的解释》第二条规定，“盗窃公私财物，具有下列情形之一的，‘数额较大’的标准可以按照前条规定标准的百分之五十确定：（一）曾因盗窃受过刑事处罚的；（二）一年内曾因盗窃受过行政处罚的……”。此外，根据相关司法解释，主体的态度在非法经营罪，提供虚假证明文件罪、虚开发票罪、容留吸毒罪、虚假广告罪、骗取出口退税罪、抢夺罪、开设赌场罪和掩饰、隐瞒犯罪所得、犯罪所得收益罪等犯罪中均可成为定罪情节。

综上可知，犯罪主体的态度也可能影响定罪，它对定罪的影响不仅是作为定罪情节之功能，而且还有作为犯罪主体要件之要素功能。此外，犯罪主体的态度还能够将一些看似游离于犯罪行为之外的罪犯的诸多罪前罪后表现纳入犯罪行为之范畴，从而成为犯罪的情节，如此还能够在很大程度上实现行为主义与行为人主义的统一。总之，向来被中外刑法学理论所忽视的犯罪主体的态度，实际上具有非常重要的理论与实践价值。

第六节　期待可能性问题探究

期待可能性理论是德日刑法学中的一个重要理论，这一理论在我国刑法学界也受到研究者们的广泛关注，除了主张应该直接移植德日阶层体系的学者外，更多研究者所探讨的是该理论与我国传统要件体系的契合问题，也即其在我国传统要件体系中的定位及地位问题。接下来笔者将立足于自己所主张的理论体系，对该问题展开研究。需要事先指出的是，笔者之所以将期待可能性问题置于犯罪主体要件中加以探讨，个中缘由即在本节的研究结论之中。

一、期待可能性在犯罪论体系中的地位歧见

期待可能性理论源于德国著名的“癖马案”[①]，正是在该案判决的基础上，德国刑法学者们发展出了期待可能性理论，该理论已成为规范责任论的中心概念。规范责任论是在批判心理责任论的基础上形成的责任理论，心理责任论把犯罪结构中的有责性内容限定于行为人实施犯罪时的故意或过失心态，或者说，将故意或过失等同于有责性，而规范责任论则认为，行为人基于故意或过失实施了违法行为还未必具有可非难性或者说不一定要负刑事责任，此时还需要进一步作价值判断，即还应该追问，为什么行为人会实施故意或过失的不法行为？是只能实施违法行为而不能实施合法行为，还是在可以实施合法行为的情况下选择了实施违法行为？如果是前者，则欠缺可非难性，不应受刑罚惩罚，而若是后者则具有可非难性，应受刑罚处罚，或者说，责任非难以能够期待行为人实施合法行为（即具有期待可能性）作为条件，故在规范责任论中，期待可能性便成为了责任之基础。

---

① 该案的大致案情为：被告人为一马车夫，他多年以来受雇驾驶一辆双匹马车，其中一匹名叫莱伦芳格的马有以其尾绕住缰绳并用力压低的恶癖，马车夫和雇主都知道莱伦芳格的这一癖性。1896年7月19日，马车夫在雇主的特别命令下，被迫使用了莱伦芳格，结果在途中它又像往常一样癖性发作，以尾绕缰用力下压。马车夫极力使马尾脱离缰绳，却未成功。此时，马匹暴狂起来，马车夫完全失去了对该马的控制。结果，狂奔的马撞倒了在路旁行走的铁匠，致其脚部骨折。检察官根据上述事实，以过失伤害罪对马车夫提起公诉，但是原审法院宣告被告无罪。检察官以原审判决不当为由，向德意志帝国法院提起上告，1897年3月23日德意志帝国法院第四刑事部宣布了对于“癖马案”的判决，驳回了检察院的上告。其理由是：本案马车夫虽然认识到该马有以尾绕缰的癖性并可能导致伤人的后果，但当他要求更换一匹马时，雇主非但不允，反以解雇相威胁。在这种情况下，很难期待被告人不惜失去工作，违抗雇主的命令而拒绝驾驭该马车。

作为责任之基础，期待可能性要素化后所涉及的是其与心理责任要素之间的关系，对此，德、日等国的刑法学界主要存在如下三种见解：一是认为期待可能性有别于责任能力和故意过失，是与它们相并立的第三责任要素，德国刑法学家弗兰克（Frank）、戈德施密特（Goldschmidt）持此种见解；二是认为期待可能性应该包含在故意过失中，系故意过失之构成要素，如欠缺期待可能性即阻却故意过失，德国刑法学者弗洛登塔尔（Freudenthal）和施密特（E. Schmidt）持此种观点；三是将期待可能性视为消极的责任要素，主张如果具有责任能力和故意或过失，就原则上可以推定具有期待可能性，但这种推定并非绝对，在不具有期待可能性的情况下，则可以作为例外情形阻却责任，日本刑法学者佐伯千仞持此种论见。此外，多数学者都认为期待可能性与责任能力无关，但也有观点认为，二者存在关联，如指出，对于精神障碍者的期待较之于对精神健全者的期待更低，并且认为，即便在精神健全者之间，所能期待的程度也会因各人具体责任能力的不同而有差异。[①]值得注意的是，期待可能性理论迄今仍然未被德、日等国的刑事立法所肯定，司法实践一般是将其作为责任减轻事由，而非该理论创设之初的责任阻却事由。

由于犯罪论体系上的差异，在我国传统要件体系中，并没有发展出期待可能性理论，不过尽管如此，不得不承认的事实是，无论我们是否肯定期待可能性理论，该理论所面向的实践问题也同样可能出现或是已经出现在我国的司法实践中，故如何在既有的传统要件体系架构下解决相关问题，当然为理论研究所不容回避。撇开德日阶层体系移植论者有关期待可能性理论的观点，我国刑法学界有关期待可能性在传统要件体系中到底应该属于哪一方面的问题，主要存在如下见解：一是认为，期待可能性既不是罪过心理以外的独立性要件，也不是罪过形式本身的构成因素，而是意志自由程度的外在形式，是评价行为人认识能力和意志能力的根据，是罪过心理产生的前提。[②]或是认为，达到法定的刑事责任年龄、精神无障碍是刑事责任能力的积极的、原则的要素，期待可能性则是刑事责任能力的消极的、例外的要素。[③]因而把期待可能性视为刑事责任能力的根据或是其构成要素。二是认为，罪过的构成要素包括基本要素（故意或过失）和

① 参见洪福增：“期待可能性之理论与实践”，蔡墩铭主编：《刑法总则论文选辑》（上），五南图书出版公司1984年版，第496-497、501页。

② 参见姜伟：《罪过形式论》，北京大学出版社2008年版，第66页。

③ 参见游伟、肖晚祥：“‘期待可能性’与我国刑法理论的借鉴”，《政治与法律》1999年第5期，第23-24页。

评价因素、前提要素和消极因素（期待可能性）。只有基本要素与评价要素结合起来，才能决定行为人主观恶性的有无及大小，也就是有无罪过及罪过之程度，即把期待可能性视为与故意、过失基本要素相并立的、消极的出罪评价性因素。[①]三是主张，期待可能性与犯罪主体要件所谈论的问题无关，进入我国的犯罪成立体系，对行为人处于特定客观环境中选择行为时的某种无奈进行考虑，则是在“犯罪动机”的预设框架中完成的——即在正面考察行为人之所以选择犯罪的内心起因时，自觉或不自觉地又从反面思索——行为人为什么不去选择合法行为（能否选择通过正当途径解决冲突），选择合法行为对行为人意味着什么，这种选择在当时的境遇下是有效可行的吗？即认为，期待可能性的实质是与犯罪主体要件无关的犯罪动机问题。[②]

二、期待可能性问题之实质揭示

如上所述，期待可能性构成了规范责任论的核心，规范责任论认为，行为人仅有故意或过失尚不足以使其承担刑事责任，还应该进一步追问，行为人为何会有故意或过失的不法行为？由此产生两种分歧：一是将具有期待可能性等同于有责性之实质——可非难性，期待可能性因此成为罪过之前提；二是认为期待可能性并不等同于可非难性，期待可能性是有责性（可非难性）之下的、与罪过和责任能力并立的（积极或消极的）要素。由于第一种见解将期待可能性作为罪过之前提，但就事实关系而言，主体要件是主观要件（罪过）的前提，循此逻辑，所谓的期待可能性显然是与责任能力紧密地结合在一起的。或许正因如此，不少中外刑法学研究者在探讨期待可能性理论时，认为该理论实质属于责任能力的问题。而在第二种见解看来，期待可能性与责任能力及罪过均无关，对于导致期待可能性理论产生的“癖马案”，除了通过在犯罪构成中创设价值性要素——期待可能性——并借其出罪外，不可能有其他的出罪渠道。

那么，期待可能性与责任能力到底有无关系呢？不难发现，该问题其实与期待可能性的适用范围紧密相关。不过，时至今日，学界对于期待可能性的适用范围仍不甚明了。在该理论的发源地德国，学者们普遍认为，以无期待可能性作为阻却罪责的要素，应以法律有明文规定的项目为

---

① 参见丁银舟、郑鹤瑜：“期待可能性理论与我国犯罪构成理论的完善”，《法商研究》1997年第4期，第59页。

② 参见冯亚东、张丽：“期待可能性与犯罪动机”，《北京大学学报（哲学社会科学版）》2008年第6期，第38-40页。

限，而不能作为一般性的法则，即否定期待可能性作为超法规的阻却责任事由，仅承认其对法律规定的解释，特别是过失犯的注意义务范围和不作为犯的作为义务范围，有其限制功能。[①]而日本刑法学界的理论通说则认为，期待可能性是作为独立的超法规阻却责任事由，且认为，该理论不仅适用于过失犯罪也适用于故意犯罪。[②]在适用范围都不甚明确的情况下，如若将过失犯罪、精神障碍、意外事件、不可抗力、紧急避险、强制、执行上级命令、不能期待不过当的防卫过当和避险过当等等[③]，通通认为系因“不具有期待可能”进而阻却责任，那么所谓的期待可能性就不可能与责任能力毫无关系，并且有学者也的确就是这么认为的，如日本刑法学大家团藤重光指出，“期待可能性与责任能力之问题应系不可分的，两者之间可说并无界限存在”[④]。不过，从德日刑事司法实务中有限的几个被学界认为是适用期待可能性理论的案例（包括“癖马案”）来看，相关判决无一否定主体的责任能力[⑤]，由此看来，主流见解认为期待可能性应该与责任能力无关。既然期待可能性与责任能力无关，那么，对于直接导致期待可能性理论产生的“癖马案”，是否就真如上述第二种见解所认为的那样，除了通过在犯罪构成中创设价值性要素——期待可能性——并借其出罪外，就不可能有其他的出罪渠道了呢？笔者认为，欲正确回答该问题必须揭示期待可能性理论产生的根源。

正如笔者已于前文所分析的，该理论产生的根源在于，学界近乎一致地将犯罪构成作为行为成立犯罪的充要条件而非必要条件，在此种认识框架下，影响行为定性的所有事实均须被纳入犯罪构成体系中来，由于定罪情节也会对行为的定性产生影响，而量刑情节与定罪情节之间的可转化性又意味着类目繁多、功能各异的量刑情节都可能成为定罪情节，故若将所有的定罪情节均纳入犯罪构成体系中来，那么犯罪构成将漫无边际，而若试图基此创设一个独立的要素，借其发挥定罪情节之功能，那么，通过创设无确定内容的价值性要素便成为不二抉择，因为这不计其数的情节显

---

① 参见[德]汉斯·海因里希·耶赛克、托马斯·魏根特：《德国刑法教科书》，徐久生译，中国法制出版社 2001 年版，第 602-605 页；[德]约翰内斯·韦塞尔斯：《德国刑法总论》，李昌珂译，法律出版社 2008 年版，第 244 页；黄荣坚：《基础刑法学》（下），中国人民大学出版社 2009 年版，第 412 页。

② 参见[日]川端博：《刑法总论二十五讲》，余振华译，中国政法大学出版社 2003 年版，第 256-258 页。

③ 参见韩忠谟：《刑法原理》，中国政法大学出版社 2002 年版，第 130-133 页。

④ 转引自黄丁全：《刑事责任能力研究》，中国方正出版社 2000 年版，第 36 页。

⑤ 参见洪福增：“期待可能性之理论与实践”，蔡墩铭主编：《刑法总则论文选辑》（上），五南图书出版公司 1984 年版，第 486-496 页。

非为某一有着确定内容的事实性要素所能囊括，期待可能性理论其实就是由此而发展出来的一种理论。

无论是将期待可能性作为责任之要素或是责任之实质，它都毫无疑问地是一个无确定事实内容的价值性标准，但如前所析，价值性标准最大的问题是其内容缺乏明确性，从而违反罪刑法定原则。正如德国有权威刑法学者所指出的，“刑法在责任领域需要标准，这些标准虽然应当包含对意志形成的评价，但必须被形式化，并从法律上加以规定。……所谓的‘不可期待性’，并不是可适用的标准”[①]，“假如认可了这样的如此模棱两可的，在前提条件和界限上都不确定的免除责任事由，将对法律的不安全性开启大门”[②]。也正因如此，期待可能性迄今仍然未能得到立法的认可，仅承认其对法律规定的解释或是作为超法规的免责事由。并且在德、日等国的刑事司法实务中，也未能得到他们最高司法机关的首肯，理由同样是标准的不明确性。例如，日本最高裁判所从未有直接以欠缺期待可能性为由而宣告无罪的判例，相反，撤销下级法院直接以欠缺期待可能性为由而宣告无罪的判决倒有不少，有法官给出的理由是，“期待可能性论之内容，学者之见解分歧，在下级法院之判决或上诉旨趣上，亦未能充分明示其意义、理论构成、适用界限！因此最高法院无法肯定或否定该理论者，乃当然耳！”[③]。期待可能性理论如今在德国司法实务中的境遇是，备受冷落，已变得无足轻重了。[④]当然，标准的不明确性也意味着这样的标准在司法实务中缺乏可操作性，也即司法实务是不可能通过证据证明此等标准的成立与否的，故若司法实务贯彻此等标准，也势必违背证据裁判原则。因此，为贯彻罪刑法定原则与证据裁判原则，就应该将无确定事实内容的期待可能性条件逐出犯罪构成体系。

一旦将期待可能性逐出犯罪构成体系，那么对于直接导致期待可能性理论产生的“癖马案”，该案中使马夫行为出罪的到底是一种怎样的机制呢？笔者认为，其实是定罪情节而非犯罪构成要件或其要素发挥作用使然，就中缘由在于：首先，如前所析，欲使犯罪构成具有确定的内容，就

---

① [德]汉斯·海因里希·耶赛克、托马斯·魏根特：《德国刑法教科书》，徐久生译，中国法制出版社 2001 年版，第 603 页。

② [德]约翰内斯·韦塞尔斯：《德国刑法总论》，李昌珂译，法律出版社 2008 年版，第 244 页。

③ 参见[日]川端博：《刑法总论二十五讲》，余振华译，中国政法大学出版社 2003 年版，第 253-254 页。

④ 参见[德]汉斯·海因里希·耶赛克、托马斯·魏根特：《德国刑法教科书》，徐久生译，中国法制出版社 2001 年版，第 603 页。

应该将犯罪构成要件及其要素限定于反映犯罪行为之质的因素，犯罪构成要件及其要素也因此成为一种普遍性地影响犯罪成立与否的条件，而期待可能性之适用条件显然不具备该属性及特征。其次，犯罪构成要件及其要素应具备法定性之特征，这也是罪刑法定原则的当然要求，而在“癖马案”中，使被告行为出罪之事由并不符合该要求。最后，不难发现，理论所谓的欠缺期待可能性的既有案例都具有一个共同的特点，那便是行为人都是在较大的精神压力下实施了危害行为，但此等精神压力又并未达到使行为人完全丧失控制自己行为之能力的程度，换言之，行为人实际仍然具备他行为之能力[①]，这也是此类案件被告人的行为之所以原则上不允许出罪而通常只是作为责任减轻事由之主要缘由。显而易见，这正是情节所具有的典型特征，也即，通常是作为影响量刑的因素而存在，只在特定情形中方成为影响定罪之因素，换言之，如今的理论与实务实际已经将期待可能性由最初的要素地位降格为了徒具情节属性及功能之因素。

那么，对于诸如“癖马案”“第五柏岛丸案”等被期待可能性理论认为被告系因欠缺期待可能性的经典案例，是何种具体情节使得被告的行为出罪或者获得从宽处罚呢？笔者认同是行为动机之见解，理由在于：该类案件中的被告由于并未完全丧失他行为之能力，故在此前提下需要追问的是，被告何以未选择适法行为而选择了实施危害行为呢？很显然，这正是行为动机所要回答的问题！因为，如前所述，动机是一个解释性的概念，即为个体为何会这样或那样行为提供解释，动机的产生条件包含内部条件（需要）和外部条件（诱因）。以“癖马案”为例，显而易见，促使马夫在明知该马癖性的情况下仍驱其上路的内部条件是马夫需要这份工作来养家糊口，外部条件则是如若拒绝使用该马将面临被雇主解雇之威胁，在如此内部及外部条件的共同作用下使马夫产生了驱该马上路之动机。而内部条件（需要）的正当性和外部条件的特殊性（雇主之胁迫，即存在第三人过错）[②]，又使得马夫之行为动机值得矜宥。其他所谓欠缺期待可能性的案例实际也都可以归结为行为动机的可矜宥性，只是具体程度可能有所差异而已。由此可见，所谓的欠缺期待可能性实质是行为动机的可矜宥性，换言之，正是行为动机的可矜宥性而使得被告人的行为获得从宽处罚乃至在特定情况下出罪。于此需要再次强调的是，此种情形中

① 如若完全丧失他行为之能力，则可直接依据无责任能力而使行为出罪，从而完全没有适用期待可能性标准之必要。

② 单独来看，雇主以解雇相威胁迫使马夫驾御癖马属“第三人过错”，该情节可以使马夫获得宽宥，但若以作为情节的行为动机来进行评价的话，则已将第三人过错包容于内。

的行为动机并非作为犯罪主体要件之选择性要素的犯罪动机，而系作为情节的行为动机[①]，这也是笔者之所以不将期待可能性问题置于前面第四节的犯罪动机中论述，而是另辟一节单独加以探讨之缘由所在。

在揭示期待可能性问题的实质后，作为规范责任论的中心概念，期待可能性理论的式微也让我们有必要对规范责任论加以反思。如上所析，规范责任论在期待可能性问题上所犯的根本性错误在于，错误地将犯罪构成当作判定行为成立犯罪与否的充要条件或终极标准，而忽视了情节在特定情况下所具有的定罪功能。实际上，情节影响定罪之情形并不能够成为批判心理责任论之根据，就中缘由在于：情节与犯罪构成要件及其要素存在性质与功能上的差异，前者通常反映行为在特定性质范围内的量，而后者所反映的则是犯罪行为的质，即便前者在特定情形中能够使行为产生质变，也不能因此就将其作为犯罪构成之要件或要素，要不然犯罪构成将漫无边际。而试图以无确定事实内容、无法通过证据证明其成立与否的价值性标准取代事实性的心理要素，此等标准在司法实务中的命运将是，要么成为司法恣意之工具或借口，要么被司法实务所抛弃，如今我们所见到的是后一种结局。

随着期待可能性理论的日渐式微乃至变得无足轻重，那么以其为中心而构建的规范责任论理应因失去核心支撑而坍塌，但我们所见到的却并非如此，规范责任论仍然是德、日等国刑法学理论之主流，如今虽已不再强调期待可能性在责任论中的地位了，却仍然坚持认为心理责任论并不充分，它不能解释：为什么在行为人患有精神病或处于紧急避险时，与结果之间虽然已完全具有心理关系，却不应当有责任？还有，在无认识的过失中，为何缺少与结果之间的心理关系却具有责任？[②]而如本书所析，将无责任能力的精神障碍者以及行为人紧急避险时的心理也认为具有刑法上的罪过，乃是对刑法中的罪过存在根本性的认识错误所致，罪过在任何情况下均以责任能力作为前提，并且是知情意有机联系所形成的统一体，而紧急避险因欠缺情绪情感因素（即欠缺社会危害性认识）[③]，因此，无责任能力的精神障碍者实施的行为和紧急避险行为根本不具备罪过。对于无认识的过失，也非没有心理因素，如责任能力即是，此外，有认识能力却未

① 在行为构成犯罪的情况下，行为动机也就成为了犯罪动机。

② 参见[德]汉斯·海因里希·耶赛克、托马斯·魏根特：《德国刑法教科书》，徐久生译，中国法制出版社2001年版，第504页。

③ 紧急避险在现代民法乃至在古罗马私法中都不认为具有过错，参见[德]鲁道夫·冯·耶林：《罗马私法中的过错要素》，柯伟才译，中国法制出版社2009年版，第82-83页。

形成相应的认识本身也属于一种心理状态事实，并且有无责任能力以及在肯定具备责任能力的前提下行为人是否形成了相关的认识，都是能够通过证据加以证明的事实性标准，而迥然有别于规范责任论所创设的无确定事实内容因而无法通过证据加以证明的价值性的标准。由此可见，即便没有规范责任论，也丝毫不影响立法将无认识的过失规定为犯罪以及司法实践对无认识的过失犯罪之认定。因此，规范责任论在犯罪构成体系中并无甚独特的价值。

最后还需要重申的是，在犯罪构成体系中，应该将构成犯罪的心理要素进行层次上的划分，要不然，势必模糊犯罪行为在不同结构层次上的心理要素之间原本清晰的事实关系，而心理要素的层次划分本身即表明每一层次心理要素背后的根据。例如，罪过背后的根据是主体人格①，而主体人格背后的根据则是人格成因，就犯罪的成立条件而言，唯有此等事实性的根据方真正具有价值，因为唯其如此，犯罪的成立条件在司法实务中才具有可操作性或可证性，才不致沦为司法恣意的工具或借口。当然，笔者并不否认犯罪构成体系需要价值支撑或者说有其价值根据，但却完全不认同德、日等国的刑法学理论基于新康德主义价值哲学试图为每一犯罪阶层均找寻所谓的价值根据进而基此创设不同的价值性标准的做法。这是因为，如上文所析，一事物的价值从来都是相对于构成该事物的整体事实而言的，事物的整体价值也非其各个组成部分价值的简单相加，作为整体的犯罪构成体系之价值根据或价值基石应该是犯罪的价值本质，也即犯罪所具有的独特消极价值，理论不能（实际也无法）将该价值分解为若干组成部分后，再分别将它们作为体系中的各要件或各阶层之价值根据。

---

① 如上所述，规范责任论批判心理责任论之理据是，行为人基于故意或过失实施了违法行为还未必具有可非难性或者说不一定要负刑事责任，此时还应该进一步地追问，即，为什么行为人会实施故意或过失的不法行为？是只能实施违法行为而不能实施合法行为，还是在可以实施合法行为的情况下选择了实施违法行为？在揭示行为的内在结构层次后将很容易发现，这正是由行为之人格层面的行为动机、责任能力等心理事实所要解答的问题，而非唯有诉诸价值判断方能解决的问题。

第七章　行为之心理过程因素与犯罪主观要件

犯罪主观要件系位居行为之心理过程层面的要件，在心理学中，心理过程包含认识过程、情绪情感过程和意志过程三个方面的内容。而如上所析，罪过之意志因素乃犯罪行为的事实本质，因此成为了整个犯罪构成体系的核心支柱，如此无疑意味着其所置身的犯罪主观要件在整个犯罪构成体系中也有着举足轻重的地位。不过，可以看到，德日阶层体系对心理过程要素的处理方式是切割分置，犯罪主观要件因而并无其独立阶层之地位。由此所涉及的问题是，立足于犯罪行为之心理过程层面确立犯罪主观要件之独立要件地位到底有无合理性？当然，如若肯定犯罪主观要件之独立要件地位，还涉及这一要件究竟应该包含哪些要素、每一要素的具体内容以及相互关系为何等问题，本章拟就这些问题展开探讨。

第一节　行为之心理过程因素概述

传统普通心理学把人的心理现象划分为了“人格”与“心理过程”两大层次，有关人格笔者已于上一章中论述，而心理过程是指在客观事物的作用下，心理活动在一定时间内发生、发展的过程，该过程包含认识过程、情绪情感过程和意志过程（简称为知、情、意）三个方面。[①]接下来拟就这三个具体心理过程中与犯罪主观要件相关的内容加以概述，为全面深入地把握犯罪主观要件构筑论证之基础。

---

① 参见朱智贤主编：《心理学大词典》，北京师范大学出版社 1989 年版，第 762-763 页，“心理过程”词条；林崇德、杨治良、黄希庭主编：《心理学大辞典》（下卷），上海教育出版社 2004 年版，第 1392 页，“心理过程”词条；叶奕乾、何存道、梁宁建编著：《普通心理学》（第四版），华东师范大学出版社 2010 年版，第 1 页。

一、认识过程[①]

认识过程是指人认识客观事物的过程，是人由表及里、由现象到本质地反映客观事物特性及其内在联系的心理活动。人的认知活动是一种十分复杂的心理现象，几乎每一心理学流派都提出了自己的见解，在心理学中还产生了一个新的心理学分支——认知心理学[②]。一般认为，人的认知过程包含感觉、知觉、记忆、思维和言语等认知要素，注意是伴随在心理活动中的心理特征。

人们对客观事物的认识往往是从认识其简单属性开始的，而感觉即是人脑对直接作用于它的客观事物的个别属性的反映或认识。它是知觉、思维、情绪等其他心理活动产生的基础，为它们提供最基本的原始材料，也是人脑与外部世界的直接联系，割断了这种联系，大脑就无法反映客观存在，意识也就无从产生。感觉所反映的是客观事物的个别属性，而非事物的整体，通过感觉只能知道事物的声、形、色等个别属性，还不能把这些属性整合起来整体地反映客观，也不知道事物的意义，对客观事物的整体反映以及对其意义的揭露是比感觉更高级的心理活动。感觉是客观内容与主观形式的统一。从感觉的对象和内容来看，它是客观的，即反映着不依赖于人的意识而独立存在的客观事物（含周遭事物及自身肌体）。从感觉的形式和表现来看，它又是主观的，即在一定的主体身上形成、表现和存在，人的任何感觉，都受到了个性、经验、知识以及身体状况等主体因素的影响。总而言之，感觉是以客观事物为源泉，以主观解释为方式和结果，是主、客观联系的重要渠道，是客观事物的主观映像。

---

① 本部分内容的主要参考文献有：Dennis Coon, John O. Mitterer: *Introduction to Psychology: Gateways to Mind and Behavior（13th Edition）*, Wadsworth, 2011, p.125-326；林崇德、杨治良、黄希庭主编：《心理学大辞典》（上、下卷），上海教育出版社 2004 年版，第 381、549-550、1015、1185、1551、1678、1742 页，“感觉”“记忆”“认知过程”“思维”“知觉”和“注意”等词条；孟昭兰主编：《普通心理学》，北京大学出版社 1996 年版，第 77 页以下；曹日昌主编：《普通心理学》，人民教育出版社 2003 年版，第 87 页以下；叶奕乾、何存道、梁宁建编著：《普通心理学》（第四版），华东师范大学出版社 2010 年版，第 1、37 页以下；彭聃龄主编：《普通心理学》，北京师范大学出版社 2012 年版，第 91 页以下。

② 甚至还出现了一门跨越心理学、计算机科学、哲学、语言学、社会学、神经科学和人类学等领域的学科——认知科学（Cognitive Science）。作为心理学分支的认知心理学具有自己独特的研究视角和研究方法，它是运用信息加工的观点（即将人脑与计算机进行类比的方式）来研究认知活动，其研究范围主要包括感觉、知觉、注意、表象、学习记忆、思维和言语等心理过程或认知过程。See Kathleen M. Galotti: *Cognitive Psychology: In and Out of the Laboratory（4th Edition）*, Thomson Wadsworth, 2008, p.1-4, 17-18。

知觉是指个体经由各感官觉知环境中物体的存在、特征及其彼此关系的过程，亦即个体选择、组织和解释感觉信息的过程。知觉以感觉为基础，但它并非个别感觉信息的简单总和，而是按一定方式来整合个别的感觉信息，形成一定的结构，并根据个体的经验来解释由感觉提供的信息，它比个别感觉的简单相加要复杂得多。知觉作为一种活动、过程，包含了互相联系的几种作用：觉察、分辨和确认。觉察是指发现事物的存在，而不知道它是什么，分辨是把一个事物或其属性与另一个事物或其属性区别开来，确认是指人们利用已有的知识经验和当前获得的信息，确定知觉的对象是什么，给它命名，并把它纳入一定的范畴。知觉具有整体性、选择性、理解性和恒常性的特征。

从信息加工的术语来说，记忆是人脑对外界输入的信息进行编码、存储和提取的过程。凡是人们感知过的事物、思考过的问题、体验过的情感以及操作过的动作，均可以映像的形式保留在人的头脑中，在必要的时刻又可以把它们重现出来，这个过程就是记忆。记忆具有极为重要的作用，没有记忆，就不可能获得知识和积累经验，就不能形成概念及进行判断和推理，也就没有心理的发展，此外，一个人某种能力的出现，一种好的或坏的习惯的养成，一种良好的行为方式和人格特质的培养，也都是以记忆活动作为前提的。记忆联接着人的心理活动的过去和现在，是人们学习、工作和生活的基本机能。记忆的过程包含识记、保持和再现三个基本环节。识记是对输入的信息进行编码和储存的过程；保持是识记过的信息在头脑中得以巩固的过程；再现是从头脑中提取知识和经验，使之能够被利用的过程，其中包含回忆和再认两种主要形式，回忆是指当过去经验过的事物不在面前时完成再现的过程，再认是当过去经历的事物重新出现时完成的再现过程。记忆的内容不能保持或者提取时有困难就是遗忘，遗忘包含不完全遗忘、完全遗忘、临时性遗忘以及永久性遗忘等情形。

思维是人脑借助言语、表象或动作实现的、对客观现实的概括和间接的反映，是认识的高级形式。思维是利用感觉、知觉及记忆提供的信息对其进行更深层次加工的活动，它所反映的是事物的本质特征和事物之间的内在联系。思维具有间接性和概括性的特征。思维的间接性是指人凭借已有的知识经验或其他事物的媒介，理解或把握那些没有直接感知过的，或根本不可能感知到的事物，以推测事物过去的进程，认识事物现实的本质，推知事物未来的发展。思维的概括性包含两层含义：一是把同一类事物的共同特征和本质特征抽取出来加以概括，二是将多次感知到的事物之间的关系加以概括，得出有关事物之间的内在联系的结论。这种概括促使人对客观事物内在关系和规律性的认识，也有助于人对客观环境的适应、控制与改造。在头脑中，运用存储的长时记忆中的知识经验，对外界输入的信息进行分析、综合、比较、抽象和概括的过程，就是思维过程，或称之为思维操作。

注意是心理活动对一定对象的指向和集中。注意本身不是一个独立的心理过程，而是各种心理过程的共同特性，即指向一定的对象。注意具有两个特点，即指向性和集中性，前者是指心理活动有选择地反映一定的对象，而离开其他对象，后者是指心理活动停留在被选择的对象上的强度和紧张度，它使心理活动离开一切无关的事物，并且抑制多余的活动。集中注意的对象就是注意的中心，其余对象有的处于“注意的边缘”，多数处于注意范围之外。①注意可区分为外部注意和内部注意，前者是指人对周围事物的注意，后者是指对自己的思想和情感的注意。依据产生和保持注意时有无目的以及意志努力程度的不同，注意可分为无意注意、有意注意和有意后注意三种类型，无意注意指事先没有预定目的，也不需要做意志努力的注意，有意注意指有预定目的，需要一定意志努力的注意，有意后注意指事前有预定的目的，不需要意志努力的注意，其中，有意注意可以控制活动向着一定的目标和方向进行，使注意适当分配和适时转移，工作和学习中的错误和事故一般都是在注意分散或注意未及时转移的情况下发生的。

认识是情绪情感和意志形成的前提和基础，缺乏认识环节，情绪情感和意志将无法形成，而认识活动的使命是对客观事物的自然属性加以把握。因而在罪过中，行为人对自己实施的犯罪行为的认识也即对自己实施的犯罪行为之自然属性的认识，罪过之认识因素中必须包含这方面的内容，这在理论上并不存在多大的争议，而心理学有关人的认识过程要素的研究，无疑有助于我们正确地把握罪过之认识因素。除此之外，心理学对于注意这一心理特征的研究，还能够为我们解开故意犯罪和过失犯罪是否都违反了注意义务的问题提供理论依据。

---

① 根据意识经验的清晰程度，注意水平随意识清晰程度的渐次增高可区分为：（1）无意识，毫无觉识，完全不自知；（2）前意识，稍有意识经验，但模糊不清；（3）边缘意识，有意识经验，但不够清楚；（4）一般注意，有清楚的意识经验；（5）集中注意，不仅有清楚的意识经验，并且有统觉洞识，是意识经验清晰程度最高的注意形式。参见林崇德、杨治良、黄希庭主编：《心理学大辞典》（下卷），上海教育出版社 2004 年版，第 1744 页，“注意水平”词条。

二、情绪情感过程[①]

情绪和情感是人对客观事物的态度的体验，是人的需要是否获得满足的反映，或是人对客观事物的态度体验及相应的行为反应。情绪情感不同于认识过程，认识过程是人对客观事物本身的反映，而情绪情感反映的则是客观事物与人的主观需要之间的关系，无论人对客观事物持何种态度，人自身都能直接体验到，体验是情绪情感的基本特征。

情绪情感具有适应功能、动机功能、组织功能和信号功能。情绪情感的适应功能是指情绪情感是有机体适应生存和发展的一种重要方式，人们通过各种情绪情感，了解自身或他人的处境与状况，适应社会需要，求得更好的生存和发展。情绪情感的动机功能在于，人的各种需要是行为动机产生的基础和主要来源，而情绪情感是需要是否得到满足的主观体验，积极的情绪状态会成为积极诱因，而消极的情绪状态则会起消极诱因作用，从而改变行为的效率。情绪情感对其他心理过程而言是一种检测系统，是心理活动的组织者，体现在对活动的瓦解或促进两方面，一般而言，正性情绪起协调、组织作用，负性情绪起破坏、瓦解或阻断作用。情绪情感的信号功能是情绪情感在人际具有传递信息、沟通思想的作用。

情绪与情感存在差别，主要表现为：情绪更多是与生理需要满足与否相联系的心理活动，而情感则是与社会性需要满足与否相联系的心理活动，情绪代表感情种系发展的原始方面，为人与动物所共有，情感则是人类所特有；就人类个体而言，情绪发展在先，情感体验产生于后；情绪具有较大的情景性、激动性和暂时性，往往随着情景的改变和需要的满足而减弱或消失，而情感则是对事物态度的反映，具有较大的稳定性、深刻性和持久性，是构成个性心理品质中稳定的成分；情绪表现有明显的冲动性和外部特征，即具有外显性特征，而情感多以内在感受、体验的形式存在，具有内在性的特征。情绪与情感的联系主要有：情感是在情绪的稳定固着基础上发展建立起来的，对人类而言，情绪离不开情感，是情感的具体表现。

---

① 本部分内容的主要参考文献有：朱智贤主编：《心理学大词典》，北京师范人学出版社 1989 年版，第 498-499、503 页，“情感”和“情绪”词条；林崇德、杨治良、黄希庭主编：《心理学大辞典》（上卷），上海教育出版社 2004 年版，第 945 页，“情绪”词条；孟昭兰主编：《情绪心理学》，北京大学出版社 2005 年版，第 1 页以下；叶奕乾、何存道、梁宁建编著：《普通心理学》（第四版），华东师范大学出版社 2010 年版，第 205 页以下；彭聃龄主编：《普通心理学》，北京师范大学出版社 2012 年版，第 406 页以下。

情感反映着人们的社会关系和生活状况，渗透到人类社会生活的方方面面，人类较高级的社会性情感有道德感、理智感和美感。道德感是个体根据一定的社会道德行为标准，在评价自己或他人的行为举止、思想言论和意图时产生的一种情感体验，如果自己或他人的思想和行为符合这种道德规范的要求，则产生肯定情感体验，如心安理得或尊敬感，反之，则产生否定的情感体验，如愧疚、痛苦或蔑视。按表现形式来分，道德情感可分为直觉的道德感、形象性的道德感和伦理性的道德感。直觉道德感是由对某种情境的直觉感知引起的，具有迅速而突然的特点，对道德行为有迅速定向的作用，其往往对道德行为规范意识不明显，缺乏自觉的性质；形象性的道德感是通过联想某种具有道德意义的人或事物的形象而产生的情感体验，人在社会中接触到各种各样与道德有关的人和事，伴随着道德规范的形成，这些具体的人和事也印入脑海，符合或不符合道德标准的人和事成为构成道德体系的形象内容。在一定的时候，这些形象被重新唤起，帮助人们进行道德判断；伦理性的道德感是在认识道德观念、道德理论的基础上产生的自觉的、概括性的情感，这种情感往往在青年期（14、15 岁～24、25 岁）才开始产生并发挥作用，从青年期开始，个体开始意识到一些重大的社会问题以及广泛流行的社会观念，对人生理想也有了一定的理解，世界观逐渐形成，在这一过程中，人们逐渐形成了概括的道德标准和观念，并产生了深挚而概括的道德感。伦理性的道德感具有稳定性、持久性和深刻性的特点，具有动力的作用，能增强人们对道德行为的控制力。理智感是人对认识活动成就进行评价时产生的情感体验，理智感是人学习科学知识、认识和掌握事物发展规律的一种重要动力。美感是根据一定审美标准评价事物时产生的情感体验，人的审美标准既反映事物的客观属性，又受个人思想观点和价值观念的影响。

一般而言，人的一切心理活动都带有情绪色彩，且以不同的情绪状态表现出来，人最为典型的情绪状态有：心境、激情和应激。

心境是一种深入的、比较微弱而持久的情绪状态。心境不是关于某一事件的特定体验，它具有广延、弥散的特点，心境往往由对人有重要意义的事件引发产生。某种心境的持续时间依赖于引起这种心境的客观环境和个体的个性特点，在客观环境方面，影响心境持续时间的因素是事件对个体的重要性，事件越重大，引起的心境越持久。在个性方面，一般而言，性格开朗、灵活的人受不良心境影响的时间少些，性格内向、沉闷的人心境持续时间可能长些。心境对人的生活及活动有很大的影响，积极、良好的心境有助于提高效率、克服困难，消极、不良的心境使人厌烦、消沉，故学会对心境的调节控制，对我们的生活及活动都十分重要。

激情是一种强烈的、短暂的、爆发性的情绪状态。在激情状态下，主体往往会出现“意识狭窄”现象，即认识活动的范围缩小，理智分析能力受到抑制，自我控制能力减弱乃至丧失，对自己行为的后果不能做出适当的估价。激情的发展大致经历三个阶段：（1）由于意志力减弱，身体变化和表情动作越来越失去控制，高度紧张使细微的动作发生紊乱，这时人的行为受情绪体验的作用；（2）人失去意志的监督，发生不可控的动作和失去理智的行为；（3）情绪爆发后的平息阶段，这时会出现平静和疲劳现象，严重时甚至精力衰竭，对一切事物不关心，精神萎靡。虽然激情可能导致主体对自己的行为完全丧失辨认和控制能力，但心理学的研究表明，人能够意识到自己的激情状态，也能够有意识地调节和控制它，即激情具有可控性。[①]

应激是在出乎意料的紧张与危急状况下出现的情绪状态，产生应激状态的原因有：一是已有的知识经验与面临事件提出的新要求不一致，没有现成的办法可供参考；二是已有的经验不足以应付当前的境遇而使人产生无能为力的失助感和紧张感。在应激状态下，人的机体会产生一系列生物反应，如腺体和神经递质的活动使机体紧急动员起来，肌肉紧张，血压、心率、呼吸发生变化，这些活动有助于个体适应急剧变化的环境刺激，维护机体功能的完整性。应激状态对人的活动产生很大影响。有时应激引起的身心紧张有利于主体全力解决紧急问题，维持一定的紧张度，保持高度的警觉，有助于认知功能的发挥，使人做出平时所不能做出的大胆判断和行动。但是，有时应激所造成的高度紧张又会阻碍认知功能的正常发挥，紧张和惊恐也会导致人们的感知、注意产生局限，思维迟滞，行动刻板，正常处理事件的能力反而大大削弱，乃至于引起适应性疾病进而导

---

① 参见黄希庭、郑涌：《心理学十五讲》，北京大学出版社 2005 年版，第 285 页；彭聃龄主编：《普通心理学》，北京师范大学出版社 2012 年版，第 416-417 页；叶奕乾、何存道、梁宁建编著：《普通心理学》（第四版），华东师范大学出版社 2010 年版，第 216 页。

致抵抗力消失以致死亡。[①]

在把握心理学中有关情绪情感的概念、功能以及具体类型的前提下，将很容易解开情绪情感因素在犯罪主观要件中到底有无其独立要素地位的问题，并且还能够发现，情绪情感因素影响定罪之情形除了其作为犯罪主观要件之要素外，还包含其作为影响主体刑事责任能力因素之情形，由此全面破解学界论争不止的情绪情感因素到底能否影响以及如何影响行为定性的问题。因此，心理学有关情绪情感的研究成果同样具有非常重要的刑法理论与实践价值。

三、意志过程[②]

意志是指自觉确定目的，并根据目的来支配、调节自己的行动，克服各种困难，以实现目的的心理过程。人对客观世界的反映并非是消极被动的，而是积极主动的，人在反映客观世界的过程中，不仅接受内外刺激的作用，产生认识和情绪情感，而且还要采取行动，反作用于客观世界。人根据对客观事物的认识，先在头脑中确定行动的目的，然后根据这个目的来支配自己的行动，并力求实现此目的，这种心理活动便是意志。意志乃为人类所特有，因为只有人类才能预先确定一定的目的，有组织地去逐渐实现这一目的，即人类通过意志，通过内部的意识事实向外部动作的转化，达到认识世界和改造世界的目的。因此，意志是人类意识能动性或谓主观能动性的最突出表现，也是人与动物在本质上的区别。

---

① “应激（stress）”概念的首创者奥地利裔加拿大医学研究员及内分泌学家汉斯·塞里（Hans Selye）认为，适应外部环境是机体维持生命所必需的反应，因此把肾上腺皮质激素、肾上腺素、生长激素和胰岛素称为适应性激素，并把在维持适应状态中而致病的称为适应性疾病。并指出，应激作用于人体，引起人体全身性反应，这种反应持续一定时间会产生全身性适应综合症。塞里把此种过程分为三期：第一期是警告反应期，此时人体对应激尚未适应；第二期是抵抗期，人体对应激的适应已达最高限度；第三期是衰竭期，人体失去已获得的对应激的适应。其中，抵抗期是人体获得适应后对慢性刺激的非特异性全身反应总和，即对某种特定应激的抵抗不断增加，而对其他应激的抵抗明显降低；衰竭期是应激长期作用，人体适应能量达到极限而出现衰竭状态，它会引起人体肾上腺功能丧失，胃溃疡、抵抗力消失乃至死亡。参见[日]熊谷朗：“应激与适应性疾病”，施鸿彬译，《外国心理学》1984年第1期，第48-50页。

② 本部分内容的主要参考文献有：Gary R.VandenBos（Editor in Chief）: *APA Dictionary of Psychology（2th Edition）*, American Psychological Association, 2015, p.1147；朱智贤主编：《心理学大词典》，北京师范大学出版社1989年版，第861页，“意志”词条；林崇德、杨治良、黄希庭主编：《心理学大辞典》（下卷），上海教育出版社 2004 年版，第 1555 页，“意志”词条；曹日昌主编：《普通心理学》，人民教育出版社2003年版，第402-433页；黄希庭：《心理学导论》，人民教育出版社1991年版，第549-569页；叶奕乾、何存道、梁宁建编著：《普通心理学》（第四版），华东师范大学出版社2010年版，第225-232页；彭聃龄主编：《普通心理学》，北京师范大学出版社2004年版，第351-360页。

如果说认识过程是外部刺激向内部意识事实转化的心理过程，那么意志就是支配内部意识事实向外部动作转化的心理过程，因此，意志必须通过行为表现出来。受意志支配的行为被称为意志行为（又谓意志行动），意志行为的主要特征为：（1）意志行为的目的性和计划性。人在认识事物时，总是根据实践的需要，带有一定的主观倾向和要求，抱有一定的动机和目的，确定一定的计划和步骤，由此表现出意志的目的性和计划性。（2）意志行为的主动性和创造性。人不仅能够反映事物的外部属性和现象，也能够由感性认识上升到理性认识，揭示事物的本质特征和规律，同时，人不仅能够从实践中形成正确的思想，更重要的是能够以正确的思想和理论为指导，通过实践活动把观念的东西变成现实。（3）意志行为的前进性。人的意志不会只停留在一个水平上，而会随着时间的推移而发展，在不断追求中丰富和提高，在不断摆脱对客观事物及其规律的知之不多和知之不全的状态中，摆脱旧思想、旧观念的束缚，使自身意志行为提高到一个新的阶段，并在实践活动中发挥出前所未有的作用。（4）意志行为必须符合客观规律。人的意志行为表现为以个体自觉的目的来支配和调节行动，然而，有了预定的目的，通过个体行为并不一定能够实现，预定的目的能否实现，关键是看人的认识是否符合客观规律，如果能够根据事物发展的规律来确定行为目的、制定计划与实施方案，那么通过实践，该目的就能够实现，否则即便个体再努力都无法实现。需要注意的是，能否认识和正确地运用客观规律，也是人与动物相区别的重要标志，正如恩格斯所言，“我们对自然界的整个支配作用，就在于我们比其他一切生物强，能够认识和正确运用自然规律。”①

意志过程有三个互相联系的基本特征：目的性、克服困难和随意运动。其中目的是意志行为的前提，克服困难是意志行为的核心，随意运动是意志行为的基础。意志过程具体包含“采取决定”和“执行决定”两个阶段。决定的采取，包括动机取舍、行为目的的确定和行为手段、方法的选择等环节。意志行为常常伴随动机冲突，动机冲突是指动机之间相互矛盾时，对各种动机权衡轻重、评定其社会价值的过程以及解除意志内部障碍的过程，就内容而言，动机冲突可区分为原则性的和非原则性的，凡是涉及个人期望与社会道德标准、法律相矛盾的动机冲突，属于原则性的动机冲突，反之不与社会道德标准、法律相矛盾而仅属个人兴趣爱好方面的动机冲突，属于非原则性的动机冲突。目的是人的行为所期望达到的结

① 《马克思恩格斯选集》（第3卷），人民出版社2012年版，第998页。

果，在意志行为中，人所期望的结果，有时是很明确的，有时则不一定是明确的，有时追求的结果只有一个，此时确定目的就不会产生心理冲突，有时则有多个可供选择目的，此时确定目的就会产生心理冲突，需要作出意志努力。在确定目的之后，进一步就要选择达到目的的手段或方法，拟定出行为计划，在通常情况下，达到目的的手段或方法需要进行选择，比较各种手段或方法的优缺点及可能导致的结果。需要注意的是，手段或方法的选择和计划的拟定需要满足两个要求：一是为实现预定目的的行为设计是合理的，二是手段或方法需要符合客观规律和社会准则。若不满足这两个要求，要么预定的目的无法实现或难以实现，要么将导致相应的后果。在准备阶段完成后，便过渡到执行决定阶段，在这一阶段，意志将由内部意识向外部动作转化，主观观念的东西外化为客观的实际行动。执行阶段是意志行为最为重要的环节，因为即使在准备妥当作出决定后，若不见之于行动，主观目的将不可能实现，在此一阶段中，个体须做出更大的意志努力，需要智力、体力等因素的积极参与，排除达成目标的各种障碍。

意志是意识控制或调节功能的表现，意志控制是指个人能够通过行为左右事件的进程和结果，使之与期望的目的相一致的过程。意志控制的内容包含对环境的控制以及对自身的控制两个方面，其中，意志对自身的控制不仅包括外部动作，还包含心理状态，如对注意、记忆和思维等认识活动以及情绪的控制。意志对环境及自身的控制是通过对行为的发动或抑制来实现的，发动表现为推动行为人去从事为达预定目的的行动，抑制表现为制止与预定目的相矛盾的行动。①为达预定的目的，意志通过发动和抑制两个方面的作用，克制与预定目的相矛盾的行动，发动与预定目的实现有关的行动，消除在实现目的过程中的内部障碍和外部障碍，从而实现对自身和环境的控制，最终达到预定的目标。

意志与认识、情绪情感以及人格（个性）之间都存在密切的联系，具体表现为：（1）意志与认识过程的关系表现为：其一，意志的产生是以认识过程作为前提的。自觉的目的性是意志的特征之一，而人的任何目的都是在认识活动的基础上产生的。因为，人在确定目的，选择方法和步骤时，要审时度势，分析主客观条件，回顾过往经验，设想将来结果，拟定

① 不难发现，意志的抑制功能是破解不作为犯罪的行为性问题之关键所在。当然，破解不作为犯罪的行为性问题也需要观念上的突破，即不应该认为行为必须是身体的运动，因为在现实生活中，身体的静止也可能是某些行为的表现形式，如站立、匍伏、注目凝视、闭目安坐等，我们在日常生活中也不会否定这些情形中的身体静止状态是行为。

方案，制定计划，并对这一切进行反复地权衡斟酌，而所有的这些都必须通过感知、记忆、思维、想象等认识过程方能实现。其二，意志对认识过程也有很大的影响，因为人在进行各种认识活动时，总会遇到一定的困难，而要克服这些困难，就需要做出意志努力。（2）意志与情绪情感的关系表现为：其一，情绪情感既可以成为意志行为的动力，也可以成为其阻力。当某种情绪情感对人的活动起推动或支持作用时，这种情绪情感就会成为意志行为的动力，反之，若起阻碍或削弱作用时，这种情绪情感便会成为意志行为的阻力，其中消极情绪对意志行为的干扰作用，取决于一个人的意志力水平。其二，意志通常可以控制情绪，使情绪服从于理智。（3）意志与人格（个性）的关系也十分密切，表现为：其一，意志在人格的形成和发展中起着重要的作用，人格经由意志活动（实践）而形成，没有意志活动，人格就无法形成。其二，已经形成的人格又制约着意志表现，意志受到人格因素如能力、动机、态度和价值观等的制约。

意志是人的自觉能动性的集中体现，也是人的行为与动物行为相区别的根本性标志，正因如此，罪过之意志因素与犯罪的价值本质直接通连，构成了犯罪的事实本质以及整个犯罪构成体系赖以维系的核心支柱。罪过之意志因素所具有的如此重要地位，也使得犯罪论以及与之紧密相关的刑罚论中的系列重要问题的破解，均以准确把握人的意志之属性、功能及特征作为前提和基础。因此，心理学有关人的意志之研究成果具有极为重要的理论与实践价值。

四、知、情、意之关系

在心理过程的上述三个方面中，认识是情绪情感和意志产生的前提和基础，离开了认识活动，人既不会产生情绪情感，也不可能产生意志。情绪情感和意志又反作用于认识过程，没有人的情绪情感的推动或者缺乏坚强的意志，人的认识活动就不可能发展和深入。情绪情感活动始终伴随着人的认识过程和意志过程，成为人的认识活动和意志活动的动力或阻力。意志活动一开始就以一定的认识和情绪情感作为依据。认识为意志确定目的、调节行为，情绪情感则激励其行为。反过来，意志又推动认识，并控制情绪情感。在现实活动中，三者总是彼此渗透、相互联系、相互作用，构成了一个统一的有机整体，心理学只是为了研究上的需要，才对该有机统一的心理活动从不同的侧面加以分析。

知、情、意之间所存在的如上事实关系，也为犯罪行为在心理过程层面到底是否存在要件或者说到底应否确立犯罪主观之独立要件地位提供了理论基础与科学依据，当然也为审视德日阶层体系将“情”（即“违法性认识”）从作为有机统一体的心理过程中切割分离出来的做法到底是否科学合理提供了科学的判断准据。因此，把握知、情、意之间的关系也有着极为重要的刑法学价值。

第二节　犯罪主观要件之地位及概念

虽然相对于犯罪主体要件而言，犯罪主观要件应该作为独立要件之地位所受到的质疑要少些，但由于发展迄今的德日阶层体系早已抛弃以行为的结构作为阶层划分之依据，故在认同该体系的研究者的眼中，犯罪主观要件在犯罪构成体系中当然也不应该有其独立要件或阶层之地位，因此，研究犯罪主观要件首先需要揭示其作为独立要件之根据。接下来便拟在揭示犯罪主观要件作为独立要件之根据的基础上对其加以界定。

一、犯罪主观要件之独立要件地位论

在我国传统刑法学理论中，研究者们都肯定犯罪主观要件之独立要件地位。通说肯定的理据在于，犯罪的主观方面是行为人承担刑事责任的主观基础，缺乏犯罪的主观方面，犯罪便不成立，同时，犯罪的主观方面不同，所构成的犯罪也不相同。[①]另有学者则指出，犯罪主观要件由于深刻地反映了犯罪主体对刑法所要保护的社会利益的深刻蔑视或极度漠视，并且通过犯罪行为这一中介加以表现，以致使现存的社会秩序受到危害，故为犯罪构成的必要要件。[②]笔者认为，必须确立犯罪主观要件在犯罪构成中的独立要件地位，就中主要根据及意义如下：

（一）确立犯罪主观要件之独立要件地位，是对构成犯罪的主观心理要素进行合理分类以及理清其间关系所必需

发展迄今的德日阶层体系由于已经抛弃以行为概念作为体系构建之依据，因而犯罪主体、主观和客观均已无自己独立阶层之地位了，其中，对于构成犯罪的主观心理要素的处理，基本达成共识的有：将“责任能力”和“违法性认识（可能）”置于有责性阶层，而“对客观构成要件事实的认识和意志”则被前挪至构成要件符合性阶层，成为所谓的“主观的

① 参见高铭暄主编：《刑法专论》（第二版），高等教育出版社 2006 年版，第 242 页；马克昌主编：《犯罪通论》，武汉大学出版社 2005 年版，第 304 页。

② 参见杨兴培：《犯罪构成原论》，中国检察出版社 2004 年版，第 183 页。

构成要件要素”。对于主观的构成要件要素，一般认为，还包含目的犯之目的、倾向犯之内心倾向以及表现犯之内心状态，除此之外，有学者认为，“不纯正的思想”[①]、态度[②]以及“表象关于违法性的事实”[③]等，也属于主观的构成要件要素。对于责任要素，主流见解认为，除了包含事实性的责任能力和违法性认识（可能）要素外，还包含价值性的期待可能性要素，有学者则认为，对行为决意有影响的全部事实，包含行为的目的、动机、性格和人格等，也能成为责任要素。[④]由此可见，德日阶层体系对构成犯罪的主观心理要素的处理完全可谓是纷乱如麻、毫无定准的。其中，在要素归类上，目的犯之目的、倾向犯之内心倾向以及表现犯之内心状态，不纯正的思想，表象关于违法性的事实，等等，它们到底系属何等性质的基本心理事实？还有，论者们所罗列的上述所有心理事实的内部之间，例如，目的犯之目的、倾向犯之内心倾向与犯罪动机之间，犯罪动机、犯罪主体的性格和人格之间，知情意之间，以及知情意与知情意之外的因素之间，等等，到底是一种怎样的关系，也都是一团混乱、未见有谁能理清其间的关系的。而如前所析，该体系对主观心理要素的此等安排则明显表现出了反事实、反逻辑以及反常识的一面。譬如，将处于不同心理结构层次的心理事实共置于同一阶层，如将“责任能力”与“违法性认识”共置于有责性阶层，而将居于同一心理结构层次、有着更为紧密联系的心理事实却切割分置于不同的阶层，如将“对客观构成要件事实的认识和意志”与“违法性认识”加以切割分置，如此处理主观心理要素显然是违背事实的。此外，为使体系不致崩溃，理论不得不否定“责任能力”作为“对客观构成要件事实的认识和意志”之前提，因而肯定没有认识能力及控制（意志）能力也完全能够形成对客观构成要件事实的认识和意志，则无疑是反事实、反逻辑及反常识的。

如前文所析，欲使犯罪构成体系具备科学合理性，就应当以科学的行为概念作为体系之架构依据，唯其如此，对犯罪构成要件及其要素的安排方具备科学合理性，如若抛弃行为概念而另觅其他的某种架构依据，那么，据此构建的体系必将搅乱犯罪构成要件及其要素在行为结构中原本井

---

① 参见[德]汉斯·海因里希·耶赛克、托马斯·魏根特：《德国刑法教科书》，徐久生译，中国法制出版社2001年版，第381-386页。

② 参见[德]克劳斯·罗克辛：《德国刑法学 总论》（第1卷），王世洲译，法律出版社2005年版，第206-208页。

③ 参见[日]大塚仁：《刑法概说（总论）》，冯军译，中国人民大学出版社2003年版，第390页。

④ 参见[日]大谷实：《刑法总论》（新版第2版），黎宏译，中国人民大学出版社2008年版，第287-288页。

然的秩序，以及撕裂它们之间在事实上的有机联系，此等体系因而必定是反事实、反逻辑及反常识的体系。发展迄今的德日阶层体系早已抛弃以行为概念作为体系构建之依据，而由此所导致的反事实、反逻辑及反常识性集中体现在了理论对构成犯罪的主观心理要素的处理上。由于以人的内在心理作为研究对象的心理学具备自然科学之属性，故心理学有关人的内在心理事实的分类以及对它们之间关系的揭示无疑具有科学合理性，而不争的事实是，人的内在心理事实存在稳定性程度上的差异，在作为各个分支心理学之基础与主干的普通心理学中，正是以此为据而将心理事实区分为了“人格（个性）”与“心理过程”两大宏观范畴，人格具有跨时间、跨情境的稳定性特点，其中包含能力、动机、态度和性格等基本要素，而心理过程则具有即时性或情境性（也即不具有稳定性）之特点，其中包含知、情、意三个基本要素。若以心理学对行为内在结构的揭示作为犯罪构成体系之构建依据，那么，构成犯罪的主观心理要素便均可在行为的结构体系中进行合理归类以及找到精确的坐标定位，其间的关系也将清晰明了，根本不会出现德日阶层体系那般毫无定准、纷乱如麻的景象，以及出现明显反事实、反逻辑及反常识之状况。于此还需再次指出的是，以心理学对人的内在心理事实的分类作为依据，将犯罪构成的主观方面区分为犯罪主体要件和犯罪主观要件具有重大的刑法学价值，内中隐藏着化解行为主义与行为人主义之对立而实现统一的不二法门，笔者已于前文对此详加论述。

（二）构成犯罪的主客观要素之属性泾渭分明，确立犯罪主观要件之独立要件地位也是正确把握犯罪客观要件的前提和基础

由于构成犯罪的内在心理事实具有无形性之特征，故其无法为感官所直接感知而只能间接把握，而构成犯罪的外在客观事实则具有有形性之特征，从而能够为感官所直接感知，可见，二者在属性上泾渭分明，根本不存在无法分辨或者无法区分开来之情形，故在理论上也就不应该将二者抽象为一个要件或共置于同一阶层。并且，若否定犯罪主观要件之独立要件地位，势必无法正确地把握犯罪客观要件，就中主要缘由在于，行为乃主观的客观化，故主观是因，客观是果，依据逻辑与经验可知，原因决定着结果，且就事实而言，行为的客观也的确是受其主观的支配制约。据此可知，犯罪客观要件乃由犯罪主观要件所决定，故对于犯罪客观要件必须通过犯罪主观要件方可正确把握。而若如德日阶层体系那般否定犯罪主观要件之独立阶层地位，将同居心理过程层面有着紧密联系的知情意要素加以切割分置，由此所导致的后果在于：一是理论对于由知情意所构成的作为有机联系整体的犯罪主观要件之性质都将无从得知，更遑论借其去把握犯罪客观要件了；二是还将导致无谓的理论纷争，笔者将于下一节中对此详加揭批。更甚者，德日阶层体系不仅否定犯罪主观要件之独立阶层地位，而且无视行为之主观对其客观在事实上的支配制约关系，认为主观要素只能从客观要素中推断出来，[①]客观要素因而优先于主观要素判断，这种将证明主观要素成立与否的证据混同于符合客观构成要件之事实的错误认识，则彻底断绝了正确把握犯罪客观要件（客观的构成要件）的一切可能，这也是其构成要件符合性阶层之所以理论繁复、学说纷纭，迄今无人能够说清道明“什么是（客观的）构成要件”之根由所在。确立犯罪主观要件和犯罪客观要件各自之独立要件地位，立足于犯罪主观要件去把握犯罪客观要件是唯一切实可行的途径。因此，确立犯罪主观要件在犯罪构成中的独立要件地位，是正确把握犯罪客观要件的前提和基础。

（三）确立犯罪主观要件之独立及核心要件地位具有极其重大的理论与实践价值

如上文所析，人的意志具有自觉能动性，从而使得人类一方面具有无穷的创造力，另一方面若不对其加以有效规约，也有着极其可怕破坏力，而犯罪行为之所以具有一般违法行为所不具有的独特严重社会危害性，端在于罪过之意志因素。罪过之意志因素是犯罪的价值本质在事实层面上的最集中体现，乃犯罪行为之锋芒所在，是犯罪行为突破其他部门法防线的枪头矛尖，也是此岸事实与彼岸价值相通连的桥头堡，构成了整个犯罪构成体系之核心支柱，也成为刑法对犯罪行为实现有效打击的着力点。由于意志因素在整个犯罪构成体系中居于核心支柱之地位，如此无疑意味着其所置身的犯罪主观要件理所当然地应该成为犯罪构成的核心要件，而非如中外刑法学界的绝对主流理论所认为的是犯罪客观要件或（客观的）构成要件。确立犯罪主观要件之独立要件地位，将犯罪构成的核心由客观要件转变为主观要件，具有极其重大的理论和实践价值。在笔者看来，如若这一认识上的根本性转换能够成立的话，那么其对于整个刑法学科的价值，甚至不亚于天文学发展史上人们对太阳系中心的认识由“地心说”转变为“日心说”!

一如依据地心说不可能知道地球自身在太阳系中的真实位置以及无法解释绝大多数的天文现象那般，以客观要件为核心的犯罪论体系也是连

---

① 参见[德]汉斯·海因里希·耶赛克、托马斯·魏根特:《德国刑法教科书》，徐久生译，中国法制出版社 2001 年版，第 245 页。

作为体系核心的客观要件（客观的构成要件）本身是什么都无人能说清道明，以及面对极其简单的刑法问题都会陷入到巨大的解释困境中。[①]而一旦确立犯罪主观要件之独立及核心要件地位，那么犯罪论乃至刑罚论中的系列重要问题，例如，定罪的实质根据问题，迄今未见有研究者说清道明的行为成立犯罪在客观方面的最低限度要求（即中外刑法学的绝对主流理论所认为的作为犯罪构成体系核心的犯罪客观要件或客观的构成要件）到底为何的问题，刑法因果关系的研究对象及判断标准问题，犯罪终止形态中的处罚形式预备犯是否具有合理性、未遂犯的处罚根据及存在范围、未遂犯与不可罚的不能犯的界限、着手的标准、既未遂的界分标准等问题，如何化解行为无价值论与结果无价值论之间的对立从而实现二者统一的问题，主客观相统一之基础问题，共犯的处罚根据及成立条件问题，罪数标准问题，刑法及刑罚的目的、国家刑罚权的根据、刑罚功能之根据以及刑事责任之根据与范围问题，刑法典到底是应该采取刑罚单轨制立法模式还是应该采取刑罚与保安处分双轨制立法模式的问题，如此等等，均可在这一根本性的认识转变后获得简洁明快、一以贯之的破解，笔者已于前文及将于后文逐予展示破解之道。因此，确立犯罪主观要件之独立及核心要件地位具有极其重大的理论与实践价值。

二、犯罪主观要件的概念

在我国传统刑法学理论中，犯罪主观要件又被称为犯罪主观方面或是罪过，对其界定大致存在如下见解：（1）犯罪主观要件是指“犯罪主体实施犯罪行为时的心理态度”[②]，或是“刑法规定的支配犯罪主体实施犯罪行为的心理状态”[③]。（2）犯罪主观方面是指“犯罪人实施犯罪行为时，对其行为引起的危害社会的结果所持的心理态度——故意、过失（刑法理论上合称罪过）以及动机和目的”[④]。（3）犯罪主观方面是指犯罪主体对他所实施的危害社会行为的危害结果所持的心理态度，犯罪目的和犯罪动机不可能脱离犯罪故意而独立存在，它们只是犯罪故意的特别要素，而不应将罪过（即故意和过失）与二者相并列。[⑤]（4）犯罪主观方面是

① 详见本章“第三节 一、（二）2.”以及本书第八章第六节和“结语”部分的内容。

② 马克昌等主编：《刑法学全书》，上海科技文献出版社1993年版，第93页。

③ 赵长青主编：《新编刑法学》，西南师范大学出版社1997年版，第150-151页。

④ 马克昌主编：《犯罪通论》，武汉大学出版社2005年版，第304页。

⑤ 参见高铭暄主编：《刑法学原理》（第二卷），中国人民大学出版社1993年版，第2页。

指“犯罪主体对自己的行为及其危害社会的结果所抱的心理态度”[①]，或是“刑法规定成立犯罪必须具备的，犯罪主体对其实施的危害行为及其危害结果所持的心理态度”[②]。

由此可见，我国刑法学界在犯罪主观要件界定上所存在的争议主要有：其一，在称谓上，有的称之为犯罪主观要件，有的则称之为犯罪主观方面或罪过；其二，犯罪主观要件到底是一种心理状态还是心理态度？其三，犯罪主观要件的内容到底是行为人对自己的危害社会行为还是危害社会结果的心态，或是兼而有之？其四，犯罪主观要件的基本形式除了故意、过失外，是否还包含犯罪目的和犯罪动机？笔者认为，澄清上述问题虽未必为界定犯罪主观要件所必需，但对于全面深入地把握该要件还是具有较为重要的价值，故仍有逐一澄清之必要：

首先，犯罪主观要件不同于犯罪主观方面。犯罪主观方面是犯罪行为的内在心理方面，它包含位居人格层面的犯罪主体和位居心理过程层面的犯罪主观两个方面的内容，而犯罪主观要件只是对位居犯罪行为心理过程层面的影响定罪的相关事实因素的抽象概括。

其次，对于犯罪主观要件到底是犯罪主体的一种心理状态还是心理态度的问题，笔者认为，应该是一种心理状态，而非心理态度。因为如前所述，态度是个体基于过去经验对其周围的人、事、物所持有的比较持久而一致的心理准备状态或人格倾向，它属于人格的基本范畴之一，因而与心理过程层面的认识、情绪情感及意志存在属性上的差异，而犯罪主观要件由于是对犯罪行为在心理过程层面的相关心理事实的抽象概括，故将犯罪主观要件界定为犯罪主体的一种心理态度显然是不妥当的。

再次，对于犯罪主观要件之主体心态所指向的对象问题，笔者认为，应该是针对危害社会结果的心态。就中主要缘由在于：如前所析，犯罪主观要件之意志因素是犯罪行为之独特社会危害性的集中体现，因而成为了整个犯罪构成体系的核心支柱以及刑法对犯罪行为实现有效打击的着力点，由于意志受目标的定向指引，故目标对意志本身有着决定意义。[③]

---

① 高铭暄、马克昌主编：《刑法学》（第九版），北京大学出版社、高等教育出版社 2019 年版，第 100 页。

② 张明楷：《刑法学》（上），法律出版社 1997 年版，第 189 页。

③ 正如我国台湾地区刑法学者许玉秀所指出的，单纯的举枪行为可能是射鸟，可能是练靶，可能是伤人，也可能是要杀人，如果没有“设定目标”，亦即设定结果，则如何将举枪行为解释为杀人行为或伤害行为或毁物行为或正当的娱乐活动？参见许玉秀：《主观与客观之间——主观理论与客观归责》，法律出版社 2008 年版，第 99 页。

据此，作为意志特殊类型的罪过之意志状态，其所指向或导致的危害社会结果对于意志状态本身及其所属的犯罪主观要件而言，同样具有决定性作用，换言之，犯罪主观要件中的主体心态应该是行为人对危害社会结果之心态。对于该结论，我们也可以通过实例加以印证，例如，在交通肇事罪中，行为人对于自己违反交通运输管理法规的行为往往是“故意”[①]的，如明知是红灯不能闯却仍然去闯或者明知不能超载却仍然超载，但因罪过是主体对危害社会结果的心态，故交通肇事罪的罪过只能是过失而非故意。由此可见，我国刑法第14、15条将作为犯罪主观要件核心的意志因素指向“危害社会的结果”是合理的。

最后，对于犯罪主观要件的基本形式，笔者认为，只应包含故意和过失两种形式，而不应该包含犯罪目的和犯罪动机。因为，犯罪目的若系作为直接故意之意志因素内容，那么已为故意所包容，而无由将其与故意、过失相并列，若非为直接故意之意志因素内容，那么如前所析，此等所谓的犯罪目的实为犯罪动机，而动机乃主体人格的基本范畴之一，应该属于犯罪主体之内容，系犯罪主体要件之选择性要素，因而也就无法成为犯罪主观要件之基本形式或内容了。

在澄清如上问题后，界定犯罪主观要件还需注意的问题有：一是犯罪主观要件在犯罪行为结构中的定位问题，定位错误将难以准确把握该要件之内容，可能将原本不属于该要件内容的相关事实因素混入进来。如前所析，犯罪主体要件对应着犯罪行为的人格层面，而犯罪主观要件则对应着犯罪行为的心理过程层面，换言之，构成犯罪主观要件内容之事实因素只能以犯罪行为在心理过程层面中的相关心理事实作为依据。二是其存在范围问题，作为犯罪主观要件内容之事实，并非犯罪行为在心理过程层面的所有心理事实，而只能是那些对行为定性产生影响（即影响行为的罪与非罪、此罪与彼罪）的相关心理事实。三是这些心理事实的关系问题，由于心理过程是由知情意构成的有机联系整体，由此决定了犯罪主观要件也必然是一个由要素构成的有机联系整体。据此，**犯罪主观要件就应该是指在犯罪行为的心理过程层面由具备区分罪与非罪以及此罪与彼罪功能的事实要素所构成的有机联系整体**。

---

① 该故意徒具日常生活意义，而非刑法中作为罪过形式之一的犯罪故意。

第三节　犯罪主观要件之构成要素论

与行为的心理过程相对应的犯罪构成要件是犯罪主观要件，心理过程包含认识过程、情绪情感过程和意志过程三个方面的内容，可以看到，中外主流刑法学理论均认为，故意犯罪与过于自信过失犯罪的主观要件包含认识和意志两个因素，这两个因素显非为刑法学研究者们所凭空捏造，而应与心理学对人的心理过程的研究紧密相关。不过，心理学的研究表明，人的心理过程除了包含认识和意志过程外，还包含情绪情感过程，因此，有关犯罪主观要件之构成要素所涉及的问题是，传统刑法学理论否定情绪情感在犯罪主观要件中的独立要素地位是否合理？犯罪主观要件到底应该包含哪些要素？接下来拟就此展开论述。

一、情绪情感因素之犯罪主观要件独立要素地位论

中外刑法学界已有不少研究者就情绪情感在罪过中的要素地位问题展开研究，主流见解对此持否定态度，不过，尽管如此，仍有必要对该问题一探究竟。

（一）情绪情感因素之源流考察及其要素地位歧见概述

在西方心理学史上，有关心理活动（即心理过程）的构成存在“二分法”和“三分法”之分歧。早在古希腊，亚里士多德就认为灵魂的功能可以分为两类：一是认识功能，另一是动求功能。前者包括感觉、记忆、想象和思维，后者包括欲望、动作、意志和情感。[①]他的这种划分方法是西方心理学史上最早的知与意二分法。自亚里士多德以降直至 18 世纪初，主要为官能心理学发展时期，其主要特点在于偏重认识因素。至 18 世纪中期，德国哲学家提顿斯（J. N. Tetens）提出了三分法，他认为，感觉是对外物表象的反映，而感情则是感觉者自身的变化，感情不能独立发生，是依附在感觉或别种心理过程上发生的。提顿斯因此把心理过程区分为了理解、感情和意志。理解就是认识过程，理解和意志是主动的，感情则是被动的，这样他便确立了近代对心理过程的三分法。但提顿斯的三分法在当时并未引起人们的注意，真正使三分法流行开来并最终取代亚里士多德的二分法的是康德。康德通过其三部主要著作（即《纯粹理性批判》

---

① 参见苗力田主编：《亚里士多德全集》（第二卷），秦典华译，中国人民大学出版社 1993 年版，第 3-93 页。

《实践理性批判》和《判断力批判》）而使三分法流行开来，其中，纯粹理性相当于认识活动，实践理性相当于意志活动，判断力主要讲美感，相当于感情。[①]康德提出，“所有的心灵能力或机能可以归结为这三种不能再从一个共同根据推导出来的机能：认识能力、愉快和不愉快的情感和欲求能力。”[②]即在他看来，认识、情感、意志三者各自独立存在，其中的任何一种都不是由其他所派生。三分法也为近代以来的心理学所接受并获得科学证实。

现代刑法中的故意、过失概念起源于罗马法，在罗马法中，故意（dolus）“表示一种有着明确意识和意愿的心理状态”，过失（culpa）是“一种不同于故意的归责标准，主要表现为不同程度的疏忽”[③]，“知其行为会损害他人的权益而仍为之的为故意”，“应加注意而未注意的为过失”[④]。中世纪的意大利法学家接受了罗马法中故意概念，并将之变成所有犯罪的先决条件。[⑤]可见，故意构成因素之“知”与“意”二分法也有着较为久远的历史，并成为近现代刑法犯罪主观要件要素分类之渊源。可以看到，在被誉为“近代刑法学之父”的费尔巴哈所撰写的刑法教科书中，便较为明确地采纳了此等二分法，如他指出，“从意志因素上看，犯罪可以因两种不同的意思决定来实施，I. 故意，一种对违法行为的意思决定（一种希望得到或者要求得到的能力），认识到愿望或者要求的违法性；II. 过失，一种作为或者不作为的违法的意思决定，根据自然法则，违法行为的发生与人的目的无关。”[⑥]受心理学研究的影响，情绪情感因素也逐渐受到刑法学研究者们的重视，如我国刑法学家陈兴良教授指出，“在传统的罪过理论中，没有注意到情感因素。但随着现代心理学对人类心理活动的深层机制的科学揭示，情感对于认识与意志具有不可忽视的影响这一原理已经不可动摇，因而将情感纳入罪过心理是势在必行的。”[⑦]日本刑法学家大塚仁也提出，作为构成要件性故意包含“认识性要素”和

---

① 参见叶浩生主编：《西方心理学的历史与体系》，人民教育出版社 2003 年版，第 25-27、49-51 页。

② [德]康德：《判断力批判》，邓晓芒译，人民出版社 2004 年版，第 11 页。

③ 黄风编著：《罗马法词典》，法律出版社 2002 年版，第 92、77 页。

④ 曲可伸：《罗马法原理》，南开大学出版社 1988 年版，第 356 页。

⑤ 参见[德]汉斯·海因里希·耶赛克、托马斯·魏根特：《德国刑法教科书》，徐久生译，中国法制出版社 2001 年版，第 353、675 页。

⑥ [德]安塞尔姆·里特尔·冯·费尔巴哈：《德国刑法教科书》（第十四版），徐久生译，中国方正出版社 2010 年版，第 58-59 页。

⑦ 陈兴良：《刑法哲学》（修订三版），中国政法大学出版社 2004 年版，第 33 页。

"情意要素"。两位学者因而都强调情绪情感的重要性，并且都主张应该将"情"作为与"意"相并列的罪过因素。[①]自 20 世纪末以来，我国刑法学界有越来越多的研究者主张应该在罪过要素中加入情绪情感因素。[②]不过，在笔者看来，迄今为止所有主张应该在罪过中加入情绪情感因素的研究者，均因未把握情绪情感与评价之间的关系，以致不知作为罪过内容的情绪情感之具体表现形式到底是什么，因而都对该因素存在认识上的偏差。

（二）情绪情感之犯罪主观要件独立要素地位确证

情绪情感过程是心理过程不可或缺的内容，而犯罪主观要件乃位居行为心理过程层面之要件，由此所涉及的问题是，情绪情感因素在犯罪主观要件中到底有无独立要素之地位？笔者对此持肯定态度。接下来将在揭示情绪情感因素之所以具备犯罪主观要件之独立要素地位理据的基础上，对德日刑法学主流理论否定其作为罪过要素地位之悖谬详加揭批。

1. 情绪情感应该成为犯罪主观要件独立要素之理据

笔者认为，情绪情感因素乃为犯罪主观要件所不可或缺的要素，就中主要理据如下：

首先，认识、情绪情感和意志是三个不同的心理过程，各自之间不可相互替代。如前文所述，认识是主体对客体本身的反映，情绪情感所反映的是客体与主体需要之间的关系，意志则是以认识和情绪情感作为依据，确定并实现目的的心理过程。由此可见，情绪情感迥然有别于认识和意志。由于评价即评定价值，是价值主体对价值客体是否满足自身需要以及满足程度之评定，据此不难发现，评价实际是价值主体对自身情绪情感的一种表达活动，有关评价与认知之间的具体差异，笔者已于前文详论。思想家罗素曾就二者间的差异也明确指出，"当我们断言这个或那个具有'价值'时，我们是在表达我们自己的情感，而不是在表达一个即使我们个人的情感各不相同但却仍然是可靠的事实。"[③]有心理学家也指出，"情

---

① 参见[日]大塚仁：《刑法概说（总论）》，冯军译，中国人民大学出版社 2003 年版，第 179-183 页；陈兴良：《刑法哲学》（修订三版），中国政法大学出版社 2004 年版，第 31-37 页。

② 参见韩轶："情感因素与刑事责任"，《政法论坛》1996 年第 2 期，第 75-77 页；韩轶："情感因素影响刑事责任的理论探讨"，《河北法学》2000 第 1 期，第 51 52 页；李安、沈琪："刑法罪过的心理学分析"，《杭州师范学院学报（社会科学版）》2004 年第 2 期，第 93-98 页；袁彬：《刑法中的情绪研究》，北京师范大学出版社 2014 年版，第 80-132 页；温建辉：《罪过情感研究》，人民出版社 2013 年版，第 1 页以下；李涛：《重拾一种被放逐的遗忘——定罪量刑中的情感因素研究》，法律出版社 2016 年版，第 1 页以下；等等。

③ ［英］罗素：《宗教与科学》，徐奕春等译，商务印书馆 1982 年版，第 123 页。

感的功能是监控或评估思维所产生的意义——评估我们生活中的各种事件有多积极或有多消极，给出我们赋予它们的意义。它持续地告诉我们：这是你对生活中发生的事件的体验。你真的做得很好，或者相反，小心——你正陷入麻烦当中！”“情绪和情感对于我们的生活质量和生存环境充当着持续评估员的角色。”[①]由此可见，情绪情感与认识及意志具有截然不同的属性和功能，因此，认识因素和意志因素均无法替代情绪情感因素。

其次，为刑法所集中打击的罪过之意志因素之“恶”乃情绪情感因素使然。人的行为就其自然属性而言，系主体做出的能够对具体人或物的存在状态（即行为对象）产生影响的自然现象，但人的行为并非是一种与价值纯然无涉的自然现象，它总是与人的需要相关联，从而被蒙上价值的色彩。作为行为之特殊类型，犯罪行为有着极其鲜明的价值色彩，它是一种严重危害社会的行为，如上文所析，其独特的严重社会危害性体现在威胁到了作为整体的其他部门法制度或者全体公民的基本人权（即刑法法益）。而之所以如此，端在于构成犯罪的罪过之意志因素，其乃犯罪行为之锋芒所在，俨如冲破其他部门法防线的枪头矛尖。由此可见，罪过之意志因素与刑法法益之间存在着根本性的对立，正是这种根本性的对立而为刑法所否定，并成为刑法对犯罪行为实现有效打击的焦点所在。为刑法所否定与打击也意味着，罪过之意志因素的价值是消极的，而由于意志系一种将认识和情绪情感内容转化为客观现实的活动，故它以认识和情绪情感作为前提和依据，那么二者中到底是哪一心理事实令罪过之意志因素具有了消极价值呢？认识因系以客体为尺度的主体趋向、逼近客体的活动，由此决定了认识本身是一种与价值无涉或者说价值中立的活动。情绪情感则因系主体的需要是否获得满足以及满足程度之反映，而人的需要具有社会性，即主体任何需要的满足均须遵守社会成员所普遍认同的行为规范，或者说，必须获得其他多数社会成员的认可或者容忍，情绪情感也正因如此而具有了价值的色彩。由此可见，意志之善恶价值乃情绪情感使然，缺失情绪情感，意志将无所谓善恶，而若意志在价值上无善恶之别，那么它也就不可能为刑法所否定与打击。因此，情绪情感因素在犯罪主观要件中不可或缺。

再次，在犯罪行为中，情绪情感乃主体对自己的行为所作出的评价或者应有的评价，据此不难发现，该要素之内容其实就是中外刑法学理论

---

① Richard Paul & Linda Elder: *CRITICAL THINKING: Tools for Taking Charge of Your Professional and Personal Life (Second Edition)*, Pearson, 2014, p.57.

所探讨的“社会危害性认识”或“违法性认识”。对于其在犯罪构成中的地位，虽然不同的犯罪论体系对该因素的处理可能有所差异，但理论及相关立法都一致肯定它应该作为犯罪成立条件中不可或缺的内容，这无疑是正确的。除了上述理据之外，还在于，该因素也是犯罪行为与正当化事由在主观方面的根本性区别所在。如所周知，单就对行为的自然属性的认识而言，正当化事由与相关犯罪行为具有一致性，譬如，故意杀人罪的行为人与依法处决死刑犯的法警对于自己杀人行为的自然属性的认识可谓别无二致，差别就在于各自对自己行为的评价（也即情绪情感之内容）：一为有害，一为正当合法。由此可见，如若在犯罪的成立条件中剔除情绪情感因素，那么犯罪行为与正当化事由之间的界限就将消失，但是很显然，这是任何文明社会都不可能允许出现的现象。

最后，在确证情绪情感因素在犯罪成立中的不可或缺地位后，还有待解决的问题是，到底应该如何在犯罪构成体系中给其恰当定位？我国刑法第 14、15 条明确肯定情绪情感因素乃为罪过（故意和过失）内容所不可或缺，只是理论通说认为，情绪情感在犯罪主观要件中并无自己独立要素之地位，而仅为认识因素之内容。在德日阶层体系中，如前所述，主流见解的处理方式是，认识因素与情绪情感因素被切割分置，前者被置于构成要件符合性阶层，后者则被置于有责性阶层。经由如上分析后可知，认识、情绪情感和意志由于都属于心理过程之因素，故应当将情绪情感因素归于犯罪主观要件，又因三者之间有着质的差异性，故在理论上就应该肯定各自在犯罪主观要件中的独立要素地位。如若非要将情绪情感因素作为认识因素之内容，那么，该“认识”也应该理解为“广义上的认识”，即包含“狭义上的认识”与“评价”两个方面的内容，换言之，“社会危害性认识”之“认识”，准确说来应系“评价”，而有别于对行为自然属性之“认识”，“违法性认识”之“认识”亦然。[①]不过，对于德日阶层体系那种否定犯罪主观要件之独立阶层地位以及对有着密切联系的认识因素与情绪情感因素进行切割分置的做法，笔者则持彻底否定的态度，接下来将对此详加批判。

综上所析，情绪情感是与认识和意志迥然有别的心理活动，罪过之意志因素正是因为情绪情感因素而具有了消极的价值，从而为刑法所否定与打击，此外，情绪情感因素也是犯罪行为与正当化事由在主观方面的根

① 在接下来的内容中，笔者若基于我国刑法第 14 条之规定使用“社会危害性认识”，该“认识”均指“广义上的认识”，实指“评价”。此外，还有必要指出的是，行为人对自己行为的评价并非所谓的“评价性要素”或“规范性要素”，而是作为心理事实而存在的“事实性要素”。

本性区别所在，故为行为成立犯罪所不可或缺。而在犯罪构成体系的定位及地位上，将其作为犯罪主观要件之独立要素方为妥当。

2. 德日刑法学主流理论否定情绪情感作为罪过要素地位之悖谬揭批

在德日阶层体系中，由于并无犯罪主观要件之独立阶层地位，受目的行为论的影响，如今其主流理论对于构成犯罪的心理过程要素的处理方式是，“对构成要件事实的知与意”（即所谓的“构成要件故意或过失”）被前挪至构成要件符合性阶层[①]，而“违法性认识（可能）”则保留在了有责性阶层，如此处理心理过程要素意味着，故意过失的成立无需“违法性认识（可能）”因素，即否定情绪情感因素之罪过要素地位。在笔者看来，如此撕裂作为有机联系整体的心理过程要素，否定情绪情感因素之罪过要素地位，实乃为掩盖其体系致命缺陷、避免体系崩溃的无奈之举。因为，如若将由知情意有机联系所构成的心理过程整体前挪至构成要件符合性阶层，如此一方面会导致体系在逻辑上的明显不协调，即在判断“违法性认识（可能）”之后再进行“违法性”判断，另一方面还会导致非常严重的后果，那便是阶层体系的彻底崩塌！因为，正当防卫、紧急避险等正当化事由的主观内容中是不包含违法性认识的，换言之，若“违法性认识（可能）”也依随“对构成要件事实的知与意”一并前置，违法性阶层将因失去判断对象而沦为赘余，那么以“不法”与“责任”的严格界分作为核心支柱的阶层体系也将因此而崩溃，故为维护既有体系不至崩溃，“违法性认识（可能）”是万万不可被前置的，即否定情绪情感因素之罪过要素地位。但如前所析，如此处理主观心理要素其实是反事实、反逻辑及反常识的。当然，将作为有机联系整体的心理过程要素加以切割分置，否定情绪情感因素之罪过要素地位，由此所导致的问题并不限于此，主要还包括：一是与他们的刑法典所采取的刑罚与保安处分双轨制立法模式之保安处分的司法实践相背，这是因为，适用保安处分的第一个条件是实施了“违法行为”[②]，而依据德国刑法典第 11 条第 5 项之规定，“违法行为：仅指实现了刑法规定的构成要件的行为”，故若将“对构成要件事实的知与意”置于构成要件阶层，意味着适用保安处分也要求主体必须具备构成要件故意或过失，果若如此，那么对于那些因完全丧失辨认控制能力而无法形成构成要件故意或过失的精神障碍者，即便实施了严重危害社会

① 构成要件何以不能缺少主观要素之具体理据，参见甘添贵：“故意与过失在犯罪论体系上之地位”，蔡墩铭主编：《刑法争议问题研究》，五南图书出版公司 1999 年版，第 103-108 页。

② 参见[德]汉斯·海因里希·耶赛克、托马斯·魏根特：《德国刑法教科书》，徐久生译，中国法制出版社 2001 年版，第 972 页。

的行为，也不允许对其适用保安处分，但这显然是与他们的司法实践不相符合的。二是对非常简单问题的处理都会陷入到难以自圆其说的巨大困境中，这集中体现在了对假想防卫、假想避险之类的所谓"容许性构成要件错误"（又谓"正当化事由之前提事实认识错误"）的处理上，接下来拟就此展开论述。

原本作为有机联系整体的犯罪主观要件，为使阶层体系不致崩溃而不得不将其切割分置，由此也导致了理论在容许性构成要件错误处理上的巨大困境。以假想防卫为例，依据居主流地位的三阶层体系，合逻辑的处理方式应该是：在构成要件符合性阶层，由于假想防卫行为人具备该当构成要件事实之认识和意志，因而成立故意；在违法性阶层，由于违法阻却事由之成立需要兼备主观与客观条件[①]，而假想防卫因客观上不存在不法侵害，故不满足违法阻却事由之客观条件，因而不阻却违法；在有责性阶层，就逻辑彻底性而言，假想防卫行为人虽然不具备违法性认识，但不能据此否定先前在构成要件符合性判断中已经作出的故意成立之判断结论，而只可依据这种错误能否避免来决定是部分还是完全阻却责任。总之，假想防卫应该属于故意犯罪。此等处理方式在理论上被称为"严格责任理论"。[②]但该结论是难以让人接受的，如今理论及实务界的主流见解是：假想防卫不承担故意犯罪之责任，而只可能承担过失犯罪之责任或是无责。可是，依据阶层体系如何才能达成此等判断结论呢？研究者们提出了一些解决方案，主要有：（1）故意理论。故意理论认为，故意除了需要具备对于构成要件事实的知与意外，也应包含不法意识，[③]因此，假想防卫之类的容许性构成要件错误阻却故意。（2）限制罪责理论。该理论对容许性构成要件错误的判断逻辑是：起先肯定其具有构成要件故意，而后又因正当化事由构成要件错误的存在，要求调转回头，重新审查之前已经审查过的构成要件符合性，转而否定具有构成要件故意，此即所谓的"回力标现象"或谓"回旋飞碟现象"。（3）法律效果援用之罪责理论。该理论认为，容许性构成要件错误并不否定先前判定的构成要件故意，但在责任

---

① 为使该体系更具逻辑彻底性，也有少量研究者坚持认为，正当化事由之成立无需具备主观条件。

② 严格责任论认为，容许性构成要件错误属禁止错误，禁止错误即规范错误，是指行为人对自己行为的法律评价存在错误，不同于事实认识错误。

③ 如德国刑法学家雅科布斯就认为，"我们能够从故意理论中推导出认识原则——任何对构成要件的实现或者对不法欠缺认识的行为，都不可能是故意行为"，参见[德]京特·雅科布斯："韦尔策尔对于当今刑法学的意义"，[德]汉斯·韦尔策尔：《目的行为论导论》，陈璇译，中国人民大学出版社2015年版，第17页。

阶层否定责任故意，因而不承担故意犯罪之责任，而参考欠缺故意的法律效果来处理。（4）消极的构成要件要素理论。该理论立足于二阶层体系，即把三阶层体系中的“构成要件符合性”与“违法性”合并为“不法构成要件”，基此认为，犯罪故意的成立，除了要求行为人必须对该当构成要件之事实（即所谓的“积极的构成要件”）具有认知外，还要求对事实上欠缺违法阻却事由（即所谓的“消极的构成要件”）也需要有认知。据此，假想防卫之类的容许性构成要件错误由于具备违法阻却事由之认知，故阻却故意之成立。①

对于上述为解决容许性构成要件错误所提出的诸理论方案，笔者的评析如下：

（1）严格责任论在三阶层体系中虽然做到了逻辑上的一以贯之，但结论并不合理，而若立足于我国的刑事立法，则明显违反了我国刑法第14条之规定。

（2）故意理论将行为人“对构成要件事实之知和意”与“不法意识”一并作为犯罪故意不可或缺的内容，基此否定了容许性构成要件错误具备犯罪故意，这是科学合理的。但如上所析，此等正确认识却是与三阶层体系的逻辑架构格格不入的，甚至会导致阶层体系的整体崩溃。

（3）限制罪责理论虽然结论无误，但却将作为整体的犯罪故意加以切割分置，且以后来的判断否定先前确定的判断结论，其不合理性及内在逻辑矛盾可谓显而易见：一方面，以后面的判断来否定先前确定的判断结论，这种逻辑上的反复已再清楚不过地表明先前判断所依据的标准存在严重缺陷。另一方面，严格说来，如若维持第一阶层的内容不变，即便回过头来再度审查先前已经审查过的构成要件符合与否的问题，结论仍然不会有所变化，除非将居于后面阶层的违法性认识也前挪至构成要件中来，否则在逻辑上将因陷入无限循环而无法得出不同的判断结论，或言之，运用“回力标学说”来排除故意之成立，判断者其实已经在观念上对第一阶层的内容作了修改变更，只是这种修改变更因与体系的逻辑架构相矛盾，从而拒绝在体系中反映出来而已。因此，限制罪责理论所得出的正确结论，并不能遮饰阶层体系本身所固有的致命缺陷。

（4）较之于限制罪责理论，法律效果援用之罪责理论虽然克服了限

① 参见[德]克劳斯·罗克辛：《德国刑法学 总论》（第1卷），王世洲译，法律出版社2005年版，第403-406页；[德]约翰内斯·韦塞尔斯：《德国刑法总论》，李昌珂译，法律出版社2008年版，第256-269页；林山田：《刑法通论》（上册），北京大学出版社2012年版，第287-293页；黄荣坚：《基础刑法学》（上），中国人民大学出版社2009年版，第158-160页。

制罪责理论出现的所谓“回力标现象”，乍看似乎更为合理，但细究不难发现，这两种学说实无二致，因为从根本上说，法律效果援用之罪责理论的最终判断结论还是排除了故意犯罪之成立，可问题是，没有故意犯罪何来具备犯罪故意呢？如若坚持认为此种情形就是成立犯罪故意，只是承担过失犯罪的刑事责任甚或无罪，这将是极其荒谬乃至是匪夷所思的！当然也是对罪刑法定、适用刑法人人平等以及罪刑相适应等刑法基本原则的公然践踏！可见，此等做法实质上仍然是先前确定的判断结论被后来的也是最终的判断结论所推翻[①]，所谓的法律效果援用不过是变换了一套说辞而已，并且明显违背了刑法的相关基本原则。

（5）消极的构成要件理论首先将客观的构成要件区分为积极的构成要件（即该当构成要件之事实）与消极的构成要件（即无违法阻却事由），据而认为故意之成立须得同时具备对这两个方面要件的认识。在笔者看来，就中存在的主要问题有三：其一，若不借助主观要素，从纯粹客观的角度是难以在一开始就区分出所谓的积极的构成要件与消极的构成要件的，因为犯罪行为与违法阻却事由往往是难以仅仅依据行为的客观即可加以分辨的。其二，该理论试图将故意中的主体“对自己行为的消极评价”（即“社会危害性认识”或“违法性认识”）转换为“对正当化事由不存在的事实认知”，这明显混淆了认知与评价之间的界限，因为如上文所析，认知与评价是两种性质截然不同的心理活动，“对事实的认知”无论如何都无法替代“对事实的评价”。毋庸置疑，具备正当化事由不存在的意识，首先得有何谓正当化事由之意识，内中自然包含了对行为“正当”的评价，因而在正当化事由不存在的意识内容中，也就理所当然地包含了对行为“不正当”的评价。既然正当化事由不存在的意识并非纯粹地对所谓的消极构成要件事实的认知，内中其实已经包含了对自己行为“不正当”（即行为具有违法性或社会危害性）的评价，那么，在对所谓的消极构成要件的认知之后，在有责性阶层中仍然保留“违法性认识”要素，显然属于标准重叠、逻辑反复。由此可见，为越来越多的刑法学者所认同的“二阶层体系”，与居主流地位的“三阶层体系”一样，也是一个存在严重逻辑缺陷的体系。其三，如若故意之成立要求行为人对无违法阻却事由具备认识，的确还会出现有学者所指出的，这样将会要求行为人在行为时必须认识到所有正当化事由的存在或不存在，这几乎是不可

① 或许有论者会反驳称，过失犯罪的主观中也存在故意，但正如笔者已于前文所指出的，此等故意绝非作为故意犯罪之主观要件的故意，正好比故意违反交通运输管理法规之故意绝非交通肇事罪的主观罪过是一个道理，违反交通运输管理法规之故意也非交通肇事罪主观罪过（过失）之内容。

能的事。[①]由此可见，消极的构成要件理论同样是结论正确，但其所立足的体系以及对犯罪故意内容的把握都存在严重的问题。

根据如上分析可知，在德日阶层体系的逻辑架构中，无论采取何种方案，都难以合理地解决容许性构成要件错误何以不承担故意犯罪之刑事责任的问题，笔者认为，就中根本缘由在于，该体系抛弃了以行为的结构作为犯罪论体系之构建依据，为迎合因之有着根基性缺陷的体系而不得不割裂事实、扭曲逻辑以及否定情绪情感因素之罪过要素地位。构成犯罪主观要件的知情意要素系位居同一心理结构层次、有着紧密联系的心理要素，任何将它们切割分置的做法无不是对罪过的歪曲，由此所导致的是煞有介事实则毫无意义的理论纷争。如若抛弃该体系，以行为的结构作为犯罪论体系的架构依据，确立犯罪主观要件之独立要件地位，把握其乃犯罪行为在心理过程层面的知情意要素的有机统一，那么基此解释容许性构成要件错误何以不承担故意犯罪之刑事责任，将不费吹灰之力。因为，犯罪故意之成立须兼备对行为自然属性之认知以及对行为危害社会属性之评价，而容许性构成要件错误因欠缺后一内容，故阻却犯罪故意之成立，无犯罪故意的行为当然不承担故意犯罪之刑事责任，进一步的判断则是，若行为人对该认识错误能够避免，那么承担过失犯罪之刑事责任，若不可避免，则无罪过，不承担刑事责任。仅此而已！原本完全不成其为问题的问题，在德日阶层体系中却成了众口纷纭、百辩莫解的难题，关键还在于，理论不仅不对该体系因根基错误所导致的如此明显的缺陷加以深刻反思，反而坚持认为“不可能再走回头路”[②]，荒谬固执如斯，伊于胡底？！

（三）情绪情感影响定罪之非罪过要素情形

在肯定情绪情感在犯罪主观要件中的独立要素地位后，笔者认为，还有必要进一步探讨情绪情感影响定罪的其他情形。现代心理学的研究表明，情绪情感除了影响人们对自己行为的评价外，也会对人的认识和意志产生影响，其中，会对二者产生根本性影响的是情绪，情绪能够影响认知操作的效果，其影响效应取决于情绪的性质及强度。中等唤醒水平的愉快

---

① 参见陈子平：《刑法总论》，中国人民大学出版社2009年版，第245页。虽然二阶层体系的主张者、我国台湾地区刑法学者黄荣坚就此进行了反驳，但他仅以一种情形（即“行为人能够认识到‘非正当防卫的情状’”）加以反驳，参见黄荣坚：《基础刑法学》（上），中国人民大学出版社2009年版，第124-125页。如此其实并未能证明“行为人能够认识到所有非正当化事由情状的存在或不存在”，故缺乏说服力。

② 转引自许玉秀：《当代刑法思潮》，中国民主法制出版社2005年版，第57页。

和兴趣会为认知活动提供最佳的情绪背景，过低或过高的愉快唤醒均不利于认知操作，而就负情绪来说，痛苦、恐惧的强度与操作效果呈直线相关，情绪强度越大，操作效果越差。与痛苦、恐惧不同的是，由于愤怒情绪具有自信度较强的性质和指向于外的倾向，中等强度的愤怒一旦爆发出来，有可能组织个体倾向于所面对的任务，导致较好的操作效果。总之，不同性质和不同强度的情绪起着不同程度的组织或瓦解认知活动的作用。① 由此可见，情绪通常只对认识和意志之程度产生影响，只有极端的情绪状态才会对认识和意志产生实质性的影响。

如前所述，情绪是以个体的愿望和需要为中介的一种心理活动，是个体与环境意义事件之间关系的反映。当客观事物或情境符合主体的愿望和需要时，就能引起积极肯定的情绪，反之，则会产生消极否定的情绪。人的典型的情绪状态有三种，即心境、激情和应激。心境是一种深入的、比较微弱而持久的情绪状态，激情是一种强烈的、爆发性的、为时短促的情绪状态，应激是人对某种意外的环境刺激所做出的适应性反应。在这三种情绪状态中，心境因其微弱、平静及持久之特性，由此决定了它并不会对主体的认识和意志产生实质性的影响，而激情和应激则因属非常或极端情境中的情绪状态，因而可能会对认识和意志产生实质性的影响。

已如前述，在激情状态中，主体往往会出现“意识狭窄”现象，即认识活动的范围缩小，理智分析能力受到抑制，对自己行为的后果不能作出适当的估价，自我控制能力减弱乃至丧失。可见，激情是通过作用于人格层面的责任能力后，反过来再对心理过程层面的认识、情绪情感（评价）和意志施加影响的，换言之，激情此时是作为影响主体责任能力的因素而存在。不过，尽管激情可能使主体的责任能力减弱乃至丧失，但心理学的研究表明，人能够意识到自己的激情状态，也能够有意识地调节和控制它，即激情具有可控性。激情的可控性意味着行为人即便是因激情而陷入完全无责任能力的状态，也不能排除其主观罪过。具言之，若是故意或过失使自己陷入激情状态进而在无责任能力的状态下实施了危害行为，主观罪过即为故意或过失，而若并未因激情而完全丧失责任能力则更不会影响罪过及其具体形式。②正如德国刑法学家耶赛克和魏根特所指出的，

① 参见孟昭兰主编：《普通心理学》，北京大学出版社 1996 年版，第 392-393 页。

② 若导致行为人陷入激情状态有精神病学方面的原因，则属于前述精神障碍对刑事责任能力影响之情形。

"在规避自我中枢、意识强度减弱情况下直接释放情感后所为的激情犯情况下，责任非难涉及在激情紧张的前期。"[①]此种情形也属于理论上所谓的原因自由行为之类型。对于激情犯罪的刑事责任，意大利刑法典第 90 条明确规定，"激情和冲动状态既不排除也不降低可归罪性"，该条之规定"表明了立法者要求人们必须尽最大努力来控制自己情感世界的坚决态度"[②]。由此可见，虽然激情可能使主体一时丧失责任能力，但激情的可控性又意味着总体而言它又并不会对主体的责任能力产生影响，故激情并不能成为影响主体责任能力之因素，也不能成为与认识、意志相并列的主观要件之要素。

应激状态也会对人的认识、情绪情感（评价）及意志产生影响，如前所述，有时应激引起的身心紧张有利于主体全力解决紧急问题，维持一定的紧张度，保持高度的警觉，有助于认知功能的发挥，使人做出平时所不能做出的大胆判断及动作。但是，有时应激所造成的高度紧张又会阻碍认知和评价功能的正常发挥，紧张和惊恐也会导致人们的感知、注意产生局限，思维迟滞，行动刻板，正常处理事件的能力反而会大大削弱，乃至引起适应性疾病，进而导致抵抗力消失，甚至于死亡，又因应激系意外的环境刺激所引起。据此不难发现，应激与激情存在显著的差异，即，激情具有可控性，而应激则未必可控，在心理学中，根据应激是否具有可控性，可将其区分为"可控性应激"和"不可控性应激"两种类型。[③]可控性应激与激情一样，即便其可能使行为人一时丧失责任能力，却并不会对罪过性质产生影响。对于不可控性应激，由于行为人无力控制应激本身以及导致此等应激的原因，而应激又可能使行为人完全丧失责任能力，故此种类型的应激将对定罪产生影响。考诸域外立法，笔者认为，为数不少国家的刑法典所规定的责任阻却事由中，便包含属于因不可控的应激状态而阻却责任之情形。例如，德国刑法典第 33 条规定，"行为人由于惶惑、恐怖、惊愕、致逾正当防卫之限度者，不

① [德]汉斯·海因里希·耶赛克、托马斯·魏根特：《德国刑法教科书》，徐久生译，中国法制出版社 2001 年版，第 501 页。

② 参见[意]杜里奥·帕多瓦尼：《意大利刑法学原理》（注评版），陈忠林译评，中国人民大学出版社 2004 年版，第 207 页。

③ 参见石林、封丹珺："应对风格问卷的初步编制"，《心理学发展与教育》2004 年第 1 期，第 77-81 页。

罚。”[①]瑞士刑法第33条第2款规定，“防卫过当者，法官依自由裁量减轻其刑，因过于激奋或惊惶失措而防卫过当者，不罚。”韩国刑法第21条规定，“……（二）防卫过当的，依其情况可免除或者减轻处罚。（三）前项情形下，如其过当行为系在夜间或者其他不安的状况下，由于恐怖、惊愕、兴奋或者慌张而引起的，不予处罚。”荷兰刑法典第41条第2款规定，“超过防卫的必要限度，该过限行为是侵袭所引发的强烈情绪的直接结果的，不负刑事责任。”此外，匈牙利刑法典（第15条第2项）、西班牙刑法典（第8条第10项）、挪威一般公民刑法典（第48条第4款）等等也都有类似的规定。经由如上分析可知，此等立法是具有相关心理学根据的，值得我们借鉴。[②]不过，需要特别强调的是，此种影响定罪的应激状态并不属于与认识和意志相并列的犯罪主观要件之情绪情感要素，而是属于影响主体责任能力的精神障碍因素，对此，笔者已于上一章中的“反映主体刑事责任能力的因素”部分已有所论及，此种情形的应激具体而言，应属于“心因性障碍”中的“急性心因性障碍”（或称“急性应激反应”）。

综上所析，有关情绪情感在犯罪构成体系中的地位体现为两个方面：一是行为人对自己行为的评价，也即理论及立法中的“社会危害性认识”或“违法性认识”，其在犯罪主观要件中系属与认识、意志因素相并列的情绪情感因素，为犯罪主观要件之必备要素；二是情绪状态中的“不可控应激”会对认识、情绪情感和意志产生实质性的影响进而影响定罪，但它并非与认识、意志因素相并列的犯罪主观要件之情绪情感要素，而系精神障碍之具体类型，因而属于影响主体责任能力之因素。

---

① 德国刑法学界的主流见解认为，其刑法典第33条之规定属于阻却罪责之事由，不过，罗克辛对此持不同见解，他认为，刑罚同时取决于两个因素：一是用刑罚进行预防的必要性；二是犯罪人罪责及其大小。基此指出，该条规定之行为人之所以不受处罚，并不是因为他没有罪责，而是因为人们应当能够忍受这种情况下的危险。立法者之所以放弃刑罚，乃是认为，不需要对犯罪人进行再社会化。而且，在这些极端特别的情况下，人民会原谅这种人性的弱点。因此，也就没有必要通过处罚进行一般预防了。参见[德]克劳斯·罗克辛：“构建刑法体系的思考”，蔡桂生译，《中外法学》2010年第1期，第13-16页。笔者赞同德国刑法学界之主流见解，而不认同罗克辛之观点，主要理由有二：一是如前文所析，一旦刑法将打击的着力点落在罪过之意志因素上（当然也不能忽视作为罪过深层动因的犯罪主体的人格，即也需充分考量犯罪主体的人身危险性），内中即已包含预防必要性之内容，换言之，预防必要性根本不应该作为独立于罪责之外的因素；二是该条规定的行为人之所以不罚，主要应系属于因不可控之应激状态导致行为人丧失责任能力因而无罪过之情形。

② 不过笔者以为，对于此类情形的规定，立法在语词使用上还是得仔细斟酌，如若使用“因……（特定的情绪状态）而（防卫）过当的”，根据我国的现行立法及理论通说，防卫过当具备主观罪过，但如上所析，此种情形应该是不具备主观罪过的。

二、认识因素之犯罪主观要件独立要素地位论

认识过程是指人认识客观事物的过程，是人借助感觉、知觉、记忆、思维和言语等，由表及里、由现象到本质地反映客观事物特性及其内在联系的心理活动。在将行为人对自己行为的评价（也即“社会危害性认识”或“违法性认识”）划归情绪情感因素后，那么认识因素中的认识便属于狭义上的认识，即仅限于行为人对自己行为的自然属性的认知。在中外刑法学理论中，认识因素是故意犯罪和过于自信（有认识）的过失犯罪之主观要件的必备要素，这在理论上没有争议，而在疏忽大意（无认识）的过失犯罪中，认识因素是否为其主观要件之要素，则存在争议。有关认识因素是否应为所有犯罪之主观要件的必备要素问题，笔者对此持肯定态度，主要理由如下：

首先，无认识过失的认识因素系人的认识状态的表现形式之一。无认识的过失在心理过程层面的确缺乏认识心理活动，不过，这种无认识也是一种心理状态，具体而言，是行为人对于自己的行为可能导致的危害社会结果有能力认识却未正确地运用该能力去认识的一种心理状态，正如我国台湾地区刑法学者许玉秀所指出的，过失是“一个对危险认识不清、忘记法益的决定，……忘记不是‘无’，是一种对被忘记的客体而言，有瑕疵的心理状态”[①]。此种心理状态与因无认识能力而无法认识之情形，在刑法上乃至在伦理学上都有着质的差异性。早在古希腊，哲人亚里士多德就区分了“出于无知而做出的行为”和“处于无知状态的行为”，在他看来，前者是指由于对行为本身和环境无知识或不知情而做出的行为，所以出于无知而做出的行为是无知者的行为，后者是指对行为本身和环境处于无意识状态，这种行为不是一个无知识的人的行为，而是一个有知识但没有实际地去运用知识的人的行为。他把前者归于“违反意愿的行为”，后者则归于“出于意愿的行为”，且认为，只有“出于意愿的行为”才能作为伦理判断的对象，或褒奖颂扬，或非难谴责。[②]由此可见，无认识过失之“无认识”仍然属于人的心理状态的表现形式，或者说，属于认识状态之类型，系一种可称之为“应该认识”的心理状态[③]，并且这种心理状态系一种事实状态，具有确定的事实内容，即以行为人对于自己的行为及其

① 许玉秀：《主观与客观之间——主观理论与客观归责》，法律出版社 2008 年版，第 33 页。

② 参见[古希腊]亚里士多德：《尼各马可伦理学》，廖申白译，商务印书馆 2003 年版，第 58-64 页。

③ 其与“免于刑罚处罚”也属于“应受刑罚处罚”之内容或表现形式可谓是一个道理。

可能造成的危害社会结果有能力认识却未予认识作为内容。因此，无认识的过失也具备认识因素。

其次，认识因素的内容不同，罪过之性质也将有所不同。认识状态包含“有认识”与“没认识但应该认识”两种状态，在“没认识但应该认识”的状态中，由于缺乏认识心理活动，那么依据我国刑法第 14、15、16 条之规定，主体的行为性质就不可能是故意犯罪及过于自信的过失犯罪，只可能是疏忽大意的过失犯罪或是意外事件，而在“有认识”的状态中，则可能成立故意犯罪及过于自信的过失犯罪，当然也可能是不可抗力。还有，虽然犯罪故意和过于自信的过失都具有认识之心理活动，但它们的具体内容还是存在差异，犯罪故意的认识因素是明知自己的行为会发生危害社会的结果，而过于自信过失的认识因素则是已经预见自己的行为可能发生危害社会的结果。[①]如下文所析，犯罪故意之“明知”与过于自信过失之“已经预见”具有不同的内涵，在“明知”的认识内容中，行为人对于自己的行为会导致危害结果具有较为明确、现实的认识，而在“已经预见”的认识内容中，行为人对于自己的行为会导致危害结果之认识则较为模糊，或者说，对于自己的行为转化为危害结果之现实性存在认识上的不足。当然，更为重要的是，“已经预见”中还需包含认识到危害结果不会发生之内容，并且这种认识通常较为清晰，因为行为人往往还认识到了避免危害结果发生的相关主客观条件，而“明知”之认识中并不包含行为人对危害结果不发生具有较为清晰认识之内容，因而也就不要求行为人对于避免危害结果发生的相关主客观条件有所认识。并且即便是在犯罪故意的内部，明知的内容也未必完全相同，如下文所析，在间接故意中，行为人对于自己的行为与危害结果发生之间联系的认识，只能是一种或然性（可能性）的认识，而不能是必然性的认识，即行为人认识到自己的行为只能是“可能会”导致危害结果的发生，而在直接故意中，除了认识到“可能会”之外，还包含“必然会”之情形。由此可见，认识因素的内容不同，罪过之性质也将有所不同，进而影响行为之定性。

最后，不同个罪都具有各自不同的认识因素内容。由于认识乃情绪情感及意志之前提和依据，又因行为的主观对行为的刑法性质起着决定性的作用，据此不难得知，不同个罪势必有着不同的认识因素内容。事实也的确如此，例言之，故意杀人罪之故意，其成立要求行为人必须认识到自己的行为所指向的对象是人，认识到自己所采取的手段具有致人死亡的客

---

① 认识因素中的犯罪结果强调的是其自然属性，社会属性归入情绪情感因素。

观性质，或者说认识到自己所采取的手段作用于他人的致命部位会发生他人死亡之后果，若不具备此等认识，譬如，认为自己的行为所指向的并非人，或者认为自己所采取的手段不具有致人死亡的客观性质，或者认为手段所指向的并非人的致命部位，哪怕客观上其行为所指向的其实是人，或者手段在客观上实际具有致人死亡的性质，或者手段客观上所指向的就是他人的致命部位，也不具有杀人之故意。又如，强奸罪之故意的认识内容中必须包含认识到对象是女性，且具有生命，若非如此，如认为是男性或将有生命的女性误认为尸体，那么基此所形成的认识无论如何都不可能是强奸之故意。比较其他个罪之认识因素，同样能够发现，它们之间都具有各自不同的认识内容。由此可见，认识因素也具有此罪与彼罪之区分功能。

据上分析可知，认识因素存在于任何犯罪中，它是其他心理过程因素存在的前提和基础，认识因素的内容不同，罪过之性质也将有所不同，并且不同个罪之认识因素在具体内容上也都存在着差异。因此，认识因素应当为一切犯罪之主观要件的必备要素。

三、意志因素之犯罪主观要件独立要素地位论

如上所述，意志是指自觉确定目的，并根据目的来支配调节自己的行为，克服各种困难，以实现目的的心理过程。由于意志以目的为核心，依据我国刑法第 14、15 条之规定，只有直接故意具备犯罪目的，因此，对于不存在犯罪目的的间接故意和过失是否也具备意志因素便不无疑问。笔者认为，意志因素也应该是一切犯罪之主观要件的必备要素，主要理由有二：

其一，直接故意、间接故意和过失之意志因素皆为人的意志状态之类型或表现形式。虽然我国传统刑法学理论对于犯罪故意具备意志因素几无疑议，但由于意志以目的为核心，而间接故意本身并不存在目的，故对于其到底有无意志因素还是有必要加以细究。在笔者看来，间接故意之放任心态中虽然不存在行为人所期望的目的，但如下文所析，放任具有依附性，即其在任何情况下都必须依附于主意志，而不能独立存在，并且其所依附的主意志必须是具备明确目的的意志，如此意味着放任之行为过程及其造成的危害社会结果，实际是主意志支配调节下的附随产物，换言之，其仍然属于行为人意志控制之作品，是意志控制的一种特殊表现形式。不过，就放任本身而言，由于缺乏目的，故其本身并非意志，而是一种意志存在状态的表现形式。犯罪过失同样欠缺犯罪目的，但由于行为人对自己

行为所造成的危害社会结果仍然属于其意志所能够控制之范围，也即行为人若发挥其意志之主观能动性就完全能够避免自己的行为造成危害社会的结果，犯罪过失因而是一种能够为行为人的意志所控制但实际却未加有效控制的心理状态，故也是意志控制的一种特殊表现形式，或者说，一如对自己行为之属性能够认识却未予认识属于认识状态之类型，此种意志控制的特殊表现形式也属于意志状态之类型[①]，因而迥然有别于因无控制能力而不能控制自己行为发生或不发生危害社会结果之情形。于此还需要指出的是，如下文所析[②]，正是因为犯罪目的之有无，才导致了我们在对直接故意、间接故意和过失之意志因素内容进行把握时应该采取不同的方式，而这种把握方式上的差异也是我们破解未遂犯的处罚根据和存在范围以及化解行为无价值论与结果无价值论之间对立而实现统一的关键所在。如若否定间接故意犯罪和过失犯罪存在意志因素，将不可能把握这两类犯罪之本质，也就不可能破解上述理论难题了。申言之，人若没有意志，根本就无所谓控制或者应该控制的问题，也就无所谓故意和过失了。因此，无论是直接故意还是间接故意和过失，都存在意志因素，其意志因素均属于人的意志状态之类型或表现形式。

其二，犯罪主观要件之意志因素乃犯罪行为之事实本质，因而成为整个犯罪构成体系之核心支柱以及刑法对犯罪行为实现有效打击的着力点。如前文所析，人的行为的发动与抑止，以及人与人彼此之间的沟通交流活动，端赖意志发挥作用使然，正是意志之自觉能动性而使得具备罪过之意志因素的行为具有侵害刑法法益之危险，罪过之意志因素也正因如此而与犯罪的价值本质直接通连，构成了犯罪行为在事实层面上的本质。行为能否威胁刑法法益取决于其是否具备罪过之意志因素，若不具备罪过之意志因素，无论行为所造成的客观危害后果如何之严重，都不可能威胁到刑法法益，从而不应该构成犯罪，而若是具备罪过之意志因素，哪怕行为没有造成任何客观危害后果，甚至产生了某种积极的客观效果（如偶然防卫），也因其对刑法法益构成威胁而成立犯罪。正因如此，罪过之意志因

① 在我国民法学界，有学者在探讨过错原则时指出，“过错就是行为人未尽自己应尽和能尽的注意而违反义务，因而为法律所不容认的行为意志状态。这就是，过错的实质是行为的不可原宥性，这种不可原宥是一种社会评价，而这种评价所针对的是行为的本质和核心——意志，而意志是通过行为人的外部活动表现出来的。所以，过错概念在法律实施过程中的运用，不是体现为对行为人实施行为时心理活动的再现性描述，而是对那些足以表明行为意志状态的客观事实的综合性判断”，参见王卫国：《过错责任原则：第三次勃兴》，中国法制出版社 2000 年版，第 253 页。因而也肯定意志因素（意志状态）在过错（含故意和过失）中的核心地位。

② 详见本章“第四节 三、（二）”“第五节 二、”以及“第八章 第六节 二、（一）”之内容。

素构成了犯罪行为之事实本质，也因之成为了整个犯罪构成体系的核心支柱以及刑法对犯罪行为实现有效打击的着力点。基此可知，意志因素在犯罪构成体系中的地位，就不仅仅是其在犯罪主观要件中应该具备独立要素之地位，而且应该确立其作为整个犯罪构成体系的核心要素或核心支柱之地位。如若摒弃该要素或是否定其作为犯罪主观要件之独立要素地位，那么就绝无可能把握其在整个犯罪构成体系中作为核心要素或核心支柱之地位，如此也势必不可能正确地认识和把握犯罪以及构建科学合理的犯罪构成体系乃至刑法学科体系。而一旦肯定意志因素在犯罪主观要件中的独立要素地位以及确立其在整个犯罪构成体系中的核心要素或核心支柱之地位，那么犯罪论乃至刑罚论中的系列问题，均可借其而获得简洁明快、一以贯之的合理破解。

概言之，意志因素应该为一切犯罪之主观要件的必备要素，且应该作为整个犯罪构成体系之核心要素或核心支柱，要不然，便不可能正确地把握犯罪以及构建科学合理的犯罪构成体系与刑法学科体系。

第四节　犯罪故意之构成要素研析

现代刑法以打击故意犯罪为原则、以处罚过失犯罪为例外，而犯罪故意乃故意犯罪之主观要件，又因主观要件乃犯罪构成之核心要件，故有必要对其加以着重研究。在普通心理学中，并无故意及犯罪故意的概念，犯罪故意是刑法中的专门术语，是刑法理论与刑事立法对故意犯罪在心理过程层面的特定心理事实所作的抽象概括，理论对于其构成要素及每一要素的具体内容如何都存在较大的争议，本节拟就其中所涉及的相关问题展开论述。

一、认识因素

认识是情绪情感及意志的前提和依据，缺乏认识便不可能形成相关的情绪情感及意志内容，认识因素乃为犯罪故意所不可或缺的要素，这在中外刑法学界概无疑议。有关犯罪故意的认识因素主要涉及两个方面的问题，即认识的对象与认识的程度。接下来拟就这两个方面的问题详加探析。

（一）认识的对象

犯罪故意中的认识，从宏观上说，是行为人对自己实施的犯罪行为之自然属性的整体把握，从微观上说，则是行为人对自己实施的犯罪行为的相关构成事实之性质、客观存在状态及规律性等方面的认知，当然，宏观上的整体把握无不建立在微观认知的基础之上，无后者则必无前者。

1. 犯罪故意认识对象之范围确定

有关犯罪故意的认识对象，不少国家或地区的刑事立法都在不同程度上予以明确，如我国台湾地区“刑法典”第 13 条（直接故意与间接故意）就明确规定，故意之明知乃“构成犯罪之事实”，此外，根据德国刑法典第 16 条（事实上的认识错误）第 1 款、意大利刑法典第 47 条（事实错误）第 1 款和韩国刑法典第 13、14 条之规定，也可以推知故意的认识对象为“构成犯罪之事实”或“法定构成要件”。至于“构成犯罪之事实”或“法定构成要件”到底为何，这些国家或地区刑法学界的意见也基本一致，即认为是“构成要件（典型事实）的客观要素或客观事实”，至于它又包含哪些具体内容，则一般认为包含“行为”“行为的主体”“行为的客体”以及“行为的状况”等。[①]不过，也有研究者认为，犯罪故意的认识对象除了包含构成要件事实外，还包含不法事实乃至罪责事实。[②]

我国刑法第 14 条虽然也明确规定了犯罪故意的认识对象，即“明知自己的行为会发生……结果”，但对于其具体内容为何，我国刑法学界存在分歧，主要见解有：(1)“一要件说”主张，犯罪故意的认识内容只包含犯罪客观方面的事实，但对于是否应该包含犯罪客观方面的全部事实，

① 参见[德]汉斯·海因里希·耶赛克、托马斯·魏根特：《德国刑法教科书》，徐久生译，中国法制出版社 2001 年版，第 354-358 页；[德]克劳斯·罗克辛：《德国刑法学 总论》（第 1 卷），王世洲译，法律出版社 2005 年版，第 328-329 页；[意]杜里奥·帕多瓦尼：《意大利刑法学原理》（注评版），陈忠林译评，中国人民大学出版社 2004 年版，第 137 页；[日]大谷实：《刑法总论》（新版第 2 版），黎宏译，中国人民大学出版社 2008 年版，第 106-107 页；[日]大塚仁：《刑法概说（总论）》，冯军译，中国人民大学出版社 2003 年版，第 119-130 页；[韩]金日秀、徐辅鹤：《韩国刑法总论》，郑军男译，武汉大学出版社 2008 年版，第 201 页。

② 对不法事实的认识主要涉及违法性认识的定位问题，在德日刑法学界，有少量学者认为，犯罪故意的认识内容包含对构成要件事实及违法性两个方面的认识，而多数学者则认为，对构成要件事实的认识属于构成要件故意，违法性认识则属于责任故意。至于对罪责事实的认识，有论者认为在杀婴罪及杀直系血亲尊亲属罪中，身份关系便属于罪责事实，参见许玉秀：《当代刑法思潮》，中国民主法制出版社 2005 年版，第 172-176 页。不过，如前文所析，在（母亲）杀婴罪中，母亲之身份应该是作为间接反映主体责任能力之因素，即是作为反映主体责任能力因素的精神障碍之特定类型的因素，它本身系一客观事实，而非精神障碍及刑事责任能力本身，也不属于心理过程层面的事实，故不属于罪责（罪过）事实。而在杀直系血亲尊亲属罪中，主体系一般主体，直系血亲尊亲属是该罪的犯罪对象，也是该罪故意认识因素中必须具备的内容，因此，当行为人误将非直系血亲尊亲属当作直系血亲尊亲属而加以杀害时，应当成立杀直系血亲尊亲属罪（属犯罪未遂，但在处刑上不应该轻于普通故意杀人罪的既遂），而若行为人将直系血亲尊亲属误认为普通人而加以杀害时，则应该成立普通故意杀人罪。可见，论者所论及的上述所谓罪责事实其本身实际上并非为犯罪主观方面的事实。

则又存在三种见解：一是认为应该包含危害行为、危害结果以及二者之间因果关系的认识；二是认为只包含危害行为和危害结果的认识；三是认为只包含对行为危害结果的认识。（2）“二要件说”主张，犯罪故意的认识内容包含犯罪客体及犯罪客观方面事实的认识。（3）“三要件说”主张，犯罪故意的认识对象包含除主观要件之外的其他三个要件，即犯罪主体、犯罪客体和犯罪客观方面。①

由上可知，有关犯罪故意的认识对象，中外刑法学理论对于其应该包含犯罪客观方面的事实（构成要件事实或典型事实）以及不应该包含心理过程层面的心理事实这两个问题基本不存在争议外，德日刑法学理论对于其是否应该包含不法事实及罪责事实，我国刑法学理论对于其是否应该包含犯罪主体和犯罪客体的问题，都还是存在争议。接下来笔者拟基于自己所主张的犯罪构成体系，就其中所涉及的问题逐予澄清。

（1）犯罪主体要件之要素能否成为犯罪故意的认识对象？

如上所析，犯罪主体要件之要素属于人格层面的基本范畴，包含作为必备要素的刑事责任能力以及作为选择要素的犯罪动机和犯罪主体的态度。人格能够为人们所认识和把握已是不争的事实，在日常生活中，我们也的确能够认识自己不少人格方面的事实。譬如，在从事某种活动或接受某项任务之前，一般人往往都会掂量自己是否具备与之相应的能力，如眼见他人落入水流湍急的河流中，即便是水性颇好的人都可能会认为自己在如此情境中没有救助的能力而不敢下水施救，更遑论不会游泳的人了；再如，人们对自己为什么要做某件事或者从事某项工作（即行为动机）往往是心知肚明的；还有如，人们时常声称自己对某人或某事的态度是什么；如此等等。

人们的确能够认识自己诸多人格方面的事实，只是在犯罪主观要件中所要究明的是，行为人对于自己相关人格事实的认识能否影响罪过之性质进而影响定罪的问题。在笔者看来，虽然人格是行为的深层动因，人的行为不能脱离主体的相关人格事实，但由于人格事实是一种存在于个体之中的相对稳定的内在心理事实，其本身的存在并不会受到个体自身或他人认识的影响，并且在多数情况下，主体的人格会在主体不自觉或无意识的状态中渗入其行为之中，因此，行为人是否认识到自己的相关人格事实通常不影响罪过之性质。该结论也可以通过主体在对自己人格中的相关事实存在认识错误的情形中获得印证。例如，行为人实际已达到刑事责任年龄

① 参见马克昌主编：《犯罪通论》，武汉大学出版社 2005 年版，第 328-330 页。

从而具备刑事责任能力，却误认为自己并未达到刑事责任年龄从而不具备刑事责任能力，基此实施了危害行为，行为人的责任能力及主观罪过的性质显然不会受到该认识错误的影响。不过，这并不意味着行为人对自己的相关人格事实的认识在任何情况下都不影响罪过的性质。譬如，在过失犯罪中，便存在行为人过高地估计了自己避免危害结果发生的能力进而导致危害结果发生之情形。还有，在无责任能力状态中实施危害行为的某些特殊情形中，行为人是否具有罪过与其能否认识到自己会陷入此种状态紧密相关，如第一次病理性醉酒与第二次及以后的病理性醉酒在定性上的迥异，正是源于行为人对自己责任能力认识上的差异。

概言之，人们的确能够认识自己的相关人格事实，但在多数情况下，行为人对该事实是否有认识，并不影响罪过之性质。不过，在某些特殊情形中，行为人对于自己的相关人格事实的认识，还是会影响罪过之性质。

（2）犯罪行为心理过程层面的相关心理事实，能否成为犯罪故意的认识对象？

由于心理过程包含认识、情绪情感以及意志过程，那么，犯罪故意的认识对象中是否应该包含犯罪主观要件的这三个要素呢？

如前所叙，认识过程包含感觉、知觉、记忆、思维和言语等认知要素，注意是伴随在心理活动中的心理特征。犯罪故意也是通过这些认知要素以及伴随的注意而获得相关认知的，换言之，认知要素及注意都属于认知的表现形式，因此，认识到认知的表现形式，如认识到某种心理活动叫作感觉、知觉或是记忆等，除了从心理学的角度来理解或解释这些心理现象时具有意义外，对于普通人的日常认识活动并无多大意义。犯罪故意的认识内容也无需包含对认知表现形式的认识，要不然，只有具备相关心理学知识的人的行为，才可能构成故意犯罪。还需特别注意的是作为认知表现形式的记忆，人的认识离不开记忆，已如前述，记忆是人脑对过去经验的存储、保持和提取，包含识记、保持和再现三个基本环节，其中，再现是从头脑中提取知识和经验，使之能够被利用的过程，再现又包含再认和回忆两种主要形式，再认是当过去经历的事物重新出现时完成的再现过程，回忆是指当过去经验过的事物不在面前时完成的再现过程。由此可见，作为再现对象的知识和经验是存储于大脑中的信息，故对其提取是以主观心理事实作为对象的，那么在此种情形中是否属于对心理事实的认识呢？答案是否定的，就中缘由在于，任何认识活动都包含对相关心理事实的提取，行为人的内在心理中若无相关的心理事实或者虽然有但一时无法提取，那么特定的认识活动就无从展开，而这种对特定心理事实的提取是认知的表现形式而非认知的对象。如在伪证罪[①]中，主体先是回忆自己头脑中存储的与案件有重要关系的情节，而后又意识到要去歪曲此等记忆中的事实或者说不按照记忆的内容去做真实的陈述，其中，回忆自己头脑中存储的与案件有重要关系的情节只是记忆中的环节，而记忆又是认知的表现形式，故此等回忆也构成了认识的环节，而非为认识的对象。概言之，认识过程中的认知要素并非犯罪故意的认识对象。

情绪情感是人对客观事物的态度的体验，是人的需要是否获得满足的反映，其内容系主体在对客体事物认知的基础上所形成的对该事物的评价，犯罪故意之情绪情感要素内容也即我国刑法第 14 条规定的行为人明知自己的行为具有社会危害性，但如上所析，该条规定的“明知”应系广义上的认知，其中包含“狭义的认知（即对行为自然属性的认知）”和“评价（即对行为社会属性的评价）”。据此可知，狭义认知的对象中不应该包含评价的内容。更何况，行为人都已经对自己的行为作出了具有社会危害性之评价，还要求行为人对该评价具有认识可谓毫无意义。

意志是指自觉确定目的，并根据目的来支配、调节自己的行为，克服各种困难，以实现目的的心理过程。依据我国刑法第 14 条之规定，犯罪故意的意志因素是希望或放任的心态，那么犯罪故意的成立是否要求行为人认识到自己的该心态呢？答案是否定的，主要理由在于：虽然我国刑法明确规定了犯罪故意的意志乃希望或放任之心态，但希望和放任都是具有特定意涵的刑法用语，理论对二者之具体意涵为何尚存在较大的争议，而在立法上并未对犯罪故意进行界定的国家，其意志因素内容究竟为何，理论更是歧见纷呈、莫衷一是，故要让一般人去认知显然是强人所难、完全不切实际的。此外，在行为人若对自己行为时的意志形式存在认识错误

---

① 伪证罪乃理论上所谓的表现犯之典型，表现犯是指实施的行为只有表现行为人的内心状态才成为犯罪的情形，参见[日]大塚仁：《犯罪论的基本问题》，冯军译，中国政法大学出版社 1993 年版，第 130 页。在把握记忆之再现的两种主要形式（即再认和回忆）后可知，与其他故意犯罪相比，表现犯的特殊性在于，其故意的认识中明显包含了回忆，而在其他故意犯罪的认识中，行为人对过去经验的提取主要是再认。不过，笔者认为，我们并不能因为它们之间存在此等差异就认为只有表现犯才表现了行为人的内心状态，而其他故意犯罪就未表现行为人的内心状态，事实上，所有犯罪（包括过失犯罪）都是行为人内心状态的表现，就此而言，表现犯似乎并无其独特的价值。

时[①]，也不影响罪过之性质，例如，行为人的意志形式依据刑法之规定应该是放任，但行为人却认为是轻信，这并不影响故意之成立。因此，犯罪故意的认识对象中不应该包含行为之意志形式。

（3）犯罪客体应否为犯罪故意的认识对象？

根据上文分析可知，犯罪客体实际反映的是犯罪行为的危害社会属性，也即其消极价值，因此，所谓的对犯罪客体的认识实际是对行为的评价，而对于这种评价本身是否应该成为认识的对象笔者已于上文论述，答案是否定的。当然，犯罪故意之成立不要求行为人对犯罪客体具有认识，就中重要缘由还在于，刑法理论对不少罪的犯罪客体或保护法益都存在争议，换言之，即便是刑法学研究者都未必已准确把握不少罪的犯罪客体或保护法益，更遑论非刑法专业人士了，并且即便是理论对于那些犯罪客体或保护法益几乎不存在争议的个罪，如故意杀人罪和故意伤害罪，许多人也未必知悉，依据刑法学理论的通说，两罪的犯罪客体或保护法益分别是他人的生命权和身体健康权。[②]由此可见，犯罪客体也不应该成为犯罪故意的认识对象。

（4）犯罪故意的认识对象中到底应该包含哪些犯罪客观方面的事实？

犯罪故意的认识对象中必须包含犯罪客观方面的某些事实，若未认识到这些事实便不可能具备犯罪故意，中外刑法学理论对此不存在疑议。至于这些事实的具体范围如何，德日刑法学界的主流见解是“法定构成要件里的‘事实’，包括所有的客观构成要件特征”[③]，或是“客观行为构成的所有情节”[④]，具体包含行为（实行行为）、构成要件性结果、二者

---

① 需要注意的是，意志虽然是在认识的基础上形成的，但认识过程与意志过程之间并非单点连接的关系，或者说，意志过程并非只有在认识过程全部完结后方才开始，现实中二者仍然是相互作用、相互渗透的关系，更何况人的认识也具有前瞻性，故并不排除行为人能够对自己行为的意志状态形成认识，只是犯罪故意的成立并不以行为人对自己行为的意志状态形式具有认识作为条件。

② 如上文所析，故意杀人罪和故意伤害罪的犯罪客体或保护法益其实不应该是他人的生命权和身体健康权，而应该是其他部门法为保护生命权或身体健康权所设立的生命权保护制度或身体健康权保护制度（均属人身权保护制度之内容），因为唯其如此，方能在价值层面上将它们与作为一般违法行为的侵犯生命权的行为和侵犯身体健康权的行为区分开来。

③ [德]冈特·施特拉腾韦特、洛塔尔·库伦：《刑法总论Ⅰ——犯罪论》，杨萌译，法律出版社2006年版，第118-119页。

④ [德]克劳斯·罗克辛：《德国刑法学 总论》（第1卷），王世洲译，法律出版社2005年版，第328页。

之间的因果关系以及行为的主体、客体、状况等。[①]在我国刑法学界，基于我国刑法第 14 条之规定，理论通说认为应该包含对行为本身、行为结果以及与危害行为和危害结果相联系的其他犯罪构成要件之要素事实的认识。[②]

犯罪故意认识内容中所不可或缺的犯罪客观方面事实其范围到底为何，是否真如德日刑法学主流见解所认为的是客观的构成要件要素（即行为成立犯罪在客观方面必不可少的条件或最低限度要求）呢？答案是否定的，已如前析，因属于未遂犯类型的手段不能犯与对象不能犯的存在，意味着犯罪手段、犯罪对象、犯罪结果以及因果关系等均非为行为成立犯罪在客观方面所不可或缺的内容，但是很显然，行为人若欠缺对这些事实的认识，是不可能形成相关罪的故意的，譬如，行为人若认识到自己所使用的手段不具有致人死亡的性质，或者认为自己的行为所指向的对象并非人，就不可能形成故意杀人罪之故意。由此可见，所谓的客观的构成要件要素如若是行为成立犯罪在客观方面所不可或缺的条件或者最低限度要求，那么它就不可能为犯罪故意之成立提供所必需的认识内容，当然，若一旦能够为犯罪故意之成立提供所必需的认识内容，那么它也就不再是行为成立犯罪在客观方面所不可或缺的条件或者最低限度要求了。[③]概言之，作为行为成立犯罪在客观方面所不可或缺的条件或者最低限度要求的犯罪客观要件（客观的构成要件），并不能够为犯罪故意之成立提供所必需的认识内容。

---

① 参见[德]汉斯·海因里希·耶赛克、托马斯·魏根特：《德国刑法教科书》，徐久生译，中国法制出版社 2001 年版，第 335-336 页；[德]克劳斯·罗克辛：《德国刑法学 总论》（第 1 卷），王世洲译，法律出版社 2005 年版，第 328 页；[日]大塚仁：《刑法概说（总论）》，冯军译，中国人民大学出版社 2003 年版，第 179-182 页；许玉秀：《当代刑法思潮》，中国民主法制出版社 2005 年版，第 303 页。

② 参见高铭暄、马克昌主编：《刑法学》（第九版），北京大学出版社、高等教育出版社 2019 年版，第 104 页。

③ 由此也反映出德日阶层体系的一个明显而又重大的缺陷，即将并非属于犯罪成立条件的东西混入到犯罪的成立条件之中！面对此等重大缺陷，研究者们不是直面问题，而是又提出了所谓的“修正的构成要件”概念，认为犯罪未完成形态（未遂犯和中止犯）以及共同犯罪中的狭义共犯（教唆犯和帮助犯）所符合的构成要件为“修正的构成要件”，至于修正的构成要件到底包含了什么样的不可或缺的内容，无人能就此道出个所以然，而只是指出，由于修正的构成要件的具体内容在刑罚法规中并没有作明确规定，故只能交由法官来确定。参见[日]大谷实：《刑法总论》（新版第 2 版），黎宏译，中国人民大学出版社 2008 年版，第 103-104 页；[日]大塚仁：《刑法概说（总论）》，冯军译，中国人民大学出版社 2003 年版，第 213-298 页。至于法官应该依据什么样的标准来确定，我们无从得知。

细究后不难发现，犯罪故意认识内容中所不可或缺的相关客观事实，其实就是构成完整个罪行为所不可或缺的客观事实，具体而言，是行为成立犯罪（间接故意犯罪）或者成立犯罪既遂（直接故意犯罪）在客观方面所不可或缺的构成事实，而在“短缩的行为犯”中，除了必须认识到上述客观构成事实外，还应该包含对构成“被短缩的行为”所不可或缺的客观事实的认识。总而言之，犯罪故意认识内容中所不可或缺的客观事实应该包含犯罪对象、犯罪结果和犯罪手段（方法），而短缩的行为犯则还需附加“被短缩的行为”之行为对象、行为结果和行为手段（方法）。行为人对这些客观事实所形成的整体认识，构成了行为人对自己犯罪行为之自然属性的认识。

2. 犯罪故意之认识对象剖析

经由如上分析后可知，犯罪故意认识内容中所不可或缺的客观事实应该包含犯罪对象、犯罪结果和犯罪手段（方法），而短缩的行为犯则还需附加构成被短缩的行为之客观事实，接下来拟对它们逐予剖析。

（1）对犯罪对象的认识

如后文所析[①]，犯罪对象是指被犯罪手段所作用的而为刑法所禁止改变的人、物或其结合体的特定存在状态，刑法分则规定的个罪都有犯罪对象，不存在没有犯罪对象的个罪，刑法对自己特有法益的保护正是通过禁止人们以特定心态支配的行为去改变或者试图改变特定的对象来实现的，因此，行为人的心态与犯罪对象紧密关联。此外，就犯罪故意的形成过程而言，行为人对犯罪对象的认识往往是其认识的起点，即在现实中，行为人往往是在对犯罪对象认识的基础上，形成将其改变至法所禁止之状态（即犯罪结果）的情绪情感和意志，欠缺对犯罪对象的认识，相关的情绪情感和意志将无法形成，当然也就无所谓犯罪故意了，故对犯罪对象的认识乃为任何犯罪故意之认识内容所不可或缺。笔者认为，有关犯罪故意认识内容中的对犯罪对象的认识，尚有如下几个问题值得注意：

首先，行为人对犯罪对象的认识并不要求行为人知道作为刑法专业术语的犯罪对象的概念是什么，也不要求其从刑法学专业的视角知道某罪的犯罪对象是什么，就对犯罪对象的事实认识层面而言，只要求行为

① 详见本书第八章第三节之内容。

人所认识的特定事实在解释论上属于犯罪对象为已足。如故意杀人罪认识内容中的对犯罪对象的认识，只要求行为人认识到其手段所指向的是“有生命的人（活人）”这一事实即可，而不要求其知道刑法学理中犯罪对象的概念是什么，也不要求其知道故意杀人罪的犯罪对象是“他人（的生命）”，要不然，可能只有刑法学研究者或者至少是学习过刑法的人才能形成犯罪故意。此外，还需要注意的是，行为人所认识的对象必须是依据刑法规定是犯罪的对象，换言之，若行为人所认识的只是一般违法行为的对象，则将因不符合故意的认识内容而不具有犯罪故意，或者说，此等故意并非作为罪过之故意，而只是一般违法行为之故意。譬如，在数额型盗窃罪中，若行为人所认识的的确是未达到成立盗窃罪起点数额的价值较小的对象物，便不具有盗窃罪之故意，如“万某、文某误盗兔毛案”[①]“误认美元为冥币案”[②]便属于此种情形。相反，若行为人所认识的是刑法规定的犯罪对象，但实际侵犯的却非为犯罪对象，则不影响犯罪故意之成立，譬如，误将稻草人为仇人而开枪射击之情形。

其次，作为犯罪故意认识内容的对犯罪对象的认识，实际是对犯罪对象的特定存在状态的认识。犯罪对象乃客观事物，而任何客观事物都处于普遍联系之中，联系的不同使得事物表现出不同的存在状态（或者特征、属性），故具体而言，犯罪对象实际是指对象的特定存在状态。作为

① 该案的基本案情为：2005 年 2 月，刚刚经历过严冬考验的犯罪嫌疑人万某、文某（外地打工者，携妻儿住在简陋工棚里）共议到某棉花加工厂盗窃棉花弹二条棉被自用。通过对该厂仓库反复踩点，并经厂内工作人员确认，库内所存一直为袋装棉花。3 月 21 日凌晨 5 时许，万、文二人潜入该仓库，误将别人前一天临时借放该库的几袋兔毛（以前从未有过）当作棉花一人盗取一袋。返程途中，二人被警察抓获。警察为弄清“棉花”等级将赃物送交有关部门鉴定时，方知实为兔毛。得知鉴定结果，二嫌疑人大惊失色，原来他们皆属兔，平时对与兔有关的东西极为忌讳。如果以棉花计价，两袋棉花共 39 市斤，总计价值不足人民币 200 元，距案发地盗窃罪的定罪数额标准 1000 元尚远；若以兔毛计价，两袋兔毛共 39 市斤，总计价值人民币 1267.5 元，已达到盗窃罪的入罪数额标准。参见周国文：“犯罪‘故意’的学理分析——从一则盗窃案例小议主客观相统一原则”，《武汉科技大学学报》2006 年第 1 期，第 60 页。依据本案案情可知，虽然二人客观上盗窃了数额较大的兔毛，但万某、文某的确只具有盗窃数额较小的对象物之认识，换言之，二人所认识的对象并非为“犯罪的对象”，故二人不具有盗窃罪之故意。

② 该案的基本案情为：被告人刘某（文盲）的母亲赵某在清明节前几天要刘某买冥币，但刘某没有买。清明节前一天，刘某到邻居陈某家玩时，发现陈某卧室的桌上放着花花绿绿的纸币便以为是冥币，于是偷偷地拿了 10 张（实为每张面值 100 的美元）藏入自己的口袋，回家后交给其母亲赵某。赵某当晚便烧掉 7 张留下 3 张。陈某发现美元被盗后报案，公安机关将刘某抓获。参见张明楷：“论盗窃故意的认识内容”，《法学》2004 年第 11 期，第 65 页。本案被告人刘某虽然客观上盗窃的是美元，但因其所认识的对象物是冥币，由于数量相同的冥币的价值过于低廉，故非为盗窃罪之犯罪对象，因而没有盗窃罪之故意，其行为应该不构成犯罪。

犯罪故意认识内容中的对犯罪对象的认识，也要求行为人认识到对象的特定存在状态，而非以笼统地认识到对象为已足。例如，杀人故意所认识的犯罪对象不应该是笼统意义上的“人”，而应为“他人具有生命的状态”，盗窃故意所认识的犯罪对象不应该是笼统意义上的“公私财物”，而应为“公私财物不为自己占有的状态”，强奸故意所认识的犯罪对象也不应该是笼统意义上的“女性”，而应为“不愿与自己发生性关系的女性”[①]，等等。之所以应该如此，就中缘由在于，“人”“妇女”和“公私财物”等具有不计其数的存在状态，而行为人对其不同存在状态的认识往往会形成不同的犯罪故意甚或排除罪过。譬如，行为人所认识的若是，人的肢体健全或身体自由状态，财物为自己占有或无主状态，妇女愿意与自己发生性关系，等等，则将因不符合故意杀人、盗窃和强奸等罪的认识因素而不具有这些罪的故意。此外，还需要注意的是，如后文所析[②]，由于犯罪的时间和地点均无自己独立要素之地位，它们只是在有些罪中作为反映犯罪对象的特定存在状态或属性之事实，故在规定了犯罪时间或地点的某些罪中，也要求行为人必须认识到犯罪的时间或地点，唯其如此，行为人方能认识到犯罪对象的特定存在状态或属性，如在非法狩猎罪和非法捕捞水产品罪中，行为人若未认识到狩猎或捕捞行为系发生在禁猎（渔）区或禁猎（渔）期，同样无法形成非法狩猎罪和非法捕捞水产品罪之故意。

再次，由于犯罪对象并非犯罪成立的客观必备要素，在直接故意犯罪中，对象的特定存在状态在客观上是否实际受到行为人行为的作用[③]，通常并不影响犯罪的成立与否，换言之，直接故意犯罪的成立，犯罪对象通常只要存在于行为人的头脑或观念中即可，而无需实际被作用或实际受到影响。而在间接故意犯罪中，由于犯罪结果是行为成立该类犯罪的必备要素，又因犯罪结果乃由犯罪对象受到犯罪手段作用后发生状态改变而来，因此，在间接故意犯罪中，犯罪对象就不能仅仅存在于行为人的头脑

---

① 对象若为幼女，根据我国刑法第236条第2款之规定，幼女系未满14周岁的女性，故对其认识要求行为人认识到她未满 14 周岁之事实，并且以此为已足，换言之，只要行为人认识到对象是幼女，即便经得其同意而发生性关系，该同意也属无效，应该认定为违背了其意志，从而具备强奸之故意。

② 详见本书“第八章第三节 三、”之内容。

③ 犯罪对象的特定存在状态实际并未受到行为的作用包含两种情形：一是犯罪对象在犯罪现场但并未被行为实际作用到，如甲欲杀其仇人乙而朝其开枪，但因子弹受潮而未能被激发，乙安然无恙；二是犯罪对象根本没在犯罪现场，但行为人误认为在现场而对其所认为的“犯罪对象”实施行为，如丙欲杀其仇人丁，在丁卧室的窗外见其床上的被子隆起，便以为丁正在床上睡觉，于是朝“丁”开了一枪，但其实丁此时并不在家。

或观念中，而必须存在于其手段的实际作用范围之内，唯其如此，方能产生法定的犯罪结果。

最后，任何犯罪故意的认识内容中都必须包含对犯罪对象的认识，否则绝无可能形成犯罪故意，即便是那些在主流见解看来不存在犯罪对象的个罪中，其故意的认识内容中实际仍毫无例外地包含了行为人对犯罪对象的认识。譬如，主流见解认为，脱逃罪、偷越国（边）境罪和重婚罪等，便属于没有犯罪对象的犯罪，[①]但如后文所析，这些罪事实上都存在犯罪对象，且这些罪的犯罪对象多数就是行为人自身，如脱逃罪的犯罪对象是行为人处于被司法机关合法强制措施控制的状态，偷越国（边）境罪的犯罪对象是行为人处于我国国（边）境内或境外的状态，重婚罪的犯罪对象则是自己（相对于重婚者而言）或他人（相对于相婚者而言）有夫或有妻的状态，如此等等。在这些犯罪中，其故意的认识内容中同样必须包含对犯罪对象如上特定存在状态的认识，只是因为这些罪的犯罪对象多为行为人自身的特定存在状态，故行为人往往自然而然地就能够认识到，且不容易出现认识错误，当然也许正因如此而被主流见解所忽视，认为这些罪不存在犯罪对象。但不难发现，若行为人缺乏对上述对象如上特定存在状态的认识，同样是不可能形成这些罪的故意的。例如，行为人因某种原因误以为自己的配偶已不在人世而与他人结婚的，便不具有重婚罪之故意，还有，若行为人确实未意识到国（边）境线的存在，即便其客观上跨越了国（边）境线，也将因缺少对自身特定状态的认识而不具有偷越国（边）境罪之故意。

综上所析，犯罪对象虽非行为成立犯罪在客观方面的必备要素，但对犯罪对象的认识却是任何犯罪故意认识因素中不可或缺的内容，就事实层面的认识而言，对犯罪对象的认识要求行为人认识到作为事实的犯罪对象的特定存在状态。

（2）对犯罪结果的认识

有关犯罪故意的认识内容中是否应该包含对犯罪结果（或称为“行为结果”“危害社会结果”或“构成要件结果”）认识的问题，在中外刑法学理论中存在争议。在我国刑法学界，由于我国刑法第 14 条之明确规定，故主流见解对此持肯定态度，如有学者指出，根据刑法规定的“明知自己的行为会发生危害社会的结果”的立法精神，不言而喻，行为结果应

---

① 参见高铭暄主编：《刑法学原理》（第一卷），中国人民大学出版社 1993 年版，第 503 页；［德］汉斯·海因里希·耶赛克、托马斯·魏根特：《德国刑法教科书》，徐久生译，中国法制出版社 2001 年版，第 335 页。

当是每一犯罪故意必不可少的内容，因为，某些行为人可能对其行为本身有所认识，甚至可以说是“故意”的，但由于行为人可能并未认识到其行为的结果，仍然不能构成故意犯罪。①也有少数学者认为，不能把抽象的无具体内容的所谓危害结果以及没有法律标准的对任一具体危害结果的认识，判定为行为人的认识内容，也没有必要查明所有行为人是否都有对危害社会结果的认识，因此，行为结果并非一切犯罪故意都必须具备的内容。②而在德、日等国家或地区的刑法学界，如上所叙，他们的立法一般都将犯罪故意的认识内容规定为“构成犯罪之事实”或“法定构成要件”，而对于是否应该包含对行为结果或构成要件结果认识的问题，同样存在分歧。主流观点认为，应区分行为犯和结果犯，结果犯之故意的认识内容中应该包含对行为结果的认识，而行为犯则无需包含，如我国台湾地区刑法学者林山田就明确指出，“结果犯必须对于行为与结果之间的因果关系，……，有所认识，始具备故意的认知要素。……至于行为犯因无待于结果的发生，故无认识的必要。”③另有观点则认为，无论是行为犯或是结果犯，都应该包含对行为结果的认识，如我国台湾地区刑法学者黄荣坚指出，“行为犯在犯罪分类上虽然与结果犯相对，但是所相对的仅仅是客观要件部分。亦即，行为犯的既遂，客观上并不以实害结果的发生为要件。至于主观要件，行为犯和结果犯一样，是以实害结果的故意为要件。”④

笔者认同肯定说，即认为，任何犯罪故意的认识内容中都应该包含对犯罪结果的认识，主要理由有二：

其一，依据我国刑法之规定，犯罪故意包含直接故意和间接故意两种类型，对于间接故意犯罪，学界主流见解认为，其成立必须发生法定的危害结果（也即犯罪结果），无犯罪结果即不成立间接故意犯罪，故犯罪结果乃行为成立间接故意犯罪在客观方面的必备要素，因此，理论对于间接故意的认识内容中应该包含对犯罪结果的认识基本不存在争议，笔者也

① 参见姜伟：《罪过形式论》，北京大学出版社2008年版，第94-95页；陈兴良：《刑法哲学》（修订三版），中国政法大学出版社2004年版，第168-169页；高铭暄、马克昌主编：《刑法学》（第九版），北京大学出版社、高等教育出版社2019年版，第104页。

② 参见贾宇：“论犯罪故意中的事实认识”，《法制与社会发展》1997年第3期，第39-41页；桂亚胜：《犯罪故意的主观构造及展开》，上海人民出版社2014年版，第40-41页。

③ 林山田：《刑法通论》（上册），北京大学出版社2012年版，第178页；另参见[德]汉斯·海因里希·耶赛克、托马斯·魏根特：《德国刑法教科书》，徐久生译，中国法制出版社2001年版，第357页；[日]大塚仁：《刑法概说（总论）》，冯军译，中国人民大学出版社2003年版，第180页。

④ 黄荣坚：“故意的定义与定位”，《台大法学论丛》（第28卷），1987年第1期，第13页。

认同此一见解。不过，在笔者看来，无论是间接故意或是直接故意，对犯罪结果的认识均为二者之认识内容所不可或缺，就中缘由在于：刑法分则规定的个罪都毫无例外地存在犯罪对象，如上所析，任何犯罪故意的认识内容中都必须包含对犯罪对象的认识，而犯罪结果乃犯罪对象被犯罪手段作用后所呈现的法定状态，不难发现，行为人的认识如若仅仅停留在对犯罪对象的认识上，而未认识到犯罪结果，那么行为人便不可能形成试图改变犯罪对象既有存在状态之意志，而若缺乏意志，当然也就无所谓犯罪故意了。由此可见，对犯罪对象和犯罪结果的认识，是形成犯罪故意之意志因素的必要条件，无论是直接故意还是间接故意，概莫能外。

其二，中外刑法学理论通常将犯罪区分为行为犯和结果犯或者危险犯和实害犯，不少研究者基此认为，在行为犯与危险犯中，犯罪故意的认识内容不应该包含对犯罪结果的认识。笔者认为，此等见解深值商榷，因为，如后文所析，刑法分则规定的个罪均存在犯罪对象，任何罪的既遂之成立都必须将犯罪对象改变至法定的状态，即产生犯罪结果，理论所探讨的作为行为犯或危险犯典型的伪证罪、危险驾驶罪、破坏交通工具罪、破坏交通设施罪和组织、领导、参加恐怖组织（或黑社会性质组织）罪等等，经仔细辨析后将不难发现，这些罪同样属于结果犯，譬如，伪证罪的犯罪结果为证人、鉴定人、记录人、翻译人对与案件有重要关系的情节故意所作的虚假证明、鉴定、记录和翻译；构成危险驾驶罪的每一种情形，无论是追逐竞驶或醉酒驾驶，还是严重超载或严重超速等，本身即为犯罪结果；破坏交通工具罪和破坏交通设施罪，两罪既遂之成立所要求的对犯罪对象的破坏所需达到法定的“足以使相关交通工具发生倾覆、毁坏危险”之程度，这本身同样也为犯罪结果；组织、领导、参加恐怖组织（或黑社会性质组织）罪的犯罪结果则为行为人因组织、领导或参加恐怖组织（或黑社会性质组织）的行为而居于组织者、领导者之地位或取得恐怖组织（或黑社会性质组织）成员之身份，如此等等。因此，从这个角度来看，刑法分则规定的个罪均毫无例外地属于结果犯。显然，行为人的认识内容中若不包含对这些犯罪结果的认识，就不可能形成将这些罪的犯罪对象改变为如上犯罪结果之意志，当然也就不可能具备这些罪的罪过了，可见，即便是在理论所谓的行为犯与危险犯中，也同样包含着对犯罪结果的认识。

综上所析，对犯罪结果的认识乃犯罪故意之意志因素形成的必要条件，舍此犯罪故意之意志因素将无从产生，此外，理论所谓的行为犯与危险犯实际均可归结为结果犯，对犯罪结果的认识也同样为其故意之认识内容所不可或缺。要言之，对犯罪结果的认识乃为一切犯罪故意所不可或缺的认识内容。

在明确对犯罪结果的认识乃任何犯罪故意所不可或缺的认识内容后，笔者认为，对犯罪结果的认识还需要注意如下几个问题：

首先，与对犯罪对象的认识一样，对犯罪结果的认识也不要求行为人知道作为刑法专业术语的犯罪结果的概念是什么以及从刑法学专业的视角知道某罪的犯罪结果是什么，而只要求行为人所认识的结果在解释论上属于刑法规定的犯罪结果即可。例如，故意杀人罪之故意认识内容中的对犯罪结果的认识，只要求行为人认识到作为该罪对象的他人受其手段作用后会发生死亡之结果即可，而不要求行为人知道故意杀人罪的犯罪结果是他人死亡，还有，对他人“死亡”之事实的认识，也只要求行为人认识到他人会因此而失去生命即可，而不要求行为人了解或掌握学理上存在的各种死亡判断标准学说。

其次，对犯罪结果的认识也必须是对犯罪的结果之事实的认识，换言之，如果行为人所认识的只是一般违法行为之结果而非犯罪的结果，那么此等故意也只能是一般意义上的故意，而非犯罪之故意。由于对犯罪结果的认识系以对犯罪的对象的认识作为前提，如果行为人所认识的并非为犯罪的对象，也就不会产生对犯罪结果的认识，如前述的“误认美元为冥币案”和“万某、文某误盗兔毛案”，由于他们所认识的只是根本不值钱的冥币及廉价的棉花，即不是对犯罪对象的认识，虽然客观上盗窃的是美元及价值相对较高的兔毛，且实际已达到盗窃罪的定罪起点数额，但因该结果并未为行为人所认识，故不具备盗窃罪之故意。

最后，如后文对犯罪结果的分析可知，犯罪结果包含成立犯罪或者成立犯罪既遂所必须的犯罪结果，以及作为结果加重犯的加重结果，犯罪故意认识内容中不可或缺的犯罪结果是前种类型的犯罪结果，当然，在结果加重犯中，若对加重结果之罪过也为故意时，那么该故意的认识内容中同样需要包含对加重结果之认识。

（3）对犯罪手段（方法）[①]的认识

人的任何行为都必须依赖一定的手段，不凭借手段，人的任何行为都将无从施展，那么在犯罪故意的认识内容中是否应该包含对犯罪手段的认识呢？中外刑法学界的主流见解认为，对犯罪手段的认识包含在对行为

① 本书对犯罪手段和犯罪方法不作严格界分，换言之，犯罪手段也即犯罪方法，就中缘由笔者将于本书“第八章第一节 一、”中指出。

（即构成要件行为、实行行为或危害行为）的认识中，在我国刑法学界，有学者则明确指出，犯罪故意的认识内容中包含对行为方式和行为手段的认识，不过，只有在行为方式和行为手段作为个罪客观要件之要素时，才能成为犯罪故意之认识内容。[①]但在笔者看来，犯罪手段是任何犯罪故意的认识因素中所不可或缺的内容，个中缘由在于：就具体犯罪故意之认识内容的通常形成过程而言，行为人是在对犯罪对象与犯罪结果相关属性认识的基础上，进一步形成如何把犯罪对象转化为犯罪结果的认识，而此等认识就是对犯罪手段属性的认识，因为犯罪手段也即行为人用以作用于犯罪对象从而使其转化为犯罪结果的客观条件。据此不难发现，如若行为人在对犯罪对象与犯罪结果形成认识后，认为自己无甚手段可供采取以将犯罪对象转化为犯罪结果，或是认为自己所掌握的手段不可能导致犯罪结果的发生，那么针对该犯罪结果的意志过程必将无法形成，因而也就不可能形成故意之罪过了，这对于任何故意犯罪（即便是犯罪手段并非为客观要件之必备要素的多数个罪）之认识因素而言，概莫能外。由此可见，任何犯罪故意的认识内容中都必须包含对犯罪手段的认识，否则绝无可能形成犯罪故意。

在肯定对犯罪手段的认识乃为任何犯罪故意之认识因素所不可或缺的内容后，笔者认为，对该认识内容的把握需要注意的问题主要有：

①作为犯罪故意认识内容中的犯罪手段必须存在于客观现实中并且具有导致犯罪结果之客观性质，对于是否具备该性质的判断，不能脱离行为人对犯罪对象特定存在状态的认识。

作为犯罪故意认识内容中的犯罪手段虽系作为观念形象而存在于行为人头脑中的事物，但其也必须存在于客观现实中，而非某种纯臆想或超自然的手段，如武侠小说中描述的在现实中并不存在的某种“神功”，若是对此等手段所形成的认识，就不能成为犯罪故意认识因素之内容。不过，即便行为人认为自己所采取的手段能够导致犯罪结果的发生，并且该手段也存在于客观现实中，但若该手段事实上根本不具有导致犯罪结果之客观性质，那么行为人对于此等手段所形成的认识，同样不能够成为犯罪故意认识因素之内容，[②]如听闻菊花茶具有堕胎功效而给孕妇喝菊花茶意图使其堕胎的行为，又如意图使用巫蛊术杀害他人的行为，便由于菊花茶实际不具有堕胎之功效、巫蛊术在客观上不具有致人死亡之性质，故不具

---

① 参见姜伟：《罪过形式论》，北京大学出版社 2008 年版，第 92-93 页。

② 行为人所认识的手段必须具有导致犯罪结果发生的客观性质，否则将不符合犯罪故意认识因素之条件，其根本理据笔者将于下文论及的成立故意明知的条件之一“认识的合规律性”中加以揭示。

备伤害故意或杀人故意之认识因素，因此，两行为均不构成犯罪，而非成立故意伤害罪或故意杀人罪的未遂，也即属于理论所谓的不可罚的不能犯。[①]相反，如果行为人所认识的手段在客观上具有导致犯罪结果发生的性质，但由于意志以外的原因而实际所采取的手段不具有此等客观性质，那么就不影响罪过之成立。例如，没认识到是空枪而举枪朝人射击，或者误将白糖当砒霜意图毒杀他人，两行为均成立故意杀人罪的未遂，而非不成立犯罪，也即不属于不可罚的不能犯。

对于行为人所认识的手段具有导致犯罪结果发生的客观性质之判断，需要注意的问题是，由于犯罪结果系由犯罪对象转化而来，故判断某种手段是否具有导致特定犯罪结果发生的客观性质，不能脱离行为人对犯罪对象特定存在状态的认识。例言之，我们说刀枪具有致人死亡的客观性质，显然是针对刀枪指向人的致命部位而言的，因此，若行为人将不是致命的部位误认为是致命部位，譬如，认为用刀轻轻划破他人的皮肤便可将人杀死，[②]基于此等认识而实施行为的，则因行为人所认识的手段及其指向而使得该手段不具有致人死亡的客观性质，故不具备杀人故意之认识因素（往往系因不具备相应的认识能力所致），因而不成立故意杀人罪。[③]如果行为人所认识的手段及其指向的对象具有导致犯罪结果发生的客观性质，但因意志以外的原因实际没有作用到犯罪对象从而并未导致犯罪结果发生的，则不影响罪过之成立。例如，甲从仇人乙卧室的窗外见其床上的被子隆起，便以为乙正在床上睡觉，于是朝其开枪，实际乙此时并不在家，又如，误将稻草人为仇人而开枪射击的行为，均具备杀人之故意而成立故意杀人罪（未遂）。

要言之，作为犯罪故意认识内容中的犯罪手段，需已存在于客观现实中且具有导致犯罪结果发生的客观性质，判断行为人所认识的犯罪手段是否具有该客观性质，不能脱离行为人对犯罪对象特定存在状态的认识。若行为人所认识的手段及其指向的对象具有导致犯罪结果发生的客观性

① 如前文所析，上述两行为在主观上之所以不具备伤害故意或杀人故意之认识因素，乃因行为人（对特定的手段或方法）不具备相应的认识能力所致。当然，从下文将论及的“认识的合规律性”角度也可以排除罪过。

② 此种情形除个别特例外（见下注），基本可以肯定行为人缺乏责任能力。

③ 需要注意的是，若该事例中的被害人存在特殊体质，如系血友病患者，并且行为人对被害人的此等特殊体质存在认识时，那么具备杀人之故意，成立故意杀人罪，而若行为人对被害人的此等特殊体质并无认识，即便客观上导致了被害人死亡，也不具有杀人之故意，具体而言，若划破皮肤的行为本身已经达到轻伤的程度，则行为人具有伤害之故意，成立故意伤害罪，若划破皮肤的行为本身没有达到轻伤的程度，但被害人因血友病失血死亡，则属意外事件。

质，即便因意志以外的原因而客观上实际采取的并非为其所意欲采取的手段，或者实际作用的并非犯罪对象的特定存在状态，乃至根本未作用到犯罪对象，从而未导致犯罪结果发生的，均不影响犯罪故意之成立。

②行为人对犯罪手段的认识实际内在地包含了对犯罪对象属性以及犯罪结果属性之认识内容，故该认识系一综合性的认识。

作为犯罪故意认识内容中的犯罪手段在现实中具有导致犯罪结果发生的客观性质，并且行为人也认识到了若将该手段作用于犯罪对象具有将其转化为犯罪结果的性质，据此不难发现，行为人要对犯罪手段的客观性质形成此等认识，以行为人认识到犯罪对象及犯罪结果的属性作为前提。由此可见，犯罪手段作为连接犯罪对象与犯罪结果的桥梁，对其认识实际上是一个综合性的认识，该认识内在地包含了对犯罪对象属性与犯罪结果属性的认识。基此可知，行为人对犯罪手段的认识内容中，实际已包含对因果关系的认识[①]，换言之，行为人对因果关系的认识并非为独立于行为人对犯罪手段认识之外的内容。而我国刑法学界的主流见解则是将行为人对因果关系的认识作为犯罪故意认识因素中的独立内容[②]，这显然系因未把握作为犯罪故意认识内容中的犯罪手段所具有的上述属性使然。基此也不难得知，刑法中的因果关系，其“因”也即我国刑法第 14 条规定的“自己的行为”，实际应为“自己所采取的犯罪手段作用于犯罪对象（的过程）”，而其“果”乃“犯罪结果”，即该条规定的“危害社会的结果”，则应为“犯罪对象受到犯罪手段作用后所呈现的法定状态”。据此，我国刑法第 14 条所规定的“明知自己的行为会发生危害社会的结果”，其具体内容就应当是：“明知自己所采取的犯罪手段作用于犯罪对象会发生危害社会的结果（犯罪结果）”。

③不作为犯罪的犯罪手段同样是作用于犯罪对象的客观条件，故意不作为犯罪之故意的成立也要求行为人对该客观条件存在认识。

笔者认为，作为犯罪与不作为犯罪的主要区别在于：在作为犯罪中，行为人通过身体直接控制着作用于犯罪对象的因果流程，因而包含行为人身体在内的作用于犯罪对象的客观条件便成为犯罪手段；而在不作为

---

① 对因果关系的认识，即对“犯罪手段作用于犯罪对象”（因）从而产生“犯罪结果”（果）的认识，显然，该认识集中体现在了对犯罪手段之属性（即具有将犯罪对象转化为犯罪结果之属性）的认识上。

② 参见高铭暄主编：《刑法专论》（第二版），高等教育出版社 2006 年版，第 258-259 页；许玉秀：《当代刑法思潮》，中国民主法制出版社 2005 年版，第 303 页；陈忠林主编：《刑法学》（上），法律出版社 2006 年版，第 122-123 页；姜伟：《罪过形式论》，北京大学出版社 2008 年版，第 92-99 页。

犯罪中，行为人的身体条件存在功能上的缺位，或言之，从纯粹客观的视角来观察，系独立于行为人身体的因果流程导致了犯罪结果的发生，只不过法律要求特定主体控制自己的身体或通过身体去控制其他的客观条件以阻断这一因果流程而已。[①]虽然在不作为犯罪中，作用于犯罪对象的客观条件并非为行为人的身体所直接控制（而系规范意义上的“应该控制”），但与作为犯罪一样，其手段同样是作用于犯罪对象的客观条件。在故意不作为犯罪的认识因素内容中，对犯罪手段的认识同样要求行为人对该客观条件或独立于其身体的因果流程存在认识。例如，父母故意不给婴儿进食致其饿死，或者父母见其幼儿溺水能够施救而故意不予施救致其溺亡，这两个不作为犯罪行为的犯罪手段分别为长时不给进食与溺水，故对犯罪手段的认识便为：认识到长时不给进食（会饿死人）或溺水（会淹死人）。虽然其独立于特定主体之身体，但仍然属于行为人之认识及控制范围内的特定因果流程，从而应该成为犯罪行为之内容。把握这一点，是我们破解某些特殊行为（如不作为犯罪、阻止援救犯罪）的因果关系问题的关键所在。[②]

④纯正身份犯之故意认识内容中需要包含对自身特殊身份的认识，其以主体具备特殊责任能力作为前提，且以认识到表现其特殊身份的相关事实为已足。

在纯正身份犯中，主体所具有的特殊身份之客观事实，除了首先作为反映主体特殊责任能力之因素外，也可以成为犯罪的手段，因而也应该成为其故意认识因素之内容。由于纯正身份犯之身份首先系作为反映主体特殊责任能力之因素，因而其故意之成立以主体具备特殊责任能力作为前提。据此，对于此般案例：*村长甲误以为自己是国家工作人员而将从村民那里筹集来的用于修缮村办企业厂房的钱款据为己有*，本案中的甲由于不具备贪污罪主体所要求的特殊身份（甲此时并不符合我国刑法第93条第2款规定的“其他依照法律从事公务的人 员，以国家工作人员论”之情形），故无法形成贪污罪之故意，其行为不构成贪污罪。在不作为犯罪中也同样如此，主体的身份在主体要件中表现为：主体客观上居于应该阻断独立于自身、作用于犯罪对象的特定因果流程之地位（德日不作为犯罪理论谓之为“保证人地位”），或者说具有阻断该特定因果流程之义务，简言之，即具有作为义务。而行为人主观故意中对自己身份的认识则表现为，

---

① 参见拙著：《不纯正不作为犯的基本问题研究》，法律出版社2010年版，第63-67页。

② 有关不作为犯罪和阻止援救犯罪的因果关系，详见本书“第八章第五节 四、”之内容。

行为人需要认识到自己居于保证人之地位。故对于此等案例：父亲乙从外地回家，半路上遇到一个受伤的小孩，他不知道这个小孩就是自己的小孩，没有救助而离去，结果小孩因未能得到及时救助而死亡。由于乙客观上具有救助自己小孩的作为义务，故具备不作为犯罪之主体条件，但因其在主观上并未认识到自己是该受伤小孩父亲之身份，即未认识到自己居于保证人地位，故阻却（遗弃或杀人）故意之成立。①相反，如果某人误认为路上受伤的小孩是自己的小孩（事实上不是）而不予施救的，则因不具备不作为犯罪的主体条件而不成立犯罪。

此外，还需要注意的是，作为犯罪故意认识内容中的纯正身份犯之身份，并不要求主体必须认识到规范意义上身份，而只需认识到表现其特殊身份的相关事实即可。例如，被授予公务的村长乙利用其职务便利而占有救济款物，但他并未认识到自己此时其实属于我国刑法第 93 条第 2 款规定的“以国家工作人员论”之情形。本案中，由于乙客观上属于刑法规定的“以国家工作人员论”之情形，故从主体要件的角度来审视，其已具备进入到特定社会关系领域之资格（能力），即已符合贪污罪的主体条件，而作为主观要件认识内容中的特殊身份，则只要求其认识到自己系居于替国家管理救济款物之地位（即表现特殊身份之事实）即可，而不要求其认识到自己属于刑法规定的“以国家工作人员论”之身份。因此，即便乙未认识到自己属于刑法规定的“以国家工作人员论”之身份或者认为自己根本就不是国家工作人员，均不影响贪污罪故意之成立。

⑤他人的行为也可以成为自己犯罪的手段，在以他人的行为作为自己犯罪的手段时，故意的认识内容中也必须包含对他人行为性质的认识。

“他人的行为”也可以成为自己犯罪的手段（或称为“犯罪的工具”），需要注意的是，这里的“他人的行为”，并非传统刑法学理论所认为的，以他人的行为作为自己犯罪的工具之情形只能存在于间接正犯中，而在共同犯罪中，他人的行为绝对不能认为是自己犯罪的工具。我们必须突破传统刑法学理论在这一问题上自掘陷阱、自设藩篱的狭隘认识，否则在共同犯罪问题上将带来无止尽的纷扰以及无谓的理论纷争，正如如今德日共同犯罪理论所呈现的那般。笔者认为，不论是间接正犯还是共同犯罪，均无例外地是以他人的行为作为自己犯罪的手段之情形，二者并无本质性的差异，内中根由在于，就人的认识能力而言，不管是何等性质的行

① 当然，从另一角度来说，未认识到自己是受伤小孩的父亲，也意味着未认识到对象是自己的小孩，因而属于事实认识错误中的对象认识错误，该情形按对象认识错误也可以得出阻却（遗弃或杀人）故意成立之结论。

为，都能够被认知和掌控，并为己所用，成为自己犯罪的手段。因此，以他人的行为作为自己犯罪的手段之情形，其中的“他人的行为”，就其主观内容而言，除了包含与自己的故意内容相同的行为外，还包括无责任能力者的行为、过失行为、与自己的故意内容不同的行为以及合法行为等等，就行为方式而言，不仅包含作为行为，也包含不作为行为。人的任何行为均可成为犯罪的手段，此一认识上的突破具有极其重要的刑法学价值，这是破解德日共同犯罪理论这一刑法学“绝望之章”的一把钥匙。

在以他人的行为作为自己犯罪的手段时，故意的认识内容也必须包含对他人行为性质的认识，而由于行为的性质系由行为人的主观所决定，故行为人对他人行为性质的认识通常需要认识到他人的责任能力及主观意图，而对他人责任能力及主观意图的认识，通常的方式有：通过与其人身相关的事实（如年龄、身份等）得知，或者通过其言谈举止推知，又或是通过与其沟通交流获知（这是共同犯罪中最为常见的方式）。此外，还需要注意的是，对他人行为的认识也能够包含在犯罪故意的认识内容中，这并非是对我国刑法第 14 条规定的“明知自己的行为”进行所谓的扩张解释而得出的结论，就中缘由在于，他人的行为此时已成为自己犯罪的手段，故属于自己行为之内容，换言之，此时对自己行为的认识内容中已经包含对他人行为的认识。把握这一点具有重要的理论价值，据此可以为共同犯罪中为何每一共同犯罪人均须对全案承担刑事责任提供充分的理据，进而彻底消解德日共同犯罪理论在共犯处罚问题上所面临的与罪责自负原则之间所存在的难以化解的矛盾。

（4）对构成“被短缩行为”之构成事实的认识

如前所述，在短缩的行为犯中，被短缩行为之目的（实为“犯罪动机”）乃为行为成立犯罪所必需，但其犯罪既遂的成立却不以行为人实施了被短缩的行为为必要，换言之，被短缩行为之目的的实现还必须实施既遂行为以外的行为（即被短缩的行为）。显然，在此类犯罪的故意认识内容中，除了包含对构成犯罪既遂所必需的客观事实之认识外，还应当包含对构成“被短缩的行为”所必需的客观事实之认识。就此类犯罪的心理生成过程而言，往往是行为人首先形成被短缩行为之目的，而后在该目的的推动指引下，在心理过程层面分别形成对构成该类犯罪既遂所必需的客观事实之认识以及对构成被短缩行为所必需的客观事实之认识，[①]对这两方

① 一般而言，在动机形成之初，行为人对于实现最终目标的行为之认识还不确定或较为模糊，而进入心理过程阶段后，这种认识将明确化，且对后行为形成明知通常是建立在对前行为明知的基础之上。

面的认识缺一不可，缺一将因内容不完整而不具备此类犯罪之罪过。例如，在绑架罪中，若行为人并未对勒索财物的行为或者实现其他目的的行为形成认识，则不具备绑架罪之故意。由此可见，在短缩的行为犯中，其认识因素的内容需兼备对成立犯罪既遂所必需的客观事实之认识以及对构成被短缩行为所必需的客观事实之认识，否则，将因不具备法定的犯罪目的（动机）而无法形成此类犯罪之罪过。至于对构成被短缩行为所必需的客观事实之认识所应包含的具体内容，则同样包含着对构成被短缩行为的行为对象、行为结果以及行为手段的认识，于此不再赘述。

3. 对德日阶层体系之构成要件的所谓“故意规制机能”再揭批

如前所述，在德日阶层体系中，犯罪故意的认识内容是通过客观构成要件来确定的，理论称之为“构成要件的故意规制机能”，对于构成要件的该项机能，笔者已于前文揭批，而在明确犯罪故意的认识内容后，构成要件该项机能之错谬也将愈发地明显。如前所析，在德口阶层体系中，理论之所以必须赋予构成要件以所谓的故意规制机能，系因为，客观的构成要件本应是行为成立犯罪在客观方面的最低限度要求，但由于未遂犯（含手段不能犯与对象不能犯）的存在，意味着犯罪手段、犯罪对象、犯罪结果以及因果关系均非行为成立犯罪之必备要素，如此势必使得客观的构成要件将因欠缺事实性的要素而空洞化，故为充实其内容，理论就不得不赋予构成要件以所谓的故意规制机能。不过，如此虽然充实了客观的构成要件之内容，但显而易见的是，构成要件此时已不再是犯罪的成立条件了，就直接故意犯罪而言，至少应该是犯罪既遂之成立条件，而对于短缩的行为犯来说，甚至还需附加构成被短缩行为所必需的客观事实。问题是，以犯罪既遂之构成事实乃至是比犯罪既遂之构成事实范围更广的事实来充作判断犯罪成立与否的首要条件，依据这样的条件怎么可能正确地认定犯罪？！

若否定构成要件的所谓故意规制机能，那么构成要件就将空洞化，而若肯定构成要件的该项机能，则虽然充实了构成要件的事实内容，但其已不再是犯罪的成立条件了，德日构成要件理论因之可谓左支右绌、进退维谷。面对如此明显而又严重的理论悖谬，我国有力推德日阶层体系的权威学者虽然已有所觉察，但却对此轻描淡写，且有刻意饰非文过之嫌疑，不过，我们还是可以从其寥寥数语的轻描淡写中窥见欲掩弥著的悖谬：持论者一方面肯定构成要件具备规制故意之机能，一方面又认为“构成要件是成立犯罪的最低限度条件，而不是犯罪既遂的条件”，最后却又指出，“刑法理论也完全可以按照既遂模式研究构成要件”。更甚者，在如此有目共睹的矛盾言说中，竟还能安之若素地宣称，“构成要件是否以既遂为模式”不是“一个真问题”。[①]这着实令笔者瞠目结舌乃至感觉匪夷所思！该权威学者还曾言及，日本的大学生们也为构成要件概念的不确定性、把握的困难性而感到苦恼。[②]据上分析其实不难想见，岂止是日本的大学生们，又岂止是大学生们，应该是不分国别、尚存思辨能力的所有德日阶层体系的研习者（包括刑法学家们自己）都应该会为此而备感苦恼！[③]正如我国刑法学家陈忠林教授所指出的：什么是行为符合构成要件，在德日刑法理论中，尚未见有谁讲清楚这个问题。[④]诚然斯言！以己之昏昏，焉能使人昭昭？！客观的构成要件作为行为成立犯罪在客观方面的最低限度要求，它根本无法为犯罪故意之成立提供所必需的认识内容，那么，（客观的）构成要件到底是什么？我们又该如何对其加以把握？在笔者看来，这须得对构成要件理论乃至整个阶层体系作深度反思，不惮于承认其根基性错谬，从而具备将其从根底上推翻的勇气，要不然，构成要件到底是什么的问题，将成为刑法学理论中的永远无解之谜。

（二）认识的程度

作为犯罪故意认识因素的“明知”并非一般的“知”，而是有程度上的要求，接下来拟对反映认识程度的“明知”概念详加辨析，就中涉及其存在范围、成立条件以及刑法总分则中所规定的明知之间的关系等问题。

1. “明知”之存在范围确定

依据我国刑法第14条之规定，犯罪故意的认识必须达到“明知”之程度，何谓“明知”？就其字面含义而言，“明”即“明白、清楚”，“知”乃“知道”[⑤]，而“知道”之意为“对于事实或道理有认识”[⑥]，故“明知”之意乃为“对于事实或道理有明白或清楚的认识”。需要注意的是，犯罪故意之“明知”不应等同于“明确知道”，因为“明确”乃“清晰明白而确定不移”[⑦]，故“明确知道”即“对事实或道理具有清晰明白、确定不移的认识”，因而是一种必然性的认识，“明确知道”固然属于犯罪故意之“明知”，但犯罪故意之“明知”显然不应该局限

① 参见张明楷：《刑法学（上）》（第五版），法律出版社2016年版，第116-118页。

② 参见张明楷：“犯罪构成理论的课题”，《环球法律评论》2003年第3期，第274页。

③ 实际上，我国传统要件体系中的犯罪客观要件也面临着同样的问题。

④ 参见陈忠林：《刑法散得集（Ⅱ）》，重庆大学出版社2012年版，第147页。

⑤ 《新华字典》，商务印书馆2000年版，第345、636页。

⑥ 《现代汉语词典》，商务印书馆2005年版，第1745页。

⑦ 《现代汉语词典》，商务印书馆2005年版，第957页。

于此，否则犯罪故意的存在范围势必过于狭窄。“明知”属于“知”（即“知道”）之类型，系一种程度较高的“知道”，故欲准确把握“明知”，首先需要界定清楚作为其基础的“知道”。就构成行为的相关事实而言，行为人知道的内容应该包含：认识到是或可能是某行为对象及该对象具有或可能具有某种自然属性；认识到该行为对象能够转化为某种特定的结果或者具有转化为某种特定结果之可能性；认识到行为手段具有或者可能具有将行为对象转化为某种特定结果之性质。这些情形均属于“知道”之范围，其中，若无一为“可能”，当属“明确知道”或“知道必然（是或会）”，若全部为“可能”，仍属“知道”之范围，这也是“知道”的最大限度。与“知道”相对的是“不知道”，“不知道”即“没有认识到”。就犯罪行为而言，这种没有认识到，是指行为人没有认识到自己的行为会造成某种危害社会的结果。从主体认识能力的角度来说，这种“没有认识到”可以区分为两种情形：一是具备认识能力而没有认识到，二是因无认识能力而没有认识到。前者属于罪过之范畴，后者则排除罪过。而从构成行为的相关事实的角度来说，这种“没有认识到”则包含如下两种情形：其一，就行为对象而言，可能包含：没有认识到作为行为对象的人或事物，例如，没有认识到是人而朝其开枪，或者认识到是某一事物但并未认识到其所具有的特定存在状态，例如，未认识到对方患有严重心脏病而对其实施惊吓致其死亡；其二，就行为手段而言，可能包含：没有认识到行为手段的存在，如某些下意识的动作，或者对所使用手段的特定自然属性（即具有导致某种结果发生的客观性质）没有认识，如护士不知是毒药而给病人注射致其死亡。以上两种情形中，只要对其中之一没有认识，便属于“没有认识到”。需要注意的是，如果行为人对行为对象及行为手段的自然属性都有正确的认识，那么就不可能对行为结果的自然属性没有认识。换言之，现实中并不存在单纯地对行为结果无认识之情形，这是因为，对行为手段自然属性的认识就是认识到其具有将行为对象转化行为结果之属性。

由于犯罪故意之“明知”属于程度较高的“知”，故“不知”显然就不属于“明知”，因此，属于“不知”类型的“应当知道”无论如何都不能够为“明知”所包容，换言之，“应当知道”由于属“不知”而非“明知”，故基于此等认识状态所形成的罪过绝无可能是犯罪故意。据此，我国刑法以及相关司法解释规定的“应当知道”，要么意味着主体基于此等认识状态所形成的罪过形式为过失，要么意味着这并非为一种实体法上的或者事实上的认识状态。前者如在《刑法修正案（十一)》通过之前，我国刑法第 219 条第 2 款规定，“明知或者应知前款所列行为，获取、使用或者披露他人的商业秘密的，以侵犯商业秘密论”，若依据该规定只能得出侵犯商业秘密罪的罪过形式既可以是故意也可以是过失之结论，但理论通说却认为该罪之罪过只能是故意而不能是过失[①]。问题是，依据我国刑法第 14 条之规定，故意的认识只能是“明知”，而不能是“应知”，可见理论通说与立法规定明显冲突。为消除此等冲突，《刑法修正案（十一）》删除了该条款“应知”之规定。当然，该修正也印证了实体法上的“应知”之罪过形式只可能是过失之论断。而“应当知道”非为实体法上的或者事实上的认识状态之情形有：理论均肯定罪过形式只能是故意但相关司法解释却规定为“知道或者应当知道”之情形，其中的“应当知道”就不应该是一种行为人事实上的认识状态，而应该是司法实务中认定或证明“明知”的一种事实推断方式。[②]还有，我国刑法第 138 条（教育设施重大安全事故罪）规定，“明知校舍或者教育教学设施有危险，而不采取措施或者不及时报告，致使发生重大伤亡事故的，……。”由于该罪之罪过形式在理论上公认为过失，但是该条却使用了“明知”一词来描述其罪过之认识状态，这明显

① 参见高铭暄、马克昌主编：《刑法学》（第九版），北京大学出版社、高等教育出版社 2019 年版，第 441 页；张明楷：《刑法学（下)》（第五版），法律出版社 2016 年版，第 828 页。

② 据笔者统计，此种情形目前在我国的司法解释中有 15 处之多，例如，2002 年 7 月 8 日《最高人民法院、最高人民检察院、海关总署关于办理走私刑事案件适用法律若干问题的意见》中规定有“走私主观故意中的‘明知’是指行为人知道或者应当知道所从事的行为是走私行为。”2003 年 12 月 30 日《最高人民法院、最高人民检察院、公安部、国家烟草专卖局关于办理假冒伪劣烟草制品等刑事案件适用法律问题座谈会纪要》二、关于销售明知是假冒烟用注册商标的烟草制品行为中的“明知”问题就规定，“‘明知’，是指知道或应当知道。”2008 年 6 月 25 日最高人民检察院、公安部印发的《关于公安机关管辖的刑事案件立案追诉标准的规定（一)》第 74 条第 2 款规定，“本条规定的‘非法收购’的‘明知’，是指知道或者应当知道。”2012 年 5 月 28 日最高人民检察院、公安部印发的《关于公安机关管辖的刑事案件立案追诉标准的规定（三)》第一条规定，“走私、贩卖、运输毒品主观故意中的‘明知’，是指行为人知道或者应当知道所实施的是走私、贩卖、运输毒品行为”，“制造毒品主观故意中的‘明知’是指行为人知道或者应当知道所实施的是制造毒品行为。”如此等等。如果认为这种“应当知道”是一种事实上的认识状态，那么在语义及逻辑上都将自相矛盾，因为，“知”无论如何都无法包容与其相对立的“不知”，此外，也明显违反了我国刑法第 14、15 条之规定。因此，在解释论上，将这种“应当知道”理解为实务中认定或证明“明知”的一种事实推断方式是唯一合理的解释，并且可以看到，这些司法解释往往都明确规定了推断“明知”所依据的各种事实（也即证据），其中不少还有对此等推断可进行反证之明确规定，如规定有“但有证据证明确属被蒙骗的除外”。

违背了我国刑法总则第 15 条之规定，故笔者认同，在理论上应该将其解释为“已经预见”，换言之，这应该属于立法上的失误。[①]

此外，我国有些研究者提出，“明知”包含行为人“知道”和“可能知道”这两种不同程度的认识状态。[②]在明确“明知”之内涵及外延的前提下，将很容易发现该见解不具合理性：一则就语义逻辑及客观实际而言，“可能知道”应该包含“事实上知道”和“事实上不知道”两种情形，显然，“事实上不知道”不仅不能为“明知”所包容，而且也不能为比“明知”外延更广的“知道”所包容；二则“明知”属“知”（即“知道”）之范畴，是一种程度较高的“知”，故“知道”的外延要远大于“明知”，如下文将论及的过于自信过失之“已经预见”，便属于程度相对较低的“知”，而有别于犯罪故意之“明知”。换言之，“明知”根本无法包容“知道”，更无法包容比“知道”范围更广的“可能知道”。

综上所析，“应当知道”“可能知道”以及“已经预见”都超出了明知之范畴，因而不应该将它们作为明知之表现形式。在确定明知的存在范围后，接下来需要探讨的是明知之成立条件。

2. 成立“明知”的两个条件

“明知”一词由“明”与“知”结合而成，因“明知”乃“知”之类型，系一种程度较高的“知”，“知”是前提与基础，“明”是量度，故判断“明知”需要从“知”与“明”两个方面入手。笔者认为，“明知”之

---

① 参见张明楷：《刑法学（下）》（第五版），法律出版社 2016 年版，第 732 页；王新：“我国刑法中‘明知’的含义和认定——基于刑事立法和司法解释的分析”，《法制与社会发展》2013 年第 1 期，第 67 页。我国有研究者主张刑法第 15 条规定的“已经预见”包含于第 14 条规定的“明知”之中，试图以此掩盖如此明显的立法瑕疵，参见邹兵建：“‘明知’未必是‘故犯’”，《中外法学》2015 年第 5 期，第 1349-1375 页。笔者认为，该见解不具合理性，理由在于：一则违背了系统认识论原理，即构成系统的要素只有在整体中方能获得自己的特定属性，而故意与过失乃两种性质截然不同的罪过形式，如此意味着二者的任一构成要素之间均不存在包容或交叉的关系；二则认为“明知”与“已经预见”之间的差异只在于前者多了“确定性（或谓必然性）认识”，至于在“可能性认识”上，二者不存在任何差异，如后文所析，此乃未深入探究两种不同罪过形式之认识因素使然，更何况，此等见解即便能够解决刑法第 138 条规定所存在的问题，但如此又难免不使立法者（因刑法第 15 条未使用“明知”而使用“已经预见”）有故意搬弄是非、制造理论纷争之嫌疑；三则即便如论者所认为的“明知”包含“已经预见”，由于教育设施重大安全事故罪之罪过为过失，那么在解释刑法第 138 条规定的“明知”时，依据刑法总、分则之间的关系，最终还是应该落实到“已经预见”方准确合理，因为按照论者的观点，“明知”除了包含“可能性认识”，还包含“确定性（或谓必然性）认识”，但该条之“明知”显然应该排除后种情形，换言之，即便依照该观点，该条使用“明知”也是存在瑕疵或是不严谨的。因此，为使理论顺畅，面对该条之规定，与其费尽周折地曲为之辩，不如径行承认其错误方为妥当。

② 参见卢进伟：《犯罪故意认识因素研究》，郑州大学 2007 年硕士学位论文，第 43 页；张蔚伟：《犯罪故意认识因素研究》，知识产权出版社 2016 年版，第 173-176 页。

成立必须兼备“知之合规律性”与“明之清楚、具体性”两个条件，现分述如下：

（1）“知”之合规律性

“明知”属“知”之范畴，故欲把握“明知”，首先需要把握作为其前提与基础的“知”。如上所述，“知”乃“知道”，“知道”意为“对于事实或道理有认识”，其中，“事实”乃客观存在，即“事情的真实情况”，而“道理”之“道”与“理”，无论是各自之字义，还是结合成词之词义，均指“事物的规律”①。据此，“知道”的翔实意涵就应该是“对于事情的真实情况或者事物的规律具有认识”。由于“知”乃“明知”之前提与基础，故要成立“明知”，必须满足作为其前提与基础的“知”之条件，亦即，犯罪故意“明知”之成立，行为人需要“认识到构成犯罪的相关客观事实之真实情况或者它们之间的作用规律”。由于“认识到构成犯罪的相关客观事实之间的作用规律”以“认识到构成犯罪的相关客观事实各自之属性”作为前提，故“对构成犯罪的相关客观事实之间的作用规律的认识”，实际是一种综合性的认识，是“知”之集中体现，因此，我们完全可以用“合规律性”来概括“明知”之“知”的此般属性。不过，“明知”必须以合规律性作为前提，设定该前提之理据除了上述语义解释外，最根本的理据还在于：如前文所析，正是意志之自觉能动性方使得具备罪过之意志因素的犯罪行为有着一般违法行为所不具有的独特严重社会危害性，而意志之自觉能动性的有效发挥以认识的合规律性作为前提，这是因为，只有行为人的认识符合客观规律，他人才可能会以该认识作为自己行为之依据，进而达成预定的目的，犯罪行为也正因如此而具有了迥然有别于一般违法行为之独特严重社会危害性；反言之，若行为人的认识不符合客观规律，则将因无法基此达成相关目的，以致至少社会中的绝大多数人都不会以该认识作为自己实施相关行为之依据，那么，行为也将不可能威胁到刑法所特有的保护价值——作为整体的其他部门法制度或者全体公民的基本人权。由此可见，无论是从语义解释的角度，还是从罪过之意志因素与犯罪的价值本质相通连的角度，均可锁定犯罪故意“明知”之“知”必须具备“合规律性”之条件。

知之合规律性的前提设定对于犯罪故意明知的判定具有极其重要的价值，不符合该前提的认识将排除故意乃至排除罪过。因合规律性之规律

---

① 参见《新华字典》，商务印书馆 2000 年版，第 90、292 页；《辞海》，上海辞书出版社 2000 年版，第 3008、3445 页；《现代汉语词典》，商务印书馆 2005 年版，第 281 页。

也即客观规律，故知之合规律性就是行为人的认识符合客观规律，既然符合客观规律，那么势必意味着：行为人所认识的内容若在现实中展开，就完全有可能造成法定的危害社会结果。此即明知之合规律性的判断标准。不过，该标准的运用尚需注意如下几个问题：

首先，合规律性标准的判断对象是作为意志前提和基础的行为人的认识内容，或者说，是行为人所希望或放任转化为客观现实之认识，即是存在于行为人头脑中的观念的东西，而非行为实际的外在客观表现。例言之，行为人认为自己行为所指向的是有生命的人，也认识到用枪射击人的头部会造成他人死亡结果的发生，而意欲将此等认识转化为客观事实，那么就已满足认识的合规律性条件。即便其行为在客观现实中并没有依照该认识而展开，例如，行为人没有认识到枪里面实际没子弹或虽有子弹但没认识到子弹因已受潮实际无法被激发，或者子弹虽被激发但因未瞄准而击中了某物体或只是在空中划出一道抛物线后落地，又或者其所认识的对象其实并非人（如实际是野兽、稻草人等），如此等等，这些都通通不影响对行为人该认识的合规律性判断。

其次，"行为人所认识的内容若在现实中展开，便完全有可能造成法定的危害社会结果"，该标准还可以进一步地具体化，那便是，其中的"可能"系指正常理智者（即具备事实判断能力或者能够进行合理思考的人）会以该"可能"作为决定自己是否实施该行为之根据或心理基础，或者说，正常理智者会认为，若按照行为人所设想的条件及过程，那么完全可能产生预想的结果，从而会依据此等认识决定自己是否实施该行为。这一具体化的判断标准由来于规律的客观性、稳定性、重复性以及普遍性等特点，规律所具有的这些特点意味着它并不会因人而异，能够且必须经受住人们实践的检验。一旦某种现象的合规律性获得验证，任何掌握该规律的人（以能够明事理为必要）均可创造相应的条件从而利用该规律以达成自身的目的。而人们把握客观规律的主要途径是观察学习，就人的某种特定行为而言，能够引起他人关注并加以学习最终决定是否实施该行为，以行为的合规律性为必要，因为行为乃主观的客观化，故行为的合规律性以支配行为的意志之合规律性为前提，而意志的合规律性又以作为意志前提与基础的认识的合规律性为必要。只要他人的某种认识已被证明符合客观规律，那么，不管该客观规律暂时被多少人所掌握，或是有人在实际操作中因某种原因出现了偏差或失误，均不会影响正常理智者发挥自己的主观能动性去观察学习，从中积累经验与吸取教训以充分把握及正确运用该客观规律，也即以该合规律性认识作为自己是否实施该行为之根据或心理基础。反之，如若他人的认识并不符合客观规律，由于在现实中几乎不可能依照此等认识达成特定的目的，即便因某种偶然因素的介入或者概率极低事件的出现最终达成了预期的目的，正常理智者（至少其中的绝大多数人）也不会以该认识作为自己达成相关目的之根据或心理基础，依据此等心理实施的行为当然也就不可能具备犯罪所特有的社会危害性或者说不可能侵犯刑法所特有的保护价值了，也即行为不具备罪过从而不构成犯罪。

最后，认识是否符合客观规律并非一成不变，而是会随着人的认识水平的不断提高而发生相应的变化。正如有研究原始人思维的心理学家所指出的：原始思维作用，只是看起来像是非逻辑的，事实上，从原始人的观点来看，此种思维完全符合逻辑。例如，当有人突然癫痫病发或受疾病缠身之苦时，原始人类会认为那是因为邪恶灵魂进入了体内，为了医治此种病痛，他们会尝试利用一些方法赶走此种邪恶灵魂，如呼喊邪灵的名字，请求其离开，或者以嘈杂的声音吓走它。对于现代人而言，这些方法似乎毫无意义，因为我们是以现代科学的方式来理解癫痫病及其他疾病的。但在原始人类看来，凡是在人身上所发生的变化，无论是幸运还是不幸，都是外在力量作祟的结果，所以当他们尝试影响这些力量时，就会举行一些仪式，这是相当合乎逻辑的。[①]据此不难得知，人的认识是否符合客观规律，是会随着时代的发展、人的认识水平的不断提高而发生变化的。把握这一点还是有其刑法学价值，因为基此便可以为“迷信犯”现象提供合理的解释，也即，迷信犯为何在人类古代社会会被认为是犯罪，而在现代社会却不再认为是犯罪？就中缘由在于：在古人看来，迷信手段是会造成他人患病乃至死亡的，故在他们的观念中，迷信手段与他人患病或死亡之间存在因果关系，也即符合客观规律，因此，基于此等认识而实施的行为构成犯罪；而现代人的认识水平已大大提高，认识到迷信手段与他人患病或死亡之间不存在因果关系，即便少数人仍然迷信，以致还是认为二者之间存在因果关系，但该认识由于不符合客观规律，绝大多数人因而不会以此等认识作为自己实施伤害或杀人行为之依据或心理基础，迷信犯也就不再具备犯罪所特有的社会危害性或者说不可能再威胁到刑法所特有的保护价值了，因而不再认为是犯罪。概言之，迷信犯在古代社会构成犯罪而在现代社会不再构成犯罪，都具有合理性，都可以从认识的合规律性

---

① 参见[俄]维果茨基、陆利亚：《行为简史》，钟宜兴译，洪叶文化事业有限公司 2006 年版，第 92–93 页。

中获得解释。

认识的合规律性对于故意的判定起着至关重要的作用，因为，意志的合规律性源于认识的合规律性，没有认识的合规律性便没有意志的合规律性，而如上所析，正是意志之自觉能动性（其有效发挥以合规律性为条件）方使得具备罪过意志因素的行为具有侵害刑法法益之危险，罪过之意志因素也因此与犯罪的价值本质直接通连。就故意犯罪而言，这种通连由来于：若不对其意志所支配的行为通过刑事制裁措施加以有效打击的话，其危害就将因意志的沟通交流活动而在社会中蔓延扩散开来，具体表现为，不仅相关行为人会重复，而且其他具备正常理智者也会在耳濡目染中学习模仿，进而威胁到作为整体的其他部门法制度或者全体公民的基本人权。由此可见，没有认识的合规律性，便极难有正常理智者会以该认识作为自己实施相关行为之根据或心理基础，而缺失这一关键性的环节，将无以形成通贯犯罪价值本质的罪过之意志因素，也即无罪过。

依据上述标准，刑法学理论中论争不止的不可罚的不能犯与未遂犯之界分，便有了非常客观而又明确并且有着坚实理论基础的事实性判断标准。譬如，认为整蛊可以造成他人患病乃至死亡，认为菊花茶具有堕胎功效而给孕妇喝菊花茶，欲使他人遭雷击身亡而劝其雷雨天到森林里去散步，劝人坐飞机盼他人死于坠机事故，欲使他人在跑步时被车撞死而劝其去马路上跑步，以为抛石头可以击落在万米高空飞行的飞机而朝空中抛石头试图击落飞机，认为手机的辐射会严重损害人体健康乃至危及生命而给自己的仇人购买手机，希望其因辐射致伤或致死的行为，如此等等，均因正常理智者不会以此等认识作为自己达成上述相关目的之根据或心理基础，或者说，正常理智者不会考虑选择以如此方式去达成上述相关目的，从而不可能威胁到刑法法益，故排除罪过（既无故意也无过失）。因此，这些行为均不构成犯罪，因而属于理论上的不可罚的不能犯，而非未遂犯。但若是：误将白糖当砒霜而投毒杀人，误将稻草人为仇人而开枪射击，误以为仇人躺在床上而朝隆起的被子开枪，误以为尸体是毒品而运输[①]或误以为面粉是毒品而加以贩卖[②]，等等，则均已完全具备故意“明

① 例如，1997年11月29日，被告人胡某实施抢劫杀害被害人韩某根后，于次日凌晨用羊角铁锤和菜刀将韩某根的尸体肢解为五块，套上塑料袋后分别装在两个纸箱中，再用编织袋套住并用打包机封住。此后，胡某以内装毒品为名，唆使被告人张某筠和张某峰将两个包裹送往南京。张某筠、张某峰按照胡某的旨意，于1997年11月30日中午从浙江余姚市乘坐出租车驶抵南京，将两个包裹寄存于南京火车站小件寄存处。后因尸体腐败，于1998年4月8日案发。参见（1999）沪高刑终字第59号刑事附带民事裁定书。

② 例如，甲听说乙急需毒品，就装了一包面粉谎称是毒品卖给乙，乙以为是真毒品将其卖给了他人。本案中乙的行为便属于此种情形。

知”之合规律性条件，因为显而易见，若按照行为人所认识的内容在现实中展开，是完全可能达成预定目的的。当然，正常理智者也完全可能会（有的甚至只能）以与行为人相同的认识作为自己达成上述相关目的之根据或心理基础，并且该根据或心理基础也不会因为行为在现实中可能会出现如上意外状况而发生动摇，相反，这些意外状况的发生还更可能使他人从中吸取经验教训，以免行事时出现此般状况。[①]准此，上述行为的最终定性就应该为：前面三个行为均构成故意杀人罪（未遂），后面两个行为分别构成运输毒品罪（未遂）和贩卖毒品罪（未遂），也即属于未遂犯，而非不可罚的不能犯。而不能以所谓的“客观上没有侵害法益的危险”之标准对上述行为人的行为出罪（有关该标准之错谬笔者已于前文详加揭批）。

（2）“明”之清楚、具体性

“明知”虽属“知（知道）”之范畴，但“明知”却不以“知”为已足，还必须达到“明”之程度，或言之，“明知”并非一般的“知”，而系一种认识程度较高的“知”。那么，它究竟是一种怎样的认识程度呢？笔者认为，犯罪故意之“明知”需要达到清楚、具体之程度，而不能是一种模糊、笼统意义上的知道。对于此一标准应该如何把握详述如下：

首先，这种清楚、具体的认识只要求在生活经验或者常识、常理所及的范围内即可，而不要求必须具备相关的专业知识。以杀人故意的“明知”为例，行为人若欲杀人而采取开枪打人脑袋，或者用刀割人脖子或捅人心脏，或者在他人食物中投毒，或者用绳索勒脖子，还有在不作为的故意杀人中，如母亲欲杀害自己的婴儿而长时间不给其喂食，如此等等，这些都是只要依据生活经验或者常识、常理即可判断如此行为会导致他人死亡结果的发生。即便行为人对于诸如开枪打人脑袋，用刀割人脖子或捅人心脏，毒药、绳索勒脖子以及不给食物吃，等等，为什么会致人死亡的生理学机制或者科学原理一无所知，也丝毫不影响犯罪故意“明知”之

① 此等标准的设定可以消除行为人以及有犯罪意向者在实施犯罪时可能抱有的侥幸心理，也即抱着即便自己如此行为也可能不构成犯罪之心理。当然，更为重要的还在于，如此也避免了对行为之罪与非罪的判断沦为裁判者的主观恣意或是委由与行为人主观全然无关的偶然性因素，并且该标准具有坚实牢靠的理论基础。不难发现，不少自称持客观主义刑法立场的论者在界分不可罚的不能犯与未遂犯时，他们所提出的判断标准都是非常不客观乃至是任意的，因为，任何行为最终未能既遂，若站在事后科学的立场来观察都是“绝对的不能”，但是很显然，如此将不合理地极大限缩了未遂犯的成立范围，故必须在这种“绝对的不能”中找出“有可能能”之情形，但“绝对的不能”中又怎么存在“有可能能”之情形呢？不承认这一点，找寻“有可能能”情形之标准就必定是主观的或价值性的，即可能因判断者而异，这是稍有常识者都能够轻易察觉的事实。

成立。

其次，要求行为人对犯罪对象、犯罪手段和犯罪结果的属性，尤其是对犯罪手段作用于犯罪对象从而引起犯罪结果发生的过程，都具有清楚、具体的认识，而不能是一种模糊、笼统意义上的认识。于此拟以事例加以明晰。事例一：设若甲通过搜查资料得知航空事故的概率约为百万分之一，于是想利用该概率杀人而劝他人坐飞机，结果该航班真发生了航空事故致他人死亡。事例二：汽车销售商乙想通过卖一辆正常的汽车给他所仇恨的买主，并想通过这个汽车致后者于不幸的境地，最终买主果真因自己违反交通法规发生交通事故而死亡。[①]在这两个事例中，甲、乙的认识均不符合犯罪故意“明知”之条件，理由在于：一方面，我们可依据上述“知之合规律性”条件加以排除，因为正常理智者几乎不可能会以此等认识作为自己实施杀人行为之根据或心理基础。另一方面，甲在劝他人坐飞机时，乙在将一辆正常的汽车卖给其仇人时，都对行为转化为客观现实的过程缺乏清楚、具体的认识，或者说，甲、乙根本不知道导致该次航空事故、该次交通事故的具体原因及发生过程是什么，[②]即便甲、乙通过收集资料或者其他的方式了解了导致航空事故、交通事故可能存在的一些原因，但因事先并未能清楚地认识到导致该次航空事故、该次交通事故会是什么样的具体原因以及会是怎样的一个过程，故这种认识仍然属于非常笼统、模糊的认识，不符合“明”之清楚、具体性条件，排除故意。当然，如若甲对导致该次坠机事故的原因及过程具有清楚、具体的认识，例如，知道该航班被恐怖分子安装了定时炸弹，或者知道该航班上有恐怖分子欲与机上人员同归于尽，或者知道该航班的关键零部件存在严重安全隐患，或者知道该航班的飞行员要驾机撞山或坠海自杀，如此等等，而乙如果事先获知其销售的汽车中，有一辆汽车的某一或某些涉及安全驾驶的关键零部件（如制动装置、轮胎、油路或电路、发动机等）存在安全隐患，而特

① 事例二出自[德]克劳斯·罗克辛：《刑事政策与刑法体系》（第二版），蔡桂生译，中国人民大学出版社 2011 年版，第 72-73 页。不过，罗克辛教授是立足于其倡导的客观归责理论，以所谓的行为人并未制造法不容许的风险而排除行为的构成要件符合性。对于客观归责理论，笔者已于前文指出，该理论是建立在不知犯罪本质为何进而不明白罪过与刑法法益侵害之间所存在的内在必然联系基础上因而有着根基性缺陷的理论，故以此等理论将该行为出罪虽然结论正确，但实际并未能提供实质理据。

② 甲、乙二人的认识在本质上具有一致性，这是因为，乙在销售那辆正常汽车给仇人时，如果其思维正常的话（事实上，具有此等认识者往往是思维不正常者），则一定知道，开车发生致人死亡的事故概率是极低的，要不然，现实中就没有多少人会去开车了，甚至国家都会禁止人们去开车，因而，与甲的认识一样，也是一个将极低概率转化为现实的认识。

意将该辆车卖给其仇人，那么，甲、乙二人的认识就均完全符合故意杀人罪故意之“明知”条件。还有如：甲殴打乙，致乙重伤，乙乘坐的救护车在途中与丙驾驶的大卡车相撞，致乙死亡。但事后查明，甲知道附近只有这一家医院，且事前获悉丙因与该医院存在医患纠纷而开着大卡车守候在某路口，随时准备撞击该院派出的救护车实施报复。那么本案中，甲殴打乙的行为也符合故意杀人罪故意之“明知”条件。[①]由此可见，哪怕是从客观上看似与行为人无关、具有偶然性的因素导致了危害结果的发生，但只要行为人对该因果流程具有清楚、具体的认识，就不影响“明知”之成立。

再次，直接故意之明知程度并不会受到行为人自认为自己的行为导致危害结果发生之概率高低的影响。由于直接故意的意志内容中包含了犯罪目的，而依据本章第一节所叙述的心理过程三个方面要素之间的事实关系可知，虽然认识过程是意志过程的前提和基础，但这两个过程之间并非单点连接的关系，即意志过程并非只有在认识的全部过程完结后方才接续展开，以致意志过程对认识过程不产生任何的影响。相反，意志并非认识的被动产物，意志对认识具有反作用，这种反作用表现为：意志也支配着认识活动，尤其是经由认识活动设定目标、形成目的后，意志将推动认识，克服认识活动中遭遇的各种困难，从而使认识得到强化。意志与认识之间所存在的此等关系意味着受意志支配的认识必然是一种程度很高的“知”，此时明知的成立并不会受到行为人自认为自己的行为导致危害结果发生的可能性大小或谓概率高低之影响。例言之，甲伺机杀害其仇人乙，某日在此岸沿河公路上行走的甲恰见乙在河面宽约 50 米的对岸沿河公路上跑步，此时碰巧甲身边有个交警携带手枪执勤，于是迅速夺下其手枪瞄着乙扣动了扳机。本案中，即便甲在扣动扳机之时或之前就认识到开枪射杀乙的概率非常之低，如其认为交警在执勤时所携带的枪里有子弹的概率不高，还有认识到距离较远、以自己的枪法击中奔跑中的乙的致命部位的概率很低，综合考量后哪怕甲当时认为开枪射杀乙的概率只有百分之一，也丝毫不影响他的此等认识已达到明知之程度，并且行为人对于这些事实竟然有如此细致入微的认识，本身即足以证明其认识已完全达到明知之程度。由此可见，在直接故意中，由于意志对认识的反作用关系，决定了其明知的程度并不会受到行为人自认为自己的行为导致危害结果发生之概率

① 上述符合故意“明知”条件之情形，若严格遵循由客而主的犯罪认定逻辑，则必将得出错误的结论，理论上所谓的因果关系中断学说以及所谓的客观归责理论在面对此类情形时，也不得不抛弃原有的客观标准或客观立场，而拾起一开始竭力排斥的主观因素。

高低的影响。正如德国刑法学家施特拉腾韦特和库伦所指出的，“行为人已决意实施犯罪，而且，在绝大多数观点看来，结果发生的可能性在行为人看来到底有多大对此并无影响，只要他认为是可能的就已足矣。即使认为他人上当受骗的概率很低，却仍想尝试运气，也是故意实施行为。”①

最后，间接故意明知之程度还可以在与作为过于自信过失之认识因素的“已经预见”的界分中作进一步的明确。在间接故意中，由于不存在指向犯罪结果的犯罪目的，由此导致了间接故意的明知较之于直接故意的明知在程度上要更弱，并且如下文所析，在间接故意的认识内容中就不包含认识程度最高的“必然性认识”，而只包含“可能性（或然性）的认识”，或者说是一种“盖然性认识”②。不过，尽管如此，间接故意的“明知”仍然是一种认识程度较高的“知道”，总体而言，应该是认识到犯罪手段将犯罪对象转化为犯罪结果具有较大的可能性，而这种较大可能性认识在与过于自信过失之“已经预见”的对比中将表现得十分鲜明。由于“预见”是指“根据事物的发展规律预先料到将来”③，因此，“预见”与“明知”均属于“知”之范畴，乃程度不等的“知”，后者在清晰程度上要明显高于前者。具体而言，在过于自信过失的“预见”中，除了包含预见危害结果发生的可能性外，还必须包含危害结果可能不发生的预见，并且在行为人的认识中，危害结果不发生的可能性要大于危害结果发生的可能性。当然，过于自信过失行为人所作出的此等判断并非凭空产生，该判断的作出以其对于避免危害结果发生的相关主客观条件（如自身的能力、经验以及某些外部因素等）具有清楚、具体的认识作为前提或根据，而行为人的此等认识及判断也构成了其缘何预见到了危害结果可能发生却仍要实施行为之心理根据，这也为过失犯罪行为人为何会反对或否定危害结果发生提供了合理的解释。相反，在间接故意中，行为人对于避免危害结果发生的相关主客观条件漠不关心，不会试着去认识它们，当然更不会试着去利用它们以避免危害结果的发生，从而对危害结果可能不发生的认识是很模糊的，但对于行为会导致危害结果的发生却具有清楚、具体的认识，由此决定了间接故意的明知虽然也是行为人对于行为导致危害结果发生可能性的认识，但该认识系一种较高盖然性的认识，即在行为人的认识中，危

---

① ［德］冈特·施特拉腾韦特、洛塔尔·库伦：《刑法总论Ⅰ——犯罪论》，杨萌译，法律出版社2006年版，第127页。

② 盖然性是指“有可能但又不是必然的性质”，参见《现代汉语词典》，商务印书馆2005年版，第437页。

③ 《现代汉语词典》，商务印书馆2005年版，第1668页。

害结果发生的可能性要大于不发生的可能性，而行为人的此等认识也构成了其实施行为之心理基础，这也为间接故意犯罪的行为人为何会接受或不反对危害结果发生提供了合理的解释。概言之，间接故意的明知系一种对行为与危害结果发生之间具有较高盖然性的认识，此种认识以行为人对于避免危害结果发生的相关主客观条件漠不关心，不去认识，更不会试着利用其去阻止危害结果发生为特征，间接故意之明知程度也由此得以进一步地彰显。

3. 刑法总、分则中的“明知”关系辨析

我国刑法总则第 14 条规定了“明知”，此外，刑法分则的有些条文也有“明知”之规定[①]，这就涉及前者与后者之间应系何等关系的问题。不难发现，我国刑法分则所规定的“明知”，要么是对个罪特定犯罪手段（方法）的明知，要么是对个罪特定犯罪对象的明知，其中绝大多数都属于后者，只有少量属于前者。[②]不过，无论是对个罪特定犯罪对象的明知还是对个罪特定犯罪手段的明知，实际都属于对犯罪行为明知（即属于我国刑法第 14 条规定的对“自己的行为”的明知）之内容，因为现实中根本不存在脱离犯罪对象以及犯罪手段的纯粹对犯罪行为明知之情形。由此可见，刑法分则规定的“明知”实际是将刑法总则规定的“明知”之部分内容予以具体化，由于只是对部分内容而非全部内容的具体化，故准确说来，我们不能说刑法总则规定的“明知”与刑法分则规定的“明知”总体而言是一种一般与特殊、抽象与具体或共性与个性的关系，而应该是，刑法总则规定的“明知”之某部分内容与刑法分则规定的“明知”之间才是一般与特殊、抽象与具体或共性与个性的关系。其中，刑法总则规定的“明知”之某部分内容是指作为一般、抽象意义或共性的犯罪对象或者犯罪手段，刑法分则规定的“明知”之内容则是个罪之具体的犯罪对象或犯

① 据笔者统计，目前在我国刑法分则条文中，“明知”共出现了 41 次，涉及 36 个条文。

② 如本书所析，“他人的行为”同样可以成为自己实施犯罪的手段，其中较为典型的有共同犯罪、间接正犯以及共犯行为正犯化之情形，据此，目前我国刑法分则明确规定的对犯罪手段的明知就包含如下 5 个条文：第 244 条第 2 款（强迫劳动罪）规定的“明知他人实施前款行为，为其招募、运送人员或者有其他协助强迫他人劳动行为的”，第 287 条之二（帮助信息网络犯罪活动罪）规定的“明知他人利用信息网络实施犯罪，为其犯罪提供互联网接入、服务器托管、网络存储、通讯传输等技术支持，或者提供广告推广、支付结算等帮助，情节严重的”，第 350 条第 2 款（非法生产、买卖、运输制毒物品、走私制毒物品罪）规定的“明知他人制造毒品而为其生产、买卖、运输前款规定的物品的，以制造毒品罪的共犯论处”，第 265 条（盗窃罪）规定的“明知是盗接、复制的电信设备、设施而使用的”，此外，1998 年 12 月 29 日起施行的《全国人民代表大会常务委员会关于惩治骗购外汇、逃汇和非法买卖外汇犯罪的决定》第 1 条第 3 款（骗购外汇罪）规定的“明知用于骗购外汇而提供人民币资金的，以共犯论处”。

罪手段。

由于刑法分则规定的“明知”只是对刑法总则“明知”之部分内容在少量个罪中加以具体化，那么，对于没有被刑法分则条文具体化但应当“明知”的其余内容，该如何确定呢？根据我国刑法第101条有关刑法总则规范与其他刑法规范（含刑法分则规范）间的关系之规定可知，应当依据我国刑法第14条规定的“明知”之内容，再结合个罪之具体的犯罪对象、犯罪结果以及犯罪手段加以确定，而这与立法者在刑法分则中规定明知时所遵循的理路并无二致，换言之，刑法分则对明知所作出的规定实际并未超出刑法总则规定的一般性明知所设定的范围。据此可知，我国刑法理论中的此等见解是正确的，即认为，我国刑法分则关于“明知”的规定，属于注意规定，即提醒司法工作人员特别注意，即使分则没有“明知”的规定，也应该根据总则关于故意的规定，确定必须明知的事实。换言之，即便删除刑法分则条文中的“明知”字样，也不影响这些犯罪故意的性质，我们仍然可以通过刑法总则与分则的关系来认识。[①]诚当如此！譬如故意杀人罪，刑法第232条虽然没有明文规定“明知的对象是有生命的他人”“明知自己所采取的手段具有致人死亡之性质”以及“明知自己所采取的该手段作用于他人会导致他人死亡结果的发生”，但毋庸置疑，杀人故意之“明知”实际上必须包含这些内容，而这正是根据刑法总则规定的一般性明知之内容所确定的，审视任一犯罪故意明知之具体内容的确定，概莫如是。

在厘清刑法总则规定的明知与刑法分则规定的明知之间的关系后，笔者拟于此顺便指出我国刑法学界在区分二者时的某些不合理认识：

一是认为，我国刑法分则中的特定明知，是以对特定对象的明知作为唯一内容，并认为，刑法分则中的明知仅仅强调行为人的认识因素，其未必与希望、放任等意志因素联系在一起，而刑法总则中的明知，则不但是一种认识因素，而且这种认识必然和希望、放任等意志因素相联系。[②]笔者认为，正确的认识应该是，刑法分则中的明知之内容除了可能是个罪的犯罪对象外，还可能是个罪的犯罪手段，当然以前者为主。还有，如上所析，分则中的明知不过是总则明知之部分内容的具体化，分则没有具体化但需要明知之内容须得借助总则之规定予以具体化，二者间的此等关系决定了，既然总则中的明知与意志因素存在必然的联系，那么刑法分则中

① 参见赵秉志主编：《主客观相统一：刑法现代化的坐标——以奸淫幼女型强奸罪为视角》，中国人民公安大学出版社2004年版，第311页。

② 参见杨芳：《犯罪故意研究》，中国人民公安大学出版社2006年版，第178页。

的明知也同样必然与个罪之具体意志因素相联系（刑法第138条之立法瑕疵除外）。

二是认为，总则中的明知强调的是行为人对自己行为和结果的认识，是一种对自身的认识，而分则中的明知虽然也有对自身的认识（如第360条传播性病罪），但更多的是一种对外界的认识。[①]不难发现，此种见解实际并未意识到，刑法分则中的明知之内容其实也属于行为人自己所实施的犯罪行为（即自己行为）之内容，因为犯罪对象与犯罪手段都属于犯罪行为之内容。由此可见，刑法分则之明知也属于行为人对自己犯罪行为内容的认识，而非所谓的主要是一种对犯罪行为以外东西的认识。

三是我国台湾地区学者郑健才提出的一种颇具影响力的见解，即认为，刑法总则上所称之明知，与刑法分则上所称之明知不同，前者系作为基本主观要件之一种基础，后者则系一种特定主观要件。刑法分则之明知为第一次明知，刑法总则之明知则为第二次明知，有第一次之明知，未必即有第二次之明知，或者说，分则中的明知不等于总则中的明知，它只是总则中明知的前提，只有具备分则中的明知，才能产生总则中的明知。[②]在我国刑法学界，但凡论及刑法总、分则中的明知之关系时，研究者们几乎都会引用并认同此一见解，因此，该见解基本已成为理论通说。[③]不过在笔者看来，刑法分则之明知固然有别于总则中的明知，但认为分则之明知是第一次明知，而总则中的明知是所谓的第二次明知，则是深值商榷的，主要理由在于：

首先，如上所析，刑法分则中的明知只是注意性的规定，即便我们将分则中的那些明知规定全部删除，也完全可以依据总则有关明知之规定，推知这些个罪故意明知中所应当包含的那些被删去的内容，此即意味着，刑法分则对特定内容有无明知之规定只存在规范具体表述形式上的差异，而在本质上并无差异，换言之，刑法分则未明确规定但个罪故意中所应当包含的明知内容并不会因为它是依据总则中的明知规定推论而得出，就成为了总则层面的明知或者所谓的第二次明知，因为立法者在分则中设定明知规范时所遵循的也是此种方式。因此，刑法分则未明确规定但个罪

---

① 参见桂亚胜：《犯罪故意的主观构造及展开》，上海人民出版社2014年版，第37-38页。

② 参见郑健才：《刑法总则》，三民书局1982年版，第96页。

③ 参见张明楷："如何理解和认定窝赃、销赃罪中的'明知'"，《法学评论》1997年第2期，第88-90页；桂亚胜：《犯罪故意的主观构造及展开》，上海人民出版社2014年版，第38页；张云鹏、路军："论特定明知之推定认定"，《辽宁大学学报》（哲学社会科学版）2009年第4期，第144-145页；等等。

故意中所应当包含的明知内容虽然是依据总则中的明知推论得出，但仍然属于分则层面的明知，即第一次明知。

其次，在现实中，对绝大多数的行为人而言，都只存在分则层面的明知（即第一次明知），而无总则层面的明知（即所谓的第二次明知），这是因为，总则中的明知所指向的都是作为所有故意犯罪共性的犯罪对象、犯罪结果以及犯罪手段，而非具体个罪之特定的犯罪对象、犯罪结果以及犯罪手段，因而是立法抽象的结果，而作为非专业的一般人对此是难以形成明知的。这也可以从论者们所举的事例中获得印证，如有论者在论证存在所谓的第二次明知时指出，在窝赃、销赃罪（现为“掩饰、隐瞒犯罪所得、犯罪所得收益罪”）中，行为人只有明知自己窝藏、代为销售的是赃物，才能进一步明知自己的行为是窝赃、销赃行为，明知自己的行为会发生妨害司法机关正常活动的危害结果。[①]不难发现，其所谓的第二次明知实际仍然属于依据总则明知之规定推论得出的分则层面的明知，而非总则中的对自己行为及其危害社会结果的抽象意义上的明知。

最后，司法实务在认定行为人的认识是否满足明知之条件时，只需依据“分则层面的明知”（其中包含“分则明文规定的明知”与“分则虽未作明文规定但可依据总则明知之规定推知应当包含的明知”两个部分的内容）判断即可，而无需判断行为人是否具有第二次明知（即总则层面的明知）。一方面是因为“总则层面的明知”是理论与立法对“分则层面的明知”所进行的抽象概括，故现实中绝大多数的行为人都不会形成此一层面的明知；另一方面则是因为，“总则层面的明知”与“分则层面的明知”由于总体上是一种一般与特殊的关系，而一般寓于特殊之中，故从理论上说，具备了“分则层面的明知”也就自然而然地满足了“总则层面明知”之条件，因而也就无需画蛇添足地再行判断了。

二、情绪情感因素

在犯罪故意中，情绪情感因素之内容系行为人对自己实施的犯罪行为所作的评价，乃犯罪故意成立所不可或缺的要素。对于该要素，在理论上存在较大的分歧，接下来拟就其中所涉及的相关问题展开研究。

（一）情绪情感因素之内容揭示

由于犯罪故意之情绪情感因素内容乃行为人对自己实施的犯罪行为

① 参见张明楷：“如何理解和认定窝赃、销赃罪中的‘明知’”，《法学评论》1997 年第 2 期，第 89 页。

所作的评价，故其中就当然包含评价标准、评价对象以及评价结论三个方面的内容。

1. 评价标准确证

因犯罪故意之情绪情感因素内容系主体对自己实施的犯罪行为所作的评价，经由前文对事实判断与价值判断之关系辨析后可知，事实判断无法直接过渡到评价判断，由前者过渡到后者须得借助作为价值命题表现形式之一的评价标准，故欲明确犯罪故意之情绪情感因素内容，评价标准的揭示至为关键。虽然我国的刑事立法以及刑法学理论通说均肯定，犯罪故意之成立需要具备社会危害性认识，但理论通说却并未揭示主体作出该评价判断所依据的评价标准是什么。在德日刑法学理论中，情绪情感因素被称为“违法性认识”，故显而易见，行为人对自己行为所作出的该评价判断之标准无疑就是“法”，只是理论对于该“法”到底应该为何存在较大的争议，有的认为是前法律的规范，有的认为是法律规范（不限于刑法规范），还有的则认为就是刑法规范。[①]

那么在犯罪故意中，行为人到底是依据什么样的标准对自己行为作出评价判断的呢？笔者认为，应当排除条文或规范意义上的法律，就中根本缘由在于，绝大多数公民实际不可能掌握此等意义上的法！当今世界任何一个国家几乎都有不计其数的法律，姑且莫说平生未读过哪怕是一个法律条文者都大有人在[②]，即便有不少人的确读过一些法律条文，但如所周知，法律文本中存在着大量的专业术语，他们能否理解到位也不能不说是一个极大的疑问。还有，就是以法学研究者的身份扪心自问，我们当中又有几人读完了我国的全部法律？当然，即便读完还是远远不够的，因为要让法律能够真正成为指导自己日常行为的规范，从应然的角度来说，还必须牢记于心或能背诵如流且把握准确，可现实中能够找到哪怕是一个已将自己国家的全部法律都牢记于心或能背诵如流且把握准确的人吗？至于法律条文或规范背后法学家们所揭示的那形形色色的法理，莫说普通民众，即便是法学专家，又有谁敢宣称自己已掌握所有部门法的法理呢？且莫说全部的部门法法理，就是某一部门法的专家又有几人敢声称自己已把握了所研究部门法的全部法理呢？上述问题的答案，或是根本找不到哪怕是一

---

① 参见张明楷：《刑法学（上）》（第五版），法律出版社 2016 年版，第 317-318 页。

② 笔者虽未对此做过实证调查，但依据自己的生活经验，感觉从未读过一个法律条文的人应占总人口中的多数，哪怕是法治水平很高的国家的国民，也应该同样如此。

个符合条件者，或是屈指可数（是否真的存在仍是令人深表怀疑的）。[①]而刑法学理论在所有部门法理论中又应该是最为奇特的，其奇特之处也即日本刑法学家平野龙一所指出的，"'某某学说'对'某某学说'到处充斥的场景，除了刑法学以外，可能再也找不出第二个来了"[②]，如此也使得不要说是研究其他部门法的学者，即便就是刑法学硕士生、博士生甚或是刑法学者，不少在研读刑法论著时都时常感叹"读不懂！""不知道说的是什么！"可以想见，此等理论及学说要让社会公众普遍掌握无异于天方夜谭。由此可见，无论是作为条文或规范意义上的法，还是其背后纷纭的法理，此法也不论是所有的部门法或仅仅是刑法这一个部门法，绝大多数公民都不可能掌握。因此，犯罪故意内容中的行为人对自己行为作出评价判断所依据的标准不可能是此等意义上的法律及其法理，要不然，现实中将没有多少人能够形成犯罪故意了。此外，法谚"不知法不为赦"与"不知法不免责"也鲜明地昭示，犯罪故意中行为人对自己行为据以评价的标准不应该是条文或规范意义上的法，德国联邦法院的判旨也明示，"不法意识的对象并非指对违反法律规范的认识或者对行为可罚性的认识"[③]。

在评价标准上排除条文或规范意义上的法后，那么社会公众对自己行为据以评价的标准会是什么呢？笔者认为，只能是通行于社会公众日常生活中的基本的为人处世之道，或者说，是基本的是非善恶观念，又或谓"常识、常理、常情"（简称为"三常"）。根据"三常"理论的倡导者陈忠林教授的高论，"常识、常理、常情"是在一个社会中与自然打交道的基本知识和与人相处的基本道理，是一个人在社会中明事理、辩是非所必需的基本知识和基本道理。对每一个正常的人来说，"常识、常理、常情"都不纯粹是一种外在的认识对象，而是一种通过日常生活的耳濡目染而融入每一个正常人潜意识深处的是非观、价值观，是一种基于人的本性而对自己生存和发展所必需的外在条件的认识，是一个人要生存、要发展的本性与自然规律、社会价值的有机融合，是人的本性在特定社会条件下自然的体现。[④]换言之，"常识、常理、常情"乃每一正常人所共同拥有的或者说得到普通民众最广泛认同、已内化为心灵深处的基本是非善恶观，它

---

① 正是基于此等现实，我国刑法学家陈忠林教授将作为传统法学理论立论基点之一的、过往几乎无人质疑的一个命题，即"普通百姓是可能懂法的"，称为"神话"，参见陈忠林：《刑法散得集（Ⅱ）》，重庆大学出版社 2012 年版，第 168-171 页。

② 转引自黎宏："我国犯罪构成体系不必重构"，《法学研究》2006 年第 1 期，第 42 页。

③ 参见[德]汉斯·海因里希·耶赛克、托马斯·魏根特：《德国刑法教科书》，徐久生译，中国法制出版社 2001 年版，第 540 页。

④ 参见陈忠林：《刑法散得集（Ⅱ）》，重庆大学出版社 2012 年版，第 22-27 页。

是指导人们日常生活的基本行为准则，不具备“三常”者，势必很难有正常的社会生活。于此还有必要进一步指出的是，由于绝大多数人都不可能掌握那林林总总的法律条文及其背后纷纷扰扰的法学理论与学说，普通民众所拥有的是“三常”，如此也势必意味着，公民法律意识培养唯一切实可行的途径是要求立法者在立法时以及司法者在解释和适用法律规范时，都必须以符合“三常”作为根本指归，不得与其相违背，唯其如此，社会公众方可不经由法律学习即具备法律意识，法律规范也方能借此获得社会公众的最广泛认同并作为自己行动的指南，而社会公众的最广泛认同也是法律正当性之根本依据以及检验案件处理结果是否公正合理的唯一标准。[①]基此不难发现，对法规范的解释和适用一旦以符合“三常”作为根本指归，那么，社会公众对自己行为之评价标准也可谓就是法规范标准。

2. 评价对象研析

由于评价无不是建立在认知的基础之上，故行为人对自己实施的犯罪行为的社会属性所作的评价，也必然是建立在对自己犯罪行为自然属性认识的基础之上，而对犯罪行为自然属性的认识又是建立在对构成犯罪行为的相关客观事实认识的基础之上。如上所析，此等客观构成事实包含犯罪手段（方法）、犯罪对象和犯罪结果，在这三个客观构成事实中，集中体现行为人对自己犯罪行为社会属性评价的是犯罪结果，就中缘由在于，意志是人的行为与动物的行为相区别的根本性标志，意志因此构成了人的行为之核心要素，而意志过程在于达成目标，乃主体采取一定的手段将行为对象转化为行为结果的过程，因而意志状态所指向的目标（即行为结果）也就成为行为人心态的集中体现，或者说，行为人对自己行为的心态集中体现在了其对行为结果的心态上，[②]由此也决定了作为意志前提的认识和情绪情感也都必然聚焦于行为结果上。因此，在犯罪故意中，行为人对自己犯罪行为社会属性的评价也当聚焦于对犯罪结果之社会属性的评价上，我国刑法第 14 条也对此作出了明确的规定，即“明知自己的行为会发生危害社会的结果”。有关对犯罪结果的评价由于涉及的是对犯罪行为整体社会属性的评价，其评价判断之结论如何，笔者将于接下来的“评价

① 据此也不难得知，刑法规范既是行为规范，也是裁判规范，其中，行为规范具有优位性，也即裁判规范必须服从于行为规范，否则，裁判规范若是违背行为规范，那么据其作出的裁判就不可能是公正合理或合符刑事正义的。

② 这也明确规定在了我国刑法的第 14、15 条中，并且如所周知，中外刑法学界的主流见解都认同，罪过应该是行为人对危害结果而非危害行为的心态，缘何如此？答案就在于，意志因素乃罪过之核心，故其指向便理所当然地成为了行为人对自己行为之心态的集中体现。

结论揭示”部分进行探讨，于此仅拟对行为人对犯罪手段与犯罪对象的社会属性的评价加以探讨。

行为手段也即行为人所采取的作用于行为对象的客观条件，其社会属性也即对其使用是否具有正当性或者合规范性，作出此等评价往往无法脱离行为对象和行为结果的社会属性，尤其还不能脱离行为人的主观意图，譬如，同一把菜刀，是用来切菜还是用来砍人，便具有截然不同的社会属性，也因如此，我国刑法对于多数罪的犯罪手段的社会属性未作专门规定。此外，因犯罪结果乃由犯罪对象受到犯罪手段作用后发生状态改变而来，而犯罪对象系一种受法律保护的状态，犯罪结果则是一种为法律所禁止出现的状态，故对犯罪对象社会属性的评价构成了对犯罪结果社会属性评价的反面，二者互为映现。也正因如此，在刑法总则明确规定犯罪故意之成立需要对犯罪结果社会属性评价的情况下，分则对于绝大多数故意犯罪之故意中所应包含的对犯罪对象社会属性的评价便未再作规定。不过，考察我国的刑事立法可以发现，我国刑法分则还是对有些罪的犯罪手段或犯罪对象的社会属性作出了专门的规定。例如，在非法狩猎罪和非法捕捞水产品罪中，若非在禁猎（渔）区或禁猎（渔）期狩猎（捕捞水产品），要构成两罪都要求使用“禁用的工具、方法”；再如，涉淫秽物品犯罪之“淫秽物品”；还有如，在非法猎捕、杀害珍贵、濒危野生动物罪和非法采伐、毁坏国家重点保护植物罪中，两罪的犯罪对象分别为“国家重点保护的珍贵、濒危野生动物”和“国家重点保护的植物”；等等。在上述罪中，“禁用的工具、方法”之“被禁用”，“淫秽物品”之“淫秽”，“国家重点保护的珍贵、濒危野生动物”和“国家重点保护的植物”之“国家重点保护”及“珍贵、濒危”等等，所描述的都是犯罪手段或犯罪对象的社会属性（或规范属性）。

此等社会属性被特别描述的事实在德日刑法学理论中被称为“规范的构成要件要素”，所谓规范的构成要件要素是指“针对仅在符合规范的逻辑条件下才被设想和考虑的事实”①，或者说是“只有联系法律或社会规范才能理解的事实”②，此等要素“需要由法官通过补充价值的判断途径才可以予以确定”③。在这些刑法明文规定犯罪手段或犯罪对象需要具

---

① [德]汉斯·海因里希·耶赛克、托马斯·魏根特：《德国刑法教科书》，徐久生译，中国法制出版社 2001 年版，第 330 页。

② [德]冈特·施特拉腾韦特、洛塔尔·库伦：《刑法总论 Ⅰ——犯罪论》，杨萌译，法律出版社 2006 年版，第 114 页。

③ [德]约翰内斯·韦塞尔斯：《德国刑法总论》，李昌珂译，法律出版社 2008 年版，第 77 页。

备特定社会属性的犯罪中，由于行为人对犯罪手段或犯罪对象特定社会属性的评价，将直接关系到其对犯罪结果的社会属性也是作为整体的犯罪行为的社会属性的评价，故其犯罪故意内容中必须包含对犯罪手段或犯罪对象的该特定社会属性的评价，否则将不具备这些罪的罪过，这在理论上基本不存在争议。需要进一步探讨的是，应该如何判断行为人对规范要素的社会属性评价的问题。对于该问题，德日刑法学理论的主流见解是德国刑法学家迈兹格（Mezger）提出的“外行或常人领域中的平行性评价”之观点，该观点认为，“构成要件里规定的事实要素的价值特征并非是由法律，至少不是由刑法的核心部分创造出来，而是在社会现实中发现的。属于故意的，只可能是对价值特征的认识而不是对表达了这种价值特征的法律概念的了解。行为人可能就法律对其行为的评价会产生其他想法，但不会影响到故意。”①

笔者认同此一见解，主要理由在于：犯罪手段或犯罪对象的特定社会属性绝大多数都源于社会现实而不是由立法者所创造，换言之，对于犯罪手段或犯罪对象的特定社会属性，立法者通常只是将犯罪手段或犯罪对象在社会公众观念中的某方面的价值特征加以确认而已。当然，通过立法确认就难免不专业术语化，从而具有特定的领域义，但是，行为人对于此类事物的特定社会属性的评价，并不要求具备法律人那样的专业认识水平，而只要求其意识到此类事物之法定属性在现实生活中的价值形象或者说在现实生活中所表现出来的社会属性即可。实际上，此类事物的特定社会属性仍然属于社会公众依据“三常”所作出的评价，这是因为，普通民众所拥有的是“三常”，多数人不会也难以通过学习法律的方式来准确把握相关事物的法定属性。例如，对于刑法规定的“淫秽物品”，不少人都未必认识“淫秽”这两个字，并且可以肯定的是，绝大多数人都不知道我国刑法已对淫秽物品的概念作出界定，故若涉淫秽物品犯罪之成立要求行为人必须准确把握我国刑法第367条规定的淫秽物品概念，这显然是不现实的也是极其荒谬的，涉淫秽物品犯罪之情绪情感因素的成立，应该只要求行为人认识到淫秽物品之“淫秽”在现实生活中的价值形象即可，如意识到是“黄色的”“下流的”或“色情的”等为已足。对于少数犯罪手段或犯罪对象的特定价值属性系由规范制定者所创造之情形，实际也同样应该如此。例如，对于“国家重点保护的珍贵、濒危野生动物”和“国家重

---

① ［德］冈特·施特拉腾韦特、洛塔尔·库伦：《刑法总论Ⅰ——犯罪论》，杨萌译，法律出版社2006年版，第115页。

点保护的植物”，并不要求行为人通过学习我国的《野生动物保护法》《野生植物保护条例》和《国家重点保护野生动物名录》《国家重点保护野生植物名录》等法律法规及规范性文件，从而准确把握它们的定义、种类以及保护级别等，据此意识到这些事物的上述价值属性，而是只要行为人意识到这些事物是已经受到国家保护从而不允许猎捕、杀害的野生动物或者不允许采伐、毁坏的野生植物即可，哪怕行为人根本不知道我国存在上述法律法规及规范性文件，也不影响对其故意的认定。对于非法狩猎罪和非法捕捞水产品罪中所要求的工具或方法“被禁用”之价值属性的认识，也同样如此。[①]由此可见，有关行为人对犯罪手段或犯罪对象特定社会属性之评价的判定，“外行或常人领域中的平行性评价”之观点是合理的。

3. 评价结论揭示

行为人对自己行为作出评价判断所依据的标准应该是“常识、常理、常情”，那么在犯罪故意中，行为人依据该标准对自己实施的犯罪行为所作出的评价判断结论会是什么呢？笔者认为，应当是行为人认为自己的行为（所造成的结果）具有社会危害性。因为，如上所析，绝大多数人都不可能掌握条文或规范意义上的法律及其背后形形色色的法理，故若以此等意义上的法作为评价标准，那么只有具备相关法律知识者才可能形成犯罪故意，现实中故意犯罪将无多大存在之余地，如此显然不具合理性。普通民众所拥有并且作为自己日常行为规范的是“三常”，也即基本的是非善恶观念，此等观念的形成并不以学习法律、具备相关法律知识作为前提或者必经之途，而通常是个体在较为漫长的成长过程（也即社会化过程）中，通过不断地与人交往在观察学习中形成，一般而言，只要精神正常、达到一定年龄的人便可自然而然地获得。凭借此等观念，个体便可分

① 不过，对于珍贵、濒危或稀有的野生动、植物受国家保护之价值特征意识的获得，通常的确需要经由国家普及相关的知识，但这种知识的普及并不需要政府请野生动、植物保护方面的专家开设讲堂，面向所有国民讲授《野生动物保护法》和《野生植物保护条例》，以及介绍《国家重点保护野生动物名录》和《国家重点保护野生植物名录》等，经此让全体国民把握，就中缘由在于，如所周知，珍贵、濒危或稀有的野生动、植物通常都具有区域性的特点，即通常只生长在特定的区域或者在特定的区域内活动，兼之它们因具有珍贵、濒危或稀有性之特征，故在特定区域中往往只有极为有限的一两种或少数几种，民众对其了解掌握并不存在多大的困难，而为了使民众便于对其了解掌握，当地政府所要做的是：通过广泛宣传，如通过广播电视、宣传画和立警示牌等方式，告知当地民众或者来到该区域的外地民众，国家已经对本区域内的哪种或哪几种野生动物或野生植物加以保护，从而禁止猎捕、杀害或者采伐、毁坏，以及对这些动物或植物的制品禁止收购、运输、加工、出售等。此外，对于上述犯罪手段的法定社会属性之认识，如非法狩猎罪和非法捕捞水产品罪中的“禁用的工具、方法”，也同样如此，即只需向特定的人（如猎人、渔民以及狩猎工具、渔具等的制售者等）或者特定区域内的人告知哪些工具或方法是被禁用的。

辨是非善恶、权衡利害得失，知悉何者可为、何者不可为以及何者当为之基本的为人处世之道，也即常言所谓的“良心”或“良知”。基此将很容易得知，在犯罪故意中，行为人依据此等观念对自己行为所作出的评价判断当然就是“不应该的”“有害的”“恶的”“错误的”或“不对的”等结论，也即理论上以及我国刑事立法中的“社会危害性认识”。据此可知，不管是否具备法律知识，只要达到一定的年龄、具备正常理智与情感者，均可实施故意犯罪，故意犯罪也因此不至于荒谬地只存在于具备相关法律知识的少数人之中。此外，“不知法不为赦”或“不知法不免责”也因此具有了可靠的理论依据。

行为人对于自己的行为是否具有社会危害性之评价所依据的是基本的是非善恶观念或“三常”，而只要具备刑事责任能力者即可获得此等观念，基此也能够为司法实务对于行为人对自己的行为是否具有社会危害性认识提供了较为便捷的判断方法。在绝大多数的故意犯罪中，行为人只要认识到了行为（某方面）的自然属性，便可推断行为人对其行为的社会属性也具有正确的评价，而推断的依据就是“三常”。例如，在经得幼女同意而与其发生性关系的情形中，只要行为人认识到对方是幼女这一事实，便可推断行为人也意识到了自己与其发生性关系之行为具有社会危害性，并且该推断结论是不允许反驳的，也即，若行为人提出了知道对方是幼女却不知道即便经得其同意的性行为同样具有社会危害性之辩解将不成立，因为依据“三常”可知，与幼女发生性关系会严重损害其身心健康；又如，只要行为人认识到女方不愿与自己发生性关系之事实，即可推断行为人意识到了自己采取暴力、胁迫等手段与其发生性关系的行为具有社会危害性，因为“三常”告知我们，不得将自己的意志强加于他人；再如，知道自己生产、销售的是伪劣商品，知道自己制造、持有、使用、销售或运输的是假币，知道自己走私、贩卖的是毒品，或者没有毒品运输、制造或持有之资格而运输、制造或持有毒品，均可推断行为人意识到了这些行为的社会危害性，而推断的依据同样是“三常”；还有如，依据“三常”可知，应该通过正当途径去获取财富，盗窃、抢夺、抢劫、诈骗、敲诈勒索、侵占等取财行为是不对的或有害的；如此等等。

（二）在评价标准上对两种见解的批驳

在揭示作为犯罪故意之情绪情感因素内容的评价标准、评价对象以及评价结论后，接下来还有必要对两种在评价标准上较具代表性的不同见解加以批驳。

1. “一般的违法性意识说”批判

“一般的违法性意识说”又被称为“违反法律上的禁止、命令意识说”，此说系德国刑法理论与实务中的主流见解，该说认为，“只要行为人知道，自己的行为与社会共同体的要求是相矛盾的，因而是被法律所禁止的便足以。换言之，只要认识到实质性的违法就足以，而且是‘普通人的认识’；另一方面，单纯认识到违反伦理，不能构成不法认识的基础。”[①]或者认为，“对于违法性意识来说，自己举止行为的社会损害性或者道德危害性的意识是不够的；但是，另一方面，根据主流观点，对此的刑事可罚性意识并不是必要的。在人们已经认为社会危害性或道德危害性的意思对于不法意识是足够的时候，人们所要求的就太少了。因为在很大程度上，并不是所有具有价值危害性的行为都是加以禁止的，所以违背社会或者道德规范的意识，最多只是一种要求禁止性认识的手段，而不是其本身。还有，这种社会和道德的评价在一种多元社会中是如此摇摆不定，以至于法不能要求对这些评价作出无条件的定位，而是通常仅仅在行为人有意识地不尊重法的禁止和要求之处，才允许提出未经削减的罪责谴责。”[②]可见，此种见解认为，违法性认识仅有社会危害性认识尚不足够，还必须认识到为法所禁止。笔者认为，该见解深值商榷，主要理由在于：

首先，由于该见解认为，不法意识的对象并非是对违反法律规范的认识或者对行为可罚性的认识，故也认同违法性认识之法并非为条文或规范意义上的法，即不要求行为人知道自己行为所违反的是什么部门法的什么条文或规范，也无需认识到自己行为的可罚性。显然，此等意义的“法”并非形式违法性之法，而系实质违法性之法，即是一种抽象意义的法，对于社会普通民众而言，则通常只能是通过间接经验（如经由口耳相传、媒体等）获得的模糊意义上的法。在笔者看来，此种见解所存在的主要问题有：其一，既然认为违法性认识只能是实质违法性认识，而在主流见解看来，实质违法即侵害法益，那么违法性认识就应该要求行为人认识到自己的行为侵害了法益，但如前所述，在德日刑法学界，刑法学家们迄今连自己都没能弄明白到底何谓法益，要让普通民众去认识岂非痴人说梦？由此可见，德日阶层体系将违法性作为犯罪的成立条件之一，研究者

① [德]汉斯·海因里希·耶赛克、托马斯·魏根特：《德国刑法教科书》，徐久生译，中国法制出版社2001年版，第540页。

② [德]克劳斯·罗克辛：《德国刑法学 总论》（第1卷），王世洲译，法律出版社2005年版，第613页。

们埋首醉心于揭示其实质，似乎全然忘记了自己所揭示的违法性或者所界定的法益概念能否获得其他法学研究者们的认同，更遑论能否为普通民众所认识这一与违法性认识直接相关的重要问题了，如此显然属于顾首而不顾尾，也意味着违法性认识之法不应该是其所谓的实质违法性之法。既非形式违法性之法，也非实质违法性之法，那么违法性认识之法究竟何指？我们不得而知。其二，认为违法性认识是一种比社会危害性认识更高层次的认识，那么在司法实务中应该如何证明行为人已由社会危害性认识上升到了对这种模糊意义上的法的违反认识呢？普通民众真的能够分辨社会危害性与这样的违法性吗？现实中我们经常见到犯罪嫌疑人或被告人声称自己“不懂法”，面对此般情形，是否意味着侦查、公诉机关此时就必须搜集他实际是否懂法或者是否具备相关法律知识的证据呢？对于绝大多数不具备法律知识的犯罪嫌疑人和被告人，哪些证据能够证明他们认识到了自己的行为违反了此种模糊意义上的法呢？面对如上问题，该见解的持论者们显然是难以作出令人信服的解答的。

其次，该见解之所以认为行为人对自己行为的评价不应以社会危害性为已足，还必须附加行为乃为法所禁止之认识，在笔者看来，一方面系囿于“违法性认识”之理论称谓，以致理论不切实际地想方设法将行为人据以评价的标准指向法律规范；另一方面则是因为，为适应其有着根基性缺陷的犯罪论体系，理论不得不把原本紧密联系的认识因素与情绪情感因素予以切割分置，使得二者成为了互不相干的两块内容，由此所导致的诸多问题笔者已于前文详加揭批，但仍有一个问题尚未论及，那便是，错误地认为纯粹违背伦理道德的故意行为也具有犯罪故意中的社会危害性认识。可以看到，此种见解得出该结论的理据是，若认为犯罪故意中的违法性认识就是社会危害性认识，那么纯粹违背伦理道德的故意行为也具备违法性认识，基此认为仅有社会危害性认识之要求还是过低了，否则无法对二者加以区分，于是乎，便试图以标准更高、与法相关联的违法性认识取代社会危害性认识。但如前文所叙，评价判断无不以事实判断作为前提和基础，现实中根本不存在脱离事实判断的纯粹评价判断，故在探讨犯罪故意内容中不可或缺的行为人对自己行为社会属性的评价时，就不能脱离作为其前提和基础的对行为自然属性的认识。或言之，但凡脱离对构成犯罪的相关客观事实认识的所谓社会危害性认识，均非犯罪故意中的社会危害性认识，唯有建立在对犯罪行为自然属性认识基础之上的社会危害性认识，才属于犯罪故意内容中特有的社会危害性认识，这样便不会再认为，纯粹违背伦理道德的故意行为也具有犯罪故意的社会危害性认识了。

再次，持该见解的另一重要理据是，认为行为人对自己行为的社会危害性评价所依据的规范具有不确定性，或者说是摇摆不定的。笔者认为，此等认识其实并不正确。因为如前所析，人们对自己行为的评价所依据的其实是“常识、常理、常情”，而“常识、常理、常情”是每一个正常人所共同拥有的或者说得到社会公众最广泛认同的、已内化为心灵深处的基本是非善恶观，它是指导人们日常生活的基本行为准则，故只要是正常人就不可能没有“三常”，也不可能不知道其边界何在，否则，将不可能拥有正常的社会生活甚至都难以在社会中生存下来，并且在现实生活中，一个正常人若被指缺乏常识、没有共情心或同理心，往往会被自己认为这是一种非常严厉的指责，甚至会认为是对自己尊严的严重冒犯。由此可见，只要是正常人，就不可能真正地认为“常识、常理、常情”是不确定或者摇摆不定的。又因绝大多数人都不可能掌握条文或规范意义上的法律及其背后形形色色的法理，所拥有的是“三常”，这就决定了只能让法律及其法理贴近社会公众，也即对法律规范的解释和适用必须以符合“三常”作为根本指归，不得与其相违背，唯其如此，对法律的解释和适用方能获得社会公众最广泛的认同，而社会公众的最广泛认同也是法规范正当性之根本依据以及检验案件处理结果是否公正合理或者合符刑事正义的唯一标准。据此不难发现，对法规范的解释和适用若不以符合“三常”作为根本指归，一方面难保案件处理结果的公正合理，法规范也将失去正当性依据，另一方面法规范的内容也将不具有确定性，因为显而易见的事实是，如若对法规范的理解不顾是否合乎“三常”，那么对于任何一个法律条文几乎都可以作出不计其数的解释，换言之，其内容将不可能是确定的。由此可见，那种认为行为人对自己行为的社会危害性评价所依据的规范不具有确定性或者说是摇摆不定的见解，一则不明白该规范的内容到底为何，二则更不明白法规范唯有以符合该规范（即“三常”）作为根本指归，其内容方具有确定性，故此种见解不具有合理性。

最后，或许是为了应对司法实务将因之而面临的证明困难，不少持此种见解的论者都主张“违法性认识可能说”，并将其作为与责任能力、期待可能性相并列的责任要素。笔者认为，此一见解也不具有合理性，就中主要缘由有二：其一，就逻辑关系而言，“违法性认识”与“违法性认识可能”是两个不同层次的问题。“违法性认识可能”是“违法性认识”之前提，不能以前者替代后者。这是因为，“违法性认识可能”除了包含已经认识到违法性外，还包含行为人事实上没有违法性认识但具备违法性认识能力之情形，后种情形应该阻却犯罪故意之成立，但持一般的违法性意识说之论者却往往并不这么认为，而将“违法性认识可能”作为与故意相独立的、故意过失所共有的责任要素[①]，也即认为，事实上不具有违法性认识但若具备违法性认识可能，并不阻却故意之成立。此种见解虽然能够减轻司法机关在违法性认识上的证明困难，但以“违法性认识可能”替代“违法性认识”，一方面有违事实，另一方面若立足于我国的刑事立法，也明显违反了我国刑法第 14 条规定的成立犯罪故意所要求的对行为的社会危害性也需“明知”之规定。其二，就心理事实而言，“违法性认识”与“违法性认识可能”系分属不同层次的心理范畴。“违法性认识”属于心理过程层面中的情绪情感因素之内容，而“违法性认识可能”或谓“潜在的不法意识”，则是指“行为人如果调动他的可以要求于他的认识能力和价值观念，是有能力能够认识到行为的不法性质”[②]，故其系属责任能力之内容，而如前文所析，该能力实际是责任能力中的“情绪情感能力”或谓“价值判断能力”。由此可见，以“违法性认识可能”替代“违法性认识”，或将“违法性认识可能”作为与责任能力相并列的责任要素，均不具有合理性。

2. 我国少量学者所主张的违法性认识批判

在我国传统刑法学界，也有少量学者主张，犯罪故意内容中的行为人对自己行为的评价只能是违法性认识，而非社会危害性认识，其主要理由为，社会危害性和刑事违法性是内容与形式或者本质与现象的关系，而人类认识事物的规律永远是由表及里、由现象到本质的过程，因此，要具备社会危害性认识首先须得具备违法性认识，不过，犯罪故意之成立，仅以违法性认识为已足。[③]笔者认为，支撑该见解的主要理由其实并不成立，这是因为：

其一，该见解实际混淆了德日阶层体系中的违法性与我国传统刑法学理论中的刑事违法性。在德日主流刑法学理论中，形式违法性并非只违反了刑法规范，而是违反了包含刑法规范在内的所有实定法规范，实质违法性则是指行为侵害了全体法所保护的价值，其与我国传统刑法学理论中的社会危害性其实并无本质性的差异。我国传统刑法学理论中的刑事违法

① 参见[日]大谷实：《刑法总论》(新版第 2 版)，黎宏译，中国人民大学出版社 2008 年版，第 308-309 页。

② 参见[德]约翰内斯·韦塞尔斯：《德国刑法总论》，李昌珂译，法律出版社 2008 年版，第 231-232 页。

③ 参见田宏杰：《违法性认识研究》，中国政法大学出版社 1998 年版，第 45-46 页；桂亚胜：《犯罪故意的主观构造及展开》，上海人民出版社 2014 年版，第 55-56 页。

是指行为触犯刑律或违反刑法[①]，而能够触犯刑律或违反刑法的行为除了犯罪行为之外，绝无可能是任何其他性质的行为。由此可见，德日阶层体系中的违法性与我国传统刑法学理论中的刑事违法性迥然有别。故若是认为，在我国传统要件体系的框架下，也应该引入德日刑法学理论中的违法性认识，那么谬误势必在所难免。并且显而易见的是，如若犯罪故意的成立必须认识到刑事违法而非其他性质的违法（如民事违法、行政违法等），也即要求认识到自己的行为构成犯罪，而如所周知，判断行为是否构成犯罪是一个非常专业的问题，普通公民且莫说了解刑法条文或者犯罪的成立条件，到底有多少民众知道存在刑法这个部门法都不能不说是一个疑问。因此，犯罪故意若以此等内容作为成立条件根本不具有合理性。

其二，社会危害性并非犯罪的本质，人们对自己行为的社会危害性认识在绝大多数情况下都不以具备相关的法律知识作为前提。[②]如前文所析，本质系一事物区别于其他事物的根本性标志，是共性与特性的统一，而社会危害性只反映了犯罪的共性而并未反映犯罪的特性，故社会危害性并非犯罪的本质。人们对自己行为的社会危害性认识在绝大多数情况下也非必须先有形式违法性（即违反实定法规范）或刑事违法性认识之后才能形成社会危害性认识，就中缘由在于，如前所析，由于绝大多数人都不具备法律知识（包括刑法知识），所拥有的是基本的是非善恶观念或“常识、常理、常情”，因而能够明是非、辨善恶、权衡利害得失。由此可见，认为社会危害性认识必须经由刑事违法性认识方可获得之见解，其实并不符合现实。

（三）社会危害性认识的相关问题澄清

对于社会危害性认识的判断，笔者认为，尚有如下几个问题有待澄清：

首先，行为人意识到自己的行为是为法律所禁止或否定的，却不认为自己的行为具有社会危害性之情形，此种情形的典型表现就是理论上的“确信犯”（又称“信仰犯”）。确信犯是指“以自己的道德、宗教或者政治信仰为决定动机的犯罪。这种犯罪人的动机崇高，而且确信自己的行为正确所以才实施犯罪。”[③]由于确信犯确信自己的所为是正确的，而与该评

---

① 参见高铭暄、马克昌主编：《刑法学》（第九版），北京大学出版社、高等教育出版社 2019 年版，第 44 页。

② 当然也存在极其少量的例外情形，笔者将于接下来的内容中论及。

③ [日]大谷实：《刑法讲义总论》（新版第 2 版），黎宏译，中国人民大学出版社 2008 年版，第 89 页。

价形成对照、不可或缺的评价内容就当然是，坚信周围的人、社会、政府的命令、议会立法等是错误的。由此可见，在确信犯中，行为人意识到了自己的行为是为法律所禁止的，并且也意识到了社会公众对自己的行为也是持否定态度的，却基于自以为崇高的信仰或动机，认为自己的行为是无害的或是正确的。经由前文分析可知，由于对自己的行为是否具有社会危害性所依据的评价标准应该是正常人所共同拥有的基本是非善恶观念或"三常"。据此可知，确信犯由于已意识到自己的行为乃为法律所禁止以及为社会公众所否定，故其认为自己的行为无害或正确所依据的所谓崇高的信仰或动机并不属于"三常"之内容，因为这种信仰或动机根本不为常人所共享或不具有普遍性之特征，而系行为人自己的特殊价值观，兼之公民应该遵纪守法乃人之常识，行为人既然已经意识到自己的行为违法，就不可能不具备此等常识。由此可见，确信犯并非没有了基本的是非善恶观念，因其是知道周围人和社会公众的想法以及作为社会主流价值观体现的法律的评价，故仍然具备"三常"，并且行为人据此对自己行为所作出的仍然是具有社会危害性之评价。要言之，只要行为人意识到了自己的行为乃为法律所禁止或者为社会公众所否定，便可判定其对该行为具有社会危害性之评价。

其次，行为人的行为实际并不为法律所禁止，但行为人却误认为是为法律所禁止从而误以为具有社会危害性之情形，也即理论所谓的"法律上的积极错误"（又谓"幻觉犯"）之情形。此种情形又可进一步区分为如下两种情形：一是行为人所认识的客观事实并非为构成犯罪之事实，但却认为自己的行为具有社会危害性之情形。例如，甲男与乙女通奸，二人认为，通奸具有社会危害性且系构成犯罪的行为。对于此种情形的处理，正如笔者已于上文所指出的，对行为社会属性的评价必须建立在对行为自然属性认识的基础之上，因而犯罪故意内容中的行为人对自己行为的社会危害性评价，必须以行为人对构成犯罪的相关客观事实的认识作为基础，否则便不属于犯罪故意之社会危害性评价。据此可知，此种情形中的行为人由于并非以对构成犯罪的相关客观事实的认识作为基础，因而不具有犯罪故意所要求的社会危害性评价，故不具备罪过，其行为不构成犯罪。二是行为人对于自己行为的自然属性并不存在认识错误，但却误认为自己的行为触犯了法律从而具有社会危害性之情形。例如，行为人的行为实际成立正当防卫，但他却认为自己的该行为触犯了法律。在此种情形中，只要防卫人实施防卫行为之目的是使国家、公共利益、本人或者他人的人身、财产和其他权利免受正在进行的不法侵害，那么就已符合正当防卫之法定主观条件，当然，也意味着防卫人对自己的防卫行为已作出“正当性”之正确评价，若防卫人在具备该目的的同时还认为自己的防卫行为触犯了法律，也不能据此否定正当防卫之法定主观条件的成立，这是因为，行为人的主观到底是符合正当防卫之主观条件还是符合罪过之条件，是基于法的立场所作出的判断，而不以行为人对法律将会如何对自己的行为作出定性之看法为转移，至于防卫人若是在事后才认为自己的防卫行为（可能）触犯了法律，则更不会影响其防卫行为之定性。

最后，可排除行为人对自己行为作出正确评价之特殊情形，对此，我国的刑法学理论已有论述，其中就包含的确因为不了解法律而无法意识到自己行为的社会危害性之情形。如通说所认为的，某种行为一向不为刑法所禁止，后来在某个特定时期或者某种特定情况下为刑法所禁止，如果行为人确实不知道法律已禁止而仍然实施该行为的，就不能讲他是故意违反刑法，而且此时他也往往同时缺乏对行为以及结果的社会危害性的认识，这种情况下难以认定行为人具有犯罪的故意。[①]此种情形可能的事例有：偏远地区的深山老林有些老猎户，长期以打猎为生，某日国家颁布法令，对某种野生动物禁止猎杀，而该深山老林由于极为闭塞，几乎与外界隔绝，老猎户们对于这一禁止性法令毫无所知，还以为猎杀这类野生动物可以保护当地的生活安宁，他们对自己的行为便不具有社会危害性认识。可能的事例还有：长期生活在国外的华侨，某行为在其此前生活的国家是为法律所允许但却是被我国法律所禁止，行为人回国后若的确不知我国法律的相关规定而实施该行为的，也将因不知法律而未能认识到自己行为的社会危害性。不难发现，上述情形中的行为人之所以没有认识到自己行为的社会危害性，皆因行为人对特定行为缺乏“情绪情感能力（价值判断能力）”所致，即属于对特定行为无责任能力之情形，故该问题其实属于主体要件而非主观要件的判断问题。

三、意志因素

虽然中外主流刑法学理论均肯定意志因素在犯罪故意中的要素地位，但在笔者看来，由于理论未能充分揭示就中之理据，使得学界对于这一至为关键的要素当然也就难以因此而投入应有的理论关注了，而这也是系列重要刑法问题始终未能获得完满破解之缘由所在，接下来便拟对犯罪故意的该要素展开研究。

---

① 参见高铭暄、马克昌主编：《刑法学（上篇）》，中国法制出版社 1999 年版，第 205 页。

（一）意志因素之犯罪故意要素地位论

在德日刑法学界，对于意志（或谓意欲）因素应否为犯罪故意的必备要素在理论上存在分歧。根据19世纪德国刑法学者给色勒（Geβler）对认识论与意欲论演进阶段的研究，故意内涵的演化可分为四个阶段：第一个阶段中，依行为的外在效果决定行为人的归责，当一个针对轻结果而采取的行动造成重结果时，如果所使用的方法，必然或一般而言经常会造成该重结果时，行为人将因全部的结果受归责；在第二个阶段中，行为人的意欲（Wille）是决定罪责的要素，任何被认为易于预见的结果，都是行为人所意欲的结果；第三阶段中，认识和意欲两个要素被区分出来了，但有认识通常即被认为有意欲；第四个阶段中，意欲是一个判断故意的独立要素。第四阶段以后的故意概念，是从21世纪以来的通说。[①]据此可以较为清晰地看出认识因素和意志（意欲）因素在犯罪故意中的地位，第一阶段属结果责任阶段，此一阶段并不关注犯罪行为的主观构成因素，第二阶段并未区分认识因素与意志因素，第三阶段将认识与意志加以区分，但将认识作为意志之标志，第四阶段在区分认识与意志的基础上，将意志作为判断故意的独立要素。

有关犯罪故意的构成要素主要存在“认识说”和“意志说”（又称“意欲说”）之论争，认识说主张，故意除了认知要素外，不需要再有其他的要素，而意志说则认为，故意除了包含认知要素外，还必须包含意志（意欲）要素。德国刑法学家弗兰克（Frank）指出，认识说在19世纪初是通说，而后意志说成为了通说，20世纪后，意志说取得了绝对优势地位，在立法上也得到了不少国家和地区的肯定。不过，认识说虽然认为判定故意不需要意志要素，即看似完全以行为人对结果发生可能性有无认识来决定行为人有无故意，但其实认识说在放弃意志要素的同时，又强调判定故意的另一个客观性的因素，即“行为决定”，在该说看来，取代意志要素的行为意思决定表现在客观行为上，由行为决定证明故意的存在，可见，认识说的根本特色在于将意志要素客观化。而意志说则完全着眼于探寻行为人主观上对结果的欲望，不由行为决定反证欲望的存在，其先确定欲望，再确定行为决定是否出于故意，故肯定主观意志因素在故意中的要素地位。正因如此，我国台湾地区刑法学者许玉秀认为，认识说与意志说的根本区别其实在于意志客观说与意志主观说，并指出，无论是认识说还

① 参见许玉秀：《当代刑法思潮》，中国民主法制出版社2005年版，第207-208页。

是意志说，事实上都没有抛弃意志要素。[①]总而言之，理论有关犯罪故意构成要素之认识说与意志说争辩的实质在于，意志到底是主观心理要素抑或是外在客观要素？若为主观心理要素，能否如认识说所认为的那样可以由客观的行为决定替代之？而若为外在客观要素，行为的实施在心理层面是否仅以认识要素为已足？

笔者认同意志说，即认为，犯罪故意之意志乃内在心理，不能以受其支配的外在举止加以替代，意志因素不仅有其独立的要素地位，而且还是整个犯罪构成体系的核心支柱以及刑法对犯罪行为实现有效打击的着力点，就中缘由在于：

首先，意志本身系主观心理事实，无法被受其支配制约的外在举止所替代。经由前文对认识、情绪情感以及意志因素所作的较为详细的叙论可知，认识是外部刺激向内部意识事实转化的心理过程，情绪情感是人对客观事物的态度体验，意志则是将认识及情绪情感内容向外在举止转化的心理过程，虽然意志过程不能脱离外在举止，但意志本身系属主观心理事实，无法被受其支配制约的外在举止所替代。这是因为，认识是内化的过程，情绪情感系态度体验，故若不经由意志过程，相关内在心理事实便无法转化为外在客观现实，也就根本无“认识说”所谓的“行为决定”的存在。事实上，意志因素就是直接支配制约外在举止的心理因素，二者虽然紧密关联，但因一为内在心理事实，一为外在客观事实，二者属性迥然有别，故无法相互替代。

其次，在认定犯罪的过程中，受意志状态支配制约的外在举止在意志因素被确证之前与之后有着截然不同的法律属性。如前所析，意志系外在举止的直接原因，唯有先确证作为“因”的意志因素，方可准确把握作为“果”的外在举止之性质，但由于意志本身属于内在心理事实，它看不见，摸不着，没有重量、大小和体积，故无法对其直接把握，只能通过相关的外在客观事实予以间接把握，而行为人的外在举止则往往是确证其意志状态内容的关键性证据。据此不难发现，在意志因素未被确证的情况下，行为人的外在举止还只是我们推知或证明行为人是否具备某种罪过意志状态的证据之一，而非已符合某罪客观要件（或客观的构成要件）之事实，即行为人的外在举止此时徒具证据属性，只有在支配行为的意志状态被确证后，方可由因及果地判断行为人的该外在举止是否为合符某罪客观要件之事实。由此可见，行为之外在举止的性质系由意志因素所决定，而

① 参见许玉秀：《当代刑法思潮》，中国民主法制出版社 2005 年版，第 217-228 页。

非外在举止本身所能决定，或言之，外在举止之性质并非不证自明的事实，但若是将外在举止（也即认识说所认为的“行为决定”）替代意志因素，则会出现此等认识上的错误。[①]更兼在进入意志过程之前，主体的认识内容通常会非常之宽泛，评价也往往是不确定的，而唯有借助意志方能最终确定，[②]并且认识及情绪情感的内容若不经由意志之管道也将无法转化为客观现实，此等内在心理事实就其性质而言，最多也不过是犯意。要言之，在犯罪故意中，不仅行为的外在举止不能替代意志因素，而且认识与情绪情感因素也无法取代意志因素。

最后，也是最为重要的是，若否定意志因素之独立要素地位，便不可能正确地认识和把握犯罪行为，进而不可能构建科学合理的犯罪构成体系以及整个刑法学科体系。如前所析，人的意志具有自觉能动性，人的意志之自觉能动性使得人类一方面有着无穷的创造力，另一方面也有着极为可怕的破坏力，犯罪行为（无论是故意犯罪还是过失犯罪）之所以具有一般违法行为所不具有的独特严重社会危害性，端在于罪过之意志因素。罪过之意志因素是犯罪的价值本质在事实层面上的最集中体现，乃犯罪行为之锋芒所在，是犯罪行为突破其他部门法防线的枪头矛尖，也是此岸事实与彼岸价值相沟通的桥头堡，构成了犯罪的事实本质以及整个犯罪构成体系的核心支柱，罪过之意志因素也因此成为了刑法对犯罪行为实现有效打击的着力点。故若否定意志因素之独立要素地位，便不可能正确地认识和把握犯罪行为，进而不可能构建科学合理的犯罪构成体系以及整个刑法学科体系。因此，确立意志因素之独立要素地位具有极其重大的理论与实践价值。

不过，在笔者看来，认识说虽然混淆了意志本身与受意志支配制约的外在举止之间的界限，因而不具合理性，但该学说还是有其相当的价值，其主要价值在于，认识说强调了意志说在把握意志因素时往往忽视的

---

① 事实上，从纯粹客观的角度来看，行为的外在客观表现有着不计其数的性质，故行为的性质是无法仅仅通过其外在客观表现本身所能够说明的，而唯有借助对外在客观表现起着支配制约作用的主观（具体而言应为意志因素）方能最终确定。

② 主体的认识及情绪情感内容需要经由意志方能最终确定，例言之，甲男深夜在某偏僻的道路上游逛，发现乙女独自行走，此时他所认识到的事实可能有：乙为瘦弱女子，孤立无援，携带有财物等，依据此等认识，甲意识到此时可以对其实施杀害、伤害、抢劫、抢夺、强奸、猥亵、绑架等等犯罪行为，当然也可以决定不实施犯罪行为而实施合法行为（如暗中护送其到安全的地方），故甲此时所认识到的内容是非常宽泛的，对这些事实的评价也不具有确定性，而一旦采取决定后，如决意强奸，此时具有刑法意义的认识及情绪情感内容方可最终确定。可见，意志因素具有廓清或确定认识及情绪情感因素之具体内容的功能。

问题，那便是意志因素与外在举止之间的紧密相关性，而若忽视二者之间的紧密相关性，则容易将意志视为一种静态的、与客观完全无关的心理因素，如此显然是没有把握意志之本质。如前所析，意志过程之实质是一个将认识及情绪情感内容转化为客观现实的、动态的心理过程，其本身虽为内在心理事实，但却与外在举止紧密关联，这种紧密关联体现在：任何不是将认识及情绪情感内容转化为客观现实（即外在举止）的内在心理活动，均无由成为心理过程之意志。意志所具有的此等属性与功能早已成为心理学界的共识。作为犯罪主观要件之意志因素也同样具备此等属性与功能，亦即，任何不是将认识及情绪情感因素内容转化为客观现实的内在心理活动，无论如何都不能成为罪过之意志因素，同理，未受罪过之意志状态支配的外在举止，也无论如何都不能成为犯罪行为之客观方面。把握意志因素的此等属性与功能具有非常重要的理论和实践价值，因为，据此将不难发现，罪过之意志因素乃连接行为主观与客观之枢纽，因而构成了整个犯罪构成体系之核心，直接决定着犯罪行为的性质，并且也不会因此而导向刑法主观主义之立场，而系一种为刑法学研究者们所梦寐以求的主客观相统一之刑法立场，就中缘由正在于意志因素与外在举止之间的紧密相关性。由此可见，认识说强调意志过程中的外在行为决定，还是有其相当的理论与实践价值。

（二）犯罪故意之意志因素诠释

在确证意志因素之犯罪故意独立要素地位后，接下来将对该要素所涉及的其他重要问题进行深入的探究。

1. 意志因素之立法考察

德国和日本的刑法典均未对犯罪故意进行界定，德国刑法典之所以未对犯罪故意进行界定，主要原因是一些刑法学者对作为区分故意与过失标志的间接故意之意志因素（意欲要素）到底应该使用何等语词存在严重分歧，兼之认为，对立法者来说，单独给间接故意制定一种孤立的规则也显得“太零碎”了，以致最后不得不认为，定义犯罪故意不是立法机关的任务，而是学说的任务。[①]在德国刑法学界，理论通说将故意区分为“蓄意”（又谓“意图”或“犯罪目的”）、“直接故意”和“间接故意”三种类型。蓄意是指行为人追求构成要件的行为，或者追求构成要件中提前规定的结果，或者追求上述两者，在此种故意中，居支配地位的是意志因素。

---

① 参见[德]克劳斯•罗克辛：《德国刑法学 总论》（第1卷），王世洲译，法律出版社2005年版，第294页；许玉秀：《主观与客观之间——主观理论与客观归责》，法律出版社2008年版，第41-42页。

直接故意是指行为人虽然不是追求构成要件的结果，但已经预见到该结果一定会发生之情形，在此种故意中，占主导地位的是明知要素。间接故意是指行为人预见到构成要件结果可能发生，而仍然接受其发生之情形。[①]由于直接故意是认识到结果一定会发生，而仍将此等认识转化为客观现实的心态，故在意志因素上，至少是一种容忍或接受的心态。因此，整体而言，犯罪故意的意志因素无非是“追求（即希望）”“容忍”或“接受”之心态。不过，当我们考察其他国家或地区的立法，将发现其中不少还是对犯罪故意的意志因素作出了明确规定。例如，奥地利联邦共和国刑法典第5条第1款规定，“意图实现与法定构成要件相适应的案件事实的，是故意行为；行为人认为构成要件的实现是可能的，且容忍其实现的，即成立故意行为。”俄罗斯联邦刑法典第 25 条规定，“……2. 如果犯罪人意识到自己的行为（不作为）的社会危害性，预见到可能或必然发生危害社会的后果并希望这种后果发生，则犯罪是具有直接故意实施的犯罪。3. 如果犯罪人意识到自己的行为（不作为）的社会危害性，预见到可能发生危害社会的后果，虽不希望，但有意识地放任这种后果发生或对这种后果采取漠不关心的态度，则犯罪是具有间接故意实施的犯罪。”葡萄牙刑法典第 14 条（故意）规定，“1. 行为时明知行为符合某一犯罪的构成要件，而有意实施该行为的，为故意。……3. 明知行为的后果是可能发生符合某一犯罪的构成要件的事实，而行为人行为时容认该事实发生的，亦为故意。”意大利刑法典第 43 条第 1 款规定，“当行为人的作为或不作为所引起的，法律规定作为重罪存在根据的损害或危险结果，是行为人所预见和希望的自己作为或不作为的后果时，是故意或有意实施的重罪。”我国台湾地区“刑法典”第 13 条（直接故意与间接故意）规定，“行为人对于构成犯罪之事实，明知并有意使其发生者，为故意。行为人对于构成犯罪之事实，预见其发生而其发生并不违背其本意者，以故意论。”由此可见，上述国家或地区的立法对犯罪故意之意志因素的规定，所使用的关键词有“意图”“希望”“有意”“容忍”“放任”“容认”和“不违背其本意”等。根据我国刑法第 14 条之规定，我国刑法对犯罪故意的意志因素之描述所使用的关键词为“希望”和“放任”，接下来拟对这两个关键词详加阐释。

---

① 参见[德]汉斯·海因里希·耶赛克、托马斯·魏根特：《德国刑法教科书》，徐久生译，中国法制出版社 2001 年版，第 358-365 页；[德]克劳斯·罗克辛：《德国刑法学总论》（第 1 卷），王世洲译，法律出版社 2005 年版，第 285 页；[德]约翰内斯·韦塞尔斯：《德国刑法总论》，李昌珂译，法律出版社 2008 年版，第 124-137 页。

2. “希望”之诠释

（1）“希望”之语词辨析

如前所述，认识的过程是外部刺激向内部意识事实转化的心理过程，意志则是内部意识事实向外部举止转化的心理过程，具体而言，意志是指行为人自觉确定目的，并根据目的来支配、调节自己的行为，克服各种困难，以实现目的的心理过程。意志必须通过外在举止表现出来，受意志支配的行为被称为意志行为，意志行为的目的性特征是人的行为与动物行为之本质区别所在。在我国刑法理论及刑事立法中，“希望”是描述直接故意之意志因素的关键词，但可以看到，心理学在描述意志概念时并未使用“希望”一词，那么我国以及其他一些国家的刑法典以“希望”作为描述直接故意之意志因素的关键词是否妥当呢？根据辞书之释义，“希望”是指“心里想着达到某种目的或者出现某种情况”[①]，或是“内心盼望达到某种目的”[②]。可见，“目的”是“希望”心理状态之核心，而如上所述，“目的”贯穿意志过程之始终，构成了意志本体之核心。就此而言，我国以及其他一些国家的刑法典使用“希望”一词来描述直接故意之意志因素的关键词，还是反映出了意志之核心特质。

不过在我国刑法学界，有学者提出，应该将我国刑法第 14 条规定的“希望”一词修改为“追求”，唯此方能准确地揭示出直接故意犯罪之心理状态，其主要理由如下：“希望”是指“心里想着达到某种目的或者出现某种情况”，“追求”则是“用积极的行动来争取达到某种目的”。基此指出，二者的区别在于，前者没有行为，后者则有行为。希望只是在心里想着某种结果发生，是一种纯主观的心理活动，并没有落实在行动上，因此，希望也就不需要在头脑中考虑行动方案，确立行动目的以及达到某种目的的方式、方法和步骤，也不必考虑需要克服的困难和如何克服困难。而追求则不同，它不仅仅是在心里想着某种结果的发生，而且是用积极的作为或消极的不作为去促使某种结果的发生，以实际行动争取达到某种目的。正因如此，行为人在行为之前就已经在头脑中经过了复杂的思维活动，考虑好了需要克服的困难和如何克服这些困难，并形成了一定的行动方案，确立了行动的目的以及达到这种目的的方式、方法和步骤，而且用这种事先在头脑中形成的行动目的和方案来支配调节自己的行为。据此认为，“追求”作为一种意志因素要远比“希望”深刻得多、复杂得多、坚

① 《现代汉语词典》，商务印书馆 2005 年版，第 1453 页。

② 《辞海》，上海辞书出版社 2000 年版，第 940 页。

定得多。如果说希望也属于意志因素的话，也只能是意志的初级阶段，而追求则是意志的高级阶段，或者说，“追求”是“希望”的深层次表现。且进一步地指出，希望是追求的基础，没有希望，追求也就无从产生，故追求离不开希望，但是，有了希望却不一定就有追求，因为希望可以发展为追求，也可以不发展为追求，有些人只是在心里想着某种事物出现，但并不采取行动去促使该种事物出现，这样的希望就没有发展为追求。总而言之，追求中包含着希望，但希望中却不包含追求。①

在笔者看来，就辞书之释义而言，“希望”只强调作为心理因素的目的，而“追求”则除了注重目的外，还强调为达到目的的外在行动，故从揭示意志因素特性之角度来说，“追求”的确比“希望”更为准确而又深刻地反映出了直接故意之意志特征，因为如上所述，意志过程之实质系一将认识及情绪情感内容转化为客观现实的动态心理过程，其本身虽为主观心理事实，却与外在举止紧密关联，这种紧密关联体现为，任何不是将认识及情绪情感内容转化为客观现实（即外在举止）的内在心理活动均无由成为心理过程之意志。由此可见，“追求”的确是比“希望”更为准确地揭示出了意志之特质，若使用“追求”一词来表述直接故意之意志因素，在很大程度上可以避免我国刑法学界在罪过之意志因素认识上普遍存在的偏差，即忽视意志与外在举止之间的紧密相关性和相互依存性，而如上所述，二者之间的紧密相关性和相互依存性并非臆造，而有着可靠的心理学依据。一旦把握意志的此等特性，便不难把握意志因素在整个犯罪构成体系中的核心要素或核心支柱地位了，基此也或许能够在很大程度上消除研究者们可能存在的若持此种见解②是否属于主观主义刑法立场之犹疑，或者面对此种见解时至少不再会不假思索地给其扣上主观主义刑法立场之冠帽。当然，若使用“追求”一词来表述直接故意之意志因素也非完美无瑕，正如我国有研究者指出的，“追求”是“用积极的行动来争取达到某种目的”，由于其强调外在行动的“积极性”，如此在解释不作为犯罪的意志因素时将颇成疑问。③尽管如此，笔者还是认为，相对而言，“追求”的确是比“希望”更为准确而又深刻地揭示出了意志之核心特质，据此将

① 参见侯国云、白岫云：《新刑法疑难问题解析与适用——兼论新刑法中的矛盾与缺陷》，中国检察出版社 1998 年版，第 82-83 页。

② 即确立犯罪主观要件（以意志因素为核心）在犯罪构成体系中的核心要件地位。

③ 参见桂亚胜：《犯罪故意的主观构造及展开》，上海人民出版社 2014 年版，第 130-131 页。有权威刑法学者将“希望”一词解释为“行为人积极追求结果发生”，参见张明楷：《刑法学（上）》（第五版），法律出版社 2016 年版，第 263 页。也存在同样的问题。

使得研究者们准确把握构成犯罪的核心要素（要件）成为可能，也可避免因未把握意志之核心特质而产生其他认识上的偏差。

不过，虽然我国刑法在规定直接故意的意志因素时使用了“希望”这一语词，但我们还是可以在理论上通过解释来克服该语词依据其词义在描述意志特征时所存在的缺陷，并且可以看到，我国已有刑法学者做到了这一点，如其指出，犯罪故意中的“希望”是指行为人在对自己行为的性质有明确认识的基础上，努力运用自己的意志来协调决定自己行为性质的各种主客观条件，使自己对行为的认识按自己的意愿转化为客观现实，促使危害结果发生的意志活动。如甲为了报复乙，在明知枪击他人会造成他人死亡的情况下，举枪瞄准乙的心脏射击，导致了乙的死亡。在该案中，甲“希望”乙的死亡，就体现为其运用意志来协调控制举枪、瞄准、射击等一系列动作的过程。如果甲对乙死亡的“希望”，没有外化为可以导致乙死亡的具体行为，那么无论他怎么“希望”，都不可能成为犯罪故意的意志因素。[①]如此诠释“希望”一词，便避免了依据该词之原本词义在描述直接故意之意志因素时所存在的缺陷。

（2）“希望”之属性揭示及其重要刑法学价值

在笔者看来，直接故意之“希望”意志具有“独立性”与“确定性”两个方面的属性，理论对于其前一属性已有所论及，而对于其后一属性则尚未见有研究者论及，但揭示其该属性实际具有极为重要的刑法学价值。

①“希望”之独立性

在我国刑法学理论中，论及直接故意之意志因素的属性时，都是从其与间接故意之意志因素的属性对比中得出，如指出，在直接故意中，行为人主观上没有介入其他独立意识，不是为了实现其他意图而实施该行为；行为人主观上只有一个意志——追求危害结果的发生，除此之外，没有其他任何意图。[②]而间接故意之放任不过是希望的派生意志，行为人放任的结果只是其追求的直接结果的附属结果，是实现直接故意的“代价”，可谓间接的结果，派生的结果，据此，刑法理论才把行为人对间接结果的放任心理视为间接故意。[③]直接故意之“希望”意志因而表现出独立性之属性，而间接故意之“放任”意志则表现出依附性或派生性之属性。的确，正如笔者将于下文对间接故意之意志因素属性所分析的，间接故意之意志状态在任何情况下都必须依附于主意志而存在，即不具有独立

---

① 参见陈忠林主编：《刑法学（上）》，法律出版社 2006 年版，第 123 页。

② 参见张明楷：《刑法学（上）》（第五版），法律出版社 2016 年版，第 263 页。

③ 参见高铭暄主编：《刑法学原理》（第二卷），中国人民大学出版社 1993 年版，第 52 页。

性，并且其所依附的主意志必须是具有明确目标指引或者受明确目的支配调节的意志，而不能是其他类型的意志状态，其中就包含直接故意之意志（当然并不限于此）。与之形成鲜明对照的是，直接故意之意志可以无需依赖其他的意志状态而独立存在。不过，需要指出的是，直接故意之意志具有独立性并不意味着它只能独立存在而不能与其他的意志状态共存，现实中，直接故意之意志仍然可以与其他的意志状态共存，譬如，它能够以主意志的形式与间接故意的意志状态共存，也能够与其他直接故意的意志共存，如均为直接故意的想象竞合犯之情形，只是这种共存关系从直接故意之意志的视角来观察并非依附关系，其间可能是并行关系，也可能是自身作为主意志的依附与被依附关系。

②“希望”之确定性

在笔者看来，有关直接故意之意志属性，除了具备独立性外，还具有中外刑法学界尚未见有研究者论及的另一至关重要的属性，也即内容一贯确定之属性。从心理学的视角来考察，在罪过的四种意志状态[①]中，只有直接故意的意志因素完全符合心理学中的意志之特征，因为，意志是主体自觉确定目的，并根据目的来支配调节自己的行为，克服各种困难，以实现目的的心理过程，因此，意志行为是一种有目的的行为。准此以观，只有直接故意的意志内容中包含了（犯罪）目的，而罪过的其他三种意志状态均因不包含目的，故不具备心理学中的意志之特征，而系意志之特殊存在状态或表现形式。直接故意由于存在目的，而目的具有支配调节和定向指引功能，因而受犯罪目的支配调节和定向指引下的行为具有明确的目标，特定的危害结果便是其意志之直接指向和明确追求[②]，行为的发展就是在犯罪目的的支配调节和定向指引下推进的。在行为推进的过程中，若行为人觉察到行为的实际发展偏离了目标或者出现障碍时，意志就将发挥其支配调节功能，进行纠偏或者扫除障碍，推动着行为继续前进直至犯罪目的实现或是直至实施完自认为为实现犯罪目的所必需的全部行为。当然，在行为的发展过程中，也可能出现其他的情形，例如，行为人发觉无

① 即直接故意之“希望”、间接故意之“放任”、过于自信过失之“轻信”以及疏忽大意过失之“疏忽大意”。

② 或许正是因为其意志明确并且直接地指向危害结果，我国刑法学理论才将具备此种意志状态的故意称为直接故意。不过，如上所述，在德国刑法学理论中，直接故意是指行为人虽然不是追求构成要件的结果，但却确信该附带结果一定会发生而仍然实施行为之情形，而将追求构成要件行为或结果之情形称为“意图”。由此可见，德国刑法学理论中的直接故意与我国刑法学理论中的直接故意还是存在着较大的差别，我国刑法学理论中的直接故意实际包含了德国刑法学理论中的直接故意与意图两种故意类型。

法克服障碍而被迫放弃继续行为，也即属于犯罪未遂之情形，或是行为人自觉还是能够实现犯罪目的的情况下自动终止了犯罪行为，也即属于犯罪中止之情形。据此不难发现，直接故意犯罪自行为人确定犯罪目的直至犯罪行为终止的整个过程中，其内容为何并不依赖于行为在客观现实中的实际发展情状，因而具有一贯的确定性。并且如下文所析，甚至在犯罪的预备阶段，直接故意的意志便已经以犯罪预备行为之动机的形式而存在，对预备行为发挥着激发、指引及推动之功能，对实行行为的认知与评价起着强化的作用。

概言之，直接故意之意志内容所具有的一贯确定性，也即对其内容的确定并不依赖于行为在客观现实中的实际发展情状，换言之，无论行为的实际发展是否依照行为人所设想的方式及过程进行、最终是否造成了法定的客观危害结果，其意志内容都是一贯确定的。直接故意之意志内容所具有的此等一贯确定之属性，显著区别于下文将论及的间接故意与过失之意志状态属性。

③揭示“希望”之属性的重要刑法学价值

一旦把握直接故意之意志内容所具有的一贯确定性以及罪过之意志因素在整个犯罪构成体系中的核心支柱地位，就能够为直接故意犯罪何以存在犯罪的未完成形态并且刑法对之加以打击（也即未遂犯的处罚根据）这一长期困扰着中外刑法学界的理论难题提供基础性的解释。如前文所析，正是因为罪过之意志因素方使得犯罪行为有着一般违法行为所不具有的独特严重社会危害性，罪过之意志因素一方面因此而成为犯罪行为之锋芒所在，故为挫其锋芒，刑法就必须将打击的着力点集中在罪过之意志因素上。另一方面，罪过之意志因素与犯罪的价值本质直接通连，构成了犯罪的事实本质，也因此成为了整个犯罪构成体系的核心支柱，构成犯罪的其他要件及要素均是围绕着这一核心支柱而构建，或者说，构成犯罪的其他要件及要素均是为确保罪过之意志因素的成立而存在。把握罪过之意志因素所具有的如此重要地位也是我们揭示未遂犯处罚根据的前提和基础。

由于意志之本质在于将认识及情绪情感内容转化为客观现实，因此，意志虽为内在心理活动，但却不能缺少借其转化的外在客观事实，否则将不成其为意志。又因如上所析，直接故意由于受到犯罪目的的支配调节和定向指引，如此使得其意志内容自行为人确定犯罪目的直至犯罪行为终止的整个过程中都具有一贯的确定性，也即其内容如何并不依赖于行为在客观现实中的实际发展情状。在意志内容已然确定的情况下，其意志因素之成立所欠缺的便仅仅剩下“必须存在经由意志转化的客观事实”这一个条件了。又因犯罪成立的最早时点也是犯罪行为开始之时点，而犯罪行为开始之时点（即“着手”）[①]就是罪过之意志内容开始客观化的标志。基于如上析论后可知，在满足罪过之意志因素成立前提条件（含主体要件和认识、情绪情感因素）的情况下，为希望之意志所支配的行为只要一经着手，即便随后的客观化过程并未依照行为人的意志内容而展开，未造成任何客观危害结果，刑法依然会因其行为已完全具备罪过之意志因素（当然也意味着其行为已满足犯罪成立所必需的全部条件）而对其加以打击，也即把直接故意犯罪的未完成形态也规定为犯罪并施以刑事制裁。[②]未遂犯的处罚根据正在于此！

在揭示未遂犯的处罚根据后，还必须澄清的一个重要问题是，刑法对犯罪行为进行打击的着力点应该落在罪过之意志因素上，这并非德日未遂犯处罚根据理论中的“纯主观说”。纯主观说认为，敌视法律的意志是可罚未遂的本质，因而认为，绝对的不能犯未遂也应当受罚，且未遂犯与既遂犯由于表现出相同的法敌对意志，故对二者应予同样的处罚。[③]应当说，纯主观说还是在一定程度上把握了刑法对犯罪行为进行打击的焦点所在，因而有其合理性，但其缺陷也非常之明显，主要表现为：首先，该说由于未能揭示罪过之意志因素与犯罪的价值本质之间所存在的内在必然联系，故其所谓的“敌视法律的意志是可罚未遂的本质”缺乏实质根据。其次，该说忽视了作为意志因素前提的认识及情绪情感因素之成立条件乃至作为认识、情绪情感和意志因素之共同前提的主体要件，如上文所析，不可罚的不能犯不仅不符合成立犯罪故意之认识因素的“明知”条件，甚至也不符合主体之责任能力条件，当然也就不可能具备罪过之意志因素了，因而不可罚的不能犯并不构成犯罪，而非如纯主观说所认为的成立未遂犯。最后，该说也未把握意志之本质，不明白意志之本质乃系将认识及情绪情感内容转化为客观现实的内在支配制约力量，它虽为内在心理事实，但却不能缺少借其转化的外在客观事实，否则将不成其为意志。据此可

① 如下文所析，犯罪行为的开始时点应当是着手，而非开始实施犯罪预备行为之时，至于应该如何具体把握着手，详见本书“第八章第六节 二、”之论述。

② 作为例外的是，有些直接故意犯罪的成立，法律也要求造成法定的客观危害结果，在未造成法定客观危害结果的情况下，通常不以犯罪处理。之所以如此，在笔者看来，主要是因为，此类不以犯罪来处理的未遂情形，如数额型犯罪未达法定数额时，一般已交由其他部门法规范来调整，换言之，法律要求有些直接故意犯罪的成立也需要造成特定的客观危害结果，主要是出于界分相关一般违法行为之考虑。

③ 参见[德]托马斯·魏根特：“刑法未遂理论在德国的发展”，樊文译，《法学家》2006 年第 4 期，第 145-147 页。

知，直接故意犯罪的成立虽然以着手为必要，而不受随后的客观化过程之影响，但意志客观化的过程又无疑反映着意志内容的实现程度，而意志内容的实现程度不同，行为的客观危害程度也往往存在着差异，此等差异当然会对量刑产生影响，换言之，意志过程就是主观客观化的过程，未遂犯与既遂犯由于反映出意志内容在客观现实中的不同实现程度，故对于二者的处罚也往往存在着较大的差异。由此可见，在把握意志本质的前提下，肯定行为因已完全具备罪过之意志因素乃未遂犯之处罚根据，并不会因此而导向未遂犯与既遂犯处罚上的无差别对待。

揭示未遂犯的处罚根据具有非常重要的理论价值，因为，现代刑法“以打击故意犯罪为原则、以处罚过失犯罪为例外”，而直接故意犯罪又是故意犯罪的典型形态也是最为常见的形态。而如上所析，直接故意犯罪只要一经着手，即便行为的后续发展并未依照行为人的意志内容展开而未得逞，行为的结果无论在客观上看起来危害多么轻微，或是完全无害，乃至有益（如偶然防卫），均因行为已完全具备罪过之意志因素（实际也是行为已满足犯罪成立所必需的全部条件）而成为刑法的打击对象，换言之，直接故意犯罪因存在未完成形态，使得其客观要件的成立以具备表现罪过之意志内容的着手为已足，而着手后行为的外在客观表现则是千姿百态、貌无定型的，但无论其客观具体样态如何，均不影响行为因已具备罪过之意志因素而成为刑法打击的对象。据此，我国传统要件体系以及德日阶层体系均将犯罪论体系之核心（理应也是他们所认为的刑法打击的焦点）定位于犯罪行为的客观（即犯罪客观要件或客观的构成要件），而无视行为的主观对其客观在事实上的支配制约关系，并试图抛开主观，驻足于纯粹客观的立场去把握有着千姿百态、貌无定型的客观，其理论错谬可窥一斑，这也是我国的犯罪客观要件理论与德、日等国家或地区的构成要件理论之所以极度纷繁复杂、莫衷一是、“尚未见有谁讲清楚这个问题”①的主要缘由所在。

3. 直接故意之意志因素在犯罪预备阶段的性质与功能

由于刑法对犯罪行为实现有效打击的着力点应该落在罪过之意志因素上，故揭示直接故意之意志因素在犯罪预备阶段的性质与功能，无疑是解开刑法处罚预备犯究竟是否具有合理性的根本依据所在。

（1）直接故意之意志因素在犯罪预备阶段的性质与功能揭示

如前所叙，意志过程具体包含“采取决定”和“执行决定”两个阶

---

① 陈忠林：《刑法散得集（II）》，重庆大学出版社 2012 年版，第 147 页

段，其中，采取决定又包括动机取舍、行为目的确定和行为手段、方法选择等环节，这一阶段实际为意志的准备阶段，在准备阶段完成后，便过渡到执行决定阶段，在此一阶段，意志开始由内部意识向外部动作转化，主观观念的东西外化为客观的实际行动。由此可见，当我们将意志界定为乃内部意识事实向外部动作转化的心理过程时，所指的实际是执行决定阶段的意志，而非采取决定阶段的意志。据此也不难发现，就犯罪行为的产生和发展阶段而言，与"执行决定阶段"相对应的应该是"犯罪的实行阶段"，而与"采取决定阶段（也即意志的准备阶段）"相对应的则应该是"犯意的形成阶段"加上"犯罪的预备阶段"。因此，如上对"希望"的论述实际是直接故意在犯罪实行阶段的意志。由于我国刑法明确规定处罚预备犯，那么在直接故意犯罪中，意志在犯罪预备阶段到底具有何等性质，它在此阶段中对实行行为又具备何等功能呢？该问题的答案将直接关系到刑法处罚预备犯究竟是否具有正当理据的问题。

由于"采取决定阶段"所包含的"动机取舍"及"行为目的确定"表现为内在心理上的冲突与权衡，故这两个环节还基本局限于纯粹的内在心理活动，因此，就犯罪行为的形成过程而言，与这两个环节相对应的应该是犯意的形成阶段。而采取决定阶段中的行为手段或方法的选择环节，则不再是纯粹的内在心理活动，而已经存在表现该内在心理活动的外在举止，该外在举止亦即我国刑法第 22 条规定的"为了犯罪，准备工具，制造条件"的犯罪预备行为，因此，与该环节相对应的应该就是犯罪的预备阶段。那么，在犯罪的预备阶段，直接故意之意志因素的性质是什么呢？笔者认为，由于直接故意之意志因素乃希望危害社会结果发生之心态，其以犯罪目的为核心，而相对于犯罪预备行为来说，直接故意之犯罪目的实际只是该预备行为的动机，就中缘由在于，如上所析，目的乃行为人对特定结果之追求，而动机则反映着行为人为何要追求该结果之主观原因，由于犯罪预备行为本身的目的就是准备好犯罪的工具或者制造好犯罪的条件，或言之，准备好犯罪的工具或者制造好犯罪的条件构成了犯罪预备行为本身的意志内容，那么，行为人准备好犯罪的工具或者制造好犯罪的条件之主观原因（也即其动机）又是什么呢？答案显而易见，那便是要利用该准备好的工具或者制造好的条件来实行犯罪，以实现犯罪目的，笼统说来，就是我国刑法第 22 条规定的"为了犯罪"。由此可见，行为人之所以要准备好犯罪的工具或者制造好犯罪的条件，其背后的主观原因就是犯罪目的，因此，直接故意之犯罪目的在犯罪预备行为中，属于犯罪预备行为之动机。

既然直接故意的犯罪目的属于犯罪预备行为之动机，那么它对犯罪预备行为就具备一般动机所具有的激发、指引及推动之功能。不过，由于依据我国刑法第 22 条之规定，犯罪预备行为是以其所准备实施之罪（也即犯罪实行行为所构成之罪）来定性的，故还有必要进一步究明的是，为直接故意之犯罪目的所激发、指引及推动的犯罪预备行为对犯罪实行行为之心理过程所产生的影响或所具有的功能的问题，因为该问题的答案将为立法上的此等做法究竟是否合理提供根本性的判断依据。笔者认为，犯罪预备阶段由于已然超越犯意的形成阶段，即完成了动机的取舍与行为目的的确定，但因并未进入到执行决定阶段，即尚未着手实行犯罪，或者说，尚未进入到利用准备好的工具或者制造好的条件作用于犯罪对象的阶段。故在此一阶段中，虽然已有表现于外的举止，即客观上存在准备工具、制造条件的行为，但其功能还仅仅在于强化对构成实行行为之相关客观事实的认知与评价，详言之，预备行为所准备的工具和制造的条件也即犯罪的手段或方法，预备行为之动机也即实行行为之犯罪目的，内中已经包含行为人对犯罪手段或方法、犯罪对象以及犯罪结果的认知与评价，而预备行为则具有强化行为人对这些事实的认知与评价之功能。由此可见，为直接故意之犯罪目的所激发、指引及推动的犯罪预备行为，相对于犯罪实行行为的心理过程而言，仍然处于由外部刺激向内在心理事实转化的心理过程阶段。需要注意的是，这并不违背认识及情绪情感与意志之间的关系，因为如前所析，虽然认识及情绪情感过程是意志过程的前提和基础，但认识及情绪情感过程与意志过程之间并非单点连接的关系，即意志过程并非只有在认识及情绪情感过程完结之后方才启动，以致意志过程对认识及情绪情感过程不产生任何的影响。事实上，意志对认识及情绪情感过程具有反作用，这种反作用表现为，意志也支配着认识活动，尤其是经由认识活动设定目标、形成目的后，意志将推动认识，克服认识活动中遭遇的各种困难，从而使认识得到强化，此外，意志也控制着情绪情感过程。①

概言之，相对于犯罪预备行为而言，作为直接故意之意志因素核心的犯罪目的实属犯罪预备行为之动机，其功能在于激发、指引及推动犯罪预

① 我国台湾地区刑法学者许玉秀曾就认识与意志的关系指出，在间接故意中，是认知影响意欲，但直接故意则刚好相反，是意欲影响认知，参见许玉秀：《主观与客观之间——主观理论与客观归责》，法律出版社 2008 年版，第 105-106 页。经由如上分析可知，此等见解实际并不完全符合事实，就直接故意之形成过程而言，认识仍然是意志形成之始源，无认识便不可能形成决定或目的，并且即便是在设定目标、形成目的后，推动认识活动之意志（实为认识活动本身之动机）仍然只具有强化认识活动之功能，该认识无疑也决定着进入执行决定阶段之意志。

备行为，而相对于犯罪实行行为的心理过程而言，犯罪预备行为仍然属于认识及情绪情感过程，其功能则在于强化行为人对构成实行行为的相关客观事实之认识与评价。

（2）刑法处罚形式预备犯之根据否证以及预备犯之立法模式选择

对直接故意之意志因素在犯罪预备阶段的性质及其在该阶段对实行行为之功能的揭示，也能够为刑法处罚预备犯是否具有正当理据提供实质性的解释。

预备犯在理论上可区分为“形式预备犯”和“实质预备犯”，立足于我国刑法对预备犯处罚的立法模式，对二者可分别作如是界定：所谓形式预备犯，是指刑法明确规定，行为乃为所欲实施之罪的预备行为，但却并未为其设置独立罪名及罚则之情形，故又被称为“非独立预备犯”或者“从属预备犯”，我国刑法对形式预备犯之规定所采取的是总则规定（即刑法第 22 条之规定）的模式；所谓实质预备犯，则是指刑法分则将原本属于它罪或者可能成为它罪之预备行为独立成罪并设置独立罚则之情形，故又被称为“独立预备犯”，其中最为典型的当属我国刑法第 120 条之二规定的“准备实施恐怖活动罪”。[①]

由于犯罪预备阶段已经超越犯意的形成阶段，具备表现于外的举止，亦即已非纯粹的内在心理活动而是行为，系为了犯罪而准备工具、制造条件的行为。而如所周知，无行为则无犯罪，换言之，这是刑法处罚犯罪预备行为所必须具备的一个最起码的前提，若不满足此一前提，那么刑法处罚犯罪预备行为将完全失去理据。当然，仅仅满足该最基本的前提并不意味着刑法处罚犯罪预备行为就已具备充分的理据，相反，在把握直接故意之意志因素在犯罪预备阶段的性质及其在该阶段对实行行为所具有的功能后，将不难发现，我国刑事立法对形式预备犯进行处罚是缺乏充分理据的。这是因为，如上所析，就犯罪预备行为之本体而言，犯罪的工具和条件是犯罪预备行为之对象，而准备好犯罪的工具或者制造好犯罪的条件则是犯罪预备行为本身的目的，也是行为之结果，因而准备好犯罪的工具或者制造好犯罪的条件构成了犯罪预备行为本体之意志内容，而作为犯罪

---

① 我国的刑事立法是通过刑法总则规定的模式对形式预备犯予以普遍性地处罚，而域外尤其是大陆法系的许多国家或地区的刑事立法对犯罪预备行为的处罚则是以分则规定的形式作出，所采取的是“以不处罚为原则，处罚为例外”的立法模式。由此也导致了形式预备犯与实质预备犯概念上的差异。在后一立法模式中，形式预备犯是指刑法条文本身明确规定特定犯罪之预备行为为独立的犯罪类型，而实质预备犯则是指形式上虽然不是以其他犯罪的预备犯为名，但是考察其构成要件的内容，实质上是以其他犯罪的预备行为的意义而被规定为犯罪，参见黄荣坚：《基础刑法学》（下），中国人民大学出版社 2009 年版，第 309-314 页。

实行行为本体之意志因素核心的犯罪目的，则属于犯罪预备行为之动机，受其激发、指引及推动的犯罪预备行为，相对于犯罪实行行为本身的心理过程而言，还只是一个强化实行行为之认识与情绪情感状态的过程，而尚未进入到执行决定阶段（即着手实行阶段）的意志过程。[①]由于犯罪的主观要件系由认识、情绪情感以及意志因素构成的有机整体，而意志过程乃将认识及情绪情感内容转化为客观现实的过程，故犯罪主观要件的成立以行为进入到执行决定阶段为必要，否则意志因素将付之阙如。由于犯罪预备行为相对于犯罪实行行为而言，只具有强化犯罪实行行为的认识及情绪情感状态之功能，换言之，其仍然还处于内化的心理过程阶段，而实行行为的意志过程此时尚未开始，故根本不符合预备行为所准备实施之罪的主观要件。可我们看到的却是，我国的刑事立法对于形式预备犯都是以预备行为所准备实施之罪来给其定性的，这无疑违背了罪过原则和罪刑法定原则。[②]由此可见，我国刑事立法依据所准备实施之罪来给形式预备犯定性，是缺乏根本理据的。[③]

我国刑法对形式预备犯的处罚不具有合理性的根本理据在于其并不符合所准备实施之罪的主观要件，因而违背了罪过原则与罪刑法定原则。有鉴于此，如若的确有必要对某些犯罪的预备行为加以处罚时，刑法分则以实质预备犯的形式作出规定便成为唯一合理的选择，也即应该在刑法分则中为某些罪的预备行为或者可能成为其他犯罪的预备行为设置独立的罪名与法定刑。采取此种立法模式便可避免犯下预备行为在不具备所准备实施之罪的犯罪构成的情况下却构成该罪之根本性错误，因为独立成罪后，意味着该罪与所准备实施之罪具有截然不同的犯罪构成，或者说，已成为两种性质迥异的犯罪类型。不过，笔者认为，还需要注意的问题是，经由如上分析后可知，刑法分则在采取实质预备犯的立法模式设罪时，原形式预备犯之动机，也即所准备实施之罪的犯罪目的，通常是该预备行为是否具有罪过进而能否侵犯特定法益的一项重要指针，因为，现实中缺乏该动机指引的纯粹准备工具、制造条件的行为本身往往是无害的或是价值中立的，譬如，买菜刀是为了杀人或伤人，还是为了切菜或纯粹是出于爱好刀

---

① 一旦进入到执行决定阶段，犯罪预备行为之动机将融入犯罪目的（意志）中，其相关功能也转由犯罪目的来承担。

② 犯罪的成立必须符合法定的犯罪构成要件，这是罪刑法定原则的最基本要求，因此，即便立法将不符合犯罪构成的行为规定为了犯罪，这种立法上的矛盾也同样是对罪刑法定原则的违反。

③ 事实上，处罚形式预备犯还存在其他理论上的困境，详参梁根林："预备犯普遍处罚原则的困境与突围——《刑法》第22条的解读与重构"，《中国法学》2011年第2期，第156-176页。但在笔者看来，因不符合所准备实施之罪的犯罪构成才是问题的根本。

具而收藏，其间就具有截然不同的价值属性。有鉴于此，刑法在的确有必要将特定罪的预备行为以实质预备犯的形式作出规定时，该动机通常仍然应该是其所不可或缺的主观方面的要素。以最为典型的实质预备犯“准备实施恐怖活动罪”为例，可以看到，我国刑法第120条之二所列举的四种情形中有三种情形都明确规定了“为实施恐怖活动”之犯罪动机，剩下的一种情形即“组织恐怖活动培训或者积极参加恐怖活动培训的”，刑法虽然未对其动机予以明确规定，但不难发现，该种情形中的行为事实上也内在地包含了“为了让他人或自己更好或更熟练地实施恐怖活动”之犯罪动机。还有如伪造货币罪，我国台湾地区刑法学者黄荣坚曾就该罪之行为性质指出，伪造货币行为是行使伪造货币罪的预备行为①，也因如此，我国刑法虽未明确规定伪造货币罪之成立必须具备特定的动机，但我国刑法学理论通说还是认为，构成该罪须具备“流通之意图”（即“流通之犯罪动机”）②。此外，组织、领导、参加黑社会性质组织罪以及组织、领导、参加恐怖活动组织罪，也同样如此，即包含“利用黑社会性质组织或恐怖活动组织实施其他犯罪”之动机，若不具备该动机，如参加者没有意识到是黑社会性质组织或恐怖活动组织，便不可能具有该动机以及基此而形成两罪之故意。③如此等等。这也提示着立法者在将来设置新的实质预备犯时，仍应该尽可能地标示出其成立所需要具备的特定犯罪动机这一成立条件。

（3）狭义共犯之成立条件揭示

把握直接故意犯罪之意志因素在犯罪预备阶段中的性质及其在该阶段对实行行为之功能具有非常重要的理论与实践价值，基此还可以揭示狭义共犯（也即理论所谓的教唆犯和帮助犯）的成立条件。

共同犯罪的成立条件以共同犯罪的处罚根据作为基础，于此需要指出的是，无论是单独犯罪还是共同犯罪，它们的处罚根据都应该是相同的，这是因为：一方面，无论是单独犯罪还是共同犯罪，并且在共同犯罪

---

① 参见黄荣坚：《基础刑法学》（下），中国人民大学出版社2009年版，第312页。

② 参见高铭暄、马克昌主编：《中国刑法解释》（上卷），中国社会科学出版社2005年版，第1221页。不过，可以看到，不少国家或地区的刑事立法对该动机都有明确的规定，例如，我国台湾地区“刑法典”第195条就明确规定了“意图供行使之用”，瑞士联邦刑法典第240条规定了“意图将其作为真币流通”，奥地利联邦共和国刑法典第 232 条规定了“意图将其作为真币使用”。有些则表述为“目的”，如日本刑法典第148条规定了“以行使为目的”，葡萄牙刑法典第262条规定了“出于充当合法货币投入流通的目的”以及“出于投入流通的目的”，如此等等。但如前所析，此等目的实为动机。

③ 至于组织、领导黑社会性质组织或恐怖活动组织的行为，只要行为人实施了该行为之事实本身，即足以证明行为人已具备该罪之动机，“准备实施恐怖活动罪”中的“组织恐怖活动培训或者积极参加恐怖活动培训”之情形中的犯罪动机的证明也同样如此。

中，也无论是正犯的行为还是所谓的狭义共犯（教唆犯和帮助犯）的行为，由于都是犯罪，故势必有着相同的本质，既然本质相同，那么各自的处罚根据也应该相一致，实际上，具备犯罪的本质本身即是一切犯罪行为应受刑罚处罚之根据；另一方面，如后文所析，共同犯罪不过是一种利用他人的犯罪行为来实现自己犯罪意图的犯罪，详言之，在共同犯罪中，每一共同犯罪人均以其他共同犯罪人的行为作为自己犯罪的手段，同时自己的行为也成为其他共同犯罪人的犯罪手段，看似复杂的共同犯罪由是化简为一个个的单独犯罪，换言之，共同犯罪实质即单独犯罪，[①]既然如此，那么在处罚根据上当然也就不存在差异了。

而如本书所析，刑法对犯罪行为予以处罚的根据在于，因犯罪行为已完全具备通贯犯罪价值本质的罪过之意志因素，当然，完全具备罪过之意志因素也意味着行为已满足成立犯罪所必需的全部条件，共同犯罪行为也不例外。兼之罪过之意志因素在客观方面不可或缺的成立条件是“着手”，在直接故意犯罪中，着手的时点也即开始实施刑法分则规定的具体罪的客观方面行为之时，具体而言，则应该是主体开始利用犯罪手段作用于犯罪对象之时，或者说，是主体所采取的犯罪手段开始作用于犯罪对象之时。[②]又因在共同犯罪中，每一共同犯罪人均以其他共同犯罪人的行为作为自己犯罪的手段，同时自己的行为也成为其他共同犯罪人的犯罪手段。基此不难得知，在狭义共犯（即教唆犯和帮助犯）中，由于被教唆者的行为是教唆犯的犯罪手段，被帮助者的行为也是帮助犯的犯罪手段，而行为所指向的犯罪对象又同一，故作为犯罪手段的被教唆者 / 被帮助者的行为之着手，就是教唆犯 / 帮助犯的着手。因此，在被教唆者 / 被帮助者着手实行犯罪之前，教唆者的教唆行为与帮助者的帮助行为都还只是犯罪预备行为，即属于“准备工具，制造条件”的行为，其功能在于诱发或者强化被教唆者 / 被帮助者之认识与情绪情感状态，而实行之意志过程此时尚未开始。换言之，教唆行为与帮助行为要成立犯罪，以被教唆者、被帮助者着手实行犯罪为必要，否则，其行为也将因不符合作为犯罪构成核心的犯罪主观要件（不具备罪过之意志因素）而缺乏处罚根据。[③]由此可

① 有关共同犯罪人之间的关系详见本书“第八章第二节 一、(三)”之论述。

② 有关行为成立犯罪（无论是故意犯罪还是过失犯罪）在客观方面不可或缺的条件或者最低限度要求何以是着手以及着手的判断标准问题，详见本书“第八章第六节 二、”之论述。

③ 共同犯罪人之间通过意思联络，使得他们在意思联络范围内的认识、情绪情感以及意志融为了一体，故若被教唆者 / 被帮助者的意志未客观化（即未着手），意味着教唆者 / 帮助者的意志也未客观化。

见，狭义共犯与正犯（实行犯）或单独犯罪在成立条件上其实并无差异，在客观方面均以着手为必要，如此便在避开有着根基性缺陷的德日“共犯从属性说”的基础上，达成了该学说所意欲达成的合理结论。

综上所析，把握犯罪故意之意志因素在犯罪预备阶段中的性质及其在该阶段对实行行为之功能具有非常重要的理论和实践价值，基此可以审视刑法处罚预备犯是否具有合理根据，进而正确选择对预备犯设罪处罚所应该采取的立法模式以及设罪时需要注意的特别要素，此外，还能够据此揭示狭义共犯之成立条件。

4.“放任”之诠释

（1）间接故意的意志因素之域外立法考察及理论纷争

考诸域外，有不少国家或地区的刑事立法对间接故意的意志因素都作出了明确的规定，例如，俄罗斯联邦刑法典第 25 条第 2 款规定，“如果犯罪人意识到自己的行为（不作为）的社会危害性，预见到可能发生危害社会的后果，虽不希望，但有意识地放任这种后果发生或对这种后果采取漠不关心的态度，则犯罪是具有间接故意实施的犯罪。”奥地利联邦共和国刑法典第5条第1款规定，“……行为人认为构成要件的实现是可能的，且容忍其实现的，即成立故意行为。”波兰刑法典第 9 条第 1 款规定，“犯罪故意，是指行为人希望实施被禁止行为，或者在已经预见将实施被禁止行为的可能性的情况下予以放任的。”葡萄牙刑法典第 14 条第 3 款规定，“明知行为的后果是可能发生符合某一犯罪的构成要件的事实，而行为人行为时容认该事实发生的，亦为故意。”希腊刑法典第 27 条第 1 款规定，“故意，是指希望出现某一犯罪构成要件的法定事实，或者明知其行为可能出现这些事实并且容认其出现的。”匈牙利刑法典第 7 条规定，“如果一种行为的后果是行为人所希望或放任的，那么该行为人所犯罪行就属于犯罪故意。”塞尔维亚共和国刑法典第 25 条规定，“行为人已经意识到自己的行为之性质，但却有意为之的，或者放任该行为发生的，为犯罪故意。”此外，我国台湾地区“刑法典”第 13 条第 2 款规定，“行为人对于构成犯罪之事实，预见其发生而其发生并不违背其本意者，以故意论。”如此等等。依据上述国家或地区的刑法有关间接故意之规定可知，在表述间接故意之意志因素时，所使用的关键词有“放任”“漠不关心”“容认”“容忍”以及“不违背其本意”等，并且有的还明确规定了其认识因素中对危害结果发生的认识只能是“可能性认识”。

已如前述，德国和日本的刑法典均未对犯罪故意的概念进行界定，德国刑法典之所以未界定犯罪故意，主要原由恰恰就是因为一些刑法学者对作为区分故意与过失标志的间接故意之意志因素到底应该使用何等语词对其加以描述存在严重分歧，以致最后不得不认为定义犯罪故意不是立法机关的任务，而是学理的任务，由此也导致了理论在界定犯罪故意尤其是作为故意与过失界限的间接故意时学说林立、歧见纷呈。在肯定意志因素作为犯罪故意必备要素的前提下，有关间接故意的意志因素到底为何，在德国刑法学界主要存在如下见解：（1）容认说。容认说以行为人对预见的结果容认其发生而得名，该说是自德国帝国法院以来一贯的实务见解，也是流转到德国域外最广最久的见解。早期的容认说以认识结果发生可能性和内心认可结果发生作为两个判断间接故意的独立要素，判断上经常强调认识结果发生可能性而“容忍其发生”，并非只是单纯的容忍，而是在心里同意并且认可结果发生，其中十分强调行为人对结果发生的内在意愿。战后的理论在知与欲要素上作了限缩解释，如耶赛克和魏根特认为，间接故意的行为人对构成要件实现风险的估计相当高，即必须认识到危险的大小和发生的时间，因而行为人容忍构成要件的实现还必须加入关于对危险性的认识。[①]（2）漠然说。漠然说以不在乎或对法益的冷漠态度来描述间接故意的意志因素，该说由德国刑法学者恩吉施（Engisch）提出，在他看来，间接故意是行为人对可能发生的不良附随结果表示欢迎或不在乎地予以容忍，若行为人对附随结果不表期待或希望不发生，则非间接故意。此外他还指出，行为人如果认为结果发生具有高度的盖然性，其法律意义上，即表示确定会发生，则不管行为人是否“认可”结果发生，仍属有故意。（3）盖然性说。该说由麦耶（H. Mayer）提出，他将故意定义为有意识地实现构成要件的意志，但认为不是只有有意识的意志才是故意，只要有充分的意志支配就是故意，且认为有实现的盖然性，即表示对构成要件的实现有充分的意志支配，至于盖然性的程度如何，他提出了有名的定义，即“比可能性高，比高度盖然性低”。（4）表现防果意思说。该说由阿明·考夫曼提出，立足于目的行为论，他认为，有计划的行为人为现实目的活动，必须先选择实施方法，若所选择的方法有可能导致附随结果，而这个附随结果是行为人所不希望的，那么行为人应该更换方法，因此，如果行为人将他“实现特定目标的行为同时操纵在防止不希望的附随结果上面”，则阻却故意，亦即如果行为人认识附随结果发生的可能性，除非他的实行行为是为了防止该结果发生，否则即有故意。决定行为人的

① 参见[德]汉斯·海因里希·耶赛克、托马斯·魏根特：《德国刑法教科书》，徐久生译，中国法制出版社 2001 年版，第 362 页。

意思是否在于防止结果发生，必须视行为人是否置入防止附随结果发生的因素，亦即行为人必须有防止结果发生的具体表现。（5）认真说。认真说包含斯特拉滕韦特的认真说和雅科布斯的认真说。斯特拉滕韦特基于目的行为论认为，行为人除了他的意识上对结果发生可能性的认知外，还需要对结果的发生有特别的评价，当行为人严肃地认为结果可能发生并据而为行为，在行为决定中已包含对结果的预料，这种对结果的预料已具备目的的支配性，而当行为人对结果的预料和应受负面评价的结果，在作成行为决定结合在一起时，已表现出行为人个人不法的特质；相反地，如果行为人并不真的认为结果会发生，则等于不认为结果有发生可能。因此，真的认为结果有发生可能进而为行为，表示已在行为决定之时预订了结果，此时若再加上“认可”这个要素，是错误的。雅科布斯则将间接故意定义为“行为人于行为时判断，行为导致构成要件实现不是没有盖然性”，行为人这种判断系一种认真的判断，该判断并非仅仅包含知的要素，还包含欲的要素，认真的判断不是没有发生的盖然性，并非只想到不是不可能发生，如果对结果发生的可能性来不及细思，属于有认识的过失，欠缺认真的断定，一定不是间接故意。（6）决定说。在罗克辛看来，判断间接故意的依据在于，是否作成了“对可能的法益侵害的决定”，即认为，如果一个人把自己作为可能性加以认识的行为构成的实现已经加以计算，并且在实现行为构成时没有在自己的计划中将其予以排除，那么，即使这仅仅是一种可能发生的情况和经常是违背他自己要避免这种结果的希望的，这个人也是有意识地决定反对这种通过有关行为构成加以保护的法益的，故为间接故意。他同时强调，必须区分“相信”和单纯的“希望”，一个相信一种好结果的人，经常是过高地估计了自身控制局势的能力，并不是认真地考虑这种犯罪的结果，因此就不是故意的行为。不过，认真对待犯罪结果可能性的人，虽然不相信会一切顺利，但总还是能够希望自己会有运气，从而什么也不会发生，这种与“容忍关键因素”同时发生的希望并不排除故意。[①]（7）具体危险说。该说由德国刑法学者欧托（Otto）提出，依据该说，具体危险是指对行为人而言是不能控制的危险，当行为人认识了具体危险，即表示其看见了在现象流程中法益确定会遭受侵害，除非有其他意外现象发生，这时候有意识地实现风险，即不能视为过失或轻率，而是有意地侵害法益；反之，若行为人预见的是抽象危险，则表示对行为人而

① 参见[德]克劳斯·罗克辛：《德国刑法学 总论》（第1卷），王世洲译，法律出版社2005年版，第292-293页。

言，法益侵害的结果只是可能性之一，则有理由相信行为人相信这种侵害法益的可能性不致发生，即使行为人的行为仍有危险性，但不能视之为有意识侵害法益的行为，而是有认识的过失。（8）综合说。持该说的代表人物是德国刑法学者许洛德（Schroeder），在他看来，迄今各种判断间接故意的主张，彼此具有相互依存的关系，进而在此基础上提出了他的综合公式，即当行为人认为构成要件有实现可能而认可其实现，认为有实现的盖然性或对于构成要件的实现完全不在乎，即有故意。[①]

（2）“放任”之意涵

如上所述，在域外刑事立法及刑法理论中，用以描述间接故意之意志因素的关键词有“放任”“容忍”“容认”“认同”“接受”“听之任之”“漠不关心”以及“不违背其本意”等，而我国刑法所使用的语词是“放任”。何谓“放任”？它与直接故意之希望以及与危害结果的发生和不发生之间是一种怎样的关系？对此，我国刑法学界主要存在如下几种认识：一是不希望说，认为放任就是不希望危害社会的结果发生，只是采取了听之任之、漠不关心的态度，这也是我国刑法学理论之通说；[②]二是中立说，认为放任既不是希望危害结果的发生，也不是不希望危害结果的发生，而是持一种漠不关心的态度，或认为，放任就是对危害结果的发生与否采取满不在乎、无所谓的态度，危害结果的发生不违背行为人的本意，不发生行为人也不懊悔；[③]三是放任发生说，认为放任态度并不是在两种可能性之间采取中立，而是放任结果的发生，不是放任结果的不发生。[④]笔者认为，欲准确把握“放任”之意涵，需要澄清如下几个问题：

首先，“放任”与“不希望”的关系。从逻辑上说，与“希望”相对的是“不希望”，由于“放任”不属于“希望”之范畴，故其应该被归于“不希望”之范畴，当然，就罪过之意志状态类型而言，“不希望”并不限于“放任”，还包含犯罪过失之意志状态。因此，通说使用“不希望”作为阐释间接故意之意志因素的关键词之一并不是很准确。

其次，我国刑法学界在阐释间接故意之放任意志时，所使用的关键词主要还有“听之任之”“漠不关心”“满不在乎”和“无所谓”等语词，

---

① 以上诸学说的详细介绍参见许玉秀：《主观与客观之间——主观理论与客观归责》，法律出版社2008年版，第61–77页。

② 高铭暄、马克昌主编：《刑法学》，中国法制出版社1999年版，第208页。

③ 参见陈建国：“试论间接故意杀人罪的构成”，《法学杂志》1981年第2期，第32–35页；林准主编：《中国刑法教程》，人民法院出版社1989年版，第71页。

④ 参见王作富：《中国刑法学》，中国人民大学出版社1988年版，第163页。

故有必要辨析这些语词到底是否准确地揭示了放任之意涵。依据我国刑法第 14 条之规定以及上文对间接故意之认识因素的分析可知，在间接故意中，危害社会的结果并非为行为人无意识或者与其无关的其他原因所致，而系行为人有意而为的行为所致。据此反观我国刑法学理论用以阐释间接故意之意志因素所使用的那些关键词："听之任之"是指"听任事情自然发展，不管不问"，"听任"即"听凭"，是指"让别人愿意怎样就怎样"；"漠不关心"是指"形容对人或事物冷淡，一点也不关心"；"满不在乎"意指"完全不放在心上"；"无所谓"乃"不在乎；没什么关系"，"不在乎"又系"不放在心上"之意。[①]不难发现，上述用以阐释间接故意之意志因素的关键词所反映出来的行为人与自己行为及其造成的危害社会结果之间，或多或少都会给人以缺乏紧密的内在心理联系之感觉，故对放任意涵之阐释均有欠准确。

最后，间接故意之放任心态在危害结果的发生与不发生之间到底是一种怎样的立场？如上所析，间接故意的认识内容与过于自信过失的认识内容并不相同，在过于自信过失中，行为人认为危害结果发生的可能性不大，而不发生的可能性更大，该认识也是行为人实施行为的心理基础，而在间接故意中，行为人对于自己的行为与危害结果发生之间是一种较高程度的盖然性认识，该认识也构成了其意志状态的前提和基础。由此也决定了间接故意犯罪的行为人在危害结果的发生与不发生之间并非持中立的立场，也即，间接故意所放任的是危害结果发生，而非危害结果不发生。[②]并且如下文所析，虽然放任是一种不计后果的心态，也即对于行为可能造成的任何结果（无论是积极的还是消极的）都会加以接受的心态，但当危害结果最终并未发生时，行为人对之加以接受的心态其实并非罪过，据此也可知，间接故意所放任的是危害结果发生，而非危害结果不发生。

根据辞书之释义，"放任"是指"听其自然，不加约束或干涉"[③]，结合我国刑法第 14 条之规定，间接故意便可解释为"明知自己的行为会发生危害社会的结果，而对这种结果的发生听其自然，不加约束或干涉的心理状态"。基于如上辨析，笔者还是认同我国有学者对间接故意之"放任"意涵的阐释，即，从积极意义上说，放任是行为人有意识地造成某种危害结果的发生；从消极意义上说，放任是行为人不想采取任何措施避免

① 《现代汉语词典》，商务印书馆 2005 年版，第 1360、965、915、1440、118 页。

② 实际上，过于自信过失的行为人在危害结果的发生与不发生之间也非持中立的立场，只是与间接故意恰好相反，过于自信过失的行为人所轻信的是危害结果不发生或者可以避免。

③ 《现代汉语词典》，商务印书馆 2005 年版，第 390 页。

危害结果的发生。正是行为人不遏制自己的危害行为，才会最终发生危害社会的结果。放任实质上反映出行为人为追求某种目的，甘愿冒发生危害社会的风险而豁出去的心理状态。形象些说，放任就是不计后果。[①]以“豁出去”或“不计后果”作为关键词，可谓准确地描述了间接故意意志因素之真实意涵，也避免了如上诸学说所存在的某些缺陷。因为，“豁出去”意为“不惜付出任何代价”[②]，“不计后果”即“不计较任何后果”，而间接故意恰恰就是这样的一种心态。详言之，行为人为了达成某种目的，在明知自己达成目的的行为可能还会发生某种危害社会结果的情况下，不惜付出造成该危害社会结果之代价或者不计较该危害社会结果是否发生之心态。如此也反映出了行为人与自己的行为及其所造成的危害社会结果之间的紧密的内在心理联系。

“放任”系一种不计后果的心态，此种心态从另一角度来说，也即一种对于行为可能造成的任何后果均持认可或接受的心态，故此种心态实际上与“容忍”“容认”“忍受”“认同”或“不违背其本意”等用语所表达的系同一种心理状态。有鉴于此，笔者认为，理论不必在到底应该选择何等用语方为妥适的问题上过于纠结，正如德国有刑法学家所指出的，“就间接故意与（过于自信的）过失的区别而言，有很多混乱的标准，如果根据这些标准，两者的差别更多的只是表达上的不同，而非实际结果上的区别。”[③]“‘认真对待和轻率’，‘容忍和相信’这两对概念的区别，在今天的文献中被广泛地使用。在认真对待结果和容忍这个结果之外，人们还经常称之为‘算计’了这个结果或者‘忍受’了这个结果，把它们作为有条件故意（即间接故意——笔者注）的标准。每个具体的学者在使用这些标志性用语时所作的结合及其所包含的细微区别，更多的是语言性的而不是实质性的。”[④]因此，有关间接故意之意志内容，德国刑法学界存在的上述诸多学说虽然在表述用语上可能存在差别，但实际所指的系同一种心理状态，只是不少学说，如容认说、盖然性说、认真说、具体危险说等，除了肯定间接故意所应具备的特定意志状态外，往往还强调形成此等意志状态前提的认识内容与过于自信过失之认识内容相比较所

① 参见姜伟：《罪过形式论》，北京大学出版社 2008 年版，第 128 页。

② 《现代汉语词典》，商务印书馆 2005 年版，第 617 页。

③ [德]冈特・施特拉腾韦特、洛塔尔・库伦：《刑法总论 I ——犯罪论》，杨萌译，法律出版社 2006 年版，第 129 页。

④ [德]克劳斯・罗克辛：《德国刑法学 总论》（第 1 卷），王世洲译，法律出版社 2005 年版，第 294 页。

体现出来的差异，但这并不影响各自描述间接故意之意志因素在实质上的一致性。

（3）“放任”之属性揭示及其重要刑法学价值

在笔者看来，间接故意之“放任”意志具有“依附性”与“不确定性”两个方面的属性，由于过往理论未能把握直接故意之希望意志的确定性属性，当然也就不可能揭示间接故意之放任意志的不确定性属性了，实际上，对其该属性的揭示同样具有非常重要的刑法学价值。

①“放任”之依附性

直接故意之意志具有独立性，即它能够不依附于其他的意志状态而独立存在，但间接故意之意志状态则不具有此等属性，它必须依附于受明确目的支配调节之意志（即主意志）而存在。我国刑法学理论通说也认为，间接故意可能表现为，行为人追求一个犯罪的目的或非犯罪的目的，而放任另一个危害社会结果的发生，其中就明显表现出了间接故意“放任”之从属性特征，这符合事实，在理论上也未见有疑议。[①]于此还需要探讨的是通说所论及的其他两种情形：一是在突发性的犯罪中的放任问题，事例通常就是现实中的那种不计后果、动辄用刀捅人的案件；二是行为人出于藐视法纪、追求刺激等动机，实施某种具有危险性、危害性的行为，放任对不特定对象多种危害结果的发生或不发生，事例如行为人隔墙往聚集人群的院内扔石头，或者往远处的人群中扔石头。[②]在第一种情形中，由于突发性犯罪事发突然，使得行为人往往来不及认真思考，以致行为人除了针对伤害结果或死亡结果可能存在目的外，完全可能没有其他的目的，因此，如若肯定行为人对伤害结果以及死亡结果所持的都是放任的心态，那么将意味着间接故意之放任心态也可以不依附于主意志而独立存在。不过，事实并非如此，在此种情形中，行为人对致他人伤害以及死亡的结果所持的不可能都是放任的心态，就以现实中的那种不计后果、动辄用刀捅人的案件为例，正如通说所指出的，行为人对于致他人伤害的结果所持的实际是追求或希望之心态，对死亡

① 参见高铭暄主编：《刑法学原理》（第二卷），中国人民大学出版社1993年版，第56-57页；马克昌主编：《犯罪通论》，武汉大学出版社2005年版，第339-340页。

② 参见高铭暄、马克昌主编：《刑法学》（第九版），北京大学出版社、高等教育出版社2019年版，第107页。

结果才是放任之心态，[①]后者依附于前者，前者若为放任，那么其本身就将无所依附，更不能被后者所依附。因此，该种情形实际并未能否定间接故意放任意志之依附性。至于第二种情形，放任也不属于无需依附主意志而能够独立存在之情形，因为不难发现，在此种情形中，行为人的目的就在于实施特定行为本身，换言之，只要实施了该行为就能达成动机所预设的目标（如藐视法纪、追求刺激等），至于该行为会造成什么样的后果，行为人则不予计较，可见，行为人对行为可能造成的后果所持的放任心态事实上仍然依附于追求实施该行为本身之意志（主意志）。综上所析，间接故意之“放任”在任何情况下都必须依附于主意志而存在，并且其所依附的主意志必须是受明确目的支配调节的意志，而不能是其他类型的意志状态（如放任、轻信等）。

②“放任”之不确定性

如上所析，直接故意的意志因素中由于内含犯罪目的，如此使得其意志内容在整个行为的发展过程中都具有一贯的确定性，也即其内容如何并不依赖于行为在客观现实中的实际发展情状。相较于直接故意之意志内容所具有的此等一贯确定性，间接故意的意志因素中由于欠缺对行为发展过程具有支配调节与定向指引功能的犯罪目的，如此使得行为的发展在行为人的内在心理状态中表现出一定的盲目性，又因放任系一种不计后果的心态，此即意味着，行为人实际也完全不在乎行为的发展方向以及最终的结果，换言之，对于行为可能造成的任何结果，无论是积极的还是消极的，也无论其程度的大小，行为人都会加以接受，或者说都不违背其意志。行为人所具有的此种心态又意味着，行为之意志状态的具体内容此时唯有诉诸行为在客观现实中的实际发展情状方得以确定，或言之，行为之意志状态内容此时将完全依赖于行为在客观现实中的实际发展情状来充实，也即，行为的客观实际发展情状如何，其意志状态的内容便为何，舍此行为之意志状态内容将无从确定，行为的主观与客观也因此表现出了完全的一致性。而就行为在客观现实中的实际发展状况来说，行为既可能是朝着发生法定客观危害结果的方向发展并最终造成了该结果，也有可能是在此方向上只造成了未达法定客观危害程度之结果，还可能是朝着完全无

---

① 参见高铭暄、马克昌主编：《刑法学》（第九版），北京大学出版社、高等教育出版社 2019 年版，第 107 页。并且从“希望之确定性”以及接下来将要揭示的“放任之不确定性”也可以得出，行为人对于致他人伤害的结果所持的是直接故意之心态，因为，行为人对于用刀捅人会致他人伤害之结果是一种必然性的认识，如此也使得其意志内容自始即确定，因而不符合放任之不确定性特征，故行为人对致他人伤害的结果只能是直接故意之心态。

害的方向发展，从而未造成任何客观危害后果。行为之意志状态内容的上述确定方式以及罪过之法定性也意味着，只有当行为实际造成了法定的客观危害结果时，方才符合罪过之放任心理状态，若行为的实际发展并未导向或者未促成法定的客观危害结果时，则不具备罪过。由此可见，与希望之意志内容并不依赖于行为在客观现实中的实际发展情状因而表现出一贯的确定性不同的是，罪过之放任意志状态内容唯有在法定危害结果发生之际方得以确定，换言之，在法定危害结果发生之前的整个行为过程中，行为之意志状态是否会具备罪过之心理尚无从得知，由此表现出不确定性之特征。[①]据此也可以很容易得知，如若行为人明知自己的行为“必然会”造成法定的客观危害结果而仍然执意为之，此种情形之意志状态内容由于在法定的客观危害结果发生之前即已确定，故此种心理状态无法归于间接故意之范畴，而应该属于直接故意之类型。

③揭示“放任”之属性的重要刑法学价值

揭示放任之属性也能够为间接故意犯罪何以不存在犯罪的未完成形态提供基础性的解释。由于罪过之意志因素乃犯罪的事实本质，构成了整个犯罪构成体系的核心支柱以及刑法对犯罪行为实现有效打击的着力点，又因间接故意之放任意志状态内容唯有在法定危害结果发生之际方得以确定，故间接故意犯罪之成立以发生法定的客观危害结果为必要。换言之，若行为在客观现实中的实际发展并未导向或者未促成法定的客观危害结果时，此等意志状态便不具备罪过之意志因素，行为自然不成立犯罪，而非成立犯罪未遂。当然，从另一角度也可以得出同样的结论，由于放任系一种对行为可能造成的任何结果均持接受之心态，而未造成法定的客观危害结果之情形可区分为如下两种情形：一是当行为的实际发展并未造成任何客观危害结果时，行为人对之加以接受，此等接受危害结果不发生的心态并非刑法上的罪过，亦非其他部门法上的过错，这是因为，合法行为的实施者对于自己的行为没有造成任何客观危害后果当然也是持接受的心态，换言之，此等行为无论是从主观还是客观的角度来审视，均与合法行为具有同构性，也即为合法行为；二是当行为虽然造成了一定的客观危害结果，但该结果并未达到成立犯罪所需的法定危害程度时，行为人对之加以接受，那么从主、客观两个方面来审视，此时的行为也只具备一般违法行

① 需要指出的是，如前所析，间接故意所放任的是危害结果发生而非不发生，但这是从危害结果发生后的静态的角度来说的，而这里所论述的放任之不确定性是就危害结果发生前的行为的动态发展过程角度而言的，并且这种不确定性也是与直接故意之意志内容所具有的一贯确定性进行比较而言的。

为之成立条件，而不符合犯罪构成，也即行为不构成犯罪。由此可见，与直接故意犯罪存在犯罪的未完成形态迥然有别的是，间接故意犯罪只有成立与否的问题，而不存在犯罪的未完成形态问题，内中情由端在于各自之意志因素在属性上所存在的上述差异使然。

第五节　过失犯罪的基本问题

犯罪过失包含过于自信的过失（有认识的过失）与疏忽大意的过失（无认识的过失）两种法定类型，在构成要素方面，与犯罪故意一样，都包含认识、情绪情感以及意志三个要素，在认识及情绪情感因素内容中，与犯罪故意一样，其中的认识或应该认识是指对自己行为的自然属性的预见或应该预见，具体包含着对犯罪手段、犯罪对象以及犯罪结果各自的自然属性的预见或应该预见，情绪情感因素是意识到或应该意识到自己的行为具有危害社会之属性，意志因素之疏忽或轻信则是一种对于自己的行为能够凭借自己的意志加以有效控制而实际却未予有效控制进而造成法定危害结果的心理状态。只是与犯罪故意相比，存在程度或有无上的差异，因过于自信过失之预见与轻信已于前文论述间接故意之明知时一并论及，而疏忽大意的过失与过于自信过失之认识、情绪情感以及意志因素内容又存在众所周知的显著差异，故无就此专门展开论述之必要。于此仅拟对过失犯罪所涉及的几个最基本的问题加以探讨。

一、过失犯罪之处罚根据

如前文所析，犯罪是威胁到作为整体的其他部门法制度或者全体公民基本人权的行为，这是犯罪行为与一切非罪行为在价值层面上的根本性区别所在。犯罪行为之所以具有如此严重的社会危害性，端在于，如若不对此类行为设罪处刑，而只适用其他部门法的制裁措施的话，则不仅行为人会反复实施此类行为，而且还会诱使其他人也实施此类行为，进而威胁到作为整体的其他部门法制度或者全体公民的基本人权。其中，推动行为人反复实施行为以及诱使其他人也如此行为的内在动因则在于人的意志活动所具有的自觉能动性，也正因如此，罪过之意志因素成为了刑法对犯罪行为实现有效打击的着力点。就故意犯罪而言，由于行为所造成的危害社会结果并不违背行为人的意志，且若不为之设罪处刑，在行为人可能反复实施此类行为以及其他人也会学习模仿其行为方面，将得到淋漓尽致的展现，换言之，故意犯罪与犯罪的价值本质之间存在着显而易见的紧密关联，因此，刑法对其加以打击也就顺理成章。但在过失犯罪中，由于行为人对自己行为所造成的危害社会结果所持的是一种反对或否定的心态，或者说，行为所造成的危害社会结果是出乎行为人之意料或违背其意愿的，简言之，过失犯罪并非行为人有意而为，因而也就不存在他人习得后有意效仿而为的问题。既然如此，那么刑法对过失犯罪设罪处刑的根据又何在呢？

揭示刑法对过失犯罪设罪处刑之根据，实质即阐明过失犯罪与故意犯罪在价值层面上具有同质性，也即需要阐明此类行为同样能够威胁到刑法法益。那么，过失犯罪是否也具备此等价值属性呢？答案是肯定的。这是因为，在过失犯罪中，行为人若发挥其意志之主观能动性就完全能够避免自己的行为造成危害社会的结果，犯罪过失因而是一种能够为行为人的意志所控制但实际却未加有效控制的心态，具体而言，疏忽大意过失是一种对他人利益粗心大意的心态，而过于自信过失则是一种对他人利益掉以轻心的心态。但无论是粗心大意或是掉以轻心，都反映出行为人内心深处的一种社会生活态度，即在社会生活中对他人利益的忽视、漠视态度。虽然与犯罪故意所反映出的行为人的敌视、蔑视态度相比，这种忽视、漠视态度在与刑法法益的对立程度上还是相对缓和，当然这也是刑法之所以将打击的重心放在故意犯罪上之缘由。但如前所叙，态度属人格之基本范畴，系指个体基于过往经验对其周围的人、事、物持有的比较持久而一致的心理准备状态或人格倾向，态度在后天的社会生活中习得，既可通过他人或大众媒体等间接经验形成，也可形成于个体的直接经验，主要通过联想、强化和模仿三种过程获得，并且具有一旦形成即相对稳定之特征，因而会持续性地影响主体的系列行为。态度所具有的此等属性及特征也意味着，对于过失犯罪若不动用刑法加以制裁以矫正其此等态度的话，行为人还可能会重复自己的行为，他人也会在耳濡目染中潜移默化地养成这种社会生活态度，久而久之，势必此类行为事故频仍。更何况，即便是在刑法对过失犯罪已予制裁的现实境况中，有统计数据显示，过失犯罪的发生率都要远高于故意犯罪。[①]并且，若继续深究过失心理所反映出来的对他人利益的忽视、漠视态度，还将发现此种态度其实也是行为人惰性的体现，因为过失犯罪是一种行为人未充分发挥自己意志之主观能动性以正确认识自己行为的性质从而造成本可避免的危害结果之情形，故明显反映出行为人的惰性。所谓惰性，是指因主观上的原因而未按要求或既定目标而行为的一种心理状态。惰性具有普遍性、差异性和恒存性等特点。惰性的普遍性是指惰性心理普遍性地存在于每一个体中，但并不等同或者喻示这种心理起主导作用；惰性的差异性是指不同个体可能因教育程度、价值观、生活经验、认知能力、意志力等的不同而表现出差异；惰性的恒存性则是指其可以被意志战胜或克服，但不能永久消失，它伴随人类的存在而存在，又依附着个体由生到死全过程而存在。[②]惰性可谓是人的天性之一，它普遍恒久地存在于每一个体中，并且可以在人与人的交往过程中被激活、强化以及蔓延扩散，经常而又广泛地对人们的日常行为产生影响，这或许就能够在很大程度上解释过失犯罪在现实生活中的发生率何以会远高于故意犯罪了。不过尽管如此，惰性还是能够被人的意志所战胜或克服，这也是过失犯罪之所以需要承担刑事责任的重要心理根据。

综上可知，犯罪过失由于体现了行为人对他人利益的忽视、漠视态度及其背后的行为人的惰性，态度与惰性之属性及特征皆充分表明，过失犯罪同样能够威胁刑法法益，因而与故意犯罪有着相同的本质，这也是刑法之所以将过失犯罪纳入自己打击范围的根本依据所在。

二、过失犯罪有无犯罪的未完成形态

与间接故意一样，犯罪过失也欠缺追求犯罪结果之犯罪目的，因而

---

① 在日常生活中，过失犯的发生率要远高于故意犯，根据我国台湾地区“法务部”1990年至1994年五年间的统计数据显示，以侵害生命法益的犯罪为例，过失致死罪的犯罪科刑人数，总在故意杀人罪的五倍到十倍之间，参见许玉秀：《主观与客观之间——主观理论与客观归责》，法律出版社 2008 年版，第 137 页。应该说，这在世界各个国家或地区都具有普遍性。

② 惰性的这些特征由来于惰性诱因，惰性诱因包含自然因素、社会因素以及心理因素。惰性的自然诱因是生物体生存的需要，因为生物体普遍以保证维系其生存条件下尽可能耗能低的形式而存在；惰性的社会诱因是利益的诱导，个体在社会活动中非常注重成本与收益，思考着如何以更少的付出获得更多的回报；惰性的心理诱因是个体的动机、情绪情感、性格、意识、潜意识等都可以成为惰性产生的催化剂。参见黎宏颖：“惰性心理特征及抑制”，《思想政治工作研究》1992 年第 1 期，第 39-40 页；何剑：“浅论人的惰性”，《第二届中国科技哲学及交叉学科研究生论坛论文集》（2008 年），第 504-505 页。

缺乏以犯罪目的作为核心内容之意志。不过尽管如此，在过失犯罪中，由于危害结果的发生与否仍然处于行为人的意志所能够控制之范围，或者说，危害结果的最终发生系因行为人未充分发挥自己意志之主观能动性，从而未对导致或避免危害结果发生的相关条件加以有效控制所致，简言之，即原本能够凭借其意志加以有效控制但实际却未予有效控制之情形，因而是人的意志之特殊表现形式或存在状态。并且如上所析，此等意志状态同样能够对刑法法益构成威胁，故也因具备犯罪的本质而成为刑法的打击对象。

有别于直接故意，犯罪过失与间接故意一样，其意志因素内容中因欠缺具备支配调节与定向指引功能的犯罪目的，如此使得行为的发展表现出盲目性以及行为的意志状态内容表现出不确定性，此时对行为意志状态内容的把握将无法脱离行为在客观现实中的实际发展情状，换言之，行为的意志状态内容此时唯有诉诸行为的客观实际发展情状方得以确定，也即，行为的客观实际发展情状如何，那么行为的意志状态内容便为何，舍此，行为的意志状态内容将无从把握。由于罪过之意志因素乃整个犯罪构成体系的核心支柱以及刑法对犯罪行为实现有效打击的着力点，而犯罪过失之意志因素所具有的如上特征也意味着：唯有当行为的实际发展最终造成了法定的客观危害结果时，该意志状态方具备罪过之意志因素，行为才成立犯罪；当行为的实际发展并未导向或者未促成法定的客观危害结果时，那么该意志状态便不具备罪过之意志因素，该行为也不构成犯罪。此外，如上文所析，既然在行为并未造成法定的客观危害结果时，行为人对之加以接受的心态都不是罪过，那么在行为并未造成法定的客观危害结果时，行为人反对或否定危害结果发生的心态就更不应该是罪过了。由此可见，一如间接故意犯罪，过失犯罪也是只有成立与否的问题，而无犯罪的未完成形态问题，故那种认为过失犯罪实际也存在未遂形态只是立法不予处罚之见解①，实乃不明白罪过之意志因素在整个犯罪构成体系中的核心支柱地位以及过失犯罪之意志因素所具有的如上特殊性使然。

三、违反注意义务应否为过失犯罪之成立条件

中外主流刑法学理论均认为，较之于故意犯罪，过失犯罪在成立条

① 参见许玉秀：《当代刑法思潮》，中国民主法制出版社 2005 年版，第 358 页；张明楷：“行为无价值论的疑问——兼与周光权教授商榷”，《中国社会科学》2009 年第 1 期，第 104 页。

件上多出了一个违反注意义务条件（肯定说），不过也有些学者提出，违反注意义务不应该作为过失犯罪之成立条件（否定说）。那么，违反注意义务到底应否为过失犯罪之成立条件呢？可以看到，虽然学界对于该问题存在争议，但在理论上无疑议的是，过失犯罪的确违反了注意义务，只是在持否定说的论者看来，由于注意义务也即避免危害结果发生的义务，因而违反注意义务也就成为故意犯罪和过失犯罪的共同特征，既然没有人会认为故意犯罪之成立应以违反注意义务作为条件，那么过失犯罪也就同样不应该有这样的成立条件。[①]由此可见，要解决违反注意义务到底应否为过失犯罪之成立条件问题，首先需要究明的是，故意犯罪和过失犯罪是否都违反了注意义务？

毫无疑问，欲正确解答故意犯罪和过失犯罪是否都违反了注意义务的问题，把握注意义务至为关键，而欲把握注意义务又以明确何谓“注意”作为前提。如前所述，注意是一种心理现象，在心理学中，注意是指心理活动或意识对一定对象的指向和集中。指向性和集中性是注意的两个特点，注意的指向性是指心理活动有选择地反映一定对象而离开其余对象，指向性不同，人们从外界接受的信息也不相同，注意的集中性是指心理活动停留在被选择的对象上的强度或紧张度。注意不同于意识，注意是一种心理活动或“心理动作”，而意识主要是一种心理内容或体验，注意提供了这样一种机制，即决定什么东西可以成为意识内容，而什么东西不可以。集中注意的对象就是注意的中心，在注意的中心，意识内容或对象清晰明确，意识过程紧张有序，其余对象有的处于注意的边缘，多数则处于注意的范围之外，基此形成的意识内容模糊不清乃至于无。根据人的心理活动所指向和集中的客体性质的不同，注意可区分为外部注意和内部注意，外部注意是指人对周围事物的注意，内部注意则是指对自己的思想和感情等的注意。[②]据此可知，刑法中所探讨的注意义务应当是指要求行为人在行为时集中注意以避免危害结果发生的义务。过失犯罪是行为人有能力将自己的行为可能造成危害结果之事实或者避免自己的行为造成危害结果之事实置于自己注意的中心范围内，却将它们边缘化（过于自信的过

① 参见黄荣坚：《基础刑法学》（上），中国人民大学出版社 2009 年版，第 250-256 页；许玉秀：《主观与客观之间——主观理论与客观归责》，法律出版社 2008 年版，第 150-152 页。

② 参见叶奕乾、何存道、梁宁建编著：《普通心理学》（第四版），华东师范大学出版社 2010 年版，第 42 页以下；彭聃龄主编：《普通心理学》，北京师范大学出版社 2012 年版，第 218 页以下。

失）乃至无意识化（疏忽大意的过失）了，最终导致了危害结果的发生，因而过失犯罪违反了注意义务可谓显而易见。而犯罪故意的行为人由于对自己的行为及其危害结果在认识上是明知，在意志上则是一种追求或不计后果的心态，故自己的行为及其危害结果原本即居于行为人意识的中心地带，因而根本不存在如过失犯罪那般行为人在事实上将它们边缘化或无意识化的问题，此时当然也就不存在要求行为人注意避免危害结果发生之规范期待了，换言之，在故意犯罪中，对于行为人而言，根本不存在要求其注意自己的行为以免造成危害后果的问题，因此，故意犯罪并无所谓违反注意义务的问题。由此可见，违反注意义务并非如否定说所认为的乃为故意犯罪和过失犯罪所共有。

既然违反注意义务乃为过失犯罪所独有，那么能否就此断定，过失犯罪的成立就必须以违反注意义务作为条件呢？不少论者或许会认为，既然未违反注意义务就绝无可能构成过失犯罪，那么违反注意义务也就无疑应该成为过失犯罪的成立条件之一。的确，过失犯罪都违反了注意义务，未违反注意义务的行为绝不可能构成过失犯罪，但仅此并不足以成为违反注意义务乃过失犯罪成立之必要条件的充分理据。例言之，根据我国公务员法第 14 条之规定，公务员负有“清正廉洁，公道正派”之义务，而贪污罪、受贿罪、徇私枉法罪和民事行政枉法裁判罪等均违反了该义务，反之，若主体并未违反该义务，必定无法构成这些罪，但违反该义务却并非为这些罪成立的必要条件。还有如，故意杀人罪都违反了不得无端剥夺他人生命之规范义务，未违反该义务的行为必定不构成故意杀人罪，但违反该义务也同样不是故意杀人罪成立的必要条件。类似的情形则有，如上文所析，行为只有具备正当性才可能是正当防卫，缺乏正当性的行为无论如何都不可能是正当防卫，但正当性却并非为正当防卫的成立条件之一。由此可见，仅仅以过失犯罪必定违反了注意义务及未违反注意义务的行为必定不构成过失犯罪作为肯定违反注意义务乃过失犯罪成立之必要条件的理据并不充分。

经由如上分析后可知，无论是肯定说还是否定说，各自的理据都存在较大的问题，几番思虑后，笔者还是持否定说。不难发现，除了面对基于故意实施的违法或违规行为，规范无法要求行为人应该尽到注意义务外，人们无论是在日常生活中或是进入到特定的社会关系领域（如特定行业），在实施行为时都需要集中注意，这样既可以提高行动的效率，又可以避免差错或事故，如此于己于人都是有百利而无一害的，注意义务也因此与人的行为（故意违法或违规的行为除外）相伴而生、如影随形，成为人们日常行为规范、行业规范以及法规范（规制故意违法或违规行为的规范除外）的当然内容或必然要求，正如拉丁谚语所言：“不管你做什么，都必须明智地去行事，并且顾及最终的结果。”[①]具备注意义务也因此并非为主体所具有的一种特殊身份或资格。而履行注意义务的条件也相对简单，只要求主体具备相应的能力即可，至于能力获取的方式，则主要包括日常交往、家庭与学校教育以及专门训练等。就过失犯罪而言，只要主体对于自己的行为可能造成的危害结果具有回避之能力（即控制危害结果不发生的能力）[②]，却没有运用该能力去避免，最终导致了危害结果的发生，这些事实本身，一方面表明行为的确违反了作为非规制故意犯罪之刑法规范的当然内容或必然要求的注意义务，另一方面也宣告了过失犯罪的成立。因为在现实中，我们根本找不到此般情形，即行为人对于自己的行为可能造成的危害结果有能力避免却未予避免最终造成了法定的危害结果，而不构成过失犯罪或者没有违反注意义务之情形。据此可知，认定行为违反注意义务其实并非判断过失犯罪成立的必经环节或必要条件，而是过失犯罪成立的附随结果。实际上，无论是未尽到注意义务最终导致了法定危害结果发生的过失犯罪也好，还是已遵守注意义务最终没有发生危害后果的合法行为也罢，违反了注意义务与遵守了注意义务都分别是过失犯罪与合法行为成立的附随结果，而非判定过失犯罪与合法行为成立的必经环节或必要条件，换言之，与遵守了注意义务并非合法行为成立的必要条件是一个道理，违反了注意义务也非过失犯罪成立之必要条件。不过，笔者认为，违反注意义务虽然不应该作为过失犯罪的成立条件之一，但已尽到注意义务有时可以成为反映主体有无刑事责任能力之因素，具言之，行为人若已尽到结果回避之注意义务但仍未能避免危害结果发生时，则表明行为人此时对于危害结果的发生缺乏回避之能力，也即无刑事责任能力。概言之，违反注意义务不应该作为

---

① 转引自[德]汉斯·韦尔策尔：《目的行为论导论》，陈璇译，中国人民大学出版社2015年版，第41页。

② 危害结果之回避能力乃主体控制（意志）能力在过失犯罪中的具体表现，构成了主体刑事责任能力之核心，它以危害结果之预见（辨认）能力为前提，二者共同构成了主体刑事责任能力之完整内容。

过失犯罪的成立条件之一[①]，但已尽到注意义务有时可以成为反映主体有无刑事责任能力之因素。

① 于此值得特别一提的是，违反注意义务并非过失犯罪之成立条件，那么是否意味着在不作为犯罪中，违反作为义务也不应该成为不作为犯罪的成立条件呢？答案是否定的，就中缘由在于：与作为犯罪相比，不作为犯罪具有特殊的结构，表现为，在不作为犯罪中，行为人的身体条件在功能上是缺位的，也即从外观上看，是主体身体之外的客观因果流程导致了危害结果的发生。不作为犯罪在结构上的此等特殊性意味着要让主体与这一外在因果流程产生联系，就必须基于某种价值考量通过规范赋予特定主体以阻断这一外在因果流程之作为义务，或者说，令特定主体居于阻断这一外在因果流程之地位，也即理论上所谓的“保证人地位”，参见拙著：《不纯正不作为犯的基本问题研究》，法律出版社2010年版，第63页以下。因此，主体所负有的作为义务或居于保证人之地位系其特殊身份的体现，而如上文所析，这种特殊身份是反映主体特殊责任能力之因素，也即主体进入到特定社会关系领域之资格。就不作为犯罪而言，不负有作为义务或不居于保证人地位者，对于特定的法价值就不负有保障其安全的法律义务，即便其事实上有能力（指一般责任能力）阻断却未去阻断损害该法价值的客观因果流程，也不构成犯罪。由此可见，在过失犯罪中，由于具备注意义务并非为主体所具有的一种特殊身份或资格，因而有别于注意义务之于过失犯罪，主体具有作为义务，是不作为犯罪成立的必要条件。最后还值得一提的是，在过失犯罪中存在着监督过失这种较为特殊的类型，监督过失是指监管者未尽到监管义务而造成法定危害结果之情形，监督过失犯罪的成立要求主体必须具备监管义务之条件，不过需要注意的是，监督过失犯罪的主体监管义务之成立条件并非因行为系过失犯罪而具有，而系因行为乃不作为犯罪使然，因为在监督过失犯罪中，监管者其实是居于保证人地位者，从而具有监管义务（属作为义务之类型）。

第八章　行为之客观因素与犯罪客观要件

无论是在人文社会科学领域还是自然科学领域，行为客观论都是绝对主流的见解，即肯定行为乃主观的客观化，系由主客观要素构成的统一体。的确，构成行为的客观因素一旦缺失，那么人的内在心理也将因失去表现自身的物质载体而沦为纯粹的思想。而从犯罪成立的视角来审视，不表现于外的纯粹内在心理，无论其如何之邪恶，由于都不可能引起外在环境的变化，因而不可能在现实中产生危害社会之后果，当然也就不可能构成犯罪了，这也是近代以来的刑法学理论何以将整个刑法学理论大厦奠基于“犯罪是行为”这一刑法学最根本命题之上的缘由。犯罪客观要件乃为行为成立犯罪在客观方面不可或缺的条件，接下来拟以构成行为的客观要素为基础，对该要件及其相关问题展开研究。

第一节　行为客观方面之构成因素概述

现实中，任一完整的行为无不是主体以一定的客观条件或者说采取一定的手段或方法作用于一定的对象，从而引起对象存在状态发生改变，最终产生某种结果的过程。据此，作为完整形态的行为，其客观方面依据行为的发展过程便依次包含行为手段或方法、行为对象以及行为结果三个基本的因素，接下来拟对这三个基本因素加以分析。

一、行为手段（方法）[①]

人的行为是一种对象性活动，依据生活经验可知，这种对象性活动必须借助指向对象的客观条件，否则，必无所谓的对象性活动，而指向对象的客观条件也即行为手段。当我们将人的行为与动物行为进行比较后将不难发现，在用以作用于周遭事物的客观条件上，人的行为还是具有极为显著的特征。动物借以作用于周遭事物的客观条件往往就是其躯体，即近乎完全是以自身躯体直接作用于对象，因而动物行为之手段基本局限于其躯体。而人的行为则与之迥然有别，在于人类极大地拓展了自身与周围环境之间发生作用的客观条件的范围，除自身躯体外，不计其数的自然之物以及经由人类加工改造后的客观事物均成为了自己借以作用于周遭环境的媒介。马克思曾就此指出，“这样，自然物本身就成为他的活动的器官，他把这种器官加到他身体的器官上，不顾圣经的训诫，延长了他的自然的

---

① 在辞书以及日常用语中，“手段”与“方法”往往不加区分，互为注释，譬如，将“手段”界定为“为达到某种目的而采取的方法和措施”，参见《辞海》，上海辞书出版社 2000 年版，第 4123 页。或“为达到某种目的而采取的具体方法”，参见《现代汉语词典》，商务印书馆 2005 年版，第 1254 页。而“方法”则被界定为“处理事情所用的手段”，参见《新华字典》，商务印书馆 2000 年版，第 454 页。以致在用语的使用上，二者常常互相替代。不过，严格而言，手段与方法并不能等同。黑格尔曾指出，手段具有“外在的实有的形态，对目的本身及目的的实现都漠不关心”，参见[德]黑格尔：《逻辑学》（下），杨一之译，商务印书馆 1982 年版，第 433 页。马克思在论述劳动资料（即劳动手段）时也指出，“劳动者利用物的机械的、物理的和化学的属性，以便把这些物当作发挥力量的手段，依照自己的目的作用于其他的物”，参见马克思：《资本论》（第 1 卷），人民出版社 2004 年版，第 203 页。由此可见，手段是一种静态的、以实物形态存在的、连接主体与对象之间的中介物，也即工具。对于方法，在思想家培根看来，是“心的工具（mind’s tools）”，其主要作用在于“激励理智或为其提供警示”，See Francis Bacon: *The New Organon*, Cambridge University Press, 2000, p.33。黑格尔也认为，“方法就是关于逻辑内容的内在自身运动的形式的意识”，参见[德]黑格尔：《逻辑学》（上），杨一之译，商务印书馆 1982 年版，第 36 页。“在探索的认识中，方法也同样被列为工具，是站在主观方面的手段，主观方面通过它而与客体相关。主体在这种推论中是一端，客体则是另一端，前者通过它的方法而与后者联在一起”，参见[德]黑格尔：《逻辑学》（下），杨一之译，商务印书馆 1982 年版，第 532 页。“方法并不是外在的形式，而是内容的灵魂和概念”，参见[德]黑格尔：《小逻辑》，贺麟译，商务印书馆 1996 年版，第 427 页。另据《中文大辞典》之释义，方法乃“行事之条理也”，参见林尹、高明主编：《中文大辞典》（第四册），中国文化大学出版部 1990 年版，第 1088 页。据此可知，方法的主要特征是主观性和动态性，即为主观性的、动态的手段，是人们有效完成任务应当遵循的条理、途径与程序的总和。有关手段与方法的具象区分，于此以“庖丁解牛”为例，庖丁解牛所使用的利刃即为有效解牛之工具或手段，而在对牛的生理结构充分把握的基础上，遵循牛的生理特性运刀，则为有效解牛之方法。手段与方法本应作如上区分，换言之，在行为的客观层面所探讨的本应是行为手段，但考虑到我国刑法的相关规定，如传授犯罪方法罪、非法捕捞水产品罪和非法狩猎罪等，其中的方法也具有客观性，如此便与手段之间已无明确的界限。有鉴于此，本书对行为手段与行为方法也不作严格界分，因此，犯罪手段也即犯罪方法，手段不能犯也即方法不能犯。

肢体”[①]，这种媒介我们通常称之为工具。黑格尔把人的这种能够制造和使用工具之特性视为“理性的机巧”[②]，“人以他的工具而具有支配外在自然界的威力”[③]。马克思在论述劳动资料时还曾提到，“劳动资料的使用和创造，虽然就其萌芽状态来说已为某几种动物所固有，但是这毕竟是人类劳动过程独有的特征，所以美国著名政治思想家、科学家本杰明·富兰克林给人下的定义是“制造工具的动物（a toolmaking animal）。”[④]美籍德国裔生理及心理学家、格式塔心理学的代表人物之一科勒（Köhler）在对猿猴行为研究后也指出，“人类行为最根本且特别之处在于工具的选择与运用。”[⑤]人类也正是以驱役万物的姿态而成为自然的主人。职此之由，制造和使用工具也构成了人的主要特征，这一主要特征也成为了人区别于动物的重要标志之一，[⑥]而借由工具作用于对象也构成了人的行为在客观层面上的特殊本质，当然，这一特殊本质由来于人所具有的另一特殊本质——主观能动性。

人都是利用客观条件（含自身躯体以及躯体之外的客观条件）作用于周围环境从而改造客观世界的，人的行为必须依赖一定的客观条件，没有客观条件，任何行为均将无从施展。客观条件（行为手段）是构成行为的必备因素，这一论断的作出并非先验的妄断，而是基于对行为构成事实所作的实事求是考察。审视过往形形色色的行为学说，对于行为如此重要

① 马克思：《资本论》（第1卷），人民出版社2004年版，第203-204页。

② 理性的机巧是黑格尔辩证法中一个重要的观点，主要是说理性是能动的，不是抽象、死板、直线式的，而好像是有机心、有权谋策略、灵活应变的，因而理性不是软弱无力，而是有威力的，能够利用客体，自然事物，甚至世界史人物作为实现它的目的的工具，及至目的已经达到，时变境迁，潮流向前，它又有威力和机巧把那些工具抛在后面，而理性自己却仍向前曲折地辩证进展，不牵连其中，也不受损害。参见[德]黑格尔：《小逻辑》，商务印书馆1996年版，第394页。

③ [德]黑格尔：《逻辑学》（下），杨一之译，商务印书馆1982年版，第438页。

④ 马克思：《资本论》（第一卷），人民出版社1975年版，第204页。

⑤ 转引自[俄]维果茨基、陆利亚：《行为简史》，钟宜兴译，洪叶文化事业有限公司2006年版，第25页。

⑥ 即便如现代黑猩猩那样已具有高度“动物智能”的动物，其生命活动也近乎完全依赖身体器官直接地作用于对象，虽然偶尔能加工和使用一下“工具”，如黑猩猩甚至会去掉树枝的侧枝伸入蚁穴以获取白蚁，但这仍然只是制造、使用工具的萌芽状态，因为它们的这些活动并不是经常性的，仅仅是在满足眼前情境的需要时发生，它们不懂得工具的性质和功能，也不会保存这些工具，更不会据此而设想出某种新的工具。而人类则能够通过对工具的使用以及对当前具体情境进行分析与综合的基础上，认识到工具的性质和功能，并且按照事先考虑好的计划制造出工具，进而按其用途来使用它、保存它。参见 Neil MacGregor: *A History of the World in 100 Objects*，Penguin Group（USA）Inc., 2010, p.13；黄希庭：《心理学导论》，人民教育出版社 2001 年版，第 68-69 页。可见，虽然少数动物也偶尔地制造和使用工具，但只能算是萌芽状态，不具有普遍性，故制造和使用工具不构成其主要特征，而人类在这一点上则恰恰相反，通过工具作用于对象成为其行为的主要特征。

而又显而易见的因素均完全忽略，虽然有的行为学说认为“有体性”或者“有形性”是构成行为的一个要素，但仅仅以“身体的动静”对其进行笼统地描述，或者说，只是将行为视为人的身体现象，在思考上把人的身体与身外之物加以切割。[①]笔者认为，将行为的“有体性”或“有形性”描述为“身体的动静”，是空洞无物、没有多少刑法意义的说辞，因为如所周知，任何事物无非以绝对的“动”和相对的“静”两种状态而存在，可世间事物之形体与结构却万千百态，有形者有之，无形者亦有之，动者、静者既可为有形（体）之物，也可为无形（体）之物，换言之，事物之“动”或“静”与其“形”或“体”并无内在必然的联系。此外，身体动静实际也不能够为作为与不作为行为提供充分的解释，就中缘由在于，不作为行为并不等同于身体的静止，如母亲未给婴儿哺乳而在外游玩，作为行为也不等同于身体的运动，如匐伏、站立、安坐、注目凝视等行为。[②]由此可见，把行为的“有体性（有形性）”仅仅描述为身体的动静，而缺失指向对象的客观条件（行为手段）之内容，将不可能把握人的行为在客观层面之实质，行为概念也将因之失去诸多基本机能。

不难发现，指向对象的客观条件（行为手段）可区分为两大类：行为人的躯体与躯体之外的客观事物。躯体是主体的内在心理赖以依附的生理载体，一旦躯体生理死亡，内在心理也将因失去依托而消亡。躯体与内在心理的此等密接关联性也决定了，在整个客观世界中，自身的躯体是最听从自己使唤的客观条件，因而也成为了行为所依赖的所有客观条件中最常见、最重要的条件。主体躯体之外的客观条件则包含：自然之物，经人加工或创造之物，自己所具有的特定身份或地位，还有他人的身体、行为以及身份或地位，等等。

---

① 他们之所以把人的身体和身外之物加以切割，系因认为，如若不予切割，那么由于世界的本身是没有间隙的存在，人与身外之物结合的结局是，在这个世界上看不出有人体的存在，也没有所谓行为的存在，参见黄荣坚：《基础刑法学》（上），中国人民大学出版社 2009 年版，第 182-183 页。在笔者看来，认为对人的身体和身外之物若不加以切割就不再有行为的存在，概因未把握人的行为在客观世界中的存在界域之判断标准所致，如本书所析，人的行为在客观世界中的存在界域的确是无法从纯粹客观的视角加以确定的，而诉诸行为的主观来确定行为的客观存在界域是唯一切实可行的途径。在确定行为在客观世界中的存在界域后，当然也就不会出现上述“没有行为存在”之认识了。

② 因此，有关作为犯罪与不作为犯罪之区分，不应该以身体的动静作为标准，而应该以主体的身体条件在犯罪对象转化为犯罪结果的过程中是否投入了能量作为区分标准方为合理，有关二者的区分详见拙著：《不纯正不作为的基本问题研究》，法律出版社 2010 年版，第 57-74 页。

二、行为对象[①]

人的行为系一种对象化的活动，或者说是一种改变对象存在状态的活动，故在对人的行为加以探究时也不能脱离行为对象。如所周知，人的行为之对象包含“人”和“物”两种基本的类型。

人除了作为主体而成为自己行为的发动者外，同时也与其他的客观事物一样，系一种客观存在，人的肉体则是人作为客观存在的直接物质载体。此外，作为科学事实，人的内在心理事实也同样是一种客观存在，既然是客观存在，那么其本身（无论是其肉体或是心理）也就无疑可以成为人的行为之对象。因此，作为个体的人既可以成为行为的主体，也可以成为行为的对象（客体），是主体与对象（客体）的统一。需要进一步指出的是，“人是主、客体的统一”这一命题包含着两层含义：“一是讲人可以是活动的发出者也可以是别人发出的活动的指向者、接受者，人既可以充当主体又可以充当客体，这是非人的物所不具有的特点和性质；二是讲人又可以以自身为对象，同时承担两种角色，是这两种规定的统一。”[②]可见，就作为人的行为之对象的“人”而言，既可能是他人行为之对象，也可能是自己行为之对象，其中还包含主体以自身作为行为对象（典型的有自杀、自伤等）之情形。并且不难发现，现实中还存在将两种情形结合在一起之情形，如教唆或帮助他人自杀、自伤之情形，此时从教唆者、帮助者的角度来观察，被害人将集行为手段与行为对象于一身，即此时被害人既成为教唆者、帮助者之行为手段，也成为其行为对象。把握人所具有的此等特征将有助于我们解开传统犯罪对象理论中存在的相关疑难问题。

行为对象乃作为客观存在之人或物，根据客观事物普遍联系原理，世间一切事物（包括人）均无不处于普遍联系之中，这种联系表现为事物与事物之间以及事物内部诸构成要素之间的相互联结、相互依赖、相互影响、相互作用、相互转化等关系。联系的普遍性与多样性也决定了事物属

---

① 需要注意的是，笔者于本书中所阐释的行为对象概念是犯罪对象的上位概念，而迥然有别于我国有学者所主张的行为对象概念以及德日犯罪论体系中的行为客体概念，各自之间的区别笔者将于下文论及。

② 李德顺主编：《价值学大辞典》，中国人民大学出版社 1995 年版，第 985 页。

性的多样性[1]，事物的每一种属性（无论是自然属性还是社会属性）所代表的不同联系在现象形态上往往都有其相对独特的表现形式，这些不同的表现形式就是人们在特定时空下从不同视角或者以不同方式对事物进行观察所呈现出来的各种存在状态，如物的形状、结构、位置、气味、色彩、温度、动静、归属等，人的生、老、病、死、血缘、身份、地位等，可以说，任何事物以及人均无不是以一定的状态而存在，这些不同的存在状态也是我们把握其各种属性的客观依据。

人的行为就其自然属性而言，是主体做出的能够对具体人或物的存在状态产生影响的客观现象，详言之，乃主体通过一定的手段改变具体人或物的某种或某些存在状态，或是主体通过一定的手段使具体的人或物以保持或避免出现某种特定的存在状态。可见，作为行为对象的“具体的人或物”，确切而言，所指的应该是具体人或物的某种或某些存在状态。在人的行为中，作为行为对象的人或物的特定存在状态的改变、保持或者避免，与行为主体或他人的特定需要紧密相关，正是二者之间的这种紧密相关性使得行为对象的特定存在状态的改变、保持或者避免这种原本只具有自然属性的事态也具有了价值或者社会属性。行为对象特定存在状态的改变、保持或者避免兼具社会属性由来于人的需要的特殊性，其特殊性表现为，“任何个人的需要，都只能在社会中通过与他人的联系才可能得到满足”，或者说，“任何人都只能以其他社会成员所能认可或忍受的方式来满足自己的需要”。[2]因此，如若某一事物的某种客观存在状态（如人的生命和肢体完整，所有人占有其财物，公共场所的有序状态，等等）的保持符合社会多数人的利益，那么社会规范就往往会保护它的这种存在状态，个体若对之加以改变则势必因得不到社会公众的认可或容忍而被评价为有害，进而通过相关的社会规范对之加以谴责或禁止。在特殊情况下，特定人或物已经存在的或者将要出现的某种状态不被社会公众所认可或容忍，此时相关的社会规范也往往会要求特定社会关系的主体去改变该既存状态或阻止某种特定状态的出现，如若相关的社会关系主体未实施特定的行为（即不作为），也会被相关社会规范给以否定性的评价。由此可见，作为行

---

① 所谓属性，是指“事物本身所固有的性质及与其他事物之间的关系”，“是物质必然的、不可分离的本性，又是事物的某个方面质的表现，即一事物和他事物发生联系时表现出来的质”，参见《辞海》，上海辞书出版社 2000 年版，第 1364 页。由此可见，事物之所以具有不同的属性乃因联系之不同使然。例言之，枯木具有可漂浮之属性，是枯木与比其密度更大的液体（如水）发生联系时所表现出来的属性，而若将其与其他事物（如火）发生联系时，其可漂浮之属性便无法彰显，而表现出其他的属性（如可燃性）。

② 高铭暄、马克昌主编：《中国刑法解释》（上卷），中国社会科学出版社 2005 年版，第 63 页。

为对象的人或物的特定存在状态的改变、保持或避免，不仅是一种客观事实，而且体现特定的价值，兼具事实与价值属性之行为对象也影响着作为整体的行为的自然属性及社会属性。

三、行为结果

结果是指"在一定阶段，事物发展所达到的最后状态"[①]，据此，行为结果就应该是指在一定阶段，行为发展所达到的最后状态。人的行为是在一定意志状态支配下的对象性活动，此一对象性活动的通常形成及发展过程是：行为人基于特定的需要，在认识到能够满足该需要的对象及手段的前提下，通过意志控制手段作用于对象，使对象的原有存在状态改变至符合自身需要的状态，也即产生符合自身需要的结果。由此可见，行为结果与行为对象密切关联，行为结果是行为对象在受到行为手段作用后所呈现出来的特定状态。

行为结果系因行为对象受到行为手段作用后所呈现出来的特定状态，从社会规范的角度来看，社会规范容许一些行为也禁止某些行为，就被禁止的行为而言，应包含禁止人们将人或物改变至某种特定的状态，也即禁止的内容中应该包含禁止特定结果的发生，因此，行为的结果便成为衡量行为价值的一项重要的指标。不过，由于人的行为是主客观的统一体，在不同的规范体系中，对行为的评价往往并非唯结果论。譬如，在道德规范体系中，行为的非价虽然包含主观与客观两个方面，但侧重点还是在于实施行为的主观动机；在民法规范领域，由于民事法律关系的主体在法律地位上平等，而平等的主体是不能互相惩罚的，由此也决定了其对行为的非价集中体现在了行为所造成的客观损害结果上，因而确立了包含无过错原则、公平原则等在内的民事责任原则；而在刑法规范领域，如本书所析，对行为的非价集中体现在了罪过之意志因素上，因而确立了罪过原则，无罪过的行为无论造成了何其严重的客观危害后果，都不可能构成犯罪。

在哲学上，结果又是与原因相对的基本范畴，"原因是引起某种现象产生的现象，结果是被某种现象所引起的现象"[②]。通过上述对行为手段、行为对象以及行为结果的关系论述后可知，在人的行为的客观层面，这种因果关系具体表现为：行为手段作用于行为对象，进而引起行为对象

---

① 《现代汉语词典》，商务印书馆 2005 年版，第 698 页。

② 冯契主编：《哲学大辞典》，上海辞书出版社 2001 年版，第 1885 页。

存在状态发生改变之结果。基此可知，在该因果关系中，因果关系之“因”应当是“行为手段作用于行为对象”，而其“果”则应该是“行为对象受到行为手段作用后所呈现的特定状态”，也即“行为结果”。不过，需要注意的是，人的行为在客观层面上的因果关系虽然属于自然因果律之范畴，但较之于纯粹的自然因果律，人的行为在客观层面上的因果关系还是有其特殊性，其特殊性由来于人的行为之特殊结构。人的行为系一主观客观化的过程，故从由里及表的纵向视角来观察，也存在一个因果关系，在这一因果关系中，主观是原因，客观是结果，这也是传统因果行为论的基本内容及其名称之由来。依据逻辑与经验可知，原因决定结果，即行为的主观决定着行为的客观，据此可知，处于行为客观层面的横向因果关系，受制于行为由里及表的纵向因果关系，因此，虽然居于行为客观层面的横向因果关系具有客观性，但其整体却是受到主体的内在心理状态支配制约的，这种支配制约关系体现为，无论是作为原因的“行为手段作用于行为对象”，还是作为结果的“行为对象受到行为手段作用后所呈现的特定状态”，都必须为行为人所认识或应该认识并为其所控制或应该控制，换言之，对人的行为在客观层面的因果关系的把握，不能脱离行为人行为时的内在心理状态。还需要注意的是，从行为人的内在心理状态的角度来把握行为客观层面的因果关系并未否定因果关系的客观性，这是因为，因果关系的客观性实指因与果的“联系”是客观的或符合客观规律的，而行为客观层面的因果关系，无论是其“因”或是“果”，由于都是客观事物，故二者间的“联系”也就必然是客观的或符合客观规律的，换言之，行为客观层面的因果关系之“因”与“果”即便都受到行为人内在心理状态的支配制约，也无法否定二者之间联系的客观性。对人的行为中所存在的纵、横两个向度的因果关系及其相互关系的揭示具有重要的刑法学价值，这是我们把握刑法因果关系之前提和基础。

第二节　犯罪手段

任何行为的实施都必须采取一定的手段，缺乏手段，行为将无从施展，犯罪行为的实施当然也不例外，因此，对犯罪客观要件的探讨不能忽视犯罪手段。

一、犯罪手段辨析

根据上述对行为手段、行为对象以及行为结果的分析可知，行为结果是行为手段作用于行为对象后所呈现的特定状态，因而犯罪手段就应该是指行为人借以作用于犯罪对象从而使其转化为犯罪结果的客观条件，基于上文之分析以及结合刑法的相关规定可知，行为人借以作用于犯罪对象的客观条件应当包含如下几种类型：

（一）主体的躯体

主体的躯体主要是指主体的身躯（含身体器官），如挥拳打人、抬脚踢人、用身体撞人等。此外，主体躯体因某种原因所表现出来的特定状态也可以成为犯罪的手段，例如，行为人身体所发生的特定病变，如患有严重性病、被感染 SARS、HIV 等传染病病毒等，便可成为传播性病、以危险方法危害公共安全、故意伤害等犯罪的手段。有关主体的躯体，需要注意的问题主要有：

其一，主体的躯体作为客观事物具有双重属性，一方面它是客观事物，故当然可以成为犯罪的手段，并且是客观世界中最听主体使唤的工具，另一方面它又是行为人内在心理赖以依附的生理载体，从行为的内在心理因素所处的层次来看，躯体首先应该属于反映主体责任能力的因素，因为在躯体死亡或者处于昏迷、麻痹、瘫痪等状态时，辨认或控制能力就将消失，即不具备责任能力。此外，在少量罪中，躯体的某种生理特征是反映主体责任能力的因素，譬如强奸罪，我国刑法理论及实务界均肯定女性单独（即排除理论所谓的狭义共犯与间接正犯之情形）不能成为强奸罪的主体，据此，男性之生理特征就应该属于反映主体责任能力之因素。又如传播性病罪，依据我国刑法第 360 条之规定，该罪成立要求行为人患有严重性病，患有严重性病也应该属于反映主体责任能力的因素，换言之，若主体并未患严重性病便不具备实施该罪之能力。

其二，躯体虽然是心理赖以依附的生理载体，但就犯罪行为的客观方面而言，它并非任何犯罪必备的手段，换言之，也存在不依赖于主体躯体的行为。例如，在不作为犯罪中，主体的躯体在功能上便出现了缺位的现象。主体的躯体未必是犯罪不可或缺的手段，在很大程度上也反映出了德日传统刑法学理论诸行为学说的严重缺陷，即在认识上把人的身体和身外之物相隔离，从而将行为仅仅视为人的身体动静，但对于不作为犯罪而言，主体身体的动静可能毫无刑法意义，而将主体身外之事物隔离于行为范畴之外，则不仅是无法解释不作为犯罪的问题，而且可谓是对一切犯罪都无法作出合理解释。因为，既然行为的内容仅限于主体身体的动静，那么犯罪行为的内容也就应当仅限于犯罪主体身体的动静，至于身体之外的手段、对象以及结果都不应该属于犯罪行为的内容，果若如此，那么主体所采取的手段、作用的对象以及造成的后果由于都不属于犯罪行为的内容，故均不影响主体的刑事责任，这显然是极其荒谬的。

（二）主体躯体之外的工具

主体躯体之外的工具包含纯自然的工具，例如，用石块伤人，将他人推入湍急的河流中意图将其淹死等，还包含经过人为加工的工具，如使用刀、枪、棍棒、毒药等杀人，以及动物，如唆使狗或者释放野兽攻击他人。制造和使用工具是人与动物相区别的重要标志，使用工具也是犯罪手段中最为常见的类型，我国刑法第22条第1款规定，“为了犯罪，准备工具、制造条件的，是犯罪预备”，该条款将原本属于制造条件内容的准备工具单列出来，犯罪工具的常见性及其对犯罪行为的重要性由此可窥一斑。有关主体躯体之外的工具，需要注意的问题主要有：

其一，语言也是一种较为特殊的工具，“语言是表达思维的工具和手段，是人类最重要的交际工具，是人区别于动物的最本质的特征之一”[①]，奥地利哲学家维特根斯坦指出，“语言的述说乃是一种活动，或是一种生活形式的一个部分”[②]。可见，语言的使用也即言论已非属纯粹思想的范畴，而系属行为之范畴。言论乃运用语言发表意见或议论，不过，“语言虽然是一个有用甚至是不可缺少的工具，却也是一个危险的工具”[③]，因而言论也可能具有社会危害性。虽然我国宪法第35条规定了公民有言论的自由，但其第 51 条也明确规定了“公民在行使自由和权利的时候，不得损害国家的、社会的、集体的利益和其他公民的合法的自由和权利。”我国刑法也规定了不少以言论作为手段的犯罪，如教唆犯、煽动型犯罪、诽谤罪、诬告陷害罪、传授犯罪方法罪等。总之，言论属于行为之范畴，言论自由有其行使的界限，言论也是犯罪常用的手段之一。

其二，迷信方法也能够成为犯罪的手段。如前所析，迷信犯不构成犯罪，其依据是主体缺乏认识能力，由于缺乏罪过前提，当然也就无法形成罪过成立所要求的合规律性认识了。不过，迷信犯不构成犯罪并不意味着迷信方法就不能够成为犯罪手段，例如，依据我国刑法第 300 条之规定，利用迷信手段可以构成“利用迷信破坏法律实施罪”“利用迷信致人

---

① 刘炳瑛主编：《马克思主义原理辞典》，浙江人民出版社 1988 年版，第 630 页。

② [奥]维特根斯坦：《哲学研究》，李步楼译，商务印书馆 1996 年版，第 17 页。

③ [英]罗素：《人类的知识——其范围与限度》，张金言译，商务印书馆 2003 年版，第 75 页。

重伤、死亡罪”以及强奸罪、诈骗罪等。还有，即便是“做法事”“施蛊术”等也未必定然不构成犯罪，譬如，甲明知仇人乙非常迷信且患有严重心脏病因而受不得刺激，基于此等认识当着乙的面或有意通过某种渠道让乙知道自己正在对他做法事或施蛊术，乙看见或听闻后因受到刺激致心脏病发作身亡，该手段由于具有引起犯罪结果发生之属性，因而属于犯罪的手段。

（三）他人的行为

人的行为手段中还包含他人的行为，这也是人的行为之特殊性的一个重要体现。人的行为手段中之所以也包含他人的行为，主要理据有二：其一，如所周知，人是社会性的动物因而具有社会性，人的社会性主要体现为利他性、依赖性以及协作性等，其中，利他性就主要包含以自己的行为作为他人行为的手段以实现他人利益之内容，依赖性主要包含以他人的行为作为自己行为的手段以实现自身利益之内容，而协作性则主要包含个体行为之间互为手段以实现共同利益之内容。其二，任何人的行为，无论是其客观构成要素或是主观构成要素，相对于他人乃至行为人事后而言，均具有客观性，故人的行为系作为客观事物而存在，与其他客观事物一样，其性质和规律性也是能够被人们所认识和把握的，并且能够在此基础上对其加以有效地控制和利用。[①]

人的行为手段中包含他人的行为，令人遗憾的是，中外刑法学界的众多研究者却对这一显而易见、近乎常识的事实持严重怀疑乃至否定的态度，这集中体现在了主流刑法学理论对共同犯罪这一极为常见的犯罪类型的认识上。而之所以严重怀疑乃至否定人的行为手段中也包含他人的行为，最为主要的疑虑可能在于：将他人的行为作为自己行为的手段或者将

---

① 不过，不能否认的是，人对其行为手段的认识和控制有程度上的难易之分，一般而言，主体自身的躯体是最能够为其所认识和掌控的，或者说是最听自己使唤的工具，接着应该是完全无生命之物，然后应该是有生命之物，最难认识和控制的应该就是人的行为。人的行为之所以最难以为人所认识和控制，由来于产生意识的人脑的极端复杂性，人脑是宇宙已知事物中结构最为复杂的事物，时至今日，人类对自己大脑的认识还只是处于初级阶段。由于人的行为最难掌控，意味着以他人的行为作为手段在行为的实施过程中最容易超出行为主体之认识和控制范围。当然，人的行为最难以掌控，并不意味着人们就无法对其加以认识和把握，可以说几乎所有的学科，无论是自然科学（如数学、物理学、天文学、化学、医学和心理学等）还是人文社会科学（如哲学、伦理学、政治学、经济学、历史学、社会学以及法学等），都有一个共同的目标，那便是从不同的角度来认识人，进而对其行为加以有效的控制或引导，刑法学当然也不例外，因为，我们研究刑法的主要目的就是更好地认识犯罪行为进而对其加以有效防控，如若犯罪行为根本无法为我们所认识和把握，那么刑法也将失去其存在的价值。

自己的行为作为他人行为的手段，有违“人是目的，而非手段”这一著名的哲学命题。在笔者看来，将人仅仅当作目的而绝非手段，不仅有违事实和常识，而且实际也是对被视为该命题的首倡者康德原意的曲解。康德指出，“实践的命令式将是这样的：你要如此行动，即无论是你的人格中的人性，还是其他任何一个人的人格中的人性，你在任何时候都同时当作目的，绝不仅仅当作手段来使用。”[①]“同时当做目的”和“绝不仅仅当做手段”之表述已再清楚不过地表明，康德并未绝对否定人作为“手段”来使用，他强调的是人不应该仅仅被当做手段来看待和使用，或者说，人系作为手段与目的的统一体而存在，只是康德所偏重的是“人是目的”这一理想的维度。[②]可见，“人只能是目的，而绝非手段”，是对康德的该思想进行了错误的发挥。有关人是手段与目的的统一体，马克思也有过珠玉之论，他指出，“每个人为另一个人服务，目的是为自己服务；每一个人都把另一个人当作自己的手段互相利用。这两种情况在两个人的意识中是这样出现的：（1）每个人只有作为另一个人的手段才能达到自己的目的；（2）每个人只有作为自我目的（自身的存在）才能成为另一个人的手段（为他的存在）；（3）每个人是手段同时又是目的，而且只有成为手段才能达到自己的目的，只有把自己当作自我目的才能成为手段。”[③]因此，把人当作绝对的目的或者绝对否定人也可以作为手段而存在，除了有违康德的初衷外，也与事实、常识相悖。概言之，人既是手段，也是目的。

并且就犯罪行为（含共同犯罪）而言，即便肯定“人只能是目的，而绝非手段”，也不能成为否定犯罪主体能够以他人的行为作为自己犯罪的手段之理据，就中缘由在于，犯罪是一种严重危害社会的行为，如果人的确只应该是目的而绝非手段，那么，在犯罪的严重社会危害性中，就应

① [德]康德：《康德著作全集》（第4卷），李秋零译，中国人民大学出版社2005年版，第437页。

② 在康德看来，一个人必须永远被尊为一个自主者，也即，被尊为一个能够设定和追求他自身目的的人。如果把一个人仅仅作为一种手段来对待，就是把他作为缺少一切内在价值的人来对待。如果他还有什么价值，那也只是外在的或工具性的。永远把他当作一种目的来对待，就是永远把他作为具有内在价值的人来对待，而不管他可能碰巧具有的任何外在价值。See A. J. M. Milne: *Human Rights and Human Diversity: An Essay in the Philosophy of Human Rights*, State University of New York Press, 1986, p.82-83.

③ 《马克思恩格斯全集》第46卷（上），人民出版社1979年版，第196页。

该包含罪犯未将他人当作目的而仅仅被当作实现自己犯罪目的的手段之内容。由此可见，虽然“人只能是目的，而绝非手段”系错误的认识，但该错误认识并不能够成为否定他人的行为（含犯罪行为）可以成为自己犯罪的手段之理由，相反，该认识如若正确的话，恰恰可以成为肯定他人的行为也能够成为自己犯罪的手段之理据。

如上所析，任何行为均需依赖一定的客观条件方得以作用于行为对象。较之于动物的行为，人的行为之特殊性表现为，在主体的躯体与行为对象之间往往还存在着媒介，人之所以会利用各式各样的媒介，在于他能够认识和把握这些媒介的客观性质以及客观事物之间的作用规律，并且能够基此为己所用，而无论是自然之物、经人加工之物，或是人的行为，由于均系客观事物，故都能够为人们所认知和掌控，从而成为实现自身目的之手段。人的行为手段中包含他人的行为，承认这一事实具有极其重要的刑法理论与实践价值，是我们解开共同犯罪问题的一把钥匙。德日主流刑法学理论正是因为否定这一事实，由此导致了“建构将共犯论之全体一以贯之的理论体系，真是难于上青天的事”[①]，共同犯罪理论也因之已然成为刑法学理论中的“最混乱、最黑暗”的“绝望之章”[②]。一旦肯认这一事实，德日共同犯罪理论所面临的难以化解的重重困境，都将轻而易举地被化解，其化解之道可概括如下，由于人的行为手段中包含他人的行为，将此等认识贯彻于共同犯罪领域，看似纷繁复杂的共同犯罪现象将条分缕析、历历可辨：每一共同犯罪人均以其他共同犯罪人的行为作为自己犯罪的手段，同时自己的行为也成为其他共同犯罪人的犯罪手段，这样，其他共同犯罪人的行为都属于自己犯罪行为之内容，由是，每一共同犯罪人均是以自己的行为实现犯罪构成（即均为正犯），每一共同犯罪人之所为都是一个行为，均完全符合特定罪之犯罪构成（即一人一罪，因而不违背罪刑法定原则），每一共同犯罪人都只对自己的行为承担刑事责任，同时也对全案负责（即罪责自负及一人一责）。如此便轻易地化解了德日共同犯罪理论所面临的重重困境乃至显而

---

① 转引自刘明祥：《犯罪参与论》，中国人民大学出版社 2023 年版，前言第 1 页。

② 参见[德]克劳斯・罗克辛：《刑事政策与刑法体系》（第二版），蔡桂生译，中国人民大学出版社 2011 年版，第 14-15 页；[日]高桥则夫：《共犯体系和共犯理论》，冯军译，中国人民大学出版社，序言第 1 页。

易见的悖论。[①]总之，肯定人的行为手段中包含他人的行为具有极其重要的刑法理论与实践价值。

（四）社会条件

社会条件是指人们因某种原因所取得的特定身份或地位，例如，国家机关工作人员，国有公司、企业的董事、经理，刑事诉讼中的证人、鉴定人、记录人、翻译人，邮政工作人员，等等。身份或地位作为客观事实也能够成为犯罪的手段，对此，我国刑法已有明确的规定，例如，刑法第37条之一（职业禁止）规定的“因利用职业便利实施犯罪”，第171条（职务侵占罪）、第185条（挪用资金罪）、第382条（贪污罪）、第384条（挪用公款罪）、第385条（受贿罪）等都明确规定有“利用职务上的便利”，还有第259条第2款（强奸罪）规定的“利用职权、从属关系”，等等，都属于以特定的身份或地位作为犯罪手段的犯罪。对于作为犯罪手段的特定身份或地位需要注意的是，已如前述，主体的特定身份或地位可能具有多重属性。例如，在纯正身份犯中，主体的特定身份或地位首先是作为反映主体特殊刑事责任能力的因素，其次是成为认识、情绪情感以及意志之内容，最后是成为犯罪客观方面的手段。但凡首先反映主体刑事责任能力的因素，无论是作为社会条件的身份或地位，或是作为生理特征的身份（如上述强奸罪中的男性，传播性病罪中的患有严重性病），由于主体要件系第一位的要件，故只要不具备该条件，即可直接判定主体的行为不构成犯罪，无须作进一步地判断。尤其需要注意的是，此时不存在所谓的认识错误是否构成相关犯罪的未遂的问题。譬如，如若女性误认为自己可以单独成为强奸罪的主体，从而违背男性意志强行与其发生性关系的行为，不构成强奸罪的未遂；实际并未患性病，却误认为患有而实施卖淫或嫖娼的行为，也不成立传播性病罪的未遂；邮政部门的临时清洁工误认为自己是邮政工作人员，而私自开拆、隐匿或者毁弃邮件、电报的行为，不构成私自开拆、隐匿、毁弃邮件、电报罪的未遂；如此等等。

---

① 德日共同犯罪理论所面临的重重困境乃至显而易见的悖论主要包含：狭义共犯（即教唆犯和帮助犯）的行为如何符合犯罪构成？这涉及处罚狭义共犯是否违背罪刑法定原则的问题；居绝对主流地位的“共犯从属性说”明显违背了罪责自负原则；共同犯罪人在责任承担上的所谓“部分行为实行全部责任”之说辞本身，则明显有违逻辑和常识以及违反罪刑相适应原则；还有，既然数人的行为相加才符合一个犯罪构成，势必意味着只存在一个犯罪行为，既然如此，那为何存在数个刑事责任而非一个刑事责任呢？或者说，为何不是将一个刑事责任分摊给各个共同犯罪人（即“部分行为实行部分责任”），而是每人一责（即存在数个刑事责任或是所谓的“部分行为实行全部责任”）呢？以及为何不同的犯罪终止形态（如犯罪未遂和犯罪中止）能够并存于一个犯罪行为之中呢？如此等等。共同犯罪问题也是笔者接下来的研究计划，笔者拟在本书研究的基础上继续撰写专著对该问题详加剖析。

综上所述，犯罪的手段也即主体借以作用于犯罪对象的客观条件，包含主体的躯体、躯体之外的工具、他人的行为以及相关的社会条件。当然，就某一具体的犯罪行为而言，其中所包含的客观条件往往并非单一，多数是上述某几个乃至全部条件的结合。例如操刀杀人，该行为之手段就同时包含了两种类型的客观条件，即主体的躯体和躯体之外的工具。又如，多名司法工作人员基于共同犯罪之故意使用警具暴力逼取证人证言的行为，就同时利用了上述全部客观条件。

二、犯罪手段之要素地位论

有关犯罪手段在犯罪客观要件中的地位，我国刑法学理论通说认为，当法律条文把特定的手段明文规定为某些犯罪构成必备的要素时，那么手段对某些行为是否构成该种犯罪就具有决定性作用，即具有犯罪构成必备要素的意义。例如，我国刑法第 340 条和第 341 条规定的非法捕捞水产品罪和非法狩猎罪，“使用禁用的工具、方法”便属于成立两罪的必备条件。又如，依据我国刑法第 257 条的规定，只有用暴力方法干涉他人婚姻自由，才构成暴力干涉婚姻自由罪。[①]

有关犯罪手段在整个犯罪构成体系中的地位问题，笔者的见解是，犯罪手段对犯罪构成的每一要件都会产生不同程度的影响：

首先，犯罪手段会对犯罪主体要件的成立产生影响。由于犯罪手段需要具备将犯罪对象改变至犯罪结果之性质，故就犯罪主体要件而言，犯罪手段的该性质必须能够为行为人所认知，也即属于行为人的认识能力所及之范围，如若某一事物根本不具有将对象改变至犯罪结果之性质，但行为人却认为其具备此等性质，如认为，整蛊能致人生病或死亡，菊花茶具有堕胎功效，接听手机时大脑会因电磁波辐射而受到损伤，等等，应当属于缺乏认识能力之情形。

其次，犯罪手段也会对犯罪主观要件的成立产生影响。如前所析，罪过之认识因素的成立必须具备合规律性之条件，因为唯其如此，正常理智者方可能以该认识作为自己是否实施相关行为之根据或心理基础，从而使犯罪行为表现出异于一般违法行为的严重社会危害性。因此，当行为人所认识的手段不可能使对象改变至其所意欲实现的某种状态时，该认识将因不能成为正常理智者实施相关行为之根据或心理基础，或者说，正常理

---

① 参见高铭暄、马克昌主编：《刑法学》（第九版），北京大学出版社、高等教育出版社 2019 年版，第 77 页。

智者在现实中不会采取那样的手段去实现相关的目的，从而不具备罪过之认识因素。譬如，劝他人坐飞机盼其死于坠机事故，意欲使他人遭雷击身亡而劝其雷雨天到森林里散步，意欲他人在跑步时被车撞死而劝其去马路上跑步，等等，均因正常理智者不会以此等认识作为自己实施相关行为的根据或心理基础，从而不具有罪过，行为不成立犯罪。

再次，就犯罪客观要件而言，由于手段不能犯的存在，故犯罪手段并非任何犯罪成立在客观方面的必备要素。只要行为人对手段及其属性不存在认识上的错误，即便行为人因为意志以外的原因而没有使用其意欲使用的手段，从而未能造成法定的客观危害结果，也不影响其行为成立犯罪，此种情形也即理论上属犯罪未遂类型之一的手段不能犯。手段不能犯成立犯罪之根据在于，已如前析，刑法对犯罪行为打击的焦点落在罪过之意志因素上，而手段不能犯因已完全具备罪过之意志内容且已客观化，故即便未能造成法定的客观危害结果，行为仍然成立犯罪。例言之，甲意图以麻醉的方式抢劫乙的财物，甲得到了乙的1万元财物，但事后查明，乙使用的麻醉药已经失效[①]，根本未对乙产生任何作用，乙系因困倦而睡着。虽然抢劫罪的手段要求必须是暴力、胁迫或者其他足以使被害人陷于不敢、不知或不能反抗的状态，不过，本案中甲的行为即便不符合法定的手段，但由于已具备抢劫罪之罪过，故仍应成立抢劫罪（未遂）。[②]由此可见，在手段不能犯之情形中，行为人是否采取了法定的手段只影响行为的既未遂，而不影响行为之构罪与否，换言之，法定的手段只是犯罪既遂的成立条件，而非犯罪的成立条件。

最后，由于刑法对犯罪行为打击的焦点落在罪过之意志因素上，因此，唯有在罪过之意志因素内容必须通过特定的客观犯罪手段来表现时，犯罪手段方可成为犯罪客观要件之要素，那么是否存在此等情形呢？答案是肯定的，此等情形也即理论论及的非法捕捞水产品罪、非法狩猎罪和暴力干涉婚姻自由罪等罪中的犯罪手段。在非法捕捞水产品罪和非法狩猎罪中，从解释论上说，规范是要求行为人认识到犯罪手段的规范属性的，即必须认识到自己所使用的工具或方法乃为规范所禁止，换言之，若行为人

① 甲若是受人欺骗使用的是根本不具有麻醉功效的东西，或者甲使用的是具有麻醉功效的药物，但因乙具备特殊体质，该药物对其无效，对于这两种情形的处理都不应该有所区别，即都应该成立抢劫罪（未遂）。

② 本案中甲的行为不成立盗窃罪（既遂），理由在于：如本书所析，犯罪主观要件是犯罪构成的核心要件，直接决定着行为的刑法性质，由于甲只具有抢劫之故意而并无盗窃之故意，故其行为不构成盗窃罪而成立抢劫罪。

所使用的工具或方法实际并不为规范所禁止，但行为人误以为乃为规范所禁止，此时就应该以规范认识错误（属法律上的积极错误）来处理，行为人不具备两罪之罪过。因此，在这两个罪中，以禁用的工具、方法构成两罪之情形，其罪过内容由于需要通过该特定的客观手段来表现，犯罪手段便属于两罪客观要件之选择性要素。①此外，在暴力干涉婚姻自由罪、暴力取证罪、暴动越狱罪等罪中，对于这些罪的犯罪手段，几乎难以想象在现实中存在认识错误之情形，就是假定存在，譬如，暴力干涉婚姻自由罪之法定暴力手段应限于对人身进行强制或打击的方式②，而不包括精神暴力，从罪过角度来看，无疑要求行为人认识到手段的该属性，故若行为人误以为暴力干涉婚姻自由罪之暴力包含精神暴力，从而采取此等手段来干涉他人的婚姻自由，行为人同样不具备该罪之罪过。因而在这些罪中，特定的客观手段也是表现这些罪的特定罪过内容之事实，犯罪手段也因此成为这些罪成立在客观方面的必备要素。

综上所析，犯罪手段虽为客观事物，却也是犯罪主观方面要件不可或缺的内容，由于手段不能犯的存在，故犯罪手段并非一切犯罪成立在客观方面的必备要素，唯有罪过之内容必须通过特定的手段来表现时，犯罪手段才是某些个罪客观要件的必备要素。

第三节　犯罪对象

人的行为是一种对象化的活动，或者说，是一种改变对象存在状态的活动，作为行为特殊类型的犯罪行为当然也不例外，也即，犯罪行为也是一种对象化活动或者说是一种改变犯罪对象的活动，而犯罪对象乃客观存在之事物，故对犯罪客观要件进行探讨也不能回避犯罪对象的问题。

① 这里的选择性要素是指犯罪手段并非行为成立两罪在客观方面的必备要素，因为依据我国刑法第 340、341 条之规定，还可以通过其他的方式构成两罪，如在禁渔区或禁渔期非法捕捞水产品，在禁猎区或禁猎期非法狩猎。

② 参见高铭暄、马克昌主编：《刑法学》（第九版），北京大学出版社、高等教育出版社 2019 年版，第 483 页。

一、犯罪对象的概念

（一）理论分歧

有关犯罪对象的概念，理论上存在诸多分歧，我国刑法学界的代表性观点有：

第一种观点也是我国刑法学理论的通说认为，犯罪对象是指“犯罪行为直接作用的具体的物或者具体的人”[①]，或者是“刑法分则条文规定的犯罪行为所作用的客观存在的具体人或者具体物”[②]。

第二种观点认为，犯罪对象即行为对象，是指“主体的犯罪行为所侵犯或直接指向的具体人、物或信息”[③]，或者认为，“行为对象也叫犯罪对象（行为客体），一般是指实行行为所作用的物、人与组织（机构）、制度等客观存在的现象”[④]。

第三种观点认为，“犯罪对象就是犯罪客体，指的是具体的人或者物，犯罪对象应该与行为、结果紧密联系在一起”[⑤]。

第四种观点认为，“所谓犯罪对象，就是承担一定刑法所保护的社会关系并为犯罪行为所作用或影响的事物”[⑥]。且明确提出犯罪对象与犯罪客体是现象与本质的关系，在此基础上，论者还进一步提出“行为对象”的概念。所谓行为对象，是指界定构成要件行为所要求的、能够成为构成要件行为成立标志的行为直接指向的具体的人或物。论者之所以要提出行为对象的概念，其理由在于：其一，刑法上的一些具体物，如假币、贿赂等，同犯罪客体不具有现象与本质的关系，它们不是犯罪对象，而是说明行为的。其二，假币、贿赂等物是认定相关犯罪成立不可缺少的内容，但它们在犯罪构成中又没有“地位”。若在犯罪的客观方面设置行为对象要素，就可以解决其在犯罪构成中的地位问题。[⑦]

第五种观点认为，虽然在很多情况下我们可以依据传统犯罪对象的定义判断具体罪的犯罪对象，但在有些情况下，如在诈骗罪、伪造货币罪、销售伪劣产品罪、假冒注册商标罪等犯罪中，理论和实践认定的犯罪

---

① 高铭暄主编：《中国刑法学》，中国人民大学出版社 1989 年版，第 92 页。

② 高铭暄、马克昌主编：《刑法学》（第九版），北京大学出版社、高等教育出版社 2019 年版，第 54 页。

③ 何秉松：《犯罪构成系统论》，中国法制出版社 1995 年版，第 241 页。

④ 张明楷：《刑法学（上）》（第五版），法律出版社 2016 年版，第 163 页。

⑤ 高铭暄主编：《新中国刑法学研究综述》，河南人民出版社 1989 年版，第 140 页。

⑥ 李洁：“论犯罪对象”，《法律科学（西北政法大学学报）》1996 年第 5 期，第 39 页。

⑦ 参见李洁：“论犯罪对象与行为对象”，《吉林大学社会科学学报》1998 年第 3 期，第 76–79 页。

对象却明显不符合传统犯罪对象的定义，为了化解此等矛盾，持论者对犯罪对象概念进行了重构，指出，犯罪对象是指犯罪实行行为作用或影响的，可以反映犯罪客体的具体人或物及其属性、状态、特征。考虑到有些犯罪对象能够直接体现出犯罪客体的本质，而有些犯罪对象则很难发挥这种功能，为了对此加以区别，不致造成理论上的混乱，论者又提出应进一步区分直接犯罪对象与间接犯罪对象。直接犯罪对象是指犯罪行为直接作用和影响的、在一定程度上反映犯罪客体的具体人或物；间接犯罪对象则是指犯罪行为指向的、直接作为犯罪客体之物质承担者的人或物的某种属性、状态、特征。[①]

在德、日等国家的刑法学理论中，与我们的犯罪对象相当的概念是行为客体，有关行为客体主要存在如下见解：（1）行为客体是行为得以实现的外部世界的对象，主要有人、物和非物质的对象，此外还有一些构成要件，它们没有任何行为客体，属于这种情况的有纯正行为犯，如重婚、伪造身份、逃跑等。[②]（2）行为客体是指构成要件中规定的外部行为的对象，而且根据自然的因果的存在进行考察后能够认识的、具有外部的、物的对象性质并同时成为构成要件的要素。[③]（3）意大利刑法学界的通行见解是，犯罪客体包含“犯罪的法律客体”和“犯罪的物质客体”两种形式，前者是指犯罪行为所侵犯的“刑法规范所保护的个人或集体的利益”，后者则是指犯罪行为所直接作用的人或物。[④]

（二）犯罪对象概念界定

笔者认为，欲合理界定犯罪对象的概念，中外刑法学界在犯罪对象（行为客体）概念上的认识分歧所反映出的如下问题有待澄清：

其一，有关犯罪对象的具体类型，除了人和物外，是否还包含人的结（集）合体以及人和物相结合所形成的某种组织、机构或者其他结合体？对此，我国有学者认为，人的集合体由于不能为犯罪行为所直接作用，故不能成为具体罪的犯罪对象，侵害人的集合体参加的社会关系，其犯罪对象也只能是自然人或具体物，而不是人的集合体自身。[⑤]但若考察我国刑法分则之规定将不难发现，人与人或者人与物所形成的结合体其实

---

① 参见许发民、康诚：“犯罪对象概念的反思与重构”，《法学研究》2007 年第 5 期，第 121-128 页。

② 参见[德]汉斯·海因里希·耶赛克、托马斯·魏根特：《德国刑法教科书》，徐久生译，中国法制出版社 2001 年版，第 335 页。

③ 参见[日]野村稔：《刑法总论》，全理其、何力译，法律出版社 2001 年版，第 100 页。

④ 参见陈忠林：《意大利刑法纲要》，中国人民大学出版社 1999 年版，第 145 页。

⑤ 参见李洁：“论犯罪对象”，《法律科学（西北政法大学学报）》1996 年第 5 期，第 37-39 页。

都能够成为犯罪对象，例如，危害公共安全罪中的公共安全所包含的不特定多数人的生命和健康，破坏军婚罪的军婚，聚众冲击国家机关罪的国家机关，聚众扰乱公共场所秩序、交通秩序罪的公共场所秩序、交通秩序，等等，都属于人与人或者人与物所形成的结合体。需要指出的是，虽然这些结合体最终的确都可以归结为人或物，如破坏军婚罪的军婚最终可以归结为人，聚众冲击国家机关罪的国家机关和聚众扰乱公共场所秩序、交通秩序罪的公共场所秩序、交通秩序，在受到犯罪行为作用时实际受到影响的仍是人或物，但并不能据此否定这些结合体本身系上述罪的犯罪对象。由此可见，犯罪对象的具体类型应该包含人、物或其结合体（如组织、机构和场所等）。

其二，作为犯罪对象的人、物或其结合体究竟具体何指？可以看到，中外刑法学研究者们在界定犯罪对象（行为客体）概念时，基本都笼统地指称是人或物，在笔者看来，将犯罪对象笼统地界定为人、物或其结合体，并不能很好地解决犯罪对象在犯罪行为中的具体属性问题。通过前述对行为对象概念进行辨析后可知，行为对象在客观世界中与不同的事物发生联系由此表现出诸多不同的存在状态，从而使其具有多重属性，行为手段对行为对象的作用实际是对行为对象的特定存在状态的作用，故作为行为对象的人、物或其结合体，实际是指它们的特定存在状态。犯罪对象作为行为对象之特殊类型当然也不例外，即也应该是人、物或其结合体的特定存在状态。

其三，犯罪对象除了包含人、物或其结合体之外，是否还存在其他的类型？其中主要涉及的是有论者提出的“信息”应否属于独立于人和物之外的第三种类型。信息能够成为犯罪对象，这在学界基本不存在争议，例如，计算机信息系统、公民个人信息、证券期货交易信息、商业秘密、军事秘密和国家秘密、情报等，均可以成为相关罪的犯罪对象，争议在于信息能否归于物的范畴。关于此一问题，笔者认同“信息就是信息，不是物质也不是能量”之见解①，但却并不认同将信息作为一种独立的犯罪对

① “信息就是信息，不是物质也不是能量”的命题由美国著名数学家、控制论的创始人维纳所提出，得到了不少人的认同和论证。信息不是物质的主要理由有二：其一，任一具体物体当它转移到别处去后，原来的地方就不再有这一物体了。而信息则不同，当某人把他的知识（指人拥有的关于某种事物的信息）传递出去后，他本人并未把自己具有的知识丢失，因此，对他本人来说，知识（信息）并未发生因转移而减少或消失，相反，由于在传递过程中反复使用，知识反而更加巩固。其二，任一具体物体都具有一定的质量，而信息则不同，它虽然离不开一定的物质载体，需要通过文字、语言、图像等具体物质形式表现出来，但它本身却没有质量。参见王雨田主编：《控制论、信息论、系统科学与哲学》（第二版），中国人民大学出版社 1988 年版，第 346 页。

象类型，理由在于，信息本身虽然不是物，但它是“事物存在和变化的情况，是客观世界中各种事物的状态和特征的反映”[①]，“是一切物质的一种属性，是物质之间联系的一种形式”[②]。信息必须通过文字、语言、图像等具体物质形式表现出来，故对于某种信息，我们完全可以说，是其载体因内含有某种信息而使得载体本身呈现出特定的存在状态，也可以说，事物的特定存在状态本身即蕴含着某种意义上的信息。由此可见，信息实际也属于客观事物的存在状态之范畴。而如上所析，作为行为对象的人、物或其结合体确切而言应该是指人、物或其结合体的特定存在状态，如此，信息也就不再属于独立于“人、物或其结合体的特定存在状态”之外的特殊类型了，而依然可以为后者所包容。需要指出的是，除信息外，我国刑法分则中还有一些罪的犯罪对象似乎也与人、物或其结合体不完全等同，以致不少学者认为作为犯罪对象的物应该包含无形物，但笔者认为，若从“人、物或其结合体的特定存在状态”的角度来理解犯罪对象，那些罪的犯罪对象也就不再具有特殊性了。例如，妨害公务罪的“国家机关工作人员依法执行职务的行为”，损害商业信誉、商品声誉罪的“商业信誉、商品声誉”，侵犯通信自由罪的“他人的通信自由”，暴力干涉婚姻自由罪的“他人的婚姻自由”，非法剥夺公民宗教信仰自由罪的“公民的宗教信仰自由”，侵犯少数民族风俗习惯罪的“少数民族的风俗习惯”，扰乱法庭秩序罪的“法庭秩序”，聚众扰乱公共场所秩序、交通秩序罪的“公共场所秩序、交通秩序”，等等，均可毫无例外也是毫无困难地归结为人、物或其结合体的特定存在状态。

其四，犯罪对象是否要求必须具备合法性？我国有学者指出，具体的人或物作为刑法所保护的某种社会关系的主体或物质表现，或者反映客体受到侵犯的某种社会关系有密切联系的人，必须具有合法性，才能成为犯罪对象。[③]另有学者还进一步地指出，作为体现刑法所保护的社会关系或者社会利益的事物一定应具有合法性，即某种事物的合法状态承担一定的社会关系或者社会利益，若属非法的事物，它就不能成为刑法的保护对象。[④]笔者认为，犯罪对象无需具备合法性之特征，主要理由有二：（1）虽然犯罪行为是将犯罪对象改变至刑法所不容许出现的状态，但据此并不

① 冯契主编：《哲学大辞典》，上海辞书出版社 2001 年版，第 1689 页。

② 查汝强：“二十世纪自然科学四大成就丰富了辩证自然观”，《中国社会科学》1982 年第 4 期，第 27 页。

③ 参见马克昌主编：《犯罪通论》，武汉大学出版社 2005 年版，第 126 页。

④ 参见李洁：《犯罪对象研究》，中国政法大学出版社 1998 年版，第 115 页。

能反推出犯罪对象的原有存在状态就为法律所容许，也即需要具备合法性。固然，将犯罪对象由合法状态改变至法不容许的状态是犯罪行为的常态，但在某些特殊情形中，刑法规范会基于特定目的之考量而禁止他人对相关人或物的特定不法存在状态作违背其目的的状态改变，譬如，窝藏、包庇罪，洗钱罪，掩饰隐瞒犯罪所得、犯罪所得收益罪，销售伪劣商品罪的伪劣商品，等等，还有其他针对他人占有的赃款赃物实施的犯罪，如盗窃、诈骗、抢劫、敲诈勒索他人非法占有的财物，虽然这些情形中的犯罪对象不具有合法性，但刑法规范基于便于追查违法犯罪或者其他的目的，而禁止他人对它（他）们的既有存在状态加以改变，否则将不利于司法机关对相关违法犯罪行为进行追查或者导致其他的不利后果。可见，对象即便不具有合法性也可能由于体现某种特定的法价值，进而能够成为相关罪的犯罪对象。（2）正如我国有学者所指出的，如果要求犯罪对象必须具备合法性会造成理论上的混乱，如在盗窃枪支罪中，盗窃警察合法持有的枪支时就有犯罪对象，而从非法持有者手中盗窃枪支就没有了犯罪对象，同样在普通盗窃罪中，盗窃他人合法财物时，就存在犯罪对象，而盗窃他人不合法的财物（如贿赂）时就没有了犯罪对象。如果同一种犯罪时而有犯罪对象，时而又没有犯罪对象，这是不可思议的。[①]总之，犯罪对象并不要求必须具备合法性，特定情形中的不法状态也可以成为犯罪对象，但无论是合法状态还是不合法状态，其共性是刑法禁止对其做出改变，犯罪对象所具有的此等性质可概括为“刑法禁止改变性”。

其五，犯罪对象乃被作用之对象，那么与其直接发生作用的东西是什么呢？对此，中外刑法学界近乎一致地认为是“犯罪行为”，但如上文所析，准确的认识应该是“犯罪手段”，这是显而易见的事实。如此将能够轻易地辨明犯罪对象理论中的一个争议性问题，即犯罪对象是否毫无例外地能够被犯罪行为所直接作用？绝大多数罪的犯罪对象都能够被犯罪行为所直接作用可谓一目了然，但有些罪的犯罪对象能否被犯罪行为所直接作用却在理论上出现了非常大的争议，比较典型的有伪造货币罪、销售伪劣产品罪、假冒注册商标罪等，对于这些罪的犯罪对象虽然存在争议，但基本都认同，这些罪的犯罪对象并不能被犯罪行为所直接作用。据此，不少研究者提出，应对传统犯罪对象概念进行重构，其主要理由在于：在上述罪中，犯罪行为所直接作用的对象并非犯罪对象，而被犯罪行为所直接

① 参见王学沛：“关于犯罪对象若干观点的质疑”，《法律科学（西北政法大学学报）》1998 年第 5 期，第 48-49 页。

作用的对象却往往是认定犯罪成立不可或缺的内容。于是有学者提出应该区分犯罪对象和行为对象的观点，另有学者则主张应该区分直接犯罪对象和间接犯罪对象之见解，还有论者提出了其他的解决方案。[①]在笔者看来，论者之所以会提出如上见解，概因不明白犯罪手段与犯罪对象之关系，从而未能正确把握上述罪的犯罪对象。实际上，伪造货币罪的犯罪对象既非真币也非假币，而应该是"用于伪造假币的材料"，类似地，生产伪劣产品罪的犯罪对象应该是"用于生产伪劣产品的原材料"，而销售伪劣产品罪的犯罪对象应该就是"伪劣产品"，假冒注册商标罪的犯罪对象则应该是"同一商品上的未取得注册商标所有人许可使用的注册商标"，如此等等。[②]据此便不难得知，任何犯罪对象均可被犯罪行为所直接作用。

其六，个罪的犯罪对象与构成该罪的具体犯罪行为实际作用的对象是何等关系？笔者认为，二者并非同等意义的概念，犯罪对象具有法定性之特征，即由刑法明文规定或者可依据刑法的规定通过解释得知，而具体犯罪行为实际作用的对象则具有不确定性。例言之，甲欲开枪射杀乙，实际击中的却是乙身边的宠物狗，乙毫发无损，显然，乙的宠物狗并非故意

---

① 参见李洁："论犯罪对象与行为对象"，《吉林大学社会科学学报》1998年第3期，第76-79页；许发民、康诚："犯罪对象概念的反思与重构"，《法学研究》2007年第5期，第121-128页；薛瑞麟："关于犯罪对象的几个问题"，《中国法学》2007年第5期，第121-128页；徐光华："犯罪对象问题研究"，陈兴良主编：《刑事法评论》（第20卷），北京大学出版社2007年版，第374-403页；常磊："犯罪对象概念的批判性考察"，《法制与社会发展》2009年第4期，第86-93页。

② 对犯罪对象的把握其实并不困难，因为，任何完整的行为无不是主体采取一定的手段作用于行为对象，从而引起行为对象的存在状态发生改变，最终产生行为结果的过程，犯罪行为也不例外，故对于犯罪对象的把握可以通过犯罪结果反推得出，即犯罪对象应该是犯罪结果受犯罪手段作用前的存在状态（即便在所谓的行为犯中也不例外）。以伪造货币罪为例，伪造货币行为完成的标志是制造出了假币，故假币系犯罪结果，而假币被制造出来之前的状态显然就是"用于伪造假币的材料"，如油墨、纸张或金属等。认为伪造货币罪的犯罪对象是真币所存在的问题是，伪造货币罪既遂的成立只要求基于流通的意图将一定数额的假币制造出来即可，而并不要求将假币实际投入到流通中，显然，尚未投入流通的假币根本无法作用到真币的存在状态（即真币被社会公众所信任的状态）。为应对此一困境，有学者提出了伪造货币罪是危险犯之见解，参见李洁：《犯罪对象研究》，中国政法大学出版社1998年版，第117页。但该见解所存在的问题是，这将导致伪造货币罪与其他涉假币犯罪之间出现明显的不协调，因为，伪造货币罪对真币存在状态的现实危险远不及出售、运输假币罪和使用假币罪，故若认为假币在未投入流通的情况下就已经对真币的存在状态构成现实危险因而构成既遂，那么出售、运输假币罪和使用假币罪之既遂的成立，就更不应该要求假币实际被出售、运输或者使用，而只要求具有出售、运输或者使用之意图而持有即可，果若如此，那么出售、运输假币罪和使用假币罪就根本没有独立成罪之必要，最多只能够作为持有假币罪的从重量刑情节。由此可见，伪造货币罪的犯罪对象根本就不应该是许多研究者所认为的是真币，而应该是用于伪造假币的材料。对于论者所认为的其他无法被犯罪行为所直接作用的犯罪对象，细究后同样可以发现，也系因未准确犯罪对象使然。

杀人罪的犯罪对象，故意杀人罪的犯罪对象就是作为自然人的他人（有生命的状态），它并不会随着构成故意杀人罪的具体行为所实际作用的对象而发生改变，要不然，个罪的犯罪对象将不具有确定性。

经由如上分析之后，有关犯罪对象的定义，笔者的见解是，所谓犯罪对象，是指受犯罪手段作用而为刑法所禁止改变的人、物或其结合体（如组织、机构和场所等）的特定存在状态。[①]

二、犯罪对象之要素地位论

（一）犯罪对象（行为客体）与犯罪客体（保护法益）关系之中外主流见解揭批

在德日阶层体系中，一般认为，行为客体是构成要件要素，而法益则不是，不过二者紧密关联，如耶赛克、魏根特指出，“如同理想和现象一样，法益和行为客体相互关联，但在概念上又相互区别。行为的结果非价存在于对行为客体的现实影响中。而法益作为理想的价值逃避了行为人的攻击，它虽然可能被蔑视，且在行为客体形态下还会受到攻击，但不会真正被‘侵害’。”[②]罗克辛也指出，“法益是思想观念上的财富，具体体现在被攻击的对象上，并且只能通过对个别行为对象的消极影响才能受到损害。”[③]金德霍伊泽尔同样认为，“法益，也就是法律上加以积极地评价的特征……。如果有人不良地改变了某个具体的人或客体的受积极评价的特征，那么，这个具体的人或客体就相应地被人们称为行为客体。”[④]可见，他们都认为，犯罪行为是通过对行为客体的侵害达到对法益的侵害的，也即认为法益与行为客体之间是一种本质与现象的关系。

---

① 需要指出的是，这里的刑法禁止与接下来即将探讨的刑法对犯罪结果发生的禁止具有同等意义。作为犯罪对象的人、物或其结合体的特定存在状态虽为刑法所禁止，但如本书所析，我们并不能据此推导出犯罪对象的特定存在状态所体现的法价值就是刑法所特有的保护价值（即刑法法益），对刑法法益的侵犯也不集中体现在犯罪手段作用于犯罪对象后所产生的犯罪结果上，而是集中体现在了罪过之意志因素上。不过，犯罪对象的特定存在状态所体现的法价值在刑法上仍有其重要意义，那便是影响着犯罪行为的既未遂，在特定情形中，还可能作为定罪情节影响着行为的定性。

② 不过，需要注意的是，与德日刑法学界多数学者观点不同的是，耶赛克和魏根特认为法益是构成要件要素，参见[德]汉斯·海因里希·耶赛克、托马斯·魏根特：《德国刑法教科书》，徐久生译，中国法制出版社 2001 年版，第 314-318 页。

③ [德]克劳斯·罗克辛：《德国刑法学 总论》（第 1 卷），王世洲译，法律出版社 2005 年版，第 21 页。

④ [德]乌尔斯·金德霍伊泽尔：《刑法总论教科书》（第六版），蔡桂生译，北京大学出版社 2015 年版，第 24 页。

有关犯罪对象在犯罪构成体系中的地位问题，我国刑法学界的通说认为，犯罪对象是犯罪客体的表现形式，具体而言，作为犯罪对象的具体物是具体社会关系的物质表现，而作为犯罪对象的具体人则是具体社会关系的主体或者参加者，因此，犯罪对象与犯罪客体是现象和本质的关系。且认为，犯罪对象通常不决定犯罪的性质，它只是某些犯罪的必要构成要素。[①]我国刑法学界有不少研究者都是立足于通说所认为的犯罪客体与犯罪对象之间的本质与现象关系，论证犯罪对象在犯罪构成体系中的地位，其根本理由在于，本质无法脱离现象，故作为本质的犯罪客体无法脱离作为现象的犯罪对象。问题是，既然任何犯罪都必然会侵犯犯罪客体，那么相应地，一切犯罪也都应该存在犯罪对象，又因把握本质须得借助于现象，故从逻辑上说，若肯定犯罪客体之犯罪构成要件地位，那么犯罪对象也毫无疑问地应该有其必备要素之地位，且在体系定位上将其置于犯罪客体中似乎更为合理，但此等推论却并不符合理论通说。当然，如若否定犯罪客体之犯罪构成要件地位，则无论犯罪对象是否有其要素地位，它都应该属于犯罪客观方面的内容。

由此可见，无论是德日刑法学理论还是我国传统刑法学理论，均认为犯罪行为对犯罪客体（保护法益）的侵害是通过对犯罪对象（行为客体）的作用来实现的，犯罪客体与犯罪对象之间因而是一种本质与现象的关系。故在此一认识框架中，确定犯罪对象在犯罪构成体系中的地位，与犯罪客体本身在犯罪构成体系中的地位以及犯罪对象和犯罪客体之间的关系都紧密相关。对于犯罪客体与违法性（或法益）在犯罪构成体系中的地位问题，笔者已于上文详加论述，即均持彻底否定的态度。既然犯罪客体与违法性并无其犯罪构成要件或要素之地位，那么即便肯定犯罪客体与犯罪对象之间是本质与现象的关系，也无法基此证明犯罪对象有无其犯罪构成要件或要素之地位。不过，由于中外主流刑法学理论都肯定犯罪客体与犯罪对象之间是本质与现象的关系，而犯罪客体乃我国传统要件体系的首要要件，在德日阶层体系中，虽然一般认为法益并无其构成要件要素之地位，但主流理论在构成要件符合性阶层却围绕着法益概念创设了实质判断标准，故于此有必要对此一见解详加审视。

---

① 参见高铭暄、马克昌主编：《刑法学》（第九版），北京大学出版社、高等教育出版社 2019 年版，第 55-56 页。

有关犯罪客体与犯罪对象的关系，笔者也曾认为，二者之间是一种本质与现象的关系，且认为犯罪对象是表现犯罪客体的唯一事实要素。[①]在重新认识犯罪的价值本质以及揭示其与罪过（犯罪的事实本质）之间所存在的内在必然联系后，笔者否定了该见解。如今的见解是，由于对犯罪客体（即刑法所特有的保护价值或刑法法益）的侵害乃犯罪的价值本质[②]，而犯罪本质又是犯罪行为区别于非罪行为的根本性标志，故若犯罪客体系通过犯罪对象来表现，将意味着对犯罪对象的侵害乃犯罪行为与非罪行为在事实层面相区别的根本性标志，也即构成了犯罪的事实本质，但事实显然并非如此，就中缘由在于：

首先，犯罪对象系属位居行为客观层面之事实，故对犯罪对象侵害所反映的是行为的客观危害程度，但显而易见的事实是，行为的客观危害程度并非犯罪行为与非罪行为之质的差异所在，因为如所周知，无罪过行为（如无责任能力者实施的行为、意外事件和不可抗力等）致再多的人死亡也不构成犯罪，而若是基于杀人的直接故意实施杀人行为，哪怕是被害人毫发无损，也不妨碍该行为构成犯罪。由此可见，行为的客观危害程度并不是罪与非罪的根本区别所在，那么对犯罪对象的侵害当然也就不可能是罪与非罪相界分的根本性标志了，也即不构成犯罪的事实本质。

其次，如若认为犯罪的事实本质系通过对犯罪对象的侵害来体现，而对犯罪对象的侵害充其量不过是将犯罪对象由一种状态改变至另一种状态，如故意杀人系将活人变成尸体，但这显然并非犯罪行为所特有的功能，正当防卫、紧急避险、不可抗力和意外事件等都同样具有此等功能，但却均非为犯罪行为。更何况，即便完全未使犯罪对象发生任何状态改变的行为却仍可能构成犯罪，如误将尸体当作活人加以“杀害”的行为，问题是，在此种情形中，犯罪的事实本质又是如何通过对犯罪对象的侵害来

① 参见拙文：“犯罪客体要件地位论——以批判法益说为出发点”，《求索》2007 年第 4 期，第 100-102 页。

② 正如笔者已于前文所指出的，由于我国刑法学理论通说将犯罪客体界定为“犯罪行为所侵犯的而为刑法所保护的社会关系”，既然强调刑法所保护的社会关系，当然意味着这种社会关系有别于其他部门法所保护的社会关系，又因刑法对该特定社会关系的保护是通过对犯罪行为进行有效打击来实现的，据此不难得知，刑法所保护的社会关系应该只能为犯罪行为所侵犯而为一般违法行为所无法侵犯，要不然，刑法的打击范围就不应该局限于犯罪行为，而应该扩及一般违法行为。由此可见，对犯罪客体（刑法法益）的侵犯乃犯罪的价值本质。

体现的呢？[①]由此可见，对犯罪对象的侵害根本无法体现犯罪的事实本质。

最后，对犯罪对象的侵害无法体现犯罪的事实本质之根本缘由在于，犯罪对象的特定存在状态所体现的法价值并非刑法所特有的保护价值（刑法法益）。例言之，人的生命受法律的保护所体现的法价值乃生命权，但侵犯生命权却并非为犯罪行为所特有，因为无责任能力者的行为、不可抗力、意外事件等致人死亡也侵犯了他人的生命权，但却均不构成犯罪，可见，侵犯生命权并未反映故意杀人罪之本质，换言之，故意杀人罪的犯罪客体或保护法益并非作为个体的他人的生命权。犯罪对象之所以无法体现刑法所特有的保护价值系因为，如前所析，每一部门法都有自己独特的调整对象或保护价值，或者说，都有自己特有的职责或使命，刑法乃保障法或后盾法，其根本职责在于为其他部门法的有效运行保驾护航，由此决定了它所调整的只能是那些经由其他部门法调整后所不能调整的社会关系，据此不难得知，刑法只能制裁那些穷尽其他部门法的制裁措施仍不能有效遏制的违法行为。因此，作为刑法打击对象的犯罪行为，其所侵犯的价值在法规范的价值层级中，就已不再囿于特定犯罪对象的某种存在状态所体现的法价值，而是位居更高层次的、其他部门法为保护这种价值所设立的法律制度。而任何一项法律制度所牵及的都是该制度之下的每一价值主体的相关利益，譬如，盗窃罪的保护法益实际已然超越被害人的财产权，而上升至民法、行政法等为保护公民财产权所设立的财产权保护制度，或者说，盗窃罪所侵犯的应该是每一财产权主体的财产权，故意杀人罪的保护法益也已超越被害人的生命权，而上升至民法、行政法等为保护公民生命权所设立的生命权保护制度，或者说，故意杀人罪所侵犯的应该是每一生命权主体的生命权，如此等等。由于法律制度层面的价值所牵及的是每一价值主体的相关利益，因而显然已非特定犯罪对象的某种存在状态所能体现，若从犯罪行为的视角来观察，集中体现对此等法价值侵犯的也非犯罪手段对犯罪对象作用后所产生的犯罪结果，而系罪过之意志因

---

① 面对此等情形，我国有权威刑法学者提出，如果作为行为作用对象的尸体“还具有活着或生还可能性”时，成立故意杀人罪未遂，参见张明楷：《法益初论》，中国政法大学出版社 2003 年版，第 423 页。此等说辞可谓荒谬至极，因为众所共知，除非被置于神话世界或者科学发展到能够使尸体起死回生的水平，“尸体有活着或生还的可能性”方可被理解，否则，立足于现实乃至较为遥远的未来，尸体都是绝无活着或生还之可能性的。换言之，误将尸体当作活人加以杀害而构成故意杀人罪（未遂）的行为，其本质（对犯罪客体或保护法益的侵害）是无论如何都无法通过尸体也无法“借尸还魂”于活人来体现的。

素。因为，正是人的意志之自觉能动性方使得以意志因素为核心的罪过支配下的行为能够危及每一价值主体之相关利益，从而对其他部门法制度构成威胁。要言之，由于犯罪所侵犯的独特价值或者刑法所特有的保护价值（犯罪客体或刑法法益）并非特定犯罪对象的某种存在状态所体现的法价值，而系此种价值之上的其他部门法制度，故个罪之犯罪客体（保护法益）与犯罪对象（行为客体）之间并非本质与现象的关系，在构成犯罪的诸事实要素中，集中体现犯罪事实本质的是罪过之意志因素。

（二）犯罪对象在犯罪构成体系中的地位

由于犯罪客体（保护法益）并非构成犯罪的要件或要素，犯罪客体与犯罪对象之间也非本质与现象的关系，故基此无从得知犯罪对象在犯罪构成体系中的地位。不过，在笔者看来，犯罪对象在犯罪构成体系中当然有其重要地位，主要表现为：

首先，在犯罪主体要件中，犯罪对象之特定属性（含自然属性和社会属性）必须是行为人的责任能力之所及，如若犯罪对象的特定属性乃为行为人的责任能力所无法追及，那么其针对该对象所实施的行为便属于无责任能力之行为。如前文论及的偏远山区老猎户们猎杀国家突然颁布法律禁止猎杀的野生动物事例中，老猎户们就因为无能力获知该类野生动物已受国家法律保护之社会属性，也即欠缺价值判断能力，换言之，他们对于自己猎杀此类野生动物的行为属无责任能力之行为，因而不构成犯罪。

其次，在犯罪主观要件中，犯罪对象同样为罪过内容所不可或缺。例如，故意杀人罪之主观认识内容中必须包含作为对象的有生命的他人，否则绝无可能形成故意杀人罪之故意，并且行为人对犯罪对象社会属性的评价也直接影响着其对行为整体社会属性的评价，如上述老猎户事例中，老猎户们对某一类野生动物的社会属性的评价，就直接影响到了他们针对该类野生动物猎杀行为的评价。需要注意的是，已如前析，罪过内容中的犯罪对象是行为人观念或经验中的相关人、物或其结合体，而并不要求其必须与行为实际作用的对象相一致，因为，行为实际作用的对象可能偏离行为人的认识，但行为仍可能成立犯罪（未遂），因此，行为的实际作用对象未必就是该罪的犯罪对象。

再次，在犯罪客观要件中，犯罪对象乃犯罪客观要件的选择性要素。由于间接故意犯罪和过失犯罪的成立以发生犯罪结果为必要，而犯罪结果又系犯罪对象受到犯罪手段作用后所呈现的法定状态，故在这两种类型的犯罪中，犯罪对象乃行为成立犯罪在客观方面的必备要素。不过在直接故意犯罪中，犯罪对象就并非为必备要素了，譬如，在对象不能犯的情形中，犯罪对象可能根本不在犯罪现场，如误将尸体当作活人加以射杀或者误把男性当作女性实施强奸，但仍不影响行为成立犯罪（未遂）。

最后，需要注意的是，由于犯罪对象乃自然属性与社会属性的统一体，故其是否体现特定的法价值或者是否具备特定的社会属性，也是构成犯罪对象所不可或缺的条件。不难发现，法律对特定价值的保护不外乎是通过对一定对象的特定存在状态的保护来实现的，譬如，法律通过对人的生命进行保护形成法律上的生命权，通过对财产所有人对于自己财产的占有、使用、收益和处分的保护形成所有权。基于平等原则，价值客体的相同存在状态应当受到法律的同等保护，从而体现相同的法价值。不过，作为例外的是，当特定价值客体的某种存在状态与其他价值客体的某种存在状态发生冲突或者说威胁到其他价值客体的某种存在状态时，立法者将会根据自身需要做出取舍，换言之，被舍弃的客体此时即便具备某种存在状态，法律也不会对之施以保护，从而不具备相关的法价值。犯罪对象的特定存在状态必须体现特定的法价值，否则，将不存在法禁止对之加以改变的问题，或言之，犯罪对象的特定存在状态若并未体现特定的法价值，那么此时行为所作用的对象也将不成其为犯罪对象。如上所析，犯罪对象所体现的法价值并非为刑法所特有的保护价值，但尽管如此，它仍然具有非常重要的刑法意义，主要体现为：

其一，犯罪对象对行为的既未遂产生影响。对于直接故意犯罪而言，在行为已构成犯罪的前提下，行为是否实质性地侵害了相关法律制度之下的某种具体利益（含权利），行为的危害程度也将因此被区分出两个显著的层次，而这种区分就应该作为犯罪既未遂之划分标准。[①]当然，是否实质性地侵害了某种具体利益还是相对抽象，犯罪行为实际所能改变的是犯罪对象的特定存在状态，只是这种特定存在状态因与立法者的特定需要相联系而形成特定形式的法价值。基此不难得知，犯罪对象的特定存在状态所体现的法价值对犯罪既未遂的影响应当包含如下两种情形：一是对象的存在状态是否体现特定的法价值（即是否受到法律的保护）将影响行为的既未遂，因为，犯罪对象必须体现特定的法价值，否则不成其为犯罪对象，故当行为所作用的对象并不体现特定的法价值时，意味着其并非为

① 这种危害程度层次的划分对于合理量刑无疑是必要的，因为，直接故意犯罪的成立原则上并不以发生犯罪结果为必要，而犯罪结果的发生也即对犯罪对象特定存在状态所体现的法价值的实质性侵害，在行为已经构成犯罪的前提下，行为是否实质性地侵害了该法价值，所反映出来的是犯罪行为在社会危害性程度上的显著差异，这种危害程度上的显著差异当然会对量刑产生显著的影响，而犯罪既未遂划分之目的就在于合理量刑。因此，犯罪的既遂与未遂以此作为划分标准是合理的。

犯罪对象，当然也就不可能成立犯罪既遂，而应该成立犯罪未遂（属对象不能犯未遂）。例言之，乙正扣动放在自己侧边口袋里的手枪的扳机射杀丙之时，站在乙身后不知其正在杀丙的甲，基于杀人的故意拔刀将乙捅倒致死，子弹虽然射出但并未击中丙。此即理论上的偶然防卫之情形。本案中，甲的行为由于具备故意杀人罪之罪过并且已经着手，因而成立故意杀人罪[①]，但因乙的生命于该时点并不受法律的保护（即不享有生命权）[②]，故其此时并不符合故意杀人罪的犯罪对象，因而成立犯罪未遂，而非犯罪既遂。二是当对象的某种存在状态体现特定的法价值时，那么该法价值是否遭受实质性的侵害，或者说，犯罪对象的特定存在状态是否被实质性地改变，也即是否导致了犯罪结果的发生，将影响行为的既未遂。例如，在故意杀人罪中，被害人是否死亡（关涉生命权是否遭受实质性的侵害），在绑架罪中，行为人是否已控制人质（关涉人身权是否遭受实质性的侵害），在盗窃、诈骗、抢夺、敲诈勒索等财产犯罪中，财物的占有人是否失去对财物的控制（关涉财产权是否遭受实质性的侵害），如此等等，都应该作为这些罪既未遂之区分标准。

其二，犯罪对象是否体现特定的法价值还可能影响定罪。如若将上述案例之案情变换为：乙正开枪射杀丙时，不知情的甲因误将油门当刹车而开车将乙撞死。由于过失犯罪的成立要求客观上必须发生法定的犯罪结果，但因乙的生命此时并不受法律的保护，故其也非过失致人死亡罪的犯罪对象，又因犯罪结果乃由犯罪对象转化而来，而无犯罪对象当然也就无所谓犯罪结果了。或者说，由于犯罪结果系一种为法所禁止的危害结果，

① 由于犯罪对象特定存在状态所体现的法价值并非为刑法所特有的保护价值（刑法法益），或者说，并非为犯罪所侵犯的独特价值，据此不难发现，中外刑法学界众多研究者所认为的，在偶然防卫或者在行为对象并不体现特定法价值的其他情形中，以没有侵害法益之危险为由将此类行为出罪，就明显混淆了刑法法益与犯罪对象（行为客体）所体现的特定法价值之间的本质性差异。如本书所析，唯有罪过支配下的行为方能威胁刑法法益，罪过是犯罪的价值本质在事实层面上的最集中体现，构成了犯罪的事实本质，乃定罪之实质根据。据此可知，本案中甲的行为由于完全具备故意杀人罪之罪过并且已经着手，故应当构成故意杀人罪。

② 需要注意的是，某一对象的特定存在状态是否为法律所保护是一个客观的判断，或者说，是一个与针对该对象实施行为的行为人的主观无关的判断，譬如，A 误以为某动物或者人的尸体是人而进行射杀，该动物或者人的尸体并不会因为 A 认为它是人就获得了人的生命权。据此不难得知，本案中，正在杀丙的乙其时虽有生命，但却并不享有生命权，就中缘由在于，既然某一对象的特定存在状态是否为法律所保护与行为人的主观意识无关，那么我们就可以基此假定，如若甲认识到了乙正要开枪射杀丙之事实而将乙杀死，此时甲的行为无疑就成立正当防卫，又因正当防卫系合法行为，既然合法，则势必意味着乙的生命此时是不受法律保护的，也即此时的乙并不享有生命权，要不然，此时乙的生命若仍然受到法律的保护，那么任何人针对乙的不法侵害所实施的防卫行为，都不可能正当合法。由此可见，本案乙在杀丙之时，其生命并不受法律保护，即不享有生命权。

而乙的生命此时并不受法律的保护，故即便致其死亡，该结果也非为法所禁止的危害结果。总之，甲的行为不成立犯罪。可见，在此等情形中，对象的某种存在状态是否体现特定的法价值，系其成为犯罪对象之条件，从而也影响着行为的罪与非罪。

三、犯罪的时间和地点之归属及地位

有关犯罪的时间和地点在犯罪构成体系中的地位问题，我国刑法学理论通说认为，在法律条文把特定的时间和地点规定为某些犯罪构成的要件时，这些因素就对某些行为是否构成该种犯罪具有决定性意义，即具有犯罪构成必备要素的意义，如我国刑法第 340 条规定的非法捕捞水产品罪和第 341 条第 2 款规定的非法狩猎罪，其中的“禁渔期”和“禁猎期”、“禁渔区”和“禁猎区”等就影响着行为的定性。并且从通说的论述来看，犯罪的时间和地点应属独立于犯罪手段、犯罪对象和犯罪结果之外的犯罪客观方面的要素。①

虽然任何犯罪都必然是在一定的时间以及一定的地点实施的，不存在超越时空的犯罪，但我们并不能就此认为，犯罪的时间和地点是所有犯罪成立的必要条件，因为绝大多数行为的刑法性质并不会受到实施行为的时间和地点的影响，例如，基于杀人故意实施的杀人行为，并不受实施该行为的时间是在早上或是晚上、实施该行为的地点是在甲地或是乙地的影响。不过，在笔者看来，认为犯罪的时间和地点属于与犯罪手段、犯罪对象和犯罪结果相并列的犯罪客观方面的选择性要素，则是值得商榷的，就中缘由在于，众所周知，任何客观事物均无不存在于一定的时间和地点中，但其所处的该时间和地点并不能成为该事物本身的内容或组成部分，否则任何客观事物都有时间和地点之构成事实，这显然是不符合事实的，譬如，作为个体的人处于一定的时间和地点，但人体结构中并不存在一个被称为时间以及一个被称为地点的组成部分。犯罪行为作为客观存在之事物当然也不例外，换言之，有别于犯罪手段、犯罪对象和犯罪结果，犯罪的时间和地点在犯罪的客观方面并无自己独立要素之地位。

既然犯罪的时间和地点在犯罪客观方面并无自己独立要素之地位，那么刑法在非法捕捞水产品罪、非法狩猎罪等罪中所规定的犯罪时间和地点到底具有何等性质呢？在否定犯罪的时间和地点之独立要素地位后，唯

---

① 参见高铭暄、马克昌主编：《刑法学》（第九版），北京大学出版社、高等教育出版社 2019 年版，第 77 页。

一可能的情形便只剩下：犯罪的时间和地点只是作为反映犯罪客观方面构成因素之属性的事实，一如刑事责任年龄及精神状况乃反映主体刑事责任能力之事实。在确定这一点之后，接下来需要究明的是，犯罪的时间和地点到底是反映犯罪客观方面中的哪一因素之属性的事实呢？笔者认为，我们首先可以排除的是犯罪手段，因为显而易见，在非法捕捞水产品罪和非法狩猎罪中，犯罪的时间、地点与犯罪手段或方法（禁用的工具、方法）是并列的关系，此等关系表明，犯罪的时间和地点并不属于反映犯罪手段属性之事实。在排除此种情形后，犯罪的时间和地点就只可能是反映犯罪对象或犯罪结果属性之事实了。又因犯罪结果系由犯罪对象转化而来，二者间的此等关系表明，反映犯罪结果属性之事实首先必然属于反映犯罪对象属性之事实。因此，对于该问题，我们只需探讨犯罪的时间和地点是否属于反映犯罪对象属性之事实即可。那么，犯罪的时间和地点究竟是否属于反映犯罪对象属性之事实呢？答案是肯定的。以非法狩猎罪为例，特定时间内（禁猎期）或者特定地点中（禁猎区）的野生动物往往有其特殊的存在状态。例如，在禁猎期内的野生动物一般是正处于繁殖、生长期的野生动物，而在禁猎区内的野生动物则通常是珍稀或濒危野生动物及与其休戚与共的其他野生动物，对象的这种特殊存在状态对于维护人类赖以生存的生态环境有着重要的价值，从而使其具有了特殊的社会属性。仔细分析其他以犯罪的时间或地点作为成立条件的罪也莫不如是。综上可知，犯罪的时间和地点在犯罪客观要件中并无自己独立要素之地位，而系反映犯罪对象特定属性（含自然属性及社会属性）之事实，故二者在犯罪构成体系中的地位依附于犯罪对象在犯罪构成体系中的地位。

第四节　犯罪结果

作为犯罪行为的产物，犯罪结果的发生与否是衡量行为客观危害有无以及程度的一项重要指标，因此，无论是在犯罪论还是刑罚论中，犯罪结果都有其重要的地位，犯罪结果作为客观事实当然为探究犯罪客观要件所不可或缺。

一、犯罪结果的概念

在我国刑法学界，犯罪结果又被称为危害结果，通常是将其作为犯罪客观要件中的要素加以探讨。对于何谓犯罪结果，主要观点有：（1）危害结果有广义与狭义之分，广义的危害结果，是指由危害行为所引起的一切危害结果，包括直接结果和间接结果，属于犯罪构成要件的结果和不属于犯罪构成要件的结果。所谓狭义的危害结果，是指刑法规定作为某种犯罪构成要件的危害结果，亦即犯罪行为对某罪直接客体造成的危害。[①]（2）所谓危害结果，是指“危害行为对刑法所保护的社会关系所造成的实际损害和现实危险”[②]，或认为，危害结果是“行为给刑法所保护的法益所造成的现实侵害事实与现实危险状态”[③]。（3）犯罪结果是指“犯罪行为对我国刑法所保护的社会关系，造成或可能造成的一定损害”[④]。（4）犯罪结果是指“犯罪行为作用于犯罪对象所引起或可能引起的、从客观方面反映社会危害性质与量的一切事实现象”[⑤]。

在笔者看来，欲合理界定犯罪结果的概念，首先需要明确的是其外延。有关犯罪结果的外延，笔者认为应当限于如下三种类型：一是作为决定犯罪成立与否的犯罪结果，如在过失犯罪和间接故意犯罪中，二者的成立便须发生法定的犯罪结果；二是作为决定行为构成此罪与彼罪的犯罪结果，如在招摇撞骗罪与诈骗罪竞合的情形中，行为人所骗取财物的数额是否特别巨大，决定着行为是构成招摇撞骗罪还是构成诈骗罪；三是作为决定犯罪既遂成立与否的犯罪结果，此种情形中，是否发生犯罪结果并不决定犯罪的成立与否，而只决定行为之既未遂，如以直接故意构成的故意杀人罪，被害人是否死亡只影响行为的既未遂，而不影响该罪的成立与否；四是作为决定结果加重犯成立与否的加重犯罪结果，在结果加重犯中，法定的加重结果由于是在基本犯成立之后发生，故是否发生法定的加重结果并不影响基本犯的成立与否及其既未遂的成立与否。[⑥]除此之外，由犯罪行为所造成的其他后果都不应该纳入犯罪结果之范畴。譬如，甲基于杀人的故意实施杀人行为，实际只造成被害人轻伤，那么致被害人轻伤之后果就不应该认为是犯罪结果，故意杀人罪的犯罪结果仅限于被害人死亡之结果而非其他，要不然，个罪之犯罪结果将不再具有确定性。可见，在界定

① 参见高铭暄主编：《刑法学原理》（第一卷），中国人民大学出版社 2005 年版，第 552-553 页。

② 马克昌主编：《犯罪通论》，武汉大学出版社，2005 年版，第 191 页。

③ 张明楷：《刑法学》（第五版），法律出版社 2016 年版，第 166 页。

④ 段立文：“试论我国刑法上犯罪结果的概念”，《法学研究》1992 年第 6 期，第 72 页。

⑤ 叶俊南：“犯罪结果概念研究——兼论犯罪结果与相关概念的关系”，《中国法学》1996 年第 1 期，第 87 页。

⑥ 由于基本犯的既遂并非产生法定加重结果的必经之途，故结果加重犯的成立并不意味着基本犯的既遂（如强奸未得逞而致被害女性重伤之情形），换言之，法定的加重结果发生与否通常并不影响基本犯的既未遂。

犯罪结果的概念时，应该将个罪的犯罪结果与构成该罪的具体犯罪行为实际造成的后果区分开来，二者的主要区别在于：犯罪结果具有法定性及确定性之特征，即由刑法明文规定或者可以依据刑法的规定通过解释得知，而不受构成该罪的具体行为之影响；构成某罪之具体行为实际造成的后果则未必具有确定性，该后果可能是犯罪结果，也可能是其他的某种后果。

在确定犯罪结果的外延后，接下来需要明确的是，犯罪结果系从何而来？对于该问题，只要我们把握犯罪行为的发生过程便不难找到答案。如前所析，犯罪行为是主体采取一定的手段作用于犯罪对象，从而将犯罪对象的原有状态改变至刑法所禁止出现的特定状态，而该禁止出现的特定状态即为犯罪结果，据此可知，犯罪结果系因犯罪对象受到犯罪手段的作用转化而来。作为犯罪对象被改变后所呈现的法定状态，犯罪结果可能是犯罪对象的另一种存在状态（量变），如理论所谓的危险犯所呈现的危险状态，也可能已转变为他种事物（质变），如作为故意杀人罪之犯罪结果的他人死亡。此外，因犯罪结果系犯罪手段作用于犯罪对象后所呈现的法定状态，故犯罪结果只能是直接结果，而不能为间接结果，例如，甲杀害乙，乙母因极度悲伤而自杀身亡，乙母的死就不属于犯罪结果。[①]

经由如上分析后可知，所谓犯罪结果，应当是指犯罪手段作用于犯罪对象后所呈现的法定状态，这种法定状态的出现与否，或影响行为的定性（即影响行为的罪与非罪或此罪与彼罪），或影响行为的既未遂，又或影响法定刑之升格与否。犯罪结果具备可感知性与刑法禁止性之特征，所谓可感知性，是指犯罪结果是一种有形的、可以通过感官感知的事实状态，所谓刑法禁止性，也即刑法禁止其出现，一旦出现，刑法便会施加相应的制裁。其中，刑法的禁止性包含两层涵义：一是如前文所析，当犯罪结果作为犯罪的成立条件时，犯罪结果此时系作为确定或充实罪过内容之要素因而被刑法所禁止，换言之，这种禁止属于突破其他部门法制度防线的刑事违法；二是在行为已突破其他部门法制度防线后的禁止，也即在行为构成犯罪后刑法所作的进一步禁止，而之所以被刑法进一步地禁止，系因为犯罪结果的发生将使得犯罪行为的社会危害性程度显著升高。需要注意的是，如若行为并未突破其他部门法制度的防线，也即在行为不构成犯罪的情况下，即便行为造成了某种事实状态，如他人死伤、财产损失等后

---

① 需要注意的是，犯罪行为所导致的间接结果虽非犯罪结果，但并不影响间接结果可以成为量刑情节。

果，就不涉及被刑法禁止的问题，换言之，刑法的禁止只与犯罪行为有关，非罪行为不涉及刑事违法或刑法禁止的问题。

二、犯罪结果之于行为犯的问题

理论对于犯罪结果在结果犯与结果加重犯中的地位和作用不存在疑议，有疑议的是，在与结果犯相对的行为犯中，犯罪结果是否也具有相同的地位和作用？中外刑法学理论之主流见解对此持否定态度。

依据德日刑法学理论之主流见解，行为犯是与结果犯相对的犯罪类型，只是应该如何对二者进行界分，在理论上存在争议，主要见解有：一是认为，二者区分的标准在于构成要件要素中是否包含了结果，如日本刑法学家大谷实认为，举动犯也叫单纯行为犯，是指只要具有作为构成要件的行为的人的外部态度就成立，而不要求发生一定结果的犯罪，结果犯是指作为构成要件要素，在以外界必须产生一定变动即结果为必要的犯罪。[①]大塚仁也持该见解。[②]二是认为，行为犯与结果犯的区别在于行为终了与结果发生之间是否具有时间上的间隔，也即，结果犯在行为终了与结果的发生之间具有时间上的间隔，而行为犯则没有这种时间上的间隔。可见，此种见解认为行为犯也有犯罪结果，与结果犯的区别只在于犯罪结果发生的时间。日本刑法学者平野龙一、内藤谦以及我国刑法学者张明楷教授持此种见解。[③]三是认为，行为犯与结果犯的区别在于行为是否侵害了特定的对象，也即，结果犯要求行为通过对行为客体造成侵害结果来侵害、威胁法益，而行为犯只要求行为直接侵害、威胁法益。日本刑法学者町野朔持此种见解。此外，也有学者反对行为犯的概念，如德国刑法学家李斯特、麦耶（M. E. Mayer）、哈尔席勒（Halschner）等持此种见解。[④]

在我国传统刑法学理论中，通常是在探讨犯罪既遂的成立标准时涉及行为犯与结果犯的区分，理论通说认为，“行为犯，是指只要实施刑法分则规定的某种危害行为就构成既遂的犯罪。这种犯罪并非不能发生一定的危害结果，而是不以发生一定的危害结果为犯罪构成的要件。一定危害结果的发生与否，只是量刑时考虑的情节。……结果犯，是指不仅实施犯罪构成客观要件的行为，而且必须发生法定的危害结果，才构成既遂的犯

---

① 参见[日]大谷实：《刑法总论》（新版第 2 版），黎宏译，中国人民大学出版社 2008 年版，第 114 页。

② 参见[日]大塚仁：《刑法概说（总论）》，冯军译，中国人民大学出版社 2003 年版，第 120 页。

③ 参见张明楷：“论刑法中的结果”，《现代法学》2023 年第 1 期，第 164-181 页。

④ 参见张明楷：《法益初论》，中国政法大学出版社 2003 年版，第 346-348 页。

罪。与行为犯的不同之处在于，它以发生一定的危害结果为犯罪构成的要件。”[①]

间接故意犯罪以及过失犯罪均属结果犯，理论对此基本不存在疑议，笔者也已于前文对此加以确证。换言之，理论所谓的行为犯只存在于直接故意犯罪中，故需要究明的问题是，在理论所谓的行为犯中，其犯罪既遂之成立[②]是否真无需发生犯罪结果呢？答案若为否定，那么行为犯将无独立存在之余地；答案若为肯定，那么行为犯的确将因其所具有的此等特殊性而有其独立的存在价值。对此，笔者的回答是否定的，也即认为，即便是在理论所谓的行为犯中，犯罪结果同样对其既遂之成立与否产生决定性的影响。中外刑法学界多数研究者之所以认为行为犯之既遂的成立不以发生犯罪结果（危害结果或构成要件结果）为条件，要么是忽视了本已存在的犯罪结果，要么是未准确把握某些罪的犯罪对象。

有关行为犯之具体类型，有研究者认为，其包含阴谋犯、危险犯和举动犯三种类型[③]，另有研究者则认为，它应该包含预谋犯（又谓阴谋犯）、举动犯、过程犯和持有犯四种类型[④]。接下来拟对这些类型的所谓行为犯逐予辨析。

首先，所谓的持有型犯罪以及过程犯，实际均属于典型的结果犯。在持有型犯罪中，行为人对特定物品的持有状态本身显然就是一种有形的、可感知的犯罪结果，故无疑属于结果犯之类型。对于过程犯，提出该种犯罪类型的论者认为，过程犯既遂的成立有待于行为人将法律规定的犯罪构成的客观行为实行完毕，并认为强奸罪就属于典型的过程犯。[⑤]但如所周知，依据理论通说有关强奸罪既遂的标准，无论是针对幼女的“接触说”，还是针对妇女的“插入说”，此等事实状态都毫无疑问是一种有形的、可感知的犯罪结果，故强奸罪乃典型的结果犯，既然所谓的典型的过程犯都可以归类为结果犯，那么将过程犯作为与结果犯相对的行为犯之类型，就显然不具有合理性了。

其次，对于危险犯，无论是具体危险犯或是抽象危险犯，均可将其

---

① 高铭暄主编：《中国刑法学》，中国人民大学出版社1989年版，第168-169页。

② 由于行为犯只存在于直接故意犯罪中，而直接故意犯罪之成立在客观上除少量罪要求发生犯罪结果外，其余皆以着手为已足，故探讨理论所谓的行为犯是否属于结果犯的问题，只包含其犯罪既遂之成立是否要求发生犯罪结果的问题，而不包含其成立是否要求发生犯罪结果的问题。

③ 参见刘树德：《行为犯研究》，中国政法大学出版社2000年版，第66页以下。

④ 参见郑飞：《行为犯论》，吉林人民出版社2004年版，第122页以下。

⑤ 参见姜伟：《犯罪形态通论》，法律出版社1994年版，第116页以下；郑飞：《行为犯论》，吉林人民出版社2004年版，第181页以下。

归类于结果犯。危险犯在理论上被区分为了具体危险犯和抽象危险犯两种类型，理论通说认为，具体危险犯属于结果犯之类型，而抽象危险犯则与行为犯难以明确界分。的确，具体危险犯之既遂成立所要求的具体危险，如破坏交通工具罪和破坏交通设施罪，两罪既遂成立所要求的对犯罪对象的破坏需达到“足以使相关交通工具发生倾覆、毁坏危险”之程度，这种状态无疑是一种有形的、可感知的结果[①]。其他的具体危险犯，如放火罪、决水罪和爆炸罪等，也同样如此，即均可归类于结果犯。至于抽象危险犯，理论所认为的其危险是一种行为的危险或者结果的危险。由于任何犯罪都是具有侵害刑法法益危险的行为，就此而言，试图区分行为犯与抽象危险犯无疑是徒劳的，有权威刑法学家也明确指出，“抽象的危险犯是行为犯”[②]。由于理论对于哪些罪属于抽象危险犯存在较大的争议，于此拟以被我国不少研究者视为抽象危险犯典型的危险驾驶罪为例加以辨析，不难发现，构成该罪的每一种情形，无论是追逐竞驶或醉酒驾驶，还是严重超载或严重超速等，都是犯罪对象被改变后所呈现的、有形的、可感知的特定状态，也即犯罪结果，因此，危险驾驶罪仍然属于结果犯。[③]此外，对于在主流见解看来属于典型行为犯的伪证罪，也有论者认为其属于抽象危险犯，但笔者认为，该罪依然属于结果犯，成立该罪既遂所需的犯罪结果也即证人、鉴定人、记录人、翻译人对与案件有重要关系的情节故意所作的虚假证明、鉴定、记录以及翻译本身，该结果的出现与否决定着行为的既未遂。由此可见，无论是具体危险犯还是抽象危险犯，其实都可归类于结果犯。

再次，对于预谋犯与举动犯，其实还是可以将其归类于结果犯。有关预谋犯和举动犯，理论一般认为，预谋犯属于举动犯之类型，依据我国刑法学理论之通说，举动犯是指只要一经着手，犯罪即告完成及完全符合犯罪构成要件，从而成立犯罪既遂。举动犯大体包含两种类型：一是由原本为犯罪预备性质的行为上升为实行行为的罪，如参加恐怖组织罪、参加黑社会性质组织罪等；二是由教唆或煽动性质的行为上升为实行行为的

---

① 需要注意的是，作为两罪既遂成立条件的犯罪结果就是“破坏交通工具或交通设施至足以使相关交通工具发生倾覆、毁坏的危险”本身，而非“相关交通工具实际被倾覆、毁坏”，当然，“相关交通工具因破坏行为实际被倾覆、毁坏”也是一种犯罪结果，不过这种犯罪结果已非两罪既遂成立所要求的犯罪结果，而系两罪之结果加重犯成立所要求的加重犯罪结果。

② [德]汉斯·海因里希·耶赛克、托马斯·魏根特：《德国刑法教科书》，徐久生译，中国法制出版社 2001 年版，第 322 页。

③ 由于该罪的法定最高刑只是拘役，其理论上的未遂犯情形应该不作犯罪处理方为妥当，换言之，该罪的犯罪结果应系作为犯罪成立条件之犯罪结果。

罪，如煽动民族仇恨民族歧视罪、传授犯罪方法罪等。[①]其中，第一种类型的举动犯中便包含了预谋犯之类型，如以组织、策划行为构成的分裂国家罪、颠覆国家政权罪，便属于典型的预谋犯。在笔者看来，举动犯还是可以归类于结果犯，以参加恐怖组织（或黑社会性质组织）罪为例，该罪的犯罪对象实际就是行为人自己，即行为人不具有恐怖组织（或黑社会性质组织）成员身份之状态，而犯罪结果则是行为人取得恐怖组织（或黑社会性质组织）成员身份之状态。据此可知，组织、领导恐怖组织（或黑社会性质组织）罪，以组织、策划行为实施的分裂国家罪、颠覆国家政权罪，其犯罪结果也同样是行为人因其组织、策划或领导行为而居于组织者、策划者或领导者地位之状态，行为人的这种状态当然也是一种有形的、可感知的犯罪结果，其既遂之成立也以这种犯罪结果的出现作为条件。[②]此外，教唆或煽动型犯罪同样也为结果犯，前者如传授犯罪方法罪，后者如煽动分裂国家罪、煽动颠覆国家政权罪、煽动民族仇恨民族歧视罪等，这些罪的犯罪对象为传授或煽动行为所指向的人，也即被传授者或被煽动者，犯罪结果则为犯罪方法的被传授者知晓行为人在传授犯罪方法或者被煽动的对象中有人知晓行为人的相关煽动内容，此等结果的出现应该作为传授犯罪方法罪和煽动型犯罪之既遂成立的标准[③]。换言之，即便有传授或煽动的行为，但若被传授者或被煽动者中无人知晓行为人所传授或煽动的内容，例如，行为人使用令所有被传授者或被煽动者都听不懂的语言进行传授或煽动的，行为就应该成立犯罪未遂。[④]

最后，既然理论所谓的行为犯实际均可归类于结果犯，那么还有必要究明的是，就中根本缘由是什么？在笔者看来，由于理论所谓的行为犯只能存在于直接故意犯罪中，而直接故意犯罪在犯罪终止形态上存在既未遂之界分，立法之所以作出如此界分的目的在于合理量刑，如本书所析，

---

① 参见高铭暄、马克昌主编：《刑法学》（第九版），北京大学出版社、高等教育出版社 2019 年版，第 145-146 页。

② 在笔者看来，除了分裂国家罪、颠覆国家政权罪的组织者、策划者外，实际上两罪的实施者也同样如此，即犯罪结果乃行为人因其实行行为而成为实施者之状态，就中缘由在于，这两罪不可能以国家实际被分裂、政权实际被颠覆之结果作为犯罪既遂成立之条件，故其既遂之成立就应该以行为人因其所实施的行为而使行为人呈现出的特定状态（即犯罪结果）为标准，至于行为人分裂国家、颠覆国家政权之意图，应当属于犯罪动机。因所实施的行为而使行为人呈现出特定的状态，并以此等特定状态作为犯罪结果的罪还有赌博罪、传播性病罪、聚众淫乱罪等。

③ 这些罪的既遂之成立不以被传授者运用被传授的方法去实施了犯罪或者被煽动者接受煽动去实施了相关行为作为条件。

④ 此时的犯罪未遂属于手段不能犯与对象不能犯的竞合。据此也不难发现，通说所认为的举动犯只要一经着手便成立既遂（意味着举动犯无未遂形态的存在）之见解并不妥当。

犯罪既未遂的界分应以犯罪对象是否因受到犯罪手段的作用而发生实质性的状态改变作为标准。这是因为，唯其如此，方能使犯罪行为的社会危害性程度显著升高，进而显著地影响量刑，这对于所有的直接故意犯罪（含理论所谓的行为犯）而言，概莫能外，而犯罪对象的这种实质性的状态改变无疑应该是一种客观的、可明显感知的外在变化，换言之，这种实质性的状态改变后所呈现的状态当然应该属于犯罪结果之表现形式。这也是所有直接故意犯罪何以均可归类于结果犯之根本缘由所在。

综上可知，理论所谓的行为犯，犯罪结果也是其既遂成立之必要条件，故所有的行为犯实际均可归类于结果犯，再加上无疑属于结果犯类型的间接故意犯罪和过失犯罪，如此所有个罪均属于结果犯。理论之所以认为存在结果犯与行为犯的划分，要么是忽视了本已存在的犯罪结果，要么是未准确把握某些罪的犯罪对象，当然，最为根本的缘由还在于不明白或是忘记了立法区分未遂犯与既遂犯之目的究竟何在。最后还有必要指出的是，无论是理论所谓的行为犯或是危险犯，研究者们探讨的所谓危险，既不应该是导致犯罪结果发生的危险，也不应该是侵害法益的危险，之所以说不应该是导致犯罪结果发生的危险，系因为，将犯罪对象改变至法定的危险状态本身即为犯罪结果，而之所以说也不应该是侵害法益的危险，则是因为，如前所析，刑法法益乃法制度价值，犯罪行为系借其罪过而威胁到该价值，故从此等意义上说，所有的犯罪均可归类于危险犯。既然所有的个罪其实都可以归类于结果犯，也都可以归类于危险犯，那么理论单独提出某些个罪是结果犯或是危险犯当然也就无甚意义了。

三、犯罪结果之要素地位论

有关犯罪结果在犯罪构成体系中的地位，我国刑法学理论的通说是，犯罪结果并非一切犯罪客观要件之必备要素，而只是间接故意犯罪和过失犯罪之客观要件的必备要素。[①]笔者认同该见解，如前文所析，在间接故意犯罪和过失犯罪中，犯罪结果之所以是必备要素，就中缘由在于，间接故意和过失心理均因欠缺对行为发展过程具有支配调节与定向指引功能的犯罪目的，如此使得行为的发展在行为人的内在心理状态中表现出盲目性，而这种盲目性又意味着行为之意志状态内容此时唯有诉诸行为的实际发展情状方得以确定，也即，行为的客观实际发展情状如何，那么其意

① 参见高铭暄、马克昌主编：《刑法学》（第九版），北京大学出版社、高等教育出版社 2019 年版，第 68-70 页。

志状态的内容便为何，要不然，行为的意志状态内容将无从确定，故只有当行为造成了法定的客观危害结果（即犯罪结果）时，方才构成犯罪，若行为的实际发展并未导向或者未促成法定的客观危害结果时，行为将因不具备罪过而不成立犯罪，而非成立犯罪未遂。因此，在间接故意犯罪与过失犯罪中只有成立与否的问题，而无犯罪的未完成形态问题。原本在直接故意犯罪中通常只是作为既未遂界分标志的犯罪结果，在间接故意犯罪与过失犯罪中便成为了罪与非罪之界分标志，犯罪结果也因此成为这两类犯罪成立在客观方面的必备要素。还有，在结果加重犯中，犯罪结果的发生也是结果加重犯成立的必要条件，也即犯罪结果乃结果加重犯成立之必备要素。除此之外，在有些直接故意犯罪中，犯罪结果也为行为成立犯罪的必备要素或选择性要素，如在不少数额犯（如持有、使用假币罪，非法持有毒品罪，数额型盗窃、诈骗等犯罪，等等）中，危害结果的量若未达到法定的数额，便不成立犯罪，犯罪结果在这些罪中也属于必备要素或者选择性要素。

此外，德、日等国家的刑法学理论通说还认为，在不纯正不作为犯中，犯罪结果也是构成要件的必备要素。研究者们一般认为，在纯正不作为犯中，虽然实施法律所要求的行为可能最终防止被作否定评价的结果发生，但是，立法者并未将避免结果发生规定为不作为行为人的义务，因而也不能将特定结果的发生作为构成要件的要素，因此，纯正不作为犯是纯粹行为犯的对应物。相反，在不纯正不作为犯中，保证人被赋予了避免结果发生的义务，结果的发生属于构成要件，违反避免结果发生义务的保证人，应当承担构成要件该当结果的刑法责任，因此，不纯正不作为犯是结果犯的对应物。[①]犯罪结果是不纯正不作为犯之构成要件要素也具有实定法依据。如德国刑法典第13条第1款规定，“依法有义务防止犯罪结果发生而不防止其发生，且其不作为与因作为而实现犯罪构成要件相当的，依本法处罚。”意大利刑法典第40条第2款规定，“负有法定阻止义务而不阻止结果发生的，等同于造成该结果。”奥地利刑法典第2条规定，“法律对结果之发生处以刑罚时，行为人虽依法负有防止结果发生之特别义务，但未防止其发生，且其不作为而实现法定构成要件可视同作为而实现者，亦罚之。”不过，在德、日等国的刑法学界，有学者对犯罪结果是不纯正不作为犯的构成要件要素之通说提出了质疑，如德国刑法学者巴尔伯格

① 参见[德]汉斯·海因里希·耶赛克、托马斯·魏根特：《德国刑法教科书》，徐久生译，中国法制出版社2001年版，第727页。

（Mayer-Bahlburg）和鲍曼（Baumann）就认为，单纯的举动犯也可以由于不作为而成立[①]，日本刑法学者日高义博也指出，虽然通说认为，只有结果犯才能成立不纯正不作为犯，行为犯不能成立不纯正不作为犯，但通常认为，作为行为犯的侵入住宅罪也可以成立（间接正犯的）不纯正不作为犯。[②]

如上所析，笔者反对行为犯与结果犯之划分，因为刑法分则规定的所有个罪实际均可归类于结果犯，如不少论者认为非法侵入住宅罪是行为犯，但该罪实际也可归类为结果犯，其犯罪结果即行为人非法处于他人住宅内的状态，这种状态显然是一种有形的、可感知的结果。并且不难发现，犯罪结果也非不纯正不作为犯成立的必备要素，例如，在以不作为方式构成的故意杀人罪中，母亲基于杀害自己婴儿之意图而将其冻饿，因意志意外的原因未致其死亡，虽然犯罪结果并未发生，但仍然成立故意杀人罪（未遂），再如以不作为方式构成的非法侵入住宅罪，被要求退出而拒绝退出者，在经过为退出所需的必要时间之前即被屋主推出去，成立犯罪未遂[③]。换言之，此时犯罪结果并未发生，但行为仍然成立犯罪。

综上所析，犯罪结果是间接故意犯罪、过失犯罪以及结果加重犯的客观要件之必备要素，但并非为所有直接故意犯罪以及不纯正不作为犯客观要件之必备要素。故总体而言，犯罪结果只是犯罪客观要件的选择性要素。

第五节　刑法中的因果关系问题研究

在中外刑法学理论中，刑法因果关系理论是一个重要而又极为复杂的理论，研究者们无论是对其研究对象或是判断标准，皆众说纷纭、尚未有定论。接下来笔者拟从界定刑法因果关系出发，在检视传统刑法因果关系理论的基础上，提出有关此一重要问题之见解。

---

① 参见洪福增：《刑法理论之基础》，刑事法杂志社 1977 年版，第 219 页。

② 参见[日]日高义博：《不作为犯的理论》，王树平译，中国人民公安大学出版社 1992 年版，第 83 页。

③ 参见[日]大塚仁：《刑法概说（总论）》，冯军译，中国人民大学出版社 2003 年版，第 217-218 页。

一、刑法中的因果关系界定

界定刑法中的因果关系首先需要确定的是刑法因果关系之“因”与“果”各自为何，对此，中外刑法学界都存在程度不等的争议。

（一）我国刑法学界有关刑法因果关系之研究对象歧见

1.“因”之歧见

（1）人的行为说。该说认为，刑法因果关系是指人所实施的行为与危害结果之间的因果关系，并指出，与危害结果有因果关系而主观上无罪过的行为，或因缺乏犯罪主体条件而不构成犯罪的行为，都应该成为刑法因果关系的研究对象。①

（2）危害行为说。该说认为，刑法因果关系是指行为人的危害（社会）行为与危害结果之间的因果关系，并且也认为，即便是无罪过的行为，只要事实上与危害结果有关系，在未能证实有无罪过之前，都应该属于刑法因果关系的研究范围。该说也是我国传统刑法学理论在因果关系问题上的通说。②

（3）违法行为说。该说认为，刑法因果关系是行为人的违法行为与危害结果之间的关系，其理由是，只有违法行为才能侵犯法律所保护的社会关系和各种权利，才需要对结果负责。③

（4）刑事违法行为说。该说认为，刑法因果关系是客观上违反刑法规定的符合犯罪客观要件的危害社会的行为（包括作为与不作为）同危害社会的结果之间的因果关系。④

（5）犯罪行为说。该说认为，刑法上的因果关系，是指犯罪行为与犯罪结果之间的因果关系。⑤

（6）犯罪实行行为说。该说认为，刑法因果关系的研究对象是对定罪量刑有价值的危害结果与可能追究刑事责任的犯罪实行行为两者之间引

---

① 参见程康彦：“略论刑法中的因果关系”，《法学评论》1983年第1期，第37-38页。

② 参见权新广：“试谈刑法中的因果关系”，《法学研究》1963年第3期，第36-41页；曾宪信：“对犯罪因果关系的几点看法”，《法学研究》1982年第4期，第30-35页；高铭暄主编：《刑法学原理》（第一卷），中国人民大学出版社1993年版，第567-596页；马克昌主编：《犯罪通论》，武汉大学出版社1999年版，第206-226页；赵秉志主编：《刑法新教程》，中国人民大学出版社2001年版，第166页。

③ 参见高铭暄主编：《新中国刑法学研究综述》，河南人民出版社1986年版，第159页。

④ 参见李光灿、张文、龚明礼：《刑法因果关系论》，北京大学出版社1986年版，第22页。

⑤ 参见高格主编：《刑法教程》，吉林大学出版社1987年版，第81页。

起与被引起的联系。[①]

2.“果”之歧见

有关刑法因果关系之“果”，我国传统刑法学界的主流见解认为是“危害社会的结果”或“危害结果”，如上所述，也有个别观点认为是“犯罪结果”，而主流见解内部的主要争议点是，刑法因果关系之“果”到底应否包含“可能的结果”？

（1）肯定说。该说认为，刑法所研究的危害社会的结果，不仅是事实上的概念，也是刑法上的概念，它同刑法所保护的社会关系密切联系在一起。根据我国刑法的规定，凡是对刑法所保护的社会关系已经造成或可能造成的实际损害，都是刑法中的危害社会结果。[②]

（2）否定说。该说认为，作为刑法因果关系之结果只能是实际造成的结果，而不应该包含可能造成的结果，主要理由在于：可能的结果，还只是一种可能性，而不是现实，因果关系只能是两个现实的事物（现象）之间的联系，一个现实的事物（行为）与另一个非现实的事物（可能的结果）不可能形成因果关系。[③]现实结果说也往往肯定现实的危险也是一种现实的结果，这是因为：其一，从理论上说，行为对客体造成的现实危险也是客观存在的事实，而非人们的主观想象和推测，不能以现实危险状态所蕴含的另一结果产生的可能性而否定现实危险状态本身的现实性；其二，从立法内容来看，我国刑法规定的某些犯罪，如破坏交通工具罪、破坏交通设施罪等，均以特定的危险状态作为犯罪结果。[④]

（二）域外刑法学界有关刑法因果关系之研究对象歧见

在域外刑法学界，有关刑法因果关系的研究对象也同样存在争议。在德国刑法学界，其主流见解是：因果关系所要解决的问题是，当一个侵害法益的结果（即构成要件结果）发生时，确定哪一行为导致了该结果的发生，行为与法益侵害结果之间存在因果关系是行为人对该结果承担刑事责任的前提。据此，因果关系便成为确定构成要件行为的前提性条件，构成要件行为的最终判定除了因果关系外，还须补充其他归责标准（如客观

① 参见马克昌主编：《犯罪通论》，武汉大学出版社 1999 年版，第 210-212 页。

② 参见李光灿、张文、龚明礼：《刑法因果关系论》，北京大学出版社 1986 年版，第 23-24 页；段立文：“试论我国刑法上犯罪结果的概念”，《法学研究》1992 年第 6 期，第 72 页。

③ 参见侯国云：“论刑法因果关系的研究对象”，《政法论坛》1997 年第 6 期，第 29-31 页。

④ 参见马克昌主编：《犯罪通论》，武汉大学出版社 1999 年版，第 191-192 页；高铭暄主编：《刑法专论》（第二版），高等教育出版社 2006 年版，第 177-179 页；张绍谦：《刑法因果关系研究》，中国检察出版社 2004 年版，第 141 页。

归责），因果关系因而被认为是刑事责任的最大限度。①因此，在德国刑法学理论中，刑法因果关系的研究对象一般认为是“行为”与“构成要件结果”之间的引起与被引起的关系。在意大利和英美法系的刑法学理论中，有关因果关系的研究对象，主流学说也是持该见解。②不过，在日本刑法学界，一般认为，刑法因果关系的研究对象应当是“实行行为”与“构成要件结果”之间的引起和被引起的关系。③我国也有学者持此种见解。④

（三）刑法因果关系之研究对象辨析及相关问题澄清

1. 刑法因果关系之研究对象辨析

在笔者看来，确定刑法因果关系的研究对象以把握犯罪行为的结构为前提，而把握犯罪行为的结构又以把握人的行为之结构为前提。如前所析，人的行为是主客观的统一体，是主观的客观化，而行为的主观方面又可区分为两大层次，由深及浅依次为“人格”和“心理过程”。其中，人格是心理过程的前提，它制约着心理过程，脱离人格，心理过程将无法形成，故二者事实上形成了一种原因与结果的关系，“人格”是“因”，“心理过程”是“果”。心理过程外化后则形成行为的客观，由此，在心理过程与行为的客观之间又形成一个因果关系，其中，“心理过程”为“因”，“行为的客观”为“果”。而心理过程客观化的过程，在行为的客观层面则具体表现为：行为手段（或方法）作用于行为对象，进而引起行为对象的存在状态发生改变，最终产生行为结果。这一外在客观过程同样形成一个因果关系，其“因”为“行为手段作用于行为对象”，其“果”为“行为对象因受到行为手段作用后所呈现的特定状态，也即行为结果”。据此可知，在犯罪行为的结构中，犯罪主体与犯罪主观之间是一种因果关系，犯

---

① 参见[德]汉斯·海因里希·耶赛克、托马斯·魏根特：《德国刑法教科书》，徐久生译，中国法制出版社2001年版，第336-339页；[德]克劳斯·罗克辛：《德国刑法学总论》（第1卷），王世洲译，法律出版社2005年版，第231-244页。

② 参见[意]杜里奥·帕多瓦尼：《意大利刑法学原理》（注评版），陈忠林译评，中国人民大学出版社2004年版，第135-136页；[英]J·C·史密斯、B·霍根：《英国刑法》，马清升等译，法律出版社2000年版，第50-52页；储槐植：《美国刑法》（第三版），北京大学出版社2005年版，第43-52页。

③ 参见[日]木村龟二：《刑法学词典》，顾肖荣、郑树周等译，上海翻译出版公司1991年版，第144-145页；[日]大塚仁：《刑法概说（总论）》，冯军译，中国人民大学出版社2003年版，第158-159页；[日]曾根威彦：《刑法学基础》，黎宏译，法律出版社2005年版，第188-189页；[日]松原芳博：《刑法总论重要问题》，王昭武译，中国政法大学出版社2014年版，第48页；[日]高桥则夫：《刑法总论》，李世阳译，中国政法大学出版社2020年版，第100-101页。

④ 参见张明楷：《刑法学（上）》（第五版），法律出版社2016年版，第183-188页。

罪主观与犯罪客观之间也是一种因果关系。在犯罪客观方面，犯罪手段（或方法）作用于犯罪对象与引起犯罪结果之间同样是一种因果关系。并且不难发现，在“犯罪主体→犯罪主观→犯罪客观”之间系一种由里及表的纵向关系，而在犯罪手段作用于犯罪对象与引起犯罪结果之间，则属居于同一层面（即客观层面）的横向关系。

显而易见，对于犯罪行为结构中纵横两个向度的因果关系，它们之间的事实关系是，纵向因果关系支配制约着横向因果关系，这种支配制约关系表现为：一是犯罪主观乃犯罪客观之原因，故在未知犯罪主观（主观又以主体成立作为前提）的情况下，作为犯罪客观方面内容的因果关系，无论是其“因”或是其“果”都将无法确定；二是作为犯罪客观方面内容的因果关系，无论是其“因”或是其“果”，均须以罪过之所及为限度，即以主体认识或者应该认识并为其控制或者应该控制作为最大限度，简言之，以主体所应该控制作为其最大限度，如若超出此一限度便不属于刑法因果关系之内容。对此，笔者认同意大利刑法学家安东尼惹（Antolisei）之论见，他从人是有意识和意志的生物这一众所周知的事实出发，指出，人类行为与其结果之间的因果关系具有独特的性质，不能将其与纯自然的因果关系相提并论。能在一定范围内控制，包括引起与阻止外部世界的变化，是人类行为之特点。从法律的角度看，只有在主体能够控制的范围内所发生的外界变化，才能将人的行为视为原因。在此范围之外的一切现象，都只能是自然界盲目力量作用的结果，不应属于刑法因果关系研究的范畴。[①]

综上所析，作为犯罪客观方面内容的因果关系实际是“犯罪手段（或方法）作用于犯罪对象”[②]与“犯罪结果”之间的引起和被引起的关系。其中，作为原因的犯罪手段（或方法）作用于犯罪对象与作为结果的犯罪结果均受到罪过之支配制约，无罪过就无所谓犯罪的客观，也就无所谓刑法因果关系，而罪过又以犯罪主体作为前提，受其制约。犯罪行为结构中纵横两个向度的因果关系如图 8-1 所示。

---

① 参见陈忠林：《意大利刑法纲要》，中国人民大学出版社 1999 年版，第 104 页。

② 中外刑法学理论将犯罪结果发生之前的“犯罪手段（或方法）作用于犯罪对象的过程”称为“危害行为”“犯罪行为”“（构成要件）行为”或“实行行为”等。

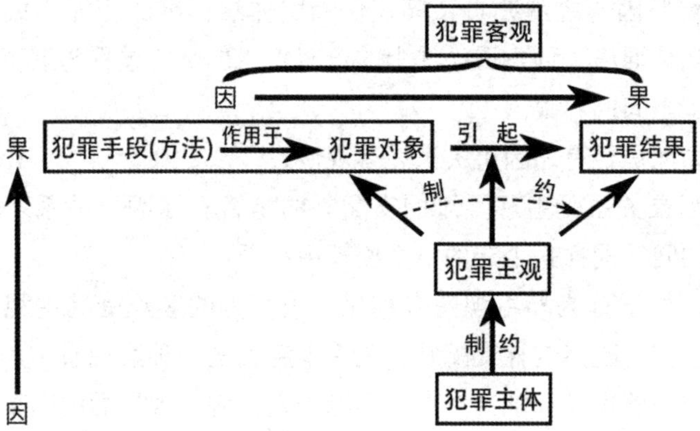

图 8-1　犯罪行为结构纵横两个向度的因果关系示意图

2. 相关问题澄清

在确定作为犯罪客观方面内容的因果关系之研究对象后，尚有如下两个较为重要的问题有待澄清：

（1）如此是否混淆了归因与归责的问题？

有关因果关系要受到主观罪过的支配制约是否混淆了归因与归责的问题，笔者的回答是否定的。如所周知，在定罪逻辑上，客观优先于主观乃中外刑法学界的绝对主流见解，在此一逻辑架构下的一贯思维是，因果关系所要解决的是客观归因的问题，而罪过所要解决的则是主观归责的问题。但正如笔者已于前文（详见第五章第三节）所分析的，该见解实际是将刑事诉讼法上的查明犯罪事实或案件真相的过程混入到了刑事实体法上的定罪过程之中。因为所谓的“客观归因”所要解决的是将发生于外界的某事实与主体进行归属联结，进而能够将该事实视为是该人之作品，据此区别与其全然无关的事故事实。[①]在辨明刑事诉讼法上的查明犯罪事实的过程与刑事实体法上的定罪过程之间界限后，将不难发现，查明某一外在事实（也即理论所谓的客观侵害事实）是否由人的行为所导致以及到底系何人的行为所导致，这其实是在适用犯罪构成之前的查明犯罪事实阶段就必须解决的问题，否则犯罪构成将无法适用。而定罪的过程只能遵循由主而客的逻辑，犯罪的客观（含因果关系）也唯有在其主观罪过的约限下方得以把握，要不然，犯罪的认定将成为不可能完成的任务。由此可见，将

① 参见陈友锋：《刑法上行为概念与行为之探索》，台湾辅仁大学法律系博士论文（2002 年），第15-16 页。

所谓的客观归因与主观归责依序在作为实体法标准的犯罪构成中加以分离，实际完全混淆了刑事诉讼法上的查明犯罪事实的过程与刑事实体法上的定罪过程之间的界限。

（2）如此是否有违因果关系之客观性？

有关因果关系受主观罪过的支配制约是否有违因果关系之客观性问题，笔者的回答同样是否定的，主要理由在于：

首先，由于行为乃主观的客观化，故行为的客观受其主观的支配制约乃客观事实，既然这种支配制约关系本身就是一种客观事实，那么以该客观事实作为前提和基础当然也就不能否定行为客观层面的因果关系之客观性了。

其次，有关因果关系的客观性，在笔者看来，中外刑法学之主流见解长期以来都存在认识错误，即认为因果关系在任何情况下都绝对与人的主观意识无关。实际上，因果关系的客观性只能是“因”与“果”之间在“联系”上具有客观性或者说合规律性，这种联系的客观性或者合规律性并不意味着“因”与“果”本身必须与人的主观意识无关，要不然，将意味着但凡受人的主观支配的行为与其结果之间都因包含主观性的东西故均超脱于因果律之畛域，果真若此，那么人的内在心理将成为无从把握的东西，心理学也将沦为纯粹的玄学，而不可能成为自然科学。

再次，通过考察传统刑法理论中的行为学说也不难发现，许多行为学说均未否定行为构成要素（含主观心理要素）之间所存在的因果关系，其中，最为典型的当属“因果行为论”之“有意行为说”，该行为学说更是直接以内在心理作为原因，以内在心理的外在表现作为结果，因果行为论之称谓也正是由此而来。此外，目的行为论和社会行为论由于都强调行为的客观性以及有意性或目的性，故事实上也肯定行为的主观与其客观之间的因果关系。既然纯主观性的要素都可以直接作为因果关系之原因，并且理论也从未质疑此等因果关系违反了因果关系之客观性属性，那么又有何理由否定作为犯罪客观方面内容的因果关系之“因”与“果”由于受制于主观罪过从而有违因果关系的客观性呢？

最后，即便是直接以主观心理要素作为因果关系之因或果也不违反因果关系之客观性，就中根本缘由在于，行为乃客观存在之事物，故无论是构成行为的主观心理事实还是外在客观事实，都是作为客观事实而存在，并且都能够运用科学方法对它们加以认识和把握。[①]构成行为的主观心理事实也是客观事实并且能够运用科学方法对之加以认识和把握，这也是心理学之所以具备自然科学属性以及司法证明活动在主观心理要素的判断中依然行之有效的缘由。

概言之，因果关系的客观性只能是因与果之间“联系”上的客观性或者合规律性，而绝非作为因果关系的因与果本身必须与人的主观意识无关，更何况，即便是直接以主观心理要素作为因果关系之因或果，也不违反因果关系之客观性。如此，作为犯罪客观方面内容的因果关系受制于主观罪过，也就根本不存在违背因果关系之客观性的问题了。

二、传统刑法因果关系理论批判

作为犯罪客观方面内容的刑法因果关系实际是犯罪手段作用于犯罪对象与犯罪结果之间的引起和被引起关系，这一关系受到主观罪过的支配制约。而在中外刑法学界，绝对主流的见解却认为，刑法因果关系与主观罪过全然无涉，理论也尽一切可能地将任何主观性因素驱逐出刑法因果关系之范畴。之所以如此，在笔者看来，一方面系因中外主流犯罪构成体系都遵循着由客而主的逻辑排序使然，另一方面则是对因果关系的客观性存在误解使然，由此也导致了刑法因果关系理论异常纷繁复杂而又错漏百出。

那么，中外刑法学界的绝对主流见解所认为的先于主观故而与主观因素全然无涉的因果关系，作为其原因的“行为”“危害行为”“实行行为”或“构成要件行为”等，以及作为其结果的“危害结果”“构成要件结果”或“法益侵害结果”等，它们到底具有何等法律性质呢？如前文所析，无论是我国传统要件体系还是德日阶层体系，对构成犯罪的因素都遵循着由客而主的逻辑排序。事实上，行为的外在客观表现，无论是所谓的“行为”“危害行为”“实行行为”或“构成要件行为”等，还是所谓的“危害结果”“构成要件结果”或“法益侵害结果”等，在把握支配制约这些外在客观事实的内在心理状态之前，它们都还只是我们认识行为人实施行为时的内在心理状态的依据之一，或言之，都还只是证明犯罪主观要件成立与否的证据之一而已，尚不具备接受作为实体法标准的犯罪构成检验

---

① 如前文所析，行为之构成要素的主客观划分是站在行为本体的视角，也即，行为表现于外的作用过程为客观，而隐藏于内、对这一外在过程起支配制约作用的内在心理状态则为主观。之所以说构成行为的主观心理事实也是作为客观事实而存在，系因把构成行为的主观心理事实作为认识和判断的对象，此时它显然是一种不以认识者或判断者乃至行为人事后的主观意识为转移的客观事实。

之资格。把证明犯罪主观要件成立与否的相关证据混同于符合犯罪客观要件（客观的构成要件）之事实，如此使得犯罪客观要件（客观的构成要件）符合性的判断在理论论说中无疑会变得异常艰难曲折，这也是犯罪客观要件理论以及构成要件理论之所以歧见纷呈、谁也未能对该要件（阶层）说清道明的主要缘由。犯罪的认定实际是不可能遵循由客而主的判断逻辑的，就中缘由在于，若不通过行为人的主观加以限制，行为的物质载体其存在范围将漫无边际，在属性上也有着不计其数的客观属性①，在行为的物质载体之存在范围以及客观属性都不确定的前提下，又如何可能据此设定明确的标准来判断某一客观事物是否属于某行为之范围以及具备何等客观属性呢？令人遗憾的是，理论或是未意识到如上错误，或是虽然认识到了却始终不予承认，仍费尽周折地试图克服这一实际不可能完成的任务，于是乎，实行行为理论、因果关系理论、结果归属理论和客观归责理论等便纷纷登场，呈现出歧见纷纭、异论迭现的景象，刑法因果关系理论也因此成为刑法学理论中最为繁复艰涩的理论之一。在笔者看来，迄今为止的所有刑法因果关系学说由于都存在共同的根基性错谬，故若不对其加以深刻反思，即便研究者们为此付出再多的努力，提出再多的理论和学说，都不可能真正解决刑法因果关系问题。

在揭示传统刑法因果关系理论的根基性错误后，接下来拟对其中最具影响力的两种学说——条件说和相当因果关系说②——作进一步的批判。

（一）条件说批判

条件说又被称为“条件等值说”，该学说借助所谓的“思维排除法”，也即，设想如果某一事实不存在，某结果就不会发生，那么该事实就是该结果之条件，导致该结果发生的全部条件都是等值的，即都是结果的原因。在德国，司法判决和主流刑法学理论在确定因果关系时都采用条

① 若不借由行为人的主观来加以确定，那么行为的物质载体之存在范围将漫无边际，这是由客观世界普遍联系原理所决定的。而任何客观事物都有着不计其数的客观属性可谓也是生活常识，譬如，一把菜刀，有人用来劈砍切割东西，有人用来敲钉子，有人用来当乒乓球拍接打乒乓球，有人用来当烧烤食物的导热铁板，有人用来诈骗钱财（如冒充宝刀或文物），还有人（如铁匠）用作打制其他铁器的原料，如此等等，可谓不胜枚举，都是利用了其不同的客观属性。有鉴于此，那么一把菜刀在某一具体行为中的客观性质如何，无疑唯有诉诸使用菜刀的行为人之主观方得以确定，例如，行为人若用之来杀人，那么该菜刀此时就是杀人的凶器，若用之来诈骗钱财，那么该菜刀就是作为财物之属性，如此等等。

② 至于还有一种从未成为主流的“原因说”，学界如今对该说已基本达成共识，那便是，要想在理论上将条件与原因区分开来根本是不可能的事，笔者也完全认同该见解，故无专门揭批之必要。

件说[①]，条件说也是日本刑事审判实践中的主流见解[②]，在意大利、奥地利等国，该学说也是极为有力的学说[③]。一般认为，条件说的优势在于，采取思维排除法能够十分便捷地判断因果关系，而其缺陷也较为明显，主要体现为：一是会导致原因的存在范围无限扩张，进而可能导致处罚范围不合理；二是采用思维排除法并无甚特别的价值，在不少情形中会失效或是会得出不合理的结论。而在笔者看来，条件说无论是其限制规则还是所谓的思维排除法，都不具有合理性，并且在逻辑上也未能做到一以贯之。

1. 条件说之限制规则批判

针对上述第一个缺陷的指责，条件说主要从两个方面作出了回应：一是在条件说内部创设限制规则，主要表现为通过实行行为标准以及“因果关系中断”或“禁止追溯”学说加以限制；二是肯定条件说的确具有导致刑法因果关系在一定程度上扩张的缺陷，但认为最终可借助责任（罪过）来限制处罚范围。笔者认为，对于刑法因果关系之原因以及结果，如若不从罪过的角度来加以限制，那么无论在条件说内部创设何等限制规则，均不具有合理性，主要理由如下：

（1）实行行为之限制标准不具有合理性

由于任何完整的行为无不是主体采取一定的手段作用于行为对象，从而引起行为对象的存在状态发生改变，最终产生行为结果的过程，但如所周知，犯罪的成立并不要求行为必须具备完整性，在手段不能及对象不能乃至二者皆不能的情况下，行为仍然可能成立犯罪，又因犯罪构成乃行为成立犯罪之最低限度要求，如此似乎意味着，客观的构成要件（犯罪客观要件）将无确定的事实内容，为使此一阶层不致沦为空洞，日本刑法学之实行行为理论为作为刑法因果关系之因的实行行为（构成要件行为）创设了实质判断标准，即认为，实行行为必须是具有侵害法益危险的行为，又因在居绝对主流地位的观点看来，个罪之保护法益的物质载体是行为客体，故“是否具有侵害法益的危险”又可转换为“是否具有引起构成要件

① 参见[德]汉斯·海因里希·耶赛克、托马斯·魏根特：《德国刑法教科书》，徐久生译，中国法制出版社2001年版，第339页；[德]克劳斯·罗克辛：《德国刑法学 总论》（第1卷），王世洲译，法律出版社2005年版，第232页。

② 参见[日]川端博：《刑法总论二十五讲》，余振华译，中国政法大学出版社2003年版，第37页。

③ 参见陈忠林：《意大利刑法纲要》，中国人民大学出版社1999年版，第100页；[日]木村龟二：《刑法学词典》，顾肖荣、郑树周等译，上海翻译出版公司1991年版，第147页。

结果之危险”。我国也有不少研究者认同此一见解。[①]

以实行行为限制刑法因果关系之成立范围的做法，其问题在于实行行为之实质判断标准本身的错谬，正如笔者已于前文所指出的：

首先，“客观上有无侵害法益危险”之判断标准系价值标准而非事实标准，据此作出的判断并非事实判断而是价值判断，判断结论可能因人而异，从而不具有确定性。对此，笔者已于前文通过“误将白糖当砒霜而投毒”以及“误将稻草人为仇人而开枪射杀”之事案加以例证。为加深阅者印象，笔者于此拟再举一较为生动的事例予以释明，此一事例虽未必为真，但现实中并不排除存在之可能。据《庄子·徐无鬼》载：郢人垩漫其鼻端若蝇翼，使匠石斫之。匠石运斤成风，听而斫之，尽垩而鼻不伤，郢人立不失容。宋元君闻之，召匠石曰：“尝试为寡人为之。”匠石曰：“臣则尝能斫之。虽然，臣之质死久矣！”在此一事例中，对于匠石运斤成风砍削郢人鼻尖上石灰的行为，虽然在他人看来，可能有侵害郢人肢体完整乃至生命的危险，但匠石和郢人都不认为有这样的危险，不过匠石也承认，若给郢人之外的人砍削鼻尖上的石灰，还是有侵害他人肢体完整或生命的危险，故当宋元君请其为之时，匠石拒绝了。同一行为，有无某种危险的判断，可能因人而异，缘何如此？价值判断使然也！故以如此不确定的价值标准来认定刑法因果关系之“因”，刑法因果关系之理论基础如何可能牢靠？怎能避免异见纷呈、怪论迭现？

其次，个罪之保护法益并非行为客体之特定存在状态所体现的法价值，而系该价值之上的法制度价值，法制度价值因牵及制度之下的每一利益主体的相关利益，故已远远超越行为客体之特定存在状态所体现的法价值。可见，德日刑法学理论对于刑法法益与行为客体之间的关系或者刑法法益侵害与构成要件结果之间的关系存在严重的认识错误。

最后，由于犯罪行为所侵犯的独特价值（刑法法益）是法制度价值，而犯罪行为之所以能够侵犯此一层次的价值，概因其具备罪过使然，换言之，无罪过行为无论如何都不可能侵犯该价值，因此，在是否具有侵害刑法法益危险之判断标准中，无论如何都不应该缺失罪过这一核心内容。令人遗憾的是，理论由于未能意识到罪过与犯罪的价值本质（侵害刑法法益）之间所存在的内在必然联系，对于是否为构成要件行为（实行行为）提出了完全摒弃主观要素的所谓“客观上有无侵害法益危险”之错误

---

① 参见张明楷：《刑法学（上）》（第五版），法律出版社 2016 年版，第 144 页；李立众：《犯罪成立理论研究——一个域外方向的尝试》，法律出版社 2006 年版，第 165 页以下。

判断标准，如此怎能不把刑法因果关系理论引入歧途？

确定刑法因果关系之“因”必须借助于罪过，但凡抛弃主观因素而试图从纯粹客观的立场来限定刑法因果关系之“因”的做法，实际既不客观也不可靠，主要表现为：其一，我们根本无法据此辨明是此罪之因（实行行为）还是彼罪之因（实行行为），乃至无法辨明是犯罪行为还是合法行为，对此，笔者已于前文（详见第五章第三节）详加论述。其二，几乎所有被此种所谓的客观标准加以排除的情形，均可能被随后进行的对主观要件判断得出的结论所推翻，从而不得不重拾那些之前已予排除的情形。可以看到，无论是实行行为理论还是客观归责理论都认为，减少或者避免法益侵害的行为，不可能是实行行为或不可能符合构成要件。[①]但事实未必如此，譬如此等案例：甲从二楼阳台抛下砖块，就在砖块要砸到楼下丙的头部时，阳台底下的乙挥铁棒打中该砖块，砖块和铁棒均未伤及丙，丙趁机逃走。在本案中，依据上述标准，由于乙的行为客观上避免了所谓的法益侵害，故绝对不属于实行行为或绝对不符合构成要件。但下此定论显然为时过早，因为，如若最终查明的事实是：甲抛砖块是欲杀丙，而乙挥铁棒也是为杀丙，相互均未意识到对方的行为。[②]那么从客观上来看，甲的抛砖块行为阻止了乙挥铁棒杀丙，而乙的挥铁棒行为也阻止了甲抛砖块杀丙，总之，都成功避免了所谓的法益损害，故甲、乙的行为都不属于实行行为或都不符合构成要件，因而均不构成犯罪，但如此处理显然是不合理的，甲、乙的行为都应该成立故意杀人罪（未遂）。还有如：A 劝 B 去乘坐飞机希望B死于航空事故，结果真发生了航空事故导致B死亡。主流理论也是认为，劝人乘坐飞机的行为因不具有侵害法益的危险或者未创设法不容许的危险，故A的行为不是实行行为或不符合构成要件，因而不构成犯罪。实际上，下如此定论仍然过于武断，因为，如所周知，空难绝非无缘由地凭空发生，任一空难的发生都必有其缘故，譬如，飞机的关键零部件失灵，极端天气，恐怖袭击，其他飞行物撞击，飞行员故意制造坠机事故，等等。问题是，如若在劝B乘坐飞机时，A事先通过某种渠道或者具有某种特殊的认知能力而获悉会导致空难的原因的情况下，例如，明知

① 参见[德]克劳斯·罗克辛：《德国刑法学 总论》（第1卷），王世洲译，法律出版社2005年版，第247-249页；张明楷：《刑法学（上）》（第五版），法律出版社2016年版，第145页。

② 事实上，在传统刑法因果关系理论以及实行行为理论中，二者有无意思联络本应无关紧要，因为，条件说与客观的实行行为说都认为，因果关系及实行行为均与人的主观意识无关，而意思联络显然是主观性的，不过，在条件说和客观的实行行为说看来，甲、乙之间有无意思联络还是至关紧要，对此，笔者将于下文论及。

该航班的关键零部件存在严重安全隐患，明知有恐怖分子要登上该航班或明知该航班被恐怖分子安装了定时炸弹，明知该航班的飞行员要驾机自杀，如此等等，我们还能仅仅凭借客观就武断地判定劝人乘坐飞机没有侵害法益的危险或者没有制造法不容许的危险，进而排除其行为的实行行为性或构成要件符合性吗？答案无疑是否定的。[①]由此可见，摒弃行为主观因素的判断标准根本不具有可靠性，试图以此等标准限制刑法因果关系成立范围之努力也注定是徒劳的，因为行为的客观在事实上即受到其主观的支配制约，故行为客观层面的因果关系其存在范围应当而且只能求诸行为的主观方得以确定，舍此绝无他途。

（2）因果关系中断以及禁止追溯学说同样经不起推敲

所谓因果关系中断是指在因果关系的发展进程中，介入了基于自由而且故意的第三者的行为或者自然力时，那么行为与结果之间的因果关系便中断，[②]例如，甲对乙实施了未达到致命程度的伤害，乙在被送医的途中因发生交通事故而死亡，那么甲的行为与乙的死亡之间就没有因果关系。因果关系中断学说所存在的问题是：行为与结果之间明明是符合条件公式的，第三者的故意行为或自然力对该因果进程中断的根本依据是什么？还有，第三者的故意行为或自然力是否在任何情况下都能够无条件地中断因果关系？如果行为人在行为时已经认识到中断因素（含第三者的故意行为或自然力）的情况下，还能中断因果关系吗？因果关系中断学说对此显然是难以作答的。对于存在介入因素之因果关系问题的处理，德国刑法学家弗兰克（Frank）提出了“禁止追溯”学说，即认为，一种追溯故意犯罪之前就已经存在的条件的做法，应当（不考虑教唆和帮助的特殊规则）加以禁止，因果关系应当被他人的故意行为所打断。[③]据此不难发

① 面对此等情形，客观归责理论不得不作出具有动摇该理论之根基的妥协，也即在风险是否被容许这一原本只能求诸客观的判断标准中，加入了“行为人的特别认知”这一要素。但如此无疑严重动摇了客观归责理论之基础，“行为人的特别认知”也因此被我国台湾地区刑法学者许玉秀喻为客观归责理论的“在背芒刺”，参见许玉秀：《主观与客观之间——主观理论与客观归责》，法律出版社 2008 年版，第 24-25 页。而在笔者看来，仅此即可彻底颠覆客观归责理论，就中缘由在于，无论依据客观归责理论归纳的其他客观归责之规则所得出的结论看起来是多么的“确信无疑”，而一旦遭遇“行为人的特别认知”，先前看似“确信无疑”的判断结论都须得为其让路、被其所推翻！当然，为化解这一不可调和的矛盾，笔者于此可以为客观归责理论的固守者们指明一条化解之道，那便是，故意混淆视听、制造理论混乱，一如肯定刑事责任能力乃客观要素那般，炮制出一套“行为人的特别认知”是与行为人的主观绝对无关的、纯而又纯的客观要素之说辞！

② 参见[日]大塚仁：《刑法概说（总论）》，冯军译，中国人民大学出版社 2003 年版，第 161 页。

③ 参见[德]克劳斯·罗克辛：《德国刑法学 总论》（第 1 卷），王世洲译，法律出版社 2005 年版，第 240 页。

现，禁止追溯学说与因果关系中断学说并无实质差异，因而也势必面临着相同的问题。

由上可知，无论是通过实行行为学说，还是因果关系中断或是禁止追溯学说，都无法合理地限制刑法因果关系的存在范围，故条件说的第一个缺陷实际上并未得到有效克服。

2. 思维排除法批判

条件说的第二个缺陷是，采用思维排除法对刑法因果关系的判断并无任何价值，在不少情形中还会得出不合理的结论。

条件说适用的前提是，只有事先已经知晓某一条件对特定结果具有原因力的前提下，才能断言"如果没有这一条件，该结果就不会发生"，而在事先未知晓某一条件对特定结果有无的原因力情况下，谁都无法断言"如果没有这一条件，该结果就不会发生"，换言之，思维排除法此时将无法操作。正如意大利刑法学家帕多瓦尼所指出的，条件说的真正缺陷深藏于其运作机制本身：运用思维排除法的前提，是人们必须事先就已经知道究竟条件具备何等的原因力，即知道这些条件如何作为原因（之一）而发挥作用；否则条件说就根本无法运作。例如，某甲在服了某乙给他的一种尚处于实验阶段的药物后，因心脏病发作而死亡。在没有查明该实验药的药性之前，显然不能依据思维排除法，将某甲的死亡归于某乙的行为。[①]可见，思维排除法运用的前提是已经查明条件对结果的原因力，但在已经查明条件对结果的原因力的情况下，思维排除法的运用不过是换一种说法来表述已经形成的结论而已，如此也意味着，思维排除法对先前结论的形成实际未起到任何的作用。

此外，简单地采用思维排除法也可能得出不合理的结论，正如有权威刑法学者所指出的，想象某个实际存在的行为不存在情况下，一个其他的条件在稍后的时间内（凌驾因果关系）或甚至同时并以同样的方式导致相同的结果（假定因果关系），或者如果结果因数个同时且相互不关联的有效的条件所造成（二重因果关系），在这些情形中，将实际存在的行为与想象的其他过程进行比较，就往往会导致错误。[②]事实也的确如此，譬如在此等案例中：丙将独自徒步穿行沙漠，甲、乙都对丙有仇，在丙出发前，甲在丙的水壶中投放了足以致死量的毒药，在丙进入沙漠后，恰好碰

① 参见[意]杜里奥·帕多瓦尼：《意大利刑法学原理》（注评版），陈忠林译评，中国人民大学出版社2004年版，第137页。

② 参见[德]汉斯·海因里希·耶赛克、托马斯·魏根特：《德国刑法教科书》，徐久生译，中国法制出版社2001年版，第343页。

到乙驾车穿行沙漠，乙在不知甲已在丙的水壶中投毒的情况下，意图使丙渴死，于是夺过丙的水壶将毒水倒掉后迅速驾车驶离，丙最终被渴死。本案中，若采用思维排除法，将得出甲、乙的行为与丙的死亡之间均无因果关系，故都只成立故意杀人罪（未遂）之结论，但如此处理显然是不合理的，如下文所析，甲的行为应该成立故意杀人罪（未遂），乙的行为应该成立故意杀人罪（既遂）。

由此可见，思维排除法本身其实并未解决条件的原因力问题，此等所谓的便捷方法对于刑法因果关系的判断并无丝毫价值，有时还可能得出错误的判断结论。

3. 逻辑彻底性批判

不难发现，条件说一方面坚称，刑法因果关系是与行为人的主观意识完全无关的、彻底的客观学说，当然，这也是遵循由客而主判断逻辑的犯罪论体系之当然要求。可另一方面却是，在任一条件说论者（哪怕是试图做到彻底客观的条件说论者）所列举的相关案例中，如在探讨所谓的重叠因果关系以及二重因果关系时，均毫无例外地特别强调涉案行为人之间“意思联络”的有无。如所周知，意思联络属于主观的东西，若条件说果真如其所宣称的那般是纯粹客观的学说，那么涉案行为人之间有无意思联络对于因果关系的判断结论本应是无丝毫影响的，但条件说的持论者们都不这么认为，在他们看来，涉案行为人之间有无意思联络将对刑法因果关系的判断产生实质性的影响，因而总是特别强调他们之间意思联络的有无。可以看到，当涉案行为人之间存在意思联络时，论者们会毫无疑议地一致认同，每一行为人的行为与结果之间都存在刑法上的因果关系，但若无意思联络时，条件说的内部就会出现较大的分歧，有的认为每一行为人的行为与结果之间都存在刑法上的因果关系，有的则持截然相反的观点，其吊诡之处不可谓不显而易见。由此也暴露出条件说对于主观心理因素的态度实际并未能做到一以贯之，也即在逻辑上是不彻底的，而这种逻辑上的不彻底性对于整个犯罪论体系而言，是与其由客而主的逻辑架构明显相矛盾的。

（二）相当因果关系说批判

相当因果关系说由德国逻辑学家兼医学家克里斯（Johannes v. Kries）首创，并将其引入刑法，在他看来，原因仅仅是一种具有导致符合行为构成结果的一般倾向的举止行为，同时仅仅是偶然地引起这个结果的条件在法律上并不重要。相当因果关系说认为，借助适当性的标准，就有可能至少排除那些引起了无法预见的和行为人没有过错的严重结果的条件，此外，还能够符合期望地完全消除不寻常的条件关系，避免了条件说无限追溯的缺陷。[①]相当因果关系说是目前日本刑法学理论的通说。

相当因果关系是指按照我们社会生活上的经验，通常认为从某行为中发生某结果是一般的、相当的时候，就承认有刑法上的因果关系。[②]相当因果关系说所要解决的核心问题是相当性的判断基准，也即确定能够成为相当性判断之基础事实的范围问题，对此，理论上存在不同的看法，主要有主观说、客观说以及折中说三种见解。主观说认为，应以行为当时行为人所认识之事实以及所可能认识之事实为基础；客观说主张客观的事后预测，认为于裁判时，立于裁判官之立场，除行为当时客观上所存在之一切事实外，也以行为后所产生之事实中，只要它们对一般人来说是可能预见的，都必须考虑；折中说认为，应以行为时一般人所能认识之事实以及行为人所特别认识之事实为基础，而作相当性之判断。折中说是如今日本刑法学界的通说，但客观说呈现出有力化趋势。[③]采用上述三种不同学说，在具体案件的处理上可能有所不同，例如，甲躲在角落中吓唬乙，乙被吓唬后心脏病发作死亡。依据主观说，甲若在已知或应知乙患心脏病之事实的情况下，甲的行为与乙的死亡之间就存在因果关系，反之，甲若无从知道乙患心脏病之事实，则二者间不存在因果关系；依据折中说，一般人是无法从客观上判断乙患心脏病的，故只能诉诸甲对该事实有无特别认识，因此结论与主观说相同；而依据客观说，由于该说主张因果关系判断的基础事实包含行为时客观存在的一切事实，故当然也包含客观上乙患心脏病之事实，由此肯定甲的行为与乙的死亡之间存在因果关系。

在笔者看来，相当因果关系说之缺陷也同样非常明显，主要表现为：

首先，相当因果关系说所面临的首要问题是“相当性”的判断，即确定什么是“一般情形”或“通常情形”，相当因果关系说未能提供明确的标准。事实上，我们也不可能期待该学说能够提供明确的标准，就中缘由在于，相当因果关系说之相当性判断并非事实判断，而是价值判断，换言之，即便基于完全相同的事实，判断结论也可能因判断主体的不同而异其见解。不难发现，在多数情况下，某行为导致某结果的发生都可以说不

---

① 参见[德]克劳斯·罗克辛：《德国刑法学 总论》（第1卷），王世洲译，法律出版社2005年版，第243页。

② 参见[日]大塚仁：《刑法概说（总论）》，冯军译，中国人民大学出版社2003年版，第162页。

③ 参见[日]川端博：《刑法总论二十五讲》，余振华译，中国政法大学出版社2003年版，第41-42页；[日]大塚仁：《刑法概说（总论）》，冯军译，中国人民大学出版社2003年版，第163-164页。

是一般的情形。例如，伤害一般不会致人死亡，最终导致被害人死亡定有其特殊原因，譬如，被害人患特殊疾病（如血友病），被害人拒绝就医，医院太远，医院医疗条件太差或者医生严重不负责任，如此等等，如若不考虑这些特殊因素而简单地否定伤害行为与死亡结果之间的因果关系显然过于草率，但若考虑这些可能存在的特殊情况并认为这也属于一般之情形，进而肯定其间的因果关系，那么可以说，在相当因果关系说的世界里，特殊与一般之间可谓已完全没有了界限，二者之间可以任意转换。当然，这种可任意转换性还是有其非常的“优势”，因为如此便能够完全满足该说任一持论者之需要，详言之，只要自认为在某种情形中，应当肯定某行为与某结果之间存在因果关系，就会想方设法地将该情形解释为属于一般之情形，而无论在他人乃至自己看来是何其的异乎寻常，反之，则会想方设法地将其解释为属于不一般，而无论在他人乃至自己看来是多么的稀松平常。故在一般与特殊之间，可以翻手为云、覆手为雨。但毫无疑问，如此也使得该学说失去了定准，正如有学者所指出的，相当因果关系说之认定标准“太不严谨”乃至“完全出于恣意”[①]，“相当因果关系包含两个要素，一个是常则判断，一个是相当可能性，而所谓常则和相当可能性，其实都是空洞的概念。”[②]概言之，相当因果关系说之相当性判断乃价值判断，一般与特殊之界分往往会随着判断主体之需要的不同而见仁见智，说到底，该学说不过是持论者们为自己心中已有的答案提供某种冠冕堂皇的说辞而已，而对刑法因果关系的判断实无任何助益。

其次，德日阶层体系因遵循着由客而主的定罪逻辑，即把所谓的客观归因与主观归责作严格界分，而因果关系的判断毫无疑问是解决客观归因问题的，但在此一体系的逻辑架构中，相当因果关系要么是与体系之逻辑架构相冲突，要么是面临条件说同样的困境。这是因为，在由客而主的体系逻辑架构中，既然因果关系是客观归因的问题，那么其内容中就绝不应该出现任何主观性的因素，否则势必打破该体系之逻辑架构，故但凡坚持既有犯罪论体系，同时又主张因果关系判断的基础事实中应当包含“行为人的特别认识”（即持主观说或者折中的相当因果关系说）之见解，都将与体系的逻辑架构扞格不入。换言之，要么坚持既有的犯罪论体系，而否定包含任何主观因素的因果关系学说，要么抛弃既有犯罪论体系而采取

① 参见[意]杜里奥·帕多瓦尼：《意大利刑法学原理》（注评版），陈忠林译评，中国人民大学出版社 2004 年版，第 137-138 页；黄荣坚：《基础刑法学》（上），中国人民大学出版社 2009 年版，第 178-184 页。

② 许玉秀：《主观与客观之间——主观理论与客观归责》，法律出版社 2008 年版，第 235 页。

包含主观因素的因果关系学说，后者的代价显然过于巨大，这或许也是客观的相当因果关系说之所以在日本刑法学界越来越成为有力学说之缘由。[①]但若撇弃主观因素，则将面临条件说同样的问题[②]，即刑法因果关系的原因与结果本身均不具有确定性，例如，客观的相当因果关系说就认为，判断是否相当，应当考察的事实范围包含行为人行为时所存在的一切事实[③]，但如此显然会不当扩大刑法因果关系之范围。当然，若不作如此宽泛的考察，则势必会把某些特殊因素尤其是行为人对其有认识的因素予以事先排除，但这样又无法达成预想的结论。由此可见，相当因果关系说要么是与体系的逻辑架构相矛盾，要么是面临着与条件说同样的困境。

最后，相当因果关系说同样未解决条件之原因力的问题。作为因果关系判断的基础事实之范围，若在不知晓条件本身的原因力的情况下，而如客观的相当因果关系说所主张的那般，认为包含行为时客观上存在的一切事实，势必得出结果发生之前的任一事实都与该结果之间存在因果关系的荒谬结论，对此，我国台湾地区刑法学者黄荣坚有过非常形象生动的批判。[④]就中根本缘由在于，与条件说一样，相当因果关系说仍未能解决条件之原因力的问题。实际上，事物之间的引起与被引起关系是一种事实关系，这种事实关系并不以“是否属于通常情况”以及“人们是否认为相当”为转移，换言之，姑且勿论相当因果关系说所谓的“通常情况”“一般人”以及“是否相当”之类的含糊不清的概念，事物之间的这种引起与被引起的事实关系如若存在，它并不会因为有人乃至多数人认为不属于通常情况或者不相当就消失，如若不存在，也不会因为有人乃至多数人认为属于通常情况并且相当就能够无中生有，这也是因果关系客观性的题中应有之义。由此可见，相当因果关系说所创设的判断标准也回避了条件的原因力问题，正如我国台湾地区学者韩忠谟所指出的，“盖法院审理事实，推问某行为是否为结果之相当条件，恒涉及行为之原因力的问题”[⑤]，而回避该问题所导致的后果是判断标准毫无适用价值。

---

① 但是在德国，条件说是理论和实务的主流学说，相当因果关系学说（又称“适当理论”）如今则已向另一个方向发展，即由起初的因果关系理论转向为归责理论，参见[德]克劳斯·罗克辛：《德国刑法学 总论》（第1卷），王世洲译，法律出版社2005年版，第244页。应该说，相当因果关系学说在德日刑法学理论中的变化，均系为适应其既有犯罪论体系之由客而主的逻辑架构使然。

② 更何况，如上文所析，即便是依据条件说判断，实际上还是未能做到彻底抛弃一切主观因素。

③ 参见黄荣坚：《基础刑法学》（上），中国人民大学出版社2009年版，第179-180页。

④ 参见黄荣坚：《基础刑法学》（上），中国人民大学出版社2009年版，第180-181页。

⑤ 韩忠谟：《刑法原理》，中国政法大学出版社2002年版，第90页。

三、刑法因果关系判断标准之确证及运用

在界定刑法因果关系的研究对象以及对在德日刑法学理论与实务中最具影响力的条件说和相当因果关系说详加揭批后，接下来将以如上研究为基础，推导出刑法因果关系之判断标准，并试着运用该标准来解决刑法因果关系理论中的一些颇具争议性的问题。

（一）刑法因果关系之判断标准确证

1. 合法则的因果关系之判断标准确证

迄今为止的所有刑法因果关系学说（包括现有的“合法则的因果关系说”）所存在的共同缺陷是，未能合理界定刑法因果关系的研究对象以及对因果关系的客观性存在误解。如此共同缺陷皆源于犯罪构成体系之由客而主的逻辑架构，因为在此一逻辑架构中，刑法因果关系作为犯罪客观方面（客观的构成要件）的内容，因而必须摒弃一切主观性的因素，否则势必与体系之逻辑架构相抵牾，刑法因果关系由是不仅因与果之间的联系是客观的，而且因与果本身也必须与主观全然无涉。但如本书所析，行为的主观系其客观之原因及内在支配制约力量，直接决定着行为的刑法性质及客观存在界域，且就犯罪的认定过程而言，在犯罪主观要件被确证之前，行为的外在客观表现徒具证据属性，尚不具备接受作为实体法标准的犯罪构成检验之资格，故通过行为的主观来把握行为的刑法性质及客观存在界域便成为唯一切实可行且可靠的途径，任何试图抛弃主观因素来把握行为客观方面的做法，都必将使得行为的刑法性质及客观存在界域均不具有确定性，因而注定是徒劳的，犯罪行为的客观存在界域以罪过之所及为限度，任何超出罪过之所及的客观事实都不应该被纳入刑法因果关系之畛域。一旦借由罪过来把握刑法因果关系，那么刑法因果关系之“因”与“果”都将能够较为轻易地被确定，由于任一完整的行为都不外乎是主体采取一定的手段作用于一定的对象，进而引起对象的存在状态发生改变，最终产生行为结果的过程，犯罪行为当然也不例外。据此，作为刑法因果关系的“因”就应该是“犯罪手段作用于犯罪对象”，其“果”则应该是“犯罪结果”，也即“犯罪对象因受到犯罪手段作用后所呈现的法定状态”。

在确定刑法因果关系之“因”与“果”后，接下来将要触及的是刑法因果关系的核心问题，也即判断标准问题，而判断标准的核心使命则在于为揭示条件的原因力提供可靠的方法。如上所析，在德日刑法学界，最具影响力的两种因果关系学说——条件说与相当因果关系说——由于均回

避了条件的原因力问题，由此所导致的后果是，这两种学说对于司法实践实际毫无指导价值，这是因为，在不知条件之原因力的情况下，无论是作出"无前者即无后者"或是"前者导致后者具有相当性"之论断，都是毫无根据的武断，而在已经查明条件之原因力的情况下，再声称"无前者即无后者"或是"前者导致后者具有相当性"，则纯属画蛇添足之举。揭示条件的原因力也因此成为刑法因果关系判断标准之核心使命。

刑法因果关系判断到底应该采取何种标准，在确定刑法因果关系之"因"与"果"的前提下，答案可谓已显而易见：由于刑法因果关系之"因"乃"犯罪手段作用于犯罪对象"，而犯罪手段与犯罪对象均为客观存在之事物，故二者之间的作用实乃客观事物之间的作用，既然是客观事物之间的作用，那么当然就遵循着客观事物之间的作用规律，也即客观规律。据此，刑法因果关系的发生过程便可具体表述为：犯罪对象因受到犯罪手段作用后所发生的合乎客观规律的状态改变，最终产生犯罪结果的过程。由此可见，在迄今为止的所有刑法因果关系学说中，唯有"合法则的因果关系说"方直面条件的原因力问题，从而应该成为刑法因果关系之判断标准。[①]德国刑法学家耶赛克、魏根特在批判条件说时曾明确指出，"对条件理论的意义上的因果关系而言仅仅取决于，在紧接着行为之后是否产生对外界的改变，且这种改变依据我们知晓的自然法则与行为是存在必然的联系的，并作为符合构成要件的结果（符合法律的条件的公式）。'条件关系'公式对之没有任何益处，有益处的只是专家们的内行的判断。"[②]我国台湾地区刑法学者许玉秀也在批判相当因果关系说时犀利地指出，"因果关系其实就是一个物理的关系，揭穿了相当理论所设下长达一个世纪的骗局。20 世纪初以来，尝试摆脱自然主义迎向规范主义的努力，在因果关系这个领域，可以说已宣告失败。"[③]如上批评可谓深中肯綮，也准确地把握了刑法因果关系之实质。

刑法因果关系判断标准之设定必须以客观事物之间的作用法则为依据，这种作用法则可以概括为"经验法则"。所谓经验法则，是指"从经验中归纳出来的有关事物的知识或法则"[④]，或者是"人们从生活经验中

---

① "合法则的因果关系学说"最早由德国刑法学家恩吉施（Engisch）提出，得到了阿图·考夫曼、雅科布斯、佩普等学者的支持，参见[德]克劳斯·罗克辛：《德国刑法学 总论》（第 1 卷），王世洲译，法律出版社 2005 年版，第 235 页。

② [德]汉斯·海因里希·耶赛克、托马斯·魏根特：《德国刑法教科书》，徐久生译，中国法制出版社 2001 年版，第 345 页。

③ 许玉秀：《主观与客观之间——主观理论与客观归责》，法律出版社 2008 年版，第 24 页。

④ [日]新堂幸司：《新民事诉讼法》，林剑锋译，法律出版社 2008 年版，第 375 页。

归纳获得的关于事物因果关系或属性状态的法则或知识”[①]。由于刑法因果关系是犯罪手段与犯罪对象之间的作用关系，而犯罪手段与犯罪对象均为客观事物，故必然遵循着客观事物之间的作用规律，因而无疑属于经验法则之内容。以经验法则作为刑法因果关系判断标准之依据，意味着刑法因果关系的判断是以人们认知客观事物的科学方法来揭示条件的原因力问题，方法的科学性以及直指刑法因果关系问题之核心，使得判断标准本身也具有了科学合理性，而非如条件说和相当因果关系说那般回避条件的原因力问题，以致司法实践实际是不可能依据那样的标准来判断因果关系的。事实上，司法实践对于因果关系之条件原因力的揭示，除了依据经验法则外，也不可能存在其他的科学标准，正如意大利刑法学家斯特拉（Stella）所指出的，刑法中的因果关系属于认识论范畴，只有最先进的科学与经验，才是判断刑法因果关系是否存在的唯一标准。[②]并且可以看到，司法实践所采取的也的确是该标准。譬如，在杀人案件中，对于被害人之死因须经法医尸检查明，法医所依据的无疑是经验法则，而绝非依据条件说或相当因果关系说所设定的标准，因为，在未依据经验法则查明被害人死因的前提下，若是有人得出“没有行为人的杀人行为，被害人在该情形中就不会死或同样会死”或者是“行为人的杀人行为与被害人死亡之间具有或不具有相当性”之结论，一方面，这定然是毫无根据的信口胡诌，另一方面，若果真能如此，那么法医尸检将纯属多余，而只需司法者依据条件说或相当因果关系说信口胡诌一通即可。

2. 对质疑的回应

合法则的因果关系说虽然为刑法因果关系的判断提供了科学合理的判断标准，但可以看到，还是有不少研究者对该学说提出了质疑，其中质疑的焦点集中在了涉及人的心理活动之场域。例如，在诈骗罪中，要求诈骗行为与受骗者的认识错误之间，以及受骗者的认识错误与其财产处分行为之间，需要具备因果关系，又如，在教唆犯中，教唆行为与被教唆者的行为之间，同样需要具备因果关系。但这种因果关系所遵循的到底是何种法则呢？因为显而易见的事实是，面对同样的诈骗行为，有人会被骗，有人不会被骗，有人被骗后能够幡然醒悟，有人被骗后却始终执迷不悟，教唆行为也相类似。由是有质疑者指出，在心理性因果关系中，并不存在普遍有效的规律，或者说，根本就无规律可循，因此，合法则的因果关系说

① 张卫平：“认识经验法则”，《清华法学》2008年第6期，第7页。

② 参见陈忠林：《意大利刑法纲要》，中国人民大学出版社1999年版，第103-104页。笔者所论述的经验法则实际包含了斯特拉所称的科学和经验之内容。

在此种情形中失效。[①]对于该质疑，笔者的回应是，所谓的“心理性因果关系”实际仍然未超出合法则的因果关系之范畴，主要理由如下：

首先，心理学的自然科学属性决定了心理性因果关系仍然属于自然法则之范畴。人的内在心理是一种主观精神现象，它虽然看不见，摸不着，没有重量、大小和体积，但仍然是客观存在之事物，它不以他人乃至主体事后的主观意识为转移，并且能够通过科学方法对之加以认识和把握，这也是心理学之所以具备自然科学属性之缘由。有关自然科学之基础，科学巨擘爱因斯坦曾指出，“西方科学的发展是以两个伟大的成就为基础的：希腊哲学家发明形式逻辑体系（在欧几里得几何学中），以及（在文艺复兴时期）发现通过系统的实验可能找出因果关系”[②]，也即“形式逻辑体系”与“可能找出因果关系的系统科学实验”构成了自然科学的基础。可以看到，为准确把握人的内在心理，心理学家们设计了大量的心理实验，为此还发展出了一个以试验方法来研究心理现象和行为规律的学科——“实验心理学”，如今其已成为现代心理学各个分支学科发展的基础。这些实验的目的无疑是依循因果法则来把握人的内在心理的，正如有心理学家所指出的，“心理学家们试图研究思想和行为，……科学的方法和对合乎法则的宇宙所作出的假设，将他们与所有科学家联合在一个共同的冒险活动中，宇宙的奥秘可以通过观察和实验揭示出来。”[③]由此可见，在诈骗犯罪和教唆犯之类的涉及引起他人特定心理活动之场域，实际仍然属于客观事物之间的作用关系，其因果关系依然未超脱自然法则之范畴。

其次，无规则、不确定也属于自然法则之内容或表现形式。不容否认，外在客观事物与人的内在心理之间的相互作用关系，的确有别于与人的内在心理全然无涉的纯粹客观事物之间的相互作用关系。在人的内在心理并非直接作为主动者或受动者的纯粹客观领域中，客观事物之间的相互作用通常都遵循着普遍确定的自然法则。而人因其具有主观能动性，即能够在认识和把握客观规律的基础上将客观规律为己所用，如此使得人在客观规律面前，并非完全无能为力、只能机械地适应客观世界，而是面对外

① 如德国刑法学者科里亚特（Koriath）就认为，当陈述描述的是人类之间产生相互作用的行为时，这种陈述之中并不包含规律性假设，因此，在涉及所谓的“心理性因果关系”案件中，完全不能进行因果分析，于是他主张应该发展出一套“非因果性的归责原则”，参见[德]埃里克·希尔根多夫：《德国刑法学：从传统到现代》，江溯等译，北京大学出版社 2015 年版，第 287 页。

② [美]爱因斯坦：《爱因斯坦文集》（第一卷），许良英等译，商务印书馆 2010 年版，第 772 页。

③ Robert L. Solso, Homer H. Johnson: *Experimental Psychology: A Case Approach (5th Edition)*, Harper Collins College Publishers, 1994, p.7.

部刺激能够有选择地做出反应，换言之，面对同样的外部刺激，不同的主体可能会有完全不同的反应（包含内在心理反应与外在行为反应），也即在外部刺激与反应之间并不存在普遍有效的定则。不过，必须指出的是，无规则、不确定也是自然法则之内容或表现形式，其中最为典型的有物理学热力学中的“布朗运动（Brownian motion）”①、量子力学中的“不确定性原理（Uncertainty principle）”②以及数学中我们所熟知的无理数（irrational number）等，这些都是人对自然法则的揭示，换言之，发现事物的发展变化或作用关系并无普遍有效的定则可循，同样是对客观规律的把握。因此，不能因为外在客观事物与人的内在心理之间的作用关系并不遵循普遍有效的定则，就认为这是一种运行于自然法则之外的因果关系，要不然，心理学又岂能具备自然科学之属性呢？

再次，基于我们对心理性因果关系在现实中的把握方式（司法证明）也可得知，其因与果之间的作用关系实际仍然未超出经验法则之范畴。外部刺激与内在心理或外在行为反应之间并无普遍有效的定则可循，意味着对于此种类型的因果关系的把握只能具体情况具体分析，正如欲确定“布朗运动”中单个分子的运动轨迹只能具体观测是一个道理，这同样是人们在把握客观规律的基础上运用客观规律来解决实际问题的体现。据此，对于诈骗犯罪和教唆犯之类的涉及心理性因果关系的场合，其因果关系就只能在具体个案中加以查明，其中尤其不能脱离作为受动者的受骗人、被教唆者等。毋庸置疑，对心理性因果关系的查明仍然属于司法证明活动，而由于证明（含司法证明）是一种公认的验证命题真伪的科学方法，既然能够运用科学方法来查明心理性因果关系，表明这种心理性因果关系仍然有其规律性可循，其规律性应当就是我们对现实中一再出现的此类事件表现出来的相关特征进行归纳总结所形成的经验法则。例言之，在司法实践中，对于诈骗犯罪，我们是如何知道诈骗的相对方是否产生了错误认识，还有其是否基于错误认识处分了财产呢？这种心理事实的证明与犯罪主观要件的证明其实是性质完全相同的问题，我们同样是依据相关证据，如当事人的陈述、证人证言、书证以及视听资料等，结合我们对现实中已经出现的大量诈骗案件所表现出来的相关特征进行归纳总结而形成的经验法则，基此作出判断。据此也可以得知，心理性因果关系中的因与果之间的作用关系实际仍然属于经验法则之范畴。

---

① 参见维基百科“Brownian motion”词条，https://en.wikipedia.org/wiki/Brownian_motion。

② 参见维基百科“Uncertainty principle”词条，https://en.wikipedia.org/wiki/Uncertainty_principle。

最后，即便是在心理性因果关系中，合法则的因果关系说据以判断的经验法则仍然是解决条件原因力的唯一途径。不难发现，在未经由经验法则查明心理性因果关系的前提下，条件说和相当因果关系说实际还是无法运作。例如，在未查证诈骗的相对方是否产生了错误认识及其是否基于该错误认识处分了财产的情况下，无人能够作出“若无行为人的诈骗行为，对方就不会产生错误认识，而若对方未产生该错误认识，就不会如此处分财产”之判断结论，同样也无人能够作出“行为人的诈骗行为与对方产生错误认识之间，以及对方产生该错误认识与其如此处分财产之间，具有相当性”之判断结论。

概言之，解决条件的原因力是刑法因果关系问题的核心，任何回避该核心问题的因果关系学说都根本无法运作，合法则的因果关系说是唯一直面条件原因力的学说，且其系以人们认知客观事物的科学方法来解决条件的原因力，因而其所确立的标准也就自然应该成为判断刑法因果关系唯一科学合理的标准，所谓的心理性因果关系实际并未能否定合法则的因果关系学说之合理性。

（二）刑法因果关系判断标准之运用

在确证刑法因果关系的判断标准后，接下来拟对传统刑法因果关系理论中的一些颇具争议之情形运用该标准加以判断。

1. 所谓的无实行行为之情形

案例一：甲劝A去乘坐飞机希望其死于航空事故，结果真发生了航空事故，致A死亡，事后查明，甲之所以这么做，是认为飞机在天上随时都有掉下来的可能。

案例二：乙朝已决堤的水库中倒了几盆水，意图增大水量造成更严重的后果。

上述两个案例中，如前文所析，甲和乙对自己实施的上述行为均属于无认识能力，或者从罪过之认识因素的角度来审视，正常理智者几乎不可能会以二人的此等认识作为自己实现上述犯罪意图之心理基础，因而无罪过，无罪过就无所谓犯罪的客观，当然也就谈不上存在刑法上的因果关系了。

2. 所谓的因果关系中断之情形

案例一：甲基于杀人的故意朝乙开了数枪，但只有一枪击中乙的膝盖，乙在送医治疗途中发生交通事故死亡。有关本案甲的杀人行为与乙的死亡结果之间是否存在刑法上的因果关系，依笔者之见解，二者之间虽然存在事实上的引起与被引起的关系，但由于导致乙死亡的直接原因（交通事故）并非为甲所控制或应该控制，或者说，该交通事故由于超出了甲之罪过所及范围，故乙的死亡并不能归于甲的故意杀人行为。因此，甲的杀人行为与乙的死亡结果之间不存在刑法上的因果关系，甲的行为成立故意杀人罪的未遂，而非既遂。①

案例二：医生A欲杀找其就诊的C，于是给C开了一剂毒药，恰巧药剂员B也欲杀C，并且发现了A给C开的是毒药，于是照方开药，C服药后身亡，A和B无意思联络。本案中，由于A并未意识到B也欲杀C，故B的行为无法进入A的行为之范围，或者说，B的行为实际脱离了A的控制范围，而B却认识到了A要杀C的行为，A的行为也因之成为了B的行为之内容，故C的死乃由B控制所致。简言之，由于B需要对C的死承担刑事责任，而B的行为又不能作为A的行为之内容，故C的死只能归因于B的行为。因此，A的行为成立故意杀人罪的未遂，B的行为成立故意杀人罪的既遂。②

3. 所谓的假定因果关系之情形

案例一：死刑执行人C在即要扣动扳机射击死刑犯B的一瞬间，被害人的父亲A突然替C扣动扳机，射杀了B。本案中，由于B在死刑执行人即要扣动扳机瞬间虽然有生命但却并不享有生命权③，而如上文所析，能够成为犯罪对象的，必须是其特定存在状态为法律所保护，即必须体现特定的法价值，否则不成其为犯罪对象，故B不符合故意杀人罪的犯罪对象，又因犯罪结果乃由犯罪对象转化而来，故B的死也就无法成为A故意杀人行为的犯罪结果了。因此，本案中A的故意杀人行为与B的死亡结果之间不存在刑法上的因果关系，A的行为成立故意杀人罪的未遂。

① 不过，如前文所析（详见本书“第七章第四节 一、（二）2.”之论述），若甲在行为时认识到所谓的中断因素时，则不能否定其间的因果关系。

② 若立足于现实，在此种情形中，A应该是一种利用B的过失行为或无罪过行为来杀C的心理，例如，知道B在日常工作中较为粗心大意，或B虽然在日常工作中认真负责但难免一时疏忽，或知道B对自己高度信任，又或认为凭B的认识能力无法认识到自己所开的是毒药，等等。要不然，若排除A所持的是这样的一种心理，又不知道B也欲杀C的情况下，A是不可能实现杀C之意图的，换言之，A对B的过失行为及无罪过行为应该是有预见的。因此，如若B对C的死具有过失（如成立医疗事故罪）或是无罪过，那么A的行为就应该成立故意杀人罪的既遂。如若A认识到了B也欲杀C，那么A、B均成立故意杀人罪的既遂，当然，此时A与B之间就并非属于无意思联络了。

③ 如上文所析，某一对象的特定存在状态是否为法律所保护是一个客观的判断，或者说，是一个与针对该对象实施行为的行为人的主观无关的判断。基此便不难判断本案中的B在死刑执行人将要扣动扳机瞬间有无生命权了，由于死刑执行人射杀B的行为是合法行为，既然合法，势必意味着B的生命此时不受法律保护，也即B此时不享有生命权。

案例二：丙将独自徒步穿行沙漠，甲、乙都对丙有仇，在丙出发前，甲在丙的水壶中投放了足以致死量的毒药，在丙进入沙漠后，恰好碰到乙驾车穿行沙漠，乙在不知甲已在丙的水壶中投毒的情况下，意图使丙渴死，于是夺过丙的水壶将毒水倒掉后迅速驾车驶离，丙最终被渴死。[①]本案中，因丙系渴死，故甲的投毒行为对丙的死亡并未起作用，即甲的投毒行为与丙的死亡结果之间并不存在事实上的引起与被引起的关系，因此，它们之间不存在刑法上的因果关系。对于乙意图渴死丙而倒掉其水的行为与丙的死亡结果之间是否存在因果关系，笔者的观点是，乙将丙的水倒掉后[②]，丙被渴死的整个过程为乙所明知并为其所支配，换言之，这一过程属于乙之罪过范围，当然也完全符合经验法则，因此，乙的行为与丙的死亡结果之间存在刑法上的因果关系。故综合而言，甲承担故意杀人罪（未遂）之责任，乙则承担故意杀人罪（既遂）之责任。

4. 所谓的重叠因果关系之情形

案例：甲、乙无意思联络，均意图杀丙，分别向其食物中投放了致死量50%的完全相同的毒药，丙吃后死亡。本案中，丙的死亡系由甲与乙的行为共同导致，但因二人之间并无意思联络，故甲、乙各自的行为并不能够成为彼此行为之内容。[③]换言之，甲与乙的行为彼此独立，而各自的行为又不能单独导致丙死亡。因此，甲、乙各自的杀人行为与丙的死亡结果之间均不存在刑法上的因果关系，甲、乙都只承担故意杀人罪（未遂）

---

① 本案到底应该属于因果关系中断还是假定因果关系，在理论上可能存在争议。立足于既有因果关系特殊情形之分类，笔者认为，虽然乙将毒水倒掉的行为的确中断了甲的行为之因果流程，但由于在因果关系中断的情形中，前行为与后结果的发生之间还是符合所谓的“条件公式”的，而本案中甲的投毒行为与丙的死亡之间其实并不符合条件公式，故从这一角度来看，还是难以将其纳入因果关系中断之情形。而之所以将其归于假定因果关系，则是由于甲乙各自的行为与丙的死亡之间均符合“假定条件关系”，具体而言，即使甲不在丙的水中投毒，丙也会死（被渴死），还有，即使乙不倒掉丙的水，丙也会死（被毒死），都可谓是成立的。不过，需要指出的是，对于本案到底应该如何归类其实无关紧要，关键在于如何妥善地解决其中的因果关系问题。

② 事实上，乙倒掉的不管是毒水还是饮用水，丙被渴死的整个过程都是为乙所明知并为其所支配。对于本案，若立足于德日阶层体系，以“是否具有侵害法益危险”来限制作为刑法因果关系原因的“实行行为”或“构成要件行为”，姑且不谈该标准本身所存在的问题，就是基于该标准，实际上还面临着一个非常棘手的问题，那便是，客观上倒掉毒水的行为有无侵害法益的危险呢？无论是得出“没有”或者“有”之结论，似乎都能够道出个所以然，而该判断结论如何无疑会给本案因果关系的判断产生根本性的影响，由此也反映出“是否具有侵害法益危险”之限制标准的模糊性与不严谨性。

③ 若双方或一方认识到对方的行为，即存在双方或单方的意思联络时，那么认识到对方行为的一方，其行为便可将对方的行为包容进来，具体而言，当认识到对方的行为并加以利用时，那么对方的行为便成为了自己犯罪手段之内容，此时其行为与丙的死亡结果之间就存在刑法上的因果关系，而未认识到的一方其行为与丙的死亡结果之间则不存在刑法上的因果关系。

之责任。

5. 所谓的二重因果关系之情形

案例一：甲与乙无意思联络，均基于杀人的故意朝丙开枪，同时击中丙的心脏致其死亡。

案例二：A与B无意思联络，分别向C的食物中投放了单独来看都足以致死量的毒药，C吃后死亡。

在案例一中，由于甲与乙之间并无意思联络，故二人的行为彼此独立，但因甲、乙各自的行为均能够独立地导致丙死亡，并且对丙的死亡具有相同的原因力，因此，甲、乙各自的杀人行为与丙的死亡结果之间都存在刑法上的因果关系，甲、乙都应该承担故意杀人罪（既遂）之责任。

对于案例二，则必须通过经验法则查明C的死因，即查明A与B所投毒药对C的死亡究竟起到了何等作用，而不能依据条件说那般采取所谓的条件公式来判断。具体而言，若查明系A所投毒药致C死亡，而B所投毒药还未起作用，那么，A承担故意杀人罪（既遂）之责任，B承担故意杀人罪（未遂）之责任；若二人所投的毒药都起了作用，虽然A与B之间并无意思联络因而各自的行为彼此独立，但因各自的行为均能够独立地导致C死亡，故与案例一相同，二人的行为都应该成立故意杀人罪（既遂）；而若能够查明的事实是只有一份毒药起了作用，但不能查明该份毒药到底系由谁所投，那么依据存疑有利于被告原则，甲、乙的行为均应该承担故意杀人罪（未遂）之责任。

6. 所谓的合义务的替代行为之情形

案例一：行为人甲驾驶平板拖车超越前面的自行车，根据道路交通法的规定，超越前方车辆时必须保持1m～5m的间距，但行为人在超车时实际仅保持了75cm的间距。由于骑车人喝得酩酊大醉突然倒地，被拖车后轮轧死。

案例二：医生乙在手术时，并未使用奴佛卡因，而是违规使用了可卡因去实施麻醉，由此导致病人死亡。病理解剖的结论表明，病人具有一种在客观上无法为医生发现的体质，即便医生按照规定注射奴佛卡因，病人还是会死亡。

根据上述两个案例之案情及经验法则，不难发现，无论被告人是否尽到了注意义务，都无法避免被害人死亡结果的发生，这充分表明被告人对被害人死亡结果的发生不具有回避可能性，也即无责任能力，因而无罪过，当然也就无所谓存在刑法上的因果关系了。

四、两种特殊形式犯罪的因果关系诠解

由于传统刑法因果关系理论存在根基性的缺陷，也使得其对于某些特殊形式犯罪的因果关系问题出现了解释上的极大困难，其中主要包含不作为犯罪的因果关系和阻止援救犯罪的因果关系。接下来笔者拟基于自己的立场对这两种特殊形式犯罪的因果关系加以诠释。

（一）不作为犯罪之因果关系诠解

在不作为犯罪中，行为人的身体条件在犯罪过程中存在功能上的缺位，不作为犯罪的此等特性使得其外在过程若从纯粹客观的视角来观察，是一种独立于行为人的因果流程，或者说，是一种看似与行为人无关的因果流程，[①]正因如此，传统刑法因果关系理论对于不作为犯罪的因果关系在解释上出现了极大的困难。在笔者看来，对其解释困难之症结仍在于既有犯罪构成体系之由客而主的错误逻辑架构以及对刑法因果关系之客观性存在错误认识，一旦纠正此等错误，对于不作为犯罪之因果关系的解释也就不成其为问题了。

如上文所析，刑法中的因果关系实际上包含纵横两个向度的因果关系，其中，客观层面的横向因果关系在事实上受到纵向因果关系的制约，因而对于前者必须在内在心理因素的约限中加以把握，如若脱离内在心理因素，行为客观层面的因果关系其“因”与“果”均将不具有确定性，而一旦通过主观心理因素来限制行为的客观，基此确定因果关系之“因”与“果”，那么不作为犯罪与作为犯罪在因果关系问题上就无本质性的差异了，对其解释也可谓轻而易举：首先，不作为犯罪主体要件中的作为义务条件，就事实层面而言，其实就是法规范要求特定主体去阻止或改变某一独立于其身体的特定因果流程，以确保特定对象的既有状态不致被改变，理论称之为“保证人地位”。其次，在不作为犯罪的主观要件中，与作为犯罪一样，刑法规范也要求特定主体与这些关联性客观事实之间需要具备心理联系，即应为特定主体所认识或应该认识并为其所应该控制。[②]最后，由于这些客观事实乃主观罪过之所及，因而能够被纳入犯罪行为之范围成为犯罪客观方面的内容，即成为犯罪手段（方法）、犯罪对象以及犯罪结果，这样，不作为犯罪的因果关系便与作为犯罪的因果关系已无差别，即都属于“犯罪手段（方法）作用于犯罪对象”与“犯罪结果”之间

---

① 参见拙著：《不纯正不作为的基本问题研究》，法律出版社2010年版，第62-63页。

② 不作为犯罪之罪过意志状态只能是“应该控制”而不可能是“直接控制”，就中理据详见拙著：《不纯正不作为的基本问题研究》，法律出版社2010年版，第146页。

的符合经验法则的引起与被引起关系。

（二）阻止援救犯罪之因果关系诠解

案例一：A在泳池游泳时突然中暑，救生员发现后正要下水救助，但A的仇人甲此时阻止其施救，泳池里及附近又无其他人，A被溺亡。

案例二：乙毁掉了能够拯救其仇人B的唯一药物，B死亡。

案例三：丙眼见其仇人C家起火（起火原因与丙无关），于是故意毁坏附近的消防栓，等消防车抵达后因无法用水，C家被烧毁。

不难发现，上述三个案例中的行为人之行为具有共性，那就是阻断了一个避免危害结果或者避免更为严重的危害结果发生的因果流程，因而可概括为“阻止援救的犯罪行为”。[①]对于这三个案例，虽然理论都认同，甲、乙、丙各自的行为与危害结果之间存在刑法上的因果关系，但在解释上却遭遇到了与不作为犯罪的因果关系几乎完全相同的问题。因为，就纯自然意义而言，A被溺亡的原因是无关乎甲的水，B死亡的原因是无关乎乙的疾病，C家被烧毁的原因是无关乎丙的火，故结果的发生似乎与甲、乙、丙无关。不过，在解决不作为犯罪的因果关系问题后，对于阻止援救犯罪行为的因果关系的解释也就不成其为问题了。阻止援救的行为与犯罪结果的因果关系在于：一方面，行为人对于自身之外的特定因果流程之性质，即人溺水、人患致命疾病以及房屋着火后若任其发展会产生什么样的后果，具有清晰的认识；另一方面，行为人对于同样属于自身之外的援救行为具有阻断该特定因果流程之功效也具有清楚的认识。不难发现，在这两个方面认识的基础上实施阻止援救的行为，实质是一种变相地控制自身之外的特定因果流程的行为，即行为人之外的特定因果流程仍然属于行为人的认识及控制之范围，或者说，属于行为人犯罪行为之内容。[②]总之，阻止援救的犯罪行为由于内在地包含了行为人身体之外的特定因果流程之内容，故既属于行为人认识及控制之范围，又符合经验法则。[③]

---

① 对于阻止援救的犯罪行为，需要注意的是，虽然此类犯罪行为的因果关系与不作为犯罪的因果关系极相类似，但此类犯罪行为在行为方式上并不属于不作为犯罪，而系作为犯罪，至于理由详见拙著：《不纯正不作为的基本问题研究》，法律出版社2010年版，第63-74页。

② 与阻止援救犯罪行为相类似的案例有：某小区住户甲嫌系吊绳在外墙高空作业的师傅乙施工声音太嘈杂，于是一气之下剪断了悬经其窗外的吊绳，导致乙坠楼身亡。由于吊绳牵系着被害人的生命安全，故与施救者牵系着被害人的生命财产安全是一个道理，因此，剪断吊绳之情形与阻碍援救的行为并无本质性差异，对其因果关系也完全可以作同样的解释。

③ 当然，在案例二中，若挽救B的药物实际已经失效，在案例三中，若消防供水设施在被丙破坏之前就已经失效而无法供水，那么乙、丙都只应该承担未遂犯之刑事责任，即乙的行为成立故意杀人罪的未遂，丙的行为成立放火罪的未遂。

五、刑法因果关系在犯罪构成中的地位

刑法因果关系在犯罪构成中的地位所涉及的问题是：作为犯罪客观方面内容的因果关系是否应该成为犯罪客观要件之要素？学界对此存在争议，主要观点如下：

第一种观点认为，因果关系乃一切犯罪成立之必备要素。其主要理由为，任何犯罪都会对犯罪客体造成损害，即任何犯罪都有危害结果，因此，危害结果与因果关系也就当然应该成为犯罪构成的必备要素了。如苏联刑法学家特拉伊宁就认为，“犯罪构成的这些因素——作为（或不作为）、结果和因果关系——都是每个犯罪构成的必要因素”[①]，我国也有学者认同此种见解。[②]

第二种观点认为，因果关系并非一切犯罪的构成要素，而只是部分犯罪的构成要素。持此种观点的论者中，有的认为，因果关系只是结果犯的构成要素[③]，有的则认为，因果关系只是过失犯罪、间接故意犯罪和刑法分则强调只有诸如“情节严重”“造成重大损失”“数额较大”等才构成犯罪的故意犯罪的构成要素[④]，还有的认为，因果关系是结果犯、危险犯和结果加重犯成立所不可缺少的要素之一[⑤]。

第三种观点认为，因果关系在任何犯罪中都不是构成犯罪的要素。如有论者指出，刑法因果关系只是一种用来确定危害结果是危害行为造成的一种认识方法（或工具），把它看成是犯罪构成客观方面的要素，在理论上、实践中和法律上都是不成立的。[⑥]另有论者则指出，犯罪的性质和构成的特点，是由犯罪的行为、结果以及其他法定要件的性质和特点所决定的，而不是由因果关系决定的。在危害结果已发生的情况下，司法机关所要证明是否存在应当归罪于行为人的、刑法上作为客观要件的结果，而不是要证明在法律要求具备的犯罪行为、犯罪结果要件之外，是否存在因

---

① [苏]A·H·特拉伊宁：《犯罪构成的一般学说》，薛秉忠、王作富等译，中国人民大学出版社1953年版，第147页。

② 参见高格主编：《刑法教程》，吉林大学出版社1987年版，第74页；杨春洗、杨敦先、郭自力主编：《中国刑法论》，北京大学出版社2011年版，第52页。

③ 参见高铭暄主编：《刑法专论》（第二版），高等教育出版社2006年版，第182-183页。

④ 参见侯国云、梁德新：“论因果关系在刑法中的地位”，《政法论坛》1996年第6期，第13-16页。

⑤ 参见张绍谦：《刑法因果关系研究》，中国检察出版社2004年版，第153-154页。

⑥ 参见赵秉志等编：《全国刑法硕士论文荟萃（1981届—1988届）》，中国人民公安大学出版社1989年版，第182页。

果关系要件。[①]

有关刑法因果关系在犯罪构成中的地位，笔者认同第三种见解，即认为，刑法因果关系在任何犯罪中都不应该成为犯罪客观要件之要素，主要理由有二：

其一，关系性范畴不能成为事物的要素。因果关系属关系之类型，而关系乃一事物与他事物之间的联系，这种联系不同于作为关系两极的客观事物本身，客观事物系属具象的实体性范畴，关系则属于抽象的关系性范畴，而抽象的关系性范畴本身是不能够成为客观事物的构成因素或组成部分的。这是因为，如前所述，事物皆作为系统而存在，系统由要素构成，构成系统的要素并非孤立的存在，而是处于有机联系之中，如若将要素间的联系本身也作为要素，姑且称之为“关系性要素”，与之相对的要素姑且称为“实体性要素”，那么系统中的要素将变得纷繁复杂、不可计数。因为，实体性要素之间的关系形成关系性要素，在此基础上势必又形成实体性要素与关系性要素之关系以及关系性要素相互之间的关系，这些关系又将形成新的要素，果若如此，那么构成系统的要素其数量将无穷尽，但这显然是违背常识的。同理，犯罪构成乃由要件及其要素构成的有机联系整体，这就意味着犯罪构成要件之间，如主体要件与主观要件之间、主观要件与客观要件之间以及主体要件与客观要件之间，还有属于同一或不同要件中的各要素之间，例如，辨认能力与控制能力之间，辨认能力与认识因素之间，控制能力与意志因素之间，等等，均无不存在关系，若将它们之间的关系本身又作为要件或要素，那么犯罪构成就绝不可能只是我们如今理论所认为的那为数不多的几个要件以及每一要件中为数不多的那几个要素了。由此可见，因果关系因属关系性范畴而非实体性范畴，故不能够成为犯罪构成要件之要素。

其二，刑法因果关系不过是为我们把握现实中已经发生的某一危害结果是否为犯罪结果提供方法或判断标准而已，其本身并不具备独立要素之地位。由于刑法中的因果关系乃犯罪手段作用于犯罪对象与犯罪结果之间的引起与被引起关系，又因手段不能犯与对象不能犯的存在，意味着犯罪手段、犯罪对象以及犯罪结果均非行为成立犯罪在客观方面的必备要素，因此，即便认为因果关系是犯罪客观方面的要素，它也不可能是所有犯罪成立的必备要素，最多只可能是那些以发生特定犯罪结果作为成立条件之一的犯罪之客观要件要素，如间接故意犯罪、过失犯罪以及某些直接

① 参见高铭暄：《刑法学原理》（第一卷），中国人民大学出版社1993年版，第572页。

故意犯罪。那么在行为成立犯罪要求发生特定犯罪结果的那些犯罪中，因果关系是否为其必备要素呢？答案同样是否定的。除了上述理由外，还在于，在这些犯罪成立与否的判断中，需要判断的是现实中已经发生的某一危害结果是否由行为人的行为所造成，如若依据刑法因果关系之判断标准所得出的结论是肯定的，那么该危害结果即为犯罪结果，行为成立犯罪，反之，该危害结果则非为犯罪结果，行为不成立犯罪。据此不难发现，在此一判断过程中，刑法因果关系所要解决的根本问题是，为我们把握现实中已经发生的某一危害结果是否为作为犯罪客观要件选择性要素的犯罪结果提供方法或判断标准。既然如此，它本身也就不可能具备犯罪客观要件之独立要素地位了。

要言之，能够成为事物构成要素的只能是实体性的范畴，关系性范畴在任何情况下都不应该成为构成事物之要素，因果关系也不例外，无论是在故意犯罪还是在过失犯罪中，因果关系都不是犯罪客观要件之要素，刑法因果关系所要解决的根本问题是，为我们把握现实中已经发生的某一危害结果是否为犯罪结果提供方法或判断标准。

第六节　犯罪客观要件之成立探究

经由如上分析可知，犯罪手段、犯罪对象、犯罪结果以及因果关系都不是行为成立犯罪在客观方面的必备要素，而由此产生的最为棘手的难题是，行为成立犯罪在客观方面不可或缺的内容或者说最低限度要求（又或谓“最大公约数”）到底是什么？中外刑法学界迄今尚未见有研究者从根本上破解了此一难题，接下来拟就该问题一探究竟。

一、犯罪客观要件成立之最低限度要求揭示

人的任一完整行为无不是主体借助一定的手段作用于一定的对象，从而引起对象的存在状态发生改变，最终产生行为结果的过程，犯罪行为也不例外。但如所周知，犯罪的成立并不要求行为必须具备完整性，在手段与对象皆不能的情况下，行为仍然能够成立犯罪，此即意味着犯罪手段、犯罪对象、犯罪结果以及因果关系等均非行为成立犯罪在客观方面的必备要素，又因犯罪构成乃行为成立犯罪的最低限度要求，那么，行为成立犯罪在客观方面的最低限度要求或谓“最大公约数”究竟是什么呢？对

此，我国传统要件体系之通说的回答是“危害行为”，危害结果只是选择性要素。[①]而在德日阶层体系中，则肯定“行为”是构成要件不可或缺的要素乃至是核心要素。[②]但显而易见，抽离了主观内容、行为手段、行为对象和行为结果的所谓“行为”或“危害行为”，必定是内容空洞、不知所云的概念。而为充实构成要件的内容，德日阶层体系还采取了如下应对措施：一方面通过赋予构成要件以所谓的“责任内容规制机能”，即认为故意过失之认识或者应该认识的对象只能是该当构成要件的客观事实。但如前文所析，此等所谓的构成要件，就直接故意犯罪而言，实际已是犯罪既遂的成立条件，而在短缩的行为犯中，则甚至是比犯罪既遂成立要求更高的被短缩行为之目的实现的条件，而远非行为成立犯罪在客观方面的最低限度要求了。以犯罪既遂之成立条件甚或是短缩行为犯之被短缩行为的目的实现条件塞进构成要件中充作犯罪的成立条件，如此掩耳盗铃式的荒谬做法，显然不是为了解决问题，而是刻意掩饰问题。另一方面则是在构成要件符合性阶层创设实质判断标准，以所谓的“客观上有无侵害刑法所保护法益的危险”或者“客观上是否对刑法所保护的法益制造了不被容许的危险”作为构成要件符合性判断之实质判准。对于这两个标准所存在的诸多问题笔者已于前文详加揭批，其中最为根本的问题在于：由于理论始终未能合理界定刑法所特有的保护价值（刑法法益）到底为何，进而未能揭示出侵害刑法法益与罪过之间所存在的内在必然联系。一旦合理界定刑法法益的概念，并揭示对其侵害与罪过之间所存在的内在必然联系，便不难得知，“有无侵害刑法所保护法益的危险”或者“是否对刑法所保护的法益制造了不被容许的危险”，绝非仅仅基于行为的客观方面就能判定。由此可见，德日刑法学理论也未能解决客观的构成要件到底是什么的问题。由于无论是我国传统要件体系还是德日阶层体系之绝对主流见解都一致认同，唯犯罪客观要件或者（客观的）构成要件方为犯罪构成体系之核

---

① 我国传统刑法学理论通说认为，危害行为是一切犯罪在客观方面的必备要素，也是唯一的为一切犯罪所必备的要素，危害结果则是大多数犯罪成立在客观方面的必备要素，参见高铭暄、马克昌主编：《刑法学》（第九版），北京大学出版社、高等教育出版社 2019 年版，第 58 页。

② 参见[德]汉斯·海因里希·耶赛克、托马斯·魏根特：《德国刑法教科书》，徐久生译，中国法制出版社 2001 年版，第 335 页；[德]克劳斯·罗克辛：《德国刑法学 总论》（第 2 卷），王世洲等译，法律出版社 2013 年版，第 200 页；[日]大塚仁：《刑法概说（总论）》，冯军译，中国人民大学出版社 2003 年版，第 119 页；[意]杜里奥·帕多瓦尼：《意大利刑法学原理》（注评版），陈忠林译评，中国人民大学出版社 2004 年版，第 101-113 页。

心要件或核心阶层[①]，但以此等迄今无人能够说清道明的要件或阶层作为犯罪构成体系之核心，整个犯罪构成体系又如何可能清晰明了？

在构成犯罪的所有要件（阶层）中，若论哪一要件（阶层）最为繁复艰涩，答案非客观要件或（客观的）构成要件莫属，这在中外刑法学界当无疑议。有关此一要件（阶层）何以会如此繁复艰涩，以致不仅令法科学生为此备感苦恼[②]，甚至可以说连刑法学家们自己其实都没有弄明白该要件（阶层）到底为何。就中根本缘由笔者已于前文指出，概因中外居绝对主流地位的犯罪构成理论有关犯罪构成要件的逻辑排序均坚持由客而主的顺序，且错误地认为，构成犯罪的核心要件（阶层）是客观要件或（客观的）构成要件。实际上，遵循由主而客的逻辑顺序是认定犯罪唯一切实可行的途径，构成犯罪的核心要件也非客观要件或（客观的）构成要件，而系主观要件。在要件的逻辑排序以及对构成犯罪的核心要件定位上的错误，使得犯罪客观要件（客观的构成要件）在内容、性质以及存在范围等方面均不具有确定性，这也是我国传统犯罪客观要件理论与德日构成要件理论之所以异常繁复艰涩、百口莫辩之根由所在。

唯有主观要件才是构成犯罪的核心要件，就中核心理据除了“行为的客观在事实上即受到其主观的支配制约”这一常识外，还在于，犯罪行为正是因其主观而非其客观方有着一般违法行为所不具有的独特严重社会危害性，因为，人的意志所具有的自觉能动性使得罪过支配下的行为其危害具有弥散之危险，犯罪行为也正因如此而威胁到了刑法所特有的保护价值——作为整体的其他部门法制度或者全体公民的基本人权。罪过之意志因素也因此与犯罪的价值本质直接通连，成为犯罪行为之锋芒所在，是犯罪行为突破其他部门法防线的枪头矛尖，也是犯罪的价值本质在事实层面上的最集中体现，构成了犯罪的事实本质。在事实上的支配制约地位以及在功能上集中体现犯罪的价值本质，罪过之意志因素也因此理所当然地应

① 我国刑法学理论通说认为，在犯罪构成的四个要件中，犯罪客观要件处于核心地位，参见高铭暄、马克昌主编：《刑法学》（第九版），北京大学出版社、高等教育出版社 2019 年版，第 58 页。在德日阶层体系中，主流见解也认为，居核心地位的是构成要件符合性阶层，如有学者指出，“行为人想干的事情，总是得通过一行为或一被期待的行为的不作为而表现出来。犯罪的这种外在的表现形态通过客观的构成要件要素来描述。它构成了‘每一种犯罪的具体的、现实的核心’”，参见[德]汉斯·海因里希·耶赛克、托马斯·魏根特：《德国刑法教科书》，徐久生译，中国法制出版社 2001 年版，第 333-334 页。“把构成要件理解为违法性和责任的类型时，以构成要件为核心，就能构筑各犯罪构成要素密切关联的、一贯的刑法理论体系”，“构成要件具有作为犯罪论脊梁的意义”，参见[日]大塚仁：《刑法概说（总论）》，冯军译，中国人民大学出版社 2003 年版，第 115 页。

② 参见张明楷：“犯罪构成理论的课题”，《环球法律评论》2003 年第 3 期，第 274 页。

该成为整个犯罪构成体系的核心支柱以及刑法对犯罪行为实现有效打击的着力点，整个犯罪构成体系都应该围绕着罪过之意志因素这一核心支柱而构建，或者说，构成犯罪的其他要件及要素都应该是为确保罪过之意志因素的成立而存在。把握这一点，我们就能够摆脱向来皆繁复艰涩、不知所云的犯罪客观要件理论或构成要件理论之窠臼，看清犯罪客观要件或客观的构成要件之真实面目。

由于构成犯罪的其他要件及要素均是为确保罪过之意志因素的成立而存在，犯罪客观要件当然也不例外，那么犯罪客观要件是如何确保该要素成立的呢？首先需要指出的是，在罪过之意志因素的成立上，犯罪客观要件是必不可少的。因为如前所述，意志因素乃行为主观客观化之枢纽，其本质是一个不断地将认识及情绪情感因素内容转化为客观现实的心理过程，故它虽为内在心理事实，却始终无法脱离外在客观化的过程。据此可知，如若欠缺经由意志状态转化的客观事实，意志状态也将因缺乏表现自身的物质载体而不成其为罪过之意志因素。因此，为确保罪过之意志因素的成立，犯罪客观要件不可或缺。在明确罪过之意志因素的成立必须依赖犯罪客观要件后，接着需要究明的问题是：为确保罪过之意志因素的成立，犯罪客观要件究竟应该起到什么样的具体作用呢？对于此一问题，经由前文对不同罪过形式的意志因素之属性分析后可知，罪过之意志因素的属性不同，犯罪客观要件在确保其成立中所发挥的作用将有所不同，具体表现为：

其一，在直接故意犯罪中，由于存在犯罪目的的支配调节与定向指引，如此使得其意志内容在行为过程中具有一贯的确定性，而不会受到行为在客观现实中的实际发展情状之影响，在意志内容已然确定的情况下，其意志因素之成立所欠缺的便仅仅剩下“必须存在经由意志转化的客观事实”这一个条件了。由于犯罪成立的最早时点就是犯罪行为开始之时点，而犯罪行为开始之时点（即“着手”）[①]也是罪过之意志内容开始客观化的标志。又因属于未遂犯类型的手段不能犯与对象不能犯的存在，意味着直接故意犯罪的着手并不会受到行为人实际采取的手段、实际作用的对象以及是否实际产生了法定的客观危害结果之影响。基此可知，犯罪客观要件在直接故意犯罪成立中所起的作用，就是合理确定由其意志所支配的着

① 有关犯罪成立之时应该是犯罪着手之时，而非开始实施犯罪预备行为之时，笔者已于前文详论。

手标准。

其二，在间接故意犯罪和过失犯罪中，二者均因欠缺对行为发展过程具有支配调节与定向指引功能的犯罪目的，如此也使得行为之意志状态内容将不再如直接故意之意志内容那般具有一贯的确定性，而表现出不确定性之特征。此时，行为之意志状态内容便唯有诉诸行为在客观现实中的实际发展情状方得以把握，换言之，行为之意志状态内容此时将完全依赖于行为在客观现实中的实际发展情状来充实，行为的客观实际发展情状如何，那么行为之意志状态内容便为何，舍此，行为之意志状态内容将无从把握。行为之意志状态内容的此等确定方式也意味着，只有当行为造成了法定的客观危害结果时，方才具备罪过之意志因素从而构成犯罪，当行为的实际发展并未导向或者未促成法定的客观危害结果时，行为将因不具备罪过之意志因素从而不构成犯罪，而非成立犯罪未遂。由于犯罪成立的最早时点系犯罪行为开始之时点，而犯罪行为开始之时点也即犯罪着手之时，这对于间接故意犯罪和过失犯罪而言，也同样如此。这样，间接故意犯罪和过失犯罪的着手就应该以发生法定的客观危害结果作为标志。由此可见，一如犯罪客观要件在直接故意犯罪成立中所起的作用，犯罪客观要件在间接故意犯罪和过失犯罪成立中所起的作用同样是合理确定其着手标准，只是后者还可以进一步地具体化为：合理设定由这两种意志状态所导致的客观危害结果标准。

综上所析，犯罪客观要件在犯罪成立中所扮演的角色就是为确保罪过之意志因素的成立而存在，具体而言，系合理确定由罪过之意志状态所支配的犯罪着手标准，无论是直接故意犯罪也好，还是间接故意犯罪与过失犯罪也罢，概莫能外。据此可知，行为成立犯罪在客观方面的最低限度要求或者“最大公约数”，也即犯罪客观要件不可或缺的内容，便可归纳概括为“着手”，[①]只是直接故意犯罪的着手与间接故意犯罪和过失犯罪

① 据此可知，犯罪构成根本就不应该存在所谓的“基本的犯罪构成”与“修正的犯罪构成”以及“普通的犯罪构成”与“派生的犯罪构成”之分类。有关犯罪构成的这两种常见分类，详见高铭暄主编：《刑法学原理》（第一卷），中国人民大学出版社 1993 年版，第 449-451 页；马克昌主编：《犯罪通论》，武汉大学出版社 2005 年版，第 93-94 页。因为犯罪构成只能是犯罪的成立条件，无论是既遂犯还是未遂犯，是单独犯罪还是共同犯罪，是具有从重处罚情节还是具有从轻或减轻处罚情节的犯罪，概莫能外，而上述有关犯罪构成的分类却将不属于犯罪成立条件之情形也作为了犯罪构成之类型。

的着手具有不同的要求而已。[①]

二、“着手”之判断标准探析

着手是犯罪客观要件不可或缺的内容，任何行为要成立犯罪都必须满足着手之条件，着手也因此成为了罪与非罪之重要界分点，故合理确定着手标准具有非常重要的理论与实践价值。由于间接故意犯罪和过失犯罪的着手以发生法定的客观危害结果为已足，而该客观危害结果因具备法定性以及可度量性之特点，因而司法实践对其判定一般不存在困难，故于此不对其作专门的论述。[②]存在困难的是直接故意犯罪的着手问题，理论对于如何确定其着手标准存在极大的争议。

（一）确定着手标准之理论基础：未遂犯的处罚根据

着手标准与未遂犯的处罚根据紧密相关，这是因为，对未遂犯处罚根据的不同认识，将直接影响着未遂犯的处罚范围，而未遂犯成立的最早时点就是着手，由此可见，未遂犯的处罚根据与着手直接关联，探讨着手标准绝对不能回避未遂犯的处罚根据问题。

有关未遂犯的处罚根据，学界主要存在如下几种理论：（1）纯客观理论。该理论认为，在行为的所有阶段（预备、实行、既遂），故意都是同一的，因此，犯罪预备行为与未遂的界限，应当在客观领域去寻找，或者说，未遂犯的可罚性根据并不存在于行为人的意思中，而是存在于即将

---

① 直接故意犯罪与间接故意犯罪及过失犯罪除了成立着手的要求有所不同外，另一个重要的区别是：间接故意犯罪和过失犯罪由于以发生法定的客观危害结果作为着手的标志，而发生法定的客观危害结果之时也可能就是行为结束之时；而直接故意犯罪的着手还只是犯罪行为的开始，通常还谈不上犯罪结束，并且即便已经发生法定的客观危害结果，行为已达既遂，犯罪行为也未必就此结束，如在短缩的行为犯和继续犯中，即便行为已达既遂，犯罪行为仍可能继续进行。

② 笔者认为，间接故意犯罪和过失犯罪成立所要求的法定客观危害结果，主要存在的理论问题是，立法应该如何合理地设定该客观危害结果？对于间接故意犯罪而言，确定其成立所要求的客观危害结果相对简单，应该就是犯相同罪的直接故意之既遂成立所要求的犯罪结果，例如，成立间接故意的杀人罪，需要造成他人死亡之结果，成立间接故意的伤害罪，需要造成他人轻伤以上的伤害结果。对于过失犯罪而言，在笔者看来，立法在为其设定犯罪成立所必需的客观危害结果时，需要注意的问题主要有：一是要注意与其他部门法（如民法、行政法等）所规定的一般违法行为的衔接问题；二是要注意与故意犯罪之间的协调性问题，若发现刑法并未将造成相同客观危害结果的故意行为规定为犯罪（如故意造成他人轻微伤），那么基于过失造成此等客观危害结果的行为也不应该入罪，又因过失的主观恶性要明显小于故意，故在客观危害层面上，若相关故意犯罪之成立也要求造成法定的客观危害结果时，那么与之相对应的过失犯罪之成立所要求的客观危害结果，则应属程度更高的危害结果，可以作为印证的既有立法例是故意伤害罪与过失致人重伤罪；三是要立足于刑法的后盾法性质，考察其他部门法的制裁措施是否足以遏制造成此种客观危害结果的行为，当然，这一标准也是整个刑事立法对所有行为出入罪时都应该遵循的标准，笔者在前文论及“法益概念的刑事立法规制机能或批判机能”时，已将该标准具体化为可供实践操作的标准。

实现该当构成要件结果的危险之中，故未遂犯系因结果不法的发生具有高度盖然性而应受到处罚。（2）纯主观理论。该理论认为，未遂犯的处罚根据存在于行为人对法律的敌对意志中，据而主张，应该将应受处罚的未遂范围扩大至预备行为，且认为，绝对不能犯未遂也应当受罚，还有未遂犯与既遂犯原则上应予以同样的处罚，因为二者在对法律的敌对意志上是同一的。（3）客观—主观理论。该理论认为，未遂犯的处罚根据存在于通过行为人操纵敌视法律的意志活动中或者是实现的对法律的敌对意志中，即认为，在犯罪行为的可罚性中，起决定性作用的因素，不是行为对被保护的行为客体带来事实上的危害，而是故意所实现的行为不法。（4）印象理论。该理论认为，未遂犯的处罚根据存在于违背行为规范及其所表现的意思中，只有当公众对法秩序有效性的信赖受到动摇，法安定性的情感与法和平受到影响时，犯罪行为的可罚性才能被肯定。该理论被认为在主观与客观、意志不法与危害不法之间保持了中间立场，不仅利用证实的犯罪意志，还利用其对公众的印象的机会进行惩罚，据此区分既遂、习惯性的、严重不明智的未遂与迷信的未遂，认为迷信的未遂和预备行为都不构成犯罪。印象理论目前是德国刑法学理论中居统治地位的学说。（5）联合理论。该理论认为，未遂犯的处罚根据存在于一般预防或者特殊预防的刑罚需要上，基此将未遂犯的刑罚基础追溯到两个不同的根源上，即接近构成行为的危害或者接近构成行为中所表现出来的动摇法律的违反规范，其中，前者是主要的，后者是辅助性的。据此认为，不适当的未遂必须是具有危险性的，无危险的或者至少是严重不明智的未遂不具有刑事可罚性，而有无危险的判断标准是，只要一个有洞察力的第三方判断者，看出行为人的目的并且拥有能够的专门知识，一定算计到了这个结果的发生，那么，一个不适当的未遂也会是有危险性的。[①]

由于未遂犯系犯罪，既然是犯罪则必然意味着它也具备犯罪的本质，由此可见，未遂犯的处罚根据问题从根本上说是犯罪本质的问题。但如前文所叙，虽然中外刑法学理论中充斥着法益概念，却始终未能揭示刑法法益与其他部门法法益之间所存在的根本性差异，因而未能把握犯罪的价值本质，更遑论基此揭示犯罪的事实本质了，在连犯罪的本质都不明了的情况下，又如何可能洞悉未遂犯何以也具备犯罪的本质呢？这也是迄今为止的一切未遂犯处罚根据理论所共同存在的根基性缺陷。由于都存在根

① 参见[德]汉斯·海因里希·耶赛克、托马斯·魏根特：《德国刑法教科书》，徐久生译，中国法制出版社 2001 年版，第 612-615 页；[德]克劳斯·罗克辛：《德国刑法学 总论》（第 2 卷），王世洲等译，法律出版社 2013 年版，第 256-266 页。

基性的缺陷，因而对上述未遂犯处罚根据理论也就无逐一评析之必要了。不过，这些理论在探寻未遂犯的处罚根据时所涉及的一些问题，譬如，为何未遂犯较之于既遂犯一般承担较轻的责任？预备犯是否具有应罚性？不可罚的不能犯与未遂犯的界限究竟何在？等等，的确是理论在揭示未遂犯的处罚根据时始终无法回避的重要问题。

如上所析，刑法所特有的保护价值是作为整体的其他部门法制度或者全体公民的基本人权，而犯罪的价值本质正在于侵犯了刑法这一独特的保护价值，那么，到底是构成犯罪的什么要件或要素使得犯罪行为能够侵犯到刑法这一独特的保护价值呢？答案正如笔者于本书中所一再指出的，是罪过之意志因素！罪过之意志因素是犯罪的价值本质在事实层面上的最集中体现，构成犯罪的其他要件及要素都是为确保其成立而存在，因而成为了整个犯罪构成体系的核心支柱以及刑法对犯罪行为实现有效打击的着力点。立基于此，未遂犯的存在范围以及处罚根据就能够轻而易举地被揭示：刑法之所以对未遂犯加以打击，根本缘由在于其已完全具备罪过之意志因素，而完全具备罪过之意志因素当然也意味着行为已满足犯罪成立所必需的全部条件。直接故意犯罪由于存在犯罪目的的支配调节与定向指引，使得其意志内容在整个行为过程中都具有一贯的确定性，即其内容的确定并不依赖于行为在客观现实中的实际发展情状，故只要行为一经着手，即便行为随后的发展并未依照行为人的意志内容而展开，最终未造成任何客观危害后果，乃至产生了积极的效果（如偶然防卫），行为也将因已完全具备罪过之意志因素而成为刑法打击的对象；而间接故意和过失则均因欠缺起着支配调节与定向指引功能的犯罪目的，如此使得行为的发展在行为人的内在心理状态中表现出盲目性，此时，行为之意志状态内容也将完全依赖于行为在客观现实中的实际发展情状来充实，舍此，行为之意志状态内容将无从确定，故只有当行为造成了法定的客观危害结果时，方才具备罪过之意志因素从而构成犯罪，当行为的实际发展并未导向或者未促成法定的客观危害结果时，行为将因不具备罪过之意志因素而不构成犯罪，而非成立犯罪未遂。因此，犯罪的未完成形态只存在于直接故意犯罪中，间接故意犯罪和过失犯罪只有成立与否的问题，而无犯罪的未完成形态问题。未遂犯的存在范围以及处罚根据就此揭示。

确定刑法对犯罪行为实现有效打击的着力点应该落在罪过之意志因素上，基此揭示未遂犯的存在范围以及处罚根据，将能够明确而又合理地解决与此相关的诸多问题：

首先，这并不会导致未遂犯与既遂犯处罚上的无差别对待。由于意志之本质在于将认识及情绪情感内容转化为客观现实，而犯罪未遂与犯罪既遂已鲜明地体现出罪过之意志内容在客观现实中的不同实现程度，如所周知，意志内容之实现程度不同，行为所造成的客观危害也往往存在着差异。因此，对于未遂犯与既遂犯的处罚，当然不应该无差别地对待。

其次，犯罪预备行为原则上应该排除出刑法的打击范围。如前文所析，直接故意之实行意志相对于犯罪预备行为而言，系该预备行为之动机，其功能在于强化对构成实行行为的相关客观事实的认知与评价，故相对于实行行为而言，预备阶段的心理仍然处于内化的心理过程阶段，而尚未进入到执行决定的阶段（也即实行意志客观化的阶段）。换言之，在此一阶段中，预备行为还不具备实行行为之罪过意志，也即不符合作为实行行为所构成之罪的核心要件——主观要件，因而不能以实行行为所构成之罪给其预备行为定罪，即应该全面否定形式预备犯，要不然，将违背罪过原则和罪刑法定原则。当然，如若的确有必要对相关罪的预备行为加以打击时，立法也应该以实质预备犯的形式作出规定。

再次，为未遂犯与不可罚的不能犯划定清晰的界限。由于罪过之意志因素以认识和情绪情感因素作为前提，三者有机联系所构成的主观要件又以主体要件作为前提，而不可罚的不能犯要么明显不符合主体要件，如迷信犯之情形，要么不符合故意之认识因素，因为如前文所析，故意之明知必须具备“合规律性”之条件，唯其如此，正常理智者方可能以行为人的该认识作为自己实施相关行为之根据或心理基础，否则，相关行为将不可能威胁刑法法益从而不构成犯罪。未遂犯与不可罚的不能犯也因此具有了明确而又基础牢靠的客观界分标准。

最后，**能够实现“行为无价值”与“结果无价值”的统一**。在德日刑法学理论中，有关不法（犯罪）的本质，存在结果无价值论与行为无价值论之激烈理论纷争。以行为规范作为违法评价基准的立场称为“规范违反说”，从包含意思在内的行为中探求违法评价的主要对象的学说称为“行为无价值论”；而以法益侵害性作为违法评价基准的立场称为“法益侵害说”，从惹起结果中探求违法评价的对象的学说称为“结果无价值论”。两种学说的对立点包含：犯罪或违法的本质是“违反规范”还是“侵害法益”；在成立犯罪之际，是否应该将重点放在行为的故意、动机与目的等“主观要素”之上；犯罪的重点是“行为”还是“结果”。[①]德日刑法学理

① 参见[日]松宫孝明：“‘结果无价值论’与‘行为无价值论’的意义对比”，张晓宁译，《法律科学（西北政法大学学报）》2012年第3期，第196页。

论一方面由于始终未能准确把握刑法所特有的保护价值（刑法法益）究竟为何，从而错误地认为，侵犯行为客体所体现的法价值乃个罪之本质，进而未能揭示侵害刑法法益（犯罪的价值本质）与罪过之意志因素（犯罪的事实本质）间所存在的内在必然联系；另一方面则因不明白意志之本质在于将相关内在心理事实转化为外在客观事实的心理过程，从而未能把握构成犯罪的主客观要素之间所存在的紧密相关性以及相互依存性。正是这两个方面的原因导致了行为无价值论与结果无价值论之间的根本性对立。一旦克服这两个方面的认识缺陷，便能够轻而易举地化解行为无价值论与结果无价值论各自所面临的难以化解的理论困境①，最终实现二者的统一。刑法的目的在于保护刑法法益而非单纯地维护自身的效力，与之相对应的是，犯罪的价值本质系侵害刑法法益而非单纯地违反刑法规范。由于罪过之意志因素乃犯罪的价值本质在事实层面上的最集中体现，构成了犯罪的事实本质，换言之，行为只要具备罪过之意志因素即已威胁到刑法法益，故无论是直接故意犯罪也好，还是间接故意犯罪和过失犯罪也罢，它们的成立均毫无例外地需要具备罪过之意志因素。而如上所析，因不同罪过形式之意志因素存在属性上的差异，如此使得行为成立犯罪在客观方面的要求也存在着较大的差异：直接故意犯罪由于存在犯罪目的的支配调节与定向指引，如此使得其意志内容具有一贯的确定性，即其内容的确定并不依赖于行为在客观现实中的实际发展情状，故其成立所要求的着手并不以发生法定的客观危害结果为必要，由此表现出“行为无价值”；而间接故意犯罪和过失犯罪则因欠缺具备支配调节与定向指引功能的犯罪目的，如此使得行为的发展在行为人的内在心理状态中表现出盲目性，此时其意志状态内容将完全依赖于行为在客观现实中的实际发展情状来充实，故只有当行为造成了法定的客观危害结果时，方才具备罪过之意志因素从而构成犯罪，反之，则将因不具备罪过之意志因素从而不构成犯罪，而非成立犯罪未遂，因此，间接故意犯罪和过失犯罪的成立以发生法定的客观危害结果为必要，由此表现出“结果无价值”。但无论是行为无价值还是结果无价值，概因行为已完全具备集中体现犯罪价值本质（侵害刑法法益）的罪过之意志因素，而完全具备罪过之意志因素当然也意味着行为已满足犯罪成立所必需的全部条件。如此便基于犯罪的本质乃刑法法益侵害之立场化解了行为无价值论与结果无价值论之间的根本性对立，而实现了二者的统

① 有关结果无价值论与行为无价值论各自所面临的困境，详参陈璇：“德国刑法学中结果无价值与行为无价值的流变、现状与趋势”，《中外法学》2011 年第 2 期，第 369-394 页；[日]井田良：“刑法上行为非价与结果非价之未解争议”，薛智仁译，《月旦法学杂志》2018 年第 6 期，第 211-218。

一，统一于“罪过之意志因素的无（反）价值”！[①]

（二）着手之判断标准确定

由于犯罪预备行为并不具备所准备实施之罪的主观要件，因而不能以所准备实施之罪给其预备行为定罪，如此也意味着犯罪行为的起始点就应该是开始实施实行行为之时点，即着手之时，着手也因此成为罪与非罪的重要界分点，故如何合理地确定这一时点当然也就具有非常重要

---

① 需要注意的是，笔者实现二者的统一并非基于德日刑法学理论中的“结果无价值论”“行为无价值论”或是“二元论”之立场，就中根本缘由在于，三者都是建立在不明白人的意志之本质、犯罪的价值本质与事实本质以及二者之间内在联系基础上所形成的有着根基性缺陷的学说。具体理据则在于：（1）笔者之立场并非“结果无价值论”。因为，结果无价值论虽然主张不法的本质（即犯罪的价值本质）是法益侵害，但却认为法益侵害与行为人的内在心理全然无涉，此等认识显然系因未把握犯罪的价值本质，从而不知刑法法益侵害与罪过之意志因素间所存在的内在必然联系所致。（2）阅者很可能会误以为，笔者之立场其实就是德国刑法学理论中曾经昙花一现的“一元行为无价值论”，但其实绝非如此也！一元行为无价值论虽然主张不法以行为人的主观意志为内容，却认为，人的意志只能操控目的行为本身，结果的发生与否并不在行为人能够影响和控制之范围，而完全取决于偶然因素，故它对不法的成立没有意义，据而认为，实行终了的未遂与既遂在不法和责任方面均无差异，因而二者的法定刑也理应相同，甚至认为，迷信犯也成立不法。不难发现，笔者的主张与一元行为无价值论存在着根本性的差异，主要表现为：首先，笔者认为，犯罪的价值本质是侵害刑法法益，而一元行为无价值论则对此持否定态度，认为是违反社会伦理规范。其次，笔者揭示了犯罪的价值本质（侵害刑法法益）与罪过之意志因素（犯罪的事实本质）间所存在的内在必然联系，而一元行为无价值论则因未能揭示二者间的此等内在联系，从而使得其所认为的不法应该以行为人的主观意志为内容缺乏实质根据。再次，一元行为无价值论由于未能把握人的意志之本质在于将相关内在心理事实转化为客观现实的心理过程，从而不可能知悉行为的客观在罪过之意志因素成立中所起的作用，也就无法解释，为什么犯罪的成立，有的要求必须发生法定的客观危害结果，有的却不需要？此外，也是因为未能把握人的意志之本质，一元行为无价值论还被指明显违背了“行为刑法”原则，而笔者的主张则根本不存在这样的问题。最后，一元行为无价值论基于实行终了的未遂认为，犯罪结果的发生与行为人的意志控制无关，这显然是对意志对于因果流程操控的错误认识以及对行为做了不恰当的片段化处理使然（笔者在前文论述原因自由行为时已对此加以批判），所谓的意志控制，实质即行为人对因果流程的操控，“因”与“果”因而均属于行为人意志控制之范围，故客观危害结果的发生只要为行为人之罪过所及，就属于行为人的作品，从而应该归责于他。至于认为迷信犯也成立不法，则明显是未把握作为犯罪故意成立前提的责任能力以及作为意志因素前提的认识因素成立所要求的合规律性条件。综上可知，笔者的主张绝非一元行为无价值论之立场。（3）笔者的立场也非目前德国通行的“二元论”。在二元论中，结果无价值被确定为不法的支柱之一，同时，行为无价值无论是从其主观还是客观方面来看，都无法摆脱法益侵害标准（即坚持“客观的法益侵害或危险”）在不法当中的基础性地位。还有，虽然二元论不把结果无价值和行为无价值看作彼此孤立的要素，而是强调二者之间相互依存的紧密联系，但这种联系却是借助客观归责理论来建立的。由于行为无价值论与结果无价值论都存在根基性的缺陷，故二元论也不可能避免它们各自内在的根基性缺陷。此外，对于试图调和二者所借助的客观归责理论，如前文所析，该理论其实也是一个有着根基性缺陷的理论。笔者则是在把握人的意志之本质以及揭示犯罪的价值本质及其与犯罪的事实本质（罪过之意志因素）间所存在的内在必然联系的基础上，实现行为无价值与结果无价值之间的贯通与统一的。由此可见，笔者之立场也迥然有别于二元论。有关结果无价值论、行为无价值论以及二元论各自的主要观点，参见陈璇：“德国刑法学中结果无价值与行为无价值的流变、现状与趋势”，《中外法学》2011 年第 2 期，第 369-394 页。

的理论与实践价值。何谓着手？理论上存在主观说、客观说与折中说三种见解：（1）主观说基于新派将犯罪视为行为人的危险性格征表之立场，认为行为人意思的危险性或犯罪意思被发现时就是着手。（2）客观说可区分为形式客观说和实质客观说。形式客观说认为，实施属于（部分）构成要件的行为及与其直接密接的行为就是着手。实质客观说内部又包含实质行为说和结果说，实质行为说认为，开始实施具有实现犯罪的现实危险性的行为时就是着手，结果说则认为，具有发生构成要件结果的具体危险性，或者说，侵害法益的危险性达到了具体程度（一定程度）时，才是着手。（3）折中说主张应同时从主观与客观两个方面来判断是否着手，其基本观点是，从行为人的整体犯罪计划来看，侵害法益的危险性迫切时，就是着手。[①]

在把握未遂犯处罚根据的前提下，将不难发现为我国不少研究者所认同的实质客观说之错谬，因为，此种见解根本不知刑法法益为何，更不知侵害刑法法益与罪过之意志因素间所存在的内在必然联系，因而基此创设的标准存在根基性的错误。至于主观说所存在的缺陷，笔者已于前文详论[②]，于此不再赘述。由于未遂犯的处罚根据在于行为已完全具备罪过之意志因素，而完全具备罪过之意志因素的最早时点就是罪过之意志内容开始客观化之时点，也是犯罪成立之时或是犯罪行为开始之时，该时点也即着手，故着手乃犯罪的成立条件之一。既然是犯罪的成立条件，那么当然也就应该在罪刑法定原则的制约下对其加以把握，基此，合逻辑的结论就只能是：着手的时点应该是开始实施刑法分则规定的具体罪的客观方面行为之时。

将着手的时点确定为开始实施刑法分则规定的具体罪的客观方面行为之时，虽然较之于其他的着手标准，如“实施与构成要件行为直接密接的行为”“客观上已达到侵害法益或发生构成要件结果的具体危险”以及“开始实施具有实现犯罪的现实危险性行为”等标准，该标准要明确得多，且完全符合罪刑法定原则，但尽管如此，这一标准依然较为抽

① 参见[德]克劳斯•罗克辛：《德国刑法学 总论》（第 2 卷），王世洲等译，法律出版社 2013 年版，第 275-300 页；[意]杜里奥•帕多瓦尼：《意大利刑法学原理》（注评版），陈忠林译评，中国人民大学出版社 2004 年版，第 308-309 页；[日]西原春夫：《犯罪实行行为论》，戴波、江溯译，北京大学出版社 2006 年版，第 6-13 页；[日]大塚仁：《刑法概说（总论）》，冯军译，中国人民大学出版社 2003 年版，第 153-154 页；张明楷：《未遂犯论》，法律出版社 1997 年版，第 50-67 页。

② 详见本书“第七章第四节 三、（二）2.（2）③”之内容。

象模糊，司法实务还是难以直接以其作为判断标准，故仍有待进一步地将其具体化，唯此方能为司法实务提供具备可操作性的判断标准。笔者认为，我们其实可以借助于行为概念将该着手标准进一步地具体化[①]，由于行为系主体采取一定的手段作用于行为对象从而引起其存在状态发生改变最终产生行为结果的过程，据此不难得知，行为开始的时点应该就是行为人开始利用行为手段作用于行为对象之时，或者说，是行为人所采取的手段开始作用于行为对象之时。相应地，犯罪行为的着手也应该就是主体开始利用犯罪手段作用于犯罪对象之时点，或者说，是主体所采取的犯罪手段开始作用于犯罪对象之时点。着手的这一具象化标准其实也可以从我国刑法第22条第1款有关犯罪预备的规定中推导出来，该条款规定，“为了犯罪，准备工具、制造条件的，是犯罪预备”，据此将很容易推知，紧接着“准备工具、制造条件”的下一发展阶段也即实行阶段，其开始之时点就当然应该是开始利用已准备好的工具或者已制造好的条件（也即犯罪手段）作用于犯罪对象之时，换言之，行为人开始利用犯罪手段作用于犯罪对象之时点，就是犯罪的着手。

主体开始利用犯罪手段作用于犯罪对象之时点或者说主体所采取的犯罪手段开始作用于犯罪对象之时点即为犯罪行为的着手，依据这一标准来判断着手需要注意的问题主要有：

首先，由于罪过在着手成立中起着决定性的作用，因而这一判断标准中的犯罪手段及犯罪对象应该以行为人意志内容中的犯罪手段及犯罪对象作为依据，而非以行为人实际采取的手段以及实际作用的对象作为依据。如此也意味着，“手段不能”以及“对象不能”并不影响依据该标准对着手的判定，例言之，误将稻草人为仇人而开枪射击，其着手的时点仍然是行为人开始用枪瞄准稻草人之时[②]，因为此时的稻草人在行为人的意志内容中是作为故意杀人罪的犯罪对象的人。

其次，在犯罪对象具有保护措施的情境中，此时保护措施与犯罪对

---

① 通过行为概念使着手标准具体化是就直接故意犯罪的着手而言的，间接故意犯罪和过失犯罪有其特殊性，如前所析，二者的特殊性由来于其意志因素之属性的特殊性，如此使得二者的着手以发生法定的客观危害结果为条件，而法定的客观危害结果发生之时也可能就是行为结束之时，因此，基于行为的发生过程而使着手标准明确化只适用于过程鲜明的直接故意犯罪。当然，间接故意犯罪和过失犯罪的着手已经再明确不过了，而根本无需再具体化。

② 在开枪杀人的案件中，考虑到枪这种能够即刻造成损害后果的特殊手段，行为人开始用枪瞄准对象之时就应该认定为犯罪手段已开始作用于犯罪对象，因为，几乎任何人在被枪瞄着时都会产生恐惧或本能地进行躲避。

象应该被视为一个整体，故开始针对保护措施实施行为时也应该被认定为已开始利用犯罪手段作用于犯罪对象，即应该判定为着手。如入户盗窃，行为人开始撬门窗或者开始翻院墙等的时候就是着手。又如扒窃，行为人开始拉他人包箱的拉链时即为着手[①]，即便包箱里财物的存放处还有一层乃至几层拉链口袋的保护，着手的时点也不会因此而有所差异。还有，若犯罪对象为特定主体所有或者处于特定主体的支配之下时，那么开始针对该特定主体加以作用时，即属于着手，例如，在抢劫罪中，只要行为人开始使用暴力、胁迫或其他方法作用于被害人的人身时，即为着手，又如诈骗罪，只要行为人开始针对相对方实施虚构事实或隐瞒真相的行为时，即为着手。

再次，对于共同犯罪、间接正犯和原因自由行为的着手之判定也无特殊性。共同犯罪和间接正犯都是以他人的行为作为犯罪手段的犯罪，原因自由行为则是以自己的身体作为犯罪手段的犯罪，这些类型的犯罪之着手同样是犯罪手段开始作用于犯罪对象之时。例如，甲唆使乙枪杀丙，无论乙是否具备刑事责任能力，均无改于乙的行为是甲的犯罪手段之性质，故甲的行为着手之时都是乙开始用枪瞄准丙之时，原因自由行为的着手之判定也不例外。因而并不存在使着手不恰当提前的问题。

最后，还需要再次强调的是，着手的判定绝对不能脱离罪过，如若系非罪过所支配的行为，就根本无所谓着手实行犯罪的问题。譬如在误将他人的财物当作自己的财物拿走、因醉酒认错门而误入他人家中、正当防卫杀人以及法警依法处决死刑犯等情形中，就根本不存在如遵循由客而主的体系逻辑那般，认为这些行为仍然分别属于盗窃罪、非法侵入住宅罪以及故意杀人罪等犯罪的实行行为，从而得出开始实施这些非罪的行为也同样属于着手实行犯罪（只是无责）这样的荒谬结论。[②]

---

① 如若包或口袋是敞开的，则应该是行为人的手开始伸入包或口袋之时即为着手。

② 虽然我国刑法学之理论通说也认为，着手是指行为人已经开始实施刑法分则规范里具体犯罪构成要件中的犯罪行为，并且主张应该从主客观两个方面来把握着手，参见高铭暄、马克昌主编：《刑法学》（第九版），北京大学出版社、高等教育出版社 2019 年版，第 149-150 页。在德日刑法学理论中也存在这样的观点，但是不难发现，这种认为应该从主客观两个方面来把握着手的观点是与其由客而主的体系逻辑架构格格不入的。在德日刑法学理论中，也有观点主张着手与主观因素无关，其理由在于，对于发生结果的危险性仅仅依据客观情况就能够作出判断，主观内容如何并不影响侵害法益的具体危险性，参见张明楷：《未遂犯论》，法律出版社 1997 年版，第 67-68 页。该见解虽然契合其由客而主的体系逻辑，但错误也非常明显，如此会荒谬地把开始实施非罪的行为（如正当化事由）也判定为犯罪行为的着手。当然，最根本性的错误还在于，该见解根本不知何谓刑法法益，进而不明白侵害刑法法益与罪过之间所存在的内在必然联系。

结语：构建犯罪构成体系之系统方法论综述

犯罪行为乃作为系统而存在，系统的首要特征是其整体性，即作为整体的系统不是其各组成部分的简单拼凑叠加，整体具有它的各单个部分所不具有的特性。科学的系统研究包含要素研究、结构研究和功能研究，要素研究是一种将整体分解为部分以分析为主的研究方法，系统的结构是要素有序化以及要素间相互作用使然，系统的结构研究就是着力于从要素与要素的有机关联中把握整体，功能研究则是从系统与周遭环境关系的外部视角来审视系统的功用和效能，要素、结构和功能三方面研究的有机结合，便实现了对系统由细部到整体、由内及外的全方位考察。本书前面的一些章节已就犯罪构成要件的划分和排序以及每一要件的内容都做了较为深入细致的研究，在研究方法上虽已涉及结构与功能研究，但基本上还是偏重要素分析研究，而如前所述，要素分析虽然有助于人们把握研究对象的内在组成部分和细节，但单纯的要素分析容易使人忽视整体，兼之整体也非其各组成部分的简单拼凑叠加。黑格尔曾专就某些心理学家对行为所采取的单纯要素分析法提出了批评，他指出，“当一个经验派的心理学家将人的一个行为分析成许多不同的方面，加以观察，并坚持它们的分离状态时，也一样地不能认识行为的真相。”[①]在德、日等国的刑法学界，学者们也都基本认同，构成犯罪的各个要件之间不是彼此孤立的关系，如罗克辛指出，“这种犯罪性行为永远是一个不可分割的整体，同时，犯罪范畴的意义并不在于撕裂一种心理的、肉体的和社会的完整意义之后，又必须让各个具体部分重新拼合成一个‘犯罪大厦’。”[②]意大利刑法学界也有不少学者明确指出，“犯罪构成要件之间的联系是如此密不可分，如果不考察这些构成要件的相互关系，甚至不可能理解每一构成要件的实质含义”。因此，“在对犯罪进行分析的时候，绝不要忘记了构成犯罪不同要件

---

① [德]黑格尔：《小逻辑》，贺麟译，商务印书馆1996年版，第413页。

② [德]克劳斯·罗克辛：《德国刑法学 总论》（第 1 卷），王世洲译，法律出版社 2005 年版，第139页。

之间存在一种内在的根本的联系”，“犯罪的分析本身并不是目的，而只是更好地理解犯罪这个统一的实体的工具”。[①]有鉴于此，在对犯罪构成要件及其要素研究的基础上，最后还有必要从结构与功能的视角对犯罪构成体系进行整体性的把握，也是对全书的研究思路以及主要研究结论做一个大略的梳理与总结。

运用系统方法论对犯罪构成展开研究所涉及的第一个问题是要素的分类标准问题。我国传统要件体系虽然整体上是以构成行为的主客观要素分类作为要件划分之依据，但理论却未能解决其体系内的犯罪主体要件和犯罪客体要件的存在根据问题。对于德日阶层体系，虽然古典三阶层体系也是严格坚守以构成行为的主客观要素分类作为阶层划分之依据，但理论同样未能解释违法性阶层的存在根据问题，而自新古典及其以后的阶层体系放弃以构成行为的主客观要素分类作为阶层划分的依据后，如今其体系之阶层划分依据到底为何实际已然成为刑法学中的未解之谜。笔者所主张的犯罪构成体系对犯罪构成要件的划分仍系以构成行为的主客观要素分类作为依据，只是对于主观心理要素，还吸收了作为各个分支心理学之基础与主干的普通心理学有关人的心理现象层次划分的研究成果，也即依据心理现象在稳定性程度上的不同，人的纷繁复杂的心理现象由里及表、由相对稳定到不稳定，被划分为了既相互联系又互为有别的两大层次：“人格（个性）”与“心理过程”。基此，行为的结构由内而外便依次包含“人格”“心理过程”和“客观”三大层次。犯罪行为作为行为之特殊类型，当然也不例外。对犯罪行为作此等结构层次上的划分具有重大的理论与实践价值：一方面，为犯罪构成要件的划分提供了科学依据，与行为的结构层次相对应，构成犯罪的要件依次包含“犯罪主体要件”“犯罪主观要件”和“犯罪客观要件”三个要件，要件间的整体关系也因之得以清晰呈现，显非如学界所一致认同的那般是一种缺乏层次的“平面耦合”关系，而是一种层次分明的“阶层立体”关系；另一方面，“行为主义”将统合“行为人主义”，长期困扰着中外刑法学界、堪称世纪难题的理论问题——如何化解“行为主义”与“行为人主义”之间的对立而实现二者的统一——就此得以破解。以行为的结构层次作为犯罪构成要件的分类依据，也使得构成犯罪的每一要件及其要素，乃至影响量刑以及行刑的纷繁复杂的情节，都有了自己精确的体系坐标定位，并且能够基于行为的构成要素及其相互关系对它们作基础性的分析与整体性的把握，这也是本书的标题——

① 参见[意]杜里奥·帕多瓦尼：《意大利刑法学原理》（注评版），陈忠林译评，中国人民大学出版社 2004 年版，第 106-107 页。

《行为概念对犯罪论体系的基底性诠释》——之要旨所在。[①]

对系统展开结构研究不能忽视对构成系统的核心要素的把握，因为系统的核心要素往往是将其他要素紧密联系在一起的枢纽，因而是要素之间关系的集中体现，故若未能对其加以准确把握，那么对系统结构的把握势必大打折扣，系统的功能也难免不因此而严重受损，在对犯罪构成进行结构研究时也不例外。那么到底哪一要件才是构成犯罪的核心要件呢？笔者认为，只能是犯罪主观要件，而非中外刑法学的绝对主流理论所认为的是犯罪客观要件或（客观的）构成要件，就中主要理据有三：

其一，正是犯罪主观要件之意志因素方使得犯罪行为有着一般违法行为所不具有的独特严重社会危害性，犯罪主观要件之意志因素因而是犯罪的价值本质在事实层面上的最集中体现，因此成为了犯罪的事实本质以及整个犯罪构成体系的核心支柱，整个犯罪构成体系都是围绕着这一核心支柱而构建，或者说，构成犯罪的其他要件及要素均是为确保此一要素的成立而存在。故其所置身的犯罪主观要件也就理所当然地应该成为犯罪构成之核心要件。

其二，犯罪主观要件直接决定着行为的刑法性质。之所以如此，理由在于：首先，由于整个犯罪构成体系均是围绕着犯罪主观要件之意志因素而构建，换言之，构成犯罪的其他要件及要素都是为确保该要素之成立而存在，而犯罪构成的功能就在于给行为准确定性，据此不难得知，犯罪主观要件直接决定着行为的刑法性质；其次，由于行为乃主观的客观化，故行为的主观与客观之间实际是一种因果关系，其中，主观是因，客观是果，依据逻辑与经验可知，原因决定着结果，即行为的客观系由其主观所决定；再次，行为的客观在事实上即受到其主观的支配制约，既然行为的主观居于支配制约地位，那么它当然就对处于被支配制约地位的行为的客观有着决定性的作用；最后，显而易见的事实是，客观表现完全相同的行为，各自的刑法性质可能截然不同，而客观表现截然不同的行为，各自的刑法性质却可能相同，但若是主观内容相同的行为，那么无论其客观表现如何，它们的刑法性质都原则上具有一致性，据此，行为的刑法性质到底系由哪一要件所决定可谓一目了然。

其三，犯罪行为的客观存在界域以及行为人的责任范围均由罪过所划定。客观事物普遍联系原理意味着若仅仅驻足于行为的客观层面来观

① 不过，笔者在经细思之后觉得，本书取该标题还是不太准确，因为，犯罪构成体系（即犯罪论体系）其实存在两大基石，分别是作为价值基石的犯罪的价值本质以及作为事实基石的行为概念，故本书的标题取“犯罪论体系的基底性诠释”或许更能准确地概括全书之内容。

察，犯罪行为的客观将具有无限延展性，换言之，犯罪行为的客观存在界域并非仅仅驻足于其客观层面所能确定，诉诸行为的主观便成为唯一切实可行之道。具言之，犯罪行为的客观存在界域原则上应以行为人的罪过之所及作为最大限度，一旦超出该范围，原则上便不应该作为犯罪行为的内容进而归责于行为人。主体所应承担的刑事责任之范围也由此确定。

犯罪主观要件意志因素之体系核心支柱地位及其对行为的刑法性质、犯罪行为的客观存在界域以及主体所应承担的刑事责任之范围都起着决定性的作用，无不昭示着唯有犯罪主观要件方为犯罪构成之核心要件，犯罪主观要件之核心要件地位的确立也因此具有了极为重要的理论与实践价值。于此值得一提的是，犯罪主观要件之核心要件地位的确立，还能够为如下两个重要的刑法问题提供理论支撑：一是在犯罪既、未遂的判断标准上，我国刑法学理论通说与刑事立法的契合性问题。我国刑法学理论通说认为，犯罪既、未遂的判断，应以行为人所实施的行为是否具备了刑法分则规定的某一犯罪构成的全部要件为标准。[①]而我国刑法第 23 条的规定却是，“已经着手实行犯罪，由于犯罪分子意志以外的原因而未得逞的，是犯罪未遂”。如所周知，“（未）得逞”是一个主观色彩极其浓厚的语词[②]，那么，通说之标准是否符合该立法所设定的极具主观色彩的标准呢？我国现有的刑法学理论未能就此作出解释。而若是基于犯罪主观要件对客观要件的决定关系，就将很容易地解决该问题：由于犯罪未遂是“未得逞”，那么与之相对的犯罪既遂当然就是“已得逞”，所谓“已得逞”，也即“犯罪主观要件的内容在客观现实中已实现”[③]，既然如此，势必意

① 参见高铭暄、马克昌主编：《刑法学》（第九版），北京大学出版社、高等教育出版社 2019 年版，第 144 页。

② 根据辞书之释义，“得逞”是指“（坏主意）实现；达到目的”，参见《现代汉语词典》，商务印书馆 2005 年版，第 282-283 页。

③ 把握该判断标准需要特别注意如下两个与之相关的问题：一是在直接故意犯罪中，“犯罪主观要件的内容在客观现实中实现之时”并非“犯罪主观要件成立之时”，后者以着手为已足，而前者则是后者的进一步发展。二是“犯罪主观要件的内容在客观现实中已实现”也不完全等同于“犯罪目的已实现”，“犯罪主观要件的内容在客观现实中已实现”应该是成立犯罪既遂所要求的犯罪结果已发生，该结果可能就是犯罪目的所指向的结果，也可能不是。犯罪既未遂的区分之所以不应该以犯罪目的是否实现作为标准，主要缘由在于，立法区分犯罪既遂与未遂之目的在于合理量刑，而从宏观上说，量刑应该以行为的社会危害性程度作为依据，如前文所析，就直接故意犯罪而言，在行为已经构成犯罪的前提下，犯罪对象所体现的法价值若是遭受到犯罪行为的实质性侵害，将使得犯罪行为的社会危害性程度显著升高，因而势必对量刑产生显著的影响。而犯罪目的实现之时则未必会使得犯罪行为的社会危害性程度出现如此显著的提升，例如，在盗窃罪中，财物是否失控与财物失控后盗窃分子是否实际控制了财物，二者在行为的社会危害性程度的提升上显然不可同日而语。因此，作为犯罪既遂标准的犯罪主观要件的内容在客观现实中实现之时，应该是犯罪对象所体现的法价值遭受实质性侵害之际，而不应该为犯罪目的实现之时。

味着行为成立犯罪既遂所要求的客观条件也已具备，又因刑法分则规范系以犯罪既遂为模式所作的规定，因此，行为此时实际已完全齐备刑法分则所规定的某一犯罪构成的全部要件（也即成立犯罪既遂所要求的全部条件）。通说之标准因而与我国刑法第23条之规定相契合。二是罪数标准的问题。依据刑法对犯罪行为实现有效打击的焦点定位以及犯罪主观要件对客观要件的决定关系可知，判断一罪与数罪的标准应该是行为具备犯罪主观要件的数量，也即，当行为只具备一个罪的主观要件时，就是一罪，当行为具备数个罪的主观要件时，便是数罪。[①]又因犯罪行为的客观存在界域系由主观所划定，故行为具备犯罪主观要件的数量，实际也等同于行为具备犯罪构成的数量，而这也是我国刑法学理论有关罪数标准之通说。

由于犯罪主观要件之意志因素乃整个犯罪构成体系之核心要素与核心支柱，构成犯罪的其他要件及要素都是围绕着这一核心而构建，或者说都是为确保其成立而存在，据此，构成犯罪的要件及其要素的关系也将变得十分清晰明了：在行为的结构层次中，意志因素系属心理过程层面的因素，在此一层次中，还包含作为意志因素前提的认识和情绪情感两个因素，认识、情绪情感与意志三个要素的有机联系构成了犯罪主观要件；犯罪主观要件又以位居人格层面的犯罪主体要件作为前提，犯罪主体要件包含作为必备也是核心的责任能力要素，以及作为选择性要素的犯罪动机和犯罪主体的态度；又因意志系一将认识及情绪情感内容转化为客观现实的心理活动，故这一心理过程不能缺失经由其转化的外在客观事实，因此，犯罪客观要件同样不可或缺，犯罪客观要件在确保主观要件之意志因素成立中的功能在于合理确定着手之标准，着手乃任何行为成立犯罪在客观方面的最低限度要求或“最大公约数”，直接故意犯罪的着手以开始实施个罪客观方面的行为为已足，具体而言，应该是主体开始利用犯罪手段作用于犯罪对象之时，或者说，是主体所采取的犯罪手段开始作用于犯罪对象之时，而间接故意犯罪和过失犯罪的着手则以发生法定的客观危害结果为

① 需要指出的是，具备主观要件的数量并不等同于脱离相关具体刑法规范之规定所认定的罪过之数量，判断主观要件的数量始终无法脱离相关具体刑法规范之规定，例如，在故意伤害致人死亡罪中，虽然行为人具备两个不同的罪过（即对伤害的故意以及对死亡结果的过失），但由于立法已将它们整合为一个罪的主观要件，故只具备一个主观要件。还有，罪数的判断应以行为所具备的主观要件的数量为标准，据此也就不难得知，理论上的想象竞合犯就应当属于“实质的数罪”或“现实的竞合”，而非理论通说所认为的是“实质的一罪”“想象的数罪”或“观念的竞合”，因而对其处断原则应该是数罪并罚方为合理。而对于法条竞合，也即行为人的某一举止同时触犯不同刑法规范所规定的犯罪构成之间存在包容或交叉关系之情形，由于竞合范围内的法条内容之间是一种一般与特殊的关系，而借由思维观念可知，特殊寓于一般之中，故在笔者看来，法条竞合才真正属于“想象的数罪”或“观念的竞合”，从而属于“实质的一罪”之类型，而与理论上的想象竞合犯迥然有别。

必要，犯罪手段、犯罪对象和犯罪结果均为选择性要素。犯罪构成正是借着犯罪主观要件之意志因素这一核心要素而将其他要件及要素粘聚形成为一个有机联系的统一体，构成犯罪的每一要件及其要素都只能在该有机联系的统一体中获得自己作为犯罪构成要件或要素之属性，一旦脱离该有机统一体，将不成其为构成犯罪的要件或要素。具言之，若脱离犯罪主观要件的意志因素，就无所谓犯罪主体要件及犯罪客观要件，也无所谓犯罪主观要件之认识因素及情绪情感因素，当然，若失去作为前提的认识因素、情绪情感因素和犯罪主体要件以及作为表现自身的犯罪客观要件，也必无所谓犯罪主观要件之意志因素。至于犯罪构成要件的排序也是司法实践认定犯罪的顺序，只能遵循从主体要件出发经由主观要件再到客观要件的逻辑顺序，否则，犯罪的认定将成为谁都难以完成的任务。

系统的要素分类及其结构是否合理还有待系统功能的检验，故笔者这一建立在行为概念与犯罪本质基础之上、以犯罪主观要件之意志因素为核心支柱的犯罪构成体系到底是否科学合理，还有待其功能的检验。功能越强大，说明系统的要素分类及其结构越是优异合理，笔者认为，本理论体系有着中外主流犯罪构成理论所不具有的强大的理论与实践功能，主要体现为：

首先，可使向来理论纷呈、学说充斥的犯罪构成理论彻底改观，笔者谓之为“理论维新功能”。在本理论体系中，如今犯罪构成理论中的所有价值性理论均被剔除，如犯罪客体理论、违法性理论、实行行为理论、客观归责理论、相当因果关系理论以及期待可能性理论等，都通通被清除：一则它们都是建立在未能正确把握作为犯罪构成体系价值基石的犯罪的价值本质基础之上的理论，因而未能厘清事实、价值与犯罪构成体系之间到底应该是怎样的一种关系，换言之，都存在根基性的缺陷；二则这些理论基本都难以为司法实务提供可操作的判断标准；三则这些理论试图诉诸价值来解决的那些问题其实都可以在事实层面加以解决，解决之道笔者已于前文详论。在把现有的相关价值性理论肃清后，整个犯罪构成体系也因此而简洁明了、一览无遗，本理论体系所具有的理论维新功能也由此彰显。

其次，在本理论体系（含其赖以奠立的基础）中，中外刑法学理论如今所面临的系列难题均能够得到简洁明快、一以贯之的合理破解。例如，刑法的目的到底是法益保护、规范效力维护还是其他的某种目的？国家刑罚权的根据是什么？刑罚的报应与预防功能（含一般预防与特殊预防）之根据是什么？刑事责任的根据是什么？主客观相统一原则的基础是什么？刑法处罚形式预备犯是否具有合理性？未遂犯的存在范围及处罚根据是什么？未遂犯与不可罚的不能犯之界限何在？着手的标准是什么？既未遂的界分标准是什么？共同犯罪的本质以及狭义共犯的处罚根据与成立条件是什么？等等。还有，诸多在现有理论体系中难以化解的理论对立，例如，行为主义与行为人主义的对立，行为无价值论与结果无价值论的对立，报应刑论与预防刑论的对立，等等，均能够得到有效的化解并实现统一。可以看到，面对如上重要问题，中外主流刑法学理论要么是无力解决，要么是虽然作出了解答，并且所得出的结论也可能是正确的，但据以得出结论的理论或学说几乎无不艰深晦涩、玄虚空泛或迂回曲折，从而令人疑窦丛生。因此，本理论体系有着中外主流刑法学理论体系所难以企及的理论解释力。

再次，本理论体系为司法实务提供了明确的判断标准。中外主流犯罪构成体系的共同缺陷是缺乏明确性，因为它们都或多或少地包含了价值性的判断标准，而德日阶层体系尤甚，即便原本为事实性的阶层（如“构成要件符合性”与“有责性”阶层），如今的理论也已为其设定了实质性的价值判断标准。而价值性标准有目共睹的缺陷是不具明确性，譬如，个罪的犯罪客体或保护法益是什么？“有无侵害法益的危险”或者“是否制造了法不容许的危险”到底应该如何判断？违法性是什么？什么是具有可非难性或期待可能性？等等，无不众口纷纭、莫衷一是。以如此含糊不清的标准来认定犯罪，也明显违背了罪刑法定原则和证据裁判原则，面对这样的标准，司法实务要么严格遵守罪刑法定原则和证据裁判原则而将那些标准弃置一边，要么采纳那些标准而公然违背罪刑法定原则和证据裁判原则从而恣意断案。本理论体系由于厘清了犯罪的价值本质与犯罪构成体系之间的关系，基此剔除了既有的价值性标准，从而还犯罪构成体系以事实的面貌，如此不仅符合罪刑法定原则之基本要求，而且使证据裁判原则得以贯彻，也即，令构成犯罪的每一要件及其要素成立与否的判断，都能够而且必须经由证据加以证明。

最后，可以看到，对于绝大多数的刑法问题，依据本理论体系所得出的结论与依据中外主流刑法学理论体系所得出的结论也基本无异，例如，肯定刑法的目的是保护法益，肯定刑罚应当具备报应与预防（含特殊预防与一般预防）之功能，原则上否定预备犯的可罚性，这与主流刑法学理论基本相一致，还有在对行为的定性上也绝少有异，如此等等。主要差别在于，各自得出结论的推理过程可谓大相径庭。在本理论体系中，所有相关问题，无论其在如今中外主流刑法学理论中的难易繁简，都能够简洁明快、一以贯之地获得解决，而依据中外主流刑法学理论，哪怕是面对最为简单的问题，都往往不得不诉诸艰深晦涩的理论或学说，经由迂回曲折的途径，方能勉强达成预想的结论。谓予不信，于此仅举一极为简单的案例，便可知笔者所言非虚也：甲基于杀人的故意朝其仇人乙开枪，结果只击中了乙的手臂致其重伤。对于该案，虽然中外刑法学理论概无疑议地肯定甲的行为构成故意杀人罪（未遂或中止），但若严格遵循中外主流犯罪构成体系，实际是难以得出该结论的，就中缘由在于，既然犯罪客观要件或（客观的）构成要件是犯罪构成之核心，那么对行为的性质起决定作用的就应该是行为的客观，并且可以看到，我国有力推德日阶层体系的权威学者就是这么认为的①，问题是，客观上致人重伤到底符合什么罪的客观要件？在未查明行为人的主观内容的情况下，相信无人能够做出确定无疑的回答。当然，试图使“行为的客观决定行为的性质”之见解贯彻到底，持论者会坚持认为，客观上致人重伤就是只符合伤害罪的客观要件，主观罪过如何只是解决归责的问题，换言之，客观上致人重伤就是仅符合伤害罪的客观要件，只是行为人若具有杀人故意或其他罪的罪过，或是无罪过，则需承担故意杀人罪或其他罪的刑

① 如他明确指出，行为的性质不是由故意、过失决定的，而是由行为的客观决定的，并举例云：一个近距离向被害人胸部开枪的人，无论如何都会被认定为杀人行为，而一个用手掌拍大腿的行为，无论如何不可能成为杀人行为，参见张明楷：“犯罪构成理论的课题”，《环球法律评论》2003 年第 3 期，第 269 页。在笔者看来，虽然论者作出该论断的语气异常之坚定，但其内心对该论断却并非确信无疑，因为，既然行为的性质是由行为的客观所决定，而如所周知，距离之远近系客观事实，那么朝他人胸部开枪认定为杀人行为缘何还要强调“近距离”呢？显然，论者心里明白，若不作此限定，例证将难以令人信服。实际上，论者仅仅依据这两个事例便下此定论是非常武断的，就中缘由在于：其一，即便近距离朝他人的胸部开枪也未必绝对就是杀人行为。这是因为，伤及胸部的有些器脏（如肺部和肝脏）未必绝对致命，若行为人对此有明确的认识，并不能绝对地排除具有伤害故意从而成立故意伤害罪。此外，若行为人所使用的是比动能很小的枪支以致子弹不足以穿透人体胸廓，且其对此具有明确的认识时，也不能因为是近距离朝人的胸部开枪即断定该行为必然是杀人行为。其二，用手掌拍大腿的行为并不能绝对地排除构成故意杀人罪。譬如，A 患严重心脏病或股动脉瘤，其仇人甲意图利用该事实除掉 A，在 A 躺在睡椅上闭目养神时，突然用手掌使劲拍其大腿或大腿患部，A 因受惊吓致心脏病发作而死亡或因股动脉瘤破裂致失血过多死亡。又如，乙乃习武之人，掌力极其惊人，曾一掌劈断他人数根肋骨，某日夜里潜入其仇人 B 的家里，意欲掌击躺在床上的 B 的心脏部位将其杀死，但因光线昏暗没看清位置，客观上拍中的是 B 的大腿，导致其股骨骨折。在这两个案例中，仅凭客观上甲、乙只实施了用手掌拍大腿的行为就绝对排除他们的行为构成故意杀人罪显然是错误的。由此可见，论者所认为的绝对成立之例证实际也未必成立。行为的刑法性质的确是由其主观内容所决定：一则符合事实及经验，因为，行为的客观在事实上就是受到其主观的支配制约，并且不难发现，客观表现完全相同的行为，各自的刑法性质却可能迥然不同，客观表现截然不同的行为，各自的刑法性质却仍可能相同，而主观内容相同的行为，各自的刑法性质原则上即具有一致性，据此，到底是行为的主观还是其客观对行为的刑法性质起着决定性的作用已毋庸赘言；二则系因集中体现犯罪价值本质的是犯罪主观要件，而非犯罪客观要件。

事责任，或是不承担刑事责任，试图借此达成预想的结论。但细究不难发现，此番说辞其实大成问题：

其一，客观上致人重伤到底符合什么伤害罪的客观要件，是故意伤害罪还是过失致人重伤罪的客观要件？还有，该行为难道就没有你们所谓的“侵害生命权法益的危险”从而符合杀人罪的构成要件吗？此外，凭什么说该行为就只是符合伤害罪的客观要件，而绝不可能是正当化事由或是无罪过事件的客观表现？

其二，既然客观上致人重伤只符合伤害罪的客观要件，而绝不符合故意杀人罪或其他罪的客观要件以及某些非罪行为的客观要件，却要求行为人承担故意杀人罪或其他罪的刑事责任，乃至不承担刑事责任，那么罪刑法定原则以及罪刑相适应原则将被置于何等境地？

其三，坚持“行为的客观决定行为的性质”，据而得出，甲开枪致乙重伤就是只符合伤害罪的客观要件，问题是，如若射出的子弹没击中乙，或者子弹因受潮而未能被激发，乙毫发无损，在刑法并未规定“伤害或杀人而被害人毫发无损罪”的情况下，依据“行为的客观决定行为的性质”能够得出此时甲的行为符合什么罪的客观要件呢？还敢固执地坚持该认识进而得出该行为不符合任何罪的客观要件故不成立犯罪的结论吗？面对此等情形，主流刑法学理论只能使出其惯用的伎俩，即诉诸价值标准，如认为，该情形中甲的行为由于客观上具有侵害法益的危险，故仍然符合构成要件。于此姑且不问“法益到底是什么？”也不论“客观上具有侵害法益危险”之说辞的根基性错谬，就是依其法益观，所存在的问题是，甲此时的行为具有侵犯什么法益的危险？是生命权、身体健康权、人身自由权、性不可侵犯权或是其他的某种权利？这是必须首先明确的问题，否则将无从得知其行为到底符合什么罪的客观要件，但在主观内容不明了的情况下，又有谁能知晓甲的行为所威胁法益（犯罪客体）的具体类型是什么呢？因此，问题依旧未能得到解决。

由此可见，在中外主流刑法学理论体系中，即便是对如此简单问题的处理，竟然都会陷入到巨大的解释困境中，吊诡的是，面对体系如此明显而又严重的功能性缺陷，绝大多数研究者不仅不予警醒反思，反而极力回护乃至大加颂扬，这着实令人瞠目结舌。而依据笔者所主张的理论体系，对甲的行为之定性可谓易如反掌：唯有犯罪主观要件方为犯罪构成之核心，行为的刑法性质系由其主观内容所决定。于此还需要再次强调的是，行为的外在客观表现在主观要件被确证之前，尚不具备接受作为实体法标准的犯罪构成检验之资格，因为，此时它还只是证明主观要件成立与否的证据之一，也即徒具证据之属性。立基于此，甲的行为因系受杀人之直接故意所支配并且已经着手，故其行为成立故意杀人罪。至于行为着手后的客观实际发展状况如何，譬如，出现子弹因受潮而未能被激发，或者枪弹正常但因射术不佳而未击中乙，乙毫发无损，或者虽然击中了乙但非为其致命部位，又或者击中了乙的致命部位致其死亡，如此等等，都只影响行为的终止形态，而对行为构成故意杀人罪已无影响。仅此而已！两相比较，孰繁孰简？孰劣孰优？自不待言。

综上所述，笔者所主张的犯罪构成体系以行为概念作为事实基石或架构依据，以犯罪的价值本质作为价值基石，以犯罪的事实本质作为核心支柱，运用系统方法论对其加以研究和把握，整个体系因之不仅基础牢靠、结构清晰、层次分明以及标准明确，而且有着中外主流犯罪构成体系所不具有的强大的理论与实践功能，刑法中的系列问题均能够在这一体系中得到简洁明快、一以贯之的合理解决，整个刑法学理论体系也将因此删繁就简、革故鼎新。

附录：犯罪行为结构之意象图

为了更加形象明晰，笔者拟将犯罪行为之本体意象化为一个如下图示之实体。需要强调的是，犯罪行为的结构层次及其对应的各犯罪构成要件之间实际上并非彼此分离的，而是密接相连的关系（见图 10-1）。

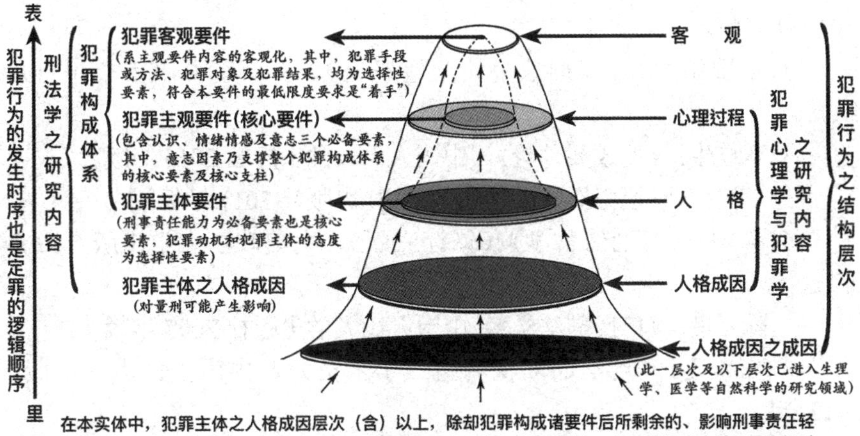

在本实体中，犯罪主体之人格成因层次（含）以上，除却犯罪构成诸要件后所剩余的、影响刑事责任轻重之事实为量刑情节（在个罪或个案中，量刑情节可能转化为定罪情节），与犯罪行为之结构层次相对应，量刑情节可区分为：反映行为客观危害程度、主观恶性程度和主体人身危险性程度之情节，犯罪行为的整体社会危害性大小因而是对行为客观危害程度、主观恶性程度和主体人身危险性程度的综合评价。

图 10-1　犯罪行为结构之意象图

参考文献

一、中文著作类（含译著）

[1]蔡墩铭：《犯罪心理学》（上、下），黎明文化事业公司 1979 年版。

[2]蔡墩铭主编：《刑法总则论文选辑》（上、下），五南图书出版公司 1984 年版。

[3]蔡墩铭主编：《刑法争议问题研究》，五南图书出版公司 1999 年版。

[4]蔡桂生：《构成要件论》，中国人民大学出版社 2015 年版。

[5]车浩：《阶层犯罪论的构造》，法律出版社 2017 年版。

[6]陈兴良：《刑法哲学》（修订三版），中国政法大学出版社 2004 年版。

[7]陈兴良：《口授刑法学》，中国人民大学出版社 2007 年版。

[8]陈兴良：《刑法的知识转型（学术史）》，中国人民大学出版社 2012 年版。

[9]陈兴良：《刑法的知识转型（方法论）》，中国人民大学出版社 2012 年版。

[10]陈兴良：《教义刑法学》（第三版），中国人民大学出版社 2017 年版。

[11]陈兴良主编：《犯罪论体系研究》，清华大学出版社 2005 年版。

[12]陈忠林：《刑法散得集》，法律出版社 2003 年版。

[13]陈忠林：《刑法散得集（Ⅱ）》，重庆大学出版社 2012 年版。

[14]陈忠林：《意大利刑法纲要》，中国人民大学出版社 1999 年版。

[15]陈忠林主编：《违法性认识》，北京大学出版社 2006 年版。

[16]陈子平：《刑法总论》，中国人民大学出版社 2009 年版。

[17]陈朴生：《刑法专题研究》，三民书局 1988 年版。

[18]陈瑞华：《刑事证据法学》（第三版），北京大学出版社 2018

年版。

[19]陈志龙：《法益与刑事立法》，世华纸行有限公司 1997 年版。

[20]陈璇：《刑法归责原理的规范化展开》，法律出版社 2019 年版。

[21]陈友锋：《刑法上行为概念与行为之探索》，台湾辅仁大学法律系博士论文（2002 年）。

[22]储槐植：《美国刑法》（第三版），北京大学出版社 2005 年版。

[23]储槐植：《刑事一体化论要》，北京大学出版社 2007 年版。

[24]邓君韬：《犯罪概念与犯罪构成关系论》，西南财经大学博士论文（2009 年）。

[25]冯军：《刑事责任论》，法律出版社 1996 年版。

[26]冯亚东：《理性主义与刑法模式：犯罪概念研究》，中国政法大学出版社 2019 年版。

[27]冯亚东、胡东飞、邓君韬：《中国犯罪构成体系完善研究》，法律出版社 2010 年版。

[28]付立庆：《犯罪构成理论：比较研究与路径选择》，法律出版社 2010 年版。

[29]甘添贵、谢庭晃：《捷径刑法总论》，瑞兴图书股份有限公司 2006 年版。

[30]高铭暄主编：《新中国刑法学研究综述》，河南人民出版社 1989 年版。

[31]高铭暄主编：《刑法学原理》（第一、二、三卷），中国人民大学出版社 1993 年版。

[32]高铭暄、马克昌主编：《中国刑法解释》（上、下卷），中国社会科学出版社 2005 年版。

[33]高铭暄主编：《刑法专论》（第二版），高等教育出版社 2006 年版。

[34]高铭暄：《中华人民共和国刑法的孕育诞生和发展完善》，北京大学出版社 2012 年版。

[35]高铭暄、马克昌主编：《刑法学》（第九版），北京大学出版社、高等教育出版社 2019 年版。

[36]桂亚胜：《犯罪故意的主观构造及展开》，上海人民出版社 2014 年版。

[37]韩忠谟：《刑法原理》，中国政法大学出版社 2002 年版。

[38]何秉松：《犯罪构成系统论》，中国法制出版社 1995 年版。

[39]何秉松：《刑法教科书》，中国法制出版社 2000 年版。

[40]何秉松、[俄]科米萨罗夫、科罗别耶夫主编：《中国与俄罗斯犯罪构成理论比较研究》（中文版），庞冬梅、丛凤玲译，法律出版社 2008 年版。

[41]黄荣坚：《基础刑法学》（上、下），中国人民大学出版社 2009 年版。

[42]黄荣坚：《刑法问题与利益思考》，中国人民大学出版社 2009 年版。

[43]黄丁全：《刑事责任能力研究》，中国方正出版社 2000 年版。

[44]侯国云、白岫云：《新刑法疑难问题解析与适用——兼论新刑法中的矛盾与缺陷》，中国检察出版社 1998 年版。

[45]洪福增：《刑法理论之基础》，刑事法杂志社 1977 年版。

[46]姜伟：《罪过形式论》，北京大学出版社 2008 年版。

[47]柯耀程：《刑法的思与辩》，中国人民大学出版社 2008 年版。

[48]柯耀程：《变动中的刑法思想》，中国政法大学出版社 2003 年版。

[49]金昌俊：《韩国刑法总论》，社会科学文献出版社 2016 年版。

[50]劳东燕：《风险社会中的刑法：社会转型与刑法理论的变迁》，北京大学出版社 2015 年版。

[51]劳东燕：《刑法中的学派之争与问题研究》，法律出版社 2015 年版。

[52]劳东燕：《刑法基础的理论展开》，北京大学出版社 2008 年版。

[53]黎宏：《不作为犯研究》，武汉大学出版社 1999 年版。

[54]李光灿、张文、龚明礼：《刑法因果关系论》，北京大学出版社 1986 年版。

[55]李海东：《刑法原理入门（犯罪论基础）》，法律出版社 1998 年版。

[56]李永升：《刑法学的基本范畴研究》，中国检察出版社 2011 年版。

[57]李洁：《犯罪对象研究》，中国政法大学出版社 1998 年版。

[58]李立众：《犯罪成立理论研究——一个域外方向的尝试》，法律出版社 2006 年版。

[59]李涛：《重拾一种被放逐的遗忘——定罪量刑中的情感因素研究》，法律出版社 2016 年版。

[60]刘志伟主编：《刑法学的新动向》，中国人民公安大学出版社2009年版。

[61]刘艳红：《实质刑法观》，中国人民大学出版社2009年版。

[62]刘艳红：《实质犯罪论》，中国人民大学出版社2014年版。

[63]刘士心：《刑法中的行为理论研究》，人民出版社2012年版。

[64]梁根林主编：《犯罪论体系》，北京大学出版社2007年版。

[65]梁根林主编：《刑法体系与犯罪构造》（第一卷），北京大学出版社2016年版。

[66]林山田：《刑法通论》（上、下册），北京大学出版社2012年版。

[67]林东茂：《一个知识论上的刑法学思考》，中国人民大学出版社2009年版。

[68]林钰雄：《刑事诉讼法》，中国人民大学出版社2005年版。

[69]林钰雄：《刑事法理论与实践》，中国人民大学出版社2008年版。

[70]龙长海：《犯罪构成理论问题研究》，法律出版社2015年版。

[71]马克昌主编：《犯罪通论》，武汉大学出版社2005年版。

[72]马克昌：《比较刑法原理》，武汉大学出版社2003年版。

[73]马克昌主编：《近代西方刑法学说史略》，中国检察出版社1996年版。

[74]梅传强：《犯罪心理生成机制研究》，中国检察出版社2008年版。

[75]梅传强主编：《犯罪心理学》，法律出版社2010年版。

[76]聂立泽：《刑法中主客观相统一原则研究》，法律出版社2004年版。

[77]欧锦雄：《中国犯罪构成理论的现代展开》，中国人民公安大学出版社2021年版。

[78]庞冬梅：《俄罗斯犯罪构成理论研究》，中国人民大学出版社2013年版。

[79]彭文华：《犯罪构成本原论及其本土化研究》，中国人民公安大学出版社2010年版。

[80]彭文华：《犯罪构成的经验与逻辑》，中国政法大学出版社2021年版。

[81]阮堂辉：《犯罪主观要件的证明问题研究》，中国社会科学出版社2017年版。

[82]邵维国：《犯罪论体系——司法评价犯罪的标准、步骤和方法》，中国法制出版社 2009 年版。

[83]田宏杰：《违法性认识研究》，中国政法大学出版社 1998 年版。

[84]童伟华：《犯罪构成原理》，知识产权出版社 2006 年版。

[85]王彪：《犯罪主观要件证明问题研究》，法律出版社 2016 年版。

[86]王俊：《不法主观化的刑法教义学展开》，法律出版社 2023 年版。

[87]温建辉：《罪过情感研究》，人民出版社 2013 年版。

[88]夏勇：《定罪与犯罪构成》，中国人民公安大学出版社 2009 年版。

[89]肖中华：《犯罪构成及其关系论》，中国人民大学出版社 2000 年版。

[90]熊选国：《刑法中的行为论》，人民法院出版社 1992 年版。

[91]许玉秀：《当代刑法思潮》，中国民主法制出版社 2005 年版。

[92]许玉秀：《主观与客观之间——主观理论与客观归责》，法律出版社 2008 年版。

[93]许玉秀、陈志辉合编：《不移不惑献身法与正义——许迺曼教授刑事法论文选辑》，新学林出版股份有限公司 2006 年版。

[94]宣炳昭、黄志正编著：《犯罪构成与刑事责任——刑法学研究综述》，中国政法大学出版社 1993 年版。

[95]余振华：《刑法违法性理论》，元照出版有限公司 2001 年版。

[96]杨兴培：《犯罪构成原论》，中国检察出版社 2004 年版。

[97]叶建勋：《新康德主义价值哲学对犯罪论的影响》，人民日报出版社 2013 年版。

[98]易延友：《证据法学》，法律出版社 2017 年版。

[99]袁彬：《刑法中的情绪研究》，北京师范大学出版社 2014 年版。

[100]袁宏山：《犯罪故意与犯罪过失适用》，中国人民公安大学出版社 2012 年版。

[101]赵秉志：《犯罪主体论》，中国人民大学出版社 1989 年版。

[102]赵秉志主编：《犯罪总论问题探索》，法律出版社 2004 年版。

[103]赵秉志、宋英辉主编：《当代德国刑事法研究》（第 1-3 卷），法律出版社 2017、2018、2019 年版。

[104]赵秉志主编：《英美刑法学》（第二版），科学出版社 2010 年版。

[105]张明楷：《犯罪构成体系与构成要件要素》，北京大学出版社2010年版。

[106]张明楷：《刑法学》（第五版）（上、下），法律出版社 2016年版。

[107]张明楷：《法益初论》，中国政法大学出版社2003年版。

[108]张明楷：《刑法格言的展开》（第三版），北京大学出版社 2013年版。

[109]张明楷：《刑法的基本立场》，中国法制出版社2002年版。

[110]张明楷：《外国刑法纲要》（第三版），法律出版社2020年版。

[111]张明楷：《未遂犯论》，法律出版社1997年版。

[112]张文、刘艳红、甘怡群：《人格刑法导论》，法律出版社 2005年版。

[113]张保生：《证据法学》，中国政法大学出版社2018年版。

[114]张蔚伟：《犯罪故意认识因素研究》，知识产权出版社 2016年版。

[115]张步文：《司法证明原论》，商务印书馆2014年版。

[116]张绍谦：《刑法因果关系研究》，中国检察出版社2004年版。

[117]周光权：《犯罪论体系的改造》，中国法制出版社2009年版。

[118]郑健才：《刑法总则》，三民书局1982年版。

[119]朱建华：《论我国刑法的罪刑相适应原则》，西南政法大学硕士学位论文（1985年）。

[120]庄劲：《从客观到主观：刑法结果归责的路径研究》，中山大学出版社2019年版。

[121]周振杰：《日本刑法思想史研究》，中国法制出版社2013年版。

[122][德]安塞尔姆·里特尔·冯·费尔巴哈：《德国刑法教科书》（第十四版），徐久生译，中国方正出版社2010年版。

[123][德]弗兰兹·冯·李斯特：《德国刑法教科书》，徐久生译，法律出版社2006年版。

[124][德]克劳斯·罗克辛：《德国刑法学 总论》（第1、2卷），王世洲等译，法律出版社2005、2013年版。

[125][德]克劳斯·罗克辛：《刑事政策与刑法体系》，蔡桂生译，中国人民大学出版社2011年版。

[126][德]汉斯·海因里希·耶赛克、托马斯·魏根特：《德国刑法教科书》，徐久生译，中国法制出版社2001年版。

[127][德]约翰内斯·韦塞尔斯：《德国刑法总论》，李昌珂译，法律出版社 2008 年版。

[128][德]汉斯·韦尔策尔：《目的行为论导论》，陈璇译，中国人民大学出版社 2015 年版。

[129][德]冈特·施特拉腾韦特、洛塔尔·库伦：《刑法总论 I ——犯罪论》，杨萌译，法律出版社 2006 年版。

[130][德]恩施特·贝林：《构成要件理论》，王安异译，中国人民公安大学出版社 2006 年版。

[131][德]格吕恩特·雅科布斯：《行为 责任 刑法——机能性描述》，冯军译，中国政法大学出版社 1997 年版。

[132][德]乌尔斯·金德霍伊泽尔：《刑法总论教科书》（第六版），蔡桂生译，北京大学出版社 2015 年版。

[133][德]米夏埃尔·帕夫利克：《人格体 主体 公民：刑罚的合法性研究》，谭淦译，中国人民大学出版社 2011 年版。

[134][德]米夏埃尔·帕夫利克：《目的与体系：古典哲学基础上的德国刑法学新思考》，赵书鸿等译，法律出版社 2018 年版。

[135][德]埃里克·希尔根多夫：《德国刑法学：从传统到现代》，江溯等译，北京大学出版社 2015 年版。

[136][德]鲁道夫·冯·耶林：《罗马私法中的过错要素》，柯伟才译，中国法制出版社 2009 年版。

[137][德]英格博格·普珀：《德国刑法总论：以判例为鉴》（第四版），徐凌波、喻浩东译，北京大学出版社 2023 年版。

[138][德]英格博格·普珀：《法学思维小课堂》，蔡圣伟译，北京大学出版社 2011 年版。

[139][苏]A·H·特拉伊宁：《犯罪构成的一般学说》，薛秉忠译，中国人民大学出版社 1958 年版。

[140][俄]Н·ф·库兹涅佐娃、И·М·佳日科娃：《俄罗斯刑法教程（总论）》，黄道秀译，中国法制出版社 2002 年版。

[141][俄]Л. В. 伊诺加莫娃-海格主编：《俄罗斯联邦刑法（总论）》，黄芳等译，中国人民大学出版社 2010 年版。

[142][法]卡斯东·斯特法尼等：《法国刑法总论精义》，罗结珍译，中国政法大学出版社 1998 年版。

[143][法]贝尔纳·布洛克：《法国刑事诉讼法》，罗结珍译，中国政法大学出版社 2009 年版。

[144][韩]金日秀、徐辅鹤：《韩国刑法总论》，郑军男译，武汉大学出版社2008年版。

[145][韩]李在祥：《韩国刑法总论》，韩相敦译，中国人民大学出版社2005年版。

[146][日]西原春夫：《刑法的根基与哲学》，顾肖荣译，法律出版社2004年版。

[147][日]西原春夫：《犯罪实行行为论》，戴波、江溯译，北京大学出版社2006年版。

[148][日]西原春夫主编：《日本刑事法的形成与特色》，李海东等译，中国法律出版社、日本成文堂联合出版1997年版。

[149][日]福田平、大塚仁：《日本刑法总论讲义》，李乔等译，辽宁人民出版社1986年版。

[150][日]日高義博：《违法性的基础理论》，张光云译，法律出版社2015年版。

[151][日]大塚仁：《刑法概说（总论）》，冯军译，中国人民大学出版社2003年版。

[152][日]大塚仁：《犯罪论的基本问题》，冯军译，中国政法大学出版社1993年版。

[153][日]小野清一郎：《犯罪构成要件理论》，王泰译，中国人民公安大学出版社2001年版。

[154][日]川端博：《刑法总论二十五讲》，余振华译，中国政法大学出版社2003年版。

[155][日]大谷实：《刑法总论》（新版第2版），黎宏译，中国人民大学出版社2008年版。

[156][日]松原芳博：《刑法总论重要问题》，王昭武译，中国政法大学出版社2014年版。

[157][日]伊东研祐：《法益概念史研究》，秦一禾译，中国人民大学出版社2014年版。

[158][日]井田良：《刑法总论的理论构造》，秦一禾译，中国政法大学出版社2021年版。

[159][日]高桥则夫：《刑法总论》，李世阳译，中国政法大学出版社2020年版。

[160][日]平野龙一：《刑法的基础》，黎宏译，中国政法大学出版社2016年版。

[161][日]前田雅英：《刑法总论讲义》（第 6 版），曾文科译，北京大学出版社 2017 年版。

[162][日]西田典之：《日本刑法总论》，刘明祥、王昭武译，中国人民大学出版社 2007 年版。

[163][日]西田典之：《共犯理论的展开》，江溯、李世阳译，中国法制出版社 2017 年版。

[164][日]佐伯仁志：《刑法总论的思之道 · 乐之道》，于佳佳译，中国政法大学出版社 2017 年版。

[165][日]山口厚：《刑法总论》（第 2 版），付立庆译，中国人民大学出版社 2011 年版。

[166][日]野村稔：《刑法总论》，全理其、何力译，法律出版社 2001 年版。

[167][日]曾根威彦：《刑法学基础》，黎宏译，法律出版社 2005 年版。

[168][日]木村龟二：《刑法学词典》，顾肖荣等译，上海翻译出版公司 1991 年版。

[169][意]杜里奥 · 帕多瓦尼：《意大利刑法学原理》（注评版），陈忠林译评，中国人民大学出版社 2004 年版。

[170][葡]乔治 · 德 · 菲格雷多 · 迪亚士：刑法总论（第一卷），关冠雄译，社会科学文献出版社 2021 年版。

[171][英]J · C · 史密斯、B · 霍根：《英国刑法》，马清升等译，法律出版社 2001 年版。

[172][美]约书亚 · 德雷斯勒：《美国刑法精解》，王秀梅译，北京大学出版社 2009 年版。

[173][美]约书亚 · 德雷斯勒：《美国刑法纲要》，姜敏译，中国法制出版社 2016 年版。

[174][美]道格拉斯 · N · 胡萨克：《刑法哲学》，谢望原等译，中国人民公安大学出版社 2004 年版。

[175][美]罗纳德 · J. 艾伦等：《证据法：文本、问题和案例》（第三版），张保生等译，高等教育出版社 2006 年版。

[176]曹日昌主编：《普通心理学》，人民教育出版社 2003 年版。

[177]杜齐才：《价值与价值观念》，广东人民出版社 1987 年版。

[178]黄希庭：《心理学导论》，人民教育出版社 1991 年版。

[179]黄希庭：《人格心理学》，浙江教育出版社 2002 年版。

[180]黄希庭、郑涌：《心理学十五讲》，北京大学出版社2005年版。

[181]金岳霖：《知识论》，商务印书馆1983年版。

[182]李德顺：《价值论》（第3版），中国人民大学出版社2013年版。

[183]李连科：《价值哲学引论》，商务印书馆1999年版。

[184]李小克编著：《普通逻辑学教程》，首都经济贸易大学出版社2002年版。

[185]孟昭兰主编：《普通心理学》，北京大学出版社1996年版。

[186]欧阳康主编：《社会认识方法论》，武汉大学出版社1998年版。

[187]彭漣漪：《事实论》，广西师范大学出版社2015年版。

[188]彭聃龄主编：《普通心理学》（第4版），北京师范大学出版社2012年版。

[189]司马云杰：《文化价值论》，山东人民出版社1990年版。

[190]孙伟平：《事实与价值：休谟问题及其解决尝试》（修订版），社会科学文献出版社2016年版。

[191]宋文坚主编：《逻辑学》，人民出版社1998年版。

[192]王玉樑：《价值哲学》，陕西人民出版社1989年版。

[193]王雨田主编：《控制论、信息论、系统科学与哲学》（第二版），中国人民大学出版社1988年版。

[194]叶奕乾等编著：《普通心理学》（第四版），华东师范大学出版社2010年版。

[195]叶浩生主编：《西方心理学的历史与体系》，人民教育出版社2003年版。

[196]徐梦秋等著：《规范通论》，商务印书馆2011年版。

[197]许燕主编：《人格心理学》，北京师范大学出版社2009年版。

[198]张志诚编著：《逻辑学教程》，中国人民大学出版社2006年版。

[199]郑雪主编：《人格心理学》，广东高等教育出版社2004年版。

[200][奥]维特根斯坦：《逻辑哲学论》，贺绍甲译，商务印书馆1996年版。

[201][奥]维特根斯坦：《哲学研究》，李步楼译，商务印书馆1996年版。

[202][俄]维果茨基、陆利亚：《行为简史》，钟宜兴译，洪叶文化事业有限公司2006年版。

[203][德]康德：《康德著作全集》（第1-9卷），李秋零译，中国人民大学出版社2005年版。

[204][德]黑格尔：《逻辑学》（上、下卷），杨一之译，商务印书馆1982年版。

[205][德]黑格尔：《法哲学原理》，范扬、张企泰译，商务印书馆1979年版。

[206][德]黑格尔：《小逻辑》，贺麟译，商务印书馆1996年版。

[207][德]尼采：《论道德的谱系》，周红译，生活·读书·新知三联书店1992年版。

[208][德]文德尔班：《哲学史教程》（上、下卷），罗达仁译，商务印书馆1987年版。

[209][德]文德尔班：《文德尔班哲学导论》，施璇译，北京联合出版公司2016年版。

[210][德]H. 李凯尔特：《文化科学和自然科学》，涂纪亮译，商务印书馆1991年版。

[211][德]尼古拉·哈特曼：《存在学的新道路》，庞学铨、沈国琴译，同济大学出版社2007年版。

[212][德]莱因荷德·齐佩利乌斯：《法哲学》，金振豹译，北京大学出版社2013年版。

[213][德]E·策勒尔：《古希腊哲学史纲》，翁绍军译，山东人民出版社2007年版。

[214][古希腊]柏拉图：《理想国》，郭斌和、张竹明译，商务印书馆1986年版。

[215][古希腊]亚里士多德：《范畴篇·解释篇》，方书春译，商务印书馆2005年版。

[216][古希腊]亚里士多德：《尼各马可伦理学》，廖申白译，商务印书馆2003年版。

[217][法]卢梭：《社会契约论》，何兆武译，商务印书馆2003年版。

[218][法]孟德斯鸠：《论法的精神》（上册），张雁深译，商务印书馆1995年版。

[219][法]E. 迪尔凯姆：《社会学方法的准则》，狄玉明译，商务印书馆1995年版。

[220][法]亨利·莱维·布律尔：《法律社会学》，许钧译，上海人民出版社1987年版。

[221][美]欧文·拉兹洛：《系统哲学引论——一种当代思想的新范式》，钱兆华等译，商务印书馆1998年版。

[222][美]E·拉兹洛：《用系统论的观点看世界——科学新发展的自然哲学》，闵家胤译，中国社会科学出版社1985年版。

[223][美]冯·贝塔朗菲：《一般系统论：基础、发展和应用》，林康义等译，清华大学出版社1987年版。

[224][美]希拉里·普特南：《事实与价值二分法的崩溃》，应奇译，东方出版社2006年版。

[225][美]R. B. 培里等著：《价值和评价——现代英美价值论集粹》，刘继编选，中国人民大学出版社1989年版。

[226][美]威拉德·蒯因：《从逻辑的观点看》，江天骥等译，上海译文出版社1987年版。

[227][美]约翰·杜威：《评价理论》，冯平译，上海译文出版社2007年版。

[228][美]弗兰克·梯利：《伦理学导论》，何意译，广西师范大学出版社2001年版。

[229][美]托马斯·库恩：《哥白尼革命：西方思想发展中的行星天文学》，吴国盛等译，北京大学出版社2003年版。

[230][日]牧口常三郎：《价值哲学》，马俊峰等译，中国人民大学出版社1990年版。

[231][日]西田几多郎：《善的研究》，何倩译，商务印书馆1965年版。

[232][苏]Л·С·雅维茨：《法的一般理论——哲学和社会问题》，朱景文译，辽宁人民出版社1986年版。

[233][英]霍布斯：《利维坦》，黎思复等译，商务印书馆1985年版。

[234][英]雷蒙德·瓦克斯：《法哲学：事实与价值》，应奇译，译林出版社2008年版。

[235][英]洛克：《政府论》（上、下篇），叶启芳等译，商务印书馆1996年版。

[236][英]罗素：《宗教与科学》，徐奕春等译，商务印书馆1982年版。

[237][英]罗素：《西方哲学史》（上、下卷），何兆武、李约瑟译，商务印书馆1982年版。

[238][英]罗素：《人类的知识——其范围与限度》，张金言译，商务印书馆2012年版。

[239][英]休谟：《人性论》（上、下册），关文运译，商务印书馆

1980年版。

二、中文期刊类（含译文）

[1]常磊："犯罪对象概念的批判性考察"，《法制与社会发展》2009年第4期。

[2]陈兴良："无行为则无犯罪——为一条刑法格言辩护"，载《中外法学》1999年第5期。

[3]陈兴良："社会危害性理论——一个反思性检讨"，《法学研究》2000年第1期。

[4]陈兴良："社会危害性理论——进一步的批判性清理"，《中国法学》2006年第4期。

[5]陈兴良："刑法知识的去苏俄化"，《政法论坛》2006年第5期。

[6]陈兴良："行为论的正本清源——一个学术史的考察"，《中国法学》2009年第5期。

[7]陈兴良："犯罪主体的消解——一个学术史的考察"，《环球法律评论》2011年第1期。

[8]陈忠林："现行犯罪构成理论共性比较"，《现代法学》2010年第1期。

[9]陈忠林、梅锦："论人格在定罪中的运用"，《现代法学》2012年第6期。

[10]陈璇："修正的犯罪构成理论之否定"，《法商研究》2007年第4期。

[11]陈璇："德国刑法学中结果无价值与行为无价值的流变、现状与趋势"，《中外法学》2011年第2期。

[12]陈璇："不法与责任的区分：实践技术与目的理性之间的张力"，《中国法律评论》2020年第4期。

[13]陈璇："法益概念与刑事立法正当性检验"，《比较法研究》2020年第3期。

[14]陈璇："刑法教义学科学性与实践性的功能分化"，《法制与社会发展》2022年第3期。

[15]陈家林："为我国现行不能犯理论辩护"，《法律科学（西北政法大学学报）》2008年第4期。

[16]陈波："'是'的逻辑哲学分析"，《中国社会科学》1993年第1期。

[17]陈银珠："论犯罪构成要件的逻辑顺序——以程序法与实体法的

功能区分为视角”，《法律科学（西北政法大学学报）》2012 年第 3 期。

[18]樊文：“罪刑法定与社会危害性的冲突——兼析刑法第 13 条关于犯罪的概念”，《法律科学（西北政法大学学报）》1998 年第 1 期。

[19]冯亚东、胡东飞：“犯罪构成模型论”，《法学研究》2004 年第 1期。

[20]冯亚东：“犯罪构成功能论”，《清华法学》2007 年第 2 期。

[21]冯亚东：“犯罪构成本体论”，《中国法学》2007 年第 4 期。

[22]冯亚东：“犯罪概念与犯罪客体之功能辨析”，《中外法学》2008 年第 4 期。

[23]高铭暄：“论四要件犯罪构成理论的合理性暨对中国刑法学体系的坚持”，《中国法学》2009 年第 2 期。

[24]黄荣坚：“故意的定义与定位”，《台大法学论丛》（第 28 卷），1987 年第 1 期。

[25]侯国云：“德日犯罪构成理论批判”，《中国政法大学学报》2011 年第 4 期。

[26]贾宇：“论犯罪故意中的事实认识”，《法制与社会发展》1997 年第 3 期。

[27]姜涛：“法益论的现代困境及其宪法化改造”，《现代法学》2023 年第 5 期。

[28]姜涛：“刑法解释的价值判断”，《中国社会科学》2023 年第 7 期。

[29]柯耀程：“刑法行为评价架构的演变及省思”，《中正大学法律集刊》1998 年第 1 期。

[30]劳东燕：“社会危害性标准的背后——对刑事领域‘实事求是’认识论思维的质疑”，陈兴良主编：《刑事法评论》（第 7 卷），中国政法大学出版社 2000 年版。

[31]劳东燕：“结果无价值论与行为无价值论之争的中国展开”，《清华法学》2015 年第 3 期。

[32]黎宏：“我国犯罪构成体系不必重构”，《法学研究》2006 年第 1期。

[33]梁根林：“预备犯普遍处罚原则的困境与突围——《刑法》第 22 条的解读与重构”，《中国法学》2011 年第 2 期。

[34]梁根林：“犯罪论体系与刑法学科建构”，《法学研究》2013 年第 1 期。

[35]刘仁文：“再论强化中国刑法学研究的主体性”，《现代法学》

2023 年第 4 期。

[36]刘艳红：“犯罪构成体系平面化之批判”，《法学研究》2011 年第 5 期。

[37]刘艳红：“犯罪构成要件：形式抑或实质类型”，《政法论坛》2008 年第 5 期。

[38]龙宗智：“推定的界限及适用”，《法学研究》2008 年第 1 期。

[39]欧锦雄：“不作为犯罪的行为性”，《法学研究》2003 年第 3 期。

[40]欧阳本祺：“犯罪构成体系的价值评价——从存在论走向规范论”，《法学研究》2011 年第 1 期。

[41]彭文华：“犯罪构成：从二元论体系到一元论体系——以事实和价值关系论为视角”，《法制与社会发展》2012 年第 6 期。

[42]齐文远、苏彩霞：“犯罪构成符合性判断的价值属性辩正”，《法律科学（西北政法大学学报）》2008 年第 1 期。

[43]邵维国：“犯罪只能是价值判断”，《法商研究》2009 年第 4 期。

[44]孙平、博胥康：“法国犯罪二元论体系概述”，赵秉志主编：《刑法论丛》（第 11 卷），法律出版社 2007 年版。

[45]王牧：“犯罪概念：刑法之内与刑法之外”，《法学研究》2007 年第 2 期。

[46]王学沛：“关于犯罪对象若干观点的质疑”，《法律科学（西北政法大学学报）》1998 年第 5 期。

[47]王者香：“辩证唯物主义系统论与系统刑法学”，《社会科学》1986 年第 12 期。

[48]夏勇：“刑事诉讼对犯罪构成的要求”，《法学》2005 年第 4 期。

[49]许发民、康诚：“犯罪对象概念的反思与重构”，《法学研究》2007 年第 5 期。

[50]徐光华：“犯罪对象问题研究”，陈兴良主编：《刑事法评论》（第 20 卷），北京大学出版社 2007 年版。

[51]薛瑞麟：“关于犯罪对象的几个问题”，《中国法学》2007 年第 5期。

[52]许恒达：“‘原因自由行为’的刑事责任”，《台大法学论丛》第 39 卷第 2 期（2010 年第 6 期）。

[53]徐梦秋、杨松：“规范判断的特征与功能”，《中国人民大学学报》2016 年第 2 期。

[54]杨兴培：“犯罪客体——一个巨大而空洞的价值符号”，《中国刑

事法杂志》2006 年第 6 期。

[55]杨萌："德国刑法学中法益概念的内涵及其评价"，《暨南学报（哲学社会科学版）》2012 年第 6 期。

[56]张峰铭："刑法是后置法吗？——法域冲突问题之体系反思"，《法制与社会发展》2023 年第 4 期。

[57]张文、孙仕柱："从系统论看犯罪客体"，《中外法学》1996 年第 1 期。

[58]张文："刑事法人格化：21 世纪的抉择"，《中外法学》2004 年第 5 期。

[59]张文："以行为为中心，还是以犯罪人为中心：关于犯罪论体系根基的思考"，《中外法学》2007 年第 5 期。

[60]张明楷："行为结构与犯罪构成体系——兼谈行为科学与刑法学的区别"，《法商研究》1998 年第 2 期。

[61]张明楷："犯罪构成理论的课题"，《环球法律评论》2003 年第 3期。

[62]张明楷："犯罪论体系的思考"，《政法论坛》2003 年第 6 期。

[63]张明楷："行为无价值论的疑问——兼与周光权教授商榷"，《中国社会科学》2009 年第 1 期。

[64]张明楷："构建犯罪论体系的方法论"，《中外法学》2010 年第 1期。

[65]张明楷："阶层论的司法运用"，《清华法学》2017 年第 5 期。

[66]张卫平："认识经验法则"，《清华法学》2008 年第 6 期。

[67]张岱年："论价值的层次"，《中国社会科学》1990 年第 3 期。

[68]张志钢："我国刑法语境中主、客观要件的审查顺位研究——基于方法论角度的考察"，陈兴良主编：《刑事法评论》（第 40 卷），北京大学出版社 2017 年版。

[69]赵秉志："论犯罪构成要件的逻辑顺序"，《政法论坛》2003 年第 6 期。

[70]赵秉志、彭文华："文化模式与犯罪构成模式"，《法学研究》2011 年第 5 期。

[71]周光权："违法性判断的基准与行为无价值论——兼论当代中国刑法学的立场问题"，《中国社会科学》2008 年第 4 期。

[72]周光权："价值判断与中国刑法学知识转型"，《中国社会科学》2013 年第 4 期。

[73]周光权："刑法方法论的实践展开"，陈兴良主编：《刑事法评论》（第42卷），北京大学出版社2018年版。

[74]邹兵建："'明知'未必是'故犯'"，《中外法学》2015年第5期。

[75]庄劲："递进的犯罪构成体系：不可能之任务"，《法律科学（西北政法大学学报）》，2015年第5期。

[76][奥]路·冯·贝塔朗菲："普通系统论的历史和现状"，《国外社会科学》1978年第2期。

[77][德]Björn Burkhardt："Welzel 的目的行为论与哲学行动理论"，陈俊伟译，《科技法学论丛》2019年第14期。

[78][德]格奥尔格·弗罗因德："人之犯罪论的犯罪概念以及犯罪构造"，陈璇译，赵秉志主编：《刑法论丛》（第40卷），法律出版社2015年版。

[79][德]凯·安博斯："百年来贝林的'犯罪论'：因果性犯罪概念在国际层面的复兴"，张志钢译，《苏州大学学报（法学版）》2017年第4期。

[80][德]克劳斯·罗克辛："不能未遂与可能未遂的处罚根据"，张志钢译，《河南财经政法大学学报》2018年第5期。

[81][德]克劳斯·罗克辛："刑法的任务不是法益保护吗？"，樊文译，陈兴良主编：《刑事法评论（第19卷）》，北京大学出版社2006年版。

[82][德]克劳斯·罗克辛："德国犯罪原理的发展与现代趋势"，王世洲译，《法学家》2007年第1期。

[83][德]Claus Roxin："法益讨论的新发展"，许丝捷译，《月旦法学杂志》2012年第12期。

[84][德]克劳斯·罗克辛："对批判立法之法益概念的检视"，陈璇译，《法学评论》2015年第1期。

[85][德]克劳斯·罗克辛："构建刑法体系的思考"，蔡桂生译，《中外法学》2010年第1期。

[86][德]科讷琉斯·普里维茨："作为适当原则的刑法"，陈昊明译，赵秉志主编：《刑法论丛》（第67卷），法律出版社2022年版。

[87][德]米夏埃尔·帕夫利克："刑法科学的理论"，陈璇译，《交大法学》2021年第2期。

[88][德]米夏埃尔·帕夫利克："最近几代人所取得的最为重要的教义学进步？——评刑法中不法与责任的区分"，陈璇译，陈兴良主编：《刑

事法评论》（第 35 卷），北京大学出版社 2015 年版。

[89] [德] Tatjana Hornle：“罪责原则的宪法论证”，钟宏彬译，《军法专刊》2013 年第 2 期。

[90] [德] 托马斯·魏根特：“刑法未遂理论在德国的发展”，樊文译，《法学家》2006 年第 4 期。

[91] [德] 托马斯·魏根特：“德国刑法向何处去？——21 世纪的问题与发展趋势”，张志钢译，赵秉志主编：《刑法论丛》（第 49 卷），法律出版社 2017 年版。

[92] [德] 汉斯·韦尔策尔：“近百年的德意志刑法学理与目的行为论（1867-1966）”，蔡桂生译，陈泽宪主编：《刑事法前沿》（第六卷），中国人民公安大学出版社 2012 年版。

[93] [德] 沃尔夫冈·弗里施：“变迁中的刑罚、犯罪与犯罪论体系”，陈璇译，《法学评论》2016 年第 2 期。

[94] [德] Wolfgang Frisch：“70 年代后 Welzel 的犯罪理论”，李立暐译，《科技法学论丛》2019 年第 14 期。

[95] [德] 沃尔夫冈·弗里施：“客观归责理论的成就史及批判——兼论对犯罪论体系进行修正的必要性”，陈璇译，《国家检察官学院学报》2020 年第 1 期。

[96] [德] 乌尔斯·金德霍伊泽尔：“法益保护与规范效力的保障：论刑法的目的”，陈璇译，《中外法学》2015 年第 2 期。

[97] [德] 乌尔斯·金德霍伊泽尔：“德国刑事违法性的基础”，陈璇译，《人民检察》2015 年第 19 期。

[98] [德] 乌尔斯·金德霍伊泽尔：“论犯罪构造的逻辑”，徐凌波、蔡桂生译，《中外法学》2014 年第 1 期。

[99] [德] Ulfrid Neumann：“犯罪行为人的罪责——心理的事实还是规范的归责？”，王效文译，《成大法学》2016 年第 32 期。

[100] [德] Günther Jakobs：“Welzel 对当今刑法学的重要性”，冯圣晏译，《科技法学论丛》2019 年第 14 期。

[101] [德] G·雅科布斯：“刑法保护什么：法益还是规范适用”，王世洲译，《比较法研究》2004 年第 1 期。

[102] [日] 大塚仁：“人格刑法学的构想（上、下）”，张凌译，《政法论坛（中国政法大学学报）》2004 年第 2、3 期。

[103] [日] 井田良：“走向自主与本土化：日本刑法与刑法学的现状”，陈璇译，陈兴良主编：《刑事法评论》（第 40 卷），中国政法大学出

版社 2017 年版。

[104][日]井田良："刑法上行为非价与结果非价之未解争议"，薛智仁译，《月旦法学杂志》2018 年第 6 期。

[105][日]井田良："论刑事不法中的主观要素"，蔡桂生译，《南大法学》2022 年第 2 期。

[106][日]山口厚："日本刑法学中的行为无价值论与结果无价值论"，金光旭译，《中外法学》2008 年第 4 期。

[107][日]松宫孝明："结果反（无）价值论"，张小宁译，《法学》2013 年第 7 期。

[108][日]松宫孝明："'结果无价值论'与'行为无价值论'的意义对比"，张晓宁译，《法律科学（西北政法大学学报）》2012 年第 3 期。

三、外文类

[1]A. J. M. Milne: *Human Rights and Human Diversity: An Essay in the Philosophy of Human Rights*, State University of New York Press, 1986.

[2]Ayn Rand: *Introduction to Objectivist Epistemology (Expanded Second Edition)*, Penguin Books USA Inc., 1990.

[3]Alasdair Macintyre: *After Virtue: A Study in Moral Theory（Third Edition）*, University of Notre Dame Press, 2007.

[4]Albert Bandura: *Social Learning Theory*, General Learning Press, 1971.

[5]Albert Bandura: *Social Learning Theory*, Prentice-Hall, Inc., 1977.

[6]Andrew Ashworth: *Sentencing and Criminal Justice*, Cambridge University Press, 2010.

[7]Andrew Ashworth and Jeremy Horder: *Principles of Criminal Law (7th Edition)*, Oxford University Press, 2013.

[8]Andrew Halpin: *Definition in the Criminal Law*, Hart Publishing, 2004.

[9]Bloy and Parry: *Principles of Criminal Law(4th Edition)*, Cavendish Publishing Limited, 2000.

[10]B. R. Hergenhahn: *An Introduction to Theories of Personality*, Prentice Hall, 1980.

[11]C. Spearman: *The Abilities of Man: Their Nature and Measurement*, The Macmillan Company, 1927.

[12]Dennis Coon, John O. Mitterer: *Introduction to Psychology: Gateways to Mind and Behavior（13th Edition）*, Wadsworth, 2011.

[13]Don Stuart: *Canadian Criminal Law (7th Edition)*, Carswell, 2014.

[14]Frank J. Bruno: *Psychology: A Self-Teaching Guide*, John Wiley & Sons, Inc., 2002.

[15]Gary R. VandenBos（Editor in Chief）: *APA Dictionary of Psychology*（*2th Edition*）, American Psychological Association, 2015.

[16]George Edward Moore: *Principia Ethica*, Cambridge University Press, 1922.

[17]George P. Fletcher: *Rethinking Criminal Law*, Oxford University Press, 2000.

[18]Gordon W. Allport: *Personality: A Psychological Interpretation*, Rinehart and Winston, 1937.

[19]Gordon W. Allport: *Pattern and Growth in Personality*, Holt, Rinehart and Winston, 1961.

[20]Hans-Heinrich Jescheck: *The doctrine of mens rea in German criminal law—its historical background and present state*, The Comparative and international law journal of southern Africa, 1975, Vol.8 (1).

[21]Jennifer L. Moore & John L. Worrall: *Criminal law*, Pearson, 2018.

[22]Jens David Ohlin: *Criminal Law: Doctrine, Application, and Practice*, Wolters Wolters Ktuwer, 2016.

[23]Jeremy Bentham: *An Introduction to the Principles of Morals and Legislation*, The Clarendon Press, 1823.

[24]Jerry M. Burger: *Personality (8th Edition)*, Wadsworth, Cengage Learning, 2011.

[25]John D. Mayer, Peter Salovey, David R. Caruso and Lillia Cherkasskiy: *Emotional Intelligence*, excerpt from The Cambridge Handbook of Intelligence, Edited by Robert J. Sternberg, Cambridge University Press, 2011.

[26]John P. Houston: *Motivation*, Macmillan, 1985.

[27]Jonathan Herring: *Criminal Law: The Basics*, Routledge, 2010.

[28]Jonathan Herring: *Criminal Law: Text, Cases, and Materials (Fifth Edition)*, Oxford University Press, 2012.

[29]Joshua Dressler: *Understanding Criminal Law (Seventh Edition)*, LexisNexis, 2015.

[30]Kathleen M. Galotti: *Cognitive Psychology: In and Out of the Laboratory*（*4th Edition*）, Thomson Wadsworth, 2008.

[31] Ken Eisold: *What You Don't Know You Know: Our Hidden Motives in Life, Business, and Everything Else*, Other Press, 2010.

[32] Lawrence A. Pervin: *The Science of personality (2nd Edition)*, Oxford University Press, 2003.

[33] Ludwig Von Mises: *Human Action: A Treatise on Economics (Fourth Revised Edition)*, Fox&Wilkes, 1996.

[34] Lucia Zedner and Julian V Roberts Edited: *Principles and Values in Criminal Law and Criminal Justice: Essays in honour of Andrew Ashworth*, Oxford University Press, 2012.

[35] Markus D. Dubber and Tatjana Hörnle: *Criminal Law: A Comparative Approach*, Oxford University Press, 2014.

[36] Marx W. Wartofsky: *Conceptual Foundations of Scientific Thought: An Introduction to the Philosophy of Science*, The Macmillan Company, 1968.

[37] Michael Bohlander: *Principles of German Criminal Law*, Hart Publishing, 2009.

[38] Michael Jefferson: *Criminal Law*, Pearson Education Limited, 2007.

[39] Robert M. Sapolsky: *Behave: the biology of humans at our best and worst*, Penguin Press, 2017.

[40] Michael S. Moore: *Act and Crime*，Oxford University Press, 1993.

[41] Michael W. Eysenck: *Psychology: An Integrated Approach*, Longman Publishing Group, 1998.

[42] Nicola Monaghan: *Question & Answer: Criminal Law*, Pearson, 2016.

[43] Oliver W. Holmes: *The Common Law*, University of Toronto Law School Typographical Society, 2011.

[44] Phillip E. Johnson: *Criminal Law*, Westpublishing Co., 1985.

[45] Richard A. Kasschau: *Understanding Psychology*, The McGraw-Hill Companies, 2003.

[46] Richard J. Gerrig: *Psychology and Life（20th Edtion）*, Pearson, 2013.

[47] Richard Paul & Linda Elder: *Critical Thinking: Tools for Taking Charge of Your Professional and Personal Life (Second Edition)*, Pearson, 2014.

[48] Robert B. Ewen: *An Introduction to Theories of Personality (7th Edition)*, Psychology Press, 2014.

[49] Robert L. Solso, Homer H. Johnson: *Experimental Psychology: A Case Approach (5th Edition)*, Harper Collins College Publishers, 1994.

[50] Susan C. Cloninger: *Theories of personality: understanding persons (4th Edition)*, Pearson Prentice Hall, 2004.

[51] Salmond: *Jurisprudence（4th Edition）*, The Ballantyne Press, 1913.

[52] Spielberger, C.D., & DeNike, L. D.: *Descriptive behaviorism versus cognitive theory in verbal operant conditioning*, Psychological Review, 1966.73(4).

[53] Stephen Shute and A.P. Semester Edited: *Criminal Law Theory:Doctrines of the General Part*, Oxford University Press, 2012.

[54] Walter P. Signorelli: *Criminal Law, Procedure, and Evidence*,CRC Press, 2011.

[55] Walter Wheeler Cook: *Act, Intention, and Motive in the Criminal Law*, The Yale Law Journal, Vol. 26, No. 8 (Jun. 1917) .

[56] William Blackstone: *Commentaries on the Laws of England（Book IV）*, Oxford University Press, 2016.

[57] William Markby: *Elements of Law(3rd Edition)*, Clarendon Press, 1885.

[58] William Wilson: Criminal Law(Sixth Edition), , Pearson, 2017.

代后记：刑法学亟待哥白尼革命

首先需要提醒读者注意的是，切莫只看到本书的目录即作出“不过是我国传统要件体系的旧调重弹而已”之断言！这其实是一套与中外主流犯罪论体系风格迥异的理论体系，也是一套从根底上颠覆中外主流犯罪论体系的理论体系！这种颠覆性奠立在对“犯罪是行为”这一刑法学最根本命题中的两大基本范畴——“行为概念”与“犯罪概念”界说的基础之上。对行为概念的把握能够为犯罪论体系的构建提供架构依据，而对犯罪概念的把握，则能够基于犯罪的价值本质（犯罪所具有的独特消极价值）——侵犯了作为整体的其他部门法制度或者全体公民的基本人权，揭示出犯罪的事实本质（犯罪所具有的独特构成事实）——罪过之意志因素，进而基此择定整个犯罪论体系赖以维系的核心支柱以及刑法对犯罪行为实现有效打击的着力点。职此之由，犯罪的价值本质与其事实本质通连，刑法之法益保护原则与罪过原则贯通，由此所导致的是对犯罪构成核心要件认识上的根本性转变，即，犯罪构成的核心要件应当是主观要件，而非中外刑法学之绝对主流理论所认为的是客观要件（客观的构成要件）。这一认识上的根本性转变一旦成立，那么其对于整个刑法学科所具有的意义，甚至不亚于天文学发展史上人类对太阳系中心的认识由“地心说”转变为“日心说”!

在天文学史上，人类对天体运行规律的认识，地心说（又称为“天动说”）在长达近 2000 年的历史长河中占据着统治地位[①]，而“本轮-均

---

① 地心说起源甚早，最初由古希腊米利都学派形成初步的理念，而后古希腊数学家、天文学家欧多克斯于公元前4世纪提出了以地球为中心的同心球理论，后又经亚里士多德、阿波罗尼奥斯和希巴克斯等的完善，地心说体系的标准化最终是由古希腊数学家、天文学家托勒密于公元2世纪完成，参见维基百科“Geocentric model”词条，https://en.wikipedia.org/wiki/Geocentric_model。日心说同样起源很早，最先由古希腊天文学家阿利斯塔克斯于公元前3世纪提出，但该说一直难以为绝大多数的古人所接受，直到 16 世纪哥白尼创立日心说，方才逐渐引起人们的关注，而后德国天文学家、数学家开普勒根据丹麦天文学家第谷的观测资料，发现了行星运动的三大定律，而牛顿则于 1687 年在他的《自然哲学的数学原理》一书中，基于其万有引力定律在更广义上严格证明了开普勒三大定律，由此彻底解决日心说问题，参见维基百科“Heliocentrism”词条，https://en.wikipedia.org/wiki/Heliocentrism。

轮”模型又是地心说中居支配地位的认识。该模型认为，地球居于宇宙的中心，天体运行的数学机制是，它们在一个个大小不等的被称为“本轮”的圆周轨道上做匀速转动，而本轮的中心又是在以地球为中心的圆周轨道（称之为“均轮”）上做匀速转动，天体的运行因而是在本轮与均轮上运动的组合，由此造成了天体到地球之间距离的变化。因不同观测数据的出现，以托勒密为代表的天文学家们不断地对该模型进行改进和调整。但由于存在根本性的认识错误，以致无论对该模型做怎样的改进和调整，都不可能真正解决天体运行规律的问题。正如美国科学史家托马斯·库恩所指出的，“本轮-均轮方法因为设计精巧，适应性强，结构复杂，功能强大，在科学史上直至近代之前一直无出其右。在它最发达的形态中，组合圆体系是一项令人惊叹的成就。但是它从来没有完全解决问题”，实际上，“托勒密体系还有很多变种，其中一些在预测行星位置方面达到了相当的精确性。但这种精确性的取得总是以复杂为代价——增添新的小本轮或相当的装置——而不断增长的复杂性只能为行星运动提供更好的近似，而不能最终解决。体系的任何一种形式都没能彻底经受住更精密的观测的检验，这种失败，再加上概念经济性总体上的消失，最终导致了哥白尼革命”。①

愚以为，以客观要件为核心的中外主流犯罪构成理论像极了地心说时代的本轮-均轮模型。正如太阳乃因太阳系中的其他天体均受到其引力的束缚而成为太阳系的中心（核心）一样，人的行为之客观在事实上即受到其主观的支配制约，依据常识可知，居支配制约地位的构成事实当为核心，因而在作为行为构成类型的犯罪构成中，犯罪主观要件才应该是核心要件。但我们看到的却是，中外主流刑法学理论反其道而构建了以居被支配制约地位的客观要件作为核心的犯罪论体系，这难道不就是“刑法学中的地心说”吗？并且还可以看到，为了克服这种认识上的根本性错误，以德日阶层体系为代表的犯罪构成理论创造了异常纷繁复杂、艰深晦涩的理论和学说。但正如依据地心说不可能知道地球自身在太阳系中的真实地位以及不可能真正解决天体运行规律的问题一样，这些刑法理论和学说无一能说清道明作为其所谓核心要件的客观要件（客观的构成要件）到底是什么，如若严格遵循这样的体系，甚至面对极其简单的问题都会陷入到巨大的解释困境中。此外，一如信奉地心说的天文学家们并没有认识到复杂的本轮-均轮模型是由于地心说本身的错误所造成的，从而前赴后继地热衷

① [美]托马斯·库恩：《哥白尼革命：西方思想发展中的行星天文学》，吴国盛等译，北京大学出版社2003年版，第71-72页。

于对该模型做不断的改进和调整，中外主流犯罪论体系的奉持者们同样应该是未意识到体系的纷繁复杂是因为体系以客观要件为核心所致，使得他们也毅然决然地投入到了为使这一有着根基性错误的体系能够自圆其说实则不可能自圆其说的理论研究中。由此可见，以德日阶层体系为代表的以客观要件为核心的犯罪构成理论，活脱脱就是天文学地心说时代的本轮-均轮模型。

面对因核心要件定位错误所导致的整个刑法学科体系的极度纷繁复杂，洞察问题根本的我国刑法学家陈忠林先生发出了刑法学亟需经历一场哥白尼式变革的呼唤，他疾呼道："以德国犯罪构成理论为代表的理论体系极大地误导了为数众多国家的刑法学理论，在对犯罪构成核心要件的认识上，真切地希望看到我国的刑法学者能够克服这种认识上的根本性错误，完成由客观向主观的转变！"（讲座语）。当然，要真正完成这场重大理论变革，必须发现"刑法学中的开普勒定律"。窃以为，完成这场刑法学理论重大变革的"开普勒定律"除了包含（I）"人的行为之客观在事实上即受到其主观的支配制约"这一常识外，还有（II）准确把握犯罪的概念，即准确把握犯罪的价值本质与事实本质，（III）由此揭示其间所存在的内在必然联系，进而实现法益保护原则与罪过原则之间的贯通（此一定律甚至堪称"刑法学中的万有引力定律"）①。如若的确成立，那么将会如开普勒定律彻底摧毁地心说那般，基此也能够从根底上颠覆以客观要件为核心的中外主流犯罪论体系。这种颠覆所带来的极大理论顺畅正如本书内容所展示的，刑法学中歧见纷呈、莫衷一是的系列重要问题，譬如，定罪的实质根据问题，迄今未见有研究者说清道明的行为成立犯罪在客观方面的最低限度要求或谓"最大公约数"（也即中外主流刑法学理论所认为的作为犯罪论体系核心的犯罪客观要件或客观的构成要件）到底为何的问题，刑法因果关系的研究对象及判断标准问题，犯罪终止形态中的处罚形式预备犯是否具有合理性、未遂犯的处罚根据及存在范围、未遂犯与不可罚的不能犯的界限、着手的标准、既未遂的界分标准等问题，共犯的处罚根据及成立条件问题，罪数标准问题，刑法及刑罚的目的、国家刑罚权的根据、刑罚功能之根据以及刑事责任之根据与范围问题，刑法典到底是应该采取刑罚单轨制立法模式还是应该采取刑罚与保安处分双轨制立法模式的问题，如此等等，均可在这一根本性的认识转变后获得简洁明快、一以

① 鉴于法益保护原则与罪过原则之间实现贯通所具有的根底性颠覆力量以及将带来的刑法学理论的"统一场效应"，窃以为，这一论证如若的确成立，那么，甚至称之为"刑法学中的万有引力定律"也不为过！当然，该论证到底能否成立，还有待刑法学界以及刑事司法实务界的严格检验。

贯之的合理破解。此外，中外传统刑法学理论中诸多难以化解的理论对立，也能够在转变后的体系中化解彼此之间的对立而实现统一，例如，在本理论体系中，便实现了：主客观相统一，行为主义与行为人主义（也谓“行为刑法”与“行为人刑法”）的统一，行为无价值与结果无价值的统一，犯罪构成体系的核心支柱、核心要件以及刑法对犯罪行为实现有效打击的着力点三者的统一，还有刑罚的报应与预防功能以及预防功能中的特殊预防与一般预防的统一，等等，故可谓构建了一个刑法学理论的“统一场”。面对陷入重重困境而不能自拔的中外传统刑法学，愚亦深切地感受到，刑法学亟待革故鼎新、经历一场哥白尼式的革命！

不过，尽管如此，对于这套理论体系的命运，在我大体完成本书的构思而尚未落笔行文之时即已预见，那便是，会被我国绝大多数的刑法学研习者不假思索地断定为：这是早就应该被扔进故纸堆里的赤裸裸的刑法主观主义！无论我提供了何等充分的理据否定该指责，都注定是徒劳的，因为，在根底性的反思批判精神相对匮乏、以迂为直已成学术时尚以及学术氛围较为功利浮躁的我国当下刑法学界，面对一位默默无闻作者的一部六十余万言的专著，有几人会试着去弄清其立论基点、论证思路以及所提出的论据后，再作出公允的评判甚或屑于评判呢？也许有人会问：既然已经预见到这套理论体系的如此命运，为何还要浪费时间精力和油墨纸张去撰写这样的专著呢？我的回答是：对刑法问题探究所抱有的那份执着与热忱！在“论文至上、专著边缘化”的时下学术评价体系中，仍然耗费大量的时间和精力，用心地去撰写不受待见的专著，若非有源自内心深处的那份执着与热忱不能为也。兼之当需要另外构建一套完整的理论体系以匡正一门学科所存在的根基性错谬时，也绝非几篇论文就能够解决。故在往后的学术生涯中，我仍将带着那份执着与热忱在本书研究的基础上把主要精力放在相关专著的撰写上，哪怕最终的读者只剩自己，也依然会自娱自乐地写下去。因此，您若有意翻阅拙著，就已是我意外的荣幸，而若是能和您产生些许共鸣乃至愿相与切磋琢磨，则是莫大的荣幸！

最后还有一个恳求是，书中的内容若是对您或者您心目中的某神圣的理论、学说或人物有所冒犯的话，那么在此向您致以诚挚的歉意，敬请见谅！您就权当是无知无畏者贻笑大方的痴言妄语吧！

作者简介

陈荣飞，江西遂川人，法学博士，博士后，西南政法大学副教授。